lelivrescolaire.fr

Pour les élèves

Révisez

- Retrouvez l'intégralité de votre manuel en ligne pour réviser vos cours et votre brevet.
- Profitez des autres manuels d'Histoire-Géographie, de Français et d'Anglais pour réviser.

Entraînez-vous

- Tous les exercices du manuel sont disponibles dans un format interactif.
- Préparez votre brevet grâce à des annales corrigées.

Connectez-vous sur *www.lelivrescolaire.fr*

Académie d'Orléans-Tours

Philippe Godiveau, Professeur certifié, Collège Jean Moulin (18)
Mathilde Besombes, Professeur certifié, Collège Claude Debussy (18)
Magali Chabiague, Professeur certifié, Collège Immaculée Conception (36)
Cécile Debricon, Professeur agrégé, Collège Jean Renoir (18)
Isabelle Didierjean, Professeur agrégé, Collège Jeanne d'Arc (45)
Mathieu Grignon, Professeur certifié, Collège Gérard Philipe (18)
Olivier Kappes, Professeur certifié, Collège Jean Roux (37))
Joëlle Martin, Professeur certifié, Collège Jean Rostand (18)
Anne-Laure Navarro, Professeur certifié, Collège Rosa Parks (36)
Marie Pourriot, Professeur certifié, Collège Victor Hugo (45)
Johanne Sardin, Professeur certifié, Collège Charles Desvergnes (45)
Sylvie Telle-Riollet, Professeur certifié, Collège Alain Fournier (36)
Valérie Togni-Domange, Professeur certifié, Collège Jean Rostand (18)
Aurélie Touraine, Professeur certifié, Collège Victor Hugo (45)
Aude Vetlé, Professeur certifié, Collège Célestin Freinet (37)

Académie de Paris

Élodie Brun, Agrégée, Université Paris IV-Sorbonne (75)
Isabelle d'Orsetti, Agrégée, Université Paris IV-Sorbonne (75)
Cécile Lambert, Agrégée, Université Paris IV-Sorbonne (75)
Anne Paget, Professeur certifié, Collège Charles Péguy (75)
France Benainous-Guntz, Professeur certifié (75)
Isabel Ducastel, Professeur certifié, Collège Hector Berlioz (75)
Adrienne Hamy, Agrégée, élève de l'ENS (75)
Sylvie Sisakoun, Professeur agrégé, Collège Charles Péguy (75)

Académie de Poitiers

Isabelle Dardant, Professeur, Collège Saint-Martial (86)
Sophie Terlutte, Professeur certifié, Collège René Descartes (86)

Académie de Polynésie

Sophie Baptendier, Professeur certifié, Collège la Mennais (987)

Académie de Reims

Cécilia Bove-Cléroy, Professeur certifié, Collège Yvette Lundy (51)
Henri Lareng, Professeur certifié, Collège Henri Guillaumet (51)
Franck Tellier, Professeur agrégé, Collège Notre Dame (51)

Académie de Rennes

Sophie Fortin, Professeur agrégé, Collège du Penker (22)
Jacqueline Cojean-Champion, Professeur certifié, Collège Jean Monnet (35)
Carine Le Roy, Professeur certifié, Collège Chombard de Lauwe (22)
Dominique Vourc'h, professeur certifié, Collège Saint-Jean La Salle (56)

Académie de Rouen

Sophie Quinchamp, Professeur certifié, Collège Nicolas Robert (28)
Sabrina Urfin, Professeur certifié, Collège Georges Brassens (76)

Académie de Strasbourg

Aline Antoniacomi, Professeur certifié, Collège Martin Schongauer (67)

Académie de Toulouse

Sylvie Anahory, Professeur certifié, Collège Saint-Joseph (81)
Vincent Augeay, PLP Lettres-Allemand, Collège Sainte-Hélène (46)
Caroline Badreau, Professeur certifié, Collège Léon Cazeneuve (31)
Éric Castillo, Professeur certifié, Collège Nicolas Vauquelin (31)
Catherine Chevassus, Professeur certifié, Collège du Couserans (09)
Chantal Chive, Professeur agrégé, Collège Lakanal (09)
Élodie Maurel, Professeur certifié, Collège de Mirepoix (09)
Fabienne Plégat-Soutjis, Professeur certifié, Collège André Abbal (31)
Gaëla Puymoyen-Le Grand, Professeur certifié, Collège René Cassin (31)
Sylvaine Rosier, Professeur certifié, Collège Marcel Aymard (12)

Académie de Versailles

Stanisław Eon du Val, Professeur certifié (78)
Anne-Catherine Mourgue, Professeur certifié, Collège Darius Milhaud (78)
Aurélie Pieterwas, Professeur certifié, Collège Darius Milhaud (78)
Jade Serval, Professeur certifié, Collège Henri Matisse (92)
Julien Téchoueyres, Professeur agrégé, Collège les Renardières (92)
Aude Koopmann, Professeur certifié, Collège J.-P. Rameau (78)
Myriam Alos-Vicens, Professeur certifié, Lycée François Villon (78)
Camille Brunet, Professeur certifié, Collège de Guinette (91)
Mélanie Delunsch, Professeur certifié, Collège Parc aux Charrettes (95)
Flavie Girbal, Professeur certifié, Collège Jean Jaurès (92)
Alexandra Jacob, Professeur certifié, Collège Saint-Simon (78)
Marie Juzeau-Holyman, Professeur certifié, Collège Marcel Pagnol (78)
Pascale Le Noach, Professeur certifié, Collège Colette (78)
Gaëlle Leroux, Professeur certifié, Collège Victor Hugo (95)
Ombeline Desjours-Orlowski, Professeur certifié, Collège Colette (78)
Anne-Marie Patenotte, Professeur certifié, Collège Louis Lumière (78)
Élisabeth Pinto, Professeur certifié, Collège Alfred de Vigny (92)
Lucile Plazenet, Maître auxiliaire, Collège Notre Dame (91)
Thomas Rabin, Professeur certifié, Collège l'Agiot (78)
Delphine Regnard, Professeur agrégé, Collège Saint-Exupéry (78)
Patricia Ribière, Professeur certifié, Collège Parc de Villeroy (91)
Isabelle Roussigné, Professeur certifié, Collège Jules Ferry (95)

Établissements à l'étranger

Christelle Celik, Professeur certifié, Collège français F. Dolto (Madagascar)

Comité scientifique et pédagogique

Jean-Yves Guérin, Professeur de littérature française, Université Paris III-Sorbonne nouvelle
Monique Legrand, Inspectrice pédagogique régionale, Académie de Versailles
Aurélie Loiseleur, Maître de conférences en littérature française, Université de Nantes

Devenez co-auteur
auteur@lelivrescolaire.fr

Relecteurs

Chantal Baccouche – Vassiliki Bach – Corinne Bacquet – Natalie Banabila – Nathalie Bellissan – Patricia Bonnard – Magali Borghese – Hélène Calvez – Brigitte Cazala – Caroline Chalençon – Florent Cistac – Virginie Darriet-Fereol – Dominique Décombat-Busato – Thierry Ducharne – Geneviève Duchene – Aline Escan – Sandrine Ferrer – Maria-Laura Fidon – Fanny Giraud – Sylvia Gomes – Béatrice Granger – Sophie Gueguen – Dorothée Helly – Dominique Henry – Éliane Joanno – Ophélie Jomat – Maryline Jouvet – Élodie Lahaye – Amandine Levoir – Marianne Martin – Agathe Masson – Laetitia Maupas – Fabienne May-Zalacain – Frédérique Montamat – Christine Perdaems – Aurore Piquera – Véronique Plichon – Évelyne Ribes – Colette Ruiz – Nabila Sahli – Audrey Schabad – Stéphanie Sellem – Pascale Siou-Oviode – Murielle Tanter – Bruno Tison – Janique Vereecque.

Présentation du manuel

Organisation générale du manuel

Le manuel est composé de **deux parties principales** : une partie « **Textes et Images** », consacrée à la littérature, à l'Histoire des arts, au lexique et à l'expression écrite et orale, et une partie « **Langue** ».

Il est conçu comme un réservoir de ressources et d'activités riche et complet, mettant en œuvre l'ensemble du nouveau programme de 3e, et dans lequel l'enseignant vient puiser pour **construire librement sa progression pédagogique**, adaptée à la réalité de la classe dont il a la charge.

Nous avons donc privilégié la **clarté** et la **souplesse d'utilisation** : les chapitres sont regroupés par grands genres littéraires, et la partie langue ne dépend pas de l'organisation des chapitres. Néanmoins, de nombreux renvois vers la langue sont proposés en littérature.

La partie « Textes et Images »

- Elle comprend **neuf chapitres**, organisés selon les grandes parties du nouveau programme de littérature :
  - **Quatre** chapitres sont consacrés aux « formes du **récit** des XXe et XXIe siècles » : deux portent sur les « récits d'enfance et d'adolescence » et deux autres font découvrir des « romans et nouvelles des XXe et XXIe siècles porteurs d'un regard sur le monde contemporain » ; le chapitre 4 propose l'étude de **nouvelles intégrales** à partir de deux nouvelles de plusieurs pages.
  - **Deux** chapitres sont consacrés à « la **poésie** dans le monde et dans le siècle » : l'un porte sur « la poésie engagée » ; l'autre fait découvrir de « nouveaux regards sur le monde dans la poésie contemporaine ».
  - **Deux** chapitres portent sur « continuité et renouvellement » au **théâtre**.
  - Enfin, nous avons souhaité accorder une place de choix à « **l'adaptation cinématographique** d'une œuvre littéraire » : c'est l'objet du dernier chapitre.
- Le manuel est conçu de manière à ce que chaque grande partie du programme puisse être étudiée à la fois par le biais d'une **étude d'œuvre complète** et par le biais d'un **groupement de textes**.
- Le **choix des textes** accorde une place importante aux œuvres majeures de la **littérature étrangère**, comme le suggèrent les programmes.
- Des conseils de **lectures cursives** mais aussi de **films** sont proposés dans chaque chapitre.

La partie « Étude de la langue »

- Elle est composée de **60 fiches**, réparties entre grammaire, orthographe et conjugaison, qui couvrent le programme de 3e, mais proposent également de **nombreux rappels** des notions vues les années précédentes, permettant aux élèves de consolider leurs acquis.
- Ces fiches font référence aux œuvres littéraires étudiées, mais ne sont pas liées de manière étroite à un chapitre en particulier, pour laisser à l'enseignant **la liberté de les utiliser** en fonction de son projet annuel.
- Elles ont été conçues dans une **démarche inductive et progressive** d'acquisition des connaissances, allant de l'observation de faits de langue au réinvestissement des connaissances acquises dans des exercices d'écriture.
- De nombreux **extraits littéraires** permettent de travailler les faits de langue dans un contexte authentique, et sont autant d'occasions de découvrir d'autres œuvres que celles proposées dans la première partie du manuel.
- Tous les exercices sont au **format numérique en accès libre** sur notre site, ce qui facilite la mise en place d'une **pédagogie différenciée** au sein de la classe.

L'Histoire des arts

Encore plus que dans les manuels précédents, une place de choix est accordée à l'Histoire des arts, afin d'accompagner l'élève dans sa préparation de la nouvelle épreuve du brevet, lui permettre d'approfondir sa culture artistique et d'éveiller sa curiosité.

- **Deux dossiers** sont proposés dans **chaque chapitre** de littérature, invitant à des prolongements interdisciplinaires, avec les arts plastiques bien évidemment, mais aussi avec l'histoire-géographie-éducation civique, ou encore avec l'anglais.
- Le **dernier chapitre** met l'accent sur le **cinéma**, en faisant réfléchir l'élève sur la spécificité de cet art et en lui permettant de découvrir les différentes étapes de création d'une œuvre cinématographique.
- Les images accompagnant les textes ne sont pas de simples illustrations : nous les avons choisies parce que nous pensons qu'elles peuvent faire écho aux textes qu'elles accompagnent, et chacune d'elles est accompagnée d'un **questionnaire de lecture d'image** qui invite à l'étudier pour elle-même et en résonance avec le texte littéraire.
- Deux **fiches méthodologiques**, l'une sur la **lecture de l'image fixe** et l'autre sur la **lecture de l'image mobile**, donnent aux élèves de solides outils d'analyse et de nombreux conseils de méthode.

Le socle commun de compétences

- Chaque chapitre comprend une page intitulée « Socle commun » sur laquelle on trouve :
  - un **tableau** qui récapitule les **compétences travaillées** dans le chapitre en les liant aux activités concernées ;
  - **trois activités « B2i »** visant à l'acquisition de la compétence 4 du socle commun, à faire sur notre site.
- Un grand tableau situé tout à la fin du manuel donne une **vision d'ensemble des compétences** qui peuvent être validées dans les différentes parties du manuel.

La préparation au brevet

- Pour chaque chapitre de littérature, **deux sujets complets de brevet blanc** sont proposés, l'un sur la version papier du manuel, l'autre sur la version numérique (sur notre site).
- **Deux sujets d'annales** (un pour chaque série) sont reproduits, expliqués et corrigés à la fin du manuel.
- Des **fiches méthodologiques** aident les élèves à se préparer à cet examen.
- Les fiches de langue se terminent souvent par des **extraits de sujets d'annales de brevets** et permettent aux élèves d'être confrontés à des questions qui ont été posées les années précédentes.

La liaison 3e-2nde

Dans chaque chapitre, une page intitulée « Liaison 3e-2nde » propose des **activités spécifiques** conçues pour préparer les élèves à leur entrée au lycée (notamment des exercices d'initiation au commentaire littéraire et à la dissertation), ainsi que des **suggestions de lecture**.

De nombreuses ressources supplémentaires sur notre site

En plus du manuel complet, vous trouverez :
- un brevet blanc et des exercices supplémentaires pour chaque chapitre de littérature ;
- des fiches de révisions et de nombreux exercices supplémentaires en langue ;
- des vidéos de l'INA ainsi que des renvois vers d'autres vidéos et sites internet en lien avec le contenu de la partie « Textes et Images » ;
- une synthèse d'Histoire des arts pour chacun des thèmes abordés.

Ces ressources sont annoncées dans le manuel par le signe **100 % web**.

1 Regard sur l'enfance et l'adolescence dans *La Promesse de l'aube* de Romain Gary

2 Les grandes émotions de la jeunesse

3 *Des souris et des hommes* de John Steinbeck

4 Des nouvelles des XXe et XXIe siècles pour modifier notre regard sur le monde

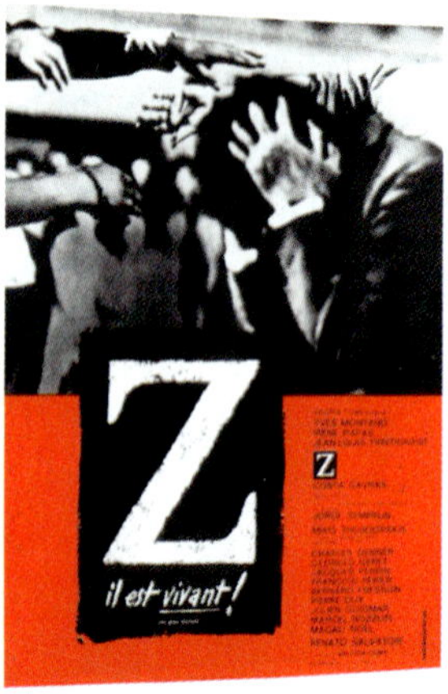

5 La poésie engagée : désespoirs et espoirs des poètes

6 Le monde moderne en poésie

7 De la tragédie antique au tragique contemporain : *Antigone*

- Découvrir le mythe d'Antigone
- Étudier les caractéristiques de la tragédie et son évolution de l'Antiquité à l'époque contemporaine
- Comprendre ce que peut nous dire la tragédie aujourd'hui .... p. 162

8 Duos ? Duels ? Des confrontations au théâtre du XVIe siècle au XXe siècle

- Comprendre que malgré l'évolution des formes théâtrales, les thèmes sont récurrents
- Découvrir des grandes œuvres du patrimoine et s'initier au théâtre contemporain .... p. 188

9 Du théâtre au cinéma : *Roméo et Juliette*, adapté par Franco Zeffirelli et Baz Luhrmann

100 % web

Retrouvez pour chaque chapitre sur *www.lelivrescolaire.fr* :

– trois activités B2i, des exercices et des propositions de lecture supplémentaires ;
– un second brevet blanc ;
– des synthèses d'Histoire des arts ;
– des vidéos INA et de nombreux liens pour approfondir le chapitre.

  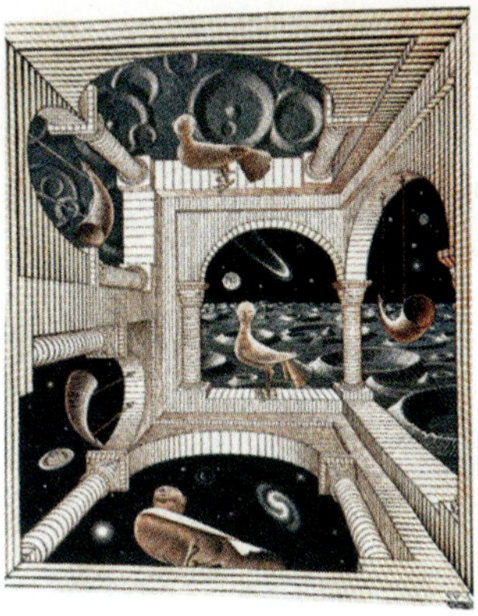 

Grammaire

100 % web

Retrouvez tous les exercices au format numérique et de nombreux exercices supplémentaires.

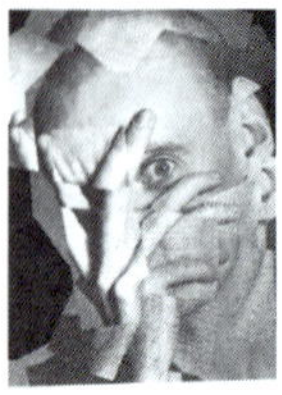

Orthographe - Conjugaison

Conjugaison

Brevet blanc

Fiches méthodologiques

Annexes

1 Regard sur l'enfance et l'adolescence dans *La Promesse de l'aube* de Romain Gary

S'interroger sur les notions de roman et de récit autobiographiques

Romain Gary à Paris, en 1974

Lecture d'image

1. Observez Romain Gary sur cette photo et faites tous les commentaires qui vous semblent pertinents (attitude générale, expression du visage, etc.) : quelle est l'impression qui s'en dégage ?

2. Gary pose sur un pont franchissant un fleuve. De quoi un fleuve et un pont peuvent-ils être symboliques ?

La promesse

De son vrai nom Roman Kacew, **Romain Gary** naît en 1914 en Lituanie (qui faisait alors partie de l'Empire russe), dans une famille juive. Pour échapper à l'antisémitisme, sa mère et lui émigrent à Nice en 1928. En 1940, il rejoint le général de Gaulle à Londres et combat dans les Forces aériennes françaises libres ; il est fait Compagnon de la Libération. Après la guerre, Romain Gary devient romancier, cinéaste et diplomate. Il obtient le prix Goncourt en 1956 pour *Les Racines du ciel*, puis une seconde fois en 1975 pour *La Vie devant soi*, roman publié sous le pseudonyme d'Émile Ajar. Ce n'est qu'après son suicide, le 2 décembre 1980, que l'on découvre que Romain Gary et Émile Ajar n'étaient qu'une seule et même personne...

La femme de ménage, que Nina (la mère du jeune Romain) a engagée alors qu'ils habitaient à Nice, est impressionnée par l'amour immodéré que la mère porte à son fils, et lui en fait la remarque.

Je sais bien que c'est ta mère, mais c'est tout de même beau, un amour comme ça. Ça finit par vous faire envie... Y aura jamais une autre femme pour t'aimer comme elle, dans la vie. Ça, c'est sûr.

C'était sûr. Mais je ne le savais pas. Ce fut seulement aux abords de la quarantaine que je commençai à comprendre. Il n'est pas bon d'être tellement aimé, si jeune, si tôt. Ça vous donne de mauvaises habitudes. On croit que c'est arrivé. On croit que ça existe ailleurs, que ça peut se retrouver. On compte là-dessus. On regarde, on espère,

Jean Crotti, *Naissance d'une aube légère*, 1922, huile sur toile, hauteur : 92 cm (musée d'Art moderne de la ville de Paris, Paris)

ina

Sur notre site, une vidéo INA sur Romain Gary et Émile Ajar.

on attend. Avec l'amour maternel, la vie vous fait à l'aube une promesse qu'elle ne tient jamais. On est obligé ensuite de manger froid jusqu'à la fin de ses jours. Après cela, chaque fois qu'une femme vous prend dans ses bras et vous serre sur son cœur, ce ne sont plus que des condoléances. On revient toujours gueuler sur la tombe de sa mère comme un chien abandonné. Jamais plus, jamais plus, jamais plus. Des bras adorables se referment autour de votre cou et des lèvres très douces vous parlent d'amour, mais vous êtes au courant. Vous êtes passé à la source très tôt et vous avez tout bu. Lorsque la soif vous reprend, vous avez beau vous jeter de tous côtés, il n'y a plus de puits, il n'y a que des mirages. Vous avez fait, dès la première lueur de l'aube, une étude très serrée de l'amour et vous avez sur vous de la documentation. Partout où vous allez, vous portez en vous le poison des comparaisons et vous passez votre temps à attendre ce que vous avez déjà reçu. Je ne dis pas qu'il faille empêcher les mères d'aimer leurs petits. Je dis simplement qu'il vaut mieux que les mères aient encore quelqu'un d'autre à aimer. Si ma mère avait eu un amant, je n'aurais pas passé ma vie à mourir de soif auprès de chaque fontaine. Malheureusement pour moi, je me connais en vrais diamants.

Romain Gary, *La Promesse de l'aube*, 1960,
Première partie, chapitre 4

Questions sur le texte

La promesse de l'aube

1. Quelle est la promesse dont parle le texte ? Reformulez-la avec vos propres mots.
2. Qui fait cette promesse à l'enfant ?
3. Expliquez la métaphore : « la promesse de l'aube ».

Le regard de l'adulte

4. Qu'est-ce qui distingue le narrateur adulte de l'enfant qu'il fut ? Proposez une réponse approfondie, en prenant appui sur des exemples précis du texte.
5. Montrez que le narrateur cherche à créer un lien, voire une complicité avec le lecteur. Appuyez-vous notamment sur les pronoms et le temps des verbes.
6. Quelle est la leçon que le narrateur tire de son expérience personnelle ? Reformulez-la.

Une situation tragique

7. Comment le narrateur exprime-t-il la violence de la situation vécue ? Citez des exemples précis du texte.
8. Repérez les éléments du texte qui expriment l'impossibilité d'échapper à cette situation (fatalité).
9. Dans quelle mesure peut-on affirmer que cette promesse est aussi porteuse de désespoir ?

Lecture d'image

1. Décrivez les couleurs et les formes présentes dans ce tableau, puis expliquez en quoi il peut représenter l'aube.
2. Imaginez que l'on mette le tableau à l'envers : suggérerait-il toujours aussi bien l'aube ? Expliquez.
3. Cherchez ce qu'est un *pléonasme*, et trouvez le pléonasme présent dans le titre.
4. En quoi l'aube peut-elle être considérée comme porteuse d'une promesse ?

À retenir

- La **métaphore** et la **comparaison** sont des figures de style qui consistent à **rapprocher deux éléments** qui ont un point de ressemblance. Mais **la métaphore n'utilise pas d'outil de comparaison** (*comme, de même que, ressembler à*, etc.). Ainsi, *Tes yeux sont comme l'azur* est une comparaison, alors que *Tes yeux d'azur (me troublent)* est une métaphore. Le point de ressemblance peut être formulé explicitement (*Tes yeux sont bleus comme l'azur*) ou non. Le titre de l'œuvre, *La Promesse de l'aube*, est fondé sur une métaphore.
- Une **autobiographie** (du grec *auto* = soi, *bio* = vie, *graphie* = écriture) est un **récit écrit qu'une personne fait de sa propre vie** dans ce qu'elle a de plus personnel (à la différence des mémoires, qui mettent l'accent sur les événements extérieurs). *La Promesse de l'aube* est une œuvre autobiographique : le narrateur se retourne sur son enfance, et en fait une lecture rétrospective, à la lumière de ce qu'il est devenu en vieillissant.

La part du rêve

La mère de Romain Gary prétend avoir été une grande artiste dramatique dans sa jeunesse, ce que le narrateur dit n'être jamais parvenu à vérifier très précisément. Ébauchant un portrait de la figure maternelle, il se souvient des moments partagés avec cette mère si mystérieuse…

Je savais […] qu'elle était fille d'un horloger juif de la steppe russe […] ; qu'elle avait été très belle, qu'elle avait quitté sa famille à l'âge de seize ans ; qu'elle avait été mariée, divorcée, remariée, divorcée encore – et tout le reste, pour moi, était une joue contre la mienne, une voix mélodieuse, qui murmurait, parlait, chantait, riait – un rire insouciant, d'une gaieté étonnante, que je guette, j'attends, je cherche en vain, depuis, autour de moi ; un parfum de muguet, une chevelure sombre qui coule à flots sur mon visage et, murmurées à l'oreille, des histoires étranges d'un pays qui, un jour, allait être le mien. […] Jusqu'à ce jour, il m'arrive d'attendre la France, ce pays intéressant, dont j'ai tellement entendu parler, que je n'ai pas connu et que je ne connaîtrai jamais – car la France que ma mère évoquait […] avait fini par devenir pour moi un mythe fabuleux […], une sorte de chef-d'œuvre poétique, qu'aucune expérience humaine ne pouvait atteindre ni révéler. Elle connaissait notre langue remarquablement […], elle n'avait jamais voulu m'expliquer où, comment, de qui, à quel moment de sa vie elle l'avait apprise […]. Dans sa loge de théâtre glacée […] et, plus tard, dans les wagons à bestiaux qui nous emportaient vers l'Ouest, avec le typhus[1] pour compagnie, elle s'agenouillait devant moi, frottait mes doigts engourdis et continuait à me parler de la terre lointaine où les plus belles histoires du monde arrivaient […] ; tous les hommes étaient libres et égaux ; les artistes étaient reçus dans les meilleures familles ; Victor Hugo avait été Président de la République ; […] j'allais être un grand violoniste, un grand acteur, un grand poète ; […] je marchais dans la neige, le long de la voie ferrée, une main dans celle de ma mère […] ; on me rasait le crâne ; couchée sur une paillasse, le regard perdu dans le lointain, elle continuait à évoquer mon avenir radieux ; je luttais contre le sommeil et ouvrais des yeux tout grands

Paul Klee, *Ville de rêve*, 1921, aquarelle, carton, papier, 47,5 x 31 cm (Nationalgalerie, Berlin, Allemagne)

pour essayer d'apercevoir ce qu'elle voyait; le chevalier Bayard[2]; la Dame aux Camélias[3]; on trouvait du beurre et du sucre dans tous les magasins; Napoléon Bonaparte; Sarah Bernhardt[4] [...]. Plus tard [...], après quinze ans de contact avec la réalité française [...], vieillie [...], mais n'ayant rien appris, rien remarqué, elle continua à évoquer, avec le même sourire confiant, ce pays merveilleux [...]; quant à moi, élevé dans ce pays imaginaire de toutes les noblesses et de toutes les vertus, mais n'ayant pas le don extraordinaire de ma mère de ne voir partout que les couleurs de son propre cœur, je passai d'abord mon temps à regarder autour de moi avec stupeur et à me frotter les yeux, et ensuite, l'âge d'homme venu, à livrer à la réalité un combat homérique et désespéré, pour redresser le monde et le faire coïncider avec le rêve naïf qui habitait celle que j'aimais si tendrement.

Oui, ma mère avait du talent – et je ne m'en suis jamais remis.

Romain Gary, *La Promesse de l'aube,* 1960,
Première partie, chapitre 5 © Éditions Gallimard

1 Grave maladie engendrée par de mauvaises conditions d'hygiène.
2 Célèbre pour sa bravoure, il fut surnommé « chevalier sans peur et sans reproche ». Il symbolise les valeurs de la chevalerie française de la fin du Moyen Âge.
3 Roman (1848), puis pièce de théâtre (1852) d'Alexandre Dumas fils qui ont pour thème une histoire d'amour absolu entre une courtisane et un jeune bourgeois.
4 Très célèbre comédienne française (1844-1923).

Questions sur le texte

Une mère rêvée

1. Qu'est-ce qui contribue à rendre la mère mystérieuse ?

2. Quels aspects du personnage maternel le portrait développe-t-il ? Pour répondre, fondez-vous en particulier sur les nombreuses métaphores associées à la figure de la mère.

3. Finalement, de quoi l'enfant est-il sûr, concernant sa mère ?

Une France rêvée

4. Comment la mère présente-t-elle la France à son fils ? Quelles en sont les caractéristiques ?

5. En fait, que représente la France pour la mère ?

6. Expliquez pourquoi le narrateur dit *attendre* encore la France, alors qu'il y a vécu une bonne partie de sa vie. En quoi peut-on dire que la France est ici une promesse ?

Un destin rêvé

7. De quel destin la mère rêve-t-elle pour son fils ?

8. Montrez, par des éléments précis du texte, que la mère de l'enfant paraît convaincue de cet « avenir radieux » pour son fils, alors que ce destin semble absolument inaccessible.

9. Quel effort fait l'enfant pour consolider le lien avec sa mère ? Quelle est ensuite l'unique ambition de l'enfant devenu adulte ? Comparez les deux : en quoi peut-on dire qu'il y a un paradoxe ?

Lecture d'image

1. Quelle est la première impression qui se dégage à la vue de ce tableau ? Sans le titre, comprendrait-on facilement de quoi il s'agit ?

2. Observez attentivement le sujet du tableau, ainsi que la manière dont il est peint : quels éléments correspondent à la représentation d'une ville, et quels éléments font référence au rêve ?

3. Quelles sont les couleurs dominantes ? En quoi le titre peut-il sembler paradoxal pour ce tableau ?

À retenir

Le paradoxe est une proposition **contraire à la logique, ou à l'opinion générale** (du grec *paradoxos : para* = contre, *doxa* = l'opinion générale). Un exemple de paradoxe : « Le pénible fardeau de n'avoir rien à faire » (*a priori*, la majorité des gens trouvent qu'il est plutôt agréable de ne rien avoir à faire...). Cet extrait de *La Promesse de l'aube* présente une vision paradoxale du rapport entre enfance et âge adulte, et fait du lien qui unit Romain Gary à sa mère une relation inédite.

Portrait de l'artiste en jongleur

Le jeune Romain et sa mère sont contraints de quitter Wilno (actuelle Vilnius, capitale de la Lituanie) car la maison de couture de la mère du narrateur a fait faillite. Ils vont s'installer à Varsovie, où l'enfant se découvre une nouvelle passion : le jonglage.

Dans les couloirs de l'école, sous le regard de mes camarades éblouis, je jonglais à présent avec cinq ou six oranges et, quelque part, au fond de moi, vivait la folle ambition de parvenir à la septième et peut-être à la huitième, comme le grand Rastelli[1], et même, qui sait, à la neuvième, pour devenir enfin le plus grand jongleur de tous les temps. Ma mère méritait cela et je passais tous mes loisirs à m'entraîner.

Je jonglais avec les oranges, avec les assiettes, avec les bouteilles, avec les balais, avec tout ce qui me tombait sous la main ; mon besoin d'art, de perfection, mon goût de l'exploit merveilleux et unique, bref, ma soif de maîtrise, trouvait là un humble mais fervent moyen d'expression. Je me sentais aux abords d'un domaine prodigieux, et où j'aspirais de tout mon être à parvenir : celui de l'impossible atteint et réalisé. Ce fut mon premier moyen d'expression artistique, mon premier pressentiment d'une perfection possible et je m'y jetai à corps perdu. […] Malheureusement, là encore, alors que je me voyais déjà promis au plus brillant destin, faisant vivre ma mère dans le luxe grâce à mon talent, un fait brutal s'imposa peu à peu à moi : je n'arrivais pas à dépasser la sixième balle. J'ai essayé, pourtant, Dieu sait que j'ai essayé. Il m'arrivait à cette époque de jongler sept, huit heures

Enrico Rastelli
Portrait d'Enrico Rastelli, jongleur italien, 1920

1 Enrico Rastelli (1896-1931), jongleur d'origine italienne, reconnu comme l'un des meilleurs jongleurs de tous les temps.

2 Niccolo Paganini (1782-1840), violoniste et compositeur italien, reconnu comme l'un des plus grands violonistes de tous les temps.

Retrouvez p. 26 un dossier d'Histoire des arts sur le défi et la virtuosité dans l'art.

par jour. Je sentais confusément que l'enjeu était important, capital même, que je jouais là toute ma vie, tout mon rêve, toute ma nature profonde, que c'était bien de toute la perfection possible ou impossible qu'il s'agissait. Mais j'avais beau faire, la septième balle se dérobait toujours à mes efforts. Le chef-d'œuvre demeurait inaccessible, éternellement pressenti, mais toujours hors de portée. La maîtrise se refusait toujours. Je tendais toute ma volonté, je faisais appel à toute mon agilité, à toute ma rapidité, les balles, lancées en l'air, se succédaient avec précision, mais la septième balle à peine lancée, tout l'édifice s'écroulait et je restais là, consterné, incapable de me résigner, incapable de renoncer. Je recommençais. Mais la dernière balle est restée à jamais hors d'atteinte. Jamais, jamais ma main n'est parvenue à la saisir. J'ai essayé toute ma vie. Ce fut seulement aux abords de ma quarantième année, après avoir longuement erré parmi les chefs-d'œuvre, que peu à peu la vérité se fit en moi, et que je compris que la dernière balle n'existait pas.

C'est une vérité triste et il ne faut pas la dévoiler aux enfants. Voilà pourquoi ce livre ne peut pas être mis entre toutes les mains.

Je ne m'étonne plus aujourd'hui qu'il arrivât à Paganini[2] de jeter son violon et de rester de longues années sans y toucher, gisant là, le regard vide. Je ne m'étonne pas, il savait.

Romain Gary, *La Promesse de l'aube*, 1960,
Première partie, chapitre 17 © Éditions Gallimard

Questions sur le texte

L'ambition de l'enfant

1. Quel est le but premier de l'enfant, celui qui est clair pour lui ?
2. Quel est son but inconscient (celui qui reste confus en lui) ?
3. Comment l'acharnement de l'enfant à réussir s'exprime-t-il dans le texte ? Observez notamment la structure des phrases.

La découverte de la vérité

4. Que découvre le narrateur, au terme de cette expérience ?
5. Pourquoi, selon lui, faut-il cacher cette découverte aux enfants ?
6. Qu'est-ce qui distingue l'adulte de l'enfant ? Qu'est-ce qui les relie ?

La fonction de l'art

7. D'après le texte, quel est le but de tout artiste, quelle est la fonction de l'art ?
8. En quoi la figure du jongleur est-elle emblématique de celle de l'artiste en général ?
9. Expliquez ces derniers mots de l'extrait : « *il savait* ».

Lecture d'image

1. Observez la position du personnage : quels commentaires pouvez-vous faire ?
2. Que traduit l'expression de son visage ?
3. En quoi un tel personnage peut-il séduire et faire rêver un enfant ?

À retenir

- Un **emblème** est le fait d'**associer un être ou un objet à une idée.** On peut aussi parler de **symbole**. Par exemple, le soleil est l'emblème ou le symbole de Louis XIV, la colombe est l'emblème de la paix. Dans ce texte, le jongleur est l'emblème de ce que l'enfant aspire à devenir : toujours en quête de la dernière balle, à la recherche d'un équilibre dynamique, d'une harmonie qui reste pourtant à jamais inaccessible.

Le regard amusé de l'adulte sur l'adolescent qu'il fut

Étudiant en droit, le narrateur vient de vivre une déception amoureuse avec une jeune Suédoise. Il décide alors de rentrer chez sa mère à Nice afin d'y passer quelques semaines de repos avant son incorporation dans l'armée de l'air.

C'est à cette époque, en effet, que se situe l'affaire de mon attentat manqué contre Hitler.

Les journaux n'en ont pas parlé. Je n'ai pas sauvé la France et le monde, perdant ainsi une occasion qui ne se représentera peut-être jamais.

L'affaire eut lieu en 1938, à mon retour de Suède. [...]

Ma mère [...] m'accueillit d'une manière fort étrange. Certes, je m'attendais à quelques bonnes larmes, à des embrassades sans fin, à des reniflements à la fois émus et satisfaits. Mais pas à ces sanglots, à ces regards désespérés qui ressemblaient à des adieux [...] Finalement, elle parvint à se calmer et, prenant un air mystérieux, elle me saisit par la main et m'entraîna dans le restaurant vide ; nous nous installâmes à notre table habituelle, dans un coin, et là, elle m'informa sans plus attendre du projet qu'elle avait formé pour moi. C'était très simple : je devais me rendre à Berlin et sauver la France, et incidemment le monde, en assassinant Hitler. Elle avait tout prévu, y compris mon salut ultime, car, à supposer que je fusse pris – mais là, elle me connaissait assez pour savoir que j'étais capable de tuer Hitler sans me laisser prendre – à supposer, toutefois, que je fusse pris, il était parfaitement évident que les grandes puissances, la France, l'Angleterre, l'Amérique, allaient présenter un ultimatum[1] pour exiger ma libération.

J'avoue que j'eus un moment d'hésitation. [...] L'idée de courir immédiatement à Berlin, en troisième classe[2], bien entendu, pour tuer Hitler en pleine canicule, avec tout ce que cela supposait d'énervement, de fatigue et de préparatifs, ne me souriait guère. J'avais envie de rester un peu au bord de la Méditerranée – je n'ai jamais bien supporté nos séparations. J'aurais préféré de loin aller tuer le Führer à la rentrée d'octobre. Je contemplais sans enthousiasme la nuit d'insomnie sur la banquette dure du compartiment, dans des wagons bondés, sans parler des heures d'ennui qu'il allait falloir passer à bâiller dans les rues de Berlin, en attendant qu'Hitler voulût bien se présenter. Bref, je manquais d'entrain. Mais enfin, il n'était pas question de me dérober. Je fis donc mes préparatifs. [...] Je descendis dans la cave, pris mon revolver, que j'avais laissé dans le coffre familial, et allai m'occuper de mon billet. Je me sentis un peu mieux en apprenant par les journaux qu'Hitler était à Berchtesgaden[3], car je préférais respirer l'air des forêts des Alpes bavaroises plutôt que celui d'une ville en pleine chaleur de juillet. [...] J'étais assez irrité et de fort mauvaise humeur, d'autant plus que l'été était exceptionnellement chaud, la Méditerranée, après des mois de séparation, ne m'avait jamais paru plus désirable, et la plage de la « Grande Bleue » était, comme par hasard, pleine de Suédoises intelligentes et cultivées. Pendant ce temps-là ma mère ne me quitta pas d'une semelle. Son regard de fierté et d'admiration me suivait partout. Je pris mon billet de train et fus assez épaté de voir que les chemins de fer allemands me faisaient trente pour cent de réduction – ils offraient des conditions spéciales pour les voyages de vacances. [...]

1 Exigence qui ne se discute pas.

2 Dans les trains, classe de voiture moins chère, au confort rudimentaire. La troisième classe a été supprimée en 1956.

3 Petite ville d'Allemagne, en Bavière, où Hitler avait sa résidence.

Superman part en mission
Bande dessinée de Superman, parue dans *L'Astucieux* du 18 février 1948

Enfin, la veille du grand jour, j'allai prendre mon dernier bain à la « Grande Bleue », et regardai ma dernière Suédoise avec émotion. Ce fut à mon retour de la plage que je trouvai ma grande artiste dramatique écroulée dans un fauteuil du salon. À peine me vit-elle que ses lèvres firent une grimace enfantine, elle joignit les mains, et, avant que j'eusse le temps d'esquisser un geste, elle était déjà à genoux, le visage ruisselant de larmes :

– Je t'en supplie, ne le fais pas! Renonce à ton projet héroïque! Fais-le pour ta pauvre vieille maman – ils n'ont pas le droit de demander ça à un fils unique! J'ai tellement lutté pour t'élever, pour faire de toi un homme, et maintenant… Oh, mon Dieu! […]

– Mais les billets sont déjà payés, lui dis-je.

Une expression de résolution farouche balaya toute trace de peur et de désespoir de son visage.

– Ils les rembourseront! proclama-t-elle, en saisissant sa canne.

Je n'avais pas le moindre doute là-dessus.

C'est ainsi que je n'ai pas tué Hitler. Il s'en est fallu de peu, comme on voit.

Romain Gary, *La Promesse de l'aube*, 1960
Deuxième partie, chapitre 27 © Éditions Gallimard

Questions sur le texte

La mise en scène d'un épisode hors du commun

1. Quel est le trait de caractère dominant chez la mère du narrateur ?

2. Montrez, par des éléments précis du texte, que la mère est ici présentée comme une actrice.

3. En quoi peut-on dire qu'elle vit plus dans un univers romanesque que dans le monde réel ?

Une parodie de roman d'aventures

4. En quoi le comportement du fils est-il vraiment surprenant, par rapport à la demande qui lui est faite ?

5. Qu'est-ce qui semble lui importer le plus, finalement ? Citez des éléments précis du texte.

6. Qu'est-ce qui est tourné en dérision dans ce texte ?

L'humour de Gary

7. Qu'est-ce qui rend cet épisode comique ?

8. Selon vous, cet épisode a-t-il eu réellement lieu ? Justifiez votre réponse.

9. Comment peut-on expliquer la présence de ce passage comique à un moment si dramatique de l'histoire ?

Lecture d'image

1. a) Quel lien peut-on faire entre le personnage de Romain dans cet épisode et le superhéros de cette image ? b) Quelles différences notez-vous cependant ?

2. Dans quelle mesure peut-on porter sur cette image un regard amusé ?

À retenir

Avoir de l'**humour** permet de prendre de la distance avec les choses, de faire preuve d'**autodérision**, c'est-à-dire d'**être capable de rire de soi-même**. La présence de l'humour dans l'œuvre de Gary témoigne ainsi de son refus de se prendre trop au sérieux. Une **parodie** est une **imitation** qui tourne en ridicule une œuvre ou un genre sérieux. La parodie a pour but d'amuser les lecteurs (ou les spectateurs). La présence de la parodie dans le texte de Gary permet de faire entrer l'imaginaire dans sa propre histoire.

Promesse tenue

La guerre se termine, et le narrateur, qui a activement participé à la Libération comme pilote dans les Forces aériennes françaises libres, entre à Nice avec les troupes alliées. Une seule chose alors lui importe : revoir sa mère…

J'AVAIS fait prévenir ma mère de mon retour par dix messages différents qui avaient dû converger sur elle de tous côtés quelques heures à peine après l'entrée à Nice des troupes alliées. […] J'avais beaucoup d'amis et ils comprenaient. Ils savaient bien qu'il ne s'agissait ni d'elle, ni de moi, mais de notre vieux compagnonnage humain, de notre coude à coude fraternel à la poursuite d'une œuvre commune de justice et de raison. […] Le ruban vert et noir de la Libération bien en évidence sur ma poitrine, au-dessus de la Légion d'honneur, de la Croix de Guerre et de cinq ou six autres médailles dont je n'avais oublié aucune, les galons de capitaine sur les épaules de mon battledress[1] noir, la casquette sur l'œil, l'air plus dur que jamais, à cause de la paralysie faciale, mon roman en français et en anglais dans la musette[2] bourrée de coupures de presse et, dans ma poche, la lettre qui m'ouvrait les rangs de la Carrière[3], avec juste ce qu'il fallait de plomb dans le corps pour faire le poids, ivre d'espoir, de jeunesse, de certitude et de Méditerranée, debout, enfin, debout dans la clarté, sur un rivage béni où nulle souffrance, nul sacrifice, nul amour n'étaient jamais jetés au vent, où tout comptait, se tenait, signifiait, était pensé et accompli selon un art heureux, je revenais à la maison après avoir démontré l'honorabilité du monde, après avoir donné une forme et un sens au destin d'un être aimé.

Des G.I.[4] noirs, assis sur les pierres, avec des sourires si grands et si étincelants qu'ils en paraissaient éclairés de l'intérieur, comme si la lumière leur venait du cœur, levaient les mitraillettes en l'air à notre passage, et leur rire amical avait toute la joie et le bonheur des promesses tenues :

– Victory, man, victory ! […]

Debout dans la jeep, […] ce fut seulement sur les pontons du Var que je cessai de voir les mains et les visages, que je ne cherchai plus à reconnaître les mille coins familiers, que je ne répondis plus aux signes joyeux des femmes et des enfants, et que je demeurai là, debout, accroché au pare-brise, tendu tout entier vers la ville qui approchait, vers le quartier, la maison, la silhouette aux bras ouverts qui devait m'attendre déjà sous le drapeau victorieux.

Je devrais interrompre ici ce récit. Je n'écris pas pour jeter une ombre plus grande sur la terre. Il m'en coûte de continuer et je vais le faire le plus rapidement possible, en ajoutant vite ces quelques mots, pour que tout soit fini et pour que je puisse laisser retomber ma tête sur le sable, au bord de l'Océan, dans la solitude de Big Sur[5] où j'ai essayé en vain de fuir la promesse de finir ce récit.

À l'Hôtel-Pension Mermonts où je fis arrêter la jeep, il n'y avait personne pour m'accueillir. On y avait vaguement entendu parler de ma mère, mais on ne la connaissait pas. Mes amis étaient dispersés. Il me fallut plusieurs heures pour connaître la vérité. Ma mère était morte

1 Mot anglais qui signifie littéralement « vêtement de combat ». Il désigne l'uniforme de l'armée britannique, adopté par de nombreux alliés.
2 Sac de toile porté en bandoulière.
3 Il s'agit de la carrière diplomatique : à la fin de la guerre, Gary reçoit une lettre du ministère des Affaires étrangères lui offrant de devenir secrétaire d'ambassade « pour services exceptionnels rendus à la cause de la Libération ».
4 Soldats américains.
5 Plage de Californie.

Plage de Big Sur, Californie, États-Unis, photographie de Michael Ransburg

trois ans et demi auparavant, quelques mois après mon départ pour l'Angleterre.

Mais elle savait bien que je ne pouvais pas tenir debout sans me sentir soutenu par elle et elle avait pris ses précautions.

Au cours des derniers jours qui avaient précédé sa mort, elle avait écrit près de deux cent cinquante lettres, qu'elle avait fait parvenir à son amie en Suisse. Je ne devais pas savoir [...].

Je continuai donc à recevoir de ma mère la force et le courage qu'il me fallait pour persévérer, alors qu'elle était morte depuis trois ans.

Le cordon ombilical avait continué à fonctionner.

Romain Gary, *La Promesse de l'aube*, 1960
Troisième partie, chapitre 42 © Éditions Gallimard

Questions sur le texte

Un retour victorieux

1. Quel portrait le narrateur fait-il de lui-même dans cet extrait ? Sur quels éléments insiste-t-il ?

2. Le personnage est-il en harmonie avec le monde qui l'entoure ? Nuancez votre réponse et justifiez-la par des éléments du texte.

3. En quoi peut-on dire que le personnage a le sentiment d'avoir atteint un idéal ?

Une attente trompée

4. Quelle découverte le personnage fait-il en arrivant à l'Hôtel-Pension Mermonts ?

5. Relevez les éléments du texte qui marquent une rupture entre la situation attendue et la réalité trouvée.

6. Cette découverte fait-elle encore souffrir le narrateur au moment où il écrit ? Nuancez et justifiez votre réponse.

La fin du récit

7. D'après cet extrait, quel est le pouvoir de l'écriture ? Que permet-elle ? Justifiez en citant le texte.

8. Peut-on dire que le narrateur est orphelin ? Nuancez votre réponse.

9. Dans quelle mesure peut-on affirmer que la « promesse de l'aube » *(voir Textes et Images 1)* a été tenue ? Expliquez.

Lecture d'image

1. Décrivez ce lieu de la manière la plus précise possible : dites s'il est ouvert ou clos, accueillant ou hostile, apaisant ou oppressant, joyeux ou triste, etc., en donnant des arguments et en nuançant votre réponse.

2. Selon vous, pourquoi le narrateur a-t-il choisi cette plage de Big Sur pour prendre le temps de se replonger dans ses souvenirs et donner naissance à son récit ?

À retenir

La **mélancolie** (du grec *melas* : « noir » et *khole* : « la bile » – liquide sécrété par le foie) est un sentiment de **tristesse vague**. Alors qu'aujourd'hui elle est plus ou moins synonyme de dépression, chez les Grecs, elle était considérée comme une source de génie. C'est sur ce sentiment que s'ouvre et se clôt *La Promesse de l'aube*.

Défi et virtuosité dans l'art

De quelle manière le défi et la virtuosité se manifestent-ils dans l'art ?
« Le goût de l'art, cette obsédante poursuite du chef-d'œuvre [...] demeure pour moi, à ce jour, un mystère aussi obscur qu'il l'était il y a trente-cinq ans [...]. » (*La Promesse de l'aube*, 1960, Première partie, chapitre 12)

1 Vue intérieure de la Sagrada Família
Barcelone, Espagne, 2010
Basilique catholique, la Sagrada Família est le monument emblématique de Barcelone. Œuvre de l'architecte Antoni Gaudí, sa construction débute en 1882.

2 Voûte de la Sagrada Família, vue de dessous

3 Tour Burj Khalifa
Dubaï, Émirats Arabes Unis, 2010
Culminant à 828 m, la tour Burj Khalifa de Dubaï est actuellement le plus haut bâtiment au monde.

4 **Glenn Gould au piano**

Glenn Gould, le 1er mars 1956, avant une séance d'enregistrement aux Columbia Studio Recordings, photographie de Gordon Parks

Sur notre site, trois vidéos INA : l'une sur les premiers conquérants de l'Annapurna, l'autre sur un patineur de génie et la dernière sur un violoniste hors-normes.

100 % web

– Une page de synthèse sur ce thème
– Des liens vers des ressources complémentaires

5 ***L'Autre Monde* d'Escher**

Maurits Cornelis Escher, *L'Autre Monde, II, Paysage irréel avec construction et créatures monstrueuses*, 1947, gravure, 31,8 x 26,1 cm (Gemeentemuseum, La Haye, Pays-Bas)

* **Virtuosité :** très grande agilité, maîtrise extrême d'une technique.

Questions

1. **Doc. 1 et 3 :** Quels liens pouvez-vous établir entre ces deux bâtiments ?
2. **Doc. 2 :** Qu'y a-t-il de déroutant dans cette voûte ? À quoi vous fait-elle penser ?
3. **Doc. 1 et 3 :** À votre avis, les plafonds sont-ils aussi hauts dans la tour de Dubaï que dans la Sagrada Familia ? Pourquoi ? Quelle est la fonction de chacun de ces deux édifices ?
4. **Doc. 1 et 3 :** À la gloire de qui ou de quoi ces deux bâtiments ont-ils été érigés ?
5. **Doc. 3 :** À quelle tour mythique (évoquée dans la Bible) ce bâtiment peut-il faire penser ? De quoi est-ce symbolique ?
6. **Doc. 1 et 3 :** Cherchez combien de temps ont duré les travaux pour chacun de ces deux bâtiments, et s'ils sont terminés. Selon vous, pourquoi y a-t-il une telle différence ? Trouvez plusieurs raisons.
7. **Doc. 4 :** Sur quel aspect du pianiste virtuose cette photo de Glenn Gould insiste-t-elle ?
8. **Doc. 5 :** Pourquoi le spectateur est-il désorienté devant ce tableau ? Relevez des éléments précis.
9. **Doc. 5 :** Dans quelle mesure peut-on parler de défi et de virtuosité à propos de cette œuvre ? Comment interprétez-vous le sourire de l'animal fabuleux au centre du tableau ?
10. À votre avis, qu'est-ce qui peut pousser un artiste à manifester une telle virtuosité ?
11. Selon vous, qu'éprouve le spectateur ou l'auditeur au contact d'œuvres de virtuoses ?

À retenir

- Certains artistes manifestent un goût spectaculaire pour le défi et la virtuosité*. Cette virtuosité peut être l'expression de la volonté qu'a l'homme de se lancer en permanence un défi à lui-même, de se dépasser et d'exprimer sa puissance **(doc. 3)** ; elle est aussi la manifestation de sa quête d'un idéal toujours plus élevé, qu'il soit religieux ou artistique **(doc. 1, 2 et 4)**. Mais cette virtuosité affichée peut aussi traduire une forme d'inquiétude : à défier les lois de la nature, nous finissons par construire un monde dont nous ne trouvons plus la cohérence **(doc. 5)**.

Un artiste, des identités multiples

Comment certains artistes au XXe siècle jouent-ils avec leur identité ?
« J'étais las de n'être que moi-même. [...] Recommencer, revivre, être un autre fut la grande tentation de mon existence. » (Romain Gary, *Vie et mort d'Émile Ajar*, 1980)

1 ***Triple Autoportrait* de Norman Rockwell**

Norman Rockwell, *Triple Autoportrait*, 1960, illustration de couverture pour le *Saturday Evening Post*, huile sur toile, 113 x 88,3 cm (collection permanente du Norman Rockwell Museum, Massachusetts, États-Unis)

2 **Un écrivain**

Boris Vian à sa machine à écrire, 1956

3 **Un musicien**

Boris Vian, 1948, photographie du Studio Harcourt, 24 x 30 cm (médiathèque de l'Architecture et du Patrimoine, Paris)

100 % web

– Une page de synthèse sur ce thème
– Des liens vers des ressources complémentaires

4 **Portrait d'Émile Ajar (Paul Pavlowitch)**

5 ***Autoportrait* de Gino Severini**

Gino Severini, *Autoportrait*, 1960 (réplique de l'autoportrait de 1912), huile sur toile, 55 x 46,3 cm (Musée national d'Art moderne, centre Georges Pompidou, Paris)

Questions

1. **Doc. 1 :** Comment pouvez-vous expliquer le titre de cette œuvre ?

2. **Doc. 1 :** Cherchez ce qu'est une mise en abyme. Selon vous, en quoi peut-on dire que ce tableau est une mise en abyme ?

3. **Doc. 1 :** Sur le côté droit, le peintre a accroché plusieurs autoportraits célèbres. Qu'a-t-il accroché sur le côté gauche ? Comment expliquez-vous qu'il ait ainsi encadré sa toile de ces images ?

4. **Doc. 1 :** Quelles sont les différences entre les trois autoportraits ?

5. **Doc. 1 :** Comment le lien entre l'autoportrait de Rockwell et celui de ses prédécesseurs est-il matérialisé ?

6. **Doc. 1 :** Montrez que le regard du spectateur se disperse à la vue de ce tableau.

7. **Doc. 1 :** Selon vous, qu'est-ce que Rockwell a voulu exprimer sur l'identité de l'artiste, avec ce tableau ?

8. **Doc. 2 et 3 :** Quel lien pouvez-vous établir entre ces deux documents ?

9. **Doc. 2 et 3 : a)** Cherchez combien cet artiste a utilisé de pseudonymes au cours de sa carrière. **b)** Expliquez comment ont été formés les pseudonymes suivants : Honoré Balzac, Brisavion, Vernon Sullivan, Aimé Damour, Bison Ravi. **c)** Selon vous, que caractérise le goût pour les pseudonymes chez cet artiste ?

10. **Doc. 4 :** Faites des recherches sur Paul Pavlowitch : quels étaient ses liens avec Romain Gary ?

11. **Doc. 4 :** Cherchez quels ont été les quatre pseudonymes de Roman Kacew. Peut-on dire que cette démultiplication de l'identité a fini par devenir excessive ?

12. **Doc. 5 :** Qu'est-ce qui frappe immédiatement le spectateur qui observe ce tableau ?

13. **Doc. 5 :** Selon vous, qu'a voulu exprimer le peintre en réalisant cet autoportrait ?

À retenir

▸ Avoir une identité, c'est ne faire qu'un, être à la fois différent des autres et cohérent avec soi-même. Mais **il est parfois bien difficile de savoir qui on est**, de réussir à se définir soi-même. De nombreux artistes au XXe siècle se sont confrontés à cette question et ont essayé d'y répondre de différentes manières. D'une part, **l'artiste est rarement le premier à créer dans son domaine**, surtout au XXe siècle. Par exemple, si un artiste décide de peindre des autoportraits, ses œuvres s'inscriront à la suite de nombreux autoportraits. Il est donc héritier d'un passé auquel il peut choisir de faire référence dans ses œuvres. L'identité de l'artiste se dévoile ainsi en référence à ceux qui l'ont précédé. D'autre part, **l'artiste peut aussi avoir du mal à se définir, à se trouver**. Il peut décider de montrer cette difficulté en se présentant par exemple sous plusieurs identités, en particulier avec le jeu des pseudonymes.

Synthèse

La Promesse de l'aube : un roman à la croisée des genres

Un récit autobiographique ?

« – *Tu sais,* [...]. *Je ne t'ai pas dit la vérité.* [...] – *Je sais, lui disais-je, doucement.* » (3e partie, ch. 37)

Une autobiographie romancée... : Auteur, narrateur et personnage principal sont une seule et même personne (premier critère d'une autobiographie). En revanche, cette œuvre relate des événements vraisemblables, mais pas forcément vrais.

... car il s'agit de revisiter sa propre histoire... : L'auteur a pour ambition de raconter une partie de sa vie telle qu'il la ressent alors qu'il est devenu adulte, et non pas telle qu'elle s'est très exactement passée. Dès lors, la force de l'imaginaire de l'écrivain peut s'exprimer et donner sa cohérence au récit.

... et de ne pas céder au désespoir : Raconter son enfance permet à Romain Gary, adulte mélancolique, de ne pas trop souffrir. La fiction (qui n'est pas le mensonge !) et l'humour présent dans toute son œuvre l'aident à ne pas céder au désespoir.

Un récit d'aventures

« *Je pensais à toutes les batailles que j'allais livrer pour elle, à la promesse que je m'étais faite, à l'aube de ma vie, de lui rendre justice, de donner un sens à son sacrifice et de revenir un jour à la maison, après avoir disputé victorieusement la possession du monde à ceux dont j'avais si bien appris à connaître, dès mes premiers pas, la puissance et la cruauté.* » (1re partie, ch. 1)

Un combat : *La Promesse de l'aube* est avant tout l'histoire du combat d'un fils qui lutte pour rendre sa dignité à sa mère, promesse qu'il parviendra à tenir quoi qu'il lui en coûte.

Des héros : Chacun à leur manière, les personnages de *La Promesse de l'aube* sont des héros. Sur les routes de l'exode pour échapper à la barbarie antisémite, engagés dans la Résistance pendant la Seconde Guerre mondiale, Nina et son fils traversent l'Histoire sans jamais se regarder en victimes, mais au contraire en cherchant toujours à rester maîtres d'eux-mêmes. Quant au jeune Romain, il est avant tout le héros de sa mère, promis selon elle à un destin des plus glorieux.

Et un hommage aux disparus : *La Promesse de l'aube* se veut enfin un hommage du narrateur à ceux qu'il a aimés ou admirés et qui ont disparu. Parmi eux, cette figure exceptionnelle que fut sa mère.

Un récit d'enfance et d'adolescence...

« *J'ai les cheveux grisonnants, à présent, mais ils me cachent mal, et je n'ai pas vraiment vieilli, bien que je doive approcher maintenant de mes huit ans.* » (3e partie, ch. 42)

... qui évoque le temps des origines : Ce récit constitue pour le narrateur un retour sur lui-même et sur ses racines. Passant d'un pays à un autre, d'une langue à une autre, il est important pour Gary d'insister sur ce qui relie l'enfant qu'il fut jadis à l'adulte qu'il est devenu.

... le temps des contes : L'enfance et l'adolescence du narrateur sont marquées par les histoires : Nina se nourrit de contes et d'histoires, se créant ainsi sa propre mythologie à travers laquelle elle et son fils regardent le monde et cherchent à lui donner un sens.

... et le temps des rêves : *La Promesse de l'aube* est traversée par les rêves, les rêves de l'enfant et ceux de sa mère sont étroitement liés. Ce sont les rêves d'une France idéale, les rêves d'un destin glorieux, les rêves de fusion entre la mère et le fils qui finissent par ne plus faire qu'un.

Exercices

1 Où il est question de l'aube...

Le mot *aube* vient de l'adjectif latin *albus* qui signifie *blanc*. Les mots qui ont été formés sur cet adjectif sont liés soit à la notion de *blancheur*, soit à celle de *début*. À partir de ce mot, en français, deux radicaux se sont déployés : *aub-* et *alb-*.

a) Complétez les phrases suivantes, en vous aidant si nécessaire d'un dictionnaire :

1. L'aube est la clarté ... qui apparaît dans le ciel au moment où le jour ... .
2. Se lever à l'aube signifie... .
3. Être à l'aube de quelque chose signifie ... .
4. Une aubade, c'est ... .
5. Lors d'une messe, le prêtre et les enfants de chœur portent une aube, il s'agit de ... .
6. L'aubépine est un arbuste épineux dont ... .
7. L'albinisme est une anomalie congénitale qui consiste en ... ; les gens ou les animaux atteints d'albinisme sont ... .
8. Dans un œuf, l'albumen, c'est ... .

b) Attention : Il existe une autre aube, qui n'a pas la même étymologie ! À vous de retrouver l'étymologie et le sens de cette « seconde aube ».
Ces deux mots, qui sont semblables mais qui ont des sens différents, sont donc des ... .

2 ... et d'une promesse.

Trouvez cinq synonymes du nom *promesse* et utilisez-les chacun dans une phrase de votre invention.

3 Sur les traces de « mémoire »...

> « La mémoire est un beau palais où l'on n'entre pas facilement. » (Jouhandeau)

1. Belle citation ! Mais, selon vous, que veut-elle dire ?

2. Essayons donc d'entrer dans le palais de la mémoire. Tout d'abord, retenez que *Mémoire* est le nom de la déesse grecque de la mémoire, appelée aussi ... .
Attention, les choses se compliquent, car il y a une « mémoire » féminine, et un « mémoire » masculin !

3. **Soyons galants, commençons par la mémoire.**
Vous la connaissez bien, c'est la faculté de conserver des sentiments, des idées, des connaissances antérieurement acquises.
– Lorsque quelqu'un se souvient de tout, on dit qu'il a une mémoire d' ... . En revanche, celui qui ne se souvient de rien a une mémoire de ... .
– Dire de mémoire un texte, c'est le dire ... .
– Un événement inoubliable, c'est un événement ... .
– Fixer méthodiquement quelque chose dans sa mémoire, c'est le ... .
– Un monument érigé à la mémoire d'un héros est un ... .
– Lorsqu'on oublie facilement, on dit qu'on a la mémoire ... .
– Lorsqu'on veut rappeler à quelqu'un ce qu'il a oublié ou prétend avoir oublié, on décide de lui ... la mémoire ... .
– Aujourd'hui, on parle aussi de la mémoire d'une machine, celle de ... . Or, cette machine dispose de deux types de mémoires : une mémoire ... (ROM), dont les données enregistrées ne peuvent être modifiées, par opposition à une mémoire ... (RAM), dont les données enregistrées peuvent être modifiées.

4. **Et maintenant, voyons ce qu'est un mémoire.**
Là encore, il faut distinguer le mémoire et les mémoires !
Commençons par le singulier : Un mémoire est un document écrit sur un sujet déterminé et destiné à être présenté à un jury, à un public.
En revanche, au pluriel : Il s'agit de la relation écrite des événements qui se sont passés durant la vie d'un homme, et auxquels il s'est trouvé associé, soit comme acteur, soit comme témoin.
À vous maintenant de trouver des titres d'œuvres contenant ce terme de *mémoires* : ...

5. Pour finir, donnez le sens des mots suivants, appartenant tous à la famille de *mémoires*, et utilisez-les dans une phrase de votre invention : *commémoration*, *amnésie*, *mémorandum*, *mnémotechnique*, *mémento*, *réminiscence*.

6. En conclusion, nous terminerons avec cette belle citation (que vous pourrez essayer de mémoriser !) de Marcel Proust :

> Nous trouvons de tout dans notre mémoire : elle est une espèce de pharmacie, de laboratoire de chimie, où on met au hasard la main tantôt sur une drogue calmante, tantôt sur un poison dangereux.
>
> Marcel Proust, *La Prisonnière*, 1925

Comment comprenez-vous cette phrase ?

Expression écrite

Exercices

1 Chercher et mettre en relation. *(Textes et Images 1)*

Cherchez ce qu'est le supplice de Tantale, puis rédigez un paragraphe dans lequel vous expliquerez dans quelle mesure ce texte de Romain Gary y fait référence.

2 Argumenter. *(Textes et Images 1)*

Vous direz en quoi ce texte vous paraît particulièrement émouvant. Vous répondrez en un paragraphe organisé en plusieurs arguments, illustrés par des exemples tirés du texte.

3 Écrire un dialogue. *(Textes et Images 2)*

En prenant appui sur le texte, rédigez un dialogue entre la mère et le fils, dans lequel la mère parle de la France à l'enfant.
Dans ce dialogue :
– vous développerez des passages descriptifs (la mère décrivant avec ferveur ce pays dont elle rêve) ;
– vous utiliserez les quatre types de phrases ;
– vous terminerez votre rédaction par une phrase exprimant le point de vue rétrospectif de l'enfant devenu adulte.
Vous pouvez vous aider des leçons de grammaire nos 14, 25 et 27.

4 Évoquer le pays de ses rêves. *(Textes et Images 2)*

Vous devez présenter à l'un de vos amis le pays qui vous fait rêver.
À la manière de la mère de Romain :
– vous manifesterez un très vif enthousiasme à l'évocation de ce pays ;
– vous donnerez au moins deux références artistiques ou littéraires célèbres, correspondant au pays choisi.
Votre rédaction fera environ vingt lignes.

5 Raconter. *(Textes et Images 3)*

Racontez un épisode de votre enfance dans lequel vous avez voulu vous dépasser, battre un record, impressionner votre famille ou vos camarades (ou vous-même), pour vous rendre compte que finalement vous n'étiez pas capable de réaliser l'exploit envisagé. Exprimez vos émotions, ce que vous avez ressenti sur le moment, et la leçon que vous en avez tirée aujourd'hui.
Vous pouvez vous aider de la leçon de grammaire n° 27.

6 Transposer. *(Textes et Images 4)*

Transposez une partie de ce passage romanesque en scène de théâtre, en veillant à garder l'humour du texte de Gary !
– Vous travaillerez sur la partie du texte allant de « Nous nous installâmes à notre table habituelle… » à « … dérober ».
– Vous essayerez d'être le plus fidèle possible au texte de Gary.
– Vous utiliserez au moins trois didascalies.
– Votre texte fera une quarantaine de lignes.
Vous pouvez vous aider de la leçon de grammaire n° 25.

7 Écrire une lettre. *(Textes et Images 5)*

Pour le narrateur, sa mère, bien que décédée depuis trois ans et demi, est toujours vivante, d'une certaine manière. Imaginez que Romain, apprenant la mort de Nina, décide malgré tout de lui écrire.
En vous fondant sur le texte, vous rédigerez cette lettre qui devra mêler les sentiments qu'il éprouve (positifs et négatifs), et son besoin de raconter ce qu'il a vécu pendant la guerre et en ce jour de Libération.
Vous veillerez à respecter d'une part la situation d'énonciation et d'autre part la forme habituelle de la lettre privée.
Vous pouvez vous aider de la fiche méthodologique du manuel de Français 4e.

8 Analyser. *(Textes et Images 5)*

Dans *La Promesse de l'aube*, Romain Gary écrit :
« *Parfois, je lève la tête et regarde mon frère l'Océan avec amitié : il feint l'infini, mais je sais que lui aussi se heurte partout à ses limites, et voilà pourquoi, sans doute, tout ce tumulte, tout ce fracas.* » (3e partie, ch. 41)
En prenant appui sur les extraits étudiés, rédigez en un paragraphe un commentaire de cette phrase : comment la comprenez-vous ? Que veut souligner Romain Gary ici, qu'il a déjà évoqué dans les textes que vous avez travaillés au cours de ce chapitre ?

Marc Chagall, *Bella écrivant*, 1915, aquarelle, 22,2 x 32,3 cm (Musée national d'Art moderne, centre Georges Pompidou, Paris)

Exercices

Expression orale

1 Élaborer et présenter une biographie.

Faites des recherches sur la vie de Romain Gary, et présentez votre travail à vos camarades dans un exposé organisé ainsi : L'enfance (Lituanie, Pologne) – L'adolescence en France – La guerre – Le diplomate et l'écrivain – Émile Ajar – La fin d'une vie.

2 Interpréter une image : le portrait de Gary.

Analysez le regard et la position de Romain Gary sur cette photo. Puis exprimez en cinq phrases l'impression qui selon vous se dégage de ce portrait, en vous fondant sur des remarques précises.

3 Comprendre, puis expliquer. *(Textes et Images 1)*

Expliquez comment vous comprenez la dernière phrase du texte : « Malheureusement pour moi, je me connais en vrais diamants. »

4 Débattre. *(Textes et Images 3)*

À la fin de l'extrait, le narrateur écrit : « *C'est une vérité triste et il ne faut pas la dévoiler aux enfants.* » Qu'en pensez-vous ?

5 En scène ! *(Textes et Images 4)*

Après avoir transposé le texte en scène de théâtre, apprenez cette scène et jouez-la devant vos camarades !

6 Une mission : tuer Hitler ! *(Textes et Images 4)*

Si le jeune Romain n'a pas mis son projet d'assassiner Hitler à exécution, en revanche d'autres ont bien tenté de mettre un terme à la tyrannie barbare du Führer. Faites des recherches sur « ceux qui ont voulu assassiner Hitler », et présentez votre travail à la classe.

7 De la vie à la littérature... *(Textes et Images 5)*

Faites des recherches sur la vie de Romain Gary : ce qu'il raconte dans cet extrait est-il exact, partiellement exact, ou intégralement faux ? Présentez vos conclusions à vos camarades de manière organisée, puis apportez votre propre commentaire.

8 Donner sa voix aux textes.

Entraînez-vous à lire de manière expressive les extraits de ce chapitre.
Veillez à respecter : le volume de voix qui convient, le choix d'intonation correspondant à la ponctuation, une vitesse de lecture convenable. Enregistrez ensuite vos lectures et regroupez-les dans un livre audio, sous forme de CD qui sera mis à disposition au CDI.

100 % web

- **Un sujet d'exposé**
- **Un exercice de réflexion et de débat**

À lire et à voir

D'autres romans et récits autobiographiques

- **Panaït Istrati, « Mes départs », in *La Jeunesse d'Adrien Zograffi*, 1926-1930.** Nouvelle autobiographique. Roumanie, début du XXe siècle : le narrateur quitte l'école, très jeune, pour travailler et partir à la découverte du monde. Récit d'aventures chargé d'émotion, inspiré des souvenirs de l'auteur. Récit court, publié dans la collection « Classiques et Cie Collège », Éditions Hatier, 2010.
- **Christine Arnothy, *J'ai quinze et je ne veux pas mourir*, 1955.** Budapest, 1945 : l'histoire vraie de Christine A., quinze ans, inspirée de son journal de guerre.
- **Michel Onfray, « Le corps de mon père » et « Autobiographie de ma mère », in *Journal hédoniste*, 1996-1998.** Deux récits autobiographiques courts et poignants rendant hommage aux parents de l'auteur, réunis dans un recueil de la collection « Classiques et Cie Collège », Éditions Hatier, 2009.

Des films sur le thème de la filiation (lien parents/enfants)

- **Jules Dassin, *La Promesse de l'aube*, 1970.** Film adapté du roman de Romain Gary.
- **Jean-Pierre et Luc Dardenne, *Le Fils*, 2002.** La rencontre entre Olivier, un formateur en menuiserie dans un centre de réinsertion sociale et un adolescent, Francis, responsable d'un terrible accident.
- **Ismaël Ferroukhi, *Le Grand Voyage*, 2004.** À quelques semaines du bac, Réda, vingt ans, est obligé de conduire son père en voiture jusqu'à La Mecque. Un voyage plein d'émotions et de rebondissements.

Qui serons-nous ?

Âgé de treize ans, le jeune Romain rêve d'une grande carrière artistique. Soutenu dans ce projet par sa mère, et après s'être essayé sans grand succès à la musique, la danse et la peinture, il décide finalement de se lancer dans la littérature.

C'est ainsi que la musique, la danse et la peinture successivement écartées, nous nous résignâmes à la littérature [...]. Il ne nous restait plus maintenant, pour donner à nos rêves un début de réalisation, qu'à nous trouver un pseudonyme digne des chefs-d'œuvre que le monde attendait de nous. Je restais des journées entières dans ma chambre à noircir du papier de noms mirobolants. Ma mère passait parfois la tête à l'intérieur pour s'informer de l'état de mon inspiration. [...]

– Alors ? [...]

– Alexandre Natal. Armand de La Terre. Terral. Vasco de La Fernaye...

Cela continuait ainsi pendant des pages et des pages. Après chaque chapelet de noms, nous nous regardions, et nous hochions tous les deux la tête. Ce n'était pas ça – ce n'était pas ça du tout. Au fond, nous savions fort bien, l'un et l'autre, les noms qu'il nous fallait – malheureusement, ils étaient déjà tous pris. « Goethe » était déjà occupé, « Shakespeare » aussi, et « Victor Hugo » aussi. C'était pourtant ce que j'aurais voulu être pour elle, c'était cela que j'aurais voulu lui offrir. [...]

– Roland de Chantecler, Romain de Mysore...

– Il vaut peut-être mieux prendre un nom sans particule, s'il y a encore une révolution, disait ma mère. [...]

Elle écoutait avec une attention un peu anxieuse, et je sentais bien qu'aucun de ces noms ne lui suffisait, qu'aucun n'était assez beau pour moi. Peut-être cherchait-elle simplement à me donner courage et confiance dans mon destin. Sans doute savait-elle combien je souffrais d'être encore un enfant, de ne rien pouvoir pour elle, et peut-être avait-elle surpris mon regard anxieux, alors que, de notre balcon, je la voyais s'éloigner chaque matin dans l'avenue Shakespeare, avec sa canne, sa cigarette et la petite valise pleine de « bijoux de famille », et que nous nous demandions tous les deux si la broche ou la tabatière en or allaient trouver cette fois un acquéreur.

– Roland Campéador, Alain Brisard, Hubert de Longpré, Romain Cortès.

Je voyais bien à ses yeux que ce n'était pas encore ça, et j'en venais à me demander sérieusement si j'arriverais jamais à lui donner satisfaction. Bien plus tard, lorsque pour la première fois j'entendis à la radio le nom du général de Gaulle, au moment de son fameux appel, ma première réaction fut un mouvement de colère parce que je n'avais pas songé à inventer ce beau nom quinze ans plus tôt : Charles de Gaulle, cela aurait sûrement plu à ma mère, surtout si je l'avais écrit avec un seul « l ». La vie est pavée d'occasions perdues.

Romain Gary, *La Promesse de l'aube*, 1960
Première partie, chapitre 3 © Éditions Gallimard

Retrouvez un second brevet blanc sur *La Promesse de l'aube* de Romain Gary en vous connectant sur *www.lelivrescolaire.fr*.

Première partie : Questions, réécriture, dictée (25 points)

Questions (15 points)

C1 ▸ – Tous les items du domaine « Lire ».
– Les items 2 et 3 du domaine « Écrire ».
C5 ▸ Les items 1 et 3 du domaine « Faire preuve de sensibilité, d'esprit critique, de curiosité ».

▸ Le récit d'une enfance

1. Quel est le lien entre l'auteur, le narrateur et le personnage principal de cet extrait ? Justifiez votre réponse. **(1 point)**

2. Qui est désigné par le pronom « *nous* » dans le premier paragraphe ? Lisez bien le chapeau et le début du texte pour répondre. **(0,5 point)** Quel est l'effet ainsi créé par l'emploi de ce pronom ? **(0,5 point)**

3. Identifiez deux temps du passé utilisés dans ce texte. **(0,5 point)** Relevez un exemple pour chacun d'eux **(0,5 point)** et donnez leur valeur. **(1 point)**

4. « *La vie est pavée d'occasions perdues* » : quelle est la valeur du présent de l'indicatif ? **(1 point)**

▸ La rêverie sur les noms

5. Pourquoi est-il essentiel pour l'enfant de trouver un pseudonyme ? Que cherche-t-il à travers ce faux nom ? **(1 point)**

6. Qui sont les personnages dont les noms sont « *déjà pris* » ? Que rêve donc de devenir le jeune Romain ? **(1 point)**

7. Expliquez la remarque de la mère : « *Il vaut peut-être mieux prendre un nom sans particule, s'il y a encore une révolution.* » **(1 point)**

8. Pourquoi le nom de « *Charles de Gaulle* » aurait sans doute plu à la mère ? **(0,5 point)** Pourquoi aurait-elle sûrement préféré qu'il s'écrive avec un seul « l » ? **(0,5 point)**

▸ Le regard de l'adulte

9. Relevez deux mots appartenant au champ lexical de la réussite et deux mots appartenant au champ lexical de l'incertitude (du doute), puis interprétez l'association de ces deux champs lexicaux. **(1,5 point)**

10. « *Après chaque chapelet de noms* » (l. 8) : identifiez la figure de style et expliquez-la. **(1 point)**

11. « *Malheureusement* » (l. 10) : expliquez la formation de ce mot **(0,5 point)** ; donnez sa classe grammaticale **(0,5 point)** ; relevez dans le texte un mot de même nature formé de la même manière. **(0,5 point)**

12. **a.** Relevez deux expressions qui montrent que le narrateur exagère, se moquant ainsi de lui-même. **(1 point)**
b. Caractérisez le ton de cet extrait. **(1 point)**

Réécriture (4 points)

C1 ▸ – Les items 1, 3 et 5 du domaine « Lire ».
– Les items 1, 3 et 4 du domaine « Écrire ».

Réécrivez le passage suivant en mettant le premier verbe au conditionnel présent et faites toutes les modifications nécessaires.

> Cela continuait ainsi pendant des pages et des pages. Après chaque chapelet de noms, nous nous regardions, et nous hochions tous les deux la tête. Ce n'était pas ça – ce n'était pas ça du tout. Au fond, nous savions fort bien, l'un et l'autre, les noms qu'il nous fallait – malheureusement, ils étaient déjà tous pris.

Dictée (6 points)

C1 ▸ – L'item 2 du domaine « Écrire ».

Les dictées des brevets blancs sont regroupées en fin de manuel, p. 368 à 370.

Seconde partie : Expression écrite (15 points)

C1 ▸ – L'item 5 du domaine « Lire ».
– Les items 2, 3 et 4 du domaine « Écrire ».
C5 ▸ L'item 2 du domaine « Lire et pratiquer différents langages ».

Vous traiterez <u>au choix</u> l'un des deux sujets suivants. Votre texte aura une longueur de deux pages minimum.

▸ Sujet 1

Comme le jeune Romain, vous avez sans doute rêvé un jour d'un grand destin. Racontez votre rêve d'enfant en respectant les étapes suivantes :

1. Vous présentez le cadre spatio-temporel, le domaine choisi, les pseudonymes envisagés et vos ambitions d'enfant.

2. Vous rédigez un dialogue dans lequel l'enfant que vous étiez explique ses choix à un adulte proche.

3. Aujourd'hui, l'adolescent que vous êtes devenu considère avec humour les ambitions passées.

▸ Sujet 2

Romain Gary a 13 ans lorsqu'il s'imagine devenir écrivain. Pensez-vous qu'à 13 ans il est facile de s'imaginer un avenir, de se projeter dans le futur ? Vous justifierez votre réponse à l'aide de trois arguments, illustrés d'exemples précis tirés de votre expérience ou observés dans votre entourage.

Pour chacun des sujets, il sera tenu compte de la correction de l'expression, de l'orthographe et de la présentation.

Socle commun

Compétences plus précisément travaillées dans ce chapitre

	Items du livret des compétences	Mise en application des items
	Lire	
C1	Adapter son mode de lecture à la nature du texte proposé et à l'objectif poursuivi.	Lire une œuvre intégrale ; lire un roman autobiographique. Lire de manière expressive des extraits du roman *(Expression orale, ex. 8)*.
C1	Repérer des informations dans un texte à partir de ses éléments explicites et des éléments implicites nécessaires.	Distinguer réalité et fiction dans un roman autobiographique *(Expression orale)*.
C1	Utiliser ses capacités de raisonnement, ses connaissances sur la langue, savoir faire appel à des outils appropriés pour lire.	Repérer la présence de l'auteur grâce aux indices de l'énonciation *(Textes et Images)*. Analyser un symbole dans un récit *(Textes et Images 3)*.
C1	Manifester par des moyens divers sa compréhension de textes variés.	Réfléchir au choix du titre du roman ; relire l'œuvre à la lumière de citations *(Liaison 3e-2nde)*.
	Écrire	
C1	Rédiger un texte bref, cohérent et ponctué, en réponse à une question ou à partir de consignes données.	Écrire un dialogue, transposer un passage romanesque en scène de théâtre *(Expression écrite)*.
	Dire	
C1	Développer de façon suivie un propos en public sur un sujet déterminé.	Présenter sous forme d'exposé la biographie d'un écrivain, le résultat de recherches historiques, analyser un portrait, exprimer son point de vue *(Expression orale, ex. 1)*.
C1	Participer à un débat, à un échange verbal.	*Expression orale.*
	Situer dans le temps, l'espace, les civilisations	
C5	Établir des liens entre les œuvres (littéraires, artistiques) pour mieux les comprendre.	Mettre en lien des œuvres à partir de thématiques précises *(Histoire des arts)*.
	Lire et pratiquer différents langages	
C5	Connaître et pratiquer diverses formes d'expression à visée littéraire.	Écrire une description idéalisée d'un pays, une lettre, raconter un épisode de son enfance, écrire « à la manière de » *(Expression écrite)* ; écrire une réflexion fondée sur une métaphore filée *(Liaison 3e-2nde)*.
	Faire preuve de sensibilité, d'esprit critique, de curiosité	
C5	Être sensible aux enjeux esthétiques et humains d'une œuvre artistique.	S'interroger sur le rapport entre virtuosité, défi et art *(Histoire des arts)*.
C5	Être capable de porter un regard critique sur un document, une œuvre.	Relire l'œuvre à partir de citations, analyser et nuancer des points de vue *(Liaison 3e-2nde)*.
	Être capable de mobiliser ses ressources intellectuelles dans diverses situations	
C7	Être autonome dans son savoir ; rechercher et sélectionner des informations utiles.	Effectuer des recherches historiques, élaborer une biographie *(Expression écrite, ex. 1 ; Expression orale)*.
	Faire preuve d'initiative	
C7	S'intégrer et coopérer dans un projet collectif.	Créer un livre audio pour le CDI *(Expression orale, ex. 8)*.

Compétence 4 et B2i

Les items travaillés sont précisés dans chaque activité.

100 % web

La mémoire en image
Rechercher sur Internet l'œuvre de Doisneau, *Le Baiser de l'Hôtel de ville*, et écrire, à l'aide du traitement de texte, un texte autobiographique à partir de cette image.

De l'autobiographie au champ autobiographique
À partir d'une recherche sur Internet, élaborer de manière collective une introduction aux problématiques liées à l'autobiographie.

Faut-il supprimer les blogs et Facebook ?
Réfléchir à la place des sites communautaires dans la sphère autobiographique ainsi que les dangers qu'ils peuvent représenter.

Exercices

Liaison 3e-2nde

1 Expliquez, de manière argumentée, le choix du titre de l'œuvre de Gary, *La Promesse de l'aube.*

Pour cela, prenez appui sur ce que vous avez appris au cours de l'étude de ce chapitre.
Vous trouverez trois arguments que vous illustrerez chacun d'une citation appropriée repérée dans les différents extraits étudiés.

2 Commentez cette affirmation du narrateur de *La Promesse de l'aube* : « *Oui, ma mère avait du talent – et je ne m'en suis jamais remis.* »

Pour traiter ce sujet, vous organiserez votre réflexion en trois paragraphes.
– Paragraphe 1 : vous expliquerez d'abord en quoi cette affirmation est l'expression d'un paradoxe ;
– paragraphe 2 : vous rappellerez ensuite de quel talent la mère du narrateur faisait preuve ;
– paragraphe 3 : vous montrerez enfin dans quelle mesure ce talent de la mère a pu avoir une influence sur son fils.
En conclusion, vous évoquerez le goût pour l'humour de Gary, et préciserez en quoi cette citation en est révélatrice.
Attention : Tout argument devra être illustré d'un exemple que vous aurez tiré d'un extrait étudié au cours de ce chapitre.

3 En reprenant l'image du chemin et en prenant appui sur l'étude des textes menée dans ce chapitre, développez en un paragraphe le passage de l'enfance à l'âge adulte tel que Romain Gary le conçoit.

« Ce fut seulement aux abords de ma quarantième année, après avoir longuement erré parmi les chefs-d'œuvre, que peu à peu la vérité se fit en moi, et que je compris que la dernière balle n'existait pas. ».

Pour traiter ce sujet :
1. Lisez très attentivement la citation de Romain Gary et soulignez-en les mots-clés.
2. Dégagez à partir de là trois éléments qui différencient l'enfant de l'adulte.
3. Cherchez une dizaine de mots appartenant au champ lexical du chemin. Vous ne les utiliserez pas tous : à vous de faire un choix parmi ces mots lors de la rédaction de votre paragraphe.
4. Rédigez votre paragraphe de manière organisée, en utilisant les connecteurs logiques appropriés.

4 « *L'humour ne se résigne pas, il défie.* » a dit Freud. Commentez cette citation, en vous fondant sur l'étude des extraits de *La Promesse de l'aube*, mais aussi en faisant référence à d'autres œuvres que vous connaissez, et éventuellement à votre expérience personnelle.

Vous pourrez construire votre réflexion ainsi :
1. Vous montrerez d'abord dans quelle mesure faire preuve d'humour peut être la marque du refus de se résigner.
2. Vous développerez ensuite l'idée selon laquelle il y a dans l'humour une volonté de défier.
3. Vous vous demanderez enfin si l'humour peut avoir une (ou plusieurs) autre(s) fonction(s) que celle évoquée par Freud.
Attention : Tous vos arguments devront être illustrés par des exemples.

Propositions de lecture pour la Seconde

Deux romans de Romain Gary qui ont reçu le prix Goncourt

- Romain Gary, *Les Racines du ciel*, 1956. L'Afrique, au milieu du XXe siècle. Un homme lutte héroïquement contre l'extermination des éléphants. Adapté au cinéma par John Huston en 1958.
- Émile Ajar (pseudonyme de Romain Gary), *La Vie devant soi*, 1975. Paris, années 1970. La belle histoire de Momo, un jeune garçon arabe, et de Madame Rosa, une vieille dame juive, qui tient une « pension » clandestine… Adapté au cinéma par Moshé Mizrahi, en 1997.

D'autres romans et récits autobiographiques

- Georges Perec, *W ou le Souvenir d'enfance*, 1975. Deux récits se croisent dans ce livre : l'autobiographie de l'auteur et l'histoire imaginaire de Gaspard Winckler (écriture difficile mais passionnante !).
- François Cavanna, *Les Ritals*, 1978. L'auteur raconte son enfance de fils de « Rital » dans les rues de Nogent-sur-Marne où il fait les quatre cents coups, et rend hommage à son père (récit chantant comme l'accent italien et facile à lire).
- Patrick Modiano, *Un pedigree*, 2005. L'autobiographie, une quête de son identité. L'auteur fait la liste de tout ce qu'il sait sur ses parents.

100 % web **Retrouvez d'autres propositions de romans sur le thème de la filiation.**

2 Les grandes émotions de la jeunesse

Comprendre les codes d'écriture, les buts et les fonctions du récit d'enfance et d'adolescence
Étudier les sentiments, les émotions et les expériences clés qui sont associés à l'enfance et à l'adolescence

ina

Édouard Boubat, *Rémi écoutant la mer*, 1995
Le petit-fils du photographe, Rémi, écoute la mer dans un coquillage.

Lecture d'image

1. Quel lien faites-vous entre le titre de cette photographie et ce que vous voyez sur l'image ? Expliquez.

2. **a)** Expliquez en quoi cette photographie illustre un « souvenir d'enfance ». **b)** Qui est concerné par ce souvenir ?

3. Trouvez trois mots pour qualifier l'impression qui se dégage de cette photographie et expliquez votre choix par des éléments précis de l'image (l'expression du visage de l'enfant, mais aussi la manière dont il se tient, la manière dont est cadrée la photographie, la lumière, etc.).

4. Comment le photographe s'y est-il pris pour nous rendre proches de cet enfant ? Pensez notamment à l'endroit où il a dû placer son appareil photo (autrement dit : au cadrage).

5. Édouard Boubat a photographié son petit-fils, comme des milliers de grands-pères le font chaque jour. Expliquez en quoi ce portrait est plus qu'une simple photo de famille.

6. L'œuvre d'Édouard Boubat appartient à ce que l'on appelle la « photographie humaniste ». **a)** Faites une recherche sur ce courant de photographie, afin d'être capable d'expliquer ses principales caractéristiques, de le situer dans le temps et de donner le nom de ses principaux représentants. **b)** Choisissez une photographie appartenant à ce courant, et expliquez de la manière la plus approfondie possible les raisons de votre choix.

Pourquoi écrire sa jeunesse ?

Dans *Lambeaux*, Charles Juliet nous raconte ses souvenirs d'enfance : il commence par imaginer la vie, puis la mort de sa mère juste après sa naissance, et raconte ensuite sa propre vie dans sa famille adoptive. Il ne nous dévoile les raisons qui l'ont poussé à écrire qu'à la fin de l'œuvre. Voici l'extrait dans lequel il explique son projet.

Charles Juliet naît en 1934 dans une famille paysanne et sa vie est d'emblée marquée par la souffrance. Juste après sa naissance, sa mère connaît une grave dépression et est enfermée dans un hôpital psychiatrique, jusqu'à sa mort. Charles Juliet est alors placé dans une famille adoptive voisine. À l'âge de sept ans, il apprend le même jour l'existence et la mort de sa mère biologique. Il étudie dans une école militaire, mais à vingt-trois ans, il renonce à ses études pour se consacrer à son besoin d'écrire. Il compose de la poésie, des nouvelles, des pièces de théâtre, mais ses œuvres majeures prennent la forme du journal : *Fragments*, *Journal*, et *Lambeaux* sont trois œuvres qui expriment la quête difficile qu'il mène à travers l'écriture, à la recherche de lui-même.

Un jour, il te vient le désir d'entreprendre un récit où tu parlerais de tes deux mères
l'esseulée[1] et la vaillante[2]
l'étouffée et la valeureuse
la jetée-dans-la-fosse[3] et la toute-donnée[4].

Leurs destins ne se sont jamais croisés, mais l'une par le vide créé, l'autre par son inlassable présence, elles n'ont cessé de t'entourer, te protéger, te tenir dans l'orbe[5] de leur douce lumière.

Dire ce que tu leur dois. Entretenir leur mémoire. Leur exprimer ton amour. Montrer tout ce qui d'elles est passé en toi.

Puis relater ton parcours, cette aventure de la quête de soi dans laquelle tu as été contraint de t'engager. Tenter d'élucider d'où t'est venu ce besoin d'écrire. Narrer les rencontres, faits et événements qui t'ont marqué en profondeur et ont plus tard alimenté tes écrits.

Ce récit aura pour titre *Lambeaux*. Mais après en avoir rédigé une vingtaine de pages, tu dois l'abandonner. Il remue en toi trop de choses pour que tu puisses le poursuivre. Si tu parviens un jour à le mener à terme, il sera la preuve que tu as réussi à t'affranchir de ton histoire, à gagner ton autonomie.

Ni l'une ni l'autre de tes deux mères n'a eu accès à la parole. Du moins à cette parole qui permet de se dire, se délivrer, se faire exister dans les mots. Parce que ces mêmes mots se refusaient à toi et que tu ne savais pas t'exprimer, tu as dû longuement lutter pour conquérir

L'autoportrait : une autre manière de faire son autobiographie
Frida Kahlo, *Mes grands-parents, mes parents et moi, Arbre généalogique*, 1936, peinture à l'huile et à la tempera sur métal, 30,7 x 34,5 cm (Museum of Modern Art, New York, États-Unis)

1 Qui est laissée seule, à l'écart.
2 Courageuse, solide.
3 Désigne sa mère biologique, morte très jeune suite à une dépression : celle que la vie a jetée dans la tombe.
4 Désigne cette fois sa mère adoptive : elle est toute-donnée parce qu'elle est généreuse, dévouée et accueillante pour lui.
5 Mouvement circulaire, par comparaison avec la trajectoire des astres.
6 Ceux qui refusent de parler.

ina

Sur notre site, deux vidéos INA : l'une sur Charles Juliet, son journal et la question de la sincérité dans l'écriture autobiographique, l'autre sur Frida Kahlo et Diego Rivera.

le langage. Et si tu as mené ce combat avec une telle obstination, il te plaît de penser que ce fut autant pour elles que pour toi.

Tu songes de temps à autre à *Lambeaux*. Tu as la vague idée qu'en l'écrivant, tu les tireras de la tombe. Tu leur donneras la parole. Formuleras ce qu'elles ont toujours tu.

Lorsqu'elles se lèvent en toi, que tu leur parles, tu vois s'avancer à leur suite la cohorte des bâillonnés, des mutiques[6], des exilés des mots

ceux et celles qui ne se sont jamais remis de leur enfance

ceux et celles qui s'acharnent à se punir de n'avoir jamais été aimés

ceux et celles qui crèvent de se mépriser et se haïr

ceux et celles qui n'ont jamais pu parler parce qu'ils n'ont jamais été écoutés

ceux et celles qui ont été gravement humiliés et portent au flanc une plaie ouverte

ceux et celles qui étouffent de ces mots rentrés pourrissant dans leur gorge

ceux et celles qui n'ont jamais pu surmonter une fondamentale détresse.

Charles Juliet, *Lambeaux*, 1995 © P.O.L.

Questions sur le texte

Un récit autobiographique original

1. Quel est le pronom personnel le plus utilisé dans le texte ? À qui renvoie-t-il ?

2. **a)** Qui parle à qui dans ce texte ? **b)** A-t-on affaire à un récit, à un dialogue ou à autre chose ?

3. Quelles sont les éléments qui vous surprennent ou qui vous paraissent originaux dans ce récit autobiographique ? Trouvez-en au moins deux et expliquez les raisons de votre choix.

La démarche de Charles Juliet

4. **a)** Pour quelles personnes est écrit ce récit ? **b)** Quels sont les points communs entre ces personnes ?

5. Quelles sont les différentes motivations qui justifient l'écriture de ce texte ? Trouvez-en au moins deux.

6. Le fait de parler de son enfance est-il présenté comme une activité facile ou difficile ? Pourquoi ?

Un message poignant et touchant

7. Étudiez le premier et le dernier paragraphes (l. 1 à 5 et l. 29 jusqu'à la fin) :
– quelles sont les figures de style utilisées ici ?
– quel est le registre (ou la tonalité) de chacun de ces paragraphes ?

8. Quelles réactions le texte peut-il provoquer chez le lecteur ? Justifiez votre réponse en reliant chaque réaction possible à des passages du texte qui l'illustrent.

9. Charles Juliet a choisi d'intituler son récit *Lambeaux*. En vous aidant de ce qui est écrit dans cet extrait, quel(s) sens pouvez-vous donner à ce titre ?

10. Montrez en quoi ce texte est à la fois un hommage, un texte de dénonciation et un texte sur les valeurs de la parole et de l'écriture.

Lecture d'image

1. Que représente ce tableau ? En vous aidant des différents éléments représentés, faites des hypothèses sur l'identité des personnages, les liens qui les unissent, et sur le pays dans lequel ils peuvent vivre.

2. À quoi vous fait penser le lien rouge qui relie les personnages entre eux ?

3. Ce tableau est aussi un autoportrait : à votre avis, quel personnage représente la peintre Frida Kahlo ?

4. Quelles impressions se dégagent de ce tableau ? Vous plaît-il ? Expliquez pourquoi.

À retenir

Le récit d'enfance ou d'adolescence peut être **autobiographique**. Il repose alors sur un « pacte de lecture », appelé « **pacte autobiographique** », qui est une sorte de **contrat** explicite ou implicite **entre l'auteur et le lecteur** : l'auteur se présente comme sincère et le lecteur s'engage à le croire afin que la lecture fonctionne.

Textes et Images 2

Hommage à la tendresse maternelle

Albert Cohen
(1895-1981) est né en Grèce. Il arrive en France à cinq ans avec ses parents, qui décident de s'installer à Marseille pour fuir les persécutions dont sont victimes les juifs grecs. Il étudie ensuite le droit à Genève, prend la nationalité suisse, puis commence une carrière de fonctionnaire et de diplomate. À ce titre, il s'implique dans la défense du peuple juif dont il est issu. Son imaginaire, ses racines et sa culture grecque et juive jouent un grand rôle dans ses œuvres : dans *Solal*, le premier roman d'une grande saga, et surtout dans *Belle du Seigneur*, qui obtient un immense succès. Suite à la mort de sa mère, il publie *Le Livre de ma mère*.

Albert Cohen naît à Corfou mais ses parents, petits commerçants, quittent la Grèce en 1900 pour s'installer à Marseille. Dans ce passage, il se souvient de l'enfant étranger qu'il était à Marseille et des promenades qu'il faisait avec sa mère le dimanche.

Je me souviens aussi de nos promenades du dimanche, en été, elle et moi, tout jeune garçon. On n'était pas riches et le tour de la Corniche[1] ne coûtait que trois sous. Ce tour, que le tramway faisait en une heure, c'était, en été, nos villégiatures, nos mondanités, nos chasses à courre. Elle et moi, deux faibles et bien vêtus, et aimants à en remontrer à Dieu. Je revois un de ces dimanches. Ce devait être à l'époque du président Fallières[2], gros rouge ordinaire, qui m'avait fait frissonner de respect lorsqu'il était venu visiter notre lycée. « Le chef de la France », m'étais-je répété, avec une chair de poule d'admiration.

En ce dimanche, ma mère et moi nous étions ridiculement bien habillés et je considère avec pitié ces deux naïfs d'antan[3], si inutilement bien habillés, car personne n'était avec eux, personne ne se préoccupait d'eux. Ils s'habillaient très bien pour personne. Moi, en inopportun costume de petit prince et avec un visage de fille, angélique et ravi à me faire lapider. Elle, reine de Saba[4] déguisée en bourgeoise, corsetée, émue et un peu égarée d'être luxueuse. Je revois ses longs gants de dentelle noire, son corsage à ruches avec des plissés, des bouillons et des fronces, sa voilette, son boa de plumes, son éventail, sa longue jupe à taille de guêpe et à volants qu'elle soutenait de la main et qui découvrait des bottines à boutons de nacre avec un petit rond de métal au milieu. Bref, pour cette promenade dominicale, on s'habillait comme des chanteurs d'après-midi mondaine et il ne nous manquait que le rouleau de musique à la main.

Arrivés à l'arrêt de La Plage, en face d'un casino rongé d'humidité, on prenait place solennellement, émotifs et peu dégourdis, sur des chaises de fer et devant une table verte. Au garçon de la petite baraque, qui s'appelait « Au Kass' Kroutt's », on demandait timidement une bouteille de bière, des assiettes, des

La promenade du dimanche
Georges Seurat, *Un dimanche après-midi à l'île de la Grande Jatte*, 1884-1886, huile sur toile, 205,7 x 305,8 cm (The Art Institute of Chicago, États-Unis)

fourchettes et, pour se le concilier, des olives vertes. Le garçon parti, c'est-à-dire le danger passé, on se souriait avec satisfaction, ma mère et moi, un peu empotés. Elle sortait alors les provisions emballées et elle me servait, avec quelque gêne si d'autres consommateurs nous regardaient, toutes sortes de splendeurs orientales, boulettes aux épinards, feuilletés au fromage, boutargue[5], rissoles aux raisins de Corinthe et autres merveilles. Elle me tendait une serviette un peu raide, amoureusement repassée la veille par ma mère si heureuse de penser, tandis qu'elle repassait en fredonnant un air de *Lucie de Lammermoor*[6], qu'elle irait demain avec son fils au bord de la mer. Elle est morte.

Albert Cohen, *Le Livre de ma mère*, 1954
© Éditions Gallimard

1 Nom d'une route qui longe la mer en bordure de Marseille.

2 Président de la IIIe République de 1906 à 1913.

3 Autrefois, jadis.

4 Reine d'Éthiopie qui rend visite à Salomon dans l'Ancien Testament. Elle est décrite comme une femme sublime, sage et intelligente.

5 Spécialité provençale composée d'œufs de poisson pressés, au goût salé et fumé.

6 Opéra italien de Donizetti basé sur un roman de Walter Scott, qui raconte l'histoire tragique de Lucia de Lammermoor, amoureuse d'un homme ennemi de sa famille, et morte de folie.

Questions sur le texte

Raconter un souvenir autobiographique

1. Quels indices nous permettent de dire que ce texte est autobiographique ?

2. **Paragraphe 1 :** Dans un tableau à deux colonnes, relevez et classez les phrases suivantes : celles où le « je » désigne le narrateur lorsqu'il est enfant, celles où le « je » renvoie au narrateur adulte en train d'écrire.

3. Quel est le rapport qui s'établit entre les deux types de récits que vous avez relevés ?

Un souvenir fort et vivace grâce à l'écriture

4. Relevez trois passages du texte qui construisent une vision idéalisée de la mère et des promenades. Quels procédés littéraires y sont utilisés ?

5. Relevez deux expressions critiques ou négatives qui viennent nuancer la vision idéalisée du souvenir. Quel « je » parle ici, celui de l'enfant ou celui de l'adulte ?

6. Quel regard le narrateur porte-t-il finalement sur « le couple » qu'il formait avec sa mère au moment de ces promenades ? Justifiez votre réponse.

L'hommage à la mère

7. Faites la liste des pronoms personnels et des déterminants possessifs qui reviennent pour désigner les deux personnages. Que nous apprennent-ils sur la relation qui les unit ?

8. Quelle est l'information finale que donne le texte ? Le lecteur y a-t-il été préparé ? Comment appelle-t-on ce procédé de construction ?

9. Quel effet produit cette révélation finale sur le texte que l'on vient de lire ? Comment peut-on comprendre le titre et quelle est la fonction du livre ?

10. Choisissez dans la liste suivante les registres ou tonalités qui vous semblent convenir à cet extrait : humoristique, ironique, pathétique, tragique, mélancolique, dramatique, lyrique. Justifiez en citant le texte.

Lecture d'image

1. **a)** Décrivez les différents groupes de personnages au premier plan : que font-ils ? Comment sont-ils habillés ? **b)** À votre avis, quels liens unissent les personnages dans chacun des groupes ?

2. Choisissez dans chaque couple d'expressions celle qui convient le mieux pour décrire la scène et justifiez : **a)** scène de travail/scène de loisir ; **b)** scène urbaine/scène champêtre ; **c)** scène privée/scène publique.

3. Quelle est l'atmosphère qui se dégage du tableau ? Trouvez deux adjectifs pour la caractériser et justifiez votre réponse en citant pour chaque adjectif un élément du tableau qui crée cette atmosphère.

4. Regardez le tableau de très près : quelle technique le peintre a-t-il utilisée pour réaliser son œuvre ? Cherchez à quel mouvement pictural est apparentée cette technique.

À retenir

- Le texte d'hommage écrit en mémoire d'une personne morte s'appelle un **éloge funèbre**. Traditionnellement, l'éloge funèbre **dresse un portrait** du défunt, retrace sa vie en faisant la **louange** de ses qualités et de ses bonnes actions. Cohen fait preuve d'originalité en traçant un portrait de sa mère qui mélange souvenirs graves et souvenirs drôles et en ayant recours à l'autodérision. Mais cette forme de distance critique sert en réalité à renforcer le registre pathétique du texte.

L'enfance face au monde des adultes

Andreï Makine naît en 1957 en Sibérie, en URSS. Après la disparition de ses parents (probablement déportés par le régime soviétique), il grandit dans un orphelinat, puis fait de brillantes études de philosophie et de français à l'université de Moscou. À trente ans, il profite d'un voyage à Paris pour demander l'asile politique et décide d'écrire en français. Après des débuts difficiles (pour se faire publier, il est obligé de faire croire que ses œuvres sont des traductions du russe), il obtient la reconnaissance, notamment avec *Le Testament français* (prix Goncourt, prix Goncourt des lycéens et prix Médicis). Il vit actuellement à Paris et se consacre entièrement à la littérature.

1 Minéral formé de cristaux de silice, très dur, qui peut être transparent ou coloré en violet et en noir.

2 Rude au toucher, râpeux.

ina

Sur notre site, une vidéo INA proposant un court portrait d'Andreï Makine, ainsi qu'un résumé du *Testament français*.

Le narrateur, un jeune garçon russe, est très lié à sa grand-mère Charlotte qui est d'origine française. Un jour, il découvre avec sa sœur une collection de cailloux appartenant à Charlotte et ils se mettent à jouer avec, sans se douter que cela va provoquer une réaction inattendue de la part de leur grand-mère, ainsi qu'une révélation sur la personnalité de Charlotte.

C'est dans le courant de l'été suivant que nous vîmes, un jour, ma sœur et moi, notre grand-mère pleurer… Pour la première fois de notre vie. […]

Nous étions assis sur le tapis jonché de bouts de papier froissés et nous nous adonnions à un jeu passionnant : en retirant des petits cailloux enveloppés dans des « papillotes » blanches, nous les comparions – tantôt un éclat de quartz[1], tantôt un galet lisse et agréable au toucher. Sur le papier étaient marqués des noms que nous avions pris, dans notre ignorance, pour d'énigmatiques appellations minéralogiques : Fécamp, La Rochelle, Bayonne… Dans l'une des papillotes, nous découvrîmes même un fragment ferreux et rêche[2] portant des traces de rouille. Nous crûmes lire le nom de cet étrange métal : « Verdun »… Plusieurs pièces de cette collection furent ainsi dépouillées. Quand notre grand-mère entra, le jeu avait pris depuis un moment un cours plus mouvementé. Nous nous disputions les pierres les plus belles, nous éprouvions leur dureté en les frappant les unes contre les autres, en les brisant parfois. Celles qui nous paraissaient laides – comme le « Verdun », par exemple – furent jetées par la fenêtre, dans un parterre de dahlias. Plusieurs papillotes s'étaient trouvées déchirées…

La grand-mère s'immobilisa au-dessus de ce champ de bataille parsemé de cloques blanches. Nous levâmes les yeux. C'est alors que son regard gris sembla s'imprégner de larmes – juste pour nous rendre son éclat insupportable.

Non, elle n'était pas une déesse impassible, notre grand-mère. Elle aussi pouvait donc être en proie à un malaise, à une détresse subite. Elle, que nous croyions avancer si posément dans la paisible enfilade des jours, glissait parfois, elle aussi, au bord des larmes !

C'est depuis cet été-là que la vie de ma grand-mère révéla pour moi des facettes neuves, inattendues. Et surtout beaucoup plus personnelles.

Avant, son passé se résumait à quelques talismans, à quelques reliques familiales, comme cet éventail de soie qui me rappelait une fine feuille d'érable, ou comme le fameux petit « sac du Pont-Neuf ».

Notre légende prétendait qu'il avait été trouvé sur ledit pont par Charlotte Lemonnier, âgée à l'époque de quatre ans. Courant devant sa mère, la fillette s'était arrêtée brusquement et s'était exclamée : « Un sac ! » […] C'est dans ce sac, en peau de porc et avec des plaquettes d'émail bleu sur la fermeture, que ma grand-mère conservait sa collection de pierres d'antan.

Cette vieille sacoche marquait l'un des premiers souvenirs de ma grand-mère, et pour nous, la genèse du monde fabuleux de sa mémoire : Paris, Pont-Neuf… Une étonnante galaxie en gestation qui esquissait ses contours encore flous devant notre regard fasciné.

Andreï Makine, *Le Testament français*, 1995 © Mercure de France

Une vue du Pont-Neuf.
Brassaï, *Le Pont-Neuf dans le brouillard*, vers 1934-1935, 24 x 18 cm (Musée national d'Art moderne, centre Georges Pompidou, Paris)

Questions sur le texte

Le « jeu » des cailloux

1. Relevez au moins trois phrases ou expressions qui montrent l'admiration et la fascination des enfants pour les cailloux. À quoi sont-elles dues ?

2. Que désignent les inscriptions sur les papiers enveloppant les cailloux (Fécamp, La Rochelle, Bayonne, Verdun) ? Quelle erreur de compréhension commettent les enfants ?

3. Le caillou qui s'appelle « Verdun » semble important. Que peut représenter Verdun ? Aidez-vous de votre manuel d'Histoire pour répondre à cette question.

4. Expliquez alors pourquoi la phrase suivante est ici ironique et pathétique : « La grand-mère s'immobilisa au-dessus de ce champ de bataille parsemé de cloques blanches. »

5. Le jeu est-il innocent ? Que représente-t-il pour chacun des personnages et comment influence-t-il leurs relations ?

Le personnage de la grand-mère

6. Quelle est la réaction de la grand-mère lorsqu'elle entre dans la pièce ? Comment s'explique cette réaction ?

7. En vous appuyant sur des citations du texte, montrez que la grand-mère a des réactions à la fois dignes et touchantes.

8. Relevez les phrases ou les expressions qui font de la grand-mère une personnalité forte et toute-puissante et celles qui soulignent au contraire son côté humain et fragile.

Un texte de révélation sur le monde et les adultes

9. Quelle découverte le narrateur fait-il à l'occasion du jeu des cailloux ?

10. Relevez dans le texte le champ lexical de la magie et de l'inconnu. À quels éléments (lieux, personnages, événements) s'applique-t-il ?

11. Relisez les deux derniers paragraphes. **a)** Les personnages ont-ils la même vision du monde et des choses ? Justifiez votre réponse. **b)** Montrez que les enfants ont une vision imaginaire de leur grand-mère et de son histoire, en relevant des comparaisons ou des métaphores qui le prouvent.

Lecture d'image

1. En quoi cette photographie est-elle frappante ? Quelle impression produit-elle sur vous ?

2. Comment la photographie est-elle construite pour obtenir un effet particulier sur celui qui la regarde ? Analysez notamment la composition, les contrastes et le cadrage choisis.

3. Peut-on la rapprocher de l'extrait du *Testament français* et peut-on dire qu'elle présente une vision mythique et magique de Paris ? Justifiez votre réponse en comparant des éléments du tableau et du texte.

Carson McCullers
(1917-1967) est née aux États-Unis. À vingt-trois ans, elle publie le roman qui va la faire connaître : *Le Cœur est un chasseur solitaire*. À la suite de problèmes de santé, elle tente de se suicider en 1947 •••

Angoisse et solitude de l'adolescence

Frances Addams, que sa famille appelle affectueusement Frankie, a douze ans et s'ennuie dans sa petite ville natale des États-Unis. Quand elle apprend que son grand frère va se marier, elle s'imagine qu'après le mariage, lui et sa fiancée vont l'emmener pour un voyage autour du monde. Mais ce projet est une pure illusion. Lorsqu'ils partent sans elle après le mariage, Frankie décide de fuguer pour vivre sa vie.

Un train traversait la ville à deux heures du matin, et elle allait le prendre. Ce train se dirigeait de toute façon vers le Nord, probablement vers Chicago ou New York. Si le train la conduisait à Chicago, elle irait jusqu'à Hollywood, et deviendrait scénariste, ou trouverait du travail comme starlette de cinéma – en mettant les choses au pire elle irait jusqu'à faire du théâtre. Si le train la conduisait à New York, elle s'habillerait en garçon, prendrait un faux nom, mentirait sur son âge, et s'engagerait dans les Marines[1]. Il fallait, avant tout, que son père soit endormi, et elle l'entendait encore remuer dans la cuisine. Elle s'assit devant sa machine à écrire, et écrivit une lettre :

Cher papa,

C'est une lettre d'adieu, en attendant que je t'écrive d'un autre endroit. Je t'avais prévenu que je quitterais cette ville parce que je ne pouvais pas faire autrement. Je ne peux pas supporter plus longtemps cette existence, parce que la vie est devenue pour moi un fardeau. J'ai pris le revolver parce qu'on ne sait jamais mais je peux en avoir besoin, et je te renverrai l'argent à la première occasion. Dis à Bérénice[2] qu'elle ne s'inquiète pas. Tout est venu de l'ironie du sort, et ça ne pouvait pas être autrement. Je t'écrirai plus tard. Papa, je t'en prie, n'essaie pas de me rattraper.

Bien à toi,

Frances Addams.

[...] Après avoir attendu aussi longtemps qu'elle pouvait le supporter, elle prit sa valise, et descendit très doucement l'escalier, sur la pointe des pieds. En bas, il faisait noir. Noir dans la chambre de son père, noir dans toute la maison. Elle s'arrêta sur le seuil de la chambre

Dans la nuit
Edvard Munch, *Jeune Fille à la fenêtre*, 1893, huile sur toile, 96,5 x 65,4 cm (The Art Institute of Chicago, États-Unis)

… et est hospitalisée. En 1952, elle s'installe en France avec son mari, mais repart l'année suivante, après le suicide de ce dernier. *Frankie Addams*, son troisième roman, est nettement autobiographique. Il sera adapté plusieurs fois au cinéma.

1 L'un des corps de l'armée américaine.
2 Bérénice est la cuisinière.

de son père, et il ronflait légèrement. Le moment le plus difficile, ce fut d'attendre ainsi, quelques minutes, en prêtant l'oreille.

Le reste fut très simple. Son père était veuf, et il avait ses habitudes. La nuit il pliait son pantalon sur le dossier d'une chaise et il laissait son portefeuille, sa montre et ses lunettes sur le coin droit de son bureau. Elle avança lentement dans l'obscurité, et posa presque tout de suite sa main sur le portefeuille. Elle ouvrit avec précaution le tiroir du bureau, s'arrêtant pour écouter, chaque fois qu'elle entendait le plus léger grincement. Le revolver était très lourd et très froid dans sa main brûlante. Tout était simple, à part le bruit terrible de son cœur qui battait, et un petit incident qui se produisit au moment où elle se glissait hors de la chambre. Elle heurta la corbeille à papier. Le ronflement s'arrêta. Son père remua, murmura sourdement. Elle retenait son souffle – finalement, au bout d'une minute, le ronflement reprit.

Elle posa sa lettre sur la table et gagna le perron sur la pointe des pieds.

Questions sur le texte

La résolution de Frankie

1. Quels sont les différents avenirs possibles qu'envisage Frankie ?

2. Que pensez-vous de ces plans d'avenir ? Vous semblent-ils réalisables ou fantaisistes ? Appuyez votre réponse sur des exemples précis du texte, en analysant notamment les modes et temps des verbes *(vous pouvez pour cela vous aider de la leçon de grammaire n° 22)*.

La lettre d'adieu

3. Dégagez les différents éléments qui composent la lettre et précisez sa situation d'énonciation (lieu, date, destinateur, destinataire).

4. Observez la signature de la lettre. Par quel nom se désigne Frankie ? Comment pouvez-vous interpréter ce choix ?

5. Quelles justifications Frankie donne-t-elle à sa fuite ? Pensez-vous que ce soient des justifications convaincantes ? Expliquez.

6. Quel est le type de phrase qui domine dans la lettre ? Quel est le but de Frankie dans cette lettre ? Justifiez en citant le texte.

Les préparatifs de la fugue

7. Frankie a-t-elle bien préparé sa fugue ? Justifiez votre réponse par des éléments du texte.

8. Relevez les différents procédés qui sont utilisés pour installer du suspense et de la tension dramatique dans les trois derniers paragraphes (l. 27 jusqu'à la fin). Vous pouvez par exemple analyser les champs lexicaux, la description du cadre spatio-temporel, les verbes, les comparatifs et les superlatifs.

9. Quel est l'élément qui symbolise le danger et qui rend cette fugue grave ? Imaginez comment va se finir cette aventure pour Frankie ?

Lecture d'image

1. Décrivez ce tableau de la manière la plus précise et complète possible (sujet, personnage, composition, couleurs, etc.).

2. **a)** Comment la composition et les jeux de contraste permettent-ils de mettre le personnage en valeur ?
b) Cependant, comment le peintre s'y prend-il pour lui donner une part de mystère ?

3. Selon vous, ce tableau peut-il illustrer l'extrait de *Frankie Addams* ? Justifiez votre réponse en citant des extraits du texte.

4. **a)** Observez attentivement le tableau et essayez d'expliquer quelle technique le peintre a utilisée pour réaliser cette œuvre. **b)** De quel autre tableau présent dans ce chapitre pouvez-vous le rapprocher ? Expliquez. **c)** Cherchez à quel mouvement pictural se rattache l'auteur et expliquez en quoi consiste ce mouvement.

À retenir

- Le roman d'adolescence cherche souvent à susciter la **sympathie** et l'**adhésion du lecteur** en se présentant comme un **récit authentique**. Ici, l'auteur utilise une technique particulière, l'insertion dans le récit d'une lettre écrite par le personnage. Cela permet de donner du réalisme au récit, car la lettre fonctionne comme un document « authentique » inséré dans la fiction.

Le tourbillon des sentiments adolescents

Sidonie Gabrielle **Colette** (1873-1954) naît en Bourgogne, dans une famille modeste. Son père lui transmet sa passion pour la littérature. Son premier mari, Henry Gauthier-Villars, dit « Willy », l'encourage à écrire et à publier ses souvenirs d'enfance : c'est la série des *Claudine* (d'abord publiée sous le nom de son mari) qui connaît un grand succès. Après avoir divorcé, Colette signe ses œuvres elle-même et gagne sa vie comme danseuse de music-hall avant d'entreprendre une carrière de journaliste. Elle publie en parallèle des romans, des nouvelles, et une série d'œuvres d'inspiration autobiographique comme *Le Blé en herbe* ou *Sido*.

Phil et Vinca sont amis d'enfance et se retrouvent, chaque été, dans une maison de vacances en Bretagne. Mais cette année, ils ont changé. Avec l'adolescence, ils découvrent que les frontières entre l'amitié et l'amour, les jeux de l'enfance et l'âge adulte, peuvent se brouiller.

Attends-moi, Vinca ! Je vais à la pêche avec toi ! cria-t-il.

Elle ralentit le pas sans se retourner. Il l'atteignit en quelques bonds et s'empara d'un des havenets[1].

– Pourquoi en avais-tu pris deux ?

– J'ai pris la petite poche pour les trous étroits, et mon havenet à moi, comme d'habitude.

Il plongea dans les yeux bleus son plus doux regard noir :

– Alors ce n'était pas pour moi ?

En même temps il lui offrait la main pour franchir le mauvais couloir de rochers, et le sang monta sous le hâle des joues de Vinca. Un geste nouveau, un regard nouveau suffisaient à la confondre. Hier, ils battaient les falaises, sondaient les trous côte à côte – à chacun son risque… Aussi leste que lui, elle ne se souvenait pas d'avoir requis l'aide de Phil…

– Un peu de douceur, Vinca ! pria-t-il en souriant, parce qu'elle a retiré sa main d'un trop grand geste anguleux. Qu'est-ce que tu as donc contre moi ?

Elle mordit ses lèvres, fendillées par les plongeons quotidiens, et chemina sur les rochers hérissés de balanes[2]. Elle réfléchissait et se sentait pleine de doute. […] elle pêcha toute seule, impatiente, moins adroite que de coutume. Dix crevettes, vingt crevettes échappèrent à son coup de filet trop brusque, pour se tapir dans les fissures d'où leurs barbes[3] fines tâtent l'eau et narguent l'engin…

– Phil ! Viens, Phil ! C'en est rempli, de crevettes, et elles ne veulent pas se laisser prendre ! […]

Phil enfonça le havenet dans l'eau et le tint immobile. […]

Elle se pencha davantage, et ses cheveux battirent, comme une aile courte et prisonnière, la joue de son compagnon. Elle recula, puis revint d'un mouvement insensible, pour reculer encore. Il ne parut pas s'en apercevoir, mais sa main libre attira le bras nu, hâlé et salé, de Vinca.

Un baiser
René Magritte, *Les Amants*, 1928, huile sur toile (Richard S. Zeisler Collection, New York, États-Unis)

1 Filet de pêche servant surtout pour attraper les crevettes.

2 Crustacés qui s'accrochent sur les rochers baignés par la mer, sur la coque des navires, sur les pieux des digues, etc.

3 Sorte d'antennes fixées sur la tête d'un animal qui lui servent à percevoir ce qui l'entoure.

4 Pierre précieuse de la famille des quartz, semi-transparente et de couleurs variées.

ina

Sur notre site, une vidéo INA dressant un portrait approfondi et touchant de Colette.

– Regarde, Vinca… La plus belle, qui vient…

Le bras de Vinca, qu'elle déroba, glissa jusqu'au poignet dans la main de Phil comme dans un bracelet, car il ne le serrait pas.

– Tu ne l'auras pas, Phil, elle est repartie…

Pour suivre mieux le jeu de la crevette, Vinca rendit son bras, jusqu'au coude, à la main demi-fermée. Dans l'eau verte, la longue crevette d'agate[4] grise tâtait du bout des pattes, du bout des barbes, le bord du havenet. Un coup de poignet, et… Mais le pêcheur tardait, savourant peut-être l'immobilité du bras docile à sa main, le poids d'une tête voilée de cheveux qui s'appuya, un moment vaincue, à son épaule, puis s'écarta, farouche…

– Vite, Phil, vite, relève le filet!… Oh! elle est partie! Pourquoi l'as-tu laissée partir?

Phil respira, laissa tomber sur son amie un regard où l'orgueil, étonné, méprisait un peu sa victoire; il délivra le bras mince, qui ne réclamait point de liberté, et brouillant, à coups de havenet, toute la flaque claire :

– Oh! elle reviendra… Il n'y a qu'à attendre…

Colette, *Le Blé en herbe*, 1923 © Éditions Flammarion

Questions sur le texte

Le passage des jeux de l'enfance à l'adolescence

1. À quelle activité se livrent Phil et Vinca ? Relevez deux passages du texte qui montrent que c'est une activité habituelle pour eux lorsqu'ils sont en vacances.

2. Relevez au moins deux détails qui montrent pourtant que cette fois, tout ne se passe pas comme d'habitude.

La confusion des sentiments

3. Dans un tableau à deux colonnes, relevez en suivant l'ordre du texte les gestes de Phil vis-à-vis de Vinca et les réactions de Vinca à ces différents gestes.

4. À partir de votre réponse à la question précédente, expliquez quels sont les différents sentiments et émotions que les deux personnages éprouvent l'un pour l'autre.

5. Quel est le vrai sujet de ce texte ? La pêche à la crevette ? Expliquez.

Un récit délicat et symbolique

6. **a)** En lisant cet extrait, le lecteur connaît-il mieux un personnage qu'un autre ? Expliquez. **b)** De quel personnage vous sentez-vous personnellement plus proche et pourquoi ?

7. Comparez la description des mouvements de la crevette et celle des mouvements de Vinca en étudiant les verbes, les adjectifs et les figures de style utilisés dans les deux cas. Que constatez-vous à partir de cette comparaison ?

8. À la fin du texte, Vinca s'écrie : « *Oh ! elle est partie ! Pourquoi l'as-tu laissée partir ?* ». À la lumière de vos réponses aux questions précédentes, expliquez le double sens de la réponse de Phil.

9. Relisez maintenant l'extrait, en relevant toutes les phrases qui peuvent avoir un double sens.

Lecture d'image

1. Pourquoi, selon vous, le peintre a-t-il choisi de couvrir et de cacher les visages des amants ? Que peuvent représenter les draps ou les voiles ici ?

2. Quels peuvent être les différents messages de ce tableau et quelle impression produit-il sur vous ? Appuyez votre réponse sur l'analyse du tableau : composition, couleurs, etc.

3. Trouvez-vous qu'il puisse illustrer le texte ? Pourquoi ?

À retenir

Il peut être difficile de formuler explicitement des sentiments intimes : on peut alors passer par un discours **implicite**, masqué, ironique. Les figures de style qui servent à construire ce type de discours à double sens sont la **polysémie** (utilisation de mots ayant plusieurs sens différents sans préciser dans quel sens on les emploie), l'**antiphrase** (dire le contraire de ce que l'on veut faire comprendre à son interlocuteur, en exagérant ou en appuyant sa phrase) ou encore la **litote** (faire comprendre qu'on pense beaucoup plus que ce que l'on dit).

La jeunesse et ses représentations

- Quelles sont les différentes images de la jeunesse qui sont véhiculées à travers les mythes ou les représentations symboliques de cet âge ?

1 La déesse de la jeunesse
Carolus-Duran, *Hébé,* 1874, huile sur toile, 200 x 104 cm (palais des Beaux-Arts, Lille)

2 Le mythe de la fontaine de Jouvence
Lucas Cranach l'Ancien, *La Fontaine de Jouvence*, 1546, huile sur bois, 186 x 122 cm (Gemäldegalerie, Berlin, Allemagne)

3 Les vertus de la jeunesse
Affiche de publicité pour une eau minérale

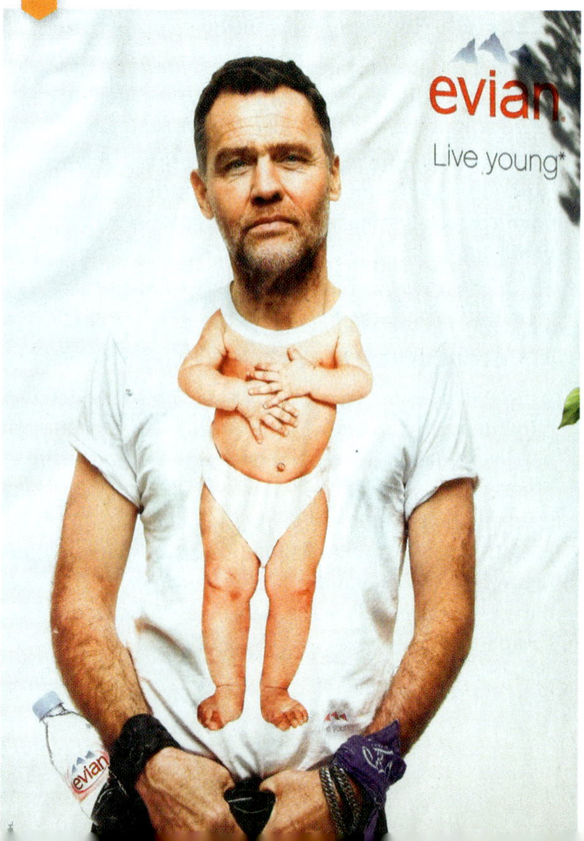

ina

Sur notre site, deux vidéos INA, l'une résumant les événements de Mai 68, l'autre montrant de nombreuses affiches de Mai 68.

100 % web

– Une page de synthèse sur ce thème
– Des liens vers des ressources complémentaires
– Que faire de l'immortalité sans la jeunesse éternelle ? Découvrez un extrait des *Voyages de Gulliver* (1721) de Swift

Affiche du Front de Libération des Jeunes de l'atelier des Beaux-Arts de Paris, mai 1968

4 Les revendications de la jeunesse

Affiche de l'atelier des Beaux-Arts de Paris pour protester contre la politique du Général de Gaulle, mai 1968

5 La place de la jeunesse dans la société

Questions

1. **Doc. 1 :** Décrivez la déesse de la jeunesse : comment la représente-t-on ?

2. **Doc. 1 :** Quels sont les objets que tient la déesse et que symbolisent-ils ? Pour répondre, cherchez dans un dictionnaire de mythologie quel était son statut et son rôle auprès des dieux.

3. **Doc. 2 : a)** Décrivez le tableau en analysant la composition de la scène et les différents plans. **b)** Quel est le sujet du tableau et quelles sont les trois étapes du processus raconté par le tableau ?

4. **Doc. 2 :** Expliquez le titre à l'aide de vos réponses : qu'est-ce que la « fontaine de Jouvence » ?

5. **Doc. 3 : a)** Cette grande marque d'eau minérale montre souvent des images de bébés dans ses publicités. Pourquoi, à votre avis ? **b)** Quel est le message porté par cette affiche ?

6. Cherchez d'autres publicités qui utilisent le même mythe de la jeunesse éternelle. Choisissez une image et analysez la manière dont la jeunesse est utilisée comme argument pour faire vendre le produit.

7. **Doc. 2 et 3 : a)** Quels liens pouvez-vous faire entre ces deux documents ? **b)** Quelle idée donnent-ils de la jeunesse ?

8. **Doc. 4 et 5 :** Décrivez les deux affiches. À quoi est associée la jeunesse sur chacune des affiches ?

9. **Doc. 4 et 5 :** Chaque affiche montre-t-elle une image négative, positive ou ambivalente de la jeunesse ? Justifiez.

10. **Doc. 4 et 5 : a)** À quels événements historiques du XXe siècle ces affiches se rattachent-elles ? **b)** Cherchez les dates et les étapes principales de ces événements. **c)** Quel rôle y a joué la jeunesse ?

11. **Question de synthèse :** Quels sont les mythes, les symboles et les idées que les hommes ont rattachés à la jeunesse ? Vous répondrez en deux paragraphes, en développant les thèmes suivants et en vous appuyant sur des exemples précis : 1. La jeunesse est liée à des mythes positifs. 2. La jeunesse est liée à des traits de caractère et à certains comportements, tantôt positifs, tantôt négatifs.

12. Cherchez d'autres symboles, d'autres traits de caractère ou d'autres mythes qui ont été rattachés à la jeunesse au cours de l'Histoire, en sélectionnant une œuvre qui les représente (en peinture, cinéma, BD, etc.).

À retenir

La jeunesse est un âge de la vie qui a toujours été perçu comme ambivalent. Elle est à la fois **célébrée** à travers des mythes positifs valables dans toutes les civilisations, et **mise à distance** comme un phénomène qui fait peur ou qui dérange, car la jeunesse est aussi vue comme instable, frivole, subversive. Ces différentes facettes sont notamment réutilisées par la publicité ou les médias à l'époque moderne, **en étant parfois combinées.** Les représentations historiques et culturelles de la jeunesse évoluent aussi à mesure que la jeunesse **revendique une place plus importante dans la société,** notamment en souhaitant avoir un poids de décision politique plus grand.

Histoire des Arts

Le héros adolescent au cinéma

Comment le cinéma construit-il les personnages de héros adolescents ?

1 Une icône américaine d'après-guerre : James Dean

La Fureur de vivre, réalisé par Nicholas Ray, 1955

2 Un héros adolescent français

Les Quatre Cents Coups, réalisé par François Truffaut, 1959

Sur notre site, trois vidéos INA : deux portraits de James Dean et un de Jean-Pierre Léaud qui parle des *Quatre Cents Coups*.

3 L'actrice Ellen Page dans *Bliss*

Bliss, réalisé par Drew Barrymore, 2009

À retenir

Le cinéma s'est très vite intéressé à la période de l'**adolescence**, qui offre la possibilité de **construire des personnages attachants, émouvants,** et qui permet d'**aborder des problèmes intemporels et centraux de la vie** : émotions, relation à autrui, mal-être, recherche de sens, expérimentation des limites. Ces problèmes sont incarnés pour chaque génération à travers des acteurs symboliques, qui permettent au public, en grande partie adolescent lui aussi, de s'y **identifier**. Les affiches et le cinéma construisent ces mécanismes de reconnaissance et d'identification.

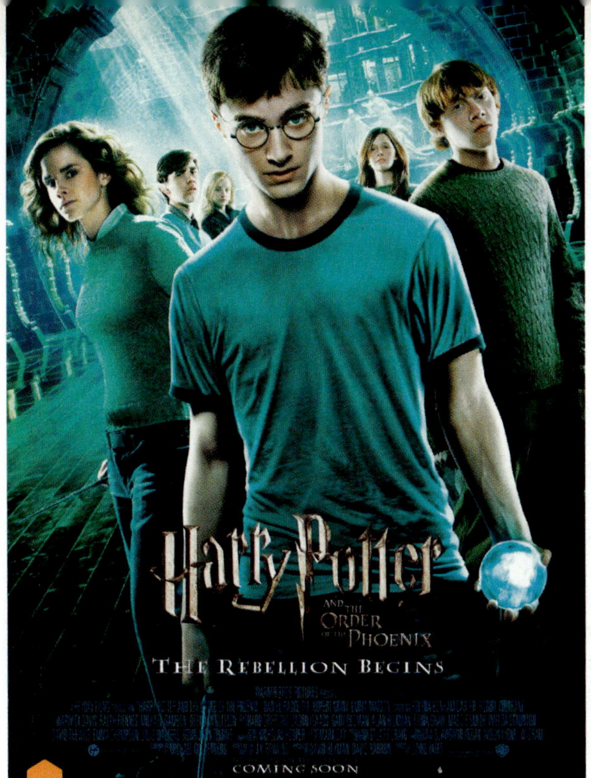

4 Un héros adolescent aux superpouvoirs : Harry Potter

Harry Potter et l'Ordre du Phénix, réalisé par David Yates, 2007

5 Les nouvelles icônes des jeunes : *Twilight*

Twilight : Hésitation, réalisé par David Slade, 2010

100 % web

– Une page de synthèse sur ce thème
– Des liens vers des ressources complémentaires

Questions

1. **a)** Décrivez ces cinq affiches de film. Aidez-vous de la fiche méthodologique d'analyse de l'image p. 380. **b)** Le héros ou l'héroïne est-il/elle facilement identifiable ? Comment est-il ou est-elle mis(e) en valeur dans chaque cas ?

2. **a)** D'après chaque affiche, peut-on déduire le sujet du film ? **b)** Si oui, quels sont les détails qui y renvoient ? Si non, quel est l'élément principalement mis en valeur dans l'affiche ?

3. Chacun de ces films appartient à un genre bien précis. **a)** Rassemblez les films qui vous semblent relever du même genre. **b)** Utilisez un adjectif de la liste ci-dessous pour définir chacun des genres que vous avez trouvés, et proposez une définition personnelle de ces genres : genre historique, documentaire, fantastique, réaliste, autobiographique, comique.

4. Quelle est l'affiche qui vous frappe ou vous plaît le plus, et pourquoi ?

5. Comparez les affiches 1 et 2, et les affiches 4 et 5. **a)** Que remarquez-vous de similaire ou de différent ? (observez la construction de l'image, les couleurs, l'atmosphère qui s'en dégage, etc.) **b)** Dans chacun des cas, quel est l'effet recherché ?

6. À l'aide des différents documents et de vos réponses aux questions précédentes, rédigez un paragraphe argumenté qui répondra à la question suivante : comment les affiches de film sont-elles conçues en vue de permettre l'identification du public adolescent et de lui donner envie d'aller voir le film ? Vous pourrez organiser votre réponse selon ces rubriques :
– Les affiches mettent en valeur un héros auquel on peut s'identifier ou qui fait rêver (trouvez pourquoi).
– Les films traitent de problèmes auxquels sont confrontés les jeunes (trouvez lesquels). – Les affiches utilisent certaines techniques visuelles (couleurs, disposition) pour frapper le regard (trouvez lesquelles).
– Vous pouvez terminer en donnant votre avis : ces films vous intéressent-ils ? De qui vous sentez-vous proche ou non ? Pourquoi ?

7. Trouvez d'autres figures adolescentes de héros ou d'héroïnes (dans la littérature, le cinéma, la bande dessinée, ou même dans la vie) et présentez-les à la classe. Expliquez pourquoi vous les appréciez ou pas.

Synthèse

Raconter sa jeunesse : Pourquoi ? Comment ?

Histoire du genre

- Le « récit d'enfance et d'adolescence » peut présenter des structures très variées. Leur point commun est de **raconter la jeunesse d'un personnage**, qui est assez souvent le narrateur lui-même. Le récit d'enfance et d'adolescence s'inspire d'autres genres :

– l'**autobiographie** qui est le récit de sa propre vie, fait par soi-même et présenté comme sincère et authentique, et qui aborde donc l'enfance et l'adolescence *(Synthèse du chapitre 1)*. *Les Confessions* de **Saint Augustin**, un texte d'essence religieuse, constituent la première autobiographie connue, mais ce sont *Les Confessions* de **Jean-Jacques Rousseau** qui fondent vraiment le genre littéraire de l'autobiographie au XVIIIe siècle **(Liaison 3e-2nde)** ;
– le **roman** du XIXe siècle qui retrace souvent le parcours de jeunes gens cherchant à s'intégrer dans la société de leur temps, comme *L'Éducation sentimentale* de **Flaubert**, *Le Rouge et le noir* de **Stendhal**.

- Selon le projet de son auteur, le récit sera **plus ou moins autobiographique ou fictionnel**.

– Il peut se présenter comme un **témoignage** authentique. Il est alors très proche du **journal intime** ou de l'**autobiographie.** Il peut être écrit par l'adolescent lui-même (le *Journal* d'Anne Frank) ou par l'adulte qui se souvient de sa jeunesse **(Textes et Images 1, 2 et 3)**.
– Il peut aussi se présenter comme un **récit plus ou moins romancé** : l'auteur transpose ou recrée ses souvenirs **(Textes et Images 4)**. On parle d'**autofiction** dans certains cas, lorsque les éléments autobiographiques sont très importants, mais que l'œuvre se présente tout de même comme un roman fictif à l'instar de Marcel Proust avec *À La Recherche du temps perdu*.
– Il peut enfin être un **roman**, qui prend parfois l'apparence d'un témoignage authentique mais qui repose sur l'**invention** **(Textes et Images 5 et brevet blanc)**.

Structures du récit d'enfance et d'adolescence

- Le récit d'enfance présente souvent une **structure chronologique**, soit à travers le récit d'une vie, de la petite enfance jusqu'à l'adolescence **(Textes et Images 1)**, soit autour du récit d'un long événement marquant **(Textes et Images 2)**. Il aborde le rapport avec les proches **(Textes et Images 1, 2, 3)**, les rencontres marquantes, amicales ou amoureuses **(Textes et Images 5 et brevet blanc)**, le passage d'un âge à l'autre **(Textes et Images 4)**.
- Il s'organise autour de grandes étapes : les bêtises de l'enfance, la découverte du monde, la première amitié, le premier amour, la découverte que les adultes ne sont pas tout-puissants ou que les parents ne sont pas parfaits, la transgression (malaise, fugue, drogue, désobéissance), le rêve ou l'idéal.
- Il fait appel aux diverses représentations (mythes ou symboles) que l'on se fait de la jeunesse **(Histoire des arts 1)**.

Buts et fonctions de l'écriture

- L'originalité de chaque œuvre tient à la **démarche personnelle** du narrateur. L'écriture peut rechercher le **réalisme** et l'**authenticité**, en apportant le point de vue de l'adulte pour corriger la perception de l'enfant ou de l'adolescent. Elle peut aussi créer un **monde imaginaire, poétique et idéalisé**, en réinventant les souvenirs.
- Souvent le narrateur recherche une proximité avec son lecteur, qui peut s'identifier au personnage et être touché par les événements racontés. L'enfant ou l'adolescent est un type de personnage attachant qui peut s'adresser à tous **(Histoire des arts 2)**.

Boîte à mots

Ne pas confondre : on dit « se souvenir **de** quelque chose » et « se rappeler quelque chose ». Lorsque je raconte mes souvenirs, je me souviens de ma jeunesse, mais je me rappelle mon enfance et mon adolescence.

Exercices

1 a) Le mot *passion* a plusieurs sens en français. Reliez chaque exemple à la bonne définition. Attention, il peut y avoir plusieurs exemples pour une même définition.

Définitions :

1. Tendance dominante contrôlée par la raison qui sert de moteur à l'action et permet la réalisation de grandes entreprises.
2. Action de souffrir (sens étymologique).
3. Extrême ardeur, exaltation, enthousiasme.
4. Amour violent et exclusif inspiré par une personne ou par une chose et dégénérant parfois en obsession.
5. Très vive attirance, goût extrême pour quelque chose ou pour un type d'activité.

Exemples :

a. Cette maladie a été pour lui une véritable passion.
b. Elle l'aimait à la passion.
c. Il a pris la parole devant la foule en parlant avec passion.
d. Il a la passion des timbres, il en fait collection.
e. Gandhi et Martin Luther King ont défendu les intérêts de leurs semblables opprimés grâce à la passion qui les animait.
f. Ses passions le tourmentaient et l'empêchaient de dormir.
g. Il a la passion du jeu, et il passe des journées entières devant son ordinateur.
h. Il a mis beaucoup de passion dans sa réponse.

b) Identifiez les mots qui ont été formés sur la même racine que *passion*, et les mots qui n'appartiennent pas à la même famille.

Vous pouvez vous aider d'un dictionnaire ou d'Internet. Cherchez la définition des mots que vous ne connaissez pas et notez-la : patience – passif – passionner – passé – passionnant – compassion – pâtir – passage – occupation – anticipation.

2 a) Classez les sentiments ou émotions par degré d'intensité, du plus faible au plus fort.

1. Peur – angoisse – crainte – terreur – épouvante.
2. Répulsion – aversion – horreur – dégoût.
3. Penchant – passion – amour – intérêt.
4. Joie – extase – jubilation – gaieté.
5. Tristesse – accablement – lassitude – désespoir.

b) Trouvez pour chacun des mots suivants un antonyme et un synonyme de la même classe grammaticale.

Tendresse – pitié – colérique – maladroit – émouvoir.

c) À l'aide d'un dictionnaire ou d'Internet, cherchez le sens d'origine et le sens actuel des mots suivants. Quelles évolutions communes remarquez-vous ?

Charme – étonné – affligé – tourmenter.

3 Imaginez-vous à la place de cette petite fille qui se tient en équilibre sur la rambarde du pont et écrivez un texte d'une dizaine de lignes à la première personne décrivant les émotions et les sentiments que vous éprouvez.

– Vous utiliserez au moins quatre verbes de pensée ou de sentiment.
– Vous utiliserez au moins trois mots du lexique des sentiments et émotions.

4 La pierre et le souvenir *(voir Textes et Images 3)* **:**
a) Cherchez trois expressions ou proverbes contenant les mots *pierre* ou *caillou* et notez leur sens.

Exemple : *Pierre qui roule n'amasse pas mousse.*
Sens : *Une vie aventureuse ou instable ne permet pas d'amasser des biens (ou des richesses).*

b) Cherchez des situations, des histoires, des contes ou des légendes dans lesquelles les pierres ou les cailloux sont associés à la mémoire et au souvenir. Quelles qualités attribuées aux pierres expliquent ce lien entre elles et le souvenir ou la mémoire ?

100 % web

› Parler de soi
› Comparaison et métaphore

Expression écrite

Boîte à mots

Le vocabulaire qui peut vous aider
Quelques adverbes temporels qui servent à structurer un récit d'invention : *alors – soudain – à cet instant – brusquement – après un assez long moment – enfin – puis – tout à coup.*
Les adverbes et connecteurs logiques qui servent à structurer un texte d'argumentation : *d'abord – premièrement – ensuite – deuxièmement – ainsi – donc – finalement – pour résumer – par conséquent – d'une part... d'autre part.*
Vous pouvez également vous reporter à la fiche de grammaire n° 30.

Exercices

1 Récits d'invention.

1. **« Imaginez la suite »**

a) En prolongement du *Textes et Images 3*, imaginez l'histoire qui est liée à l'un des cailloux de la grand-mère (Fécamp, Verdun, La Rochelle ou Bayonne) en vous mettant à la place de cette dernière en train de raconter cette histoire aux enfants.

Votre récit sera à la première personne et décrira les circonstances de la découverte du caillou ainsi que sa valeur et son importance.

b) En prolongement du *Textes et Images 4*, imaginez la suite du texte : Frankie est sortie de la maison et cherche à réaliser son plan de fugue.

En vous mettant à sa place, racontez à la première personne le déroulement de sa nuit, en imaginant au moins deux péripéties, et en choisissant l'issue de la tentative de fugue : Frankie réussit à partir, ou non.

2. **« Racontez à la manière de »**

a) En prolongement du *Textes et Images 2*, racontez un souvenir ou une expérience que vous avez partagée avec une personne qui vous est chère pendant votre enfance. Comme dans le texte de Cohen, vous alternerez le point de vue de l'enfant à l'époque du souvenir et un point de vue plus distancé d'aujourd'hui.

b) En prolongement du *Textes et Images 4*, racontez une expérience forte de votre vie. Vous utiliserez le champ lexical du danger et des émotions, et vous veillerez à construire votre récit avec du suspense, en mélangeant l'action et l'introspection.

c) En prolongement du *Textes et Images 3*, racontez un souvenir émouvant et nostalgique de votre enfance, où vous avez découvert un aspect nouveau de quelqu'un de votre entourage. Vous présenterez cet événement comme un événement particulier en utilisant le champ lexical de la magie et du mystère.

3. **Sujet général**

Décrivez un souvenir particulièrement fort de votre enfance en le transformant en un moment symbolique grâce aux outils de comparaison. Vous utiliserez la double énonciation : narrateur adulte et narrateur enfant alternés. Si vous n'avez pas d'idées, inspirez-vous de la photographie ci-dessous en vous mettant à la place de l'enfant.

2 Sujets de réflexion et d'argumentation.

1. **À propos du *Textes et Images 1***

Rédigez un texte d'argumentation en réponse à la question suivante :
Le projet de Juliet vous convainc-t-il en tant que lecteur et pourquoi ?
Vous pouvez être d'accord ou pas avec le projet, mais vous devez d'abord résumer le projet puis justifier votre choix par au moins trois arguments.

2. **Sujet général**

Rédigez un texte d'argumentation en réponse à la question suivante :

Pourquoi peut-on être tenté de raconter son enfance ou son adolescence et quels peuvent être les inconvénients et les avantages d'une telle démarche ?

Vous trouverez au moins trois raisons de raconter son enfance et son adolescence, et au moins deux avantages et trois inconvénients à ce type de récit. N'oubliez pas de conclure en indiquant si vous aimeriez personnellement raconter votre histoire dans un livre et pourquoi.

Une mère et son fils dans les années 1950

Exercices

1 Débats en classe.

1. Lorsqu'on raconte ses souvenirs, raconte-t-on vraiment la vérité ou arrange-t-on toujours un peu la réalité en l'idéalisant, en l'exagérant ou en l'atténuant ? Trouvez quatre arguments pour chacune des deux positions à défendre.

2. Peut-on tout raconter de son enfance et de son adolescence ? Trouvez quatre arguments soit pour, soit contre, afin d'organiser ce débat.

2 Présentation à l'oral.

À partir d'une photo-souvenir, imaginez une situation et racontez-la comme un événement de votre enfance. La photo peut être une photo personnelle ou non, l'événement peut être authentique ou non.

Variante : Mettez-vous par binômes. Chaque élève choisit deux souvenirs, l'un vrai et l'autre faux et les raconte en quelques phrases. Les autres doivent deviner lequel est vrai et lequel est faux.

3 Exposés à l'oral.

a) À partir des lectures d'images des textes 3 et 5, faites un exposé sur le mouvement pointilliste ou le mouvement expressionniste.
Vous présenterez deux autres tableaux de ce mouvement, et vous ferez une comparaison des trois tableaux (les deux vôtres et celui du manuel) pour résumer les caractéristiques du mouvement.

b) Présentez un exposé sur l'autoportrait en peinture ou en photographie, qui est une autre manière de raconter son histoire. Choisissez un autoportrait que vous trouvez intéressant, décrivez-le et expliquez ce que l'auteur de l'autoportrait a voulu faire.

À lire et à voir

D'autres livres et films qui racontent l'enfance et l'adolescence

- **Charles Dickens, *David Copperfield*, 1849-1850.** Angleterre, début du XIXe siècle. À travers le personnage de David, l'auteur raconte son enfance malheureuse mais aussi tous les obstacles franchis pour devenir écrivain.
- **Anne Frank, *Journal*, 1947.** Journal intime d'une jeune fille juive qui raconte la vie quotidienne dans sa cachette, durant la guerre.
- **Hervé Bazin, *Vipère au poing*, 1948.** Adapté au cinéma par le réalisateur Philippe de Broca en 2004. Les aventures du narrateur, le jeune Brasse-Bouillon, rejeté par une mère cruelle, surnommée Folcoche.
- **François Truffaut, *Les Quatre Cents Coups*, 1959.** Film qui raconte l'enfance difficile d'Antoine Doinel : ses relations avec ses parents, ses petits vols, son séjour dans un centre pour délinquants.
- **Stephen Daldry, *Billy Elliot*, 1999.** Film qui raconte comment un jeune garçon de onze ans se découvre une passion et un talent pour la danse.
- **Amélie Nothomb, *Métaphysique des tubes*, 2000.** Roman autobiographique retraçant la vie de l'auteure, au Japon, de sa naissance à l'âge de trois ans.
- **Marjane Satrapi, *Persepolis*, BD en 4 tomes, 2000-2003.** Adapté au cinéma, film d'animation réalisé par Marjane Satrapi en 2007. Entre rires et déchirures, l'enfance et l'adolescence de l'auteure en Iran, pays marqué par les bouleversements politiques.
- **Philippe Grimbert, *Un secret*, 2004.** Adapté au cinéma par le réalisateur Claude Miller, en 2007 : le narrateur partage ses aventures d'enfant avec un grand frère imaginaire, jusqu'au jour où il apprend le secret tragique de sa famille.

100 % web **Retrouvez d'autres titres de livres et de films sur le thème de l'enfance et l'adolescence.**

Vers le brevet

La naissance d'une amitié : Alain-Fournier, *Le Grand Meaulnes*

Le narrateur est un jeune homme de quinze ans, François Seurel ; il est le fils de l'instituteur du village. Une dame est arrivée chez ses parents pour leur confier son fils Augustin, âgé de dix-sept ans, comme pensionnaire. Mais personne ne sait où se trouve Augustin, qui a disparu…

Mais ma mère n'écoutait plus. Elle fit même signe à la dame de se taire ; […] elle se leva silencieusement comme pour aller surprendre quelqu'un…

Au-dessus de nous, en effet, dans un réduit où s'entassaient les pièces d'artifice noircies du dernier Quatorze juillet, un pas inconnu, assuré, allait et venait, ébranlant le plafond, traversait les immenses greniers ténébreux du premier étage, et se perdait enfin vers les chambres d'adjoints abandonnées où l'on mettait sécher le tilleul et mûrir les pommes.

« Déjà, tout à l'heure, j'avais entendu ce bruit dans les chambres du bas, dit Millie à mi-voix, et je croyais que c'était toi, François, qui étais rentré… »

Personne ne répondit. Nous étions debout tous les trois, le cœur battant, lorsque la porte des greniers qui donnait sur l'escalier de la cuisine s'ouvrit ; quelqu'un descendit les marches, traversa la cuisine, et se présenta dans l'entrée obscure de la salle à manger.

– C'est toi, Augustin ? dit la dame.

C'était un grand garçon de dix-sept ans environ. Je ne vis d'abord de lui, dans la nuit tombante, que son chapeau de feutre paysan coiffé en arrière et sa blouse noire sanglée d'une ceinture comme en portent les écoliers. Je pus distinguer aussi qu'il souriait…

Il m'aperçut, et, avant que personne eût pu lui demander aucune explication :

– Viens-tu dans la cour ? dit-il.

J'hésitai une seconde. Puis, comme Millie ne me retenait pas, je pris ma casquette et j'allai vers lui. Nous sortîmes par la porte de la cuisine et nous allâmes au préau, que l'obscurité envahissait déjà. À la lueur de la fin du jour, je regardais, en marchant, sa face anguleuse au nez droit, à la lèvre duvetée.

– Tiens, dit-il, j'ai trouvé ça dans ton grenier. Tu n'y avais donc jamais regardé ?

Il tenait à la main une petite roue en bois noirci ; un cordon de fusées déchiquetées courait tout autour ; ç'avait dû être le soleil ou la lune au feu d'artifice du Quatorze juillet.

– Il y en a deux qui ne sont pas parties : nous allons toujours les allumer, dit-il d'un ton tranquille et de l'air de quelqu'un qui espère bien trouver mieux par la suite.

Il jeta son chapeau par terre et je vis qu'il avait les cheveux complètement ras comme un paysan. Il me montra les deux fusées avec leurs bouts de mèche en papier que la flamme avait coupés, noircis, puis abandonnés. Il planta dans le sable le moyeu[1] de la roue, tira de sa poche – à mon grand étonnement, car cela nous était formellement interdit – une boîte d'allumettes. Se baissant avec précaution, il mit le feu à la mèche. Puis, me prenant par la main, il m'entraîna vivement en arrière.

Un instant après, ma mère qui sortait sur le pas de la porte, avec la mère de Meaulnes, après avoir débattu et fixé le prix de pension, vit jaillir sous le préau, avec un bruit de soufflet, deux gerbes d'étoiles rouges et blanches ; et elle put m'apercevoir, l'espace d'une seconde, dressé dans la lueur magique, tenant par la main le grand gars nouveau venu et ne bronchant pas… Cette fois encore, elle n'osa rien dire.

Et le soir, au dîner, il y eut, à la table de famille, un compagnon silencieux, qui mangeait, la tête basse, sans se soucier de nos trois regards fixés sur lui.

1 Partie centrale d'une roue.

Alain-Fournier, *Le Grand Meaulnes*, 1913 © Éditions Fayard

Première partie : Questions, réécriture, dictée (25 points)

Questions (15 points)

C1 ▸ – Tous les items du domaine « Lire ».
– Les items 2 et 3 du domaine « Écrire ».
C5 ▸ Les items 1 et 3 du domaine « Faire preuve de sensibilité, d'esprit critique, de curiosité ».

▸ L'entrée en scène d'un inconnu

1. **a.** Par quel groupe nominal puis par quel pronom est désigné Augustin Meaulnes avant la ligne 12 ? **(1 point)** **b.** Que remarquez-vous de commun entre ces termes ? **(0,5 point)**

2. Relevez une phrase qui révèle une tension chez les personnages, avant l'arrivée d'Augustin. **(1 point)**

3. Relevez trois indices de lieu qui créent une atmosphère fantastique, mystérieuse, autour de ce nouveau personnage. Justifiez vos choix. **(1,5 point)**

▸ Le portrait des deux jeunes adolescents

4. **a.** Relevez les trois passages qui nous livrent une description physique d'Augustin Meaulnes. **(1,5 point)** **b.** Pourquoi est-elle introduite en trois moments successifs dans le texte ? **(0,5 point)**

5. Trouvez deux adjectifs qualificatifs pour décrire le caractère des deux adolescents (un pour chacun d'eux) et citez une phrase du texte pour justifier votre choix. **(2 points)**

6. Décrivez la relation qui unit les deux garçons. Justifiez votre réponse en citant le texte. **(1 point)**

▸ Le sens profond de cette scène de rencontre

7. Quel est l'objet qui intéresse les deux adolescents ? **(0,5 point)**

8. Que représente-t-il pour chacun d'eux ? Justifiez votre réponse. **(1 point)**

9. Étudiez la description du feu d'artifice à la fin du texte, de « *Un instant après* » (l. 31) à « *ne bronchant pas* » (l. 34) : montrez en quoi ce passage est une scène symbolique qui scelle l'amitié des deux garçons, en relevant à chaque fois un élément du texte qui le prouve. **(1 point)**

10. Relevez la réaction de Millie, la mère de François, lors de la demande d'Augustin (« *Viens-tu dans la cour ? dit-il.* » l. 17) et lors du feu d'artifice. **(1 point)**

11. Comment interpréter cette réaction ? Peut-on savoir ce que pense Millie de cette amitié ? Justifiez votre réponse. **(1 point)**

12. Montrez en citant le texte qu'Augustin Meaulnes représente un adolescent rebelle et une figure de transgression. **(1,5 point)**

Réécriture (4 points)

C1 ▸ – Les items 1, 3 et 5 du domaine « Lire ».
– Les items 1, 3 et 4 du domaine « Écrire ».

Réécrivez le deuxième paragraphe (l. 2 à 6) en mettant au pluriel le groupe nominal « *un pas inconnu* » et en faisant tous les changements nécessaires.

Dictée (6 points)

C1 ▸ – L'item 2 du domaine « Écrire ».

Les dictées des brevets blancs sont regroupées en fin de manuel, p. 368 à 370.

Seconde partie : Expression écrite (15 points)

C1 ▸ – L'item 5 du domaine « Lire ».
– Les items 2, 3 et 4 du domaine « Écrire ».
C5 ▸ L'item 2 du domaine « Lire et pratiquer différents langages ».

Vous traiterez au choix l'un des deux sujets suivants. Votre texte aura une longueur de deux pages minimum.

▸ Sujet 1

Une fois seule avec François, Millie lui fait des reproches sur son nouvel ami, qui joue à des jeux dangereux et qu'elle n'aime pas. François, lui, essaie de le défendre. Imaginez le dialogue entre les deux personnages, en trouvant au moins trois arguments pour chacun d'eux. Vous choisirez l'issue du dialogue : victoire des arguments de la mère, ou de ceux de François.
Vous veillerez à la cohérence par rapport au texte étudié, à la présentation du dialogue et la qualité des arguments proposés.

▸ Sujet 2

Augustin Meaulnes va vivre en pension chez les parents de François. Vivre séparé de sa famille en pension ou en foyer, lorsque l'on est adolescent, est-ce une expérience forcément douloureuse ou au contraire cela peut-il devenir une expérience enrichissante ? Vous exposerez votre réflexion dans un texte organisé, comportant des arguments illustrés par des exemples.

Pour chacun des sujets, il sera tenu compte de la correction de l'expression, de l'orthographe et de la présentation.

Retrouvez un second brevet blanc sur *L'Enfant* de Jules Vallès en vous connectant sur *www.lelivrescolaire.fr*.

Socle commun

Compétences plus précisément travaillées dans ce chapitre

	Items du livret des compétences	Mise en application des items
	Lire	
C1	Adapter son mode de lecture à la nature du texte proposé et à l'objectif poursuivi.	Lire des récits d'enfance et d'adolescence.
C1	Repérer des informations dans un texte à partir de ses éléments explicites et des éléments implicites nécessaires.	Repérer et comprendre l'implicite d'un texte *(Textes et Images 5)*.
C1	Utiliser ses capacités de raisonnement, ses connaissances sur la langue, savoir faire appel à des outils appropriés pour lire.	Distinguer les différents genres et formes de récits d'enfance et d'adolescence.
	Écrire	
C1	Rédiger un texte bref, cohérent et ponctué, en réponse à une question ou à partir de consignes données.	Rédiger des suites de textes ; écrire « à la manière de » *(Expression écrite)*.
	Avoir des connaissances et des repères	
C5	Relevant de la culture littéraire.	Avoir des connaissances sur les diverses formes d'écriture autobiographique et sur le récit d'enfance et d'adolescence.
C5	Relevant de la culture artistique.	Avoir des connaissances sur les mythes et les symboles liés à la jeunesse *(Histoire des arts)*.
	Situer dans le temps, l'espace, les civilisations	
C5	Établir des liens entre les œuvres (littéraires, artistiques) pour mieux les comprendre.	Comparer des récits d'enfance et d'adolescence *(Textes et Images)* ; des figures d'adolescents au cinéma *(Histoire des arts 2)* ; deux projets autobiographiques célèbres *(Liaison 3e-2nde, ex. 3)*.
	Lire et pratiquer différents langages	
C5	Connaître et pratiquer diverses formes d'expression à visée littéraire.	Décrire des sentiments et émotions *(Lexique, ex. 3)* ; raconter des souvenirs et des expériences *(Expression écrite)*.
	Faire preuve de sensibilité, d'esprit critique, de curiosité	
C5	Être capable de porter un regard critique sur un document, une œuvre.	Réfléchir à la manière dont le cinéma influence notre vision de l'adolescence *(Histoire des arts 2)*. Sur les extraits proposés *(Liaison 3e-2nde)*.
	Être capable de mobiliser ses ressources intellectuelles dans diverses situations	
C7	Être autonome dans son savoir ; rechercher et sélectionner des informations utiles.	Sur les mouvements pointilliste et expressionniste, l'autoportrait *(Expression orale, ex. 3)*.
	Faire preuve d'initiative	
C7	Manifester curiosité, créativité, motivation.	Choisir et analyser une œuvre mettant en scène une figure mythique de la jeunesse ; une figure du héros adolescent au cinéma *(Histoire des arts 1 et 2)* ; un autoportrait en peinture ou en photographie *(Expression orale, ex. 3)*.

Compétence 4 et B2i

Les items travaillés sont précisés dans chaque activité.

100 % web

Le vocabulaire subjectif et les émotions de l'enfance

À l'aide d'outils de traitement de texte, repérer le vocabulaire subjectif qui relève de l'émotion, puis nommer les sentiments éprouvés.

La voix de la conscience

Mettre en voix le texte de Nathalie Sarraute selon une grille de lecture établie avec l'enseignant.

***Au revoir les enfants* (Louis Malle)**

Faire des hypothèses pour interpréter la scène finale et justifier par des captures d'écran.

1 Répondez, en une vingtaine de lignes, à la question suivante.

Êtes-vous d'accord avec la présentation traditionnelle de l'enfance comme une époque innocente et merveilleuse, et celle de l'adolescence comme une époque tourmentée et difficile ?

Vous trouverez dans les textes des chapitres trois arguments et exemples qui justifient cette déclaration, et trois arguments et exemples qui la nuancent.

En conclusion, vous donnerez votre avis personnel.

Vous pouvez vous aider des leçons de grammaire nos 28 et 30.

2 À partir de tous les extraits des chapitres 1 et 2, rédigez un paragraphe explicatif qui exposera les grandes caractéristiques du récit d'enfance et d'adolescence, en suivant le plan ci-dessous.

– Présentation des différents extraits répartis en trois groupes : ceux qui parlent de l'enfance, ceux qui parlent de l'adolescence, ceux qui exposent le projet du narrateur adulte ;
– événements qui sont décrits dans ces extraits (regroupés par thèmes) ;
– en conclusion : ces textes présentent-ils l'enfance de manière positive ou négative ?

3 Exercice d'introduction à l'autobiographie : comparer différents projets d'auteurs.

Ce livre, lecteur, est un livre de bonne foi. Il t'avertit, dès le début, que je ne l'ai écrit que pour moi et quelques intimes, sans me préoccuper qu'il pût être pour toi de quelque intérêt, ou passer à la postérité ; de si hautes visées sont au-dessus de ce dont je suis capable. [...] Si je m'étais proposé de rechercher la faveur du public, je me serais mieux attifé et me présenterais sous une forme étudiée pour produire meilleur effet ; je tiens, au contraire, à ce qu'on m'y voie en toute simplicité, tel que je suis d'habitude, au naturel, sans que mon maintien soit composé ou que j'use d'artifice [...]

Ainsi, lecteur, c'est moi-même qui fais l'objet de mon livre ; peut-être n'est-ce pas là une raison suffisante pour que tu emploies tes loisirs à un sujet aussi peu sérieux et de si minime importance.

Montaigne, *Essais*, 1595

Je forme une entreprise qui n'eut jamais d'exemple, et dont l'exécution n'aura point d'imitateur. Je veux montrer à mes semblables un homme dans toute la vérité de la nature ; et cet homme, ce sera moi.

Moi seul. [...]

Que la trompette du jugement dernier sonne quand elle voudra, je viendrai, ce livre à la main, me présenter devant le souverain juge. Je dirai hautement : Voilà ce que j'ai fait, ce que j'ai pensé, ce que je fus. J'ai dit le bien et le mal avec la même franchise. Je n'ai rien tu de mauvais, rien ajouté de bon ; et s'il m'est arrivé d'employer quelque ornement indifférent, ce n'a jamais été que pour remplir un vide occasionné par mon défaut de mémoire.

Jean-Jacques Rousseau, *Confessions*, 1782-1789

1. Lisez ces textes qui fondent le genre autobiographique :
– résumez chacun des projets décrits ici ;
– trouvez les ressemblances entre les deux projets ;
– trouvez les différences entre les deux projets.

2. À l'aide de vos réponses, rédigez un paragraphe explicatif où vous comparerez les deux textes :
– introduction : présentation des deux textes (auteur, titre, date, projet décrit) ;
– comparaison des deux textes à partir de leurs ressemblances et de leurs différences ;
– une phrase de conclusion sur les caractéristiques de l'autobiographie présentées par ces deux textes.

Propositions de lecture pour la Seconde

D'autres romans et récits autobiographiques évoquant l'enfance et l'adolescence

- **Jules Vallès, *L'Enfant*, 1879.** La toute puissance du père, au XIXe siècle : le narrateur dénonce son enfance difficile.
- **Albert Cohen, *Le Livre de ma mère*, 1954.** L'auteur rend hommage à sa mère disparue, en racontant la grande complicité qui les unissait dans son enfance.
- **Nathalie Sarraute, *Enfance*, 1983.** L'auteure raconte ses souvenirs d'enfance sous la forme d'un dialogue avec elle-même.
- **Annie Ernaux, *La Place*, 1983.** La vie simple d'une famille ouvrière en Normandie, dans laquelle a grandi l'auteure.
- **Andreï Makine, *Le Testament français*, 1995.** Un jeune Russe rêve de la France...

100 % web **Retrouvez des propositions de romans sur le thème de l'enfance et l'adolescence**

3 *Des souris et des hommes* de John Steinbeck

Lire un roman porteur d'un regard sur l'homme et sur l'histoire et la société au XXe siècle
Approfondir l'étude des techniques narratives

Affiche de l'adaptation de *Des souris et des hommes*

Réalisé par Lewis Milestone, avec Lon Chaney Jr (Lennie) et Burgess Meredith (George), 1939

Affiche de l'adaptation de *Des souris et des hommes*

Réalisé par Gary Sinise, avec John Malkovich (Lennie) et Gary Sinise (George), 1992

Lecture d'image

1. Où, à quelle période et dans quel milieu social semble se dérouler l'histoire ?
2. Observez les deux personnages masculins. Quelles sont leurs différences ? Quelle relation peuvent-ils avoir ? Justifiez votre réponse à l'aide d'observations précises.
3. Décrivez le troisième personnage sur l'affiche de gauche. À votre avis, quel rôle ce personnage peut-il jouer dans l'histoire ? Expliquez.
4. De quel genre l'histoire semble-t-elle relever (science-fiction, western, drame social, policier, etc.) ? Observez le cadrage des affiches ainsi que les éléments qui les composent et procédez par élimination.
5. Proposez des hypothèses pour expliquer le titre de l'œuvre.

Deux hommes et une souris

John Steinbeck (1902-1968) est un romancier américain, auteur notamment des *Raisins de la colère* (1939) et de *À l'est d'Eden* (1952). Une grande partie de ses œuvres a été adaptée au cinéma et au théâtre. Il a obtenu le prix Nobel de littérature en 1962. Avant de connaître le succès, il a occupé toutes sortes d'emplois, ce qui **...**

L'histoire se passe en Californie, dans les années 1930. Au début du roman, deux hommes s'apprêtent à prendre un nouvel emploi de journaliers (ouvriers agricoles pauvres employés à la journée) dans un ranch. Lennie est très grand et corpulent ; George est petit. Le soir venu, ils s'installent près d'un ruisseau pour y passer la nuit. George vient de prendre à Lennie une souris morte que celui-ci caressait dans sa poche et de la jeter au loin, avant de charger son ami d'aller chercher du bois pour le feu.

Il ne portait qu'un petit morceau de saule dans la main. George se mit sur son séant.

– Ça va, dit-il brusquement, donne-moi cette souris !

Lennie se livra à une pantomime[1] d'innocence compliquée.

– Quelle souris, George ? J'ai pas d'souris.

George tendit la main.

– Allons, donne-la-moi. Faut pas me la faire.

Lennie hésita, recula, jeta un regard éperdu[2] vers la ligne des fourrés, comme s'il songeait à recouvrer sa liberté en s'enfuyant. George lui dit froidement :

– Tu vas me donner cette souris, ou bien c'est-il que tu veux mon poing sur la gueule ?

– Te donner quoi, George ?

– Tu le sais foutre bien. Je veux cette souris.

À contrecœur, Lennie chercha dans sa poche. Sa voix chevrota[3] légèrement.

– J'sais pas pourquoi j'peux pas la garder. Elle n'est à personne, cette souris. J'l'ai pas volée. J'l'ai trouvée morte sur le bord de la route.

La main de George restait impérieusement tendue. Lentement, comme un terrier[4] qui ne veut pas rapporter la balle à son maître, Lennie s'approcha, recula, s'approcha encore. George fit claquer sèchement ses doigts, et à ce bruit, Lennie lui mit la souris dans la main.

– J'faisais rien de mal avec elle, George. J'faisais rien que la caresser.

George se leva et jeta la souris aussi loin qu'il put dans l'ombre des fourrés, puis il s'approcha de l'eau et se lava les mains.

– Bougre d'idiot. Tu pensais que j'verrais pas que t'avais les pieds mouillés, là où que t'as traversé la rivière pour aller la chercher ?

Il entendit Lennie pleurnicher et il se retourna vivement.

– V'là que tu brailles comme un bébé ! Nom de Dieu ! Un grand gars comme toi !

Lucian Freud, *Head of the Big Man*, 1975, huile sur toile, 41 x 27 cm (collection privée)

... lui a donné une connaissance précise des milieux paysans et ouvriers qu'il évoque dans ses romans. Humaniste et homme de gauche, il a inlassablement dénoncé les effets ravageurs de la misère et des discriminations. *Des souris et des hommes* (1937), aujourd'hui devenu un classique, a suscité un vif débat à sa parution en raison de sa langue argotique et de son caractère engagé.

1 Mimique.
2 Paniqué, désespéré.
3 Trembla.
4 Race de chien.

La lèvre de Lennie tremblotait, et il avait les yeux plein de larmes.

– Oh! Lennie!

George posa la main sur l'épaule de Lennie.

– Je l'ai pas prise pour être méchant. [...] T'as qu'à trouver une autre souris, une fraîche, et j'te permettrai de la garder un petit peu.

Lennie s'assit par terre et baissa la tête tristement.

– J'sais pas où il y en a, des souris. J'me rappelle une dame qui m'en donnait... toutes celles qu'on attrapait. Mais cette dame n'est pas là.

George se moqua.

– Une dame, hein? Tu te rappelles même pas qui c'était, cette dame. C'était ta propre tante Clara. Et elle a cessé de te les donner. Tu les tuais toujours.

Lennie le regarda tristement.

– Elles étaient si petites, dit-il pour s'excuser. J'les caressais, et puis bientôt, elles me mordaient les doigts, alors, je leur pressais un peu la tête, et puis elles étaient mortes... parce qu'elles étaient si petites.

JOHN STEINBECK, *Des souris et des hommes*, 1937, traduction de Maurice-Edgar Coindreau, chap. 1 © Éditions Gallimard

Questions sur le texte

Une présentation explicite

1. D'après le dialogue des personnages, que fait Lennie avec les souris? Quelle raison invoque-t-il pour expliquer le sort de ces animaux?

2. Relevez deux comparaisons utilisées pour décrire Lennie. Quel est leur point commun? Qu'en déduisez-vous à propos du personnage?

Une présentation implicite

3. Relisez l'échange à propos de « la dame » dont parle Lennie : que pouvez-vous en déduire du passé des deux hommes? Et que révèle-t-il de la personnalité de Lennie?

4. Quelle est la réaction de Lennie après que George a jeté la souris? Que montre cette réaction? Justifiez votre réponse en relevant les autres marques d'émotion de Lennie dans l'extrait.

5. Relevez les ordres et les insultes dans le texte. Quel personnage les exprime? Que pouvez-vous en déduire sur la relation de George et Lennie?

6. De « *George tendit la main* » (l. 6) à « *se lava les mains* » (l. 30) : relevez les mouvements des personnages et dites comment ils caractérisent leur relation.

Des pistes pour la suite

7. En vous appuyant sur vos réponses aux questions précédentes et en prenant en compte la réaction de George quand Lennie se met à pleurer, décrivez de la manière la plus précise possible la relation qu'entretiennent les deux personnages.

8. Selon vous, qui des deux sera le personnage principal du roman? Justifiez votre réponse.

9. Identifiez le type de point de vue narratif utilisé dans le texte. Ce type de point de vue aide-t-il à savoir qui sera le personnage principal?

10. Le premier titre auquel Steinbeck avait pensé pour le roman était *Quelque chose qui s'est passé*. Si vous n'avez pas lu le roman, quels événements sont susceptibles de se produire selon vous, compte tenu des gestes de Lennie avec les souris? Si vous avez lu le roman, montrez en quoi ce passage est prémonitoire.

Lecture d'image

1. Commentez les proportions du visage et du cou. Quelle impression cela donne-t-il du personnage?

2. Comment le peintre représente-t-il la peau? Quel est l'effet créé?

3. Observez les yeux : comment pourriez-vous qualifier l'expression du personnage?

4. Dans quelle mesure ce portrait pourrait-il représenter Lennie?

À retenir

- Les personnages sont présentés de manière **explicite** lorsque le narrateur décrit **clairement** leur aspect physique, leur caractère, leur milieu social et nous raconte leur histoire. Lorsque la présentation est **implicite**, le narrateur **n'explique rien**, et c'est au lecteur de caractériser les personnages en **observant** et en **interprétant** leur façon d'agir et de parler, comme s'il les voyait devant lui.

« Nous, on a un futur »

Pendant que les boîtes de conserve de leur dîner chauffent sur le feu, Lennie prie George de lui « *raconter les lapins* ».

Les types comme nous, qui travaillent dans les ranches, y a pas plus seul au monde. Ils ont pas de famille. Ils ont pas de chez-soi. Ils vont dans un ranch, ils y font un peu d'argent, et puis ils vont en ville et ils le dépensent tout… et pas plus tôt fini les v'là à s'échiner[1] dans un autre ranch. Ils ont pas de futur devant eux.

Lennie était ravi.

– C'est ça… c'est ça. Maintenant, raconte comment c'est pour nous.

George continua :

– Pour nous, c'est pas comme ça. Nous, on a un futur. On a quelqu'un à qui parler, qui s'intéresse à nous. On a pas besoin de s'asseoir dans un bar pour dépenser son pèze[2], parce qu'on n'a pas d'autre endroit où aller. Si les autres types vont en prison, ils peuvent bien y crever, tout le monde s'en fout. Mais pas nous.

Lennie intervint.

– Mais pas nous ! Et pourquoi ? Parce que… parce que moi, j'ai toi pour t'occuper de moi, et toi, t'as moi pour m'occuper de toi, et c'est pour ça.

Il éclata d'un rire heureux.

– Continue maintenant, George !

– Tu l'sais par cœur. Tu peux le faire toi-même.

– Non, toi. Y a toujours des choses que j'oublie. Dis-moi comment que ça sera.

– Ben voilà. Un jour, on réunira tout not' pèze, et on aura une petite maison et un ou deux hectares et une vache et des cochons et…

– On vivra comme des rentiers[3], hurla Lennie. Et on aura des lapins. Continue, George. Dis-moi ce qu'on aura dans le jardin, et les lapins dans les cages, et la pluie en hiver, et le poêle, et la crème sur le lait qui sera si épaisse qu'on pourra à peine la couper. Raconte-moi tout ça, George.

– Pourquoi que tu le fais pas toi-même, tu le sais tout.

– Non… raconte, toi. C'est pas la même chose si c'est moi qui le fais. Continue… George. Comment je soignerai les lapins ?

– Eh bien, dit George, on aura un grand potager, et un clapier à lapins, et des poulets. Et quand il pleuvra, l'hiver, on dira : l'travail,

Des souris et des hommes, mise en scène de Jean-Philippe Evariste et Philippe Ivancic, avec Philippe Ivancic (Lennie) et Jean-Philippe Evariste (George), théâtre du Petit Saint-Martin, 2010

1 Travailler jusqu'à l'épuisement.
2 Argent (argotique).
3 (ici) Propriétaires terriens vivant dans l'aisance sans travailler.

Sur notre site, une vidéo INA sur la crise de 1929.

on s'en fout; et on allumera du feu dans le poêle, et on s'assoira autour, et on écoutera la pluie tomber sur le toit… Merde!

Il sortit son couteau de poche.

– J'ai pas le temps de t'en dire plus.

Il enfonça son couteau dans le couvercle d'une des boîtes, l'ouvrit et passa la boîte à Lennie.

John Steinbeck, *Des souris et des hommes*, 1937,
traduction de Maurice-Edgar Coindreau, chap. 1

Questions sur le texte

Une promesse de bonheur

1. Relevez dans un tableau ce qui oppose la vie (présente et future) des deux personnages à celle des autres journaliers. En quoi consiste le rêve de Lennie et George ?

2. Lignes 27 à 42 (de « *Un jour, on réunira tout not' pèze* » à « *la pluie tomber sur le toit* ») : relevez la figure de style dominante et analysez son effet.

3. Quel temps et quel mode sont employés pour évoquer la ferme ? Que cela révèle-t-il de la façon dont les personnages envisagent leur rêve ?

4. Quels sont les sentiments de Lennie ? Justifiez votre réponse par l'étude des champs lexicaux, des formes verbales et de la typographie.

Une utopie ?

5. Quel niveau de langue est employé par les personnages ? Comment cela les caractérise-t-il socialement ? Rend-il leur discours crédible ?

6. En quoi pouvez-vous rapprocher ce texte de « La Laitière et le Pot au lait » de Jean de La Fontaine ? Comment la fable se termine-t-elle ?

7. Le titre du roman est inspiré de ce vers de Robert Burns (poète du XVIIIe siècle) : « *Les plans les mieux conçus des souris et des hommes vont souvent de travers* ». À quoi peut-on donc s'attendre s'agissant de la suite du roman ?

8. Une utopie (du grec *u-topos* : le lieu qui n'existe pas ; par extension un endroit parfait mais imaginaire) est la description d'une existence idéale, sans défaut, mais impossible à réaliser. En reprenant les réponses précédentes, dites en quoi le projet de Lennie et George peut sembler utopique.

Le plaisir du dialogue

9. Comment comprenez-vous le fait que Lennie anticipe le récit de George ? Selon vous, pourquoi tient-il cependant à ce que ce soit George qui parle ?

10. Plusieurs passages sont répétés par les personnages. Quel effet cela produit-il ?

11. George semble-t-il aussi enthousiaste que Lennie ?

Lecture d'image

1. Observez l'attitude des deux acteurs. Comment permet-elle d'identifier chacun des deux personnages ?

2. Adapter un roman à la scène peut aussi amener à accompagner le texte par de la musique. Vous êtes compositeur et le metteur en scène vous demande un morceau pour accompagner cette scène. Quel type de musique choisissez-vous ? Pourquoi ? Pensez au rythme (lent, rapide, variable ?), aux instruments (percussions, guitare électrique, violon ?…), au type de mélodie (répétitive, harmonieuse, dansante ?…). Vous pouvez illustrer votre réponse avec des exemples de morceaux.

100 % web

Sur notre site, une présentation du poème « À une souris » de Robert Burns, qui a inspiré Steinbeck pour le titre de son roman.

À retenir

- Après la **crise boursière de 1929**, les États-Unis connaissent une importante crise économique durant les années 1930, la **Grande Dépression.** Dans le monde agricole, la situation est aggravée par la survenue de plusieurs grandes sécheresses et tempêtes de poussière, qu'on a appelées le *Dust Bowl*, la boule de poussière. Ruinés, de nombreux fermiers **émigrent** en Californie, et Steinbeck dépeint ce terrible exode dans *Les Raisins de la colère* (1939). Cette réalité sociale est présente dans *Des souris et des hommes* : l'existence précaire (fragile) de Lennie et George, faite de solitude, d'errance et de misère, est représentative de celle de tous les journaliers.

« Fais-le sortir »

Au ranch, Lennie et George ont sympathisé avec Candy, le vieil homme à tout faire, propriétaire d'un vieux chien. Mais un soir, dans le baraquement des hommes, le gros Carlson, un autre ouvrier, se met à se plaindre du chien. Lennie et George assistent à la scène, impuissants.

Il s'arrêta et renifla, et, tout en reniflant, il baissait les yeux vers le chien.

– Nom de Dieu, ce que ce chien pue ! Fais-le sortir, Candy[1] ! J'connais rien qui pue autant qu'un vieux chien. Allons, fais-le sortir.

Candy roula jusqu'au bord de son lit. Il avança la main et caressa le vieux chien, et il s'excusa.

– Il y a si longtemps qu'on est ensemble que j'm'aperçois même pas qu'il pue.

– Enfin, moi, j'peux pas le supporter ici, dit Carlson. Ça pue même après qu'il est parti.

De son pas lourd, il s'approcha du chien et le regarda.

– Il n'a plus de dents, dit-il. Il est tout plein de rhumatismes. Il n'peut plus te servir à rien, Candy. Il n'peut même plus rien faire pour lui-même. Pourquoi que tu le tues pas, Candy ?

– Ben… bon Dieu ! Y a si longtemps que je l'ai. Je l'ai depuis qu'il était tout petit. J'ai gardé les moutons avec lui.

Il dit fièrement :

– Vous le croiriez pas à le voir, mais c'était le meilleur berger que j'aie jamais vu. […]

– Écoute, Candy, ce vieux chien souffre tout le temps. Si tu l'emmenais et que tu lui foutrais une balle, en plein dans la nuque… – il se pencha et montra l'endroit – juste ici, il ne s'en apercevrait même pas.

Candy jeta autour de lui un regard malheureux.

– Non, dit-il doucement, non, j'pourrais pas faire ça. Y a trop longtemps que je l'ai.

– Sa vie n'est pas drôle, insista Carlson. Et il pue comme tous les diables. J'vais te dire. C'est moi qui le tuerai à ta place. Comme ça, t'auras pas à le faire. […] De la façon que je le tuerai, il ne sentira rien. Je mettrai le fusil, juste ici – il montra du

1 En anglais, signifie « sucrerie ».
2 Pistolet semi-automatique.
3 Conducteur de charriot du ranch, Slim est grand, calme, attentif, et sa sagesse est respectée de tous.

Photographie de Lindy Powers

bout de son pied – droit dans la nuque. Il n'aura même pas un frisson. [...]

Candy dit avec un peu d'espoir :

– T'as pas de fusil.

– Avec ça. J'ai un Luger[2]. Ça ne lui fera pas mal.

Candy dit :

– Demain, peut-être. Attendons à demain.

– J'vois pas de raison, dit Carlson. [...]

Candy regarda longuement Slim[3] dans l'espoir qu'il soulèverait quelque objection. Et Slim n'en fit aucune. Candy, découragé, finit par dire, doucement :

– Alors, c'est bon... Emmène-le.

Il n'abaissa même pas ses regards vers le chien. Il s'étendit sur son lit, croisa les bras derrière la tête et contempla le plafond.

Carlson sortit une petite courroie de sa poche. Il se pencha et la passa autour du cou du chien. Tous les hommes, sauf Candy, le regardaient.

[...] Il fit sortir le chien dans l'obscurité.

JOHN STEINBECK, *Des souris et des hommes*, 1937, traduction de Maurice-Edgar Coindreau, chap. 3

Questions sur le texte

L'enchaînement fatal du dialogue

1. Résumez le texte en montrant la différence entre la situation initiale et la situation finale, et en relevant les arguments de Carlson et les objections de Candy.
2. Quelle figure de style identifiez-vous dans la manière dont la scène évolue ? Quel effet produit-elle ?
3. Dans les descriptions du vieux chien par Carlson, relevez les tournures négatives. Quel est leur effet ?
4. Quel rôle joue le silence de Slim à la fin du passage ?

Violence et douceur

5. En quoi le langage et les gestes de Carlson sont-ils violents ? Justifiez votre réponse par des éléments précis du texte.
6. Que ressent Candy ? Quelle attitude adopte-t-il face à la violence de Carlson ? Commentez le choix de son nom.
7. Quels sentiments cette scène vous inspire-t-elle ? Que ressentez-vous lorsque Carlson entraîne le chien dehors ?

Roman ou théâtre ?

8. Après avoir lu attentivement la rubrique « À retenir », montrez en quoi ce passage ressemble au texte d'une pièce de théâtre.
9. Comment apprend-on ce que ressentent les personnages ? Quel point de vue narratif est donc utilisé ?
10. **a)** Montrez que dans cette scène l'auteur reprend la règle de bienséance du théâtre classique. **b)** Quel est l'intérêt de ce choix ?

Lecture d'image

1. Donnez au moins deux moyens utilisés par le photographe pour mettre en valeur le canon du pistolet.
2. Sans vous limiter à votre réponse précédente bien sûr, expliquez comment cette photographie crée une impression de violence menaçante

À retenir

- Habituellement, un **roman** et une **pièce de théâtre** sont faciles à distinguer : à la suite du philosophe grec Aristote, on dit qu'au théâtre les personnages « parlent eux-mêmes », tandis que dans un roman, c'est un narrateur qui parle. Dans un cas, on les voit sur scène, et dans l'autre, on les imagine. Pour cette raison, le théâtre est souvent moins violent que le roman. Dans le **théâtre classique,** tout ce qui est susceptible de heurter la sensibilité du public ne doit pas être représenté sur scène : c'est la « **règle de bienséance** ».

« J'ai encore fait quelque chose de mal »

Au ranch, George ordonne à Lennie de se tenir à l'écart de la femme de leur patron, parce que c'est une séductrice égoïste dont le mari, Curley, est très jaloux. Mais un après-midi, tandis que Lennie se trouve dans la grange avec un chiot qu'on lui a donné et qu'il vient de tuer par accident en le caressant, la femme de Curley vient le rejoindre et engage la conversation. Lennie tente de l'éviter, mais elle se met alors à parler du plaisir qu'on prend à toucher des choses douces.

La femme de Curley se moqua de lui :

– T'es piqué[1], dit-elle. Mais t'es gentil tout de même. On dirait un grand bébé. Mais, on peut bien voir ce que tu veux dire. Quand je me coiffe, des fois, je me caresse les cheveux, parce qu'ils sont si soyeux.

Pour montrer comment elle le faisait, elle passa ses doigts sur le haut de sa tête.

– Y a des gens qui ont des gros cheveux raides, continua-t-elle avec complaisance, Curley, par exemple. Ses cheveux sont comme des fils de fer. Mais les miens sont fins et soyeux. C'est parce que je les brosse souvent. C'est ça qui les rend fins. Ici… touche, juste ici.

Elle prit la main de Lennie et la plaça sur sa tête.

– Touche là, autour, tu verras comme c'est doux.

De ses gros doigts, Lennie commença à lui caresser les cheveux.

– Ne m'décoiffe pas, dit-elle.

Lennie dit :

– Oh ! c'est bon. – Et il caressa plus fort. – Oh ! c'est bon.

– Attention, tu vas me décoiffer.

Puis, elle s'écria avec colère :

– Assez, voyons, tu vas toute me décoiffer.

D'une secousse elle détourna la tête, et Lennie serra les doigts, se cramponna aux cheveux.

– Lâche-moi, cria-t-elle. Mais lâche-moi donc.

Lennie était affolé. Son visage se contractait. Elle se mit à hurler et, de l'autre main, il lui couvrit la bouche et le nez.

– Non, j'vous en prie, supplia-t-il. Oh ! j'vous en prie, ne faites pas ça. George se fâcherait.

Elle se débattait vigoureusement, sous ses mains. De ses deux pieds elle battait le foin, et

Œuvre abstraite
Leon Polk Smith, *Papier déchiré*, 1960, 45,72 x 30,48 cm (musée d'Israël, Jérusalem, Israël)

elle se tordait dans l'espoir de se libérer. Lennie commença à crier de frayeur.

– Oh ! je vous en prie, ne faites pas ça, supplia-t-il. George va dire que j'ai encore fait quelque chose de mal. Il m'laissera pas soigner les lapins.

Il écarta un peu la main et elle poussa un cri rauque. Alors Lennie se fâcha.

– Allons, assez, dit-il. J'veux pas que vous gueuliez. Vous allez me faire arriver des histoires ; tout comme a dit George. N'faites pas ça, voyons.

Et elle continuait à se débattre, les yeux affolés de terreur. Alors il la secoua, et il était furieux contre elle.

– Ne gueulez donc pas comme ça, dit-il en la secouant, et le corps s'affaissa[2] comme un poisson. Puis elle ne bougea plus, car Lennie lui avait brisé les vertèbres du cou.

Il abaissa les yeux vers elle, et, avec précaution, enleva la main de dessus sa bouche ; et elle resta immobile.

– J'veux pas vous faire de mal, dit-il, mais George s'foutra en rogne si vous gueulez.

Voyant qu'elle ne répondait ni ne bougeait, il se pencha tout contre elle. Il lui souleva le bras et le laissa retomber. Un moment il sembla éberlué. Puis il soupira dans sa terreur :

– J'ai fait quelque chose de mal. J'ai encore fait quelque chose de mal.

JOHN STEINBECK, *Des souris et des hommes*, 1937, traduction de Maurice-Edgar Coindreau, chap. 5 © Éditions Gallimard

1 (familier) Fou, cinglé.
2 S'effondra.

Questions sur le texte

La montée tragique de la violence

1. La scène commence de façon paisible, et aboutit pourtant à un meurtre. À quel moment la situation dérape-t-elle ?

2. Relevez les éléments du texte faisant comprendre que Lennie est dangereux.

3. Comment qualifieriez-vous les réactions de la femme ? Appuyez votre réponse sur des relevés précis du texte.

La caresse fatale*

4. Où les deux personnages se trouvent-ils ? En quoi ce cadre favorise-t-il le drame ?

5. Apparemment, tout oppose Lennie et la femme de Curley. Pourtant, ils ont des points communs. Lesquels ? Pour répondre, vous pouvez vous servir d'autres passages du livre.

6. Quels sont les sentiments de Lennie ? En quoi sont-ils infantiles ?

7. Lisez le « À retenir » page 73 : comment l'ironie tragique est-elle présente dans le texte ? Appuyez votre réponse sur une comparaison entre les désirs des personnages et le résultat de leur action.

8. Selon vous, Lennie est-il entièrement responsable de la mort de la femme ?

Un roman tragique

9. Quels indices dans le roman annoncent ce passage ?

10. Comparez la scène avec le fait divers qui a inspiré Steinbeck (voir « À retenir »). Quelles principales différences relevez-vous entre les deux versions ? Selon vous, pourquoi l'auteur a-t-il procédé à ces modifications ?

Lecture d'image

1. Que peut symboliser la couleur rouge ?

2. Pour vous, en quoi cette œuvre permet-elle d'illustrer ce passage ?

* **Fatal :** tragique, qu'on ne peut pas éviter et qui a des conséquences très graves.

À retenir

Pour écrire son roman, Steinbeck s'est inspiré d'un **événement réel** auquel il a assisté lorsqu'il travaillait dans un ranch, étant jeune. Il raconte au *New York Times*, en 1937 : « *Lennie existe réellement. Il se trouve actuellement dans un asile d'aliénés en Californie. J'ai travaillé à ses côtés pendant de nombreuses semaines. Il n'a pas tué une fille. Il a tué un contremaître de la ferme. Il s'est mis en rogne parce que le patron avait viré son copain et il lui a planté une fourche dans le ventre. Je n'ose vous dire à combien de reprises. Je l'ai vu faire. Nous n'avons pas pu l'arrêter avant qu'il ne fût trop tard.* » John Steinbeck, *Des souris et des hommes* (suppléments) © Éditions Gallimard

« Tu me laisseras pas, dis, George ? »

Au début du roman, George avait dit à Lennie qu'ils devaient se retrouver au bord de la rivière s'il leur arrivait un problème. Lennie s'y rend donc, et George l'y rejoint après avoir découvert le corps de la femme de Curley. George sait qu'il doit protéger Lennie, que Curley et ses hommes, ivres de vengeance, recherchent pour le battre à mort.

Tu me laisseras pas, dis, George ? J'sais bien que tu me laisseras pas.

George, d'un pas raide, se rapprocha et s'assit près de lui.

– Non.

– Je l'savais, s'écria Lennie. T'es pas un type à faire ça.

George resta silencieux. [...]

Lennie dit :

– Raconte comment ça sera.

George avait écouté les bruits lointains. Il sembla un instant parler en homme d'affaires[1].

– Regarde par-dessus la rivière, Lennie, et je vais te raconter si bien que tu pourras presque le voir.

Lennie tourna la tête et regarda, par-dessus la rivière, les sombres pentes des monts Gabilan.

– On aura une petite ferme, commença George.

Il mit la main dans la poche de son veston et en sortit le Luger de Carlson. Il enleva le cran d'arrêt, et laissa main et revolver sur le sol, derrière Lennie. [...]

George leva le revolver, et sa main tremblait, et, de nouveau, il laissa retomber sa main sur le sol.

– Allons, dit Lennie. Comment que ça sera ? On aura une petite ferme.

– On aura une vache, dit George. Et on aura peut-être bien un cochon et des poulets... et, dans le champ... un carré de luzerne...

– Pour les lapins, hurla Lennie.

– Pour les lapins, répéta George.

– Et c'est moi qui soignerai les lapins.

– Et c'est toi qui soigneras les lapins.

Lennie gloussa de bonheur. [...]

Lennie tourna la tête.

– Non, Lennie. Regarde là-bas,

1 George entend approcher les hommes de Curley.

Edvard Munch, *Le Meurtrier dans l'allée*, 1919, huile sur toile, 110 x 138 cm (musée Munch, Oslo, Norvège)

par-dessus la rivière, c'est presque comme si on pouvait la voir, notre ferme.

Lennie obéit. George baissa les yeux sur le revolver. [...]

Lennie dit :

– J'croyais que t'étais fâché avec moi, George.

– Non, dit George. Non, Lennie. J'suis pas fâché. J'ai jamais été fâché, et je le suis pas maintenant. Ça, c'est une chose dont j'veux que tu sois bien sûr.

Les voix se rapprochaient. George leva le revolver et écouta les voix.

Lennie supplia :

– Faisons-le tout de suite. Achetons-la tout de suite, notre petite ferme.

– Mais oui, tout de suite. J'vais le faire. On va le faire tous les deux.

Et George leva le revolver, l'immobilisa et en approcha le canon tout contre la nuque de Lennie. Sa main tremblait violemment, mais, bientôt, son visage se figea et sa main se raffermit. Il pressa la gâchette. La détonation gravit les collines et en redescendit. Lennie eut un soubresaut, puis il s'affaissa doucement, la face dans le sable, et il resta étendu sans le moindre frisson.

George tressaillit et regarda son arme, puis il la jeta derrière lui, très loin sur la rive, près du tas de vieilles cendres.

John Steinbeck, *Des souris et des hommes*, 1937, traduction de Maurice-Edgar Coindreau, chap. 6 © Éditions Gallimard

Questions sur le texte

Une fin douce-amère

1. Pourquoi George dit-il à Lennie de regarder par-dessus la rivière ? Donnez deux raisons.

2. Que ressent Lennie au début du passage ? Et ensuite ? Dans quel état d'esprit va-t-il mourir ?

3. « *Faisons-le tout de suite* » (l. 45) : pourquoi cette phrase de Lennie a-t-elle deux sens possibles pour George et pour le lecteur ? En quoi manifeste-t-elle l'ironie dramatique (voir « À retenir ») ?

La douleur de George

4. Quelles réactions physiques de George montrent son émotion ? Quel sens donnez-vous aux nombreux points de suspension dans son discours ? Relevez une phrase montrant sa difficulté à passer à l'acte.

5. Quels éléments du texte créent un effet de dramatisation (ou suspense) ?

6. « *Tu me laisseras pas, dis, George ?* » (l. 1) : pourquoi peut-on dire que George a répondu aux supplications de Lennie ?

7. Pourquoi peut-on dire que, dans ce passage, le personnage principal est George ? Quel rôle joue-t-il pour Lennie ?

Échos et clôture

8. Relevez les points communs entre ce passage et le premier chapitre du roman. Quel est l'effet produit ?

9. Relevez et interprétez le parallèle entre cette scène et celle de la mort du vieux chien de Candy.

10. Juste après ce passage, Slim dit à George : « *T'en fais pas. Y a des choses qu'on est obligé de faire, des fois* ». Selon vous, peut-on dire que cette phrase énonce la morale de l'histoire ?

Lecture d'image

1. Que représente le tableau ? Qui sont les deux personnages ?

2. Observez la composition : quel personnage le peintre a-t-il choisi de mettre en valeur ? Selon vous, pourquoi ?

3. Comment peut-on qualifier l'expression du visage du personnage au premier plan ?

4. Trouvez-vous qu'on puisse rapprocher le personnage du premier plan de George ? Justifiez votre opinion.

À retenir

- Au théâtre, on parle d'**ironie dramatique** lorsque certains personnages ignorent une information importante que le public possède, par exemple s'il y a un **quiproquo** ou un malentendu. L'ironie peut aussi concerner la **situation** : ici, le lecteur comprend assez vite le projet de George, tandis que Lennie ne s'en doute à aucun moment. C'est un procédé puissant qui peut créer un effet **comique** (si on se moque du personnage ignorant) ou **pathétique** (si on a pitié de lui). L'**ironie tragique** est sa variante dans la tragédie : le spectateur connaît le destin fatal du personnage qui, lui, essaie de l'éviter.

Histoire des Arts

Drôles de duos

- Pourquoi le rapprochement de deux personnages que tout oppose fait-il rire ?

1 Laurel et Hardy

Stan Laurel (à droite) et Oliver Hardy (à gauche) ont joué ensemble dans de nombreux films américains durant la première moitié du XXe siècle.

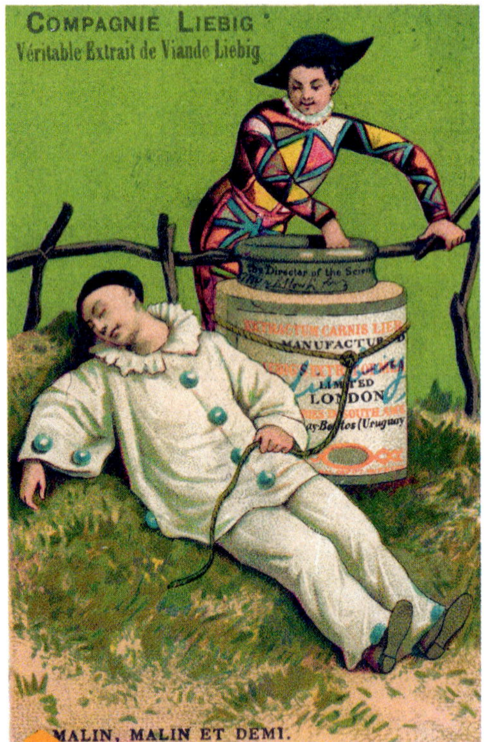

3 Pierrot et Arlequin

Cette publicité pour la marque de court-bouillon Liebig utilise deux personnages de la comédie : Pierrot (à gauche) et Arlequin (à droite).

2 Astérix et Obélix

Astérix (à droite) et Obélix (au centre) sont les héros d'une célèbre série de bande dessinée créée par René Goscinny et Albert Uderzo et qui met en scène des Gaulois à l'époque de la colonisation romaine.

4 Don Quichotte et Sancho Panza

Honoré Daumier, *Don Quichotte et Sancho Panza*, 1855, huile sur panneau de chêne (National Gallery, Londres, Royaume-Uni)
Don Quichotte, à gauche, se prend pour le personnage d'un roman de chevalerie et erre sur les routes en cherchant des princesses à sauver et des monstres à combattre. Son serviteur Sancho se rend compte que son maître délire et pense surtout à manger.

ina

Sur notre site, deux vidéos INA : l'une où Chevallier et Laspalès parlent de Laurel et Hardy, l'autre où Goscinny et Uderzo évoquent Astérix et Obélix.

100 % web
– Une page de synthèse sur ce thème
– Des liens vers des ressources complémentaires

Questions

1. **Doc. 1 :** Que fait Hardy, le personnage de gauche ? Comment ce geste vous permet-il de qualifier le caractère des deux personnages et leur relation ?

2. **Doc. 2 :** Que semble ressentir Obélix pour la jolie Falbala ? Pourquoi Astérix le pousse-t-il en avant ? Pourquoi est-ce drôle ? En quoi peut-on établir un parallèle entre Obélix et Lennie ?

3. **Doc. 3 :** Observez attentivement la scène et décrivez-la. Comment peut-on caractériser les personnages ? Expliquez le sens du proverbe qui figure en bas de la publicité : « À malin, malin et demi ».

4. **Doc. 4 :** Selon vous, pourquoi le peintre a-t-il choisi de ne représenter que la silhouette des deux personnages ?

5. **Doc. 4 :** Quel personnage semble enthousiaste ? Lequel semble résigné ? Pourquoi ?

6. Lisez la rubrique « À retenir ». Puis, en vous appuyant sur l'analyse des images et sur votre connaissance des personnages, expliquez pour chaque duo comment se répartissent les rôles entre le sage (le clown blanc) et celui qui se conduit comme un enfant (l'auguste).

7. Quand il y a un gros et un maigre, quel rôle chacun joue-t-il ? De quel duo pouvez-vous rapprocher celui formé par Lennie et George ?

8. Dans chaque duo, quel est le personnage dominant ? Est-ce le clown blanc ou l'auguste ? Que remarquez-vous ?

9. À l'aide de vos réponses aux questions précédentes et de vos connaissances personnelles, rédigez une synthèse en deux paragraphes :
– vous montrerez pourquoi on peut dire que les duos comiques sont souvent composés d'un clown blanc et d'un auguste ;
– vous expliquerez que ce modèle peut être réinterprété, et que ces modifications créent des effets comiques différents.
Vous vous appuierez sur des exemples précis et variés.

À retenir

Le **duo mal assorti** fait souvent rire. Le plus souvent, les rôles sont répartis dans la tradition du cirque entre un **clown blanc** et un **auguste**. Le premier, blanc par son costume et le maquillage de son visage, est élégant, intelligent et **sérieux** ; il représente notre conscience, notre **respect des règles**. Le second a les cheveux en bataille, un costume bariolé, des chaussures immenses ; maladroit, gaffeur, souvent ivre (ce que symboliserait son nez rouge), il **fait tout ce qu'il veut** sans réfléchir aux conséquences. L'effet comique est renforcé si les deux personnages sont très différents **physiquement**, comme le sont **George et Lennie**.

La musique afro-américaine

- Comment l'histoire de la musique afro-américaine reflète-t-elle les évolutions de la condition des Noirs aux États-Unis ?

Richard Bridgens, « Danse nègre », extrait de *Scènes des Caraïbes avec illustrations de personnages nègres*, 1836, lithographie

1 Chanter pour survivre

ina

Sur notre site, quatre vidéos INA :
- un portrait de Martin Luther King ;
- une vidéo sur son assassinat ;
- Nina Simone, grande chanteuse de jazz, parle de l'influence de sa couleur de peau sur son parcours musical ;
- John Baez parle de son engagement.

100 % web

- Une page de synthèse sur ce thème
- Des liens vers des ressources complémentaires

2 Chanter l'horreur

Strange Fruit

Interprétée pour la première fois par Billie Holiday, cette chanson est devenue l'un des hymnes de la lutte pour les Droits civils.

Les arbres du Sud portent un étrange fruit,
Du sang sur les feuilles et du sang aux racines,
Un corps noir qui se balance dans la brise du Sud,
Étrange fruit suspendu aux peupliers.

Scène pastorale du valeureux Sud,
Les yeux exorbités et la bouche tordue,
Parfum de magnolia doux et frais,
Puis l'odeur soudaine de chair brûlée !

C'est un fruit que les corbeaux cueillent,
Rassemblé par la pluie, aspiré par le vent,
Pourri par le soleil, lâché par les arbres,
C'est là une étrange et amère récolte.

« Strange Fruit », poème composé et mis en musique en 1937 par Abel Meeropol après avoir vu la photo d'un lynchage

3 **Chanter la justice**

Joan Baez chantant *We Shall Overcome* le matin de la marche de Martin Luther King sur Washington, le 28 août 1963

4 **Chanter sa colère**

Le groupe de rap Run-D.M.C. en 1986

Questions

1. **Doc. 1 :** Quelles étaient les conditions de vie des esclaves noirs en Amérique ? Recherchez ce que sont les *negro spirituals* et les *work songs*. À votre avis, pourquoi ces chants étaient-ils si importants pour les esclaves ?

2. **Doc. 1 :** Quel instrument de musique est ici représenté ? De quelle région du monde vient-il ?

3. **Doc. 2 :** Quel est l'« étrange fruit » évoqué par la chanson ? Quelle figure de style identifiez-vous ? À votre avis, pourquoi la réalité évoquée n'est-elle pas mentionnée directement ?

4. **Doc. 2 :** De quel passage de *Des souris et des hommes* pouvez-vous rapprocher ce chant ?

5. **Doc. 2 :** À votre avis, pourquoi cette chanson est-elle devenue un hymne de la lutte des Afro-Américains pour leurs droits, et même d'autres luttes pour la justice à travers le monde ?

6. **Doc. 2 :** Écoutez Billie Holiday chanter *Strange Fruit* sur notre site internet. En quoi le jazz vous paraît-il être un genre adapté pour ces paroles ?

7. **Doc. 3 :** Cherchez ce qui s'est passé à Washington le 28 août 1963. Pourquoi est-ce un jour important ?

8. **Doc. 3 :** Joan Baez est une chanteuse blanche. Selon vous, quelle signification cela a-t-il qu'elle ait chanté *We Shall Overcome*, c'est-à-dire « nous vaincrons » ou « nous réussirons », ce jour-là ?

9. **Doc. 3 :** Écoutez la chanson sur notre site internet. Quels sentiments évoque-t-elle pour vous ?

10. **Doc. 4 :** Le groupe Run-D.M.C. a lancé un nouveau style vestimentaire. En observant la photographie, expliquez en quoi consiste ce style.

11. **Doc. 4 :** En prison, on ôte les lacets des chaussures des prisonniers pour des raisons de sécurité. Selon vous, pourquoi certains rappeurs se sont-ils mis à porter, eux aussi, des baskets sans lacets ?

12. **Doc. 4 :** Où cette photographie est-elle prise ? En quoi le choix de ce lieu est-il significatif pour un groupe de rap ?

13. En vous appuyant sur vos réponses aux questions précédentes, expliquez de quelles manières la musique peut participer à un mouvement social.

À retenir

- Aux États-Unis, l'**esclavage** a été aboli en 1865. Mais dans de nombreux États, surtout dans le Sud, les Afro-Américains ont été victimes d'une **ségrégation raciale** qui se traduisait par exemple par l'interdiction de voter, de se mêler aux Blancs dans les lieux publics, et par de nombreux assassinats. Progressivement s'est développé un mouvement de **revendication des droits civils**, mené en particulier par **Martin Luther King**, qui a abouti en 1964 à l'abolition de la ségrégation. L'élection de Barack Obama en 2008 a donc constitué un symbole fort de l'intégration des Afro-Américains dans la société américaine.
- La **musique** a toujours joué un rôle important dans la culture afro-américaine, et elle a accompagné ce mouvement d'émancipation.

Synthèse Des souris et des hommes

De la dénonciation sociale à la méditation sur la condition humaine

- Dans *Des souris et des hommes* (1937), John Steinbeck s'inspire de son **expérience** d'ouvrier agricole pour dépeindre un monde de misère et de violence, mais où les plus belles **valeurs** humaines peuvent également s'exprimer.
- À travers l'histoire de **George Milton** et **Lennie Small**, il montre combien l'**amitié** et l'**espoir** d'une vie meilleure soutiennent les hommes et leur permettent de garder leur **dignité** **(Textes et Images 2)**. Mais l'histoire est **tragique** : Lennie étant un simple d'esprit incapable de maîtriser sa force surhumaine, ses projets sont voués à l'échec car il détruit tout ce qu'il veut caresser – des souris, un chiot et finalement une femme –, alors même que le rêve de Lennie et George de s'acheter une petite ferme semble soudain sur le point de se réaliser lorsque le vieux **Candy** leur propose de joindre ses économies aux leurs.
- Le propos social est central dans cette **œuvre engagée**, qui dénonce la condition inférieure réservée pendant la **Grande Dépression** aux personnes souffrant de **déficiences mentales**, mais aussi aux **Noirs**, aux **femmes** et aux **journaliers** dans leur ensemble. La mise à mort du vieux chien **(Textes et Images 3)** symbolise la dureté avec laquelle la société exclut tous les individus ne correspondant pas aux « normes ».
- Le roman élargit pourtant son propos pour avoir une portée **universelle** : l'histoire est aussi celle des affres de la **solitude** **(texte du brevet blanc)**, de la **jalousie**, du complexe d'**infériorité** (pour les personnages de **Curley** et de **Crooks**) et de l'échec du **langage** **(Textes et Images 3 et 4)**. Steinbeck met en scène la noblesse, la cruauté et l'absurdité de la **condition humaine**. Le lecteur est amené à s'identifier à George, personnage sensible mais réaliste, qui s'est attaché à Lennie et sait combien cette amitié est importante pour eux, mais se voit finalement obligé, après avoir fait tout ce qu'il pouvait pour protéger son ami, de le tuer pour lui éviter d'être sauvagement lynché ou enfermé dans un asile **(Textes et Images 5)**.

Une forme originale pour faire réfléchir le lecteur

- Court roman dont la langue **orale** a choqué ses contemporains, *Des souris et des hommes* est devenu un **classique** de la littérature du XXe siècle.
- Steinbeck a fait le choix audacieux d'une œuvre **hybride**, « d'un roman qui pourrait être transposé tel quel sur la scène, ou d'une pièce qui pourrait se lire comme un roman » : le narrateur, en adoptant un point de vue narratif **externe**, se contente de décrire ce que le public pourrait percevoir au théâtre, sans en savoir plus sur ce que ressentent les personnages. Le texte est principalement composé de **dialogues**, les descriptions s'apparentant à des didascalies. Le roman a ainsi été très rapidement **mis en scène** au théâtre et au cinéma.
- Ce choix d'écriture amène le lecteur à prendre la **responsabilité** de son regard sur les personnages. Dans son journal, Steinbeck dit en effet que le but de l'écriture est, pour lui, d'apprendre à comprendre les autres hommes : « *Si deux hommes essayent de se comprendre, ils seront bons l'un envers l'autre. Bien connaître un homme ne conduit jamais à la haine, mais presque toujours à l'amour.* »

Anna Airy, *Le Simple d'esprit*, XXe siècle, huile sur toile, 92,5 x 73,6 cm (collection privée)

1 L'homme.

Toutes les langues européennes (ou presque) sont issues d'une langue préhistorique qu'on appelle indo-européenne et qui aurait été parlée il y a au moins 5 000 ans. Trois racines de cette langue sont à l'origine de différents mots pouvant désigner un homme.

1. La racine ***ghyom*** a donné en latin *homo* et *humanus*. Quels mots français sont issus de ces termes ?

2. Au Moyen Âge s'est répandu l'usage d'utiliser *hom*, altération de *homo*, comme un sujet indéfini pour les verbes. À votre avis, quel pronom français très répandu est issu d'une évolution de ce *hom* ?

3. De la même racine est issu le latin *humus*. Que signifie ce mot en français ?

4. À votre avis, que peut donc signifier l'adjectif latin *humilis* qui a donné *humble* en français ?

5. La racine ***ghyom*** veut dire « terre », ce qui signifie qu'à l'origine, un homme était « celui qui est né de la terre ». Le même sens se retrouve dans la racine grecque ***khthôn***, qui a donné un mot signifiant « indigène » : lequel ?

6. La racine ***ner*** signifiait « homme mâle » ou « guerrier ». Elle a donné deux racines grecques, *anthrôpos* et *anêr*, *andros*. Pour chacune de ces deux racines, cherchez au moins un mot français formé dessus.

7. Enfin, la racine ***wiro*** désigne l'homme, par distinction avec la femme. À travers le latin *vir*, quel adjectif a-t-elle donné en français ? Que signifie-t-il ?

8. Cette racine est aussi à l'origine de l'anglais *werewolf*. Si vous aimez *Harry Potter* ou *Twilight*, vous saurez peut-être quel mot français est également dérivé de cette racine.

9. Cette racine a abouti en allemand à *Welt* et en anglais à *world*. À votre avis, comment a-t-on pu passer de l'idée d'« homme » à celle de « monde » ?

2 « Il est con comme la lune mais il est pas fou ».

1. Recherchez au moins huit mots ou groupes de mots pouvant désigner une personne souffrant de troubles mentaux.

2. Tous ces mots ne sont pas synonymes. Choisissez-en trois et expliquez ce qu'ils sous-entendent de la façon dont on voit cette personne.

3. Observez le tableau : lesquels de ces termes pourriez-vous appliquer au personnage ? Justifiez votre réponse.

3 Classez les mots de la liste ci-dessous selon le niveau de langue dont ils relèvent. Donnez un équivalent d'un niveau de langue courant pour chacun des termes de la liste.

Éperdu – dingo – gueule – tressaillir – pèze – s'en foutre – appréhension.

4 Réécrivez ces phrases orales (extraites du roman) avec une syntaxe correcte.

1. Pourquoi que tu le tues pas, Candy ?
2. Attends que t'aies vu la femme à Curley.
3. C'est le fils au patron.
4. Si tu l'emmenais et que tu lui foutrais une balle en plein dans la nuque…
5. Y'a des fois que j'aimerais bien l'amocher moi-même.
6. Et même que j'en ai eu un morceau.

5 Le meurtre.

1. Recherchez au moins cinq verbes ou expressions synonymes de « tuer quelqu'un » en langue soutenue, et trois en langue familière.

2. Parmi les mots de votre liste, choisissez celui qui vous semble s'appliquer le mieux pour décrire respectivement la mort du chien, celle de la femme de Curley et celle de Lennie.

6 Les mains de Lennie jouent un rôle primordial dans le roman. Mais les mains sont également très présentes dans la langue.

1. Retrouvez des expressions faisant référence à la main :
– S'emparer de quelque chose : …
– Prendre le contrôle d'une situation : …
– Demander une jeune fille en mariage : …
– En jouant aux cartes, commencer un tour : …

2. Que signifient les expressions suivantes ?
– Prêter main-forte : …
– Ne pas y aller de main morte : …
– Forcer la main de quelqu'un : …
– En venir aux mains : …
– Réussir haut la main : …

3. Retrouvez les mots suivants, tous construits à partir du latin *manus*, « main ».
– Texte écrit à la main : …
– En ce moment : …
– Toucher, modifier ou influencer : …
– Soin des ongles : …
– Expression ouverte d'une opinion : …
– N'ayant qu'un bras : …
– Partie d'une chemise : …
– Absence, défaut de quelque chose : …
– Ancien mot français, réapparu sous la forme d'un anglicisme signifiant « diriger » : …
– Ancêtre des usines : …
– Façon de faire : …
– Attraction de fête foraine : …
– Poignée : …

100 % web

› Un exercice sur les relations de pouvoir

Expression écrite

Exercices

1 Inventer un dialogue. ***(Textes et Images 1)***

Imaginez un dialogue entre Tante Clara, Lennie et George. Lennie, enfant, vient de tuer une souris. Tante Clara va donc lui donner le morceau de velours.
Vous respecterez les règles de la présentation d'un dialogue, rappelées dans la leçon de grammaire n° 25.

2 Écrire une utopie. ***(Textes et Images 2)***

Si vous aviez le pouvoir de créer un monde meilleur, comment serait-il ?
Rédigez un texte utopique d'une page, en le commençant par « Si... » et en utilisant le conditionnel. Vous veillerez à organiser votre texte, à varier les thèmes abordés et à donner des exemples précis.

3 Changer de niveau de langue. ***(Textes et Images 3)***

Réécrivez le dialogue en adoptant un niveau de langue soutenu. Les personnages se vouvoieront. Vous ne reprendrez pas les passages narratifs.

4 Adopter le point de vue d'un personnage. ***(Textes et Images 4)***

Mettez-vous en binôme et réécrivez la scène en adoptant un point de vue narratif interne. L'un de vous exprimera ce que perçoit Lennie, l'autre ce que perçoit la femme de Curley.
Commencez par réfléchir ensemble pour élaborer un brouillon, puis rédigez chacun votre texte au passé et à la troisième personne. Vous vous concentrerez sur les émotions que ressent chaque personnage et sur sa perception de ce qui se passe.
Vous comparerez ensuite vos deux textes.

5 Écrire un article de presse. ***(Textes et Images 4)***

Vous êtes journaliste et rédigez un article d'une vingtaine de lignes pour expliquer à vos lecteurs ce qui s'est passé au moment du meurtre. Commencez par repérer au brouillon toutes les informations dont vous avez besoin, puis établissez le plan de votre texte avant de le rédiger. Vous veillerez à être synthétique et objectif et écrirez au passé composé. Vous commencerez votre article par : « *Hier soir, dans le ranch dirigé par M. Curley, près de la ville de Soledad,...* ».

6 Adopter un point de vue omniscient. ***(Textes et Images 5)***

Réécrivez le texte en adoptant un point de vue omniscient. Vous écrirez au passé et transformerez les dialogues en discours rapporté au style indirect *(voir leçon de grammaire n° 25)*. Vous ajouterez des descriptions et des passages narratifs, et veillerez à expliquer ce que ressentent les personnages.

7 S'engager. ***(Textes et Images 5)***

George est accusé de meurtre. Vous écrivez une lettre au procureur pour le défendre. Une lettre officielle doit mentionner la date et le lieu, les coordonnées de l'émetteur et du destinataire, l'objet de la lettre, des formules de politesse et une signature. Elle doit être divisée en plusieurs paragraphes *(voir fiche méthodologique n° 3 du manuel de Français 4e disponible sur notre site)*.

8 Décrire des sentiments.

Observez bien la photographie et lisez attentivement sa légende. Puis imaginez que vous êtes l'un des deux personnages et que, le soir venu, vous rencontrez un autre journalier au chômage. Vous lui décrivez le panneau publicitaire et expliquez très précisément ce que vous avez ressenti en lisant son message alors que vous marchiez sur la route. Votre texte fera environ une page.
Vous pouvez vous aider de la leçon de grammaire n° 30 et de conjugaison n° 12.

Walker Evans, *Hommes au chômage marchant à la recherche d'un emploi durant la Grande Dépression*, Californie, 1938

Exercices

Expression orale

1 Réinventer une scène. ***(Textes et Images 1)***

En binôme, vous allez rejouer la scène, mais sans l'avoir apprise. Commencez par la relire attentivement pour bien avoir en tête ce qui s'y passe, puis cachez le texte. Ensemble, préparez alors votre scène en vous mettant d'accord sur ce que ressentent les personnages. Puis jouez-la en improvisant.

Critères d'évaluation :

– clarté de l'élocution et gestion du stress ;
– naturel, pertinence et originalité de l'interprétation (intonation, expressions, gestes) ;
– justesse dans la caractérisation des personnages ;
– cohérence de la scène et des enchaînements, qualité de l'interaction entre les deux acteurs.

2 Mettre en scène un texte. ***(Textes et Images 2)***

En binôme, répartissez-vous les rôles, apprenez le texte par cœur et réfléchissez à la mise en scène (déplacements sur la scène, gestes, ton de la voix, rythme du dialogue, éventuellement éléments de décor et costumes, etc.). Puis jouez la scène devant la classe.

3 Débattre. ***(Textes et Images 3)***

En classe entière, vous débattrez du sort du chien. Un groupe donnera des arguments pour le tuer (les procureurs), un autre pour lui laisser la vie sauve (les avocats), et un troisième groupe jouera le rôle des jurés chargés de prendre une décision. Vous garderez une attitude courtoise tout au long du procès et vous vous exprimerez dans une langue soutenue. Écoutez-vous bien les uns les autres, au sein d'un même groupe et d'un groupe à l'autre, pour que l'argumentation soit la plus efficace possible.

4 Former un duo comique.

Formez un duo comique, répartissez-vous les rôles entre clown blanc et auguste, et improvisez une saynète à partir de l'une des situations suivantes. Vous veillerez à garder un niveau de langue correct et à faire des gestes expressifs :

– vous partagez un gâteau ;
– l'un veut emprunter à l'autre un objet de valeur ;
– vous offrez un cadeau à un troisième personnage dont vous êtes tous deux amoureux ;
– vous promenez ensemble un vieux chien perclus de rhumatismes ;
– vous cambriolez une maison ;
– vous êtes deux journalistes concurrents à qui Steinbeck accorde un entretien.

5 Comme Steinbeck, écrire à l'oral.

Pour concevoir des dialogues naturels, Steinbeck, paraît-il, les imaginait à voix haute en s'enregistrant au moyen d'un dictaphone. Utilisez la même méthode pour composer un monologue dans lequel George évoque son ami disparu et explique sur quoi reposait leur amitié. Enregistrez-vous autant de fois que nécessaire sur un dictaphone ou un ordinateur (par exemple avec le logiciel libre *Audacity*), puis transcrivez votre texte pour ensuite le lire en classe.

100 % web

› Jouer avec les niveaux de langue

À lire et à voir

D'autres œuvres de John Steinbeck

- *Les Raisins de la colère*, 1939. L'exode d'une famille de fermiers ruinés par la Grande Dépression.
- *La Perle*, 1945. La vie d'un pauvre pêcheur bascule lorsqu'il trouve une perle précieuse.
- *Rue de la Sardine*, 1945 et *Tendre jeudi*, 1954. Les aventures d'une bande de « bons-à-rien ».

Littérature et inégalités sociales

- Victor Hugo, *Le Dernier Jour d'un condamné*, 1829. *Claude Gueux*, 1834. *Les Misérables*, 1862. *L'Homme qui rit*, 1869. Romans humanistes sur les ravages de la misère.
- Guy de Maupassant, *Boule de Suif*, 1880. Une prostituée méprisée par ses compagnons de voyage.
- Amélie Nothomb, *Stupeurs et tremblements*, 1999. Au Japon, une employée humiliée par ses supérieurs.
- Azouz Begag, *Le Gone du Chaâba*, 1986. Autobiographie d'un immigré ayant grandi dans un bidonville.

Sur la condition des Noirs

- Richard Wright, *Black Boy*, 1945. Une des premières autobiographies écrites par un auteur afro-américain.
- Toni Morrison, *L'Œil le plus bleu*, 1970 (scènes violentes). Une jeune fille noire rêve d'avoir les yeux bleus.
- Alice Walker, *La Couleur pourpre*, 1982 (scènes violentes). Adapté au cinéma par Steven Spielberg en 1985 : les lettres d'une femme noire au début du XXe.
- Clint Eastwood, *Invictus*, 2009 (film). Le rugby pour guérir les blessures de l'apartheid.

100 % web **Retrouvez d'autres titres de livres et de films sur les mêmes thèmes.**

« Suppose que t'aies personne »

Le samedi soir, George se rend en ville avec les autres hommes du ranch. Lennie, resté seul, va rejoindre Crooks, le vieux palefrenier, obligé de vivre à l'écart des autres parce qu'il est noir.

Crooks se pencha sur le bord du lit.

– J'suis pas un nègre du Sud[1], dit-il. J'suis né ici même, en Californie. Mon père élevait des volailles. Il avait environ cinq hectares. Les gosses des blancs venaient jouer chez nous, et il y en avait qui étaient assez gentils. Mon père n'aimait pas ça. [...]

Lennie demanda :

– Combien que tu crois qu'il faudra de temps avant que je puisse caresser ces petits chiens ?

Crooks se mit à rire :

– On peut te parler, on est sûr que t'iras pas répéter ce qu'on t'a dit. Dans une quinzaine, ces petits chiens seront assez grands. George sait ce qu'il raconte. Il parle, et toi, tu n'comprends pas un mot.

Il se pencha, très animé :

– C'est pas autre chose qu'un nègre qui parle, et un nègre qu'a le dos cassé. Par conséquent, ça ne veut rien dire, tu comprends ? De toute façon, tu te rappellerais pas. C'est pas une fois que j'ai vu ça, mais mille... un type qui parle avec un autre, et puis, ça n'a pas d'importance s'il n'entend pas ou s'il ne comprend pas. L'important c'est de parler, ou bien de rester tranquille, sans parler. Peu importe, peu importe.

Son agitation avait augmenté, et maintenant, il se martelait le genou avec sa main.

– George peut te dire un tas de conneries, et ça n'a pas d'importance. Ce qui compte, c'est parler. C'est être avec un autre. Voilà tout.

Il s'arrêta.

Sa voix se fit douce, persuasive.

– Suppose que George ne revienne pas. Suppose qu'il foute le camp et qu'il n'revienne pas. Qu'est-ce que tu ferais ?

Lennie, peu à peu, faisait attention à ce que l'autre lui disait :

– Quoi ? dit-il.

– Je dis, suppose que George est allé en ville ce soir et que t'entendes plus jamais parler de lui. Crooks poussait une sorte de victoire personnelle.

– Imagine ça, simplement.

– Il ne fera pas ça, s'écria Lennie. George ne ferait pas une chose pareille. Y a longtemps que je vis avec George. Il reviendra cette nuit...

Mais le doute était trop fort pour lui :

– Tu n'crois pas qu'il reviendra ?

Le visage de Crooks s'illuminait au plaisir qu'il éprouvait à torturer :

– On n'peut jamais savoir ce qu'un type peut faire, observa-t-il calmement. Disons qu'il veuille revenir et qu'il ne puisse pas. Suppose qu'il soit tué, ou blessé, et qu'il ne puisse pas revenir. [...] Tu veux que je te dise ce qui arriverait ? On t'emmènerait à l'asile des dingos[2]. Et là, on t'attacherait avec un collier, comme un chien.

Soudain, les yeux de Lennie se fixèrent avec une expression de rage froide. Il se leva et s'approcha dangereusement de Crooks.

– Qui est-ce qui a fait du mal à George ? demanda-t-il.

Crooks vit s'approcher le danger. Il se recula sur son lit pour se garer[3].

– Je supposais, simplement, dit-il. George n'a pas de mal. Il va très bien. Il va revenir, bien sûr. [...]

Lennie retourna s'asseoir sur son baril, en grondant.

– J'veux pas qu'on parle de faire du mal à George, grommela-t-il.

Crooks dit doucement :

– Maintenant, tu comprendras peut-être. Toi t'as George. Tu sais qu'il va revenir. Suppose que t'aies personne. Suppose que tu n'puisses pas aller dans une chambre jouer aux cartes parce que t'es un nègre ? [...] Ce qu'il faut à un homme, c'est quelqu'un... quelqu'un près de lui.

John Steinbeck, *Des souris et des hommes*, 1937, traduction de Maurice-Edgar Coindreau, chap. 4 © Éditions Gallimard

1 Région plus pauvre que la Californie, et où la Ségrégation a été très violente.

2 Fou, cinglé *(familier)*.

3 Se mettre à l'abri.

Première partie : Questions, réécriture, dictée (25 points)

Questions (15 points)

C1 ▸ – Tous les items du domaine « Lire ».
– Les items 2 et 3 du domaine « Écrire ».
C5 ▸ Les items 1 et 3 du domaine « Faire preuve de sensibilité, d'esprit critique, de curiosité ».

▸ La solitude

1. De quoi Crooks souffre-t-il principalement ? Justifiez par deux citations. **(1,5 point)**

2. À quel moment Lennie se met-il en colère ? Pourquoi ? **(1 point)**

3. « *Ce qu'il faut à un homme, c'est quelqu'un* » (l. 78-79) **a.** Quelle est la forme de cette phrase ? **(0,5 point)** **b.** À quel temps est le premier verbe ? Quelle est ici la valeur de ce temps ? **(0,5 point)** **c.** Relevez une phrase de votre choix où ce temps a une autre valeur. **(0,5 point)**

▸ Un monde violent

4. « *C'est pas autre chose qu'un nègre qui parle* » (l. 18) **a.** Comment le mot « nègre » est-il connoté ? **(0,5 point)** **b.** Qui, selon vous, pourrait être l'auteur d'une telle phrase ? **(0,5 point)** **c.** Expliquez ce que Crooks veut faire comprendre à Lennie. **(0,5 point)**

5. **a.** En quoi Crooks est-il cruel envers Lennie ? **(0,5 point)** **b.** Quels sont les sentiments de Crooks à ce moment-là ? Justifiez en citant le texte. **(1 point)**

6. Montrez, en citant le texte, que Lennie peut être dangereux. **(1 point)**

7. Dans le dernier paragraphe, que pensez-vous que Crooks ressente à l'égard de Lennie ? **(1 point)**

8. En vous appuyant sur le texte, expliquez en quoi un monde cruel peut rendre les deux personnages cruels ou violents. **(1 point)**

▸ Une communication impossible ?

9. « *Suppose que George est allé en ville ce soir et que t'entendes plus jamais parler de lui.* » (l. 40-41) **a.** Quels modes verbaux sont utilisés ? **(0,5 point)** **b.** Quel est le niveau de langue utilisé par Crooks ? Donnez deux justifications. **(1,5 point)**

10. « *Qui est-ce qui a fait du mal à George ?* » (l. 62) **a.** Comment Lennie interprète-t-il les paroles de Crooks ? **(0,5 point)** **b.** En quoi les paroles de Lennie reflètent-elles sa personnalité ? **(0,5 point)**

11. Qu'a voulu démontrer Crooks à Lennie à travers ce dialogue ? **(1 point)**

12. En quoi peut-on dire que ce texte est plus un monologue de Crooks qu'un dialogue ? **(1 point)**

Réécriture (4 points)

C1 ▸ – Les items 1, 3 et 5 du domaine « Lire ».
– Les items 1, 3 et 4 du domaine « Écrire ».

Réécrivez le passage suivant à la deuxième personne du pluriel, en conservant le même niveau de langue.

> Toi t'as George. Tu sais qu'il va revenir. Suppose que t'aies personne. Suppose que tu n'puisses pas aller dans une chambre jouer aux cartes parce que t'es un nègre ? Suppose que tu sois obligé de rester assis ici, à lire des livres. Bien sûr, tu pourrais jouer avec des fers à cheval jusqu'à la nuit, mais après, faudrait que tu rentres lire tes livres.

Dictée (6 points)

C1 ▸ – L'item 2 du domaine « Écrire ».

Les dictées des brevets blancs sont regroupées en fin de manuel, p. 368 à 370.

Seconde partie : Expression écrite (15 points)

C1 ▸ – L'item 5 du domaine « Lire ».
– Les items 2, 3 et 4 du domaine « Écrire ».
C5 ▸ L'item 2 du domaine « Lire et pratiquer différents langages ».

Vous traiterez <u>**au choix**</u> l'un des deux sujets suivants. Votre texte aura une longueur de deux pages minimum.

▸ Sujet 1

Supposez que George ne revienne pas. Dans un texte au passé, vous raconterez la situation en adoptant le point de vue de Lennie.
Votre texte sera construit en trois parties :
– Lennie attend, inquiet.
– Les hommes rentrent de la ville et Lennie les voit approcher.
– Il finit par se rendre compte que George n'est pas avec eux.
Votre récit intégrera des passages de dialogue et de description. Vous accorderez une attention particulière à l'évocation des émotions de Lennie.

▸ Sujet 2

Pour vous, qu'est-ce qu'un véritable ami ?
Votre texte prendra la forme d'un dialogue argumentatif dans lequel un adolescent et un vieil homme opposent leur vision de l'amitié.
Vous veillerez à la présentation de votre dialogue. Les arguments de chacun des personnages seront illustrés par des exemples.

Retrouvez un second brevet blanc sur Marguerite Yourcenar
en vous connectant sur *www.lelivrescolaire.fr*.

Socle commun

Compétences plus précisément travaillées dans ce chapitre

	Items du livret des compétences	Mise en application des items
	Lire	
C1	Adapter son mode de lecture à la nature du texte proposé et à l'objectif poursuivi.	Lire une œuvre intégrale.
C1	Repérer des informations dans un texte à partir de ses éléments explicites et des éléments implicites nécessaires.	Caractériser les personnages principaux à partir de leur présentation implicite dans le récit *(Textes et Images 1)*.
C1	Utiliser ses capacités de raisonnement, ses connaissances sur la langue, savoir faire appel à des outils appropriés pour lire.	Émettre des hypothèses sur l'histoire à partir d'affiches de films *(Ouverture)* ; approfondir sa connaissance du lexique grâce à l'étymologie *(Lexique)*.
C1	Manifester par des moyens divers sa compréhension de textes variés.	Imaginer la musique pouvant accompagner une scène littéraire *(Textes et Images 2, « Lecture d'image »)*.
	Écrire	
C1	Rédiger un texte bref, cohérent et ponctué, en réponse à une question ou à partir de consignes données.	Changer de niveau de langue, de point de vue, écrire en point de vue omniscient *(Expression écrite)*.
C1	Savoir faire appel à des outils variés pour améliorer son texte.	Améliorer le style de son écriture en s'enregistrant à l'oral *(Expression orale, ex. 5)*.
	Dire	
C1	Participer à un débat, à un échange verbal.	Improviser à deux à partir d'une scène de récit, à partir de rôles types (le clown blanc et l'auguste), participer à un débat *(Expression orale)*.
	Avoir des connaissances et des repères	
C5	Relevant du temps.	Repères sur la « Grande dépression » aux États-Unis *(Textes et Images 2, « À retenir »)*.
C5	Relevant de la culture musicale.	Repères sur la musique afro-américaine *(Histoire des arts 2)*.
C5	Relevant de la culture civique (droits de l'homme).	Connaître les grandes étapes de la lutte contre les inégalités raciales aux États-Unis *(Histoire des arts 2)*.
	Situer dans le temps, l'espace, les civilisations	
C5	Établir des liens entre les œuvres (littéraires, artistiques) pour mieux les comprendre.	Sur le thème du duo comique *(Histoire des arts 1)*.
	Lire et pratiquer différents langages	
C5	Connaître et pratiquer diverses formes d'expression à visée littéraire.	Écrire un dialogue, une utopie, un article de presse, une lettre, écrire à partir d'une photographie *(Expression écrite)*.
	Faire preuve de sensibilité, d'esprit critique, de curiosité	
C5	Être capable de porter un regard critique sur un document, une œuvre.	Analyser et nuancer des points de vue sur l'œuvre *(Liaison 3e-2nde, ex. 2)*.
	Avoir un comportement responsable	
C6	Respecter les règles de la vie collective.	Respecter les règles d'écoute et de prise de parole lors d'exercices de groupes *(Expression écrite et orale)*.
	Faire preuve d'initiative	
C7	Manifester curiosité, créativité, motivation.	Improviser *(Expression orale, ex. 1 et 4)*.

Compétence 4 et B2i

Les items travaillés sont précisés dans chaque activité.

100 % web

Dialoguiste d'un jour
À partir de passages théâtraux muets, rédiger et jouer les répliques des personnages principaux de l'histoire.

Lennie et George, des personnages complexes
Comparer deux interprétations théâtrales et analyser la personnalité de chacun des protagonistes.

De la pièce de théâtre au roman
Rédiger sous forme de récit la scène visionnée en adoptant le point de vue d'un personnage.

Exercices

1 Faulkner : le monologue intérieur d'un enfant.

Dans Tandis que j'agonise, *William Faulkner décrit une famille de fermiers pauvres qui vont enterrer la mère dans sa ville natale. Mais il le fait d'une façon très originale : le roman est entièrement composé par les pensées des personnages ; ici, celles du plus jeune fils, Vardaman, au moment où ses frères finissent de préparer le cercueil de leur mère.*

J'ai dit : « Est-ce que tu vas la clouer dedans, Cash[1] ? Cash ? Cash ? » J'ai été enfermé dans le grenier à maïs, la porte neuve elle était trop lourde pour moi, elle s'est refermée et je ne pouvais pas respirer à cause du rat qui prenait tout l'air. J'ai dit : « Est-ce que tu vas le fermer avec des clous, Cash ? Avec des clous ? Avec des clous ? »

Mon papa se promène, son ombre se promène aussi, au-dessus de Cash qui monte et descend, au-dessus de la scie, sur la planche qui saigne.

Dewey Dell[2] a dit qu'on achètera des bananes. Le train[3] est derrière la vitre, tout rouge sur la voie. Quand il marche, la voie brille par intervalles. Mon papa, il dit que la farine et le sucre et le café, ça coûte très cher. […]

Ce n'était pas elle. J'étais là à regarder. J'ai vu. Je croyais que c'était elle, mais ce n'était pas vrai. Ce n'était pas ma mère. Elle est partie quand l'autre s'est couchée dans son lit et a ramené le couvre-pieds. Elle est partie. « Est-ce qu'elle est allée jusqu'à la ville ? » Elle est allée plus loin que la ville.

William Faulkner, *Tandis que j'agonise*, 1930, traduction de Maurice-Edgar Coindreau

1 Le frère aîné.
2 La grande sœur.
3 Vardaman rêve d'avoir un petit train qu'il a vu dans une vitrine.

1. Ce texte vous paraît-il facile à comprendre ? Pensez-vous que cela soit fait exprès ?
2. En quoi pouvez-vous rapprocher la langue de ce texte de celle de *Des souris et des hommes* ?
3. Comment voit-on que le texte exprime les pensées d'un enfant (Vardaman a entre sept et dix ans) ?
4. Comment comprend-on que Vardaman est traumatisé par la mort de sa mère ?
5. Quels éléments indiquent le milieu social auquel l'enfant appartient ?
6. À l'aide de votre étude du texte, proposez une définition du monologue intérieur, forme pratiquée notamment par Virginia Woolf, James Joyce et ici, Faulkner.

Aidez-vous de la leçon de grammaire n° 24.

2 Exercice de réflexion.

Dans la préface de *Sanctuaire* de William Faulkner, André Malraux a écrit « Sanctuaire, *c'est l'intrusion de la tragédie grecque dans le roman policier* ». Cette affirmation vous semble-t-elle pouvoir s'appliquer à *Des souris et des hommes* ? (sur la définition de la tragédie grecque, vous pouvez vous reporter au chapitre 7)

Après avoir cité le sujet et présenté le roman de Steinbeck dans une courte introduction, vous répondrez à cette question en deux temps : vous commencerez par justifier ce rapprochement, avant d'en montrer les limites dans un second temps. Vous appuierez vos analyses sur des exemples précis, et vous résumerez votre démonstration dans une conclusion.

Propositions de lecture pour la Seconde

- **Honoré de Balzac, *Le Chef-d'œuvre inconnu*, 1831.** Un peintre obsédé par son œuvre.
- **Nicolas Gogol, *Le Journal d'un fou*, 1835.** Le journal fictif d'un homme qui sombre dans la folie. ***Le Nez*, 1836.** Nouvelle racontant les aventures d'un nez…
- **Fiodor Dostoïevski, *L'Idiot*, 1869.** Un prince bon et naïf confronté à une société corrompue.
- **Guy de Maupassant, *Le Horla*, 1887.** Nouvelle fantastique sur la peur et la folie.
- **André Breton, *Nadja*, 1928.** Récit autobiographique d'une relation passionnée.
- **William Faulkner, *Tandis que j'agonise*, 1930** (écriture difficile). Plongée dans les pensées d'une bien étrange famille.
- **Francis Scott Fitzgerald, *Tendre est la nuit*, 1934.** Le mal de vivre de la « haute société ».
- **Stefan Zweig, *Le Joueur d'échecs*, 1943.** Prisonnier des nazis, sombrant dans la folie, le héros trouve un jour un manuel d'échecs…
- **Ken Kesey, *Vol au-dessus d'un nid de coucou*, 1962.** Adapté au cinéma par le réalisateur Milos Forman, avec Jack Nicholson, 1975. Le quotidien d'un hôpital psychiatrique bouleversé par un nouvel arrivant.
- **Howard Buten, *Quand j'avais cinq ans, je m'ai tué*, 1981.** Un enfant amoureux, placé en hôpital psychiatrique.
- **Patrick Süskind, *Le Parfum*, 1985.** En France au XVIIe, l'histoire d'un assassin à l'odorat surdéveloppé.

4 Des nouvelles des XXᵉ et XXIᵉ siècles pour modifier notre regard sur le monde

Lire des nouvelles intégrales, comprendre leur structure et leurs enjeux
Être sensible aux résonances de ces textes avec le monde contemporain

Pablo Picasso, *Portrait de Dora Maar*, 1937, huile sur toile, 92 x 65 cm (musée Picasso, Paris)

Lecture d'image

1. Sauriez-vous identifier l'artiste qui a peint cette œuvre sans lire la légende ? Si oui, expliquez ce qui fait l'originalité de ses peintures.

2. **a)** Sachant que la femme représentée n'avait pas de déformation physique particulière, relevez au moins cinq éléments qui font que ce portrait n'est pas fidèle à la réalité. **b)** Lequel vous frappe le plus ? Pourquoi ?

3. En quoi peut-on dire qu'au niveau des yeux et du nez, il nous donne à voir plus de choses que ce que l'on pourrait percevoir avec nos propres yeux ?

4. Selon vous, pourquoi le peintre choisit-il de peindre de cette manière ?

5. En quoi peut-on dire que cette peinture offre une vision subjective de la réalité ?

Jean Giono, Un homme hors du commun

Jean Giono (1895-1970) est né à Manosque, au cœur d'une Provence qu'il n'a presque jamais quittée, qu'il a chérie toute sa vie et qui a servi bien souvent de toile de fond à ses récits. Issu d'une famille modeste, il doit quitter l'école à seize ans pour travailler. Mobilisé en 1914, il est profondément marqué par les atrocités de la Première Guerre mondiale. Il se met à écrire, connaît rapidement le succès, et décide de se consacrer à la littérature. Il a écrit notamment *Colline* (1929), *Le Chant du monde* (1934), *Les Âmes fortes* (1949) et *Le Hussard sur le toit* (1951).

ina

Sur notre site :
– un entretien avec Jean Giono ;
– Jean Giono travaillant avec son éditeur et son illustrateur, tous deux ses amis et voisins.

L'Homme qui plantait des arbres est une nouvelle écrite par Giono en 1953, pour répondre à un concours lancé par le *Reader's Digest* (l'un des magazines les plus lus aux États-Unis).

Pour que le caractère d'un être humain dévoile des qualités vraiment exceptionnelles, il faut avoir la bonne fortune[1] de pouvoir observer son action pendant de longues années. Si cette action est dépouillée de tout égoïsme, si l'idée qui la dirige est d'une générosité sans exemple, s'il est absolument certain qu'elle n'a cherché de récompense nulle part et qu'au surplus elle ait laissé sur le monde des marques visibles, on est alors, sans risque d'erreurs, devant un caractère inoubliable.

Il y a environ une quarantaine d'années, je faisais une longue course à pied, sur des hauteurs absolument inconnues des touristes, dans cette très vieille région des Alpes qui pénètre en Provence.

Cette région est délimitée au sud-est et au sud par le cours moyen de la Durance, entre Sisteron et Mirabeau ; au nord par le cours supérieur de la Drôme, depuis sa source jusqu'à Die ; à l'ouest par les plaines du Comtat Venaissin et les contreforts du Mont-Ventoux. Elle comprend toute la partie nord du département des Basses-Alpes, le sud de la Drôme et une petite enclave du Vaucluse.

C'était, au moment où j'entrepris ma longue promenade dans ces déserts, des landes nues et monotones, vers 1200 à 1300 mètres d'altitude. Il n'y poussait que des lavandes sauvages.

Je traversais ce pays dans sa plus grande largeur et, après trois jours de marche, je me trouvais dans une désolation sans exemple. Je campais à côté d'un squelette de village abandonné. Je n'avais plus d'eau depuis la veille et il me fallait en trouver. Ces maisons agglomérées, quoique en ruine, comme un vieux nid de guêpes, me firent penser qu'il avait dû y avoir là, dans le temps, une fontaine ou un puits. Il y avait bien une fontaine, mais sèche. Les cinq à six maisons, sans toiture, rongées de vent et de pluie, la petite chapelle au clocher écroulé, étaient rangées comme le sont les maisons et les chapelles dans les villages vivants, mais toute vie avait disparu.

C'était un beau jour de juin avec grand soleil, mais sur ces terres sans abri et hautes dans le ciel, le vent soufflait avec une brutalité insupportable. Ses grondements dans les carcasses des maisons étaient ceux d'un fauve dérangé dans son repas.

Il me fallut lever le camp. À cinq heures de marche de là, je n'avais toujours pas trouvé d'eau et rien ne pouvait me donner l'espoir d'en trouver. C'était partout la même sécheresse, les mêmes herbes ligneuses[2]. Il me sembla apercevoir dans le lointain une petite silhouette noire, debout. Je la pris pour le tronc d'un arbre solitaire. À tout hasard, je me dirigeai vers elle. C'était un berger. Une trentaine de moutons couchés sur la terre brûlante se reposaient près de lui.

Il me fit boire à sa gourde et, un peu plus tard, il me conduisit à sa bergerie, dans une ondulation du plateau. Il tirait son eau – excellente – d'un trou naturel, très profond, au-dessus duquel il avait installé un treuil rudimentaire.

Cet homme parlait peu. C'est le fait des solitaires, mais on le sentait sûr de lui et confiant dans cette assurance. C'était insolite[3] dans ce pays dépouillé de tout. Il n'habitait pas une cabane mais une vraie maison en pierre où l'on voyait très bien comment son travail personnel avait rapiécé la ruine qu'il avait trouvée là à son arrivée. Son toit était solide et étanche. Le vent qui le frappait faisait sur les tuiles le bruit de la mer sur les plages.

Son ménage était en ordre, sa vaisselle lavée, son parquet balayé, son fusil graissé ; sa soupe bouillait sur le feu. Je remarquai alors qu'il était aussi rasé de frais, que tous ses boutons étaient solidement cousus, que ses vêtements étaient reprisés avec le soin minutieux qui rend les reprises invisibles.

Denise Bellon, *Berger près du Contadour* (*Alpes-de-Haute-Provence*), 1941, photographie extraite de la série *Jean Giono à Manosque*

Il me fit partager sa soupe et, comme après je lui offrais ma blague à tabac, il me dit qu'il ne fumait pas. Son chien, silencieux comme lui, était bienveillant sans bassesse[4].

Il avait été entendu tout de suite que je passerais la nuit là ; le village le plus proche était encore à plus d'une journée et demie de marche. Et, au surplus, je connaissais parfaitement le caractère des rares villages de cette région. Il y en a quatre ou cinq dispersés loin les uns des autres sur les flans de ces hauteurs, dans les taillis de chênes blancs à la toute extrémité des routes carrossables. Ils sont habités par des bûcherons qui font du charbon de bois. Ce sont des endroits où l'on vit mal. Les familles serrées les unes contre les autres dans ce climat qui est d'une rudesse excessive, aussi bien l'été que l'hiver, exaspèrent leur égoïsme en vase clos. L'ambition irraisonnée s'y démesure, dans le désir continu de s'échapper de cet endroit.

Les hommes vont porter leur charbon à la ville avec leurs camions, puis retournent. Les plus solides qualités craquent sous cette perpétuelle douche écossaise. Les femmes mijotent des rancœurs. Il y a concurrence sur tout, aussi bien pour la vente du charbon que pour le banc à l'église, pour les vertus qui se combattent entre elles, pour les vices qui se combattent entre eux et pour la mêlée générale des vices et des vertus, sans repos. Par là-dessus, le vent également sans repos irrite les nerfs. Il y a des épidémies de suicides et de nombreux cas de folies, presque toujours meurtrières.

1 Chance.
2 Dures et sèches comme des brindilles.
3 Surprenant.
4 Flatterie exagérée.

Le berger qui ne fumait pas alla chercher un petit sac et déversa sur la table un tas de glands. Il se mit à les examiner l'un après l'autre avec beaucoup d'attention, séparant les bons des mauvais. Je fumais ma pipe. Je me proposai pour l'aider. Il me dit que c'était son affaire. En effet : voyant le soin qu'il mettait à ce travail, je n'insistai pas. Ce fut toute notre conversation. Quand il eut du côté des bons un tas de glands assez gros, il les compta par paquets de dix. Ce faisant, il éliminait encore les petits fruits ou ceux qui étaient légèrement fendillés, car il les examinait de fort près. Quand il eut ainsi devant lui cent glands parfaits, il s'arrêta et nous allâmes nous coucher.

La société de cet homme donnait la paix. Je lui demandai le lendemain la permission de me reposer tout le jour chez lui. Il le trouva tout naturel, ou, plus exactement, il me donna l'impression que rien ne pouvait le déranger. Ce repos ne m'était pas absolument obligatoire, mais j'étais intrigué et je voulais en savoir plus. Il fit sortir son troupeau et il le mena à la pâture. Avant de partir, il trempa dans un seau d'eau le petit sac où il avait mis les glands soigneusement choisis et comptés.

Vieux berger portant un agneau (Provence, France)

Je remarquai qu'en guise de bâton, il emportait une tringle de fer grosse comme le pouce et longue d'environ un mètre cinquante. Je fis celui qui se promène en se reposant et je suivis une route parallèle à la sienne. La pâture de ses bêtes était dans un fond de combe. Il laissa le petit troupeau à la garde du chien et il monta vers l'endroit où je me tenais. J'eus peur qu'il vînt pour me reprocher mon indiscrétion mais pas du tout : c'était sa route et il m'invita à l'accompagner si je n'avais rien de mieux à faire. Il allait à deux cents mètres de là, sur la hauteur.

Arrivé à l'endroit où il désirait aller, il se mit à planter sa tringle de fer dans la terre. Il faisait ainsi un trou dans lequel il mettait un gland, puis il rebouchait le trou. Il plantait des chênes. Je lui demandai si la terre lui appartenait. Il me répondit que non. Savait-il à qui elle était ? Il ne savait pas. Il supposait que c'était une terre communale, ou peut-être, était-elle propriété de gens qui ne s'en souciaient pas ? Lui ne se souciait pas de connaître les propriétaires. Il planta ainsi cent glands avec un soin extrême.

Après le repas de midi, il recommença à trier sa semence. Je mis, je crois, assez d'insistance dans mes questions puisqu'il y répondit. Depuis trois ans il plantait des arbres dans cette solitude. Il en avait planté cent mille. Sur les cent mille, vingt mille était sortis. Sur ces vingt mille, il comptait encore en perdre la moitié, du fait des rongeurs ou de tout ce qu'il y a d'impossible à prévoir dans les desseins de la Providence. Restaient dix mille chênes qui allaient pousser dans cet endroit où il n'y avait rien auparavant.

C'est à ce moment-là que je me souciai de l'âge de cet homme. Il avait visiblement plus de cinquante ans. Cinquante-cinq, me dit-il. Il s'appelait Elzéard Bouffier. Il avait possédé une ferme dans les plaines. Il y avait réalisé sa vie. Il avait perdu son fils unique, puis sa femme. Il s'était retiré dans la solitude où il prenait plaisir à vivre lentement, avec ses brebis et son chien. Il avait jugé que ce pays mourait par manque d'arbres. Il ajouta que, n'ayant pas d'occupations très importantes, il avait résolu de remédier à cet état de choses.

Menant moi-même à ce moment-là, malgré mon jeune âge, une vie solitaire, je savais toucher avec délicatesse aux âmes des solitaires. Cependant, je commis une faute. Mon jeune âge, précisément, me forçait à imaginer l'avenir en fonction de moi-même et d'une certaine recherche du bonheur. Je lui dis que, dans trente ans, ces dix mille chênes seraient magnifiques. Il me répondit très simplement que, si Dieu lui prêtait vie, dans trente ans, il en aurait planté tellement d'autres que ces dix mille seraient comme une goutte d'eau dans la mer.

Il étudiait déjà, d'ailleurs, la reproduction des hêtres et il avait près de sa maison une pépinière issue des faînes[5]. Les sujets[6] qu'il avait protégés de ses moutons par une barrière en grillage, étaient de toute beauté. Il pensait également à des bouleaux pour les fonds où, me dit-il, une certaine humidité dormait à quelques mètres de la surface du sol.

Nous nous séparâmes le lendemain.

Jean Giono, *L'Homme qui plantait des arbres*, 1980 © Éditions Gallimard

5 Gland du hêtre.
6 Ici, les jeunes pousses.

Questions sur le texte

Le cadre spatio-temporel

1. Quelles indications temporelles donne l'incipit ? Sont-elles précises ? Relevez-les.

2. **a)** Le moment de l'histoire est-il le même que celui de l'écriture ? Relevez deux indices pour appuyer votre réponse. **b)** Comment nomme-t-on ce type de récit ?

3. Le cadre de l'histoire est-il réaliste ? Justifiez.

4. **a)** Montrez, par des éléments précis du texte, que la région dans laquelle se déroule l'histoire est décrite comme une région de mort. **b)** Quel élément, essentiel à la vie, manque cruellement ?

5. De quelle manière ce cadre influence-t-il le caractère des villageois ?

Les personnages

6. Relisez le premier paragraphe : que comprend-on du projet du narrateur dans sa nouvelle ?

7. **a)** À quelle personne le récit est-il écrit ? À quel type de texte s'apparente-t-il donc ? **b)** Cherchez sur Internet qui est précisément Elzéard Bouffier et précisez votre réponse à la question a) ; puis expliquez ce qui a pu pousser Giono à écrire son récit à la 1re personne.

8. Qu'est-ce qui oppose les deux personnages principaux ? Qu'est-ce qui les rapproche ? Justifiez par des citations du texte.

9. En quoi Elzéard Bouffier est-il différent des bûcherons et de leur famille ? Donnez au moins deux arguments.

10. Son portrait est-il péjoratif ou mélioratif ? Votre réponse s'appuiera sur au moins cinq éléments différents.

L'action

11. **a)** Quelle tâche s'est donnée le berger, en plus de son métier ? Montrez, par un exemple précis du texte, qu'il agit pour les autres autant, si ce n'est plus, que pour lui-même. **b)** Quel adjectif pourrait qualifier ce trait de caractère ?

12. Montrez que dans un premier temps le narrateur sous-estime le projet du berger.

13. Relisez la fin de l'extrait. À quelle suite peut-on s'attendre ?

Lecture d'images

Regardez attentivement les deux photographies qui illustrent cet extrait : pour chacune d'elles, dites quels éléments correspondent au récit, et quels éléments s'en distinguent.

À retenir

- L'**incipit** (du latin *incipere*, « commencer ») désigne le début d'un récit ; **il présente les éléments essentiels à la compréhension de l'histoire** : le lieu, les personnages, l'action.

Un paysage métamorphosé

L'année d'après, il y eut la guerre de 14 dans laquelle je fus engagé pendant cinq ans. Un soldat d'infanterie ne pouvait guère y réfléchir à des arbres. À dire vrai, la chose même n'avait pas marqué en moi : je l'avais considérée comme un dada[1], une collection de timbres, et oubliée.

Sorti de la guerre, je me trouvais à la tête d'une prime de démobilisation minuscule mais avec le grand désir de respirer un peu d'air pur. C'est sans idée préconçue – sauf celle-là – que je repris le chemin de ces contrées désertes.

Le pays n'avait pas changé. Toutefois, au-delà du village mort, j'aperçus dans le lointain une sorte de brouillard gris qui recouvrait les hauteurs comme un tapis. Depuis la veille, je m'étais remis à penser à ce berger planteur d'arbres. « Dix mille chênes, me disais-je, occupent vraiment un très large espace ».

J'avais vu mourir trop de monde pendant cinq ans pour ne pas imaginer facilement la mort d'Elzéard Bouffier, d'autant que, lorsqu'on en a vingt, on considère les hommes de cinquante comme des vieillards à qui il ne reste plus qu'à mourir. Il n'était pas mort. Il était même fort vert. Il avait changé de métier. Il ne possédait plus que quatre brebis mais, par contre, une centaine de ruches. Il s'était débarrassé des moutons qui mettaient en péril ses plantations d'arbres. Car, me dit-il (et je le constatais), il ne s'était pas du tout soucié de la guerre. Il avait imperturbablement continué à planter.

Les chênes de 1910 avaient alors dix ans et étaient plus hauts que moi et que lui. Le spectacle était impressionnant. J'étais littéralement privé de parole et, comme lui ne parlait pas, nous passâmes tout le jour en silence à nous promener dans sa forêt. Elle avait, en trois tronçons, onze kilomètres de long et trois kilomètres dans sa plus grande largeur. Quand on se souvenait que tout était sorti des mains et de l'âme de cet homme – sans moyens techniques – on comprenait que les hommes pourraient être aussi efficaces que Dieu dans d'autres domaines que la destruction.

Il avait suivi son idée, et les hêtres qui m'arrivaient aux épaules, répandus à perte de vue, en témoignaient. Les chênes étaient drus et avaient dépassé l'âge où ils étaient à la merci des rongeurs; quant aux desseins de la Providence elle-même, pour détruire l'œuvre créée, il lui faudrait avoir désormais recours aux cyclones. Il me montra d'admirables bosquets de bouleaux qui dataient de cinq ans, c'est-à-dire de 1915, de l'époque où je combattais à Verdun. Il leur avait fait occuper tous les fonds où il soupçonnait, avec juste raison, qu'il y avait de l'humidité presque à fleur de terre. Ils étaient tendres comme des adolescents et très décidés.

La création avait l'air, d'ailleurs, de s'opérer en chaînes. Il ne s'en souciait pas; il poursuivait obstinément sa tâche, très simple. Mais en redescendant par le village, je vis couler de l'eau dans des ruisseaux qui, de mémoire d'homme, avaient toujours été à sec. C'était la plus formidable opération de réaction qu'il m'ait été donné de voir. Ces ruisseaux secs avaient jadis porté de l'eau, dans des temps très anciens. Certains de ces villages tristes dont j'ai parlé au début de mon récit s'étaient construits sur les emplacements d'anciens villages gallo-romains dont il restait encore des traces, dans lesquelles les archéologues avaient fouillé et ils avaient trouvé des hameçons à des endroits où au vingtième siècle, on était obligé d'avoir recours à des citernes pour avoir un peu d'eau.

Le vent aussi dispersait certaines graines. En même temps que l'eau réapparut réapparaissaient les saules, les osiers, les prés, les jardins, les fleurs et une certaine raison de vivre.

1 Idée, passe-temps sur lequel on revient sans cesse.

Paul Cézanne, *La Montagne Sainte-Victoire au grand pin*, vers 1887, huile sur toile, 0,66 x 0,90 cm (The Courtauld Institute of Art, Londres, Royaume-Uni)

Mais la transformation s'opérait si lentement qu'elle entrait dans l'habitude sans provoquer d'étonnement. Les chasseurs qui montaient dans les solitudes à la poursuite des lièvres ou des sangliers avaient bien constaté le foisonnement des petits arbres mais ils l'avaient mis sur le compte des malices naturelles de la terre. C'est pourquoi personne ne touchait à l'œuvre de cet homme. Si on l'avait soupçonné, on l'aurait contrarié. Il était insoupçonnable. Qui aurait pu imaginer, dans les villages et dans les administrations, une telle obstination dans la générosité la plus magnifique?

À partir de 1920, je ne suis jamais resté plus d'un an sans rendre visite à Elzéard Bouffier. Je ne l'ai jamais vu fléchir ni douter. Et pourtant, Dieu sait si Dieu même y pousse! Je n'ai pas fait le compte de ses déboires. On imagine bien cependant que, pour une réussite semblable, il a fallu vaincre l'adversité; que, pour assurer la victoire d'une telle passion, il a fallu lutter avec le désespoir. Il avait, pendant un an, planté plus de dix mille érables. Ils moururent tous. L'an d'après, il abandonna les érables pour reprendre les hêtres qui réussirent encore mieux que les chênes.

Pour avoir une idée à peu près exacte de ce caractère exceptionnel, il ne faut pas oublier qu'il s'exerçait dans une solitude totale; si totale que, vers la fin de sa vie, il avait perdu l'habitude de parler. Ou, peut-être, n'en voyait-il pas la nécessité?

En 1933, il reçut la visite d'un garde forestier éberlué. Ce fonctionnaire lui intima l'ordre de ne pas faire de feu dehors, de peur de mettre en danger la croissance de cette forêt naturelle. C'était la première fois, lui dit cet homme naïf, qu'on voyait une forêt pousser toute seule. À cette époque, il allait planter des hêtres à douze kilomètres de sa maison. Pour s'éviter le trajet d'aller-retour – car il avait alors soixante-quinze ans – il envisageait de construire une cabane de pierre sur les lieux mêmes de ses plantations. Ce qu'il fit l'année d'après.

En 1935, une véritable délégation administrative vint examiner la forêt naturelle. Il y avait un grand personnage des Eaux et Forêts, un député, des techniciens. On prononça beaucoup de paroles inutiles. On décida de faire quelque chose et, heureusement, on ne fit rien, sinon la seule chose utile : mettre la forêt sous la sauvegarde de l'État et interdire qu'on vienne y charbonner. Car il était impossible de n'être pas subjugué par la beauté de ces jeunes arbres en pleine santé. Et elle exerça son pouvoir de séduction sur le député lui-même.

J'avais un ami parmi les capitaines forestiers qui était de la délégation. Je lui expliquai le mystère. Un jour de la semaine d'après, nous allâmes tous les deux à la recherche d'Elzéard Bouffier. Nous le trouvâmes en plein travail, à vingt kilomètres de l'endroit où avait eu lieu l'inspection.

Ce capitaine forestier n'était pas mon ami pour rien. Il connaissait la valeur des choses. Il sut rester silencieux. J'offris les quelques œufs que j'avais apportés en présent. Nous partageâmes notre casse-croûte en trois et quelques heures passèrent dans la contemplation muette du paysage.

Le côté d'où nous venions était couvert d'arbres de six à sept mètres de haut. Je me souvenais de l'aspect du pays en 1913 : le désert… Le travail paisible et régulier, l'air vif des hauteurs, la frugalité et surtout la sérénité de l'âme avaient donné à ce vieillard une santé presque solennelle. C'était un athlète de Dieu. Je me demandais combien d'hectares il allait encore couvrir d'arbres.

Avant de partir, mon ami fit simplement une brève suggestion à propos de certaines essences auxquelles le terrain d'ici paraissait devoir convenir. Il n'insista pas. « Pour la bonne raison, me dit-il après, que ce bonhomme en sait plus que moi. » Au bout d'une heure de marche – l'idée ayant fait son chemin en lui – il ajouta : « Il en sait beaucoup plus que tout le monde. Il a trouvé un fameux moyen d'être heureux ! »

C'est grâce à ce capitaine que, non seulement la forêt, mais le bonheur de cet homme furent protégés. Il fit nommer trois gardes-forestiers pour cette protection et il les terrorisa de telle façon qu'ils restèrent insensibles à tous les pots-de-vin que les bûcherons pouvaient proposer.

L'œuvre ne courut un risque grave que pendant la guerre de 1939. Les automobiles marchant alors au gazogène, on n'avait jamais assez de bois. On commença à faire des coupes dans les chênes de 1910, mais ces quartiers sont si loin de tous réseaux routiers que l'entreprise se révéla très mauvaise au point de vue financier. On l'abandonna. Le berger n'avait rien vu. Il était à trente kilomètres de là, continuant paisiblement sa besogne, ignorant la guerre de 39 comme il avait ignoré la guerre de 14.

Jean Giono, *L'Homme qui plantait des arbres*, 1980 © Éditions Gallimard

* **Démiurge :** Démiurge est le nom donné par Platon au Créateur de l'univers. Cet adjectif s'applique à une personne qui crée un projet de grande envergure.

Questions sur le texte

Le retour du narrateur

1. Dans quelles circonstances le narrateur décide-t-il de retourner dans « ce pays désert » ?

2. Le narrateur s'attend-il à retrouver Elzéard Bouffier ? Expliquez.

3. **a)** Expliquez l'expression suivante : « *Il était même fort vert* » (l. 16-17). **b)** Quelle figure de style pouvez-vous identifier ?

Un paysage métamorphosé

4. **a)** Quelle ampleur a pris le projet d'Elzéard ? Justifiez par une phrase du texte. **b)** Quelle est la réaction du narrateur ?

5. **a)** L'œuvre d'Elzéard est-elle présentée comme fragile ? Expliquez. **b)** Par qui ou par quoi est-il aidé dans son projet et de quelle manière ?

6. Elzéard n'est plus berger. **a)** Pourquoi ? **b)** Quel est son nouveau métier ? **c)** Mettez en lien le choix de ce métier avec votre réponse à la question précédente.

7. Après avoir demandé éventuellement de l'aide à votre professeur de SVT, expliquez pourquoi le fait de planter des arbres peut faire réapparaître l'eau.

8. « *Ils étaient tendres comme des adolescents et très décidés.* » (l. 33) **a)** À qui se rapporte le pronom personnel sujet ? **b)** Quelle figure de style pouvez-vous identifier ?

9. À partir des réponses obtenues aux questions 3 et 8, que pouvez-vous conclure ?

10. L'œuvre d'Elzéard attire de nombreux spécialistes. **a)** De quelle manière sont-ils montrés ? **b)** Lequel est différent, et pourquoi ?

Un démiurge*

11. Elzéard « *en sait beaucoup plus que tout le monde* » (l. 93-94) : que sait-il de plus ? Donnez deux réponses différentes.

12. « *On comprenait que les hommes pourraient être aussi efficaces que Dieu dans d'autres domaines que la destruction.* » (l. 25-26). Expliquez le sens de cette phrase.

13. **a)** De quel passage très célèbre de la Bible ce récit peut-il être rapproché ? Justifiez par des éléments précis du texte. **b)** Quel rôle Elzéard tient-il ? Expliquez. **c)** Cherchez l'étymologie d'Elzéard et commentez le choix de ce prénom.

14. **a)** Comment la Providence (c'est-à-dire Dieu) est-elle montrée ? Justifiez par des éléments précis du texte. **b)** Mettez en lien votre réponse avec les événements historiques de cette époque.

À retenir

- La nouvelle étant un récit bref, le narrateur ne peut pas tout raconter, il doit faire des choix. L'ellipse consiste à **passer sous silence** certains événements que le narrateur ne juge pas importants. Au contraire, quand il **s'attarde** sur d'autres, plus importants, on parle alors de scène *(voir leçon de grammaire n° 33)*.

Textes et Images 3

Une leçon de vie

J'ai vu Elzéard Bouffier pour la dernière fois en juin 1945. Il avait alors quatre-vingt-sept ans. J'avais donc repris la route du désert, mais maintenant, malgré le délabrement dans lequel la guerre avait laissé le pays, il y avait un car qui faisait le service entre la vallée de la Durance et la montagne. Je mis sur le compte de ce moyen de transport relativement rapide le fait que je ne reconnaissais plus les lieux de mes dernières promenades. Il me semblait aussi que l'itinéraire me faisait passer par des endroits nouveaux. J'eus besoin d'un nom de village pour conclure que j'étais bien cependant dans cette région jadis en ruine et désolée. Le car me débarqua à Vergons.

En 1913, ce hameau de dix à douze maisons avait trois habitants. Ils étaient sauvages, se détestaient, vivaient de chasse au piège : à peu près dans l'état physique et moral des hommes de la préhistoire. Les orties dévoraient autour d'eux les maisons abandonnées. Leur condition était sans espoir. Il ne s'agissait pour eux que d'attendre la mort : situation qui ne prédispose guère aux vertus.

Tout était changé. L'air lui-même. Au lieu des bourrasques sèches et brutales qui m'accueillaient jadis, soufflait une brise souple chargée d'odeurs. Un bruit semblable à celui de l'eau venait des hauteurs : c'était celui du vent dans les forêts. Enfin, chose plus étonnante, j'entendis le vrai bruit de l'eau coulant dans un bassin. Je vis qu'on avait fait une fontaine, qu'elle était abondante et, ce qui me toucha le plus, on avait planté près d'elle un tilleul qui pouvait déjà avoir dans les quatre ans, déjà gras, symbole incontestable d'une résurrection.

Par ailleurs, Vergons portait les traces d'un travail pour l'entreprise duquel l'espoir était nécessaire. L'espoir était donc revenu. On avait déblayé les ruines, abattu les pans de murs délabrés et reconstruit cinq maisons. Le hameau comptait désormais vingt-huit habitants dont quatre jeunes ménages. Les maisons neuves, crépies de frais, étaient entourées de jardins potagers où poussaient, mélangés mais alignés, les légumes et les fleurs, les choux et les rosiers, les poireaux et les gueules-de-loup, les céleris et les anémones. C'était désormais un endroit où l'on avait envie d'habiter.

À partir de là, je fis mon chemin à pied. La guerre dont nous sortions à peine n'avait pas permis l'épanouissement complet de la vie, mais Lazare[1] était hors du tombeau. Sur les flans abaissés de la montagne, je voyais de petits champs d'orge et de seigle en herbe ; au fond des étroites vallées, quelques prairies verdissaient.

1 Personnage de la Bible.

Vincent Van Gogh, *Maisons au toit de chaume devant une colline*, 1890, huile sur toile, 50 x 100 cm (Tate Gallery, Londres, Royaume-Uni)

Il n'a fallu que les huit ans qui nous séparent de cette époque pour que tout le pays resplendisse de santé et d'aisance. Sur l'emplacement des ruines que j'avais vues en 1913, s'élèvent maintenant des fermes propres, bien crépies, qui dénotent une vie heureuse et confortable. Les vieilles sources, alimentées par les pluies et les neiges que retiennent les forêts, se sont remises à couler. On en a canalisé les eaux. À côté de chaque ferme, dans des bosquets d'érables, les bassins des fontaines débordent sur des tapis de menthes fraîches. Les villages se sont reconstruits peu à peu. Une population venue des plaines où la terre se vend cher s'est fixée dans le pays, y apportant de la jeunesse, du mouvement, de l'esprit d'aventure. On rencontre dans les chemins des hommes et des femmes bien nourris, des garçons et des filles qui savent rire et ont repris goût aux fêtes campagnardes. Si on compte l'ancienne population, méconnaissable depuis qu'elle vit avec douceur, et les nouveaux venus, plus de dix mille personnes doivent leur bonheur à Elzéard Bouffier.

Quand je réfléchis qu'un homme seul, réduit à ses simples ressources physiques et morales, a suffi pour faire surgir du désert ce pays de Canaan[2], je trouve que, malgré tout, la condition humaine est admirable. Mais, quand je fais le compte de tout ce qu'il a fallu de constance dans la grandeur d'âme et d'acharnement dans la générosité pour obtenir ce résultat, je suis pris d'un immense respect pour ce vieux paysan sans culture qui a su mener à bien cette œuvre digne de Dieu.

Elzéard Bouffier est mort paisiblement en 1947 à l'hospice de Banon.

Jean Giono, *L'Homme qui plantait des arbres*, 1980 © Éditions Gallimard

2 Terre promise par Dieu à son peuple, dans l'Ancien Testament.

Questions sur le texte

Un narrateur à nouveau dépaysé

1. **a)** Montrez qu'entre la fin de l'extrait précédent et le début de celui-ci, le narrateur fait une ellipse. **b)** Pourquoi a-t-il recours à ce procédé ?

2. Comment le narrateur explique-t-il le fait qu'il ne reconnaisse pas le paysage? Justifiez par une phrase du texte.

3. Quels éléments du premier paragraphe traduisent la stupéfaction du narrateur ?

4. En relevant des éléments du troisième paragraphe, montrez que la transformation du paysage n'est pas seulement perceptible par la vue, mais également par d'autres sens.

5. En quoi l'évolution de ce lieu s'oppose-t-elle complètement à celle du reste du pays ? Justifiez en vous appuyant sur le contexte historique rappelé dans le premier paragraphe.

Du désert au pays de Canaan

6. **a)** Pourquoi peut-on dire que l'œuvre d'Elzéard Bouffier est désormais aboutie ? **b)** Quel élément symbolise la résurrection qui s'est opérée ?

7. Dans *Textes et Images 2*, vous avez montré que l'œuvre d'Elzéard peut être rapprochée de celle de Dieu dans la Genèse. À quel lieu biblique cette région peut-elle désormais être comparée ?

8. De quelle manière l'œuvre d'Elzéard a-t-elle une influence sur la population ? Expliquez à partir d'éléments précis du texte.

9. **a)** Cherchez qui est le personnage de Lazare, dans la Bible. **b)** Que signifie l'expression « *Lazare était hors du tombeau* » (l. 28) par rapport au récit de Giono ?

Un message d'espoir

10. **a)** Quel paragraphe de cet extrait reprend la situation initiale de la nouvelle ? **b)** Pourquoi le narrateur rappelle-t-il la situation initiale à la fin de son récit ? **c)** En quoi la situation finale s'oppose-t-elle à la situation initiale ?

11. Elzéard Bouffier est-il un héros ? Répondez de manière approfondie et nuancée.

12. En quoi cette nouvelle est-elle porteuse d'un message d'espoir ?

À retenir

- La **visée** d'un texte, c'est son **but,** la raison pour laquelle il a été écrit.

Leïla Sebbar est née en 1941, en Algérie, d'une mère française et d'un père algérien. Elle vient en France à dix-huit ans pour ses études. Professeur de français, journaliste, Leïla Sebbar écrit également de nombreux essais et récits, qui portent sur l'exil, la colonisation et l'après-colonisation, ou encore sur le thème de la place de la femme dans la société. Parmi ses très nombreuses publications, on peut citer *Le Silence des rives* (1993) – prix Kateb Yacine, *Je ne parle pas la langue de mon père* (2003), *Mes Algéries en France* (2004), *Les Femmes au bain* (2006).

1 Comploter.
2 Qui n'est pas exprimée.

Leïla Sebbar, « Couchés dans les maïs »

Un homme dit : « Les plus belles années de ma vie, elles sont là, dans la poussière de l'explosion. »

Ils sont couchés dans les maïs. Ils n'entendent rien, ils ne voient rien. Ils sont jeunes. Les maïs les protègent.

On a annoncé l'opération par voie de presse. La télévision, la radio répètent l'information, les mots reviennent, obstinés, et si une phrase s'est perdue d'une pièce à l'autre, on la reconstitue entre la cuisine et le balcon. On entend : « démolition… problèmes… zone… parc locatif… dépeuplement… cité… vétusté… démolition… explosifs… quartier… dix tours… ». On comprend que des tours murées depuis des mois vont être détruites. C'est simple.

Elle a quitté la tour pour une autre tour. Quand son mari est venu la chercher au village, elle a dit oui tout de suite. Toutes ces années dans la maison qui ne sera jamais la sienne. Elle a su dès le premier jour que la mère de son mari ne l'aimerait pas. Elle ne l'a pas maltraitée, elle l'a ignorée, comme si elle n'était pas la mère des enfants de son fils aîné. La belle-mère a intrigué[1] pour la séparer des garçons, pour les envoyer là-bas avec le père, elle n'était pas digne d'élever des fils, les filles, c'est moins grave, elles resteraient avec la mère. Dans les deux chambres de la maison qui n'est pas sa maison, elle a attendu le jour où son mari la délivrerait de la persécution tacite[2], sournoise. Elle est partie avec les enfants, la belle-mère a pleuré, elle voulait rejoindre son fils aîné dans l'autre pays. La vieille est restée dans sa maison.

Là-bas, son mari lui a expliqué qu'il fallait attendre pour une vraie maison, il appelait la maison « un F5 en HLM », il l'a dit dans la langue étrangère, avec son accent de la montagne. Chaque fois, ça la faisait rire. Elle disait d'un seul coup : « Effcinqenachélème. »

Elle a eu sa maison dans la tour.

Après la cité de transit, un appartement de cinq pièces, cuisine, salle de bains, toilettes séparées, balcon, quatre chambres et un salon-salle à manger… La maison du village, la belle-mère pourrait y crever. Elle crèverait seule. Jamais elle ne reviendrait là-bas.

Elle a élevé sept enfants dans la maison de la tour, dans sa maison. Libre et heureuse, enfin, de la cuisine au balcon, c'est elle qui décide. Son mari la laisse faire et tout va bien. Tout… presque tout. C'est sa fille, celle que la belle-mère a voulu élever, elle lui aurait volé sa fille, si elle n'avait pas été vigilante… Sa fille, c'est son jardin secret. Elle n'en parle pas à son mari. Il travaille dehors. La maison, c'est elle. Sa fille ne marche pas droit. Sa fille ne l'écoute pas. Sa fille est une dévergondée, c'est sa honte, et si un jour il arrive malheur… Elle ne veut pas y penser.

Depuis peu, la famille habite une nouvelle tour, dans une autre cité. La tour va exploser. Elle ne veut pas voir sa première maison réduite en poussière, comme si elle était morte elle-même, et déjà poussière. Elle restera dans sa chambre, les volets clos.

Couchés dans les maïs, ils sont tranquilles. On ne pense pas à les surveiller. La fille n'a pas peur. Les maïs la protègent.

Les voisins ne sont plus des voisins. Dispersés dans les cités aux environs, depuis l'abandon des tours, ils se sont rendu visite les premiers mois, mais il fallait prendre plusieurs bus, attendre longtemps. L'hiver est passé, avec le printemps l'oubli est venu, les voisins ont perdu les anciens voisins, petit à petit, ils font connaissance dans la nouvelle cité. Avec l'explosion, ils vont se retrouver, assister ensemble à la destruction des tours murées. Ils ne savent plus qu'ils ont vécu là des années et des années. Ils n'y pensent pas, mais ce matin, à l'aube, ils se préparent à la catastrophe en direct, pas une vraie catastrophe, il n'y aura pas de morts, juste du béton et du métal, du verre et de la poussière, les tours qui s'écrasent au sol dans un fracas d'orage. Ils verront tout, pas seulement des images comme les autres à la télé, ça va passer le soir même au journal, mais eux les premiers spectateurs, c'est leur droit, ils les ont habitées ces tours, derrière les fenêtres bouchées avec des pierres et du plâtre, c'était chez eux. On leur a dit : « Vous serez les premiers, ne vous inquiétez pas, on vous avertira, sans faute. » Ils n'ont rien reçu, mais la radio, la télé, la presse, tout le monde en a parlé, c'était annoncé partout. Un événement extraordinaire, et eux, les héros, acteurs et spectateurs.

Dans la nouvelle maison, ils se préparent. Les enfants, petits et grands, le père, la mère, la famille… Les familles privilégiées qui ont habité les tours les premières, après les cités de transit ou les bidonvilles, elles auront les meilleures places. Levées avant le soleil, habillées pour la fête, nourries royalement, elles se pressent vers l'esplanade réservée, gardée par la police pour elles, les familles prioritaires.

Ils sont partis, le père et les enfants. Dans la chambre des filles, la mère n'a pas vu sa fille aînée, ni à la table du petit déjeuner. Elle s'est levée plus tôt, pour aller garder des places au premier rang, elle est déjà là-bas. Sa fille est une bonne fille, grâce à elle, ils verront tout, et elle qui croit la rumeur de la cité, du trottoir et des escaliers, cette rumeur qui raconte que sa fille prend le mauvais chemin, elle n'écoutera plus les voisines, leurs histoires sur les filles de la cité, elles les surveillent depuis le bac à sable, les fenêtres de la tour, le parking du centre commercial, elles savent tout et elles parlent. Elle ne veut plus entendre les voisines entre elles au marché, chez l'épicier, à la porte de l'école. Sa fille n'est pas comme ces filles qui courent les garçons dans la cité.

Melanie Dornier, photographie extraite de la série intitulée « Re-built China », 2011 © Melanie Dornier

Couchés dans les maïs, personne ne les voit, ils s'embrassent. Les tours sont encore debout, vagues fantômes.

La mère est assise au bout de la table, dans la cuisine. Seule. L'odeur du café au lait froid, l'odeur du tabac gris du père l'écœurent. Le formica maculé, la confiture collée aux bols, le pain trempé à moitié mangé. Les peaux d'orange au milieu des biscuits entamés… Elle regarde le désordre du petit déjeuner familial, le désastre du dimanche matin. D'habitude, elle ne s'assoit pas, elle renvoie tout le monde, mari, enfants, grands et petits. Seule dans la cuisine, elle range, lave, essuie, nettoie avant sa tasse de café, tranquille.

Ce matin-là, la mère est seule, elle regarde au loin. Des nuages. Il ne pleuvra pas. L'explosion aura lieu. Elle se lève, s'en remet à Dieu, ses douleurs lombaires la fatiguent. Elle laisse le désordre du matin. Dans sa chambre, elle baisse le volet extérieur, tire les lourds rideaux des deux côtés de la fenêtre, s'allonge sur le couvre-lit molletonné. Elle ferme les yeux. Elle pense à sa fille aînée. Est-ce qu'elle est injuste ? Si elle se trompait.

Le père et les enfants ont les meilleures places, à côté des voisins des vieilles tours. Ils bavardent.

Le fils va filmer l'explosion, il a emprunté une caméra, il est sûr de vendre son film à une chaîne de télévision étrangère, il paraît que la France est exemplaire pour faire sauter les tours, c'est ce qu'on dit, il va devenir riche. Les télévisions, protégées par la police, occupent les buttes autour du terrain vague, comme des postes de combat interdits aux premiers habitants qui font le siège autour des techniciens affairés, cherchant l'angle idéal pour être à l'image. Les équipes vont filmer les murs qui sautent et ceux qui les regardent, et eux, le soir, avec les voisins dans le salon, le magnétoscope en marche, ils sauront qu'ils étaient là, ce jour fameux, les premiers pour un spectacle grandiose, une catastrophe pacifique, ce jour où quinze, vingt, vingt-cinq années de vie se sont éparpillées dans les champs de maïs autour. Dans le désordre, les familles s'installent. Ce sera long. Les artificiers se préparent. Des hommes les entourent, suivent leurs gestes, parlent entre eux, chuchotent, racontent à voix basse des exploits peu glorieux dont ils tirent gloire ce jour-là, les grottes qui explosent dans les djebels[3], dans ce pays où la guerre recommence, mais cette fois, ils se font sauter entre eux. Ils étaient jeunes, ceux qui ne sont pas morts dans des embuscades sont revenus, on les a logés dans les tours, pas tous, ils ont retrouvé des familles de là-bas, des voisins de ce pays qu'ils n'ont pas aimé parce que c'était la guerre, des voisins qu'ils ont ignorés, ils n'allaient pas parler à ceux qui avaient tué les copains, ils ne se sont pas demandé si le fils ou le frère des voisins étrangers n'avaient pas disparu dans les camps ou au cours des rafles régulières qu'ils avaient pu mener dans les régions qui devenaient zone interdite.

Des habitants du quartier et des journalistes assistent à la destruction de barres d'immeubles en France.

Les kilos d'explosifs augmentent avec les heures, trois cents, six cents, neuf cents, mille, le temps de la destruction diminue, les tours seront détruites en soixante secondes, puis trente puis dix, il faut des records : en kilos le plus possible, en secondes, le moins possible. On calcule. On argumente, on spécule, on parie. Ce sera beau.

Des femmes entre elles, sur la pelouse rase et sèche, assises sur des pliants, tricotent, raccommodent, bavardent. Elles étaient jeunes, elles ont eu des enfants dans ces tours. Des journalistes les interrogent, pourquoi elles ? elles sont là pour voir, c'est tout, elles n'ont rien à dire, des tours c'est des tours, qu'est-ce qu'elles pourraient raconter ? un jour après l'autre, des petites histoires, les rodéos des voyous c'était pas dans leurs cités, qu'est-ce qu'ils veulent savoir ? c'est pour le journal local ? pour la télé ? quelle chaîne ?… Elles ne parleront pas, après ils disent n'importe quoi, quand ça passe ; leur vie, c'est à elles. Elles sont là comme les autres, qu'on les laisse tranquilles.

Dans les maïs, ils se sont endormis.

La mère, dans sa chambre, est allongée, les yeux fermés. Son pays, elle ne l'a pas oublié. C'est lui qui l'oublie, son pays devient fou.

Si elle était restée, ses fils auraient combattu des frères, aujourd'hui, là-bas, les frères tuent les frères. Alors des tours qu'on fait sauter, ce n'est pas une tragédie. Pourquoi elle pleure, couchée dans le noir, seule dans sa maison désertée ? Ses fils n'iront pas en service commandé abattre le frère, ou l'égorger. Sa fille la fait pleurer comme ces tours de l'enfance, pas la sienne, l'enfance de sa fille. Elle l'aimait et maintenant elle ne sait plus. Ces tours vont exploser, sa fille assiste au spectacle comme les autres, elle ne s'inquiète pas de ces années qui vont éclater, se disperser, disparaître dans

3 Montagnes en Afrique du Nord.

le ciel bas et les terrains vagues tout autour, jusqu'aux champs de maïs. Ce soir, elle ne regardera pas le journal, elle ne veut pas voir les images du chaos, ces tours qu'on crève, même si elles sont vides, c'est comme si elle vivait encore avec les enfants petits, dans sa première maison, la plus belle, celle qu'elle a aimée. Elle ne sortira pas de sa chambre. Elle ne préparera pas le dîner, elle fera semblant de dormir.

Elle a entendu l'explosion, assourdie par la distance.

Les cris des enfants la réveillent. Ils se précipitent dans la chambre, les petits sautent sur le lit, s'assoient contre elle pour raconter. Ils parlent tous à la fois. Ils ont eu peur, c'était mieux qu'au cinéma. Les pompiers avaient tout prévu, mais ils n'ont pas vu de flammes, il manquait le feu. Ils auraient voulu un incendie en plus. Mais c'était bien. Ils sont contents. Ils attendent le journal pour voir encore. Le frère aîné a filmé en vidéo ; ce soir ils enregistrent le reportage de la télé.

Les enfants insistent, la mère cède.

C'est l'heure du journal. Dans le salon, la famille, les voisins, les cousins, ils sont tous là. La fille va arriver. Il fait nuit. Elle a dû passer à la bibliothèque, à côté du lycée, elle revient toujours de la bibliothèque, le soir, c'est ce qu'elle dit à sa mère si elle est en retard. Ce soir, elle n'est pas encore là.

On entend d'abord le bruit de l'explosion puis on voit des images, des images, des images, la mère ouvre les yeux. C'est la dernière : un plan fixe sur un garçon et une fille couchés dans les maïs. Le journal se poursuit.

Leïla Sebbar, « Couchés dans les maïs », in *La Jeune Fille au balcon*, 1996, Éditions du Seuil

Questions sur le texte

La voix des anonymes

1. Résumez la nouvelle en une ou deux phrases.

2. **a)** Dans le titre, à qui renvoie le participe passé ? **b)** En quoi le titre peut-il être étonnant ?

3. **a)** Selon vous, qui peut être considéré comme le personnage principal de cette nouvelle ? Pourquoi ? **b)** Comment les pensées de ce personnage nous sont-elles connues ? *(Vous pouvez vous aider des leçons de grammaire n°s 24 et 25.)*

4. Les personnages sont-ils désignés par leurs noms ? Quelles en sont les raisons à votre avis ?

Une histoire de femmes

5. **a)** Quelles sont les trois générations évoquées dans le récit ? **b)** À quel lieu chacune des trois femmes est-elle liée ?

6. Pourquoi depuis peu la fille aînée est-elle moins présente à la maison ?

7. **a)** Comment la mère s'explique-t-elle son absence, le matin et le soir du jour où la tour est détruite ? **b)** Semble-t-elle convaincue par ce qu'elle dit ? Justifiez. **c)** Résumez les différents sentiments que la mère éprouve à l'égard de sa fille, en vous appuyant sur des passages précis du texte.

8. **a)** Pourquoi la mère et la fille sont-elles si différentes l'une de l'autre ? Répondez de manière approfondie, en vous appuyant sur des éléments précis. **b)** Montrez néanmoins que mère et fille se ressemblent sur plusieurs points.

Détruire pour reconstruire ?

9. **a)** Reconstituez les grandes étapes de la vie de la mère. **b)** Pourquoi semble-t-elle plus attachée que les autres (sa famille, les autres habitants du quartier) à la tour qui est détruite ? **c)** Quels éléments de l'histoire révèlent qu'elle est très affectée par cette destruction ?

10. **a)** Relisez l'avant-dernière phrase de la nouvelle : à quels moments du récit trouve-t-on des phrases similaires ? Relevez-les. **b)** Comment appelle-t-on un court passage qui revient à intervalles réguliers dans un texte (en particulier une chanson) ? **c)** Expliquez pourquoi l'avant-dernière phrase de la nouvelle constitue néanmoins une chute : en quoi est-elle différente des occurrences précédentes ?

11. D'après vous, quelles seront les conséquences de ce journal télévisé sur les relations entre la mère et la fille ?

12. **a)** Pour quelle raison la tour est-elle détruite ? **b)** Mettez cela en rapport avec le lien entre la mère et la fille.

Lecture d'image

Observez la photographie p. 98.

1. Montrez que, comme la nouvelle, l'image est construite sur une série d'oppositions (commentez les éléments du paysage, les couleurs, les lignes directrices, etc.).

2. Quel lien pouvez-vous établir entre le premier plan, l'arrière-plan et l'histoire racontée dans la nouvelle ?

Histoire des Arts

Une tendance artistique en harmonie avec la nature : le *land art*

▸ Comment le *land art* peut-il modifier notre rapport au monde ?

1 Andy Goldsworthy, feuilles d'iris épinglées avec des épines, 1987 (Royaume-Uni)

2 Pier Fabre, *Le Réveil*, mobile suspendu, 2011 (exposition Horizon Massif du Sancy, Auvergne)

3 Andy Goldsworthy, enclos à moutons de Tilberthwaite, 2003 (Coniston, Royaume-Uni)

À retenir

▸ Le *land art* est une tendance de l'**art contemporain** qui se veut **proche de la nature** (*land* signifie « terre » en anglais) : les œuvres sont généralement réalisées avec des matériaux naturels (bois, feuilles, pierres, sable, neige, glace, etc.) dans des sites naturels (forêt, parc, prairies, plage, mer, etc.). Autrement dit, la nature n'est plus simplement représentée (sur un tableau, une photographie) mais elle est l'**œuvre d'art elle-même** ou du moins son support, son cadre.

▸ De même que le *street art* évoqué page 150, le *land art* reste **à l'écart des musées et des galeries**, qui enferment et étouffent les œuvres, font payer l'entrée et imposent leurs horaires d'ouverture. *Land art* et *street art* veulent être des **arts *libres***, dans tous les sens du terme : non soumis à des règles, dont l'entrée est libre (gratuite) et qui sont « à l'air libre ».

4 Andy Goldsworthy, cairn de Penpont, 2000, sculpture (Penpont, Écosse, Royaume-Uni)

5 Artiste réalisant une œuvre en sable lors du festival d'Antalya, en Turquie

Questions

1. Où ces œuvres sont-elles situées ? En quoi cela est-il étonnant pour des œuvres d'art ?
2. Pour chacune d'elles, dites quels sont les matériaux utilisés.
3. **Doc. 1 et 2 :** En quoi ces deux œuvres jouent-elles avec la lumière du soleil ?
4. Quel lien pouvez-vous faire entre les œuvres des documents 1, 2 et 5 ? En quoi s'opposent-elles à celles des documents 3 et 4 ?
5. Lisez attentivement la légende du document 6. **a)** En quoi cette œuvre s'oppose-t-elle à celle du document 1 ? **b)** En quoi s'en rapproche-t-elle néanmoins, contre toute attente ?
6. **a)** Quel est l'unique moyen pour vous de connaître les œuvres des documents 1, 2, 5 et 6 ? Trouvez-vous cela dommage ? Expliquez. **b)** Trouvez au moins un autre art éphémère (qui ne dure pas) : quels moyens permettent néanmoins d'en garder une trace ?
7. Montrez, à l'aide d'exemples précis, que le *land art* est un art ludique, c'est-à-dire un art qui est lié au jeu, à l'amusement.
8. Pourquoi peut-on dire que le *land art* est un art écologique ? Trouvez deux arguments.
9. Pouvez-vous dire facilement ce que représente chacune de ces œuvres ? Choisissez l'une d'entre elles et dites ce qu'elle représente pour vous.

6

Robert Smithson, *Jetée en spirale*, 1970, spirale de 450 m de long et 4 m de large realisée avec de la boue, des cristaux de sel, des rochers de basalte et du bois, au nord du lac Salé (Salt Lake City, Utah, États-Unis)

Ici la jetée est nettement visible car le niveau du lac est bas mais elle est régulièrement submergée.

7 **L'exposition de Richard Long**

Richard Long, *La Nature humaine*, 2011, sculpture (Venison Gallery, Londres, Royame-Uni)

8 **Le Reichstag**

Vue du Reichstag à Berlin, symbole de la ville devenue capitale de l'Allemagne le 20 juin 1991

9 **Le Reichstag emballé par Christo et Jeanne-Claude**

Christo et Jeanne-Claude, *Reichstag emballé*, 23 juin au 6 juillet 1995, 100 000 m² de toile (Berlin, Allemagne)

ina

Sur notre site, une vidéo INA sur le Reichstag emballé.

100 % web

– Une page de synthèse sur ce thème
– Des liens vers des ressources complémentaires

Questions

10. **Doc. 7 et 9 :** Expliquez en quoi ces deux œuvres diffèrent, chacune à leur manière, du *land art* « traditionnel » (dont vous avez des exemples dans les documents 1 à 6). Pour vous aider, vous pouvez (re)lire le « À retenir ».

11. **Doc. 7 : a)** Quel est l'intérêt d'exposer une œuvre dans un musée ? Trouvez au moins deux raisons. **b)** Est-ce toujours possible ? Expliquez à partir d'exemples précis.

12. Imaginez que l'on mette dans un musée les œuvres présentées dans les documents 1 à 6 (du moins celles pour lesquelles il est possible de le faire). Ces œuvres seraient-elles toujours les mêmes ? Les percevrions-nous de la même manière ? Expliquez à partir d'exemples précis.

13. **Doc. 9 :** Christo et Jeanne-Claude se sont fait connaître notamment en « emballant », ou « empaquetant » avec du tissu des objets aussi improbables que le Pont-Neuf à Paris, le Reichstag à Berlin, ou encore des îles au large de la côte californienne. Leurs œuvres suscitent aussi bien surprise et admiration, que scandale et mépris. Et vous, que pensez-vous de cette œuvre ? Répondez avec des arguments précis.

14. Essayez d'expliquer la démarche de Christo : en quoi le fait d'emballer un bâtiment modifie-t-il le regard que l'on porte sur lui ?

15. Parmi toutes les œuvres présentées dans ces trois pages, laquelle vous plaît le plus et laquelle vous plaît le moins ? Pourquoi ? Expliquez.

Synthèse

La nouvelle aux XXe et XXIe siècles

Le genre de la nouvelle

« *La nouvelle est faite pour être lue d'un coup, en une seule fois.* » (Gide)

- Il s'agit donc d'un récit court, qui va à l'essentiel. Les personnages, les événements, les lieux sont généralement peu nombreux et l'intrigue est simple. Le genre de la nouvelle se développe au XVIe siècle mais son essor véritable se produit au XIXe siècle, avec des écrivains comme Théophile Gautier, Guy de Maupassant, Edgar Allan Poe, Nicolas Gogol, ou encore Anton Tchekhov. Le développement de la nouvelle au XIXe doit beaucoup à l'essor de la presse. En effet, pour divertir leurs lecteurs et les fidéliser, les journaux publient beaucoup de romans-feuilletons (ceux de Balzac ou de Dumas par exemple ; c'est exactement le principe de nos séries télévisées actuelles) et de nouvelles (leur format court se prête bien à une publication dans un journal). Très proche du conte, la nouvelle fait souvent réfléchir sur le monde, le comportement des hommes... Mais à la différence du conte, la nouvelle est généralement ancrée dans la réalité (même la nouvelle fantastique, que vous avez vue en 4e). Ainsi, les nouvelles des XXe et XXIe siècles reflètent, mettent en scène, traduisent le monde contemporain.

La nouvelle et son rapport au monde contemporain

- *L'Homme qui plantait des arbres*, de **Jean Giono** **(Textes et Images 1, 2 et 3)**, s'inscrit dans le monde contemporain de différentes manières. D'une part, le récit est organisé autour de deux événements traumatisants : la Première et la Seconde Guerres mondiales, auxquelles il fait plusieurs allusions. Si l'on tient compte de ce contexte, on comprend mieux l'émerveillement du narrateur face à l'œuvre d'Elzéard Bouffier : tandis que l'Europe se déchire, s'entretue, cet homme poursuit son œuvre de vie et de paix; il crée de la vie dans un monde stérile, alors que la guerre détruit un monde vivant. D'autre part, le récit traite de questions nouvelles au XXe siècle : l'impact que l'homme peut avoir sur la nature, le développement durable et l'écologie.
- Tout à la fin du XXe siècle, **Leïla Sebbar** **(Textes et Images 4)** entremêle divers thèmes de société dans « Couchés dans les maïs » : la question du logement, de la place de la femme dans la société, de l'émancipation des jeunes générations, du décalage culturel qui oppose enfants et parents. De la grand-mère restée au village à la jeune fille couchée dans les maïs, tout un monde change en deux générations. La destruction des tours, qui suscite à la fois la nostalgie et la satisfaction des habitants de voir s'améliorer leurs conditions de vie, est symbolique de ce qui arrive aux personnages : une tour explose, une génération passe, pour un bien comme pour un mal.
- Enfin, **Didier Daeninckx** **(brevet blanc)**, dans sa nouvelle intitulée « Le Reflet », montre toute l'absurdité du racisme et le poids des préjugés, source des grandes tragédies de notre Histoire et particulièrement au XXe siècle, tandis qu'**Andrée Chédid** **(brevet blanc en autocorrection)**, dans « Arrêt sur image », interroge notre rapport à la télévision et plus précisément aux informations diffusées dans les journaux télévisés.
- Le genre de la nouvelle permet donc à un auteur de réfléchir et de faire réfléchir aux évolutions qui bouleversent son époque tout en prenant de la distance avec la réalité par le biais de la fiction.

1 Les figures de style.

Dans les phrases suivantes extraites de la nouvelle de Giono, repérez les figures de style et expliquez-les.

1. « Le vent rugissait dans les arbres. »
2. « Le village était sans vie. »
3. « Ces maisons agglomérées, quoique en ruine, comme un vieux nid de guêpes »
4. « Le squelette d'un village »

2 Sens propre et sens figuré.

« *Il était même fort vert.* » (Jean Giono)

L'adjectif vert désigne une couleur, mais il a également des sens figurés. En vous aidant éventuellement d'un dictionnaire, remplacez les phrases suivantes par une phrase de même sens.

Par exemple, *Il était même fort vert* signifie : *Il était même fort vigoureux.*

1. C'est la verte saison.
2. Il était vert de peur.
3. Ces bananes sont encore vertes.
4. Nos vertes années sont maintenant écoulées.
5. Je lui en ai raconté des vertes et des pas mûres : il m'a vertement réprimandé.
6. Le *land art* se développe dans les espaces verts.

3 Étymologie.

1. Cherchez les mots latins qui ont donné les termes « forêt », « eau » « espoir ».
Quels mots dérivés de ces racines connaissez-vous ? Enrichissez ces familles de mots en vous aidant d'un dictionnaire.
2. Cherchez l'étymologie de l'adjectif « robuste ».
À quel personnage de ce chapitre s'applique-t-il le mieux ?

4 Mais qui sont tous ces enfants ?

Le mot « enfant » vient du latin *infans, -antis*, « celui qui ne parle pas, jeune enfant », et, en bas latin, « garçon ou fille de six à quinze ans environ », dérivé du participe présent de *fari*, « parler », avec le préfixe *in-* à valeur négative.

Ce mot possède deux sens majeurs :
– l'être humain, de la naissance à l'adolescence ;
– l'être humain considéré du point de vue de la filiation.

Mais le mot « enfant » est repris dans un grand nombre d'expressions ! Il y a les enfants qui n'en sont plus (ou qui ne devraient plus l'être), ceux qui sont liés à un lieu, à une filiation, à un comportement, ou à une institution...

a) Saurez-vous rendre leur définition à tous ces *enfants* ? Attention : l'une de ces définitions correspond à deux expressions.

1. Enfant mal éduqué auquel tout est permis.
2. Les Romains.
3. Enfant favorisé par sa naissance, avantagé aux dépens des autres.
4. Jeune garçon qui assiste le prêtre pendant l'office.
5. Les Français, dans l'hymne national.
6. Nom sous lequel on désignait les enfants et les petits-enfants du roi qui occupait le trône, pour les distinguer des princes ou princesses du sang, qui appartenaient aux autres branches de la maison royale.
7. Les humains.
8. Enfant qui est né hors du mariage.
9. Enfant qui évolue dans le milieu du cirque ou du spectacle.
10. Personne qui bouscule les conventions.
11. Jésus.
12. Fils de certaines catégories de militaires qui était élevé aux frais de l'État et qui figurait sur les rôles de l'armée.
13. Personnage d'une parabole de l'Évangile qui, après avoir abandonné la maison paternelle et dilapidé sa part de bien, fut, à son retour, accueilli à bras ouverts par son père. Par extension, enfant accueilli avec joie à son retour au foyer qu'il avait quitté.
14. Personne de caractère facile, accommodant.
15. Enfant doué d'une intelligence et d'un talent hors norme.
16. Personne adulte qui manque de maturité.
17. Avoir un comportement puéril ; affecter la naïveté d'un enfant.
18. Fantassins que l'on envoyait aux premières lignes et qui, le plus souvent, étaient sacrifiés.

a) Enfant prodige.
b) Enfant terrible.
c) Enfant gâté.
d) Grand enfant.
e) Enfant de la balle.
f) Faire l'enfant.
g) Divin enfant.
h) Enfant de la patrie.
i) Enfant de l'amour.
j) Enfant prodigue.
k) Enfant de France.
l) Enfant de chœur.
m) Enfants perdus.
n) Enfant de famille.
o) Enfant d'Adam.
p) Enfant de troupe.
q) Enfant de la Louve.
r) Être bon enfant.
s) Enfant naturel.

b) Trouvez maintenant cinq mots appartenant à la famille de *enfant*, en précisant pour chacun leur nature (ou classe grammaticale) et leur sens.

100 % web

› Les adjectifs qualificatifs mélioratifs et péjoratifs
› Les jugements objectif et subjectif

Expression écrite

Exercices

1 Exercice d'écriture à partir de la nouvelle de Giono : imaginez la rencontre entre le narrateur et le berger, vue à travers les yeux du berger.

– Vous utiliserez les temps du passé.
– Vous alternerez récit et description (portrait) du narrateur de la nouvelle de Giono, et intégrerez des passages de dialogue.
– Pensez à organiser votre texte (plus le « narrateur » approche du berger, plus celui-ci le voit distinctement, donc plus la description peut aller dans les détails).
– Vous veillerez à la cohérence de votre texte par rapport à la nouvelle de Giono.
Vous pouvez vous aider des leçons de grammaire nos 24, 25 et 27, ainsi que de la fiche méthodologique 100 % web sur les sujets de rédaction au brevet.

2 Comme le protagoniste de la nouvelle de Giono, faites le récit d'une rencontre déterminante.

Pour vous aider, voici quelques questions à vous poser avant de commencer.
Quel sera le personnage principal ? Qui rencontrera-t-il et pourquoi cette rencontre sera-t-elle déterminante pour lui ? Dans quelles circonstances les deux personnages vont-ils se rencontrer ? Quelle sera l'évolution entre le début et la fin de l'histoire ?
Votre récit comportera des passages de descriptions et de dialogues. Il pourra être écrit au présent ou au passé.

3 Écrire au style indirect libre.

Après avoir lu la nouvelle de Leïla Sebbar, imaginez les pensées de la fille aînée dans la situation suivante :
Il est 21 h et elle s'apprête à rentrer chez elle. Elle se demande comment elle va expliquer son retard et si sa mère la croira.
Votre texte sera rédigé au style indirect libre. Il fera entre 20 lignes et une page.
Vous pouvez vous aider de la leçon de grammaire no 25.

4 Écrire une lettre.

Elzéard Bouffier reçoit une lettre des Eaux et Forêts l'informant qu'une route va être construite. Par conséquent, des mesures vont être prises pour réduire la forêt naturelle.
Rédigez en une quinzaine de lignes la réponse que le vieil homme écrit pour tenter d'empêcher cela.

Critères de réussite :
– Je respecte la situation d'énonciation.
– Je développe mes arguments et je les organise.
– Je respecte les caractéristiques de la lettre.

5 Changer de point de vue.

Racontez la fin de la nouvelle de Leïla Sebbar du point de vue de la jeune fille. Vous alternerez des passages narratifs et descriptifs en mettant l'accent sur ses sentiments.

Critères de réussite :
– Mon texte est cohérent.
– J'alterne passages narratifs et descriptifs.
– J'utilise le champ lexical des sentiments.
– Je soigne la construction de mes phrases.

6 Écrire à partir d'une photographie.

Une journaliste étrangère (parlant couramment français) vient faire un reportage sur les « banlieues françaises ».

Elle se rend dans une cité du sud de la France. La première personne avec qui elle a l'occasion d'échanger est cette petite fille. La journaliste lui pose des questions sur son quotidien, sa vie dans cette cité, ses rêves, ce qu'elle a envie de faire quand elle sera grande.
Imaginez le dialogue (l'interview) entre la journaliste et la petite fille.

– Entrecoupez le dialogue de passages narratifs et descriptifs (décrivez par exemple les réactions des deux personnages, leur gestuelle… ; la petite fille peut montrer à la journaliste différents endroits de la cité, etc.).

– Le dialogue se terminera par l'arrivée de la mère.

– Travaillez votre style pour que le dialogue paraisse le plus naturel possible et soit cohérent par rapport à la situation d'énonciation.

– Veillez à ce que les personnages ne soient pas caricaturaux et inspirez-vous de la photographie.

Exercices

Expression orale

1 Défendre une cause écologique.

Choisissez une question écologique qui vous touche particulièrement. Préparez un discours argumenté pour faire connaître ce problème et proposer des solutions ; puis prononcez-le devant la classe.

– Quelques exemples : les marées noires, la déforestation, le réchauffement climatique, la disparition d'espèces animales, les OGM, le nucléaire, les voitures polluantes, la question du tri sélectif, etc.

– Vous pouvez choisir de défendre votre cause à l'échelle mondiale aussi bien qu'à l'échelle locale : adaptez bien évidemment votre discours en fonction du contexte choisi (un conseil municipal ou une réunion de chefs d'États ne traitent pas des mêmes problèmes, ou du moins pas à la même échelle).

– La quantité de vos arguments importe moins que leur qualité.

– Structurez votre discours par des liens logiques.

– Illustrez vos arguments par des exemples précis, et si possible réels. Faites des recherches pour pouvoir citer des chiffres, faire référence aux grands spécialistes qui font autorité dans le domaine. Montrez que vous connaissez bien votre sujet, et que vous êtes capable de proposer de vraies solutions.

– Prévoyez les arguments de vos adversaires et répondez-y (« *Vous allez me dire que ... Mais ...* »)

– Avant de passer à l'oral, lisez plusieurs fois votre discours pour bien l'avoir en tête et pouvoir vous adresser à la classe (et non à votre feuille de papier...).

2 Jouer une dispute. *(Textes et Images 4)*

En lien avec la nouvelle de Leïla Sebbar. La fille aînée rentre enfin à la maison, où l'attend sa mère. S'engage alors une conversation animée au cours de laquelle la mère et la fille s'opposent.

1. Par groupes de deux, commencez par écrire cette scène de dispute au brouillon. De quelle manière commence-t-elle ? Quels vont être les principaux arguments de la mère et de la fille ? Quelle attitude vont-elles adopter l'une vis-à-vis de l'autre ? La fille va-t-elle essayer de détourner la conversation ? De quelle manière la dispute va-t-elle se terminer ? L'une va-t-elle l'emporter sur l'autre ? Vont-elles essayer d'engager une vraie conversation pour mieux se comprendre ? Vont-elles se réconcilier ?
Ajoutez sur votre brouillon les principaux déplacements et gestes : la fille et la mère se regardent-elles ? La fille essaie-t-elle de fuir la mère pour se réfugier dans sa chambre ? L'une des deux fait-elle les cent pas et de grands gestes, tandis que l'autre reste calmement assise ?
2. Dans un deuxième temps, vous jouerez cette scène devant la classe, qui pourra ensuite réagir et faire des propositions d'amélioration.
Pensez à varier le ton, le débit et le volume : si les personnages crient tout le temps, cela devient vite ennuyeux.

Attention : Vous éviterez les insultes, les grossièretés et les gestes déplacés.

3 Réaliser un compte-rendu de lecture.

a) Choisissez une nouvelle écrite par l'un des auteurs suivants, d'origine algérienne : Albert Camus, Kateb Yacine, Mohammed Dib, Hélène Cixous, Yasmina Khadra, Leïla Sebbar.

1. Présentez rapidement l'auteur : sa vie, l'époque à laquelle il a vécu, ses principaux livres.
2. Résumez la nouvelle que vous avez lue.
3. Listez les thèmes principaux, les questions soulevées.
4. Donnez votre avis sur la nouvelle, en précisant au moins deux éléments qui vous ont plu et deux que vous avez moins appréciés (sur l'histoire, la manière dont elle est écrite ou les thèmes soulevés). Citez le texte pour donner des exemples précis.
5. Lisez de manière expressive un passage que vous avez aimé dans la nouvelle.

b) Même exercice, mais avec l'un des livres proposés ci-dessous.

À lire et à voir

Nouvelles et romans des XXe et XXIe siècles, nous invitant à « regarder » le monde.

- Roald Dahl, *Kiss Kiss*, 1960. Recueil de nouvelles : humour noir et critique de la société.
- Pascal Mérigeau, *Quand Angèle fut seule...*, 1983. La solitude d'une femme après la mort de son mari.
- Anna Gavalda, *Je voudrais que quelqu'un m'attende quelque part*, 1999. Les faiblesses et les espoirs de l'être humain racontés dans douze nouvelles.
- Andrée Chedid, *L'Artiste et autres nouvelles*, 1999 (nouvelles). Dix personnages au milieu des bonheurs et des drames de la vie. *Le Message*, 2000 (roman). Des victimes de guerre qui « se racontent ».
- Yasmina Khadra, *La Rose de Blida*, 2006. Algérie : le premier amour d'un adolescent, « prisonnier » d'un internat sévère.

100 % web **Retrouvez des films invitant à « regarder » la société dans laquelle nous vivons.**

Didier Daeninckx,
« Le Reflet »

Toujours en train de gueuler, d'éructer, d'agonir ! Derrière son dos, ça fusait, les insultes. Le porc, l'ordure, le Führer… Impossible de tenir autrement. Les courbettes par-devant, les salamalecs, le miel, le cirage. Et l'antidote dès la porte franchie. Apprendre à sourire dans le vide en serrant les dents. Le pire, c'était les premiers temps, quand on arrivait à son service, alléché par le salaire de mille dollars nourri-logé… Il vous laissait approcher en vous regardant de ses yeux morts et vous plaquait les mains sur le visage, vérifiant l'ourlé des lèvres, l'épatement du nez, le grain de la peau, le crépu des cheveux. Au moindre doute le vieux se mettait à hurler de dégoût. « Enfants de pute, virez-moi ça, c'est un Noir ! » Le type y allait de sa protestation.

« Non, monsieur, je vous jure… »

Mais ça ne servait à rien. Il repartait plein d'amertume, un billet de cent dollars scotché sur la bouche, incapable de comprendre qu'il était tombé du bon côté et que l'horreur attendait les rescapés surpayés de la sélection.

L'aveugle habitait un château construit à flanc de colline, à quelques kilomètres de Westwood, et toute la communauté vivait en complète autarcie sur les terres environnantes, cultivant le blé, cuisant le pain, élevant le bétail. Le vieux ne s'autorisait qu'un luxe : l'opéra et les cantatrices blanches qu'il faisait venir chaque fin de semaine et qui braillaient toutes fenêtres ouvertes, affolant la basse-cour.

Il ne dormait pratiquement pas, comme si l'obscurité qui l'accompagnait depuis sa naissance lui épargnait la fatigue. Ses gens lui devaient vingt-quatre heures quotidiennes d'allégeance. Le toubib vivait en état d'urgence permanent et tenait grâce aux cocktails de Valium et de Temesta[1] qu'il s'ingurgitait matin midi et soir. Le vieux prenait un malin plaisir à l'asticoter, contestant ses diagnostics, refusant ses potions. Ces persécutions n'empêchèrent pas le docteur d'avertir son patient de la découverte d'un nouveau traitement qui parvenait à rendre la vue à certaines catégories d'aveugles. Le vieux embaucha une douzaine d'enquêteurs aryens et leurs investigations établirent que le procédé en question ne devait rien aux Noirs.

On fit venir à grands frais la sommité et son bloc opératoire. Le vieux se coucha de bonne grâce sur le billard et s'endormit sous l'effet du Pentothal[2]. Il se réveilla dans le noir absolu et demeura trois longs jours la tête bandée, ignorant si ses yeux voyaient ou non ses paupières.

Le chirurgien retira enfin les pansements. Le vieux ouvrit prudemment les yeux et poussa un cri terrible. Un Noir à l'air terrible lui faisait face. Il se tourna vers le chirurgien, terrorisé.

« Qu'est-ce que ça veut dire ! Foutez-le dehors… »

Le toubib, qui nettoyait les instruments, s'approcha doucement de lui, posa la main sur son épaule et l'obligea à regarder droit devant lui.

« Alors il faut que vous sortiez… Ce que vous avez devant vous s'appelle une glace, monsieur : ceci est votre reflet. »

Didier Daeninckx, « Le Reflet », in *Main courante*, 1994, Éditions Verdier

1 Tranquilisants puissants.

2 Substance anesthésiante, qui est également un barbiturique utilisé comme « sérum de vérité » par la police, les services spéciaux ou les militaires.

Première partie : Questions, réécriture, dictée (25 points)

Questions (15 points)

C1 ▸ – Tous les items du domaine « Lire ».
– Les items 2 et 3 du domaine « Écrire ».
C5 ▸ Les items 1 et 3 du domaine « Faire preuve de sensibilité, d'esprit critique, de curiosité ».

▸ Un personnage tyrannique

1. Qui est le personnage principal ? **(0,5 point)**

2. Selon quels critères choisit-il ses employés ? Qu'est-ce que cela nous apprend sur lui ? **(1 point)**

3. Quels autres éléments le rendent détestable ? Justifiez votre réponse par des éléments précis. **(2 points)**

4. **a.** Quel est le niveau de langue utilisé ? Donnez deux exemples.
b. Justifiez l'emploi de ce niveau de langue dans la nouvelle. **(2 points)**

5. Quel est le point de vue narratif dominant dans le texte ? Justifiez. **(1,5 point)**

▸ Une chute surprenante

6. **a.** Expliquez en quoi consiste la chute de la nouvelle.
b. Quel rôle joue le miroir ? **(2 points)**

7. Qui désigne l'adjectif « *terrorisé* » (l. 29) dans le texte ? Trouvez deux mots de la même famille et précisez leur nature. **(2 points)**

8. En comparant le début et la fin du texte, expliquez en quoi ce retournement de situation est ironique. **(1 point)**

9. **a.** Selon vous, qu'est-ce que l'auteur cherche à dénoncer ? **(1,5 point)**
b. La manière dont il le fait vous semble-t-elle convaincante ? Justifiez **(1,5 point)**

Réécriture (4 points)

C1 ▸ – Les items 1, 3 et 5 du domaine « Lire ».
– Les items 1, 3 et 4 du domaine « Écrire ».

Réécrivez le passage suivant en remplaçant « *le vieux* » par « *je* » et en imaginant qu'il s'agit d'un personnage féminin. **(4 points)**

> Le vieux se coucha de bonne grâce sur le billard et s'endormit sous l'effet du Pentothal. Il se réveilla dans le noir absolu et demeura trois longs jours la tête bandée, ignorant si ses yeux voyaient ou non ses paupières.
> Le chirurgien retira enfin les pansements. Le vieux ouvrit prudemment les yeux et poussa un cri terrible. Un Noir à l'air terrible lui faisait face. Il se tourna vers le chirurgien, terrorisé.

Dictée (6 points)

C1 ▸ – L'item 2 du domaine « Écrire ».

Les dictées des brevets blancs sont regroupées en fin de manuel, p. 368 à 370.

Seconde partie : Expression écrite (15 points)

C1 ▸ – L'item 5 du domaine « Lire ».
– Les items 2, 3 et 4 du domaine « Écrire ».
C5 ▸ L'item 2 du domaine « Lire et pratiquer différents langages ».

Vous traiterez **au choix** l'un des deux sujets suivants. Votre texte aura une longueur de deux pages minimum.

▸ Sujet 1

Faites le récit de « l'entretien d'embauche » du point de vue d'un candidat.
– Vous veillerez à la cohérence avec le texte étudié.
– Vous alternerez des passages narratifs et des dialogues.
– Votre récit sera écrit à la troisième personne et au passé.
– Vous insisterez sur les sentiments et réactions des personnages.

▸ Sujet 2

Sujet donné en Polynésie française, en septembre 2008, aux candidats des séries technologique et professionnelle.

Il arrive souvent qu'on se méfie des gens qu'on ne connaît pas et même qu'on en ait peur. Vous rapporterez un dialogue entre deux élèves de votre classe (vous pouvez être un des deux) dans lequel l'un d'eux défendra l'idée qu'il est bon d'accueillir des étrangers, des personnes différentes, des personnes handicapées. L'autre donnera des arguments opposés.
Ce dialogue s'insérera dans un récit. Dans l'introduction vous évoquerez rapidement l'arrivée d'un « nouveau » (ou d'une nouvelle) qui fut à l'origine de la discussion. Dans la conclusion vous direz comment les protagonistes se séparent.

Vous respecterez les règles qui permettent de rapporter les paroles directement.

Pour chacun des sujets, il sera tenu compte de la correction de l'expression, de l'orthographe et de la présentation.

Retrouvez un second brevet blanc sur *Arrêt sur image* d'Andrée Chédid
en vous connectant sur *www.lelivrescolaire.fr*.

Socle commun

Compétences plus précisément travaillées dans ce chapitre

	Items du livret des compétences	Mise en application des items
C1	**Lire**	
	Adapter son mode de lecture à la nature du texte proposé et à l'objectif poursuivi.	Lire des nouvelles intégrales ; répondre à des questions d'ensemble sur un texte long *(Textes et Images 4)*.
	Dégager, par écrit ou oralement, l'essentiel d'un texte lu.	Résumer un texte long *(Textes et Images 4)*.
	Écrire	
	Rédiger un texte bref, cohérent et ponctué, en réponse à une question ou à partir de consignes données.	Écrire en changeant de point de vue ; écrire au style indirect libre *(Expression écrite)*.
	Dire	
	Développer de façon suivie un propos en public sur un sujet déterminé.	Rendre compte d'une lecture *(Expression orale, ex. 3)*.
	Adapter sa prise de parole à la situation de communication.	Adapter un discours en fonction du contexte choisi, improviser en binôme *(Expression orale, ex. 1 et 2)*.
C3	**Environnement et développement durable**	
	Mobiliser ses connaissances pour comprendre des questions liées à l'environnement et au développement durable.	Réfléchir à l'impact des activités humaines sur la répartition des êtres vivants et la biodiversité (nouvelle de Giono) ; défendre une cause écologique *(Expression orale, ex. 1)*.
C5	**Situer dans le temps, l'espace, les civilisations**	
	Établir des liens entre les œuvres (littéraires, artistiques) pour mieux les comprendre.	Comparer des œuvres de *land art* pour mieux comprendre ce mouvement artistique *(Histoire des arts)*.
	Lire et pratiquer différents langages	
	Connaître et pratiquer diverses formes d'expression à visée littéraire.	Écrire une lettre, un épisode de récit, écrire à partir d'une photographie *(Expression écrite)*.
	Faire preuve de sensibilité, d'esprit critique, de curiosité	
	Être capable de porter un regard critique sur un document, une œuvre.	Commenter de manière nuancée un point de vue *(Liaison 3e-2nde, ex. 2)*.
	Manifester sa curiosité pour l'actualité et pour les activités culturelles ou artistiques.	Découvrir le *land art (Histoire des arts)*.
C6	**Comprendre l'importance du respect mutuel et accepter toutes les différences**	
	Reconnaître les situations de discrimination.	Réfléchir à la question du racisme à partir d'une nouvelle *(Brevet blanc)*.
C7	**Être capable de mobiliser ses ressources intellectuelles dans diverses situations**	
	Être autonome dans son savoir ; rechercher et sélectionner des informations utiles.	Effectuer des recherches approfondies sur une question écologique *(Expression orale, ex. 1)*.
	Faire preuve d'initiative	
	Manifester curiosité, créativité, motivation.	S'intéresser à une forme d'art contemporain, le *land art (Histoire des arts)*.

Compétence 4 et B2i

Les items travaillés sont précisés dans chaque activité.

100 % web

Ne marche pas au pas
Créer un document mêlant texte et image afin d'analyser la construction d'une affiche argumentative.

L'esprit de Mai 1968
Choisir sur le site de la BNF un document relatif à l'« Esprit de Mai 1968 » et le commenter en liaison avec le cours d'Histoire.

L'impact des images
Mener des recherches au CDI sur le contexte et les conséquences des attentats du 11 septembre 2001, puis analyser la photographie de l'AFP et tenter d'en mesurer l'impact sur ceux qui la voient.

1 Argumenter.

Issue de l'exemplum, du conte moral et du fabliau, la nouvelle gardera pendant longtemps une fonction d'argument : c'est un cas particulier qui sert à réfuter ou à confirmer une thèse.

ANTONIA FONYI, cité par Jean-Pierre Aubrit, in *Le Conte et la nouvelle*, 1997, Éditions Colin

Êtes-vous d'accord avec cette affirmation ?
À partir de votre lecture des nouvelles proposées dans ce chapitre, développez votre réponse en un paragraphe argumenté.

Vous pouvez vous aider de la leçon de grammaire n° 30.

2 Vous commenterez le passage suivant de *L'Homme qui plantait des arbres* : de « *Je traversais ce pays* » (l. 21) à « *le bruit de la mer sur les plages* » (l. 47). *(Textes et Images 1)*

1. Cherchez dans le passage et notez au brouillon des éléments relevant des trois axes de lecture suivants:
– un paysage de mort et de violence (relevez notamment les images et les métaphores qui évoquent ces deux thèmes) ;
– la rencontre fraternelle entre deux hommes (relevez des éléments liés à la rencontre et des éléments marquants du portrait d'Elzéard Bouffier par le narrateur) ;
– de la mort à la vie (étudiez notamment le thème de l'eau et la description de la maison du berger : à quels éléments s'oppose-t-elle ?).
2. Pour chacun des axes de lecture, rédigez un paragraphe organisé, comportant des exemples précis du texte. Ne vous contentez pas de citer le texte : expliquez ce que signifient vos citations et faites en sorte que l'on comprenne clairement pourquoi vous citez tel groupe de mots ou tel passage.
3. Faites des transitions d'un paragraphe à l'autre.
4. Terminez par une petite conclusion qui résumera ce que vous avez montré.

3 Analyser.

Bien sûr, tout n'avait pas toujours marché comme elle l'aurait souhaité pendant toutes ces années ; mais tout de même, cela lui faisait drôle de se retrouver seule, assise à la grande table en bois. On lui avait pourtant souvent dit que c'était là le moment le plus pénible, le retour du cimetière. Tout s'était bien passé, tout se passe toujours bien d'ailleurs. L'église était pleine. Au cimetière, il lui avait fallu se faire embrasser par tout le village. Jusqu'à la vieille Thibault qui était là, elle qu'on n'avait pas vue depuis un an au moins. Depuis l'enterrement d'Émilie Martin en fait. Et encore, y était-elle seulement, à l'enterrement d'Émilie Martin ?

PASCAL MÉRIGEAU, *Quand Angèle fut seule...*, 1983

1. Vers quel type de nouvelle cet incipit oriente-t-il le lecteur ? Justifiez en relevant des indices dans le texte.
2. Quel point de vue narratif est adopté dans cet incipit ?
3. Écrivez la suite de ce texte. Conservez les caractères psychologiques des personnages, veillez à ne pas commettre d'anachronisme.

Vous pouvez vous aider de la leçon de grammaire n° 24.

Propositions de lecture pour la Seconde

Autres œuvres des auteurs du chapitre

- **Jean Giono, *Colline*, 1929.** Un vieillard redouté par tout un village, pour ses pouvoirs maléfiques de sourcier... ***Un roi sans divertissement*, 1947.** Les habitants d'un village disparaissent sans que leurs corps ne soient retrouvés.
- **Didier Daeninckx, *La Mort n'oublie personne*, 1988.** Un jeune résistant est condamné à mort après la guerre.
- **Leïla Sebbar, *Je ne parle pas la langue de mon père*, 2003.** La narratrice part à la quête de ses origines.

D'autres récits qui invitent à réfléchir sur l'homme et le monde d'aujourd'hui

- **Vercors, *Le Silence de la mer*, 1942 (nouvelle).** Un amour impossible durant la Seconde Guerre mondiale.
- **Albert Camus, *L'Étranger*, 1942 (roman).** Un narrateur d'une indifférence troublante.
- **George Orwell, *1984*, 1949 (roman).** « Big Brother » : une société sous haute surveillance.
- **Ernest Hemingway, *Le Vieil Homme et la mer*, 1952** (roman court). L'Homme face à la Nature.
- **Julio Cortázar, *Les Armes secrètes*, 1963.** Nouvelles fantastiques abordant des sujets graves : la mort, la maladie mentale...
- **Jack Kerouac, *Sur la route*, 1957** (roman). Les aventures de Sal Paradise sur les routes américaines.

100 % web **Retrouvez d'autres propositions de lecture sur le même thème.**

5 La poésie engagée : désespoirs et espoirs des poètes

Saisir la notion d'engagement en poésie
S'interroger sur les caractéristiques et les fonctions de la poésie engagée

Pablo Picasso, *Guernica*, 1937, huile sur toile, 349 x 777 cm (musée de la reine Sofia, Madrid, Espagne)

Stephan Cacciatore, *La Buerlinica*, 1990 (restaurée en 2009), fresque sur le mur de Berlin (Berlin, Allemagne)

Lecture d'image

Guernica

1. Le tableau date de 1937 : recherchez ce qui a eu lieu en avril de la même année dans cette ville espagnole.
2. Observez les couleurs choisies : que remarquez-vous ? Pourquoi, d'après vous, Picasso a-t-il choisi de telles couleurs ?
3. Quels sentiments le cheval semble-t-il éprouver ? Quel parti peut-il représenter entre les républicains et les franquistes ? À quel autre animal s'oppose-t-il ?
4. Quels sont les différents dommages causés par la guerre et représentés par les personnages ? En quoi incarnent-ils l'horreur de la guerre ?

La Buerlinica

5. En quoi cette fresque murale est-elle un hommage au tableau de Picasso ?
6. Recherchez pourquoi la situation de la ville de Berlin était très particulière pendant la guerre froide.
7. Pourquoi, selon vous, Stephan Cacciatore a-t-il choisi de rendre hommage à *Guernica* sur le mur de Berlin ?
8. **a)** Comparez les couleurs de cette fresque avec celles utilisées dans *Guernica*. Quelle différence remarquez-vous ? **b)** En ayant à l'esprit le fait que cette fresque a été peinte en Allemagne pendant la guerre froide, après la période hitlérienne, expliquez le choix de ces couleurs.
9. Commentez le titre de cette fresque.

Textes et Images 1

Écrire en terre occupée

Poète mort trop jeune, **René Guy Cadou** (1920-1951) est orphelin de mère à douze ans et de père à dix-sept. Il crée d'abord une poésie abstraite, mais la guerre marque dans son œuvre un tournant qui se ressent notamment dans son recueil *Pleine poitrine* (1946) dans lequel il dénonce, selon ses propres mots, la « barbarie nazie ».

Ce poème est inspiré d'un triste épisode de l'histoire de l'Occupation dont le poète fut témoin. En octobre 1941, à bicyclette, il croise un convoi de camions dans lesquels se trouvent vingt-sept otages : ce sont les « fusillés de Châteaubriant », tués en représailles de l'exécution d'un colonel allemand, le 20 octobre à Nantes.

Les fusillés de Châteaubriant

Ils sont appuyés contre le ciel
Ils sont une trentaine appuyés contre le ciel,
Avec toute la vie derrière eux
Ils sont pleins d'étonnement pour leur épaule
Qui est un monument d'amour

Ils n'ont pas de recommandation à se faire
Parce qu'ils ne se quitteront jamais plus
L'un d'eux pense à un petit village
Où il allait à l'école
Un autre est assis à sa table
Et ses amis tiennent ses mains
Ils ne sont déjà plus du pays dont ils rêvent
Ils sont bien au-dessus de ces hommes
Qui les regardent mourir
Il y a entre eux la différence du martyr[1]
Parce que le vent est passé là où ils chantent
Et leur seul regret est que ceux
Qui vont les tuer n'entendent pas
Le bruit énorme des paroles
Ils sont exacts au rendez-vous
Ils sont même en avance sur les autres
Pourtant ils disent qu'ils ne sont plus des apôtres[2]
Et que tout est simple
Et que la mort surtout est une chose simple
Puisque toute liberté se survit.

René Guy Cadou,
« Les fusillés de Châteaubriant »,
Pleine poitrine, 1946

1 À l'origine, un martyr est une personne qui meurt pour sa foi. Au sens large, un martyr est celui qui souffre pour l'opinion, la cause qu'il défend. Un martyre désigne la torture, le supplice enduré par le martyr.
2 À l'origine, les apôtres sont les douze disciples chargés par Jésus de prêcher l'Évangile. Au sens large, un apôtre est celui qui se voue à la défense d'une cause.

Questions sur le texte

Une situation critique

1. À qui le pronom personnel « *Ils* » fait-il référence ?
2. **a)** Qui sont ces hommes qui les regardent mourir ? **b)** Commentez le choix du verbe *regarder* (v. 14).
3. Quel est le « *rendez-vous* » évoqué au vers 20 ?

La mise en scène de la mort

4. **a)** Justifiez le choix de l'expression suivante : « *la vie derrière eux* » (v. 3). **b)** Quel type de scène est décrit dans ce poème ?
5. Quelle figure de style est employée dans l'expression « *appuyés contre le ciel* » (v. 2) ? Expliquez cette image.
6. À quoi font allusion les vers 8 à 11 ?

Un poème élogieux

7. **a)** À quel champ lexical renvoient les mots « *ciel* », « *martyr* » et « *apôtres* » ? **b)** Quelle image cela donne-t-il des fusillés ?
8. Un éloge brosse un portrait positif et un blâme, au contraire, un portrait négatif : qui dans le texte est l'objet de l'éloge ? Qui, implicitement, est donc blâmé ?

Le destin de **Robert Desnos** (1900-1945) est marqué par la Seconde Guerre mondiale. Il s'engage activement dans la Résistance des premières heures, tant dans ses actes que dans sa poésie. Arrêté en février 1944 et déporté, il meurt dans un camp tchécoslovaque dans des conditions épouvantables, alors que le camp a été libéré un mois auparavant.

Ce poème de Desnos, d'inspiration autobiographique, a valeur de témoignage sur la réalité d'un État occupé en temps de guerre : André Platard, ami de Desnos qui habitait lui aussi rue Saint-Martin à Paris, a réellement été arrêté.

Couplets de la rue Saint-Martin[1]

Je n'aime plus la rue Saint-Martin
Depuis qu'André Platard l'a quittée.
Je n'aime plus la rue Saint-Martin,
Je n'aime rien, pas même le vin.

Je n'aime plus la rue Saint-Martin
Depuis qu'André Platard l'a quittée.
C'est mon ami, c'est mon copain.
Nous partagions la chambre et le pain.
Je n'aime plus la rue Saint-Martin.

C'est mon ami, c'est mon copain.
Il a disparu un matin,
Ils l'ont emmené, on ne sait plus rien.
On ne l'a plus revu dans la rue Saint-Martin.

Pas la peine d'implorer les saints,
Saints Merri, Jacques, Gervais et Martin[2],
Pas même Valérien[3] qui se cache sur la colline.
Le temps passe, on ne sait rien.
André Platard a quitté la rue Saint-Martin.

Robert Desnos, « Couplets de la rue Saint-Martin »,
in *État de veille*, 1943 © Éditions Gallimard

1 Rue du centre de Paris, située non loin du quartier des Halles.

2 Noms d'églises du même quartier.

3 Mont sur lequel plus d'un millier de Français furent fusillés par les Allemands pendant l'Occupation.

À retenir

- On dit que l'écriture a une **valeur d'exutoire** lorsqu'elle permet de soulager une souffrance morale par le fait de l'exprimer.
- Quand l'écriture permet de faire connaître une réalité historique, qu'elle est un témoignage, on dit qu'elle a une **valeur testimoniale**.

Questions sur le texte

L'évocation de la perte

1. Expliquez pourquoi le choix du participe passé « *quittée* » (v. 2 et 6) est un euphémisme.
2. Quels autres participes passés laissent entendre qu'André Platard n'est pas parti de son propre chef ?
3. Cherchez le sens étymologique du mot *copain* puis montrez comment l'auteur joue avec le sens de ce mot.
4. Ce poème évoque un fait passé ; quel effet le choix du présent crée-t-il ?

Une terrible réalité : l'Occupation

5. Quelle réalité de la France de Vichy ce poème dénonce-t-il ?
6. À quel autre genre que la poésie le terme « *couplets* », employé dans le titre, fait-il penser ?
7. **a)** Le ton semble-t-il léger ou grave ? Justifiez votre réponse en observant les phénomènes de répétition. **b)** En quoi cela peut-il sembler surprenant ? **c)** Selon vous, pourquoi le poète fait-il ce choix ?
8. **Sur les deux poèmes** : En quoi est-il important que les auteurs aient assisté aux faits évoqués ?

Décrire la réalité carcérale

Yánnis Rítsos a écrit *Le Mur dans le miroir*, sorte de journal poétique d'un détenu, entre novembre 1967 et janvier 1968, alors qu'il était en prison pour ses prises de position contre la dictature des colonels. À l'instar de « Rassemblement nocturne », la poésie de Rítsos offre un contraste saisissant entre la retenue pudique de l'écriture et la violence de ce qu'elle décrit.

Poète grec, **Yánnis Rítsos** (1909-1990) est marqué par la souffrance dans sa jeunesse : sa mère et son frère meurent, son père est interné dans un asile psychiatrique, et lui-même passe quatre ans dans un sanatorium pour soigner une tuberculose. Adulte, son engagement contre la droite fasciste puis contre la dictature des colonels en Grèce lui vaut de passer de longues années dans des camps de « réhabilitation » et en prison. C'est là qu'il écrit *Le Mur dans le miroir*.

Rassemblement nocturne

On les rassembla tous à demi-nus dans le préau. Nuit
tranquille, sombre et limpide[1]. Les ombres larges. Eux,
debout, reportaient le poids de leur corps d'un pied sur l'autre.
Ils regardaient.
Au milieu : une table de bois nue, et au milieu
de la table : une lampe-tempête et le tampon. Peu après,
la lune pointa derrière les eucalyptus et l'on entendit
la fusillade derrière les barbelés. Le gardien :
« rentrez dans vos chambres », cria-t-il. Il prit la lampe sur la
table :
« allez ». Il saisit le tampon, s'assit par terre,
enleva ses chaussures, ses chaussettes, et se tamponna la plante
des pieds.
Tout à coup la fusillade s'était arrêtée. Les hommes se disper-
sèrent.

6.XII.67

Yánnis Rítsos, « Rassemblement nocturne »,
in *Le Mur dans le miroir*, 1967-1971,
traduction de Dominique Grandmont

1 Clair, transparent.
* **Carcéral :** relatif à la prison.

À retenir

- Le 21 avril 1967, alors que l'autorité du jeune roi Constantin II est fragile, l'armée fait un coup d'État et instaure un régime très autoritaire qu'elle maintient jusqu'à sa chute, en 1974. Cette période est appelée **la dictature des colonels**.
- L'**écriture carcérale*** traite du thème de la **prison**, thème récurrent dans la littérature dite **engagée**. En effet, la prison est un moyen de faire taire les dissidents.
- Ainsi, pendant les années sombres de la dictature des colonels, toute forme de contestation intellectuelle était sévèrement réprimée, et les dissidents comme Yánnis Rítsos étaient emprisonnés, déportés sur des îles, mis en résidence surveillée, parfois torturés.

◂ Affiche pour le film *Z*, réalisé par Costa-Gavras, avec Yves Montand et Jean-Louis Trintignant, 1969, véritable réquisitoire contre la dictature des colonels

Sur notre site, deux vidéos INA : l'une où Costa-Gavras et ses acteurs parlent du film et l'autre où les acteurs évoquent le thème de l'engagement de l'artiste.

Questions sur le texte

▸ Un cadre inquiétant

1. Relevez les deux pronoms personnels de troisième personne présents dans la première phrase et identifiez leurs référents.

2. Qu'indique le complément circonstanciel « *à demi-nus* » (v. 1) sur la manière dont on traite les prisonniers ?

3. **a)** Comment la phrase décrivant la nuit est-elle construite ? **b)** Quel est l'effet produit par l'enjambement du vers 1 sur le vers 2 ?

4. Quelle impression se dégage de cette nuit qualifiée de « *tranquille, sombre et limpide* » (v. 2) ? En quoi y a-t-il contraste entre le cadre de la scène et la situation évoquée ?

▸ Un spectacle tragique

5. Dans quelle position les prisonniers sont-ils placés au vers 3 ? Quel est donc le but de ce « *rassemblement nocturne* » ?

6. Relevez le passage qui montre qu'il s'agit d'une scène tragique.

7. À quel mode verbal le gardien s'adresse-t-il aux prisonniers ? Quel verbe de parole donne une indication sur le ton employé par le gardien ? À quoi cela contribue-t-il ?

▸ Un poème polémique

8. Le lieu et les personnages demeurent anonymes : pourquoi ? Quel effet cela crée-t-il ?

9. Comment interprétez-vous ce que fait le gardien avec le tampon à la fin du poème ?

10. **a)** Expliquez en quoi le titre du poème est un euphémisme. **b)** Proposez un autre titre, plus violent et cohérent avec le sens du poème.

11. Proposez une interprétation du titre du recueil *Le Mur dans le miroir*.

Lecture d'image

12. Le film, adapté d'un roman de Vassílis Vassilikós, s'inspire d'un fait réel : l'assassinat du député grec Grigóris Lambrákis. Cherchez quelles ont été les conséquences de cet assassinat dans l'histoire grecque.

13. Dans le film, ni le pays ni le député ne sont nommés. Que peut signifier ce choix ?

14. La lettre *zêta* (Z) est l'initiale du verbe grec moderne *zi* qui signifie « il est vivant » ou « il vit ». Que pensez-vous du choix de ce titre ?

15. Que représente la photographie sur l'affiche ? Examinez la position de l'homme.

S'indigner contre les horreurs d'une guerre civile

Ce célèbre poème est caractéristique de la veine engagée de l'écriture de Neruda. Alors consul en Espagne, Neruda est le témoin immédiat du coup d'État qui va provoquer la guerre civile entre « nationalistes » et « républicains » et déchirer ainsi le pays jusqu'en 1939, puis permettre l'établissement du régime autoritaire de Franco.

Pablo Neruda (1904-1973), poète chilien, a acquis très jeune une solide notoriété d'écrivain. Ses études de langue et de littérature françaises ainsi que sa réputation d'homme de lettres lui ouvrent très tôt les portes de la diplomatie. Il assiste au putsch* de Franco en 1936 alors qu'il est consul en Espagne : aux côtés de son ami Lorca*, poète qui mourra assassiné, il s'engage fortement en faveur de la République espagnole. L'ensemble de son œuvre lui a valu le prix Nobel de littérature en 1971.

J'explique certaines choses

Vous me demanderez : Et où sont les lilas [...]
Et la pluie qui frappait si souvent
vos paroles en les remplissant
de brèches et d'oiseaux?

Je vais vous raconter tout ce qui m'arrive.

Je vivais dans un quartier
de Madrid, avec des cloches,
avec des horloges, avec des arbres.

De là, on apercevait le visage sec de la Castille[1]
ainsi qu'un océan de cuir.
Ma maison était appelée
la maison des fleurs, parce que de tous côtés
éclataient les géraniums : c'était
une belle maison avec des chiens et des enfants. [...]

Et un matin tout était en feu
et un matin les bûchers
sortaient de terre
dévorant les êtres vivants,
et dès lors ce fut le feu,
la poudre dès lors,
et dès lors ce fut le sang.
Des bandits avec des avions, avec des Maures[2],
des bandits avec des bagues et des duchesses,
des bandits avec des moines noirs pour bénir tombaient du ciel
pour tuer des enfants,
et à travers les rues le sang des enfants courait simplement, comme
du sang d'enfants.

Chacals[3] que le chacal repousserait,
pierres que le dur chardon mordrait en crachant,
vipères que les vipères haïraient!

Face à vous j'ai vu le sang
de l'Espagne se lever
pour vous noyer dans une seule vague

* **Putsch :** soulèvement militaire visant à s'emparer du pouvoir par les armes.
1 * **Lorca** (Federico García Lorca) : grand poète et dramaturge espagnol fusillé pendant la guerre d'Espagne.

1 Région du centre de l'Espagne, proche de Madrid.
2 Ancien nom donné aux habitants d'Afrique du Nord.
3 Canidé proche du chien et du loup se nourrissant de cadavres.

d'orgueil et de couteaux!

Généraux
traîtres : regardez ma maison morte,
regardez l'Espagne brisée :
mais de chaque maison morte surgit un métal ardent
au lieu de fleurs,
mais de chaque creux de l'Espagne
surgit l'Espagne,
mais de chaque enfant mort surgit un fusil avec des yeux,
mais de chaque crime naissent des balles
qui trouveront un jour l'endroit
de votre cœur.

Vous me demanderez : pourquoi votre poésie
ne parle-t-elle pas du rêve, des feuilles,
des grands volcans de votre pays natal

Venez voir
le sang qui coule dans les rues,
venez voir
le sang qui court dans les rues,
venez voir
le sang qui court dans les rues!

Pablo Neruda, « J'explique certaines choses »,
in *Résidence sur la terre*, III, 1972 © Éditions Gallimard

100 % web

Pablo Neruda lit lui-même son poème

Questions sur le texte

La nostalgie du temps du bonheur

1. Vers 1 à 4 : pourquoi peut-on qualifier ce texte de didactique ? Aidez-vous du *À retenir*.

2. Quel est le rôle du dialogue fictif (imaginé par le poète) dans la première strophe ?

3. Quelle vision de la vie d'avant-guerre le poète donne-t-il en décrivant sa maison ? Délimitez les vers qui décrivent cet *avant*.

Le tableau apocalyptique de la guerre

4. Relevez le vers qui évoque le changement irrémédiable des événements et qui fait ainsi office d'élément perturbateur.

5. **a)** Relevez le champ lexical de la destruction qui permet de brosser un tableau apocalyptique de la guerre civile. **b)** Quel est l'effet produit ?

6. **a)** Vers 15 à 27 : quel mot péjoratif, repris en anaphore, désigne les responsables de l'horreur ? **b)** Dans la même strophe, quel autre mot répété permet d'aggraver leurs crimes ?

Pour une poésie engagée

7. **a)** Vers 35 et suivants : par quels moyens syntaxiques le locuteur donne-t-il de l'importance à la vengeance qui se prépare ? **b)** Quelle est la conséquence de cette vengeance ?

8. Quel genre de poésie n'est plus d'actualité ? Relevez les vers précis qui y font allusion et expliquez pourquoi le poète ne veut plus écrire ce type de poèmes.

Lecture d'image 100 % web

Cet exercice porte sur la célèbre photographie de Robert Capa, *La Mort du soldat Federico Borell* (1936).

À retenir

Lorsqu'un texte cherche à **donner une leçon**, à enseigner quelque chose, on parle de **registre didactique** (du grec *didáskein*, « enseigner »). On dit que le **registre** d'un texte est **polémique** lorsqu'il suscite un **débat**, souvent violent (du grec *polemikós*, « enclin à la guerre »).

Dénoncer l'oppression totalitaire et ses conséquences

La poésie d'Anna Akhmatova dénonce la terreur stalinienne : les arrestations arbitraires, les persécutions et les exécutions des opposants au régime, parmi lesquels son premier mari. Sa poésie qui s'imprègne de la ville, de Léningrad notamment, personnifie la douleur de l'immense territoire formé par l'URSS.

Grande poétesse russe, **Anna Akhmatova** (1889-1966) a très tôt subi la censure communiste. Son recueil évoque notamment l'exécution de son premier mari, le poète Nicolaï Goumilev, et la déportation de son fils. Malgré le silence qui lui était imposé par Staline, celle qui fut surnommée la « Reine de la Neva » ne cessa d'être lue, clandestinement.

Introduction

C'était le temps où le seul à sourire
Était le mort, heureux d'être en repos.
Léningrad n'était plus qu'une annexe[1] inutile
Attachée à ses prisons.
Rendus fous par les supplices,
Les condamnés avançaient en rangs
Et les sifflets des locomotives
Chantaient la brève chanson de l'adieu.
Des étoiles de mort brillaient dans notre ciel.
L'innocente Russie se tordait de douleur,
Sous les bottes sanglantes,
Sous les pneus des fourgons noirs.

1

Ils t'ont emmené à l'aurore.
Je t'ai suivi comme on suit un cercueil.
Les enfants pleuraient dans la chambre sombre.
La cire du cierge coulait.
Sur tes lèvres le froid de l'icône.
La sueur de la mort sur le front…
Ne rien oublier !
Comme les femmes des Archers[2]
Je hurlerai sous les murs du Kremlin[3].

1935

Anna Akhmatova, *Requiem*, 1966

1 Élément subordonné à un autre, principal. Ex. : l'annexe d'une mairie. En russe, désigne le morceau de pain que le boulanger ajoutait pour obtenir le bon poids.
2 En 1698, les Archers de la Garde furent massacrés pour s'être révoltés contre le tsar Pierre le Grand.
3 À Moscou, lieu historique du pouvoir des tsars et des dirigeants soviétiques.

Questions sur le texte

Du portrait de Léningrad à celui de la Russie

1. Quelle époque est évoquée vers 1 et 2 ? Pourquoi la poétesse ne la situe-t-elle pas de façon explicite ?
2. Vers 1 à 4 : quel type de société est décrit ici ?
3. Quel est le champ lexical dominant dans la première strophe ? Comment la ville de Léningrad est-elle donc décrite ?
4. Dans la première strophe, relevez les mots qui permettent de personnifier la douleur de la Russie et ceux qui évoquent les causes de cette douleur.
5. Sachant que les « *étoiles* » (v. 9) sont un symbole de la Révolution russe, quel est l'effet produit par le complément du nom qui les qualifie ?

L'évocation pathétique de la perte

6. Quelle différence principale pouvez-vous repérer entre la 1re et la 2e strophe ?
7. Vers 13 et 14 : qui est désigné par les pronoms personnels à la deuxième personne ? Justifiez.
8. Par quelle figure de style est introduite l'idée de la mort du destinataire ?
9. Quels éléments rendent la strophe pathétique ? Appuyez-vous sur le vocabulaire, sur les types de phrases ainsi que sur les temps employés.

Wisława Szymborska, poétesse polonaise (1923-2012), a été membre du parti communiste, avant de s'en éloigner tant dans son œuvre que dans sa vie. Dissidente, évoquant poétiquement les conséquences de l'oppression mise en place par Staline qu'elle comparait irrévérencieusement à un « yéti », elle a reçu le prix Nobel de littérature en 1996.

Les frontières de la Pologne n'ont cessé d'être modifiées tout au long de son histoire, et notamment au XXe siècle : on compte presque vingt remaniements depuis la recréation de l'État polonais en 1919. Chaque modification importante du territoire entraîne inévitablement des déplacements de populations. C'est de ces exodes constants, provoquant la perte de tout repère, que Wisława Szymborska rend notamment compte dans ce poème.

On ne sait quelles gens

On ne sait quelles gens fuyant on ne sait quelles autres
dans on ne sait quel pays sous le soleil
et sous certains nuages.

Ils laissent derrière eux leur on ne sait quel tout,
des champs semés, on ne sait quelles poules, chiens,
et autres miroirs, dans lesquels désormais se regarde le feu.

Ils portent sur leur dos cruches et balluchons,
chaque jour plus pesants car chaque jour plus vides.

Il arrive qu'en silence quelqu'un s'éteigne
que dans le tumulte on arrache le pain d'on ne sait qui
et que d'un autre on secoue l'enfant mort.

Devant eux on ne sait quelle route qui n'est jamais la bonne,
on ne sait quel pont qui n'est jamais celui [qu'il faut,
au-dessus d'une rivière étrangement rose.
Autour d'eux on ne sait quels tirs, une fois [près, une fois loin,
en haut un avion tournoie un peu.

On aurait besoin d'on ne sait quelle invisibilité,
d'un marron-gris de pierre
ou mieux encore, d'une sorte d'inexistence
pour pas bien longtemps, ou alors si.

Il va encore arriver quelque chose, mais alors [où et quoi.
Quelqu'un viendra à leur rencontre, mais [alors quand, qui,
sous quelles formes et avec quelles intentions.
S'il a le choix,
peut-être qu'il ne voudra pas être un ennemi
et qu'il leur laissera sauve on ne sait quelle vie.

Wisława Szymborska, « On ne sait quelles gens », (« Jacyś ludzie »), 1994, traduction de Stanisław Eon du Val

Questions sur le texte

Dire l'exode

1. Identifiez le cadre spatio-temporel de ce poème, ainsi que les personnages principaux.
2. Quelle expression est répétée tout au long du poème ? Quel effet cette répétition provoque-t-elle ?
3. Quelles images de la deuxième strophe contribuent à faire des gens en exode un peuple de dépossédés ?
4. Expliquez pourquoi le vers 8 paraît contradictoire.

Des destinées fragiles

5. Donnez au moins trois exemples du texte qui montrent qu'être sur les routes est une situation dangereuse.
6. Dans les vers 12 à 16, montrez que l'exode apparaît comme une errance sans fin. En quoi cela renforce-t-il le pathétique de la scène ?
7. En étudiant avec précision la dernière strophe, montrez que l'avenir des gens en exode est soumis à l'incertitude.
8. À l'aide de vos réponses précédentes, expliquez de manière précise et approfondie en quoi ce poème dresse le portrait de gens qui n'ont plus rien.

Se souvenir du génocide et de la torture

Nelly Sachs

(1891-1970) a dû quitter en catastrophe son Allemagne natale en 1940, pour fuir la persécution des Juifs par les nazis. Grâce à Selma Lagerlöf, elle se réfugie à Stockholm, en Suède, et ne quittera plus la capitale scandinave. Son œuvre, couronnée par le prix Nobel en 1966, est profondément marquée par la tragédie de la Shoah et la douleur de l'exil.

Dans cet extrait d'un long poème intitulé « Chœur des orphelins », Nelly Sachs, entonnant un chant de plainte, fait résonner la voix des orphelins de la Shoah, et au-delà, celle de tous les enfants qui ont vécu des génocides.

Nous, les orphelins
Portons notre plainte au monde :
Notre branche, on l'a abattue
Et jetée au feu –
Et de nos protecteurs on a fait des bois de chauffage –
Nous les orphelins gisons dans les champs de la solitude.
Nous les orphelins
Et notre plainte au monde :
La nuit nos parents jouent à cache-cache avec nous –
Derrière les plis noirs de la nuit
Leurs visages nous regardent,
Leurs bouches parlent :
Nous fûmes bois mort dans les mains d'un bûcheron –
Mais nos yeux sont devenus des yeux d'ange
Et te regardent,
À travers les plis noirs de la nuit –
Nous les orphelins
Et notre plainte au monde :
Des pierres sont devenues notre jouet,
Des pierres ont des visages, visages de père
[et mère
Elles ne se fanent pas comme les fleurs,
[ne mordent pas comme les animaux
Et elles ne brûlent pas comme du bois quand
[on les jette dans le poêle
Nous les orphelins et notre plainte au monde :
Monde pourquoi as-tu pris nos douces mères
Et nos pères disent : Mon enfant, tu me
[ressembles !
Nous les orphelins, nous ne ressemblons
[plus à personne au monde !
Ô Monde
Nous portons plainte contre toi !

Nelly Sachs, « Chœur des orphelins », *Dans les demeures de la mort*, in *Éclipse d'étoile*, 1943-1947

Questions sur le texte

Un chant de plainte

1. Quelle perte les locuteurs du poème pleurent-ils ?
2. Quels sont les éléments d'écriture qui font penser à un chant ?
3. En quoi le poème joue-t-il sur les mots « *plainte* » et « *complainte* » ?

L'horreur du génocide

4. Des vers 3 à 6, quelle métaphore filée (qui se prolonge sur plusieurs vers) permet de dire la perte ? À qui peut-on identifier « *notre branche* » ?
5. Quelle expression répétée confère la valeur d'un réquisitoire (discours d'accusation) à ce chant des orphelins ?

L'appel à se souvenir

6. À quelle réalité historique renvoie le GN « *le poêle* » au vers 22 ?
7. Observez le type de phrases dans les vers 25 à 28 : quels éléments témoignent de l'émotion éprouvée ?

Destin fulgurant et tragique que celui de la jeune résistante **Marianne Cohn** (1922-1944). Résistante d'origine juive, elle avait pour mission de faire passer des enfants juifs vers la Suisse. Arrêtée à plusieurs reprises par la Gestapo, elle décède dans la nuit du 7 au 8 juillet 1944, torturée jusqu'à la mort pour avoir héroïquement refusé de parler, de « trahir ».

De Marianne Cohn, il ne nous resterait que ce poème qui aurait été composé lors de sa première arrestation en 1943. La jeune résistante met en scène l'horrible réalité de la torture, froidement et sadiquement menée par les agents de la Gestapo.

Je trahirai demain

Je trahirai demain, pas aujourd'hui.
Aujourd'hui, arrachez-moi les ongles,
Je ne trahirai pas.

Vous ne savez pas le bout de mon courage.
Moi je sais.
Vous êtes cinq mains dures avec des bagues.
Vous avez aux pieds des chaussures
Avec des clous.

Je trahirai demain, pas aujourd'hui,
Demain.
Il me faut la nuit pour me résoudre,
Il ne faut pas moins d'une nuit
Pour renier, pour abjurer[1], pour trahir.

Pour renier mes amis,
Pour abjurer le pain et le vin,
Pour trahir la vie,
Pour mourir.

Je trahirai demain, pas aujourd'hui.
La lime est sous le carreau,
La lime n'est pas pour le barreau,
La lime n'est pas pour le bourreau[2],
La lime est pour mon poignet.

Aujourd'hui je n'ai rien à dire,
Je trahirai demain.

Marianne Cohn, « Je trahirai demain pas aujourd'hui », 1943, poèmes choisis par Yves Ménager in *Paroles de déportés*, Éditions de l'Atelier, FNDIRP 2005

1 Abandonner sa foi, sa croyance.
2 Celui qui donne la mort et qui torture.

Questions sur le texte

Un poème tragique

1. **a)** Résumez la situation dans laquelle se trouve la poétesse. **b)** Que signifie exactement le verbe *trahir* dans les trois premières strophes ?

2. **a)** En vous appuyant sur le contexte historique, identifiez le « *vous* » des vers 6 et 7. **b)** De quelle manière ces personnes sont-elles déshumanisées ?

3. Expliquez ce que cette situation a de tragique, en vous appuyant sur des éléments précis du texte.

Un poème héroïque

4. Relisez la première strophe. Quel verbe, en lien avec la biographie de l'auteur, pourrait résumer l'action qu'accomplit Marianne Cohn ?

5. « *Je trahirai demain, pas aujourd'hui.* » **a)** Expliquez ce que cette phrase peut avoir de surprenant, au regard de ce qui est dit dans le poème. **b)** Quel sens prend le mot « trahir » dans la strophe 4 ? **c)** Que comprend-on à la fin du poème ?

6. Ce qui est évoqué dans le poème est atroce. **a)** Montrez que la poétesse cherche à atténuer l'horreur, en citant au moins un passage du texte et en précisant la figure de style utilisée. **b)** Expliquez pourquoi Marianne Cohn n'en apparaît que plus grande.

7. Quels autres éléments du texte font de Marianne Cohn une figure héroïque ?

À retenir

- Un poème qui prend pour thème les atrocités de l'Histoire permet aux générations futures de **ne pas oublier** ce qui s'est passé et peut-être de ne pas répéter les mêmes erreurs. On dit alors que la poésie a une **visée mémorielle**.

Histoire des Arts

La photographie engagée

▶ Comment la photographie peut-elle être un acte d'engagement au service d'une cause ?

1 Guerre du Vietnam
Nick Ut, photographie de Kim Phuc, jeune fille fuyant le village de Trang-Bang, le 8 juin 1972

2 Guerre du Vietnam
David Burnett, 8 juin 1972, photographie de Kim Phuc, quelques instants plus tard

À retenir

▶ Toute photographie est **subjective** : par le cadrage et le moment précis où il prend le cliché, le photographe choisit de montrer certaines choses et pas d'autres.

▶ La photographie engagée a une **valeur émotionnelle** : elle cherche à **susciter une réaction** chez le spectateur.

▶ Elle a également une **valeur documentaire** : celle d'un **témoignage**. Une photographie permet de **faire connaître** une situation de manière plus efficace (mais moins approfondie) que de longs discours, et donc de **sensibiliser** les gens.

▶ Mettre son art au service d'une cause est un **acte d'engagement**.

3 **Guerre de Tchétchénie**

Éric Bouvet, *Août 1996, Grozny assiégée par l'armée russe*

4 **Crise des années 1930**

Dorothea Lange, *Mère migrante*, 1936

Portrait d'une fermière, Florence Owens Thompson, touchée par la misère consécutive à la Grande Dépression.

5 **Grève dans les usines Citroën**

Willy Ronis, *Prise de parole aux usines Citroën-Javel*, 1938 (Musée national d'Art moderne, centre Georges Pompidou, Paris)

Questions

1. **Doc. 1 et 2 :** Comparez ces deux photographies en tenant compte du personnage présent à droite dans le document 1.

2. **Doc. 1 : a)** Décrivez l'expression des visages des enfants en train de courir. Qu'a-t-il pu leur arriver ? **b)** Quel enfant retient le plus votre attention ? Pourquoi ?

3. **Doc. 1 et 2 :** Quelles réactions les photographes cherchent-ils à susciter ? De quel registre littéraire peut-on rapprocher ces images ? Justifiez.

4. **Doc. 1 et 2 :** La photographie de Nick Ut est devenue l'une des plus célèbres de tous les temps, ce qui n'est pas le cas de celle de David Burnett. Expliquez ce qu'elle a de plus, en observant attentivement le cadrage, l'arrière-plan et les personnages.

5. **Doc. 1 :** Nick Ut a pris plusieurs photos en l'espace de quelques secondes. C'est celle-ci qui a retenu l'attention, notamment pour la position des bras de la jeune fille. **a)** À quelle grande figure de martyr sa silhouette peut-elle faire penser ? **b)** De quoi devient-elle alors le symbole ?

6. **Doc. 1 :** Cette photographie est en fait plus connue dans une version recadrée, où le personnage à droite de l'image (David Burnett) n'apparaît plus : pourquoi un tel recadrage augmente-t-il l'impact de la photo ? Faites le test en cachant le bord droit, et trouvez deux raisons.

7. **Doc. 3 :** Trouvez trois éléments de ressemblance entre cette photographie et celle de Nick Ut. Croyez-vous que cette ressemblance soit voulue ? Développez votre réponse.

8. **Doc. 3 : a)** Qu'est-ce que le cadrage a de particulier ? **b)** Pourquoi ce choix ? Proposez deux raisons.

9. **Doc. 3 :** Quels éléments de la photographie créent un décor apocalyptique ?

10. **Doc. 4 : a)** Caractérisez l'expression du visage de la femme. Quelle peut en être la cause ? **b)** Comment interprétez-vous l'attitude des enfants ?

11. **Doc. 5 : a)** Qui est le personnage principal de cette photographie ? À quoi le voit-on ? **b)** Pourquoi Willy Ronis ne s'est-il pas approché ou n'a-t-il pas zoomé avant de prendre la photo ?

12. **Doc. 5 :** « *Je mourrai le cœur à gauche, comme j'ai vécu.* », a dit Willy Ronis. **a)** Que veut dire « *le cœur à gauche* » ? **b)** En quoi le fait de photographier cette réunion syndicale est-il un acte d'engagement ? Expliquez.

13. **a)** En quoi peut-on affirmer que ces cinq photographies sont des témoignages ? **b)** En quoi peut-on dire que, tels les poètes, les photographes sont *engagés* ?

Histoire des Arts

Le vêtement révolutionnaire

Comment le vêtement peut-il devenir un symbole révolutionnaire ?

1 Timbre-poste
Marianne de Beaujard, 2008, allégorie de la République, portant le bonnet phrygien

2 Un sans-culotte
Louis Léopold Boilly, *Le Chanteur Chénard en sans-culotte*, 1792, huile sur toile (musée Carnavalet, Paris)
Première représentation picturale du costume d'un sans-culotte.

100 % web
- Une page de synthèse sur ce thème
- Des liens vers des ressources complémentaires

ina
Sur notre site, trois vidéos INA : une vidéo présentant le symbole du bonnet phrygien ; un portrait de Che Guevara ; un discours de Mao Tse-Toung.

3 **Mao Tse-Toung**

Mao Tse-Toung portant un « col mao », photographié en 1927 lors de la première conférence nationale du parti communiste de Chine

4 **Portrait du « Che »**

Alberto Korda, portrait de Che Guevara, 1960

Questions

1. **Doc. 1 : a)** Pourquoi avoir choisi Marianne pour figurer sur les timbres-poste français ? **b)** Savez-vous sur quel autre objet courant on a pu trouver Marianne ?
2. **Doc. 1 : a)** De quoi Marianne est-elle coiffée ? **b)** Laquelle des trois valeurs de la devise « Liberté, égalité, fraternité » cet accessoire représente-t-il ? Pourquoi ?
3. **Doc. 2 : a)** Analysez la composition du mot « sans-culotte ». **b)** Quel type de personnes cette expression désignait-elle à un moment précis de l'histoire de France ? **c)** Qui pouvait donc porter la « culotte » ?
4. **Doc. 2 :** Détaillez la tenue caractéristique du « sans-culotte » représenté dans le tableau.
5. **Doc. 3 : a)** De quel personnage historique provient l'appellation « col mao » ? **b)** Quelles sont les caractéristiques de ce type de col ?
6. **Doc. 3 :** Le type de col porté n'est pas anodin : il connote depuis longtemps l'appartenance sociale. Les expressions métonymiques *cols blancs* et *cols bleus* désignent donc des catégories sociales distinctes : laquelle de ces expressions désigne les ouvriers ? laquelle les employés de bureau ? Justifiez le choix des couleurs pour désigner chaque catégorie.
7. **Doc. 4 :** Pendant la Seconde Guerre mondiale, de quoi le port du béret était-il symbolique ?
8. **Doc. 4 :** Depuis le « Che », que symbolise le béret ?

À retenir

- Le vêtement révolutionnaire peut être :
  – symbolique d'un concept **(doc. 1)** et prendre une **valeur allégorique** ;
  – la **marque de reconnaissance** d'un groupe social tel que les travailleurs **(doc. 2)** et incarner ainsi la révolution en marche ;
  – **lié à une personnalité historique** au point d'en prendre le nom, tel le col mao **(doc. 3)** ou d'être indissociable de celui qui le portait tel le béret du « Che » **(doc. 4)**.

Synthèse

La poésie engagée : caractéristiques, enjeux et visées

Caractéristiques de la poésie engagée

Lorsque la poésie devient engagée, le lecteur sait qu'elle est très probablement liée à un **moment historique grave** : une guerre, une occupation, un régime autoritaire ou dictatorial, des génocides, etc. La poésie engagée, en ce qu'elle est fortement liée à **l'Histoire,** est tout d'abord **une poésie de circonstance**. Aussi s'agit-il pour le poète d'adopter **une posture de combattant**, et bien souvent, cet engagement par les mots se double d'un engagement dans la vie réelle. Nombre de ces poètes engagés ont été **des dissidents :** ils ont souvent eu des différends avec le pouvoir en place (Rítsos et ses séjours en prison, Anna Akhmatova interdite de publication) et ont même parfois subi **une fin tragique** (Robert Desnos mort dans les camps, Marianne Cohn morte torturée pour avoir refusé de livrer des enfants juifs à la Gestapo). Sans nécessairement être des combattants, ces poètes peuvent être des **porte-paroles de la mémoire** de leur peuple telles Nelly Sachs ou Wisława Szymborska. C'est, dans son essence, une poésie **des heures tragiques**.

Enjeux et visées de la poésie engagée

La poésie engagée a pour visée première de **dénoncer** des injustices sociales et politiques. La Seconde Guerre mondiale a été un moment de l'Histoire particulièrement sombre : il n'y a pas assez de mots pour dire l'horreur, celle de la torture, celle des persécutions, celle des génocides. La poésie peut avoir pour visée **la sublimation**, par l'éloge de sacrifiés héroïques notamment **(René Guy Cadou)** mais aussi un enjeu d'**exutoire** : énoncer la perte de l'ami, des parents, permet de libérer la douleur éprouvée et de lutter contre la mélancolie **(Desnos, Akhmatova, Sachs)**. De plus, il s'agit pour le poète de rendre sensible une injustice aux yeux du lecteur : la poésie a alors une **visée didactique**, qui vise à enseigner, et **polémique**, qui vise à faire réagir **(Neruda)**. En mettant en scène l'injustice émanant de certains régimes autoritaires ou dictatoriaux, la poésie d'Anna Akhmatova ou de Wisława Szymborska qui dénonce l'oppression stalinienne et ses conséquences (exécutions, exode de populations) acquiert également une **valeur testimoniale**. Enfin, la dénonciation implique un travail de mémoire et la poésie a alors une **visée mémorielle** **(Textes et Images 5)**. Si les poètes expriment leur désespoir, c'est aussi pour que les générations futures n'oublient pas les horreurs perpétrées et ne reproduisent pas les mêmes erreurs.

Les limites de l'engagement en littérature

La question d'une littérature dite « engagée » pose le problème de l'utilité de l'art : voulant défendre une idée, servir une opinion, une thèse, dénoncer une réalité, le poète ne risque-t-il pas de subordonner son art, de l'instrumentaliser ? La poésie engagée peut alors frôler **la propagande**, et les mots devenir de vulgaires instruments au service d'une **idéologie.** C'est ce qu'on a pu reprocher notamment à certains poètes dits de la Résistance. Cependant, si le sujet du poème peut être lié aux circonstances, le poète peut dépasser ce contexte et produire une œuvre d'art de portée universelle.

1 **Le suffixe *-cide* : emprunté au latin, le suffixe *-cide* signifie *qui tue*.**

a) Trouvez la définition correspondant à chacun des mots proposés dans la liste suivante :

Génocide – tyrannicide – parricide – matricide – suicide – régicide – homicide – fratricide – insecticide – pesticide.

Définitions

1) Qui sert à tuer des insectes.
2) Fait de tuer sa mère.
3) Qui sert à tuer les parasites.
4) Fait de tuer un tyran.
5) Fait de se donner la mort.
6) Fait de tuer un autre individu.
7) Fait de tuer son frère.
8) Fait de programmer l'extermination d'un peuple.
9) Fait de tuer son père, sa mère ou tout autre ascendant légitime.
10) Qui tue un roi.

b) Déduisez-en le sens étymologique de chacun des premiers éléments des mots.

2 **a) Dans le texte suivant présentant le tableau de Georg Grosz, remplacez les périphrases en gras par le mot qu'elles définissent.**

Le tableau de Georg Grosz est une mise en scène **dénuée d'espoir** de la nature humaine. Les décisions des **grands de ce monde** semblent conduire les hommes vers la mort. **Le goût pour l'argent** ne semble pas étranger à cette volonté de nuire comme semble l'indiquer le dollar en haut à gauche. En outre, l'assemblée composée de corps **sans tête** apporte une touche grotesque à cette réunion de politiciens et de financiers.

Georg Grosz, *Les Piliers de la société*, 1926, huile sur toile, 200 x 108 cm (Nationalgalerie, Berlin, Allemagne)

b) Trouvez les antonymes des mots suivants.

Misanthrope – barbare – pessimiste – belliqueux.

3 **Les préfixes négatifs : a) Complétez les phrases à trous en choisissant les mots qui conviennent dans la liste suivante :**

Déportation – apatride – dépossession – immortalité – illégalité.

1. Contrainte à l'exil par le régime nazi, Nelly Sachs, qui a vécu le reste de sa vie en Suède sans jamais retourner vivre dans son Allemagne natale, est une ... .
2. Malgré l'interdiction de publication faite à Anna Akhmatova, ses recueils circulaient sous le manteau et et de nombreux lecteurs les lisaient en toute ... .
3. Comme les « On ne sait quelles gens » que Wisława Szymborska évoque dans son poème, les gens forcés à l'exode perdent tout : cette ... cruelle de leurs biens s'ajoute à leurs terribles souffrances.
4. Pendant la Seconde Guerre mondiale, certains poètes engagés comme Robert Desnos ont subi une mort tragique due à la ... dans des camps.
5. Si la vie de Marianne Cohn fut trop courte, ses actions héroïques ainsi que son poème « Je trahirai demain » lui permettent d'accéder à une autre forme d' ... .

b) À partir de la liste de mots proposée, isolez le préfixe de chaque mot puis trouvez l'exemple d'un mot d'une famille différente construit avec le même préfixe.

4 **La racine latine *frater*, *fratris* (frère).**

En latin, langue où les mots changent de forme selon leur cas, il est fréquent qu'un même mot subisse une modification de son radical. C'est le cas du mot latin signifiant « frère » qui, en fonction sujet (cas du nominatif), est *frater* mais en fonction complément du nom (cas du génitif) est *fratris*. Ce changement explique les deux radicaux présents en français.

a) Trouvez les mots français issus de *frater*, *fratris* en latin.

1. À partir du nominatif *frater*.
2. À partir du génitif *fratris*.

b) Les expressions figées suivantes ont toutes le mot *frère* pour noyau : donnez-en une définition.

Frères de lait – frères d'armes – frères de sang – faux-frère.

Expression écrite

Exercices

1 Vous avez assisté au comportement exemplaire et héroïque d'une ou plusieurs personnes : vous souhaitez leur rendre hommage. Pour cela, vous composerez un poème d'éloge, comme l'a fait René Guy Cadou.

– Votre poème devra rimer.
– Il s'ouvrira par la formule « À toi qui… » ou « À vous qui… » reprise en anaphore.
– Vous aurez recours au champ lexical du *sacrifice*.

2 Poète engagé, vous avez été arrêté en pleine nuit à cause de vos écrits contre le pouvoir tyrannique. Or, lors de cette arrestation, a lieu un épisode inhumain dont vous êtes le témoin.

Dans une strophe en prose mais néanmoins poétique, vous raconterez cette scène.
Vous pouvez relire auparavant le texte de Rítsos.
– Le lieu décrit ne doit pas nécessairement être un « camp » ou une prison : faites preuve d'imagination !
– Vous emploierez le champ lexical de la *peur*.
– Vous utiliserez au moins deux comparaisons et deux métaphores.
– Vous emploierez des compléments circonstanciels de lieu.

3 Comme Pablo Neruda, vous vivez dans un pays en pleine guerre civile, vous ne supportez pas les atrocités commises à l'encontre de votre peuple et vous souhaitez dénoncer les horreurs perpétrées afin de pousser vos concitoyens à réagir.

Vous allez donc écrire une lettre ouverte qui sera publiée dans un journal de résistance.
– Dans un premier paragraphe, qui commencera par la formule « J'ai vu », vous décrirez une scène horrible de la guerre civile. Vous emploierez le champ lexical de la *souffrance*.
– Dans un deuxième paragraphe, vous rédigerez un réquisitoire qui s'en prendra aux responsables des horreurs commises. Vous emploierez le champ lexical de la *justice*.

4 En vous inspirant du texte de Nelly Sachs, vous composerez un poème sous forme de chant qui rendra hommage à un peuple victime de génocide ou à une catégorie de la population stigmatisée.

– Vous emploierez un refrain de deux vers.
– Comme Nelly Sachs, vous vous inclurez dans l'énonciation et emploierez le « nous ».

5 En vous inspirant de la structure du poème de Marianne Cohn, vous composerez un poème de trois quatrains évoquant une lutte.

– Vous structurerez votre poème par une anaphore, sur le modèle de « *Je ne trahirai pas* », mais vous remplacerez le verbe *trahir* par un autre.
– Vous emploierez le champ lexical du *combat*.
– Vous utiliserez le « je » et le « vous » en antithèse.
– Vous aurez recours à plusieurs hyperboles.

6 De l'image aux mots : à partir du tableau de Pablo Picasso, *Massacre en Corée*, vous composerez une strophe de huit vers minimum dans laquelle vous donnerez la parole à l'une des femmes menacées qui essaiera de convaincre les hommes armés de ne pas tirer.

– Vous emploierez la première personne.
– Votre strophe pourra commencer par les mots : « *Je vous implore de ne pas tirer* ».
– Le registre de votre poème devra être pathétique (émouvant).
– Vous emploierez plusieurs phrases interrogatives et exclamatives.
Vous pouvez vous aider de la leçon de grammaire n° 14.

Pablo Picasso, *Massacre en Corée*, 1951, huile sur contreplaqué, 110 x 210 cm (Musée national Picasso, Paris) Tableau cubiste de Pablo Picasso représentant une scène de massacre perpétrée lors de la guerre de Corée.

Exercices

Expression orale

1 Débattre.

Vous vous interrogerez sur le rôle du poète et de l'artiste dans la vie publique : doit-il s'engager dans les luttes du monde ou doit-il seulement créer de la beauté ?

Ce sera l'occasion de mener un débat contradictoire.
– Vous prendrez position pour l'une ou l'autre de ces fonctions de l'art.
– En divisant la classe en deux, vous chercherez des arguments défendant votre thèse (minimum de quatre arguments).
– Afin d'illustrer vos arguments, vous puiserez des exemples dans les différents textes ou dans les différents tableaux étudiés dans le chapitre.
– Vous débattrez ensuite en énumérant, chacun votre tour, vos arguments et vos exemples. Chacun des deux camps aura au moins deux porte-paroles.
– Le professeur sera le modérateur de la parole.

2 Mettre en scène.

Par groupes de trois minimum, vous mettrez en scène le poème de Robert Desnos. Votre mise en scène pourra représenter l'arrestation d'André Platard ou bien traduire symboliquement l'amitié évoquée entre les deux personnages. À vous de jouer !
– Vous choisirez un (ou des) récitant(s).
– Les autres devront jouer ou mimer la scène évoquée.
– Vous aurez le droit d'utiliser des accessoires.
– Pensez à créer une scène imaginaire !

3 Réciter.

Par binômes, vous apprendrez par cœur le poème d'Anna Akhmatova.
– Vous présenterez ensuite une récitation expressive du poème en alternant votre récitation.
– Vous choisirez le ton approprié au poème.
– Vous n'hésiterez pas à laisser des silences évocateurs dans votre récitation.

4 Présenter un tableau.

Vous devrez présenter à votre classe une analyse de ce tableau d'Otto Dix.

Au préalable, vous préparerez votre intervention à l'écrit et effectuerez des recherches sur Otto Dix ainsi que sur la danse macabre au Moyen Âge.
– Vous commencerez par présenter brièvement le peintre.
– Vous vous intéresserez ensuite au sujet représenté, à la mise en lumière, aux couleurs choisies.
– Vous pouvez aussi introduire des comparaisons avec d'autres œuvres afin d'enrichir votre présentation.
– Vous pouvez également préparer des questions afin de rendre votre auditoire actif et de l'impliquer ainsi dans votre exposé.

Otto Dix, *Danse des morts*, 1924, gravure, 29,3 x 24,2 cm (historial de la Grande Guerre, Péronne)
Représentation des corps des victimes de la Première Guerre mondiale et de leurs mutilations.

À lire et à voir

Des récits et des témoignages d'auteurs engagés

- **André Postel-Vinay, *Un fou s'évade, Souvenirs de 1941-1942*, 1997.** L'auteur, ancien Résistant, évoque son emprisonnement par la Gestapo.
- **Geneviève de Gaulle-Anthonioz, *La Traversée de la nuit*, 1998.** Le témoignage d'une femme engagée dans la Résistance et déportée dans un « camp de la mort ».
- **Chahdortt Djavann, *Je viens d'ailleurs*, 2002** (scènes difficiles). La révolte d'une femme iranienne.

100 % web **Retrouvez des propositions de films en temps de guerre.**

Paul Éluard, « Courage »

Paul Éluard (1895-1952) est l'un des poètes les plus emblématiques de la poésie de la Résistance lors de la Seconde Guerre mondiale. Contraint à la clandestinité, il a composé l'un des poèmes les plus célèbres de l'époque, « Liberté ». Dans « Courage », il rend compte du « rude hiver » sous l'Occupation de 1940-1941.

Courage

Paris a froid Paris a faim
Paris ne mange plus de marrons dans la rue
Paris a mis de vieux vêtements de vieilles
Paris dort tout debout sans air dans le métro
Plus de malheur encore est imposé aux pauvres
Et la sagesse et la folie
De Paris malheureux
C'est l'air pur c'est le feu
C'est la beauté c'est la bonté
De ses travailleurs affamés
Ne crie pas au secours Paris
Tu es vivant d'une vie sans égale
Et derrière la nudité
De ta pâleur de ta maigreur
Tout ce qui est humain se révèle en tes yeux
Paris ma belle ville
Fine comme une aiguille forte comme une épée
Ingénue et savante
Tu ne supportes pas l'injustice
Pour toi c'est le seul désordre
Tu vas te libérer Paris
Paris tremblant comme une étoile
Notre espoir survivant
Tu vas te libérer de la fatigue et de la boue
Frères ayons du courage
Nous qui ne sommes pas casqués
Ni bottés ni gantés ni bien élevés
Un rayon s'allume en nos veines
Notre lumière nous revient
Les meilleurs d'entre nous sont morts pour nous
Et voici que leur sang retrouve notre cœur
Et c'est de nouveau le matin un matin de Paris
La pointe de la délivrance
L'espace du printemps naissant
La force Idiote a le dessous
Ces esclaves nos ennemis
S'ils ont compris
S'ils sont capables de comprendre
Vont se lever.

PAUL ÉLUARD, « Courage », in *Au rendez-vous allemand*,
1944 © Les Éditions de Minuit

Première partie : Questions, réécriture, dictée (25 points)

Questions (15 points)

C1 ▸ – Tous les items du domaine « Lire ».
– Les items 2 et 3 du domaine « Écrire ».
C5 ▸ Les items 1 et 3 du domaine « Faire preuve de sensibilité, d'esprit critique, de curiosité ».

▸ Une ville en souffrance

1. Dans les quatre premiers vers du poème, quelle figure de style met en valeur le sujet ? Nommez-la et justifiez votre réponse. **(1 point)**

2. Montrez par des exemples précis et en nommant les procédés utilisés que le poète a fait un travail particulier sur les sonorités dans ces quatre premiers vers. **(2 points)**

3. **a.** De quelle manière Paris est-elle représentée dans les vers 1 à 10 ? Justifiez en citant le texte. **b.** Quelle figure de style pouvez-vous identifier ? Expliquez. **(2 points)**

▸ L'éloge de la ville

4. Quel changement important pouvez-vous observer à partir du vers 11 ? En quoi cela confirme-t-il ce que vous avez noté dans votre réponse à la question 3 ? **(1,5 point)**

5. **a.** Réécrivez le vers 17 de manière à mettre en évidence le rapport logique sous-entendu entre les deux comparaisons. **b.** Nommez le rapport logique. **c.** Identifiez la nature grammaticale de l'outil que vous avez utilisé. **(1,5 point)**

6. Décomposez le mot « *injustice* » (v. 19) et expliquez sa formation. **(1 point)**

7. Montrez par des exemples précis tirés des vers 11 à 24 que le poète fait l'éloge de la ville. **(1 point)**

▸ L'incitation à la révolte

8. Quel changement d'énonciation remarquez-vous au vers 25 ? À qui Paul Éluard s'adresse-t-il dans la dernière partie de ce poème ? **(1 point)**

9. En vous aidant du paratexte, identifiez les personnes évoquées par les participes passés des vers 26 et 27. **(0,5 point)**

10. Analysez le verbe « *ayons* » (v. 25) en donnant son infinitif et en identifiant son mode, son temps, sa personne, puis justifiez son emploi. **(1 point)**

11. Identifiez et relevez le champ lexical dominant dans les vers 29 à 32. Qu'est-ce que cela traduit de l'état d'esprit du poète quant à l'avenir ? **(1 point)**

12. Sur quelles saisons s'ouvre et se clôt le poème ? Mettez cela en relation avec le sens du texte. **(1,5 point)**

Réécriture (4 points)

C1 ▸ – Les items 1, 3 et 5 du domaine « Lire ».
– Les items 1, 3 et 4 du domaine « Écrire ».

1. Réécrivez les quatre premiers vers en remplaçant « *Paris* » par « *Ils* » et en conjuguant les verbes au passé simple. Faites toutes les modifications nécessaires. **(2,5 points)**

2. Réécrivez les vers 16 à 19, de « *ma belle ville* » à « *injustice* », en remplaçant « *ma belle ville* » par « *mes belles villes* » et en faisant toutes les modifications nécessaires. **(1,5 point)**

Dictée (6 points)

C1 ▸ – L'item 2 du domaine « Écrire ».

Les dictées des brevets blancs sont regroupées en fin de manuel, p. 368 à 370.

Seconde partie : Expression écrite (15 points)

C1 ▸ – L'item 5 du domaine « Lire ».
– Les items 2, 3 et 4 du domaine « Écrire ».
C5 ▸ L'item 2 du domaine « Lire et pratiquer différents langages ».

Vous traiterez <u>**au choix**</u> l'un des deux sujets suivants.
Votre texte aura une longueur de deux pages minimum.

▸ Sujet 1

À la manière d'Eluard, vous composerez un poème en vers libres qui incite les lecteurs à se mobiliser pour une cause : défendre son pays contre l'occupant, venir en aide aux plus pauvres, lutter contre une forme de discrimination, etc.
Votre poème ne devra pas forcément rimer, mais vous porterez une attention particulière aux sonorités, aux rythmes des phrases, aux champs lexicaux utilisés, au choix des figures de style.
Variez les types et formes de phrases.

▸ Sujet 2

Selon vous, quel est le moyen le plus efficace pour interpeler les gens et les faire réagir : l'art (littérature, cinéma, musique, etc.) ou les médias (télévision, presse écrite, radio, Internet) ?
Vous répondrez de manière construite et organisée, en justifiant votre point de vue à l'aide de trois arguments illustrés par des exemples.

Retrouvez un second brevet blanc sur *La Chanson de Craonne* en vous connectant sur *www.lelivrescolaire.fr*.

Socle commun

Compétences plus précisément travaillées dans ce chapitre

	Items du livret des compétences	Mise en application des items
	Lire	
C1	Adapter son mode de lecture à la nature du texte proposé et à l'objectif poursuivi.	Lire des poèmes engagés.
	Utiliser ses capacités de raisonnement, ses connaissances sur la langue, savoir faire appel à des outils appropriés pour lire.	Comprendre le sens de mots complexes grâce à l'étymologie *(Lexique)*.
	Manifester par des moyens divers sa compréhension de textes variés.	Mettre en scène un poème *(Expression orale, ex. 2)*. Écrire « à la manière de » *(Expression écrite, ex. 5 et 6)*.
	Écrire	
	Rédiger un texte bref, cohérent et ponctué, en réponse à une question ou à partir de consignes données.	Écrire des poèmes et une lettre ouverte en respectant des contraintes précises de forme *(Expression écrite)*.
	Dire	
	Participer à un débat, à un échange verbal.	Sur l'art et l'engagement *(Expression orale, ex. 1)*.
C5	**Avoir des connaissances et des repères**	
	Relevant de la culture littéraire.	Découvrir de grands écrivains étrangers *(Textes et Images)*.
	Relevant de la culture artistique.	Découvrir et analyser des photographies célèbres *(Histoire des arts 1)*.
	Situer dans le temps, l'espace, les civilisations	
	Identifier la diversité des civilisations, des langues, des sociétés, des religions.	En Europe au XXe siècle *(Textes et Images)*.
	Établir des liens entre les œuvres pour mieux les comprendre.	Mettre en lien *Guernica* et *La Buerlinica (Ouverture)*. Comparer des photographies engagées *(Histoire des arts 1)*.
	Lire et pratiquer différents langages	
	Connaître et pratiquer diverses formes d'expression à visée littéraire.	Écrire un hommage, un poème, une lettre ouverte *(Expression écrite)*.
	Faire preuve de sensibilité, d'esprit critique, de curiosité	
	Être capable de porter un regard critique sur un document, une œuvre.	Comprendre que toute photographie est subjective ; comprendre l'importance du cadrage en photographie *(Histoire des arts 1)*.
C6	**Avoir un comportement responsable**	
	Respecter les règles de la vie collective.	Mettre en scène puis jouer par groupes, réciter à deux, prendre part à un débat *(Expression orale)*.
C7	**Être capable de mobiliser ses ressources intellectuelles dans diverses situations**	
	Être autonome dans son savoir ; rechercher et sélectionner des informations utiles.	Effectuer des recherches pour présenter un tableau *(Expression orale, ex. 4)*.
	Faire preuve d'initiative	
	S'intégrer dans un projet collectif.	Mettre en scène à plusieurs *(Expression orale, ex. 1)*.

Compétence 4 et B2i

Les items travaillés sont précisés dans chaque activité.

100 % web

Armée du crime ou résistants héroïques ? (1/2)
En partant d'un matériau brut qui souligne les procédés rhétoriques de l'*Affiche rouge*, identifier, nommer et analyser sa construction, puis mettre en parallèle avec le texte d'Aragon « Strophes pour se souvenir ».

Armée du crime ou résistants héroïques ? (2/2)
Analyser la bande annonce du film et justifier par des « citations ».

L'émotion du souvenir
Mettre en voix, seul ou à plusieurs, le poème d'Aragon « Strophes pour se souvenir » puis comparer avec l'interprétation de Léo Ferré.

Exercices

Liaison 3e-2nde

1 a) Relevez les éléments qui attestent de la subjectivité du poète. b) En quoi peut-on dire que le poète a été confronté à un dilemme extrêmement douloureux ?

Horrible journée ! J'ai assisté, distant de quelque cent mètres, à l'exécution de B. Je n'avais qu'à presser la détente du fusil-mitrailleur et il pouvait être sauvé ! Nous étions sur les hauteurs dominant Céreste, des armes à faire craquer les buissons et au moins égaux en nombre aux SS. Eux ignorant que nous étions là. Aux yeux qui imploraient partout autour de moi le signal d'ouvrir le feu, j'ai répondu non de la tête… Le soleil de juin glissait un froid polaire dans mes os. Il est tombé comme s'il ne distinguait pas ses bourreaux et si léger, il m'a semblé, que le moindre souffle de vent eût dû le soulever de terre. Je n'ai pas donné de signal parce que ce village devait être épargné à tout prix. Qu'est-ce qu'un village ? Un village pareil à un autre ? Peut-être l'a-t-il su, lui, à cet ultime instant ?

René Char, *Feuillets d'Hypnos*, 1946, fragment 138

2 Vous commenterez l'affirmation suivante en vous appuyant concrètement sur les poèmes du chapitre.

« *C'est vers l'action que les poètes à la vue immense sont, un jour ou l'autre, entraînés.* » (Robert Desnos, revue *L'Honneur des poètes*).

Pour traiter ce sujet, vous devez réfléchir aux problèmes qu'il soulève. Ici, il faut voir le caractère paradoxal (c'est-à-dire inattendu) de l'association entre poésie et action ; on pense en général qu'elles s'opposent.

Vous organiserez votre réflexion en trois paragraphes.

– **Les poètes à la vue immense :** le poète est souvent considéré comme un être à part, qui voit le monde avec des yeux d'artiste, ou d'intellectuel, de penseur ;

– **Poésie et action :** il y a pourtant des situations où la beauté des mots, la justesse des descriptions ne suffisent pas : le poète s'engage dans les faits (Desnos était résistant, a été déporté) et dans ses écrits ;

– **En réalité, les poètes n'ont pas à choisir entre poésie et action :** ils y sont « entraînés », comme le dit Desnos. C'est en tant que poètes qu'ils s'engagent, et sans leur activité poétique, qui les amène à regarder le monde, ils ne se seraient peut-être jamais engagés.

100 % web

› Un exercice sur les *Feuillets d'Hypnos*, de René Char

Propositions de lecture pour la Seconde

Des recueils de poètes engagés

- **Victor Hugo, *Les Châtiments*, 1853.** La poésie comme arme politique : Hugo attaque Napoléon III « le Petit » et son régime.
- **Rainer Maria Rilke, *Lettres à un jeune poète*, 1929.** La correspondance entre un « maître » poète expérimenté et un « apprenti poète » : tous les conseils nécessaires pour devenir un jeune poète !
- **Aimé Césaire, *Cahier d'un retour au pays natal*, 1939** (écriture parfois difficile). Long et beau texte en vers libres dénonçant le racisme et le colonialisme.
- **Pierre Emmanuel, *Combats avec tes défenseurs*, 1942.** Réfugié dans la Drôme, avec d'autres résistants, l'auteur manifeste son engagement à travers l'écriture.
- **Jean Cassou, *Trente-Trois Sonnets composés au secret*, 1944.** Résistant emprisonné en 1941, Jean Cassou « rédige » sans papier ni crayon, uniquement grâce à sa mémoire et à la forme fixe du sonnet, 33 poèmes témoignant de son engagement.
- **Jacques Prévert, *Paroles*, 1945.** L'engagement de l'auteur, son regard sur la société et la vie quotidienne… Des poèmes simples, touchants, drôles à lire et à relire !
- **René Char, *Feuillets d'Hypnos*, 1946.** Recueil de notes prises sur le vif de la guerre, entre 1943 et 1944 : une voix de la Résistance qui se fait entendre.
- **Léopold Sédar Senghor, *Hosties noires*, 1948.** Poèmes célébrant la mémoire des soldats africains engagés pendant la Seconde Guerre mondiale et dénonçant le racisme.

6 Le monde moderne en poésie

Découvrir les innovations de la poésie du XXe siècle
S'interroger sur la spécificité du langage poétique

C'est de l'art, ça ?

Arman, *Long Term Parking*, 1982, soixante voitures coulées dans du béton (Fondation Cartier pour l'art contemporain, Jouy-en-Josas)

Lecture d'image

1. Sachant que *term*, en anglais, peut signifier « durée », traduisez le titre de l'œuvre. En quoi est-il humoristique ?
2. Observez la technique mentionnée en légende. À votre avis, quelles peuvent être les dimensions de l'œuvre ? Quel effet doit-elle produire ?
3. À quoi servent les voitures habituellement ? En quoi le fait d'immobiliser celles-ci dans du béton nous incite-t-il à les voir différemment ?
4. Cette œuvre est située dans un grand parc boisé. En quoi cela peut-il paraître provocant, voire scandaleux ?
5. Selon vous, peut-on identifier cet objet comme étant une œuvre d'art ? Votre réponse, approfondie et nuancée, comportera au moins trois arguments.
6. Quelle pourrait être la signification de cette œuvre ?

Textes et Images 1

Train et transports poétiques

Poète et romancier d'origine suisse, Frédéric Sauser (1887-1961) se donne le pseudonyme de **Blaise Cendrars** – braises, cendres et art – lorsqu'il écrit sa première grande œuvre, en une nuit, à New York. Voyageur inlassable (dès ses dix-sept ans, il prend le Transsibérien), tour à tour jongleur, apiculteur, ou encore chercheur d'or, homme d'action ayant perdu le bras droit au cours de la Première Guerre mondiale, passionné d'art africain et de cinéma, il laisse une œuvre qui célèbre l'aventure et la modernité en mêlant réalité et imaginaire.

À retenir

- L'**Esprit nouveau** est un courant poétique du **début du XXe siècle**, représenté notamment par **Guillaume Apollinaire** et **Blaise Cendrars.** Il vise à un renouvellement de la poésie, par l'emploi d'un grand nombre de formes, en particulier le **vers libre** et le **calligramme** *(voir p. 144)*, par l'abandon de la **ponctuation** et par l'évocation des inventions de la **technique** moderne.

Dans ce long poème très novateur, Blaise Cendrars s'inspire de son voyage en Transsibérien pour inviter le lecteur au voyage.

Prose du Transsibérien et de la petite Jehanne de France (extraits)

Dédiée aux Musiciens

En ce temps-là j'étais en mon adolescence
J'avais à peine seize ans et je ne me souvenais déjà plus de mon
[enfance
J'étais à 16 000 lieues du lieu de ma naissance
J'étais à Moscou, dans la ville des mille et trois clochers et des sept
[gares
Et je n'avais pas assez des sept gares et des mille et trois tours
Car mon adolescence était si ardente et si folle
Que mon cœur, tour à tour, brûlait comme le temple
d'Éphèse[1] ou comme la Place Rouge de Moscou
Quand le soleil se couche. [...]

Or, un vendredi matin, ce fut enfin mon tour
On était en décembre
Et je partis moi aussi pour accompagner le voyageur en bijouterie
[qui se rendait à Kharbine[2]
Nous avions deux coupés[3] dans l'express et 34 coffres de joaillerie
[de Pforzheim[4]
De la camelote allemande « Made in Germany »
Il m'avait habillé de neuf, et en montant dans le train j'avais perdu
[un bouton
– Je m'en souviens, je m'en souviens, j'y ai souvent pensé depuis –
Je couchais sur les coffres et j'étais tout heureux de pouvoir jouer
avec le browning[5] nickelé qu'il m'avait aussi donné
J'étais très heureux insouciant
Je croyais jouer aux brigands
Nous avions volé le trésor de Golconde[6]
Et nous allions, grâce au transsibérien, le cacher de l'autre côté
[du monde
Je devais le défendre contre les voleurs de l'Oural[7] qui avaient attaqué
[les saltimbanques de Jules Verne[8]
Contre les khoungouzes[9], les boxers[10] de la Chine
Et les enragés petits mongols du Grand-Lama[11]
Alibaba et les quarante voleurs[12]
Et les fidèles du terrible Vieux de la montagne[13]
Et surtout, contre les plus modernes
Les rats d'hôtel

1 Temple célèbre de l'Antiquité grecque, dans l'actuelle Turquie, pillé et incendié plusieurs fois au cours de son histoire.

2 Ou Harbin : ville chinoise.

3 Voitures, wagons.

4 Ville allemande spécialisée dans la bijouterie.

5 Revolver américain.

6 Trésor légendaire d'Inde.

7 Chaîne de montagnes située en Russie.

8 Référence à un épisode du roman de Jules Verne intitulé *César Cascabel* (1890).

9 Peuple de Mongolie.

10 Membres d'une société secrète ayant fomenté une révolte contre les étrangers présents en Chine, à la fin du XIXe siècle.

11 Dalaï Lama, chef suprême de la religion bouddhiste.

12 Personnages d'un conte arabe des *Mille et une nuits*.

13 Chef de la secte chiite des Assassins, guerriers réputés consommer du haschich et occupant au XIe siècle le nord de l'Iran actuel.

14 Inflammation de la moelle épinière supposément causée par les longs voyages ou les accidents en train.

Et les spécialistes des express internationaux.
Et pourtant, et pourtant
J'étais triste comme un enfant.
Les rythmes du train
La moëlle chemin-de-fer[14] des psychiatres américains
Le bruit des portes des voix des essieux grinçant sur les rails congelés
[...]
Froissis de femmes
Et le sifflement de la vapeur
Et le bruit éternel des roues en folie dans les ornières du ciel
Les vitres sont givrées
Pas de nature!

Les inquiétudes
Oublie les inquiétudes
Toutes les gares lézardées obliques sur la route
Les fils télégraphiques auxquels elles pendent
Les poteaux grimaçants qui gesticulent et les étranglent
Le monde s'étire s'allonge et se retire comme un accordéon qu'une
[main sadique tourmente.
Dans les déchirures du ciel, les locomotives en furie
S'enfuient
Et dans les trous,
Les roues vertigineuses les bouches les voix
Et les chiens du malheur qui aboient à nos trousses
Les démons sont déchaînés
Ferrailles
Tout est un faux accord
Le broun-roun-roun des roues
Chocs
Rebondissements
Nous sommes un orage sous le crâne d'un sourd... [...]

Je reconnais tous les pays les yeux fermés à leur odeur
Et je reconnais tous les trains au bruit qu'ils font
Les trains d'Europe sont à quatre temps tandis que ceux d'Asie
[sont à cinq ou sept temps
D'autres vont en sourdine, sont des berceuses [...]
J'ai déchiffré tous les textes confus des roues et j'ai rassemblé les
[éléments épars d'une violente beauté
Que je possède
Et qui me force.

Blaise Cendrars, *Prose du Transsibérien et de la petite Jehanne de France* (extraits), 1913

ina

Sur notre site, une vidéo où l'on raconte l'histoire du Transsibérien.

John Cooke, *Train à vapeur à Garsdale en Cumbrie*, 1952, acrylique sur toile, 60 x 39,7 cm (collection privée)

Questions sur le texte

Le récit d'une expérience moderne

1. **a)** Quel champ lexical, très moderne en 1913, traverse le poème ? Relevez-le : est-il abondant ? **b)** Quel est donc le sujet du poème ?

2. Quels éléments laissent penser que le poème retrace une expérience vécue ?

3. Quel est l'effet produit par l'absence de ponctuation, les énumérations et le passage des temps du passé au présent ?

4. En vous appuyant sur vos réponses aux questions précédentes, montrez en quoi la dernière phrase de l'extrait exprime le but de Cendrars en écrivant ce poème.

Aventure et enchantement

5. Relevez une énumération d'éléments exotiques. Quelle image donne-t-elle de l'expérience du poète ?

6. **a)** « *Nous avions volé le trésor de Golconde* » (v. 20) : est-ce réellement arrivé ? Justifiez votre réponse en citant le texte. **b)** À quels genres littéraires cela fait-il référence ?

7. « *Je reconnais tous les pays les yeux fermés à leur odeur* » (v. 58) : comment le poète élargit-il la portée de son voyage ?

Sensations et transports

8. **a)** Choisissez quatre vers qui se suivent : combien comptent-ils de syllabes *(voir leçon de grammaire n° 33)* ? Riment-ils ? Pouvez-vous repérer une disposition régulière en strophes ? **b)** Déduisez de vos observations une définition du vers libre.

9. Relevez le champ lexical des sons, et l'allitération principale du poème. Comment expliquez-vous cette importance accordée à l'ouïe ?

10. Montrez que les émotions suscitées par le voyage sont ambivalentes, c'est-à-dire qu'elles peuvent être aussi bien positives ou négatives.

11. Le mot *transport* peut désigner une émotion si vive qu'elle « emporte » celui qui l'éprouve : on peut être transporté de joie, de colère, d'amour, etc.
En vous appuyant sur vos réponses aux questions précédentes, montrez que le transport en train est une source de « *transports poétiques* ».

Lecture d'image

1. Étudiez la composition du tableau en vous référant à la « règle des tiers » *(voir fiche méthodologique sur l'analyse de l'image fixe, p. 380)*. Commentez notamment l'endroit où le peintre a placé la ligne d'horizon : qu'est-ce qui est ainsi mis en valeur ?

2. **a)** À votre avis, le peintre a-t-il cherché à donner une image positive ou négative du train ? Justifiez par des éléments précis. **b)** Pourquoi notre perception peut-elle être différente aujourd'hui, un demi-siècle plus tard ? Observez en particulier le ciel.

3. Quels liens pouvez-vous faire entre le poème de Cendrars et ce tableau ? Mettez en rapport des passages du texte avec des éléments précis du tableau.

Textes et Images 2

Métamorphoses de New York

Léopold Sédar Senghor évoque ici la ville de New York où il s'est rendu lors d'un voyage officiel, et rapporte les sentiments mêlés qu'a éveillés en lui cette mégapole pleine de contrastes.

Né au Sénégal, agrégé de grammaire en France, **Léopold Sédar Senghor** (1906- 2001) a mené une carrière politique dans ces deux pays et est devenu le premier président du Sénégal après l'indépendance, poste auquel il a été constamment réélu jusqu'à ce qu'il le quitte volontairement en 1980. Dans sa poésie, Senghor revendique sa « négritude » tout en célébrant l'Homme et le monde dans leur universalité.

À New York

(pour un orchestre de jazz : solo de trompette)

I

New York ! D'abord j'ai été confondu[1] par ta beauté, ces grandes
[filles d'or aux jambes longues.
Si timide d'abord devant tes yeux de métal bleu, ton sourire de givre
Si timide. Et l'angoisse au fond des rues à gratte-ciel
Levant des yeux de chouette parmi l'éclipse du soleil.
Sulfureuse[2] ta lumière et les fûts[3] livides[4], dont les têtes foudroient
[le ciel
Les gratte-ciel qui défient les cyclones sur leurs muscles d'acier et leur
[peau patinée de pierres.
Mais quinze jours sur les trottoirs chauves de Manhattan[5] [...]
Quinze jours sans un puits ni pâturage, tous les oiseaux de l'air
Tombant soudain et morts sous les hautes cendres des terrasses.
Pas un rire d'enfant en fleur, sa main dans ma main fraîche
Pas un sein maternel, des jambes de nylon. Des jambes et des seins
[sans sueur ni odeur.
Pas un mot tendre en l'absence de lèvres, rien que des cœurs artificiels
[payés en monnaie forte
Et pas un livre où lire la sagesse. La palette du peintre fleurit des
[cristaux de corail.
Nuits d'insomnie ô nuits de Manhattan ! si agitées de feux follets,
[tandis que les klaxons hurlent des heures vides
Et que les eaux obscures charrient[6] des amours hygiéniques, tels
[des fleuves en crue des cadavres d'enfants.

II

Voici le temps des signes et des comptes
New York ! or voici le temps de la manne[7] et de l'hysope[8].
Il n'est que d'écouter les trombones de Dieu, ton cœur battre
[au rythme du sang ton sang. [...]
Harlem Harlem ! voici ce que j'ai vu Harlem[9] Harlem ! Une brise
[verte de blés sourdre[10] des pavés labourés
[par les pieds nus de danseurs Dans[11]

1 Stupéfait.
2 Semblable au soufre, cristal jaune hautement inflammable que la tradition associe à l'enfer.
3 Colonnes.
4 Très pâles.
5 Quartier des affaires de New York où se concentrent de gigantesques gratte-ciel.
6 Transportent.
7 Dans la Bible, nourriture offerte par Dieu aux Hébreux, sous la forme d'une rosée, alors qu'ils mouraient de faim dans le désert, sur le chemin de la Terre Promise.
8 Dans la Bible, plante utilisée par les Hébreux pour purifier leurs maisons au moment de la Pâque, lorsque guidés par Moïse ils allaient fuir l'Égypte où ils étaient esclaves. On la retrouve dans le Nouveau Testament : le Christ en croix, assoiffé, est soulagé par une éponge imprégné d'une boisson vinaigrée, qu'on lui tend sur une branche d'hysope.
9 Quartier afro-américain de New York.
10 Sortir de terre (se dit d'habitude de l'eau).
11 Membres d'un peuple de Côte d'Ivoire.

12 Anges.
13 Ornement composé de plumes.
14 Totems.
15 Mammifère marin aussi appelé « vache de mer », vivant notamment au Sénégal.
16 Chez Senghor, comme chez Aimé Césaire, n'est pas péjoratif.

Croupes ondes de soie et seins de fers de lance, ballets de nénuphars
[et de masques fabuleux [...]
Et j'ai vu le long des trottoirs, des ruisseaux de rhum blanc des
[ruisseaux de lait noir dans le brouillard bleu des cigares.
J'ai vu le ciel neiger au soir des fleurs de coton et des ailes
[de séraphins[12] et des panaches[13] de sorciers.
Écoute New York ! ô écoute ta voix mâle de cuivre ta voix
[vibrante de hautbois, l'angoisse bouchée de tes larmes
[tomber en gros caillots de sang
Écoute au loin battre ton cœur nocturne, rythme et sang du tam-tam, tam-tam sang et tam-tam.

III

New York ! je dis New York, laisse affluer le sang noir dans ton sang
Qu'il dérouille tes articulations d'acier, comme une huile de vie
Qu'il donne à tes ponts la courbe des croupes et la souplesse des lianes.
Voici revenir les temps très anciens, l'unité retrouvée la réconciliation du Lion du Taureau et de
[l'Arbre[14] [...]
Voilà tes fleuves bruissants de caïmans musqués et de lamantins[15] aux yeux de mirages. Et nul
[besoin d'inventer les Sirènes.
Mais il suffit d'ouvrir les yeux à l'arc-en-ciel d'Avril
Et les oreilles, surtout les oreilles à Dieu qui d'un rire de saxophone créa le ciel et la terre
[en six jours.
Et le septième jour, il dormit du grand sommeil nègre[16].

Léopold Sédar Senghor, « New York », *Éthiopiques*, 1956
in *Œuvre poétique* © Éditions du Seuil, 1964, 1973, 1979, 1984 et 1990

Questions sur le texte

Une expérience contrastée

1. **a)** Dans la première partie, le poète fait-il l'éloge ou le blâme de New York ? Justifiez votre réponse en comparant le début et la fin de cette strophe, et relevez le vers marquant un tournant. **b)** Quelle image de la ville est donnée ? Justifiez votre réponse avec un relevé lexical.

2. Le quartier d'Harlem, évoqué dans la deuxième partie, se caractérise-t-il par la fécondité ou par la stérilité ? Justifiez votre réponse par un relevé lexical.

3. Dans la troisième partie, le poète décrit-il une réalité ou un rêve ? Quelle image de la ville est donnée dans cette strophe ?

4. Relevez les marques de la première personne. Le poète joue-t-il le même rôle dans les trois parties du poème ?

Images et métissage

5. Dans la première strophe, qu'est-ce qui semble le plus vivant : les bâtiments ou les hommes ? Justifiez votre réponse par des exemples précis et nommez la figure de style employée.

6. Dans la deuxième strophe, relevez et commentez les références à l'Afrique.

7. Dans la troisième strophe, choisissez une image qui vous en semble représentative et analysez-la.

Musicalité et spiritualité

8. Comment comprenez-vous le sous-titre du poème ?

9. Copiez ces deux passages et indiquez par des doubles barres obliques les endroits où vous marqueriez le rythme à l'oral : « *Des ruisseaux de rhum blanc des ruisseaux de lait noir dans le brouillard bleu des cigares* » (v. 21) et « *rythme et sang du tam-tam, tam-tam sang et tam-tam* » (v. 24). Quel est le nombre de syllabes qui domine ? Quel est l'effet produit ?

10. Observez les références religieuses dans l'ensemble du poème. Quelle culture est caractérisée par l'*hybris*, c'est-à-dire le péché d'orgueil commis par les hommes se croyant aussi puissants que Dieu, par exemple lors de la construction de la Tour de Babel ? Comment interprétez-vous les références à l'Exode des Hébreux ?

11. En quoi les trois derniers vers vous semblent-ils résumer le but de Senghor en écrivant ce poème ?

La Tour de Babel
Laura James, *Babel Tower*, 2002, acrylique sur toile, 46 x 61 cm (collection privée)

ina

Sur notre site, quatre vidéos INA :
- un portrait de Senghor ;
- Senghor parle de lui-même ;
- Senghor lit l'un de ses poèmes ;
- Aimé Césaire parle de la négritude et de Senghor.

Lecture d'image

1. En quoi consiste le mythe de la Tour de Babel ? Correspond-il à l'image que Senghor donne de Manhattan ?
2. Laura James est une artiste afro-américaine de New York, qui crée des peintures religieuses en s'inspirant de l'art chrétien qui s'est développé en Éthiopie au Moyen Âge. Comment cela se traduit-il dans ce tableau, et en quoi pouvez-vous le rapprocher de la démarche de Senghor ?

À retenir

La **négritude** est un courant littéraire initié par **Léopold Sédar Senghor** et le poète antillais **Aimé Césaire**, à partir des années 1930. Elle affirme l'**originalité de la culture noire**, et amène les écrivains noirs à revendiquer leurs racines au lieu de les renier, dans un contexte d'anticolonialisme. La négritude s'exprime notamment par la référence à la nature et aux civilisations africaines, ainsi que par un travail spécifique sur le rythme et la musicalité.

Formes et jeux poétiques

Guillaume Apollinaire (1880-1918), né d'une mère polonaise et d'un père italien, est l'un des plus grands poètes français du XXe siècle. Son œuvre riche et novatrice, et notamment le recueil *Alcools* (1913), a eu une profonde influence sur ses contemporains.

1. Ce calligramme de Guillaume Apollinaire est situé au cœur d'un poème dans lequel est évoqué un trajet en voiture au début de la Première Guerre mondiale.

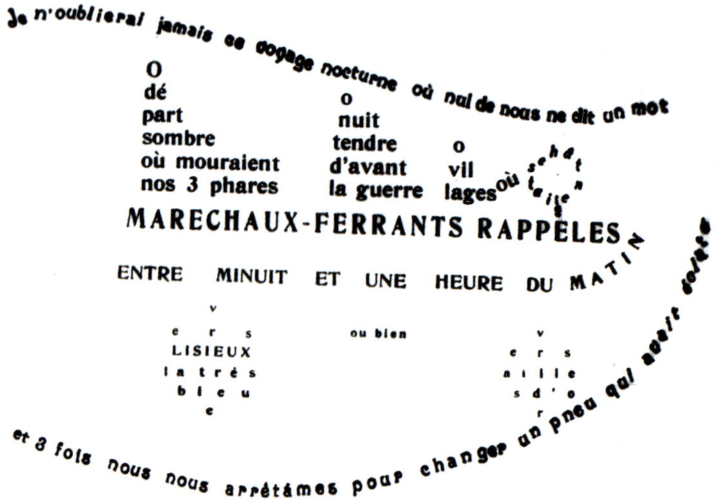

Guillaume Apollinaire, « La Petite Auto », in *Calligrammes*, 1918 © Éditions Gallimard

Né en 1932, **Jacques Roubaud** partage son temps entre sa passion pour les mathématiques (qu'il a enseignées à l'université) et sa passion pour la littérature (ses œuvres ont été couronnées par de nombreux prix littéraires). Jacques Roubaud est membre de l'Oulipo *(voir « À retenir »)*.

2. Jacques Roubaud a consacré un recueil à Paris, et s'il y emploie une grande variété de formes poétiques, il choisit ici la forme traditionnelle du sonnet.

Sonnet VII
À la tour Eiffel

Tour Eiffel cesse de me dévisager comme ça
Si je t'offre un sonnet en vers de quatorze syllabes
(Un mètre[1] assidûment cultivé par Jacques Réda[2])
Ce n'est pas pour que tu me toises[3] de cet œil de crabe

Des toises[4], certes, tu en as et cette couleur « drab »
(Terne, comme disent les Anglais) du crabe tu l'as
Malgré le mercurochrome de mini-um[5] dont la
Ville soigne tes griffures causées par vents et sables

Entre tes jambes écartées passe la foule épaisse
Qui te lorgne les dessous, que ne voiles-tu[6] tes fesses
(D'ailleurs théoriques) il y a des enfants ici

Qui s'en retourneront bientôt rêver dans nos campagnes
Par trouble amour d'une géante à jamais pervertis
Comme hameaux intranquilles au pied d'une montagne.

Jacques Roubaud, « Sonnet VII – À la tour Eiffel », in *La Forme d'une ville change plus vite, hélas, que le cœur des humains*, 1999 © Éditions Gallimard

1 Ici : un type de vers.
2 Poète ayant beaucoup écrit sur Paris et qui s'est fait une spécialité du vers de quatorze syllabes.
3 Toiser : regarder d'un air méprisant.
4 Ancienne unité de mesure valant six pieds, soit environ 1,80 m.
5 Minium : peinture antirouille de couleur rouge foncé.
6 Pourquoi ne voiles-tu pas ?

3. Ian Monk a réalisé une série de calligrammes à propos du tri sélectif. Voici la première poubelle, celle du papier.

Né en 1960, **Ian Monk** est poète, traducteur et membre de l'Oulipo.

Tri selon tri *(extrait)*

Cette première benne contient tout le
papier les journaux les magazines les
lettres d'amour non désirées un
monceau déchiré de paperasserie
des tapisseries datant du début
du vingtième siècle les brouillons de
poèmes de discours de devoirs d'école
de lettres à la Sécu à la banque à la
mairie aux impôts avec les enveloppes
des lettres des cartes postales faire
– part les factures de L'EDF de France
Télécom pour téléphone fixe ou mobile
pour un accès à Internet également de
la compagnie des Eaux les relevés des
comptes de chèques d'épargne les avis
d'imposition de la pub pour des prêts
à la consommation et autres papelards
vantant les encyclopédies puis encore
les catalogues VPC avec les brochures
pour les supermarchés pour les petits
commerçant les artisans et pour tous
les produits mis dans d'autres bennes.

Ian Monk, « Tri selon tri » (extrait), 1982, in *Anthologie de l'OuLiPo*, 2009 © Éditions Gallimard

Questions sur le texte

Forme et contrainte

1. **Texte 2 : a)** Pourquoi ce texte est-il un sonnet ? **b)** En quoi s'agit-il d'un sonnet peu conventionnel ?
2. **Textes 1 et 3 :** Qu'est-ce qu'un *calligramme* ? Que représentent ces deux calligrammes ?
3. Les membres de l'Oulipo, comme de nombreux poètes avant eux, s'imposent des contraintes pour écrire (écrire un sonnet, écrire un roman entier sans utiliser la lettre -*e*-, etc.). Selon vous, quel est l'intérêt de telles contraintes ?

Poésie et légèreté

4. **Texte 1 :** Comment pouvez-vous qualifier ce dessin ? Quel effet produit-il, selon vous, au milieu d'un poème consacré à la déclaration de la guerre ?
5. **Texte 2 :** En quoi ce sonnet est-il comique ?
6. **Texte 3 :** En quoi la précision de l'inventaire de Monk est-elle surprenante sur un tel sujet ?
7. En quoi ces trois textes montrent-ils que la poésie peut être un espace de légèreté ?

Poésie et création

8. **Texte 3 :** Commentez la chute du poème. À quel type de réflexions vous semble-t-il que ce texte peut nous conduire ?
9. **Texte 2 :** Expliquez comment se justifie l'image du crabe et quel effet elle produit.
10. **Texte 1 :** (Re)lisez la définition de l'*hypallage* dans le glossaire ; puis relevez un hypallage dans le texte, justifiez votre choix et expliquez en quoi cette figure de style s'accorde à l'univers construit par le poème.
11. Le mot poésie vient du grec *poiein*, « faire », « fabriquer », « créer ». En vous appuyant sur vos analyses de ces trois textes, défendez l'idée qu'en créant de nouveaux textes, la poésie crée un nouveau monde, ou du moins un nouveau regard sur le monde.

À retenir

- L'Oulipo est un OUvroir* de LIttérature POtentielle, un atelier de **création littéraire à partir de contraintes.** Raymond Queneau décrit avec humour le membre de l'Oulipo comme « *un rat qui construit lui-même le labyrinthe dont il se propose de sortir* ».

* **Ouvroir :** ne provient pas du mot *ouvrir* mais du mot *œuvre*. Un ouvroir est un atelier.

ina

Sur notre site, deux vidéos INA : la première présente l'Oulipo et retrace son histoire ; la seconde est une interview de Jacques Roubaud.

Poésie et prosaïsme

Pierre Mac Orlan (1882-1970) a mené une vie de bohème et a envisagé de devenir peintre avant de se consacrer à l'écriture. Il a écrit des poèmes, de nombreux romans et des reportages.

Dans ses *Poésies documentaires*, Pierre Mac Orlan évoque des réalités contemporaines en imaginant des historiettes pleines de fantaisie. Il centre ici son poème sur un personnage insolite : une mouche.

Appareils sanitaires

J'ai connu une malheureuse mouche qui se perdit dans la tuyauterie neuve d'une maison en construction. Heureusement pour elle, l'eau ne pénétrait pas encore dans ce dédale[1] compliqué.

Elle erra au hasard de ces longs couloirs de plomb, jusqu'à ce que la maison, étage par étage, fût louée. Un beau jour, un bruit épouvantable vint mettre un terme à ses souffrances.

Maintenant elle flotte le ventre en l'air sur les eaux lourdes du Tout-à-l'Égout, dans la direction d'une petite lumière livide[2].

PIERRE MAC ORLAN, « Appareils sanitaires », in *Poésies documentaires complètes*, 1954 © Éditions Gallimard

Francis Ponge (1899-1988) n'a pas toujours manié les mots avec aisance : il rate ses études parce qu'il reste muet lors des examens oraux. Son œuvre originale, qui a bénéficié d'une reconnaissance tardive mais certaine, est consacrée à une description minutieuse des choses et de leur nom.

Francis Ponge décrit ici un objet qui a révolutionné la vie des Français au milieu du XXe siècle : la radio.

La Radio

Cette boîte vernie ne montre rien qui saille[3], qu'un bouton à tourner jusqu'au proche déclic, pour qu'au-dedans bientôt faiblement se rallument plusieurs petits gratte-ciel d'aluminium, tandis que de brutales vociférations jaillissent qui se disputent notre attention.

Un petit appareil d'une « sélectivité » merveilleuse ! Ah, comme il est ingénieux de s'être amélioré l'oreille à ce point ! Pourquoi ? Pour s'y verser incessamment l'outrage des pires grossièretés.

Tout le flot de purin[4] de la mélodie mondiale.

Eh bien, voilà qui est parfait, après tout ! Le fumier, il faut le sortir et le répandre au soleil : une telle inondation parfois fertilise…

Pourtant, d'un pas pressé, revenons à la boîte, pour en finir.

Fort en honneur dans chaque maison depuis quelques années – au beau milieu du salon, toutes fenêtres ouvertes – la bourdonnante, la radieuse seconde petite boîte à ordures !

FRANCIS PONGE, « La Radio », in *Pièces*, 1961 © Éditions Gallimard

1 Labyrinthe, par référence à Dédale, personnage mythologique ayant conçu un labyrinthe gigantesque pour y enfermer le Minotaure.
2 Blafarde, blanchâtre.
3 Du verbe saillir : sortir, dépasser.
4 Liquide nauséabond s'écoulant d'un tas de fumier.

Sur notre site, une vidéo INA dans laquelle Bernard Pivot s'entretient avec Francis Ponge.

◀ **Le pop art**
Tom Wesselmann, *Still Life #54*, 1955, peinture sur plastique, 121,9 x 150,4 x 12,7 cm (collection privée)

Questions sur le texte

▶ Un nouveau prosaïsme

1. Relevez toutes les formules désignant les toilettes et la radio, et explicitez-les si nécessaire. Quelle est la figure de style récurrente ?

2. En quoi le poème en prose est-il une forme de poème bien adaptée pour évoquer des objets de la vie quotidienne ?

3. Quel champ lexical *a priori* peu poétique les deux textes ont-ils en commun ? Que cela révèle-t-il du regard des auteurs sur le monde moderne ?

4. Si ces poèmes n'avaient pas de titre, identifierait-on facilement leur sujet ? En quoi le titre et le poème lui-même s'opposent-ils ?

▶ L'humour de Mac Orlan

5. « *J'ai connu une malheureuse mouche* » (v. 1) : en quoi ce début est-il surprenant ?

6. Un texte héroï-comique traite avec beaucoup de sérieux (langage soutenu, exagérations, etc.) d'un fait sans importance, dans le but de faire (sou)rire. Relevez une phrase de la deuxième strophe qui vous semble relever de ce registre, justifiez votre choix et dites quel est l'effet produit.

7. En vous aidant de vos réponses aux questions précédentes, montrez d'où vient le comique de ce poème.

▶ L'ironie de Ponge

8. En quoi ce texte présente-t-il une dimension documentaire ? Observez notamment le temps des verbes et la structure d'ensemble du poème.

9. Relevez les indices de la tonalité ironique du poème.

10. En utilisant les questions 8 et 9, montrez que le texte est satirique, c'est-à-dire qu'il est à la fois critique et amusant.

Lecture d'image

1. Comment cette œuvre semble-t-elle composée ? En quoi est-ce original ?

2. *Still Life* signifie « nature morte ». En quoi cette œuvre fait-elle référence à ce genre pictural ?

3. Selon vous, quelle peut être l'intention de l'artiste ?

À retenir

▶ Traditionnellement, il est facile de distinguer la **poésie** (écrite en vers matérialisés par des retours à la ligne et qui riment entre eux) de la **prose** (constituée d'un bloc de texte, sans rime). Le **poème en prose** remet en cause cette distinction : c'est un texte qui a l'apparence de la prose, mais qui est rendu poétique par le travail du **rythme,** des **sons** et des **images.** Ici, les poèmes de Mac Orlan et de Ponge ont des sujets très prosaïques, c'est-à-dire banals, terre-à-terre, voire grossiers ; mais cela n'empêche pas ces textes d'être très poétiques.

Tremper sa plume dans l'asphalte

Le deuxième album de Grand Corps Malade s'intitule *Enfant de la ville*. En voici le morceau éponyme (celui qui lui donne son nom).

Fabien Marsaud, né en 1977 en Seine-Saint-Denis, se destine à une carrière sportive avant qu'un accident ne le laisse handicapé et ne l'oblige à se réorienter. C'est pourquoi il prend le nom de scène de « **Grand Corps Malade** » lorsqu'il découvre le slam, genre qu'il contribue à faire connaître au grand public grâce au succès de son premier album, *Midi 20*.

Enfant de la ville

Donc la nature je la respecte, c'est peut-être pour ça que j'écris en vers
Mais c'est tout sauf mon ambiance, j'appartiens à un autre univers
Si la campagne est côté face, je suis un produit du côté pile
Là où les apparts s'empilent, je suis enfant de la ville
Je ressens le cœur de la ville qui cogne dans ma poitrine
J'entends les sirènes qui résonnent mais est-ce vraiment un crime
D'aimer le murmure de la rue et l'odeur de l'essence
J'ai besoin de cette atmosphère pour développer mes sens

[Refrain] x2
Je suis un enfant de la ville, je suis un enfant du bruit
J'aime la foule quand ça grouille[1], j'aime les rires et les cris
J'écris mon envie de croiser du mouvement et des visages
Je veux que ça claque et que ça sonne, je ne veux pas que des vies sages

Je trempe ma plume dans l'asphalte[2], il est peut-être pas trop tard
Pour voir un brin de poésie même sur nos bouts de trottoirs
Le bitume[3] est un shaker où tous les passants se mélangent
Je ressens ça à chaque heure et jusqu'au bout de mes phalanges
Je dis pas que le béton c'est beau, je dis que le béton c'est brut
Ça sent le vrai, l'authentique, peut-être que c'est ça le truc
Quand on le regarde dans les yeux, on voit bien que s'y reflètent [nos vies
Et on comprend que slam et hip-hop ne pouvaient naître qu'ici
Difficile de traduire ce caractère d'urgence
Qui se dégage et qu'on vit comme une accoutumance[4]
Besoin de cette agitation qui nous est bien familière
Je t'offre une invitation dans cette grande fourmilière
J'suis allé à New York, je me suis senti dans mon bain
Ce carrefour des cultures est un dictionnaire urbain
J'ai l'amour de ce désordre et je ris quand les gens se ruent
Comme à l'angle de Broadway et de la 42e rue

[Refrain] x2

1 S'agite, fourmille.
2 Matériau de revêtement des routes.
3 Produit pétrolier de couleur noire utilisé pour revêtir les routes.
4 Habitude créant une dépendance.
5 Ville populaire de la banlieue parisienne.
6 Quartier populaire de Paris.
7 Ici : désinvolture, oisiveté (terme habituellement péjoratif).

Pochette de l'album *Enfant de la ville* (2008)

Je me sens chez moi à Saint-Denis[5], quand y'a plein de
[monde sur les quais
Je me sens chez moi à Belleville[6] ou dans le métro new-
[yorkais
Pourtant j'ai bien conscience qu'il faut être sacrément taré
Pour aimer dormir coincé dans 35 mètres carrés
Mais j'ai des explications, y'a tout mon passé dans ce bordel
Et face à cette folie, j'embarque mon futur à bord d'elle
À bord de cette pagaille qui m'égaye depuis toujours
C'est beau une ville la nuit, c'est chaud une ville le jour
Moi dans toute cette cohue je promène ma nonchalance[7]
Je me balade au ralenti et je souris à la chance.

GRAND CORPS MALADE, « Enfant de la ville » (extraits), *Enfant de la ville*, 2008

100 % web

- Une interview et un slam de Grand Corps Malade
- Un dossier RFI sur le slam
- Une synthèse sur le renouvellement des formes poétiques depuis le XIXe siècle

Questions sur le texte

La ville aimée

1. Quelle image de la ville le refrain met-il en avant ?

2. **a)** Quel rôle le poète se donne-t-il lorsqu'il dit : « *Je t'offre une invitation dans cette grande fourmilière* » (v. 24) ? **b)** Quelle valeur donnez-vous au tutoiement ?

3. Relevez les indications sensorielles en les classant par sens. Que révèlent-elles du projet de l'auteur ?

« Je trempe ma plume dans l'asphalte »

4. Quelle image Grand Corps Malade donne-t-il de lui-même ? Est-ce celle d'un poète ?

5. « *Difficile de traduire ce caractère d'urgence* » (v. 21) : après avoir cherché en quoi consiste une *prétérition*, identifiez-en une présente dans ce vers et justifiez son emploi.

6. En vous appuyant sur vos réponses précédentes et sur des citations du texte, montrez que la ville cosmopolite est la muse (l'inspiratrice) du poète.

Un nouveau genre, le slam

7. Quels niveaux de langue identifiez-vous dans le texte ? Quel est l'effet produit ?

8. **a)** Dans les vers 3 à 7, relevez une allitération, une assonance, une rime et au moins une paronomase (deux mots de sonorités proches). Vous pouvez bien sûr écouter ce slam pour vous aider. **b)** Montrez que le poète semble se laisser inspirer par la sonorité des mots pour composer son poème.

9. Choisissez et expliquez un jeu de mots que vous jugez intéressant.

Lecture d'image

1. Quels éléments de cette pochette font référence au monde urbain contemporain ?

2. En quoi la gamme de couleurs et la composition de l'image (lignes directrices, flou de l'arrière-plan, etc.) créent-elles une image poétique ?

3. Observez le visage de Grand Corps Malade, la position de son corps et la direction de son regard : quelle image cela donne-t-il de lui ?

À retenir

Le **slam** est une forme de **poésie orale** née aux États-Unis dans les années 1980 et qui se développe en France à partir des années 2000. Le slam se veut une **poésie vivante, ludique et rythmée** (*to slam* en anglais = claquer) qui n'est pas faite pour aller dans des livres rangés dans des bibliothèques, mais pour être **dite** devant un public, sur des scènes ouvertes à tout le monde. Et de fait, le slam rassemble professeurs d'université, ouvriers, étudiants, jeunes venant du rap, etc. Il se pratique dans les bars, les cafés, les maisons de quartier, etc. et prend souvent la forme d'une **compétition** : les textes sont notés par le public.

Histoire des Arts

L'art urbain : de la poésie sur les murs

- Comment les œuvres de l'art urbain dialoguent-elles avec leur environnement ?

1 Sur un pan de mur
Nemo, peinture au pochoir, 2009, Paris

2 Avec un arbuste
Banksy, peinture au pochoir, 2008, Londres (Royaume-Uni)

JR, *Women are heroes*, 2008 : installation de portraits photographiques féminins dans une favela à Rio de Janeiro, au Brésil

3 Sur des maisons

4 **Dans une cabine téléphonique**

Ernest Pignon-Ernest, *Les Cabines*, n° 7, sérigraphie dans une cabine téléphonique, 1996

À retenir

- Le mouvement de l'**art urbain** (ou *street art*) regroupe les œuvres réalisées dans un **lieu public** et qui ont une **qualité artistique**. Apparu dans les années 1980, il est issu de la culture du **graffiti** et du **hip hop**, caractérisée par l'illégalité, l'anonymat et des techniques comme la peinture à l'aérosol, le pochoir et le collage. Mais, depuis les années 2000, il est de plus en plus proche du **marché de l'art contemporain**, certains artistes comme Banksy, André, JR, Miss. Tic ou Shepard Fairey étant exposés dans des musées.

ina

Sur notre site, deux vidéos INA : une exposition de *street art* au Grand Palais et un extrait du documentaire tiré du projet de JR intitulé *Women are heroes*.

100 % web

– Une page de synthèse sur ce thème
– Des liens vers des ressources complémentaires

Questions

1. Sur quel support ou dans quel lieu précis ces quatre œuvres ont-elles été créées ?

2. **Doc. 1 :** Comment l'artiste a-t-il intégré le support dans son œuvre ?

3. **Doc. 2 :** À quel conte l'œuvre fait-elle référence ? Quel rôle Banksy fait-il jouer à l'arbuste ?

4. **Doc. 2 :** À quel personnage du conte la caméra de surveillance est-elle ainsi identifiée ? Selon vous, quel message Banksy veut-il faire passer ?

5. **Doc. 3 : a)** Cette œuvre est située dans une favela à Rio de Janeiro. Recherchez ou devinez de quel type d'habitat il s'agit. **b)** En quoi est-ce original et intéressant d'avoir créé cette œuvre d'art dans ce lieu ? **c)** Quel pourrait être le message de l'artiste ?

6. **Doc. 3 :** Selon vous, pourquoi JR a-t-il choisi de ne montrer que les yeux des femmes qu'il a photographiées ?

7. **Doc. 3 :** Selon vous, pourquoi l'artiste a-t-il tellement agrandi ces photographies ?

8. **Doc. 4 : a)** À quel tableau célèbre cette œuvre fait-elle référence ? **b)** Que semble ressentir le personnage ? Que ressentiriez-vous si vous passiez devant cette cabine téléphonique dans la rue ? Développez votre réponse et expliquez l'intention que vous pensez que l'artiste a eue.

9. Dans ces quatre documents, comment la localisation des œuvres influence-t-elle leur contenu et leur message ? Répondez en un paragraphe argumenté d'une dizaine de lignes.

La publicité : image et argumentation

- Comment des images peuvent-elles développer une stratégie argumentative ?

1 Le luxe
Publicité pour la marque Lincoln, 1926

2 La précieuse
Publicité pour la marque Mercedes-Benz, 1951
« *Précieuse comme un vitrail* »

3 Un problème simple
Publicité pour la voiture Dyna Panhard, 1958

4 Être à la mode
Publicité pour la marque Peugeot, 1934

À retenir

- La publicité peut avoir pour fonction d'**informer** le public de l'existence et des caractéristiques d'un produit, et de le **convaincre** que celui-ci est intéressant, en lui donnant des arguments qui vont le faire **réfléchir**. Mais le plus souvent, elle vise à le **persuader** d'acheter ce produit, c'est-à-dire à éveiller son **désir** et non sa réflexion ; l'image publicitaire est alors un moyen de séduction, voire de manipulation. C'est pourquoi l'**humour** est souvent utilisé : il crée une complicité avec le spectateur, qui va trouver l'image, et donc le produit, **sympathiques**.

5 La sportive

Publicité pour la voiture MG MGB Sports, vers 1978

« Un jour, vous vous installerez avec une femme sympa et bien comme il faut, dans une maison sympa et bien comme il faut, avec un salon sympa et bien comme il faut. Un jour. »

6 La hargneuse

Publicité pour la voiture Renault Floride S, années 1960

« Floride "S" monte à 100 km/h en 22", et à plus de 135 km/h, chrono, en vitesse de pointe... Son nouveau moteur "Sierra" est un 5 paliers, 956 cm³, à taux de compression élevé (9,5) qui développe 51 chevaux SAE. »

7 Dessine-moi une voiture

Publicité pour la Fiat 126, 1972

ina

100 % web

– Une page de synthèse sur ce thème
– Une vidéo INA sur les publicités de Volkswagen
– Des liens vers des ressources complémentaires

Questions

1. **Doc. 1 : a)** Comment pouvez-vous caractériser le salon représenté ? **b)** Quel rapport cette publicité établit-elle entre le salon et la voiture ? **c)** En quoi cela est-il censé pousser le spectateur à acheter une voiture de cette marque ?

2. **Doc. 2 :** Quels liens pouvez-vous établir avec la publicité précédente (document 1) ? Trouvez-en deux.

3. **Doc. 2 : a)** De quelle manière les deux éléments représentés sur l'image sont-ils liés ? Quelle est la figure de style utilisée ? **b)** Quelle est la différence avec la publicité précédente ?

4. **Doc. 2 :** Pourquoi avoir choisi un vitrail ? Qu'est-ce que cela suggère par rapport à la voiture ? Donnez au moins deux réponses.

5. Opposez le document 3 aux documents 1, 2 et 4. Quelles qualités de la voiture sont mises en avant ? De quelle manière ?

6. **Doc. 3 : a)** Cette publicité s'adresse-t-elle à la raison ou aux sentiments ? Justifiez. **b)** Qu'en est-il des autres publicités proposées dans cette page ?

7. **Doc. 4 : a)** Décrivez le personnage. **b)** Qu'est-ce qui n'est étonnamment pas représenté ? **c)** Que révèle cette absence ?

8. **Doc. 5 : a)** Lisez la phrase traduite dans la légende : que suggère-t-elle ? À quel mode de vie, à quel caractère associe-t-elle la voiture ? **b)** Comment cela est-il traduit par l'image ? **c)** Opposez cette publicité au document 3, puis au document 1.

9. **Doc. 2 et 6 :** Comparez les documents. **a)** Quelles ressemblances observez-vous dans la composition ? **b)** Quelles différences remarquez-vous néanmoins ?

10. **Doc. 6 :** Lisez la légende, qui retranscrit le début du texte de la publicité. Quelles caractéristiques sont mises en avant ? De quelle manière ?

11. Selon vous, à qui les doc. 4, 5 et 6 s'adressent-ils prioritairement ? Justifiez votre réponse par des éléments précis.

12. **Doc. 7 : a)** La phrase en haut de l'affiche fait référence à l'un des livres les plus lus au monde : lequel ? **b)** Quelle image cela donne-t-il de la voiture ? Comment cela est-il traduit par l'image ? **c)** En quoi cela s'oppose-t-il aux autres publicités de cette page ?

13. **Synthèse : a)** Quelles sont les différentes stratégies utilisées dans ces publicités ? Organisez votre réponse, en regroupant les publicités selon leurs stratégies. **b)** Choisissez une publicité qui vous plaît (vous pouvez bien sûr prendre une publicité pour un autre produit qu'une voiture). Présentez-la à la classe, en analysant la stratégie mise en place pour inciter les consommateurs à acheter le produit.

Synthèse

Le monde moderne en poésie

Depuis le romantisme, **tout thème peut être poétique**, si le poète en a fait une expérience personnelle. Les normes et les lieux communs de la poésie classique ne sont plus la seule référence : le vrai critère de la bonne poésie est la sincérité et l'intensité des **émotions** du poète. C'est ainsi que **Victor Hugo** a pu composer des poèmes sur des sujets aussi peu poétiques que des mendiants (« Le Mendiant ») ou le travail des enfants dans les manufactures (« Melancholia »). **Charles Baudelaire** a joué un rôle déterminant dans cette intégration à la poésie de la réalité du monde moderne. Dans *Les Fleurs du mal* (et en particulier dans la section « Tableaux parisiens ») et dans *Le Spleen de Paris,* il évoque par exemple des prostituées, le cadavre d'un animal (« Une charogne ») ou la toilette à la mode des femmes qu'il croise dans la rue (« À une passante », « La Belle Dorothée »).

Dès le début du XXe siècle, la **technique** fait de grands progrès qui bouleversent le monde. L'**expérience de l'espace et du temps** est transformée par la rapidité croissante des moyens de **transport**, qui permettent de voyager à travers le monde entier, mais aussi par des inventions comme la **radio** ou le **téléphone** qui permettent à la voix humaine de franchir les frontières. La **vitesse** devient une donnée fondamentale de la vie de l'homme moderne. La **photographie** permet de représenter immédiatement la réalité à l'identique et remet en question la fonction de la peinture. Enfin, les découvertes de **Sigmund Freud** dans le domaine de la psychologie, et celles d'**Albert Einstein** dans celui de la physique, modifient radicalement la perception que l'homme peut avoir de soi et de sa place dans l'univers. Le poète est donc appelé à **réinventer la poésie** pour qu'elle puisse exprimer son expérience inédite du monde.

Ainsi, au XXe siècle, les poètes revendiquent-ils une grande **variété** s'agissant de leurs sources d'inspiration. La thématique du monde moderne, qui sert de fil conducteur à ce chapitre, peut ainsi s'illustrer par l'évocation de moyens de transport, comme le **train** chez Blaise Cendrars **(Textes et Images 1)**, l'**automobile** pour Guillaume Apollinaire **(Textes et Images 3)** ou le **métro** pour Michelle Grangaud **(Expression écrite)** ; des villes modernes : **New York** pour Léopold Sédar Senghor **(Textes et Images 2)**, **Paris** pour Jacques Roubaud **(Textes et Images 3)** ou les **villes de banlieue** pour Grand Corps Malade **(Textes et Images 5)** ; ou des réalités de la vie quotidienne, comme les **usines** chez Verhaeren **(brevet blanc)**, **l'eau courante** chez Pierre Mac Orlan et la **radio** pour Francis Ponge **(Textes et Images 4)**. Ces nouvelles thématiques se traduisent par l'entrée en poésie du **vocabulaire technique**.

Ces innovations ne signifient pas pour autant que les poètes rejettent toute **tradition**. Le **lyrisme** (l'expression des sentiments personnels) reste un enjeu fondamental de la poésie de Cendrars, d'Apollinaire, de Senghor mais aussi de Grand Corps Malade. Les poètes de l'Oulipo ou Ponge s'inscrivent quant à eux dans une longue tradition de poètes s'attachant au **travail minutieux de la forme**.

La thématique du monde moderne en poésie a deux enjeux : elle permet de **rendre compte d'une expérience moderne**, et, en retour, elle amène le lecteur à **porter un regard poétique sur le monde moderne**.

1 Quatre figures qui ont du style.

a) Associez les figures de style suivantes à leur définition : *personnification, métaphore, comparaison, oxymore, hypallage.*

1. Analogie entre deux termes établie par « comme », « ressembler à », « pareil à »... .
2. Alliance de deux mots contradictoires.
3. Déplacement d'une caractérisation.
4. Attribution de caractéristiques humaines à un objet inanimé.
5. Analogie entre deux termes établie sans mot de liaison.

b) Identifiez ces figures de style dans les exemples suivants :

1. « Des ruisseaux de lait noir » (Senghor).
2. « Se regardant de leurs yeux noirs et symétriques [...] Ronflent le jour, la nuit, les usines et les fabriques » (Verhaeren).
3. « Le bitume est un shaker » (Grand Corps Malade).
4. « J'étais triste comme un enfant » (Cendrars).
5. « Ô nuit tendre » (Apollinaire).
6. (À propos de la radio) « la radieuse seconde petite boîte à ordures » (Ponge).

2 Lire avec les oreilles.

a) Reliez : *paronomase, homonymes, allitération, assonance, rime.*

1. Répétition d'un son vocalique.
2. Répétition d'un son consonantique.
3. Répétition d'un son à la fin d'un vers.
4. Mots ayant la même prononciation.
5. Rapprochement de mots ayant des sons proches.

b) Retrouvez ces procédés dans les extraits suivants :

1. « Entre tes jambes écartées passe la foule épaisse
Qui te lorgne les dessous, que ne voiles-tu tes fesses. » (Roubaud)
2. « C'est beau une ville la nuit, c'est chaud une ville le jour. » (Grand Corps Malade)
3. « J'aime la foule quand ça grouille. » (Grand Corps Malade)
4. « J'ai l'amour de ce désordre et je ris quand les gens [se ruent
Comme à l'angle de Broadway et de la 42e rue »
(Grand Corps Malade)
5. « leur peau patinée de pierres » (Senghor)

Vous pouvez vous aider de la leçon de grammaire n° 33.

3 Du tissu au texte et de la toile aux toilettes.

1. Le mot latin *textus* signifie à l'origine « tissu, enlacement ». Trouvez deux mots liés à ce sens et construits sur la racine *text-* et deux sur la racine *tiss-*.
2. C'est aussi de ce mot qu'est issu *texte*. Dès l'époque latine, à ce sens de « tissu » est venu s'ajouter celui d' « enchaînement d'un discours » et celui de « récit ». Quel rapport y a-t-il entre ces trois sens ?
3. Le mot *tela* est également issu de *texere*, « tisser », et a d'abord eu le sens de « toile d'araignée », avant de désigner une toile. En français, *la toile* est un synonyme d'Internet. Quel mot anglais, présent dans l'acronyme *www*, le mot *toile* traduit-il ?
4. Le mot *toilette* est formé avec le suffixe diminutif *-ette* et il désignait au XVIe siècle une toile fine sur laquelle on disposait les ustensiles nécessaires pour s'habiller et se préparer. Selon vous, comment est-on passé de ce sens à celui de « se préparer » ?
5. Avec le développement de l'hygiène au XIXe siècle, le sens de *toilette* est passé de « s'habiller » à « se nettoyer », par exemple dans *serviette de toilette*. Ce n'est qu'au XXe siècle que le mot employé au pluriel a pris le sens que l'on sait. Quelle figure de style identifiez-vous dans cette façon de désigner l'accomplissement des besoins naturels ?

4 Parlez-vous franglais ?

Relevez l'expression en bon français. L'autre est un anglicisme à éviter.

1. Il faut vite que nous trouvions une alternative.
Il faut vite que nous trouvions une solution de rechange.
2. Cette mode affreuse a été lancée l'été dernier.
Cette mode affreuse a été initiée l'été dernier.
3. Ces lunettes sont bon marché, mais elles ne respectent pas les standards de protection.
Ces lunettes sont bon marché, mais elles ne respectent pas les normes de protection.
4. Si tu m'achètes trois livres, tu en auras un en bonus.
Si tu m'achètes trois livres, tu en auras un en prime.
5. Mon jugement est sévère mais il est fondé sur une observation approfondie.
Mon jugement est sévère mais il est basé sur une observation approfondie.
6. Un certain Mr Fabien Marsaud habite à côté de chez moi.
Un certain M. Fabien Marsaud habite à côté de chez moi.

100 % web

> Les figures de style
> Les mots de la famille de *modus*
> L'Histoire des arts et la modernité

Les deux derniers exercices sont en lien avec l'exercice 100 % web de la page « Liaison 3e-2nde »

Expression écrite

Exercices

1 Écrire un éloge.

Textes et Images 1 : Rédigez un texte en prose d'environ vingt lignes exprimant votre amour pour le moyen de transport de votre choix. Vous le décrirez d'une façon élogieuse en mettant en avant vos sentiments personnels. Vous organiserez votre texte en plusieurs paragraphes.
Aidez-vous de la leçon de conjugaison n° 12.

2 Écrire un poème en vers libres.

Textes et Images 2 : Racontez l'un de vos voyages sous la forme d'un poème en vers libres. Vous utiliserez de nombreuses images en veillant à ce qu'elles soient originales et qu'elles expriment les sentiments que vous avez ressentis. Vous suivrez une structure montrant une évolution dans vos sentiments.

3 Écrire un sonnet.

Textes et Images 3 : Vous écrirez un sonnet au sujet d'un objet que vous aimiez beaucoup et qui s'est cassé, ou que vous avez perdu. Dans les quatrains, vous ferez une description élogieuse de cet objet en montrant pourquoi il était important pour vous ; dans les tercets, vous raconterez comment il a disparu de votre vie et ce que cela a changé. Écrivez en alexandrins, disposez les rimes en ABBA ABBA CCD EED (ou EDE), et soignez particulièrement le vers final.
Aidez-vous de la leçon de grammaire n° 33.

4 Composer un calligramme.

Textes et Images 3 : Composez un calligramme représentant un objet moderne. Votre dessin devra être assez grand pour que le texte soit lisible.

5 Écrire sans la lettre A.

Textes et Images 3 : Georges Perec a écrit un roman, *La Disparition* (1969), sans utiliser une seule fois la lettre *-e-*, la plus fréquemment employée en français. Écrivez une courte histoire d'amour sans utiliser la lettre *-a-* plus de trois fois (ces trois mots devront être soulignés), et donnez-lui un titre.

6 Écrire à la manière de Ponge.

Textes et Images 4 : À la manière de Francis Ponge, écrivez un poème en prose au sujet d'un objet de votre vie quotidienne. Vous mêlerez la description de l'objet, des réflexions sur son nom et vos jugements ironiques.

7 S'inspirer d'anagrammes.

Voici des anagrammes du nom de quelques stations du métro parisien :

Louvre Rivoli – ville ouvroir
Châtelet – thé ta clé – halte etc.
Franklin D. Roosevelt – refond l'os, livre Kant
Alexandre Dumas – Marx en dada seul
Père-Lachaise – Phare à siècle
Couronnes – rose connu – cure non – os
Barbès Rochechouart – ô Bob Char Char est rue – brocha brocha sûreté – barbare sur théochoc
Monceau – coma nue – océan mu – on écuma

Michelle Grangaud, « Anagrammes de métro », extraits, in *Anthologie de l'Oulipo*, 2009, Éditions Gallimard

1. Observez attentivement chaque ligne : quel est le point commun entre les groupes de mots ? Déduisez-en la définition d'une anagramme.
2. Cherchez des anagrammes des mots de la liste ci-dessous (il peut y en avoir plusieurs par mot), puis écrivez une petite histoire amusante (mais cohérente) en en utilisant au moins quatre paires, que vous soulignerez.

Marie – Marion – chien – Parisien – amer – aube – migraine – écran.

8 Rimer pour commenter.

Écrivez un poème rimé au sujet de ce tableau. La longueur de vos vers peut varier, mais vous suivrez la disposition de rimes que vous aurez choisie (plates, croisées ou embrassées, *voir leçon de grammaire n° 33*). Votre poème comptera au moins dix vers et vous permettra de décrire le tableau et d'exprimer les sentiments et éventuellement les histoires qu'il vous inspire.

Valerie Barden, *Airport*, début du XXIe, huile sur toile, 61 x 71 cm (collection privée)

Exercices

Expression orale

1 Lire un poème de façon expressive.

Textes et Images 1 : Choisissez un passage du poème d'environ vingt vers pour en donner une lecture expressive en classe. Réfléchissez au ton que vous allez prendre et aux mots et figures de style que vous voulez mettre en valeur, puis annotez le texte en utilisant un code de couleurs (ponctuation, pauses, liaisons, intonation, etc.). Ne lisez pas trop vite et pensez à regarder votre auditoire.

2 Improviser un poème rimé.

Textes et Images 3 : Mettez-vous par groupes de cinq, et écrivez chacun un son sur un morceau de papier. À tour de rôle, tirez un papier au hasard et improvisez un poème rimant avec ce son (sans répéter le même mot). À la fin, votez pour élire la création la plus poétique.

3 Débattre des techniques modernes.

Textes et Images 4 : En demi-groupe, choisissez un thème de la liste ci-dessous ou un autre de votre choix, puis divisez-vous en deux partis : l'un se prononcera contre, l'autre pour (indépendamment des opinions personnelles).
Chaque parti élabore arguments et exemples, puis débat avec l'autre parti du même demi-groupe ; pendant le débat, le second demi-groupe écoute attentivement puis vote pour l'opinion la plus convaincante.
D'autres critères de vote peuvent également être élaborés en classe entière.
Thèmes : Internet sur le téléphone portable, Facebook, les jeux vidéo, *viedemerde.fr*, les séries, la télé-réalité, les sites de rencontre amoureuse, etc.

4 Slamer un poème.

Textes et Images 5 : Écoutez Grand Corps Malade slamer ses textes sur notre site. Choisissez ensuite un poème d'un autre auteur (par exemple Senghor) et récitez-le à la façon d'un slameur. Entraînez-vous, puis enregistrez-vous sur votre ordinateur. Les volontaires pourront ensuite se produire devant la classe.

5 Produire un slam.

Textes et Images 5 : Individuellement ou par groupe de deux ou trois, écrivez un court slam sur votre ville en exprimant un message. Travaillez particulièrement sa richesse sonore et son rythme. En groupe, vous pouvez commencer individuellement puis choisir un début et en composer la suite ensemble. L'un de vous le « slamera » ensuite devant la classe.

6 Concevoir un argumentaire publicitaire.

Par groupe de trois, inventez un objet loufoque et apparemment inutile. Puis préparez-vous à donner envie aux autres élèves de l'acheter. Imaginez un nom, un slogan, des arguments de vente et des exemples d'utilisation. Vous pouvez aussi dessiner un logo ou une affiche publicitaire. Chaque groupe passe tour à tour au tableau. Le groupe le plus convaincant gagne.

7 Improviser une histoire drôle.

Mettez-vous par groupes de cinq, et écrivez chacun trois mots sur un morceau de papier. À tour de rôle, tirez un papier au hasard et improvisez une histoire courte utilisant ces trois mots. Votez à la fin de la manche : celui qui a composé l'histoire la plus drôle gagne.

À lire et à voir

Lorsque la modernité, la technique, inspirent les romanciers...

- Émile Zola, *La Bête humaine*, 1890. Un mécanicien, une locomotive, et des meurtres...
  Au Bonheur des dames, 1883. L'essor des grands magasins, et une histoire d'amour.
- Boris Vian, *L'Écume des jours*, 1947. Jazz, poésie, fantaisie et amour.
- Ray Bradbury, *Fahrenheit 451*, 1953. Si la télévision remplaçait les livres...
- Raymond Queneau, *Zazie dans le métro*, 1959. L'histoire d'une fillette impertinente et drôle, à Paris, dans un langage fantaisiste.
- Paul Auster, *La Cité de verre*, 1985, *Moon Palace*, 1990. New York, New York...

... et les cinéastes

- Fritz Lang, *Metropolis*, 1927. Une ville du futur fascinante et injuste.
- Charlie Chaplin, *Les Temps modernes*, 1936. Charlot en ouvrier désespérément maladroit.
- Jacques Tati, *Mon Oncle*, 1958. Une satire du design et du gadget technologique.
- Mathieu Kassovitz, *La Haine*, 1995. Un premier grand rôle pour Vincent Cassel.
- Sam Mendes, *American Beauty*, 1999 (scènes crues). La bourgeoisie américaine sous les apparences, et une superbe scène avec un sac en plastique.

Vers le brevet

L'homme et l'usine : Émile Verhaeren

Dans ce long poème, le poète belge Émile Verhaeren décrit avec un mélange d'admiration et d'effroi les usines qui ont transformé le paysage à la fin du XIXe siècle.

Les Usines

Se regardant avec les yeux cassés de leurs fenêtres
Et se mirant dans l'eau de poix[1] et de salpêtre[2]
D'un canal droit, marquant sa barre à l'infini,
Face à face, le long des quais d'ombre et de nuit,
Par à travers les faubourgs lourds
Et la misère en pleurs de ces faubourgs,
Ronflent terriblement usines et fabriques.

Rectangles de granit et monuments de briques,
Et longs murs noirs durant des lieues[3],
Immensément, par les banlieues ;
Et sur les toits, dans le brouillard, aiguillonnées
De fers et de paratonnerres,
Les cheminées.

Se regardant de leurs yeux noirs et symétriques,
Par la banlieue, à l'infini.
Ronflent le jour, la nuit,
Les usines et les fabriques. […]

Ici, sous de grands toits où scintille le verre,
La vapeur se condense en force prisonnière :
Des mâchoires d'acier mordent et fument ;
De grands marteaux monumentaux
Broient des blocs d'or sur des enclumes,
Et, dans un coin, s'illuminent les fontes[4]
En brasiers tors[5] et effrénés qu'on dompte. […]

Automatiques et minutieux,
Des ouvriers silencieux
Règlent le mouvement
D'universel tictacquement
Qui fermente de fièvre et de folie
Et déchiquette, avec ses dents d'entêtement,
La parole humaine abolie.

Plus loin, un vacarme tonnant de chocs
Monte de l'ombre et s'érige par blocs ;
Et, tout à coup, cassant l'élan des violences,
Des murs de bruit semblent tomber
Et se taire, dans une mare de silence,
Tandis que les appels exacerbés
Des sifflets crus et des signaux
Hurlent soudain vers les fanaux[6],
Dressant leurs feux sauvages,
En buissons d'or, vers les nuages.

Et tout autour, ainsi qu'une ceinture,
Là-bas, de nocturnes architectures,
Voici les docks[7], les ports, les ponts, les phares
Et les gares folles de tintamarres ;
Et plus lointains encor des toits d'autres usines
Et des cuves et des forges et des cuisines
Formidables de naphte[8] et de résines
Dont les meutes de feu et de lueurs grandies
Mordent parfois le ciel, à coups d'abois et [d'incendies.

Au long du vieux canal à l'infini
Par à travers l'immensité de la misère
Des chemins noirs et des routes de pierre,
Les nuits, les jours, toujours,
Ronflent les continus battements sourds,
Dans les faubourgs,
Des fabriques et des usines symétriques.

Émile Verhaeren, « Les Usines » (extraits),
Les Villes tentaculaires, 1895

1 Matière collante noire.
2 Sel minéral blanchâtre.
3 Ancienne unité de longueur valant 3 ou 4 km.
4 Action de faire fondre un métal, souvent du fer.
5 Qui se tord.
6 Grosses lanternes *(singulier : fanal)*.
7 Quais industriels.
8 Forme de pétrole.

Première partie : Questions, réécriture, dictée (25 points)

Questions (15 points)

C1 ▸ – Tous les items du domaine « Lire ».
– Les items 2 et 3 du domaine « Écrire ».
C5 ▸ Les items 1 et 3 du domaine « Faire preuve de sensibilité, d'esprit critique, de curiosité ».

▸ La description réaliste de l'univers industriel

1. Quel est le sujet du poème ? **(0,5 point)**

2. **a.** Relevez deux mots techniques se rapportant à l'usine dans chacune de ces trois catégories : les machines, les matériaux et l'architecture. **(1,5 point)**
b. Ce vocabulaire technique est-il abondant ? Quel effet produit-il ? **(1 point)**

3. **a.** Quel temps verbal est utilisé dans le poème ? **(0,5 point)**
b. Quelle est sa valeur ? Justifiez votre réponse avec un exemple. **(0,5 point)**

▸ Des usines monstrueuses

4. Quel est le plus souvent le sujet des verbes ? Justifiez votre réponse à l'aide de deux citations. **(1 point)**

5. **a.** Relevez le champ lexical de l'animalité dans le poème. **(1 point)**
b. À quoi est-il associé ? Quelle figure de style identifiez-vous et quel est son effet ? **(1 point)**

6. Relevez un passage évoquant l'enfer. Quelle image donne-t-il de l'usine ? **(1 point)**

7. Quelle semble être la taille des usines ? Justifiez votre réponse en citant le texte. **(1 point)**

8. Commentez le titre du recueil. **(1 point)**

▸ La misère des hommes

9. **a.** À qui renvoie la « *misère* » (v. 6) ? **(0,5 point)**
b. Est-ce dit explicitement ? Quelle figure de style établit ce lien ? **(1 point)**

10. Strophe 5 (v. 25 à 31). **a.** Faites l'analyse grammaticale de la phrase (propositions principales et subordonnées, sujet, verbe, COD). **(1 point)**
b. En quoi montre-t-elle que les ouvriers sont obligés de participer à leur propre destruction ? **(1 point)**

11. Dégagez la structure (le plan) du poème : comment traduit-elle l'enfermement des hommes au milieu des usines ? **(1,5 point)**

Réécriture (4 points)

C1 ▸ – Les items 1, 3 et 5 du domaine « Lire ».
– Les items 1, 3 et 4 du domaine « Écrire ».

Réécrivez au passé composé les vers 18 à 24 du poème d'Émile Verhaeren.

Dictée (6 points)

C1 ▸ – L'item 2 du domaine « Écrire ».

Les dictées des brevets blancs sont regroupées en fin de manuel, p. 368 à 370.

Seconde partie : Expression écrite (15 points)

C1 ▸ – L'item 5 du domaine « Lire ».
– Les items 2, 3 et 4 du domaine « Écrire ».
C5 ▸ L'item 2 du domaine « Lire et pratiquer différents langages ».

Vous traiterez **au choix** l'un des deux sujets suivants. Votre texte aura une longueur de deux pages minimum.

▸ Sujet 1

À la manière de Verhaeren, décrivez votre collège en en faisant un monstre gigantesque.
Votre description sera écrite en prose et au présent. Vous emploierez des métaphores, des personnifications et des hyperboles pour donner un sentiment d'étrangeté, et vous utiliserez un vocabulaire riche et varié.
Vous veillerez à organiser votre description (par exemple des étages au sous-sol ou par un effet de zoom, etc.).

▸ Sujet 2

Pensez-vous que les zones urbaines, les usines, les autoroutes, les aéroports, etc. défigurent la nature ou trouvez-vous que ces lieux peuvent avoir un certain charme et être jugés beaux ?
Vous répondrez de manière construite et organisée, en justifiant votre point de vue à l'aide d'arguments illustrés par des exemples.

Pour chacun des sujets, il sera tenu compte de la correction de l'expression, de l'orthographe et de la présentation.

Retrouvez un second brevet blanc sur *La Multiple Splendeur* d'Émile Verhaeren en vous connectant sur *www.lelivrescolaire.fr*.

Socle commun

Compétences plus précisément travaillées dans ce chapitre

	Items du livret des compétences	Mise en application des items
C1	**Lire**	
	Adapter son mode de lecture à la nature du texte proposé et à l'objectif poursuivi.	Slamer et lire de manière expressive *(Expression orale)*. Mettre en lien un slogan publicitaire avec le visuel d'une affiche *(Histoire des arts 2)*.
	Utiliser ses capacités de raisonnement, ses connaissances sur la langue, savoir faire appel à des outils appropriés pour lire.	Approfondir sa connaissance du lexique grâce à l'étymologie, identifier des figures de style à partir de leur définition *(Lexique)*.
	Écrire	
	Utiliser ses capacités de raisonnement, ses connaissances sur la langue, savoir faire appel à des outils variés pour améliorer son texte.	Éviter les anglicismes *(Lexique)*.
	Dire	
	Développer de façon suivie un propos en public sur un sujet déterminé.	Concevoir un argumentaire publicitaire *(Expression orale)*.
C5	**Avoir des connaissances et des repères**	
	Relevant de la culture littéraire.	Sur le mouvement de la négritude *(Textes et Images 2)*, l'Oulipo *(Textes et Images 3)*, le slam *(Textes et Images 5)* et les évolutions de la poésie au XXe siècle *(Synthèse)*.
	Situer dans le temps, l'espace, les civilisations	
	Établir des liens entre les œuvres (littéraires, artistiques) pour mieux les comprendre.	Mettre en lien et comparer des poèmes *(Textes et Images 3 et 4)*.
	Lire et pratiquer différents langages	
	Connaître et pratiquer diverses formes d'expression à visée littéraire.	Écrire un éloge, des poèmes, un calligramme, écrire « à la manière de » *(Expression écrite)*.
	Faire preuve de sensibilité, d'esprit critique, de curiosité	
	Être sensible aux enjeux esthétiques et humains d'une œuvre artistique.	Être sensible à des œuvres d'art modernes et contemporaines *(Ouverture* et *Textes et Images)*.
	Être capable de porter un regard critique sur un fait, un document, une œuvre.	Analyser les stratégies argumentatives de la publicité *(Histoire des arts 2)*.
	Manifester sa curiosité pour l'actualité et pour les activités culturelles ou artistiques.	Analyser des œuvres d'art urbain, analyser et écrire des textes de slam.
C6	**Avoir un comportement responsable**	
	Respecter les règles de la vie collective.	Improviser et créer à plusieurs *(Expression orale)*.
C7	**Faire preuve d'initiative**	
	Manifester curiosité, créativité, motivation.	S'intéresser à une forme d'art contemporain : l'art urbain *(Histoire des arts)*.
	S'intégrer et coopérer dans un projet collectif.	Participer à des créations de groupes *(Expression orale)*.

Compétence 4 et B2i

Les items travaillés sont précisés dans chaque activité.

100 % web

Mise en voix de l'Oulipo

S'approprier un texte grâce au traitement de texte par différents repérages puis s'enregistrer. Ensuite, mettre en commun, commenter et évaluer les propositions.

Jeu de mots, mots en images

À partir d'un texte de Léopold Sédar Senghor, chercher des illustrations et les associer de manière à rendre compte de sa lecture du poème.

Images et mots (maux ?) du monde

Choisir une photographie de Yann Arthus-Bertrand, puis écrire trois textes à contraintes différentes (calligramme, sonnet, forme libre).

Exercices

Liaison 3e-2nde

1 Exercice de réflexion.

Blaise Cendrars a dit : « *La publicité est la fleur de la vie contemporaine. Elle touche à la poésie.* » (*Aujourd'hui*, 1927). Pensez-vous que cela soit vrai de nos jours ?

1. Voici une liste d'arguments. Classez-les selon qu'ils vont dans le sens du propos de Cendrars, ou qu'ils le contredisent.
– Certaines images publicitaires sont belles.
– Certaines images publicitaires nous agressent visuellement.
– La publicité a pour seul but de nous faire acheter un produit dont nous n'avons pas besoin.
– La publicité peut être créative.
– Certaines publicités sont amusantes.
– Les textes et les images publicitaires utilisent des figures de style.
– La publicité exploite nos désirs les plus bas, elle n'élève pas notre âme.
– La publicité n'exprime pas de sentiments personnels.
– La publicité nous parle du monde dans lequel nous vivons.

2. Préparez un plan en deux parties, la première justifiant la thèse de Blaise Cendrars, la seconde le nuançant. Pour chaque paragraphe, vous utiliserez au moins trois arguments de l'exercice précédent, en les appuyant sur des exemples.

3. Rédigez un paragraphe exprimant votre réponse personnelle à la question, en tenant compte des arguments proposés ci-dessus. Vous pouvez par exemple montrer que la réponse à la question dépend de la conception qu'on se fait de la poésie.

2 Analyse de texte.

1. Lisez plusieurs fois le poème suivant pour en comprendre le sens général.

2. Vous choisirez ensuite l'une des trois idées suivantes, et rédigerez un paragraphe pour l'expliquer et la justifier, en exploitant des citations précises du texte.
– Ce poème évoque les difficultés que peut connaître un couple.
– Ce poème est inscrit dans l'époque moderne.
– Ce poème devient progressivement fantastique.

Les Couples mariés devant leur clavier *(la peur de l'intimité)*

Nous serons assis dans la même chambre à coucher,
en silence, chacun à son poste,
et nous nous enverrons d'abondantes
puis de bien maigres missives via Internet.

À la fin, rien que des signatures
au bas des questions
Veux-tu du café, un thé, un baiser,
ou alors rien du tout.

Les écrans s'échaufferont et bourdonneront
de la mémoire saturée
ce que nous avons laissé dans le couloir,
l'histoire qui raconte les débuts de notre mariage.

Pesant de tout notre corps
dans la blancheur de la glace comme jadis dans la neige
nous jouerons aux anges déchus
lourds d'un million de gigabits
à pulvériser le plus robuste des systèmes.

Ce qui survivra sera bleu
comme l'œil de la guillotine.

Ce qui se mettra à parler
plancher, tables, chaises, cendriers
les uns et les autres en même temps
ne sera qu'un pâle emprunt
à ce que fut notre intimité.

Ana Ristovic, « Les Couples mariés devant les claviers », in *Les Poètes de la Méditerranée, anthologie*, 2010, Éditions Gallimard, traduction Mirjana Cerovic-Robin (Serbie)

100 % web

› **Charles Baudelaire et la modernité**

Propositions de lecture pour la Seconde

Poésie et modernité

- **Charles Baudelaire, *Les Fleurs du mal*, 1857** (section « Tableaux parisiens »). ***Le Spleen de Paris*, 1869.** Figure incontournable de l'Histoire de la poésie.
- **Arthur Rimbaud, *Illuminations*, 1875.** Poèmes en vers libres ou en prose, écrits entre 1872 et 1875.
- **Émile Verhaeren, *Les Villes tentaculaires*, 1895.** Éloge et blâme de l'urbanisme.
- **Guillaume Apollinaire, *Alcools*, 1913, *Calligrammes*, 1918.** Jeux avec les traditions poétiques.
- **Valéry Larbaud, *Les Poésies de A.O. Barnabooth*, 1913.** Voyage poétique à travers l'Europe.
- **Federico García Lorca, *Poète à New York*, 1940.** Les années universitaires : solitude et grande ville.
- **Francis Ponge, *Le Parti pris des choses*, 1942.** Un regard poétique sur les objets du quotidien.
- **Blaise Cendrars, *Du monde entier au cœur du monde. Poésies complètes*, 1957.** En particulier « Les Pâques à New York », et « La Prose du Transsibérien ».

7 De la tragédie antique au tragique contemporain : *Antigone*

Découvrir le mythe d'Antigone
Étudier les caractéristiques de la tragédie et son évolution de l'Antiquité à l'époque contemporaine
Comprendre ce que peut nous dire la tragédie aujourd'hui

Une Antigone palestinienne

Sophocle, *Antigone*, mise en scène d'Adel Hakim, avec Shaden Salim (Antigone) et Hussam Abu Eisheh (Créon), Théâtre national palestinien à Jérusalem-est, 2011

Lecture d'image

1. Observez et décrivez le décor. Quelle impression provoque-t-il sur le spectateur ?
2. Décrivez les costumes des deux personnages, et précisez à quelle époque ils renvoient.
3. Qui, d'Antigone ou de Créon, est mis en valeur ? Justifiez votre réponse de deux manières au moins.
4. Expliquez en quoi Créon apparaît enfermé dans un espace et en quoi il s'oppose à Antigone. Observez notamment le jeu d'ombres sur le sol.
5. Décrivez l'attitude d'Antigone et précisez ce qu'elle peut signifier.

Force du destin

Antigone d'**Anouilh** reprend un célèbre mythe grec. Voici les premières lignes de la pièce.

Jean Anouilh (1910-1987) est un dramaturge qui s'inspire des mythes et tragédies de l'Antiquité (*Eurydice, Antigone, Médée*). *Antigone* est une de ses pièces majeures. Elle a été mise en scène pour la première fois en 1944, sous l'occupation allemande, et a connu un grand succès. Certains critiques y ont vu à l'époque l'image de la résistance contre l'Occupation, ou au contraire une dénonciation de la Résistance.

Un décor neutre. Trois portes semblables. Au lever du rideau, tous les personnages sont en scène. Ils bavardent, tricotent, jouent aux cartes.

Le Prologue[1] *se détache et s'avance.*

LE PROLOGUE. – Voilà. Ces personnages vont vous jouer l'histoire d'Antigone. Antigone c'est la petite maigre qui est assise là-bas, et qui ne dit rien. Elle regarde droit devant elle. Elle pense. Elle pense qu'elle va être Antigone tout à l'heure, qu'elle va surgir soudain de la maigre jeune fille noiraude et renfermée que personne ne prenait au sérieux dans la famille et se dresser seule en face du monde, seule en face de Créon, son oncle, qui est le roi. Elle pense qu'elle va mourir, qu'elle est jeune et qu'elle aussi, elle aurait bien aimé vivre. Mais il n'y a rien à faire. Elle s'appelle Antigone et il va falloir qu'elle joue son rôle jusqu'au bout… Et, depuis que ce rideau s'est levé, elle sent qu'elle s'éloigne à une vitesse vertigineuse de sa sœur Ismène, qui bavarde et rit avec un jeune homme, de nous tous, qui sommes là bien tranquilles à la regarder, de nous qui n'avons pas à mourir ce soir. […]

Cet homme robuste, aux cheveux blancs, qui médite là, près de son page, c'est Créon. C'est le roi. Il a des rides, il est fatigué. Il joue au jeu difficile de conduire les hommes. Avant, du temps d'Œdipe, quand il n'était que le premier personnage de la cour, il aimait la musique, les belles reliures[2], les longues flâneries chez les petits antiquaires de Thèbes. Mais Œdipe et ses fils sont morts. Il a laissé ses livres, ses objets, il a retroussé ses manches et il a pris leur place.

Quelquefois, le soir, il est fatigué, et il se demande s'il n'est pas vain de conduire les hommes. Si cela n'est pas un office sordide[3] qu'on doit laisser à d'autres, plus frustes[4]… Et puis, au matin, des problèmes précis se posent, qu'il faut résoudre, et il se lève, tranquille, comme un ouvrier au seuil de sa journée.

Jean Anouilh, *Antigone*, 1946

1 Début, introduction dans une œuvre littéraire ; ici : personnage chargé d'introduire les personnages et l'intrigue.
2 De beaux livres.
3 Une charge (une fonction) ignoble, basse et répugnante.
4 Grossiers, qui manquent d'élégance.

ina

Sur notre site, une présentation d'Anouilh et de son œuvre.

À retenir

▸ **Le mythe d'Antigone :** Antigone est la fille d'Œdipe, le roi de Thèbes. Après la mort d'Œdipe, les deux frères d'Antigone, Étéocle et Polynice, se sont battus à mort car Polynice voulait s'emparer du pouvoir qu'Étéocle refusait de partager. L'oncle d'Antigone, Créon, a interdit qu'on respecte les rites funéraires traditionnels et qu'on enterre Polynice, le rebelle. Mais Antigone a décidé de désobéir et d'enterrer son frère, même au prix de sa vie…

Sophocle (env. 496-405 av. J.-C.) est un auteur de tragédies, qui a vécu à Athènes, en Grèce. Il a écrit plus d'une centaine de pièces dont *Œdipe Roi* et *Antigone*, mais seules sept de ses tragédies nous sont parvenues. Ses pièces ont remporté de très nombreux prix dans les concours de théâtre à Athènes et sont toujours considérées comme des œuvres majeures de la tragédie.

Dans la tragédie de **Sophocle**, c'est le chœur qui a pour rôle de commenter la pièce pour les spectateurs et de délivrer le sens de la tragédie.

LE CHŒUR. – Quand les dieux ont une fois ébranlé une maison, il n'est point de désastre qui n'y vienne frapper les générations tour à tour.

On croirait voir la houle[5] du grand large, quand, poussée par les vents de Thrace[6], et par leurs brutales bourrasques, elle court au-dessus de l'abîme marin et va roulant le sable noir qu'elle arrache à ses profondeurs, cependant que[7], sous les rafales, les caps heurtés de front gémissent bruyamment.

Ils remontent de loin, les maux que je vois, sous le toit des Labdacides[8], toujours, après les morts, s'abattre sur les vivants, sans qu'aucune génération jamais libère la suivante : pour les abattre, un dieu est là qui ne leur laisse aucun répit. L'espoir attaché à la seule souche demeurée vivace[9] illuminait tout le palais d'Œdipe, et voici cet espoir fauché à son tour !

Sophocle, *Antigone*, pièce représentée vers 441 av. J.-C., in *Tragédies complètes*, traduction Paul Mazon, 1962 © Les Belles Lettres, Paris

5 Les vagues.
6 Région au nord-est de la Grèce.
7 Pendant que.
8 La famille d'Œdipe et d'Antigone ; c'est la famille des rois de Thèbes.
9 Vif, animé, vivant.

Questions sur les textes

Entrer dans la pièce (Anouilh)

1. Que nous apprend le Prologue et en quoi supprime-t-il tout suspense ?

2. Relevez le champ lexical du théâtre : quel effet provoque-t-il sur le spectateur ?

3. Relevez les indices d'énonciation (embrayeurs), en indiquant le lieu et le temps auxquels ils renvoient : quel effet cela provoque-t-il sur le spectateur ?

4. L'intrigue est censée se passer dans l'Antiquité. Repérez un anachronisme* dans le portrait de Créon : quel effet cela crée-t-il ?

Mise en place du tragique (Anouilh)

5. Quelle opposition physique et morale mettent en valeur les portraits de Créon et Antigone ?

6. Relevez les expressions qui montrent la solitude d'Antigone face aux autres personnages.

7. Comment est représenté l'avenir d'Antigone ? Justifiez votre réponse en analysant les formes verbales dominantes.

8. **a)** « *Nous qui n'avons pas à mourir ce soir* » (l. 17) : quel effet peut provoquer cette apostrophe chez le spectateur ? **b)** « *Il n'y a rien à faire* » (l. 12-13) : qu'indique cette phrase ?

9. À partir de vos réponses aux deux questions précédentes, donnez une première définition de la tragédie.

De Sophocle à Anouilh (Sophocle)

10. Dans la phrase « *On croirait voir...* » (l. 4) : quelle figure de style est employée et qu'exprime-t-elle ?

11. **a)** Dans le texte de Sophocle : quelle est la cause des malheurs qui s'abattent sur la famille d'Œdipe ? Citez les passages qui l'évoquent. **b)** Retrouve-t-on la même cause dans le texte d'Anouilh ? Pourquoi à votre avis ?

12. Quel texte vous semble exprimer le poids du destin de façon plus poétique ? de façon plus concrète ? Justifiez par des analyses de style : longueur des phrases, niveau de langue, images, etc.

13. Quel texte vous touche le plus et pourquoi ?

Lecture d'image 100 % web

Cet exercice porte sur une photographie d'*Antigone* d'Anouilh par Nicolas Briançon.

* **Anachronisme :** élément d'une époque placée dans une autre ; confusion entre deux époques.

Textes et Images 2

Deux sœurs face à leur conscience

Sophocle : La pièce s'ouvre sur la discussion entre les deux sœurs. Antigone cherche à convaincre sa sœur d'agir avec piété.

ISMÈNE. – Quoi! tu songes à l'ensevelir[1], en dépit de la défense faite à toute la cité?

ANTIGONE. – C'est mon frère – et le tien, que tu le veuilles ou non. J'entends que nul ne soit en droit de dire que je l'ai trahi.

ISMÈNE. – Mais malheureuse, si Créon s'y oppose!

ANTIGONE. – Créon n'a pas à m'écarter des miens. [...]

ISMÈNE. – [...] Pour moi, en tout cas, je supplie les morts sous la terre de m'être indulgents, puisqu'en fait je cède à la force; mais j'entends obéir aux pouvoirs établis. Les gestes vains[2] sont des sottises.

ANTIGONE. – Sois tranquille, je ne te demande plus rien – et même si tu voulais plus tard agir, je n'aurai pas la moindre joie à te sentir à mes côtés. Sois donc, toi, ce qu'il te plaît d'être : j'enterrerai, moi, Polynice et serai fière de mourir en agissant de telle sorte. C'est ainsi que j'irai reposer près de lui, chère à qui m'est cher, saintement criminelle. Ne dois-je pas plus longtemps plaire à ceux d'en bas[3] qu'à ceux d'ici, puisqu'aussi bien c'est là-bas qu'à jamais je reposerai? Agis, toi, à ta guise[4], et continue à mépriser tout ce qu'on prise[5] chez les dieux.

ISMÈNE. – Je ne méprise rien; je me sens seulement incapable d'agir contre le gré de ma cité.

Sophocle, *Antigone*, pièce représentée vers 441 av. J.-C., in *Tragédies complètes*, traduction Paul Mazon, 1962 © Les Belles Lettres, Paris

1 Enterrer.
2 Inutiles.
3 Les morts (qui sont aux Enfers).
4 Comme tu le souhaites.
5 Aimer.

Anouilh : Tout oppose Antigone à sa sœur aînée, « *la blonde, la belle, l'heureuse Ismène* ». Au matin, la raisonnable Ismène tente de persuader Antigone de ne pas aller enterrer leur frère Polynice. Elle ne sait pas que cette dernière a déjà désobéi aux ordres de Créon...

ISMÈNE. – Tu sais, j'ai bien pensé, Antigone.

ANTIGONE. – Oui.

ISMÈNE. – J'ai bien pensé toute la nuit. Tu es folle.

ANTIGONE. – Oui.

ISMÈNE. – Nous ne pouvons pas.

ANTIGONE *après un silence, de sa petite voix.* – Pourquoi?

ISMÈNE. – Il nous ferait mourir.

ANTIGONE. – Bien sûr. À chacun son rôle. Lui, il doit nous faire mourir, et nous, nous devons aller enterrer notre frère. C'est comme cela que ça a été distribué. Qu'est-ce que tu veux que nous y fassions?

ISMÈNE. – Je ne veux pas mourir.

ANTIGONE *doucement*. – Moi aussi j'aurais bien voulu ne pas mourir.

ISMÈNE. – Écoute, j'ai bien réfléchi toute la nuit. Je suis l'aînée. Je réfléchis plus que toi. Toi, c'est ce qui te passe par la tête tout de suite, et tant pis si c'est une bêtise. Moi, je suis plus pondérée[6]. Je réfléchis.

ANTIGONE. – Il y a des fois où il ne faut pas trop réfléchir.

ISMÈNE. – Si, Antigone. D'abord c'est horrible, bien sûr, et j'ai pitié moi aussi de mon frère, mais je comprends un peu notre oncle.

ANTIGONE. – Moi je ne veux pas comprendre un peu.

ISMÈNE. – Il est le roi, il faut qu'il donne l'exemple.

ANTIGONE. – Moi, je ne suis pas le roi. Il ne faut pas que je donne l'exemple, moi… Ce qui lui passe par la tête, la petite Antigone, la sale bête, l'entêtée, la mauvaise, et puis on la met dans un coin ou dans un trou. Et c'est bien fait pour elle. Elle n'avait qu'à pas désobéir!

ISMÈNE. – Allez! Allez!… Tes sourcils joints, ton regard droit devant toi et te voilà lancée sans écouter personne. Écoute-moi. J'ai raison plus souvent que toi.

ANTIGONE. – Je ne veux pas avoir raison.

JEAN ANOUILH, *Antigone*, 1946

6 Calme, modérée.

Questions sur les textes

Débat entre deux sœurs (Sophocle)

1. Quels arguments donne Ismène pour refuser d'enterrer son frère?
2. Relevez le champ lexical de la famille et de l'affection chez Antigone : sur quoi l'emporte le lien familial?
3. À quoi Antigone oppose-t-elle le devoir religieux (lié au rite funéraire)? Citez une figure de style qui souligne cette opposition et nommez-la.
4. Définissez les relations entre Antigone et Ismène en vous appuyant sur des exemples précis du texte.

Une petite sœur rebelle (Anouilh)

5. Relevez le champ lexical lié à la réflexion dans les répliques d'Ismène, en repérant les répétitions : quelle impression cela provoque-t-il chez le spectateur?
6. Définissez les relations entre les deux sœurs : en quoi leur opposition prolonge-t-elle le Prologue?
7. **a)** Relevez des expressions d'Antigone qui vous paraissent enfantines, ainsi que les tournures qu'elle utilise : quels traits de caractère mettent-elles en valeur? **b)** Relevez une phrase d'Ismène qui renforce cette impression.

Une réécriture moderne (Sophocle et Anouilh)

8. Relisez les lignes 8-11 du texte d'Anouilh. **a)** Quels champs lexicaux sont employés ici? **b)** En quoi cette réplique vous rappelle-t-elle le texte du Prologue? Relisez les lignes 8 à 11 du texte d'Anouilh.
9. **a)** Comparez la façon dont les Antigone de Sophocle et d'Anouilh évoquent leur mort prochaine. **b)** À quel mode et quel temps est la forme « *j'aurais bien voulu ne pas mourir* » (l. 12), et qu'est-ce que cela nous indique sur le devoir des personnages tragiques?
10. Comparez les arguments avancés par les deux Antigone. En quoi celle d'Anouilh semble-t-elle davantage ressembler à une adolescente en révolte du monde contemporain?

100 % web Retrouvez, en texte complémentaire, un extrait de la pièce de Brecht, accompagnée d'un questionnaire.

À retenir

- Dans la Grèce antique, les **rites funéraires** étaient très importants. Pour les Grecs, les morts ne pouvaient pas trouver le repos éternel si ces rites n'étaient pas accomplis.

Antigone face au tyran

Sophocle : Antigone a été arrêtée et conduite à Créon, son oncle, le roi de Thèbes. Elle lui tient tête…

ANTIGONE. – Tu me tiens dans tes mains : veux-tu plus que ma mort ?

CRÉON. – Nullement : avec elle, j'ai tout ce que je veux.

ANTIGONE. – Alors pourquoi tarder ? Pas un mot de toi qui me plaise, et j'espère qu'aucun ne me plaira jamais. Et, de même, ceux dont j'use ne sont-ils pas faits pour te déplaire ? Pouvais-je cependant gagner plus de noble gloire que celle d'avoir mis mon frère au tombeau ? Et c'est bien ce à quoi tous ceux que tu vois là applaudiraient aussi, si la peur ne devait leur fermer la bouche. Mais c'est – entre beaucoup d'autres – l'avantage de la tyrannie qu'elle a le droit de dire et de faire absolument ce qu'elle veut.

CRÉON. – Toi seule penses ainsi parmi ces Cadméens[1].

ANTIGONE. – Ils pensent comme moi, mais ils tiennent leur langue.

Sophocle, *Antigone*, pièce représentée vers 441 av. J.-C., in *Tragédies complètes*, traduction Paul Mazon, 1962 © Les Belles Lettres, Paris

1 Habitants de Thèbes (la citadelle avait été fondée par Cadmos).

ina

Sur notre site, une vidéo INA dans laquelle Jean Vilar parle du personnage d'Antigone.

◀ *Antigone* de Sophocle, mise en scène de Jean Vilar, Théâtre national de Chaillot, Paris, 1960

Anouilh : Antigone a été arrêtée et conduite devant Créon. Celui-ci lui expose sa conception du pouvoir : il faut donner l'exemple et condamner les rebelles.

ANTIGONE. – Vous êtes odieux !

CRÉON. – Oui, mon petit. C'est le métier qui le veut. Ce qu'on peut discuter, c'est s'il faut le faire ou ne pas le faire. Mais si on le fait, il faut le faire comme cela.

ANTIGONE. – Pourquoi le faites-vous ?

CRÉON – Un matin, je me suis réveillé roi de Thèbes. Et Dieu sait si j'aimais autre chose dans la vie que d'être puissant…

ANTIGONE. – Il fallait dire non, alors !

CRÉON. – Je le pouvais. Seulement, je me suis senti tout d'un coup comme un ouvrier qui refusait un ouvrage. Cela ne m'a pas paru honnête. J'ai dit oui.

ANTIGONE. – Eh bien, tant pis pour vous. Moi, je n'ai pas dit « oui » ! Qu'est-ce que vous voulez que cela me fasse, à moi, votre politique, votre nécessité, vos pauvres histoires ? Moi, je peux dire « non » encore à tout ce que je n'aime pas et je suis seul juge. Et vous, avec votre couronne, avec vos gardes, avec votre attirail[2], vous pouvez seulement me faire mourir parce que vous avez dit « oui ».

CRÉON. – Écoute-moi.

ANTIGONE. – Si je veux, moi, je peux ne pas vous écouter. Vous avez dit « oui ». Je n'ai plus rien à apprendre de vous. Pas vous. Vous êtes là, à boire mes paroles. Et si vous n'appelez pas vos gardes, c'est pour m'écouter jusqu'au bout.

CRÉON. – Tu m'amuses !

ANTIGONE. – Non. Je vous fais peur. C'est pour cela que vous essayez de me sauver. Ce serait tout de même plus commode de garder une petite Antigone vivante et muette dans ce palais. Vous êtes trop sensible pour faire un bon tyran, voilà tout. Mais vous allez tout de même me faire mourir tout à l'heure, vous le savez, et c'est pour cela que vous avez peur. C'est laid un homme qui a peur.

CRÉON, *sourdement*. – Eh bien, oui, j'ai peur d'être obligé de te faire tuer si tu t'obstines. Et je ne le voudrais pas. […]

ANTIGONE. – Pauvre Créon ! Avec mes ongles cassés et pleins de terre et les bleus que tes gardes m'ont faits aux bras, avec ma peur qui me tord le ventre, moi je suis reine.

JEAN ANOUILH, *Antigone*, 1946 © Éditions de la Table Ronde

2 Équipement encombrant ou ridicule.

Questions sur les textes

Sentiments et politique

1. Quels sentiments Antigone et Créon éprouvent-ils l'un pour l'autre dans l'extrait de Sophocle ? Et dans celui d'Anouilh ? Justifiez.

2. Dans quelle pièce Créon semble-t-il être le plus enclin à discuter avec Antigone ?

Quel tyran ?

3. Comment Antigone définit-elle la tyrannie chez Sophocle ?

4. Que signifie et implique l'expression « *dire oui* » chez Anouilh ?

5. Relisez les l. 2, 8 et 9 du texte d'Anouilh. Quelle image Créon donne-t-il de son rôle de roi ?

6. Dans le texte d'Anouilh, Créon vous paraît-il être heureux d'être tyran ? Justifiez.

Antigone résistante

7. Dans le texte d'Anouilh, relevez les expressions qui montrent qu'Antigone connaît le sort qui l'attend. Quelle est son attitude ?

8. **a)** Relevez, chez Sophocle et Anouilh, une phrase qui indique que Créon aime que ses sujets se taisent. **b)** En quoi Antigone domine-t-elle Créon ? Quelle liberté manifeste-t-elle ? Justifiez.

9. Lignes 10 à 14 et 27-28 du texte d'Anouilh :
a) Repérez une différence dans l'adresse à Créon.
b) Quel sens a « *avec* » dans chacune des deux répliques, et quel rapport logique cela induit-il ? En quoi ces images sont-elles paradoxales ?

Lecture d'image

1. Quels éléments de cette représentation renvoient à l'Antiquité ?

2. **a)** Quels éléments mettent en valeur la majesté de Créon ? **b)** Selon vous, cette mise en scène correspond-elle davantage au personnage de Créon chez Sophocle ou chez Anouilh ? Justifiez.

3. En quoi Antigone a-t-elle une attitude de résistante ?

Quelle vision de l'homme ?

Chez **Anouilh**, Créon ne veut pas condamner à mort Antigone, qui devait épouser son fils Hémon. Il cherche à la convaincre d'obéir à la loi et lui suggère un avenir heureux avec son fiancé.

CRÉON. – Marie-toi vite, Antigone, sois heureuse. La vie n'est pas ce que tu crois. […]

ANTIGONE. – Quel sera-t-il, mon bonheur ? Quelle femme heureuse deviendra-t-elle, la petite Antigone ? Quelles pauvretés faudra-t-il qu'elle fasse elle aussi, jour par jour, pour arracher avec ses dents son petit lambeau[1] de bonheur ? Dites, à qui devra-t-elle mentir, à qui sourire, à qui se vendre ? Qui devra-t-elle laisser mourir en détournant le regard ?

CRÉON, *hausse les épaules.* – Tu es folle, tais-toi.

ANTIGONE. – Non, je ne me tairai pas ! Je veux savoir comment je m'y prendrai, moi aussi, pour être heureuse. Tout de suite, puisque c'est tout de suite qu'il faut choisir. Vous dites que c'est si beau la vie. Je veux savoir comment je m'y prendrai pour vivre.

CRÉON. – Tu aimes Hémon ?

ANTIGONE. – Oui, j'aime Hémon. J'aime un Hémon dur et jeune ; un Hémon exigeant et fidèle, comme moi. Mais si votre vie, votre bonheur doivent passer sur lui avec leur usure, si Hémon ne doit plus pâlir quand je pâlis, s'il ne doit plus me croire morte quand je suis en retard de cinq minutes, s'il ne doit plus se sentir seul au monde et me détester quand je ris sans qu'il sache pourquoi, s'il doit devenir près de moi le monsieur Hémon, s'il doit apprendre à dire « oui », lui aussi, alors je n'aime plus Hémon !

CRÉON. – Tu ne sais plus ce que tu dis. Tais-toi.

ANTIGONE. – Si, je sais ce que je dis, mais c'est vous qui ne m'entendez plus. Je vous parle de trop loin maintenant, d'un royaume où vous ne pouvez plus entrer, avec vos rides, votre sagesse, votre ventre. *(Elle rit).* Ah ! je ris, Créon, je ris parce que je te vois à quinze ans, tout d'un coup ! C'est le même air d'impuissance et de croire qu'on peut tout. La vie t'a seulement ajouté tous ces petits plis sur le visage et cette graisse autour de toi.

CRÉON, *la secoue.* – Te tairas-tu, enfin ?

ANTIGONE. – Pourquoi veux-tu me faire taire ? Parce que tu sais que j'ai raison ? Tu crois que je ne lis pas dans les yeux que tu le sais ? Tu sais que j'ai raison, mais tu ne l'avoueras jamais parce que tu es en train de défendre ton bonheur en ce moment comme un os.

CRÉON. – Le tien et le mien, oui, imbécile !

ANTIGONE. – Vous me dégoûtez tous avec votre bonheur ! Avec votre vie qu'il faut aimer coûte que coûte. On dirait des chiens qui lèchent tout ce qu'ils trouvent. Et cette petite chance pour tous les

1 Morceau déchiré, arraché, abîmé (tissu, papier…).

jours, si on n'est pas trop exigeant. Moi, je veux tout, tout de suite, – et que ce soit entier – ou alors je refuse ! Je ne veux pas être modeste, moi, et me contenter d'un petit morceau si j'ai été bien sage. Je veux être sûre de tout aujourd'hui et que cela soit aussi beau que quand j'étais petite – ou mourir.

JEAN ANOUILH, *Antigone*, 1946 © Éditions de la Table Ronde

2 Qui inspire un très grand respect, digne d'être vénéré.
3 Juments.
4 Astucieux, intelligent.
5 Obstiné, tenace.
6 Promettre fidélité.
7 Bravoure, courage mal placé (péjoratif).

Chez **Sophocle**, le chœur chante la grandeur et la fragilité de l'homme.

LE CHŒUR. – Il est bien des merveilles en ce monde, il n'en est pas de plus grande que l'homme. Il est l'être qui sait traverser la mer grise, à l'heure où soufflent le vent du Sud et ses orages, et qui va son chemin au milieu des abîmes que lui ouvrent les flots soulevés. Il est l'être qui tourmente la déesse auguste[2] entre toutes, la Terre, la Terre éternelle et infatigable, avec ses charrues qui vont chaque année la sillonnant sans répit, celui qui la fait labourer par les produits de ses cavales[3]. Les oiseaux étourdis, il les enserre et il les prend, tout comme le gibier des champs et les poissons peuplant les mers, dans les mailles de ses filets, l'homme à l'esprit ingénieux[4]. Par ses engins il se rend maître de l'animal sauvage qui va courant les monts, et, le moment venu, il mettra sous le joug et le cheval à l'épaisse crinière et l'infatigable taureau des montagnes. Parole, pensée vite comme le vent, aspirations d'où naissent les cités, tout cela, il se l'est enseigné à lui-même, aussi bien qu'il a su, en se faisant un gîte, se dérober aux traits du gel ou de la pluie, cruels à ceux qui n'ont d'autre toit que le ciel. Bien armé contre tout, il ne se voit désarmé contre rien de ce que lui peut offrir l'avenir. Contre la mort seule, il n'aura jamais de charme permettant de lui échapper, bien qu'il ait déjà su contre les maladies les plus opiniâtres[5] imaginer plus d'un remède. Mais, ainsi maître d'un savoir dont les ingénieuses ressources dépassent toute espérance, il peut prendre ensuite la route du mal tout comme du bien. Qu'il fasse donc dans ce savoir une part aux lois de sa ville et à la justice des dieux, à laquelle il a juré foi[6] ! Il montera alors très haut dans sa cité, tandis qu'il s'exclut de cette cité le jour où il laisse le crime le contaminer par bravade[7].

SOPHOCLE, *Antigone*, pièce représentée vers 441 av. J.-C., in *Tragédies complètes*, traduction Paul Mazon, 1962 © Les Belles Lettres, Paris

ina

Sur notre site, une vidéo INA sur le personnage d'Antigone.

Universalité de la tragédie
Antigone, adaptée du texte de Sophocle par Jean-Louis Sagot-Duvauroux, avec la collaboration d'Habib Dembélé, mise en scène de Sotigui Kouyaté, théâtre de la Commune, Aubervilliers, 1999

Questions sur les textes

Le bonheur (Anouilh)

1. Quelle figure de style emploie Créon pour décrire une vie heureuse ?

2. Qu'est-ce que cela révèle de la personnalité de Créon ?

3. Antigone a-t-elle la même conception du bonheur que Créon ? Appuyez-vous sur les images qu'elle utilise.

L'exigence d'Antigone (Anouilh)

4. Étudiez les changements qu'Antigone n'est pas prête à accepter chez Hémon, en vous appuyant notamment sur les termes qui développent le nom d'Hémon. Quels traits de caractère d'Antigone sont mis en évidence ?

5. **a)** À quel passage précédent fait référence l'expression « *s'il doit apprendre à dire "oui"* » (l. 21-22) ? **b)** À l'aide de votre lecture des textes précédents, expliquez cette expression.

6. **a)** « *Je vous parle de trop loin maintenant, d'un royaume où vous ne pouvez plus entrer, avec vos rides, votre sagesse, votre ventre.* » (l. 25-26) : que signifie l'expression « *vos rides, votre sagesse, votre ventre* » dans la bouche d'Antigone ? **b)** En quoi ce portrait de Créon s'oppose-t-il à l'affirmation d'Antigone : « *Moi, je veux tout, tout de suite* » (l. 40) ?

La tragédie, réflexion sur l'homme (Sophocle)

7. En suivant la progression du texte de Sophocle, nommez les éléments et les êtres que l'homme domine.

8. Quelles qualités et quelles fragilités de l'homme le chœur met-il en évidence ?

9. En quoi Antigone chez Anouilh et le chœur chez Sophocle expriment-ils la grandeur des hommes ?

Lecture d'image

1. Décrivez les costumes des personnages du chœur. En quoi sont-ils en décalage avec la pièce antique ?

2. Pourquoi peut-on dire que cette mise en scène montre l'universalité de la tragédie ?

Adieux à la vie

Sophocle : Antigone est condamnée à être emmurée vivante et se retrouve seule.

ANTIGONE. – Ô tombeau, chambre nuptiale[1] ! Retraite[2] souterraine, ma prison à jamais ! En m'en allant vers vous, je m'en vais vers les miens, qui, déjà morts pour la plupart, sont les hôtes[3] de Perséphone[4], et vers qui je descends, la dernière de toutes et la plus misérable, avant d'avoir usé jusqu'à son dernier terme ma portion de vie. Tout au moins, en partant, gardé-je l'espérance d'arriver là-bas chérie de mon père, chérie de toi, mère, chérie de toi aussi, frère bien-aimé, puisque c'est moi qui de mes mains ai lavé, paré vos corps ; c'est moi qui vous ai offert les libations funéraires[5]. Et voilà comment aujourd'hui, pour avoir, Polynice, pris soin de ton cadavre, voilà comment je suis payée ! Ces honneurs funèbres pourtant, j'avais raison de te les rendre, aux yeux de tous les gens de sens[6]. Si j'avais eu des enfants, si c'était mon mari qui se fût trouvé là à pourrir sur le sol, je n'eusse certes pas assuré cette charge contre le gré de la cité. Quel est donc le principe auquel je prétends avoir obéi ? Comprends-le bien : un mari mort, je pouvais en trouver un autre et avoir de lui un enfant, si j'avais perdu mon premier époux ; mais, mon père et ma mère une fois dans la tombe, nul autre frère ne me fût jamais né. Le voilà, le principe pour lequel je t'ai fait passer avant tout autre.

Sophocle, *Antigone*, pièce représentée vers 441 av. J.-C., in *Tragédies complètes*, traduction Paul Mazon, 1962

1 Qui concerne le mariage, les noces.
2 Lieu où l'on est écarté de la vie habituelle.
3 *Ici :* ceux qui sont accueillis, ou ceux qui accueillent.
4 Déesse des Enfers dans la mythologie grecque.
5 Les rites des funérailles.
6 Gens sensés.

Jean Cocteau, poète, dramaturge, dessinateur et cinéaste français, a adapté la pièce de Sophocle en 1922. Il réécrit ici le monologue d'Antigone au seuil de la mort.

ANTIGONE. – Adieu. Qu'on me vole ma part de vie. Je vais revoir mon père, ma mère, Étéocle. Quand vous êtes morts je vous ai lavés, je vous ai fermé les yeux. Je t'ai aussi fermé les yeux, Polynice – et j'ai eu raison. Car jamais je n'aurais fait cet effort mortel pour des enfants ou un époux. Un époux, un autre peut le remplacer. Un fils, on peut en concevoir un autre. Mais, comme nos parents sont morts, je ne pouvais espérer des frères nouveaux. C'est en vertu de ce principe que j'ai agi, qu'on me frappe, que Créon me prive du mariage et de la maternité.

Jean Cocteau, *Antigone*, in *Théâtre complet*, Bibliothèque de la Pléiade, 1922

ina

Sur notre site, une répétition d'*Antigone* par le théâtre de la Chamaille à Nantes.

7 Le fleuve qui mène aux Enfers dans la mythologie grecque.

Voici l'adaptation que **Bertolt Brecht**, dramaturge et metteur en scène allemand, écrivit en 1947.

ANTIGONE. – Hommes de la cité de mes pères,
Je parcours mon dernier chemin,
Pour la dernière fois je regarde
L'éclat du soleil. C'est donc vrai,
Je ne le verrai plus jamais ?
Celui qui ferme pour toujours
Les yeux des hommes, le dieu des morts,
Me conduit vivante à l'Achéron[7].
Et je vais, sans voile de noces,
Sans cortège ni chant de fête,
Moi, fiancée de l'Achéron.

BERTOLT BRECHT, *Antigone*, 1962 © L'Arche Éditeur

Voici enfin la version d'**Anouilh**. Antigone a refusé de « dire oui » : elle sera emmurée vivante. Restée seule avec le garde chargé de la surveiller, elle décide de lui dicter une lettre d'adieu pour Hémon.

ANTIGONE. – Ô tombeau ! Ô lit nuptial ! Ô ma demeure souterraine !... *(Elle est toute petite au milieu de la grande pièce nue. On dirait qu'elle a un peu froid. Elle s'entoure de ses bras. Elle murmure.)* Toute seule...
[Elle se décide à dicter une lettre d'adieu au garde]
Écris : « Mon chéri... »
LE GARDE, *qui a pris son carnet et suce sa mine.* – C'est pour votre bon ami ?
ANTIGONE. – Mon chéri, j'ai voulu mourir et tu ne vas peut-être plus m'aimer...
LE GARDE, *répète lentement de sa grosse voix en écrivant.* – « Mon chéri, j'ai voulu mourir et tu ne vas peut-être plus m'aimer... »
ANTIGONE. – Et Créon avait raison, c'est terrible, maintenant, à côté de cet homme, je ne sais plus pourquoi je meurs. J'ai peur...
LE GARDE, *qui peine sur sa dictée.* – « Créon avait raison, c'est terrible... »
ANTIGONE. – Oh ! Hémon, notre petit garçon. Je le comprends seulement maintenant combien c'était simple de vivre...
LE GARDE, *s'arrête.* – Eh ! Dites, vous allez trop vite. Comment voulez-vous que j'écrive ? Il faut le temps tout de même...
ANTIGONE. – Où en étais-tu ?
LE GARDE, *se relit.* – « C'est terrible maintenant à côté de cet homme... »
ANTIGONE. – Je ne sais plus pourquoi je meurs.
LE GARDE, *écrit, suçant sa mine.* – « Je ne sais plus pourquoi je meurs... » On ne sait jamais pourquoi on meurt.

JEAN ANOUILH, *Antigone*, 1946 © Éditions de la Table Ronde

Antigone de Sophocle, mise en scène de Jacques Nichet, avec Océane Mozas (Antigone), théâtre de l'Odéon, Paris, 2004

Questions sur les textes

Monologue d'Antigone chez Sophocle

1. Comment définiriez-vous le niveau de langue employé par Antigone chez Sophocle ? Appuyez-vous sur la structure des phrases, le vocabulaire, les images.

2. Antigone regrette-t-elle d'avoir renoncé à épouser Hémon et d'avoir fait passer son bonheur personnel après son devoir ? Justifiez.

Réécritures de Cocteau et Brecht

3. L'adaptation de Cocteau vous semble-t-elle aussi poétique que le monologue chez Sophocle ? Justifiez.

4. Comparez le raisonnement d'Antigone chez Sophocle et chez Cocteau. Quels sont les points communs ?

5. Relevez les images qui font référence au mariage. En quoi montrent-elles qu'Antigone a renoncé à Hémon, son fiancé ?

Anouilh : du monologue au dialogue

6. **a)** Relisez attentivement le début du passage. Quelle tirade Anouilh reprend-il de Sophocle ? **b)** Pourquoi Antigone interrompt-elle ce début de monologue lyrique, et par quoi le remplace-t-elle ?

7. Quel effet produit la présence du garde, et en quoi rend-elle les propos d'Antigone encore plus pathétiques ?

Comparaison entre les quatre versions

8. Dans quel texte Antigone vous semble-t-elle le plus proche d'Hémon ? Justifiez.

9. Dans lequel de ces extraits Antigone vous semble-t-elle la moins sûre de son choix ? Justifiez.

10. Quel texte vous touche le plus et pourquoi ?

Lecture d'image

1. **a)** En quoi le costume d'Antigone évoque-t-il une tenue de mariée ? **b)** En relisant attentivement les extraits, expliquez le choix d'un tel costume.

2. En quoi le décor peut-il évoquer le tombeau ? Observez notamment les couleurs et cherchez ce qu'elles symbolisent traditionnellement.

3. Lors de la mise en scène, le plateau se relevait en s'inclinant peu à peu. À votre avis, quel est l'effet recherché sur le spectateur ?

4. Choisissez dans l'un des quatre extraits une citation qui pourrait servir de légende à cette photographie et justifiez votre choix.

Histoire des Arts

Œdipe et le Sphinx, de l'Antiquité au XXe siècle

▶ Comment l'épisode mythologique de la rencontre d'Œdipe et du Sphinx a-t-il été représenté à travers les siècles, et notamment au XXe siècle ?

1 Dans l'Antiquité

Œdipe et le Sphinx, coupe attique (détail) du Ve siècle av. J.-C. (musée du Vatican, Rome, Italie)

2 Au XIXe siècle

Jean-Auguste-Dominique Ingres, *Œdipe explique l'énigme du Sphinx*, 1808, huile sur toile, 189 x 144 cm (musée du Louvre, Paris)

À retenir

▶ L'épisode mythologique dans lequel Œdipe répond à l'énigme du Sphinx a beaucoup inspiré les artistes de l'Antiquité à nos jours. On le trouve par exemple sur des céramiques noires dans l'Antiquité **(doc. 1)**, une peinture de l'époque néo-classique **(doc. 2)**, une sculpture **(doc. 3)**, une peinture moderne **(doc. 4)**. D'une représentation à l'autre, l'interprétation de cet épisode change. Ainsi, certains artistes mettent en évidence le triomphe de l'intelligence et de la puissance de l'homme sur le monstre **(doc. 1, 2 et 3)** tandis que d'autres soulignent la dimension inquiétante du mythe d'Œdipe **(doc. 3)**.

ina

Sur notre site, un extrait d'*Œdipe roi* au festival d'Avignon et une interview de l'acteur principal.

100 % web

– Une page de synthèse sur ce thème
– Des liens vers des ressources complémentaires

3 Sculpture

François-Léon Sicard, *Œdipe et le Sphinx*, 1903, sculpture (bronze et marbre), 80,5 x 30 x 34 cm (musée d'Orsay, Paris)

4 Au XXe siècle

Giorgio de Chirico, *Œdipe et le Sphinx*, 1968, peinture, 90 x 70 cm (fondation de Chirico, Rome, Italie)

Questions

1. Que raconte le mythe d'Œdipe ? Faites une recherche documentaire sur cet épisode et résumez l'histoire en insistant sur la rencontre avec le Sphinx.
2. Comparez les différents supports matériels et techniques utilisés pour représenter la scène.
3. Relevez sur les documents les caractéristiques du Sphinx, monstre de la mythologie grecque.
4. **Doc. 2 et 3 :** Comment Œdipe est-il mis en valeur dans ces deux œuvres ?
5. **Doc. 1, 2 et 4 :** En quoi la posture d'Œdipe nous indique-t-elle qu'il réfléchit ?
6. **Doc. 3 :** Quelle qualité d'Œdipe est mise en valeur ici ? Comparez avec les autres documents et indiquez quel moment particulier du mythe est représenté dans cette sculpture.
7. **Doc. 4 :** Décrivez la tenue d'Œdipe. À votre avis, que représente la ville ?
8. **Doc. 4 :** En quoi le personnage d'Œdipe évoque-t-il la fragilité ?
9. **Doc. 2 et 4 :** En quoi le décor crée-t-il un climat angoissant ?
10. **Doc. 4 :** En quoi peut-on dire que cette représentation annonce de façon symbolique le destin d'Œdipe ?
11. Rédigez un paragraphe dans lequel vous expliquerez quelle représentation vous touche le plus et pourquoi.

Histoire des Arts

Pouvoir et image au XXe siècle

- Sur quels symboles les images de propagande s'appuient-elles et comment sont-ils détournés ?

1 Propagande pour Staline

Affiche de propagande pour le IVe Plan quinquennal (1946-1950) du régime soviétique

« La réalité de notre programme, ce sont les êtres humains, c'est nous et vous, c'est votre volonté de travailler, votre disponibilité à travailler d'une nouvelle façon, notre détermination à remplir le plan. »

2 Un dictateur tourné en dérision

Le Dictateur, réalisé par Charlie Chaplin, 1940

3 Les chars sur la place de Tian'Anmen, Chine, 1989

Photographie de Jeff Widener, 1989

Sur notre site, trois vidéos INA : une sur l'histoire de la propagande, une autre sur *Le Dictateur* de Chaplin, et une dernière sur les manifestations à Tian'Anmen vues par un journal télévisé français en 1989.

100 % web

- Une page de synthèse sur ce thème
- Des liens vers des ressources complémentaires

4 Destruction de la statue de Saddam Hussein, Irak, 2003

Première de couverture du *Daily News* du 10 avril 2003

À retenir

- **Antigone incarne la résistance face au tyran tout-puissant.** Ce mythe a trouvé une grande résonance au XXe siècle, qui a connu de nombreux régimes autoritaires.
- Les régimes autoritaires s'appuient sur une forte propagande qui magnifie le chef auprès de la population. Les innombrables représentations officielles mettent en avant les qualités supposées du chef ainsi que son lien étroit avec le peuple **(doc. 1)**. Le chef du régime autoritaire est également caractérisé par la force militaire qui l'appuie **(doc. 3)**. Il est représenté entouré de symboles, qui peuvent faire l'objet de critiques de la part des opposants, qui les détournent de leur sens premier **(doc. 2)**, les détruisent **(doc. 4)**, ou opposent aux symboles du pouvoir autoritaire une autre forme d'autorité **(doc. 3)**.

Questions

1. **Doc. 1 :** Quels éléments mettent en valeur le personnage de Staline ? Appuyez-vous sur la mise en page de l'affiche, l'angle de prise de vue, et les proportions entre les différents personnages.
2. **Doc. 1 :** Dans quelle position Staline a-t-il choisi de se faire représenter, et pourquoi ?
3. **Doc. 1 :** Quel sentiment distingue-t-on sur les premiers visages dans la foule ? Expliquez.
4. **Doc. 1 :** En vous aidant du paratexte, dites ce que symbolise la couleur rouge, couleur dominante de cette affiche.
5. **Doc. 2 :** *Le Dictateur* de Charlie Chaplin est une parodie du régime nazi. Relevez sur le document les éléments qui évoquent un cadre de propagande.
6. **Doc. 2 :** En quoi la posture du dictateur est-elle en contradiction avec ces éléments ? Appuyez-vous pour répondre sur le portrait de Staline.
7. **Doc. 3 :** Que symbolisent les chars ?
8. **Doc. 3 :** Quelle image cela donne-t-il du pouvoir ? Justifiez en vous appuyant sur la confrontation entre les deux forces en présence.
9. **Doc. 4 :** Relevez les éléments qui, dans la statue de Saddam Hussein, vous font penser au portrait de Staline.
10. **Doc. 4 :** En quoi la destruction de la statue vous paraît-elle un geste fort lors de la chute du régime ? (Vous pouvez comparer avec la chute de la statue de Lénine dans le film *Good Bye Lenin!*, film allemand réalisé par Wolfang Becker en 2003.)
11. Dégagez les caractéristiques communes aux représentations officielles des dictateurs : quelles qualités supposées mettent-elles en évidence ?
12. Retrouvez dans le chapitre la photographie de mise en scène qui présente Créon dans une posture similaire à celle de Staline et Saddam Hussein.
13. **Synthèse :** À partir des documents, rédigez deux paragraphes construits et argumentés, en vous appuyant sur les analyses ci-dessus, dans lesquels vous expliquerez les traits communs aux représentations des dictateurs et les moyens utilisés pour critiquer ces représentations et faire acte de résistance.

Synthèse

La tragédie de l'Antiquité à nos jours

La naissance de la tragédie

- La tragédie a une origine religieuse : elle est liée au culte de Dionysos, dieu du vin et du théâtre. Elle constitue à l'origine un véritable spectacle, dans lequel la musique tient un rôle important, notamment grâce au chœur qui chante et danse.
- Les trois grands auteurs de tragédies grecques, Eschyle, Sophocle et Euripide, ont vécu à Athènes au Ve siècle avant Jésus-Christ, à une époque où se développe la démocratie. Le théâtre a alors pour visée d'éduquer les citoyens, de les pousser à réfléchir sur des questions religieuses, politiques **(Textes et Images 3)** et philosophiques, sur la fatalité, la fragilité de l'homme face aux dieux et au destin **(Textes et Images 1)** ; il célèbre aussi la beauté de l'humanité **(Textes et Images 4)**.
- Les tragédies grecques s'appuient sur des mythes anciens et bien souvent sur des histoires de famille, comme celle des Labdacides (Œdipe et l'histoire de ses enfants, comme Antigone), ou celle des Atrides (Agamemnon, son épouse Clytemnestre, leurs enfants, Iphigénie, Électre, Oreste), liée cette fois à la guerre de Troie. À cette époque, il ne s'agit donc pas d'inventer ni de surprendre : les spectateurs viennent voir représenter sur scène des histoires qu'ils connaissent bien.

La tragédie classique du XVIIe siècle

- Les mythes grecs connaissent à nouveau un grand succès dans la littérature et les arts à partir de la naissance de l'humanisme et de la Renaissance (XVIe siècle), puis à l'époque classique où la tragédie redevient très à la mode. En effet, les tragédiens classiques vont généralement puiser leurs sujets dans la mythologie antique. Par exemple, c'est avec *La Thébaïde* (l'histoire des luttes entre Étéocle et Polynice, les deux frères d'Antigone) que Jean Racine débute sa carrière de dramaturge en 1664. Une grande partie de ses tragédies, *Andromaque*, *Iphigénie*, *Phèdre*, seront inspirées de tragédies antiques.

La tragédie au XXe siècle

- Au XXe siècle, des auteurs français comme Jean Giraudoux (*La guerre de Troie n'aura pas lieu*, 1935 ; *Électre*, 1937), Jean Cocteau (*Antigone*, 1922 ; *La Machine infernale* sur Œdipe, 1932), et Jean Anouilh, mais aussi allemands comme Bertolt Brecht (*Antigone*, 1948), reprennent à nouveau les mythes grecs, en les adaptant généralement à leur époque **(Textes et Images 2)**. Ils provoquent ainsi la surprise grâce au décalage entre des sujets tirés de l'Antiquité et des personnages qui nous semblent souvent contemporains, et montrent que les grands mythes antiques sont intemporels et qu'ils permettent de réfléchir à des questions très actuelles. Ainsi, *La guerre de Troie n'aura pas lieu* fait référence à l'entre-deux-guerres ; *Antigone* d'Anouilh évoque de façon ambiguë l'occupation allemande et la Résistance **(Textes et Images 3)**. Les dramaturges cherchent à exprimer le tragique de la condition humaine au XXe siècle marqué par les deux guerres mondiales, mais également les aspirations des hommes et leurs espérances **(Textes et Images 4)**. Dans un monde qui semble tellement instable, ils vont puiser aux sources antiques pour les adapter au monde moderne, montrant ainsi que les grandes interrogations de l'homme sont finalement toujours les mêmes **(Textes et Images 5)**.

Exercices

Lexique

1 **a) Faites une recherche au CDI (dictionnaire, encyclopédie, Internet, livre sur le théâtre dans l'Antiquité, etc.) et complétez le texte ci-dessous avec les mots suivants : *catharsis*, *chœur*, *hybris* (démesure), *proskénion*, *coryphée*, *orchestre*, *masques*, *gradins*, *dramaturges*.**

La tragédie grecque antique était représentée dans un théâtre antique. Les ... participaient à des concours de tragédies ou de comédies organisés par la cité. Les spectateurs sont assis sur les ... . Les personnages jouent sur la ... ; ils portent des ... . Le ... chante et danse dans l'... ; il est mené par le ... . La tragédie a pour rôle de purifier les passions des spectateurs en provoquant la crainte et la pitié : c'est la ... . Souvent, la tragédie grecque met en scène les catastrophes causées par l'... des hommes.

b) Situez les éléments *proskénion*, *gradins*, *orchestre*, sur la photographie du théâtre de Dodone.

Le théâtre de Dodone près d'Ioánnina en Épire, au nord de la Grèce, construit au IIIe siècle av. J.-C.

2 **Évolution d'un mot : de la cité antique à nos cités modernes. a) Associez chaque définition du mot *cité* (phrases *a* à *d*) à un ou plusieurs exemples (phrases 1 à 5).**

a. Territoire dont les habitants se gouvernaient par leurs propres institutions religieuses et politiques.
b. Se dit parfois de la partie la plus ancienne d'une ville, comprenant la place principale, l'église.
c. Groupe de maisons ou immeubles formant un ensemble clos à l'intérieur d'une ville, ou ayant même destination.
d. Banlieue d'une grande ville.

1. À Paris, la mairie a décidé d'interdire la circulation des cars touristiques sur l'île de la Cité.
2. L'extension de la cité ouvrière, suite à l'exploitation de la mine, nécessitait la construction de plus larges avenues.
3. La cité athénienne a connu son apogée au Ve siècle avant Jésus-Christ.
4. Les associations ont un rôle essentiel pour lutter contre le fort taux de chômage des jeunes de la cité.
5. Une série de conférences à l'occasion du bicentenaire de la naissance de Victor Hugo se tiendra à la cité universitaire.

b) Quels mots de la même famille de mots que *cité* connaissez-vous ? Employez chacun de ces mots dans une phrase de votre choix. Dans quels domaines utilise-t-on ces termes ?

3 **Origine grecque des mots : l'anachronisme.**

1. **Anachronisme :** définissez ce mot à partir de son étymologie, que vous chercherez dans un dictionnaire.
2. Proposez quelques phrases extraites de la pièce d'Anouilh où il y a anachronisme.
3. « *LA NOURRICE* (à Antigone). – *Tiens, te voilà un bon café et des tartines, mon pigeon. Mange...* » Repérez les anachronismes dans cette réplique, en précisant l'effet provoqué chez le lecteur.

4 ***Anti-* et *ante-* : deux préfixes à ne pas confondre.**

Le préfixe *ante-/anti-* est présent dans la composition de nombreux mots français. *Ante-*, qui vient du latin, signifie « avant » et *anti-*, qui vient du grec, signifie « contre ».

Vous classerez les mots suivants en deux séries, selon qu'ils expriment l'idée d'antériorité ou bien d'opposition, de protection contre quelque chose.

1. Antivol. 2. Anticiper. 3. Antichambre. 4. Antibrouillard. 5. Antidépresseur. 6. Antédiluvien. 7. Antidérapant. 8. Antécédent. 9. Antidater. 10. Anticonformiste.

5 **a) Définissez les mots *antagoniste* et *protagoniste* selon leur étymologie.**
b) Quel sens a la racine grecque *agon* ?

Aidez-vous d'un dictionnaire ou d'Internet.

6 **Le champ lexical de la rébellion et du compromis : utilisez les mots suivants pour décrire l'opposition entre les différents personnages dans *Antigone* d'Anouilh.**

Rebelle – révolte – transgresser – rejeter – refuser – réfuter – intransigeant – intègre – soumission – servile – s'incliner – compromis – concession – transiger.

Expression écrite

Exercices

1 Écrire un prologue. *(Textes et Images 1)*

À la manière du prologue d'Anouilh, imaginez le début d'une pièce de théâtre.
Vous vous inspirerez de la photographie ci-dessous.
Vous commencerez par : « *Voilà. Ces personnages vont vous jouer l'histoire de...* »
Vous pouvez vous aider de la leçon de grammaire n° 25.

2 Écrire une scène théâtrale. *(Textes et Images 2)*

– Imaginez une scène de théâtre dans laquelle un personnage de votre choix a pris une décision importante (arrêter ses études, faire une fugue, rompre avec une personne aimée, etc.) ; il s'adresse à un proche qui tente de le dissuader.
– Votre première réplique sera : « *Écoute. J'ai bien réfléchi.* »
– Vous présenterez votre texte sous forme d'un dialogue théâtral sans oublier d'insérer quelques didascalies.
– Le dialogue fera apparaître l'opposition des caractères et des points de vue.

3 Retranscrire un texte narratif en scène théâtrale.

Dans le texte ci-dessous, extrait du roman Antigone *d'Henri Bauchau, Antigone est la narratrice. Elle se prépare à enterrer son frère Polynice. Elle vient de découvrir qu'Ismène attend un enfant :*

J'interroge :
« Tu attends un enfant ? »
Elle ne répond pas mais ses yeux, un peu effrayés, disent oui.
« Tu l'aimes, tu le veux ? » Je n'ai pas besoin qu'elle me réponde car tout son corps dit oui. Il y a entre nous, mêlé à notre tristesse, à notre colère, un moment de joie profonde. La décision est immédiate :
« J'irai seule, il faut que ton enfant vive. »
Ismène tente de refuser, elle pleure, mais nous savons toutes les deux que j'ai raison et j'embrasse avec respect le ventre harmonieux, le dernier espoir de notre famille menacée.

Henry Bauchau, *Antigone*, 1997, Éditions Actes Sud Babel

– Vous retranscrirez ce passage sous forme de scène théâtrale, en imaginant la discussion entre les deux sœurs.
– Vous veillerez à la mise en page du dialogue et intégrerez des indications scéniques.
Vous pouvez vous aider de la leçon de grammaire n° 25.

4 Écrire une lettre.

Imaginez la lettre qu'Antigone prisonnière aurait eu le temps d'écrire à sa nourrice. La jeune fille exprimera dans une partie les sentiments qu'elle éprouve quelques minutes avant de mourir et dans une autre partie justifiera ses actes. Elle achèvera sa lettre par des paroles réconfortantes pour sa nourrice.

Vous pouvez auparavant relire la scène située au début de la pièce d'Anouilh, entre Antigone et sa nourrice.

5 Adopter un autre point de vue. *(Textes et Images 5)*

À partir du dialogue entre Antigone et le garde dans la pièce d'Anouilh (p. 174) : le garde rentre le soir chez lui et raconte à sa femme la scène à laquelle il a assisté, en lui relatant comment Antigone, sur le point de mourir, lui a dicté une lettre.
Vous écrirez cette scène sous forme de scène de théâtre, en intégrant des didascalies. Vous tiendrez compte des caractéristiques du garde (caractère et langage).

Aidez-vous des leçons de grammaire nos 25 et 27.

Électre de Sophocle, mise en scène de Philippe Calvario, Brest, 2006

Exercices

Expression orale

1 Résumer une pièce de théâtre et exprimer un avis argumenté.

Préparez un compte-rendu de lecture d'*Antigone* d'Anouilh et exposez-le en classe à l'oral, en veillant à vous détacher de vos notes le plus possible, et à être compréhensible.
Donnez votre propre avis sur la pièce, en argumentant et en citant certains passages de la pièce, puis engagez le dialogue avec vos camarades : sont-ils d'accord avec vous ? Avez-vous réussi à convaincre ?

2 Mettre en scène un monologue et intégrer des didascalies.

a) Jouez en classe le prologue d'*Antigone* d'Anouilh. Quelles difficultés rencontrez-vous par rapport à la lecture des dialogues ?
b) Complétez ensuite le texte avec les didascalies qui vous semblent appropriées (déplacements du prologue sur scène, gestes, ton).
c) Rejouez alors le texte en tenant compte de vos didascalies.

3 Mettre en scène.

Mettez en scène les deux extraits proposés dans le « *Textes et Images 2* ». Attachez-vous surtout aux déplacements sur la scène pour exprimer les relations entre les deux sœurs : recherchez comment exprimer l'opposition chez Sophocle, l'affection chez Anouilh, par les déplacements.
Ensuite, demandez aux « spectateurs » si votre mise en scène permet de bien comprendre les relations entre les deux sœurs dans chaque pièce.

4 Jouer une scène de théâtre de façon expressive.

a) Jouez en classe la scène entre Antigone et le garde *(Textes et Images 5, p. 174)*, puis les adieux d'Antigone chez Sophocle, Cocteau, Brecht, en cherchant à rendre les émotions par des gestes, des intonations, etc.

b) Quelles émotions provoque chacun de ces passages ?

5 Débat.

Tragédie et politique : Chez Anouilh, Créon veut maintenir à tout prix l'ordre de la cité, alors qu'Antigone revendique le droit de désobéir pour respecter d'autres lois. Organisez un débat dans la classe. Pourquoi est-il nécessaire que les hommes respectent des lois ? Désobéir peut-il se justifier dans certains cas ? Vous pouvez vous appuyer sur des exemples de votre choix.

6 Exposé.

Faites une recherche sur l'histoire d'Œdipe et présentez-la en classe (vous pouvez vous appuyer sur des supports iconographiques). Vous présenterez les principales étapes de sa vie : sa naissance, ses épreuves, la fin de sa vie, sa descendance.

À lire et à voir

D'autres pièces de Jean Anouilh

- *Le Voyageur sans bagages*, 1937. Un soldat amnésique après la Première Guerre mondiale.
- *La Répétition ou l'amour puni*, 1947. Le théâtre dans le théâtre...
- *L'Alouette*, 1953. Une héroïne proche d'Antigone : Jeanne d'Arc.

Théâtre et mythologie

- Jean Cocteau, *Antigone*, 1922 (écriture difficile). *La Machine infernale*, 1934. Le mythe d'Œdipe.
- Jean Giraudoux, *Amphitryon 38*, 1929. La naissance légendaire du demi-dieu Hercule. *La guerre de Troie n'aura pas lieu*, 1935 (écriture difficile). Juste avant la guerre de Troie...

Romans pour la jeunesse sur l'Antiquité grecque et romaine

- Jean Séverin, *Le Soleil d'Olympie*, 1967. Amour et aventures aux temps des Jeux Olympiques antiques.
- Marie-Thérèse Davidson, *Œdipe le maudit*, 2003. L'histoire d'Œdipe en roman policier.

Cinéma et mythologie

- Don Chaffey, *Jason et les Argonautes*, 1963. Jason en quête de la toison d'or.
- Wolfgang Petersen, *Troie*, 2004. Superproduction américaine qui revisite le mythe de la guerre de Troie.
- Louis Leterrier, *Le Choc des Titans*, 2010. Les dieux de l'Antiquité à l'ère numérique.

Créon et Hémon

Le roi Créon a appelé les gardes, mettant un terme à l'échange conflictuel entre Antigone et lui, et condamnant du coup la jeune fille à mort pour avoir transgressé la loi.

HÉMON, *entre en criant.* – Père !

CRÉON, *court à lui, l'embrasse.* – Oublie-la, Hémon ; oublie-la, mon petit.

HÉMON. – Tu es fou, père. Lâche-moi.

CRÉON, *le tient plus fort.* – J'ai tout essayé pour la sauver, Hémon. J'ai tout essayé, je te le jure. Elle ne t'aime pas. Elle aurait pu vivre. Elle a préféré sa folie et la mort.

HÉMON, *crie, tentant de s'arracher à son étreinte.* – Mais, père, tu vois bien qu'ils l'emmènent ! Père, ne laisse pas ces hommes l'emmener !

CRÉON. – Elle a parlé maintenant. Tout Thèbes sait ce qu'elle a fait. Je suis obligé de la faire mourir.

HÉMON, *s'arrache de ses bras.* – Lâche-moi !

Un silence. Ils sont l'un en face de l'autre. Ils se regardent.

LE CHŒUR, *s'approche.* – Est-ce qu'on ne peut pas imaginer quelque chose, dire qu'elle est folle, l'enfermer ?

CRÉON. – Ils diront que ce n'est pas vrai. Que je la sauve parce qu'elle allait être la femme de mon fils. Je ne peux pas.

LE CHŒUR. – Est-ce qu'on ne peut pas gagner du temps, la faire fuir demain ?

CRÉON. – La foule sait déjà, elle hurle autour du palais. Je ne peux pas.

HÉMON. – Père, la foule n'est rien. Tu es le maître.

CRÉON. – Je suis le maître avant la loi. Plus après.

HÉMON. – Père, je suis ton fils, tu ne peux pas me la laisser prendre.

CRÉON. – Si, Hémon. Si, mon petit. Du courage. Antigone ne peut plus vivre. Antigone nous a déjà quittés tous.

HÉMON. – Crois-tu que je pourrai vivre, moi, sans elle ? Crois-tu que je l'accepterai, votre vie ? Et tous les jours, depuis le matin jusqu'au soir, sans elle. Et votre agitation, votre bavardage, votre vide, sans elle.

CRÉON. – Il faudra bien que tu acceptes, Hémon. Chacun de nous a un jour, plus ou moins triste, plus ou moins lointain, où il doit enfin accepter d'être un homme. Pour toi, c'est aujourd'hui... Et te voilà devant moi avec ces larmes au bord de tes yeux et ton cœur qui te fait mal – mon petit garçon, pour la dernière fois... Quand tu te seras détourné, quand tu auras franchi ce seuil tout à l'heure, ce sera fini.

JEAN ANOUILH, *Antigone*, 1946 © Éditions de la Table Ronde

Première partie : Questions, réécriture, dictée (25 points)

Questions (15 points)

C1 ▸ – Tous les items du domaine « Lire ».
– Les items 2 et 3 du domaine « Écrire ».
C5 ▸ Les items 1 et 3 du domaine « Faire preuve de sensibilité, d'esprit critique, de curiosité ».

▸ La situation d'énonciation

1. Quelles caractéristiques font de ce texte un texte théâtral ? **(2 points)**

2. Quel lien unit les deux personnages ? Vous justifierez votre réponse en vous appuyant sur le texte. **(1,5 point)**

3. « *Lâche-moi !* » (l. 9)
« *Oublie-la* » (l. 2)
a. Nommez le mode verbal qui exprime la tension entre Hémon et Créon au début de la scène. **(0,5 point)**
b. Comment appelle-t-on ce type de phrases ? **(0,5 point)**

▸ Le vouloir et le pouvoir

4. Donnez trois différentes raisons qu'invoque Créon pour ne pas sauver Antigone. **(1,5 point)**

5. « *Ils diront que ce n'est pas vrai* » (l. 13). À qui renvoit ce « *ils* » ? De quelle manière ces personnes influencent-elle la décision de Créon ? **(2 points)**

6. Relevez plusieurs répétitions dans le passage entre Créon et le chœur et expliquez leur effet. **(1 point)**

7. « *Je suis le maître avant la loi. Plus après.* » (l. 18)
a. Reformulez la deuxième phrase en passant d'une phrase non verbale à une phrase verbale.
b. En observant vos deux phrases, que repérez-vous ? Comment nomme-t-on cette figure de style ? **(1,5 point)**

▸ La fin des illusions

8. Au cours de la scène, Créon est partagé entre deux attitudes à l'égard de son fils. Quelles sont-elles ? Justifiez en prenant appui notamment sur la dernière réplique. **(2 points)**

9. Quel sentiment exprime la dernière réplique de Hémon ? **(1 point)**

10. Que signifie concrètement *le seuil* d'une maison ? Que symbolise « *le seuil* » (l. 28) que va franchir Hémon ? **(1,5 point)**

Réécriture (4 points)

C1 ▸ – Les items 1, 3 et 5 du domaine « Lire ».
– Les items 1, 3 et 4 du domaine « Écrire ».

Réécrivez le passage : « *Et te voilà, devant moi avec ces larmes...* » à « *ce sera fini* » (l. 26 à 29) en remplaçant la 2e personne du singulier par la 3e personne du pluriel.

Dictée (6 points)

C1 ▸ – L'item 2 du domaine « Écrire ».

Les dictées des brevets blancs sont regroupées en fin de manuel, p. 368 à 370.

Seconde partie : Expression écrite (15 points)

C1 ▸ – L'item 5 du domaine « Lire ».
– Les items 2, 3 et 4 du domaine « Écrire ».
C5 ▸ L'item 2 du domaine « Lire et pratiquer différents langages ».

Vous traiterez <u>**au choix**</u> l'un des deux sujets suivants. Votre texte aura une longueur de deux pages minimum.

▸ Sujet 1

Eurydice, la femme de Créon, a entendu la fin de l'échange et vu Hémon quitter la salle du palais, en proie au désespoir. Restée seule avec Créon, elle lui demande d'abord la raison du comportement de son fils puis tente de le convaincre de libérer Antigone.

Votre dialogue, construit comme un texte de théâtre, comprendra une partie narrative puis une partie argumentative. Vous penserez à intégrer des didascalies et un ou deux apartés.

▸ Sujet 2

« *Chacun de nous a un jour, plus ou moins triste, plus ou moins lointain, où il doit enfin accepter d'être un homme.* » dit Créon à son fils (l. 25-26).
Selon vous, que signifie « *devenir adulte* » ? Vous proposerez une réponse organisée, qui s'appuiera sur au moins quatre arguments illustrés d'exemples tirés de votre propre expérience ou observés dans votre entourage.

Pour chacun des sujets, il sera tenu compte de la correction de l'expression, de l'orthographe et de la présentation.

Retrouvez un second brevet blanc sur *Antigone* d'Anouilh
en vous connectant sur *www.lelivrescolaire.fr*.

Socle commun

Compétences plus précisément travaillées dans ce chapitre

	Items du livret des compétences	Mise en application des items
C1	**Lire**	
	Adapter son mode de lecture à la nature du texte proposé et à l'objectif poursuivi.	Lire une œuvre intégrale. Relire les extraits du chapitre en se focalisant sur un personnage, sur des registres (comique et tragique), sur les caractéristiques de la tragédie *(Liaison 3e-2nde)*.
	Manifester par des moyens divers sa compréhension de textes variés.	Débattre en prenant appui sur les extraits étudiés ; ajouter des didascalies à une scène ; mettre en scène de manière pertinente et jouer des extraits de théâtre *(Expression orale)*.
	Écrire	
	Rédiger un texte bref, cohérent et ponctué, en réponse à une question ou à partir de consignes données.	Écrire en changeant de point de vue narratif ; retranscrire un texte narratif en scène théâtrale *(Expression écrite)*.
	Dire	
	Développer de façon suivie un propos en public sur un sujet déterminé.	Présenter oralement le fruit de ses recherches ; exprimer un avis argumenté sur un sujet donné *(Expression orale)*.
C5	**Avoir des connaissances et des repères**	
	Relevant de la culture littéraire : œuvres littéraires du patrimoine.	Avoir des connaissances sur l'origine et l'évolution de la tragédie *(Synthèse)*.
	Situer dans le temps, l'espace, les civilisations	
	Établir des liens entre les œuvres (littéraires, artistiques) pour mieux les comprendre.	Comparer la pièce de Sophocle et ses réécritures modernes. Comparer différentes représentations artistiques de la rencontre entre Œdipe et le Sphinx *(Histoire des arts 1)*.
	Lire et pratiquer différents langages	
	Connaître et pratiquer diverses formes d'expression à visée littéraire.	Écrire des scènes de théâtre, une lettre *(Expression écrite)*.
	Faire preuve de sensibilité, d'esprit critique, de curiosité	
	Être capable de porter un regard critique sur un fait, un document, une œuvre.	Sur des œuvres de propagande *(Histoire des arts 2)* ; sur les textes étudiés *(Liaison 3e-2nde)*.
C6	**Connaître les principes et fondements de la vie civique et sociale**	
	Principaux droits de l'Homme et du citoyen.	Réfléchir au rôle des lois, aux notions de désobéissance et de liberté *(Expression orale, ex. 3)*.
	Connaître les fondements de la démocratie politique.	Réfléchir à la notion de démocratie à partir d'*Antigone* et à partir d'œuvres de propagande *(Histoire des arts 2)*.
C7	**Être capable de mobiliser ses ressources intellectuelles dans diverses situations**	
	Être autonome dans son savoir ; rechercher et sélectionner des informations utiles.	Effectuer des recherches sur l'histoire d'Œdipe *(Expression orale, ex. 4)*.
	Faire preuve d'initiative	
	S'intégrer et coopérer dans un projet collectif.	Mettre en scène à plusieurs *(Expression orale)*.

Compétence 4 et B2i

Les items travaillés sont précisés dans chaque activité.

100 % web

▶ **L'arrestation d'Antigone**
Visionner l'arrestation d'Antigone avec le texte de la scène, puis enrichir ce texte avec d'autres didascalies.

▶ **Une entrée dans le mythe**
Répondre à un questionnaire sur une mise en scène filmée et justifier soit par le texte soit par l'image.

▶ **Spectateur, es-tu là ?**
À l'aide de l'outil de surlignage, distinguer différentes situations de communication dans les échanges entre les personnages et définir la notion de double énonciation.

Exercices

1 Vers le commentaire de texte *(Textes et Images 1)*.

En vous appuyant sur vos réponses au questionnaire, vous construirez un commentaire de ce texte, en trois paragraphes.
Vous commencerez par montrer l'originalité du début de la pièce, puis vous étudierez comment sont présentés les personnages ; enfin, vous montrerez que ce texte présente une dimension tragique.

2 Analyser les registres.

À partir de l'extrait d'*Antigone* d'Anouilh dans le « *Textes et Images 5* », vous montrerez comment Anouilh mêle registre comique et registre tragique, et vous vous interrogerez sur l'effet produit sur le lecteur.

3 Débattre et argumenter.

Antigone décide de mourir au nom d'un idéal, alors que Créon lui conseille de faire des compromis pour vivre heureuse. Quelle position vous semble préférable ? Vous vous appuierez sur les arguments proposés dans la pièce d'Anouilh, mais aussi sur des exemples tirés de votre culture personnelle (lecture, Histoire, films, etc.). Vous pouvez aussi faire référence à la conception de l'homme telle qu'elle est évoquée chez Sophocle.

4 Comparer deux personnages.

En vous appuyant sur les pages « *Textes et Images* » 1 (prologue d'Anouilh), 2 (textes de Sophocle et d'Anouilh) et 3 (texte d'Anouilh), vous indiquerez quelles transformations a subies le personnage de Créon de Sophocle à Anouilh.
Vous pouvez étudier la façon dont il gouverne et se représente sa fonction de roi, ainsi que son comportement envers Antigone. Vous construirez un texte structuré et argumenté, en faisant référence aux textes.
Aidez-vous des questionnaires sur le texte et de la leçon de grammaire n° 31.

5 Exercice de synthèse.

Quelles caractéristiques de la tragédie trouve-t-on dans *Antigone* d'Anouilh ?
Vous répondrez à cette question de manière organisée, en intégrant des citations d'Anouilh.
Vous vous aiderez des idées suivantes :
– La tragédie met en scène des personnages exceptionnels, nobles (famille et moralité) *(Textes et Images 1 et 4)*.
– La tragédie met en valeur la fatalité *(Textes et Images 1)* : les personnages ne peuvent échapper à leur destin.
– La tragédie met en scène des personnages qui doivent prendre des décisions, choisir d'accomplir leur devoir, même au prix de leur vie *(Textes et Images 2)*.
– La tragédie met en scène des débats politiques, ou portant sur le sens de la vie *(Textes et Images 2, 3, 4)*.
– La tragédie utilise le registre pathétique *(Textes et Images 5)*.

6 Exprimer un avis nuancé.

À votre avis, reprendre un mythe de l'Antiquité est-il un moyen efficace de parler du monde contemporain ? Vous donnerez votre avis en vous appuyant sur les textes du chapitre dans une première partie, puis vous nuancerez cet avis dans une deuxième partie.

Propositions de lecture pour la Seconde

Les trois tragédiens grecs

- Eschyle, Sophocle et Euripide.

La tragédie à l'époque classique

- Corneille, *Horace*, 1640. Un épisode de l'histoire romaine : une guerre fratricide entre deux familles.
- Racine, *Iphigénie*, 1674. *Andromaque*, 1667. Amour et sacrifice aux temps de la guerre de Troie.

Tragédies modernes

- Jean-Paul Sartre, *Les Mouches*, 1943. Le mythe d'Oreste et d'Électre.
- Jean Genet, *Les Bonnes*, 1947 (scènes de violence). Maîtres et domestiques au XXe siècle.
- Bernard-Marie Koltès, *Combat de nègre et de chiens*, 1979. L'histoire tragique d'un homme noir et d'une femme blanche, dans un pays d'Afrique.
- Henry Bauchau, *Antigone*, 1997 (roman). Le mythe d'Antigone raconté par elle-même.

Pour approfondir vos recherches sur la tragédie grecque et sur la mythologie

- Edith Hamilton, *La Mythologie. Ses dieux, ses héros, ses légendes*. 1997.

8 Duos ? Duels ? Des confrontations au théâtre du XVIe siècle au XXe siècle

Comprendre que même si les formes théâtrales changent au cours des siècles, les thèmes sont récurrents
Découvrir des grandes œuvres du patrimoine et s'initier au théâtre contemporain

Marivaux, *Le Jeu de l'amour et du hasard*, mise en scène d'Alfredo Arias, théâtre de la Commune, Aubervilliers, 1987

Sur notre site, *Le Jeu de l'amour et du hasard* adapté à la télévision par Marcel Bluwal (1967).

Lecture d'image

1. Décrivez cette image avec précision. Qu'est-ce qui vous surprend le plus ?

2. Marivaux est un dramaturge du XVIIIe, Alfredo Arias un metteur en scène né en 1944 : selon vous, Alfredo Arias a-t-il pris le parti de proposer une mise en scène traditionnelle (« classique »), ou une mise en scène moderne ? Nuancez votre réponse et justifiez par des éléments précis.

3. **a)** Trouvez un nom et un verbe de la même famille que le mot *singe*, et dites ce qu'ils signifient. **b)** En latin, *singe* se dit *simius*: trouvez le plus de mots (français) possible formés sur le radical *sim-*. **c)** À partir de vos réponses aux questions précédentes, essayez d'expliquer ce que peuvent symboliser les masques que portent les acteurs.

4. Faites une recherche sur la *Commedia dell'Arte*. Quels liens pouvez-vous établir entre cette image et les informations recueillies ?

William Shakespeare (1564-1616) est l'auteur le plus célèbre du théâtre anglais, et sans doute mondial. On lui attribue plus de 37 pièces qui mêlent les styles et les registres avec génie. *Macbeth* (1605) appartient à la phase la plus sombre de son œuvre avec *Hamlet* (1600).

Mari et femme

L'action se déroule à Inverness, au nord du royaume d'Écosse, devant le château de Macbeth. Lady Macbeth vient de lire une lettre dans laquelle son époux lui conte son entrevue avec trois sorcières (Acte I, scène 3). Dans une prophétie, elles ont annoncé à Macbeth qu'il deviendrait roi. Nous assistons à la première rencontre entre les époux alors que l'arrivée de Duncan, l'actuel roi d'Écosse, est annoncée.

LADY MACBETH. – Le corbeau lui-même s'est enroué à croasser l'entrée fatale de Duncan[1] sous mes créneaux. Venez, venez, esprits qui assistez les pensées meurtrières! Débarrassez-moi de mon sexe[2]! et de la tête aux pieds, remplissez-moi toute de la plus atroce cruauté; épaississez mon sang; fermez en moi tout accès, tout passage à la pitié. Qu'aucun retour compatissant de la nature n'ébranle ma volonté farouche et ne s'interpose entre elle et l'exécution! Venez à mes seins de femme, prendre mon lait changé en fiel, vous, ministres du meurtre, quel que soit le lieu où, invisibles substances, vous présidiez aux crimes de la nature. Viens, nuit épaisse, et enveloppe-toi de la plus sombre fumée de l'enfer : que mon couteau aigu ne voie pas la blessure qu'il va faire; et que le ciel perçant le linceul des ténèbres ne puisse me crier : « Arrête! arrête! »

Entre Macbeth.

Grand Glamis! noble Cawdor[3]! plus grand que tout cela par le salut prophétique! Ta lettre m'a transportée au-delà de ce présent ignorant, et je ne sens plus en cet instant que l'avenir.

MACBETH. – Mon cher amour, Duncan arrive ici ce soir.

LADY MACBETH. – Et quand repart-il?

MACBETH. – Demain... C'est son intention.

LADY MACBETH. – Oh! jamais le soleil ne verra ce demain!... Votre visage, mon thane[3], est comme un livre où les hommes peuvent lire d'étranges choses. Pour tromper le monde, paraissez comme le monde : ayez la cordialité dans le regard, dans le geste, dans la voix; ayez l'air de la fleur innocente, mais soyez le serpent qu'elle cache... Occupons-nous de celui qui vient; et laissez-moi la charge de la grande affaire de cette nuit, qui, pour toutes les nuits et tous les jours à venir, nous assurera une autocratie souveraine et l'empire absolu.

MACBETH. – Nous en reparlerons.

LADY MACBETH. – Ayez seulement le front serein : changer de visage prouve qu'on a peur. Pour le reste, laissez-moi faire.

Ils sortent.

William Shakespeare, *Macbeth*, Acte I, scène 5, 1606, traduction François-Victor Hugo, in *Œuvres complètes*

1 Le roi d'Écosse.
2 Débarrassez-moi de ma nature féminine.
3 Titre de noblesse écossais. Macbeth vient d'hériter du titre de thane de Cawdor, après l'exécution de Cawdor pour haute trahison.

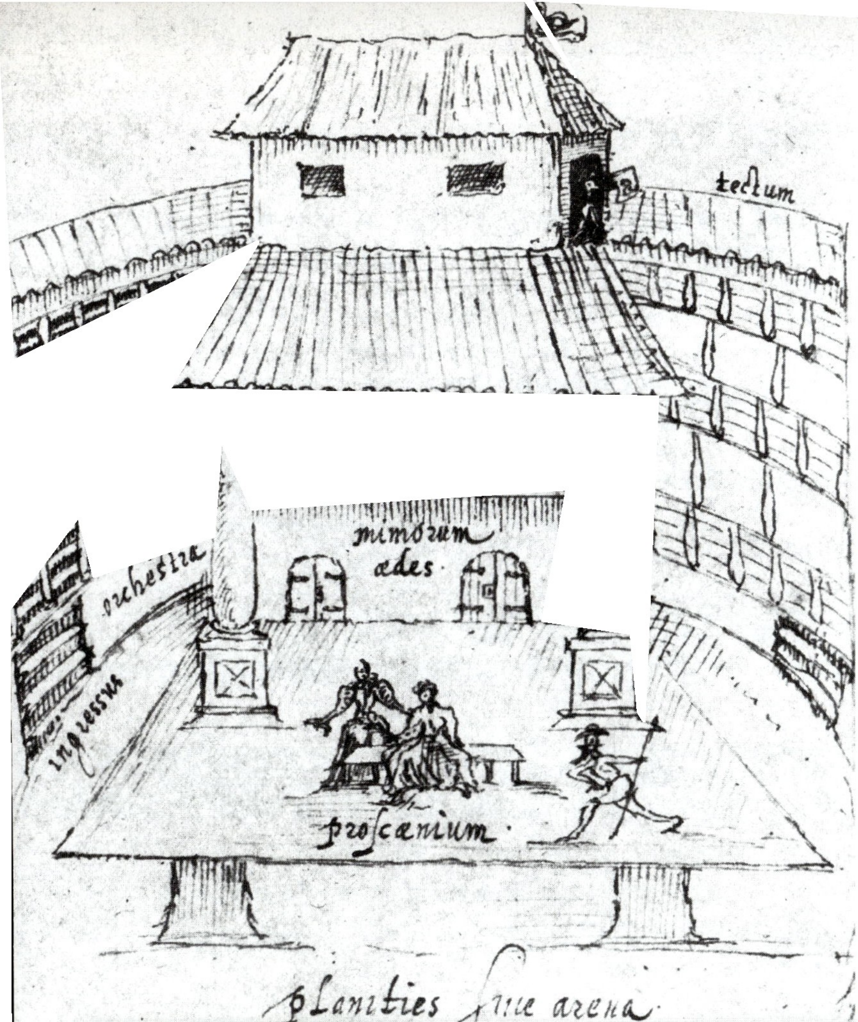

Un théâtre de l'époque de Shakespeare
The Swan Theatre, célèbre théâtre construit en 1594 à Londres

Shakespeare y aurait joué plusieurs fois avec sa troupe.

À retenir

- Le **théâtre élisabéthain** se développe en Angleterre sous le règne d'Élisabeth Ire puis de Jacques Ier (fin du XVIe siècle et début du XVIIe). **Shakespeare** est l'auteur le plus connu de cette époque de renouveau culturel.

Questions sur le texte

La situation d'énonciation

1. Des lignes 1 à 13, qui parle ? À qui s'adresse le personnage ? Comment appelle-t-on ce genre de tirade ?
2. Qu'est-ce qui interrompt Lady Macbeth ? Comment réagit-elle ?
3. Quelle suite peut-on imaginer quand les deux personnages sortent de scène ?

Le rapport de force des personnages

4. **a)** Quel lien unit les deux personnages ? **b)** Comparez la longueur des répliques : que remarquez-vous ? **c)** Que peut-on en déduire du rapport de force des deux personnages ?
5. Observez les temps et les modes des verbes dans les répliques de Lady Macbeth : en quoi peut-on dire que celle-ci domine ?
6. Que peut-on dire de l'attitude et des discours de Macbeth ?
7. Comment peut-on montrer visuellement, sur scène, ce rapport dominant/dominé ?

La personnalité de Lady Macbeth

8. En observant les propos du personnage (champs lexicaux, ponctuation, mode des verbes, etc.), que peut-on dire de sa personnalité ? Dans quel état d'esprit est-elle ?
9. Quels conseils donne-t-elle à son époux des lignes 21 à 29 ? Pourquoi ?
10. Quant à elle, quelle décision a-t-elle prise ? Quel rôle se donne-t-elle ?

Lecture d'image

1. **a)** Observez la forme de ce théâtre : qu'a-t-elle de particulier ? **b)** Regardez le haut de l'image : quelle autre particularité remarquez-vous ? **c)** À quel lieu actuel cela vous fait-il penser ?
2. **a)** Où se trouve le public ? Y a-t-il des fauteuils ou des sièges pour tout le monde ? **b)** Que pouvez-vous en déduire sur l'ambiance qui devait y régner ?
3. Faites une recherche : **a)** Un autre théâtre élisabéthain est resté plus célèbre que le Swan : quel est son nom et pourquoi est-il célèbre ? **b)** Quelle épigraphe latine était apposée à l'entrée ? Expliquez le sens de cette phrase. **c)** Qu'est-il arrivé à ce beau théâtre le 29 juin 1613 ? **d)** Ce théâtre existe-t-il encore aujourd'hui ? Expliquez.

La volonté du père

La scène se passe en Aulide, en Grèce, juste avant la guerre de Troie. Agamemnon, le chef de l'expédition à Troie, est écartelé entre son amour paternel pour sa fille Iphigénie, sur le point d'épouser Achille, et la volonté divine : sacrifier sa fille pour que le vent se lève et que la flotte puisse appareiller. Pour la première fois de la pièce, Agamemnon et Iphigénie se rencontrent. Elle se porte au-devant de lui. Comment va-t-il l'accueillir ?

Jean Racine
(1639-1699) est un poète dramaturge qui, dès le début de sa carrière en 1664, est placé en position de rivalité par rapport à Corneille. Si ce dernier exalte les vertus héroïques, Racine peint des héros sous l'emprise de passions (*Phèdre*, *Bérénice*, *Britannicus*). Dès 1670, il éclipse Corneille. Il est l'incarnation du théâtre classique français avec ses tragédies dont *Iphigénie*, créée à Versailles en août 1674 et qui connut un très grand succès.

AGAMEMNON, *à part*. – Grands dieux! à son malheur dois-je la préparer?
IPHIGÉNIE. – Vous vous cachez, Seigneur, et semblez soupirer,
Tous vos regards sur moi ne tombent qu'avec peine.
Avons-nous sans votre ordre abandonné Mycène[1] ?
AGAMEMNON. – Ma fille, je vous vois toujours des mêmes yeux,
Mais les temps sont changés aussi bien que les lieux.
D'un soin[2] cruel ma joie est ici combattue.
IPHIGÉNIE. – Hé! mon père, oubliez votre rang à ma vue.
Je prévois la rigueur d'un long éloignement.
N'osez-vous sans rougir être père un moment?
Vous n'avez devant vous qu'une jeune princesse[3],
À qui j'avais pour moi vanté votre tendresse.
Cent fois lui promettant mes soins, votre bonté
J'ai fait gloire[4] à ses yeux de ma félicité.
Que va-t-elle penser de votre indifférence?
Ai-je flatté ses vœux d'une fausse espérance?
N'éclaircirez-vous point ce front chargé d'ennuis[5] ?
AGAMEMNON. – Ah! ma fille!
IPHIGÉNIE. – Seigneur, poursuivez.
AGAMEMNON. – Je ne puis.
IPHIGÉNIE. – Périsse le Troyen auteur de nos alarmes!
AGAMEMNON. – Sa perte à ses vainqueurs coûtera bien des larmes.
IPHIGÉNIE. – Les dieux daignent surtout prendre soin de vos jours.
AGAMEMNON. – Les dieux depuis un temps me sont cruels et sourds.
IPHIGÉNIE. – Calchas[6], dit-on, prépare un pompeux[7] sacrifice?
AGAMEMNON. – Puissé-je auparavant fléchir leur injustice!
IPHIGÉNIE. – L'offrira-t-on bientôt?
AGAMEMNON. – Plus tôt que je ne veux.
IPHIGÉNIE. – Me sera-t-il permis de me joindre à vos vœux?
Verra-t-on à l'autel votre heureuse famille?
AGAMEMNON. – Hélas!
IPHIGÉNIE. – Vous vous taisez?
AGAMEMNON. – Vous y serez, ma fille
Adieu.

JEAN RACINE, *Iphigénie*, 1674, Acte II, scène 2

1 Agamemnon en est le roi.
2 Souci.
3 Ériphile, fille d'Hélène et de Thésée, assiste à la scène.
4 Je me suis vantée.
5 Tourments.
6 Calchas est le devin qui avait reçu de la déesse Diane, protectrice d'Aulis, l'ordre de sacrifier Iphigénie.
7 D'une grande magnificence.

◀ **Iphigénie au cinéma**
Iphigénie, réalisé par Michael Cacoyannis, 1977, avec Tatiana Papamoschou (Iphigénie) et Kostas Kazakos (Agamemnon)

ina

Sur notre site, des extraits d'*Iphigénie* à la Comédie-Française.

Questions sur le texte

Des retrouvailles difficiles

1. À qui s'adresse Agamemnon au premier vers ? Comment appelle-t-on ce type de vers et quelle est son utilité ?

2. Qui parle le plus ? Pourquoi ?

3. **a)** Comment les répliques sont-elles construites dans la 2e partie de la scène ? (à partir de « *Ah ! ma fille !* », v. 18 et suivants). **b)** Comment appelle-t-on ce type de dialogue au théâtre ? Quel est l'effet produit ?

Portrait d'Iphigénie, la victime

4. Cet extrait correspond à la première apparition d'Iphigénie sur scène. **a)** Comment appelle-t-elle son père ? **b)** Que peut-on en déduire de ses sentiments et de son attitude envers lui ?

5. Iphigénie cherche à comprendre la raison pour laquelle son père est si distant avec elle. Quelle est selon elle la cause de sa froideur (v. 8 à 17) ?

6. Montrez l'évolution des sentiments d'Iphigénie dans cet extrait, en vous appuyant notamment sur les types des phrases et les modes des verbes.

« Un dialogue sans issue » : ni duo, ni duel

7. Étudiez les parallèles successifs sur l'ensemble de la scène (v. 3 et 5 ; v. 7 et 13 ; v. 21 et 22) : que disent-ils de la relation entre le père et sa fille ?

8. Montrez qu'Agamemnon ne ment jamais à sa fille. De quelle façon s'y prend-il ? Est-il lâche ? Justifiez votre réponse.

Lecture d'image

1. Au moment du tournage, Tatiana Papamoschou n'a que treize ans : à votre avis, pourquoi Michael Cacoyannis (le réalisateur) a-t-il choisi une actrice aussi jeune pour interpréter Iphigénie ?

2. Relevez dans cette scène les emprunts à l'Antiquité grecque (objets, costumes, architecture, etc.) qui font de ce film un « film d'époque ».

3. Commentez les couleurs des vêtements, ainsi que la disposition des personnages.

4. Quels moyens visuels (décor, couleurs, etc.) sont utilisés pour exprimer le tragique dans cette scène ?

À retenir

▶ **Double énonciation** : au théâtre la situation d'énonciation est particulière ; en effet, dans une même phrase, **un personnage s'adresse à un autre et un comédien s'adresse au public.** Ainsi les mêmes mots peuvent-ils avoir un sens différent pour le personnage à qui ils sont adressés et pour les spectateurs. Le public est en situation de supériorité car lui comprend les allusions. Dans les pièces classiques, il connaît l'histoire des personnages (ici, l'histoire d'Iphigénie).

▶ **Ironie tragique** : sans le savoir, le personnage énonce les malheurs qu'il va subir alors que le spectateur, lui, sait qu'ils vont arriver.

Chef de file des Romantiques, **Victor Hugo** (1802-1885) défend le principe de liberté dans l'art. Au théâtre, le drame romantique en est une des illustrations. Grand humaniste et pourfendeur des injustices, ses combats en faveur du peuple et des enfants furent nombreux. Il rêvait d'un monde où chacun trouverait la place qui lui est due.

Maître et valet

Au XVIIe siècle, Ruy Blas, jeune homme pauvre, devient le laquais de don Salluste, grand d'Espagne, qui veut se venger de la reine parce qu'elle l'a fait exiler par le roi. Ruy Blas, qui aime la reine, accepte de se faire passer pour don César, cousin de don Salluste. Dans l'Acte III, Ruy Blas, qui ignore que don Salluste se sert de lui pour déshonorer et perdre la reine, réussit à gagner le cœur de cette dernière. Il exerce le pouvoir comme premier ministre, rêvant de rendre à l'Espagne sa grandeur passée. À la fin de l'acte, don Salluste s'interpose entre Ruy Blas et son amour, rappelant à son valet devenu ministre sa condition et son rôle.

DON SALLUSTE. – L'air me semble un peu froid.
Faites-moi le plaisir de fermer la croisée.
Ruy Blas, pâle de honte et de désespoir, hésite un moment ; puis il fait un effort et se dirige lentement vers la fenêtre, la ferme, et revient vers don Salluste, qui, assis dans le fauteuil, le suit des yeux d'un air indifférent.
RUY BLAS, *reprenant et essayant de convaincre don Salluste.*
– Daignez voir à quel point la guerre est malaisée.
Que faire sans argent ? Excellence, écoutez.
Le salut de l'Espagne est dans nos probités[1].
Pour moi, j'ai, comme si notre armée était prête,
Fait dire à l'empereur que je lui tiendrais tête…
DON SALLUSTE, *interrompant Ruy Blas et lui montrant son mouchoir, qu'il a laissé tomber en entrant.* – Pardon ! ramassez-moi mon mouchoir.
Ruy Blas, comme à la torture, hésite, puis se baisse, ramasse le mouchoir, et le présente à don Salluste.
DON SALLUSTE, *mettant le mouchoir dans sa poche.* – Vous disiez ?
RUY BLAS, *avec effort.* – Le salut de l'Espagne ! oui, l'Espagne à nos pieds,
Et l'intérêt public demandent qu'on s'oublie.
Ah ! toute nation bénit qui la délie[2].
Sauvons ce peuple ! Osons être grands, et frappons !
Ôtons l'ombre à l'intrigue[3] et le masque aux fripons !
DON SALLUSTE, *nonchalamment.* – Et d'abord ce n'est pas de bonne compagnie.
Cela sent son pédant[4] et son petit génie
Que de faire sur tout un bruit démesuré.
Un méchant million, plus ou moins dévoré,
Voilà-t-il pas de quoi pousser des cris sinistres !
Mon cher, les grands seigneurs ne sont pas de vos cuistres[5].
Ils vivent largement. Je parle sans phébus[6].
Le bel air que celui d'un redresseur d'abus
Toujours bouffi d'orgueil et rouge de colère !
Mais bah ! vous voulez être un gaillard populaire,
Adoré des bourgeois et des marchands d'esteufs[7].
C'est fort drôle. Ayez donc des caprices plus neufs.
Les intérêts publics ? Songez d'abord aux vôtres.

VICTOR HUGO, *Ruy Blas*, 1838, Acte III, scène 5

1 Respect des devoirs.
2 Libère.
3 Pratique secrète.
4 Qui feint le savoir.
5 Les grands seigneurs ne sont pas pédants comme vous et vos semblables.
6 Discours embrouillé.
7 Petites balles.

Les trois ordres
Réunion des trois ordres, 1789, montage de trois gravures à l'eau-forte colorées à la main (auteur anonyme)

Sur notre site, *Ruy Blas* adapté à la télévision par Claude Barma (1965).

Questions sur le texte

Un duel verbal

1. Quelles sont les préoccupations de Ruy Blas ? Comment y réagit don Salluste ?

2. Sur quels sujets les deux hommes s'affrontent-ils ?

3. Comment don Salluste rappelle-t-il à Ruy Blas la hiérarchie qu'il y a entre eux ?

Don Salluste, l'incarnation du mal

4. Montrez que don Salluste méprise l'Espagne, la Cour, le peuple et Ruy Blas en particulier. Quels mots expriment son mépris ?

5. Quelles valeurs, essentielles pour Ruy Blas, méprise-t-il également ?

6. Quelles sont alors les motivations de don Salluste ? Quels adjectifs pourraient qualifier sa pensée et sa conduite ?

Ruy Blas pris au piège

7. Montrez que Ruy Blas prend progressivement conscience de la situation et qu'il ne renonce pas tout de suite à exprimer ses idées.

8. Comment s'exprime son malaise ? Étudiez ses propos, mais aussi et surtout les didascalies qui se rapportent à lui.

9. Comment Ruy Blas s'avoue-t-il involontairement vaincu ?

Lecture d'image

1. Dans ces trois images, quels éléments (costumes, accessoires) vous permettent d'identifier chacun des trois ordres (noblesse, clergé et tiers-état) ?

2. Ces gravures ont circulé après la Nuit du 4 août 1789 (date de l'abolition des privilèges) : montrez de quelle manière ce « triptyque » y fait référence, en analysant les différences d'une image à l'autre.

3. Concentrons-nous sur la troisième image : comment illustre-t-elle son titre (« *je savais bien que nous aurions notre tour* ») ?

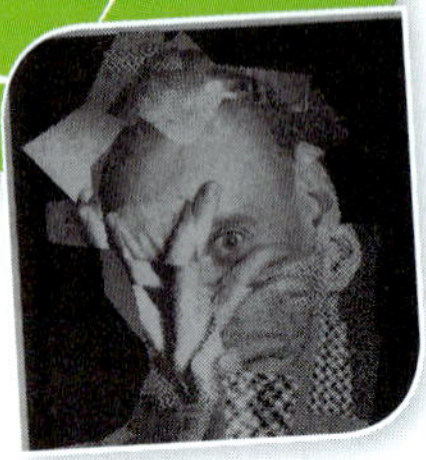

Jean-Luc Lagarce (1957-1995) a consacré sa vie au théâtre, comme comédien, metteur en scène, directeur de troupe et auteur dramatique. Dans ses pièces, il s'intéresse aux enjeux de pouvoir et aux difficultés de communication dans un cercle donné : ici la famille. Il est l'auteur dramatique contemporain le plus joué en France actuellement.

1 Suzanne.

100 % web

Retrouvez sur *www.lagarce.net*, de nombreux extraits de mises en scène, dont celle de François Berreur

« J'ai dit quelque chose de désagréable ? »

À trente-quatre ans, Louis, aîné de trois enfants, revient après une longue absence pour annoncer à ses proches qu'il va bientôt mourir. Mais, incapable de parler, il écoute chacun lui reprocher ses années de silence. Il s'apprête à reprendre son train. Son frère et sa sœur se disputent pour savoir qui va le raccompagner.

Louis, sa sœur Suzanne, son frère Antoine,
Catherine, la femme d'Antoine, la Mère

ANTOINE. – [...] Catherine, aide-moi,
je ne disais rien,
on règle le départ de Louis,
il veut partir,
je l'accompagne, je dis qu'on l'accompagne, je n'ai rien dit de plus,
qu'est-ce que j'ai dit de plus ?
je n'ai rien dit de désagréable,
pourquoi est-ce que je dirais quelque chose de désagréable,
qu'est-ce qu'il y a de désagréable à cela,
y a-t-il quelque chose de désagréable à ce que je dis ?
Louis, qu'est-ce que tu en penses,
j'ai dit quelque chose de désagréable ?
Ne me regardez pas comme ça !
CATHERINE. – Elle[1] ne te dit rien de mal,
tu es un peu brutal, on ne peut rien te dire,
tu ne te rends pas compte,
parfois tu es un peu brutal,
elle voulait juste te faire remarquer.
ANTOINE. – Je suis un peu brutal ?
Pourquoi tu dis ça ?
Non.
Je ne suis pas brutal.
Vous êtes terribles, tous, avec moi.
LOUIS. – Non, il n'a pas été brutal, je ne comprends pas ce que vous voulez dire.
ANTOINE. – Oh, toi, ça va, la « Bonté même ! »
CATHERINE. – Antoine.
ANTOINE. – Je n'ai rien dit, ne me touche pas !
Faites comme vous voulez, je ne voulais rien de mal, je ne voulais rien faire de mal,
il faut toujours que je fasse mal,
je disais seulement,
cela me semblait bien, ce que je voulais juste dire
– toi, non plus, ne me touche pas ! –

je n'ai rien dit de mal,
je disais juste qu'on pouvait l'accompagner, et là, maintenant,
vous en êtes à me regarder comme une bête curieuse,
il n'y avait rien de mauvais dans ce que j'ai dit, ce n'est pas bien, ce n'est pas juste, ce n'est pas bien d'oser penser cela,
arrêtez tout le temps de me prendre pour un imbécile !
Il fait comme il veut, je ne veux plus rien,
je voulais rendre service, mais je me suis trompé,
il dit qu'il veut partir et cela va être de ma faute,
cela va encore être de ma faute,
ce ne peut pas toujours être comme ça,
ce n'est pas une chose juste,
vous ne pouvez pas toujours avoir raison contre moi.

JEAN-LUC LAGARCE, *Juste la fin du monde*, 1990, 2e partie, scène 2

▼ ***Juste la fin du monde***
Mise en scène de François Berreur, compagnie Les Intempestifs, 2007

Questions sur le texte

▶ Une tension croissante

1. À la lecture de cet extrait, que remarquez-vous à propos de la forme du texte ? À votre avis, pourquoi l'auteur a-t-il utilisé une telle mise en page ?

2. Quels sont les différents moments de cette scène ? Montrez que la colère monte peu à peu.

▶ La situation présente : un duel

3. Pourquoi peut-on parler d'une scène de conflit ? Qui s'oppose à qui et à quel propos ? Précisez les liens de parenté. Justifiez votre réponse.

4. **a)** Suzanne mise à part (elle intervient juste avant le début de cet extrait), quels sont les deux personnages qui s'expriment le moins ? **b)** En quoi cela peut-il paraître étonnant ?

5. À votre avis, pourquoi ces deux personnages interviennent-ils peu, voire pas ?

▶ Une tragédie familiale

6. Résumez l'histoire biblique d'Abel et Caïn. Quel rapport voyez-vous entre ce récit et l'extrait ?

7. Relevez le champ lexical de la culpabilité. Déduisez-en les raisons sous-entendues de cette dispute.

8. Cherchez la définition du mot tragédie. Pourquoi peut-on dire que cette scène offre une vision tragique des relations familiales ?

Lecture d'image

1. Décrivez le décor choisi pour cette mise en scène. Que suggère-t-il ?

2. De gauche à droite, il y a Suzanne, Antoine, la Mère, Catherine et Louis. Observez la manière dont les personnages sont placés sur scène, par rapport au décor, et les uns par rapport aux autres. Que remarquez-vous ? Expliquez.

3. La tension de la scène vous semble-t-elle bien rendue ? Nuancez et justifiez votre réponse.

Un duo improbable au musée

Jean-Michel Ribes, né en 1946, est cinéaste, metteur en scène et dramaturge. Il dirige actuellement le théâtre du Rond-Point à Paris où il défend les auteurs contemporains, vivants. Il a réalisé lui-même le film *Musée haut, musée bas,* d'après sa pièce de théâtre, en 2008.

Dans cette comédie burlesque (un peu folle, extravagante), Jean-Michel Ribes entraîne le spectateur dans les différentes salles d'un musée où visiteurs, guides et gardiens discutent à bâtons rompus de l'art. Si les dialogues semblent *a priori* totalement absurdes, à travers eux Jean-Michel Ribes engage une réflexion sur la place de l'art dans notre société, tout en faisant la satire des musées.

Salle d'art contemporain, Sulki et Sulku

Sulki et Sulku entrent dans une salle de musée vide.

SULKI. – Ce musée est vraiment intéressant, non Sulku?

SULKU. – D'où qu'on se place, d'où qu'on se tourne, d'où qu'on se virevolte, on te voit Sulki!

SULKI. – Et toi Sulku on te voit, mais alors formidablement.

SULKU. – C'est l'avantage de ce musée, on se voit dans de très bonnes conditions.

SULKI. – Alors qu'à la télévision on ne nous voit jamais. [...]

SULKI. – Sulku?

SULKU. – Oui Sulki.

SULKI. – Pourquoi on parle de la télévision à ton avis?

SULKU. – Parce que toi et moi nous sommes des œuvres d'art Sulki...

SULKI. – Ça c'est sûr, et pas de la daube, la preuve on est dans un musée.

SULKU. – Et que les œuvres d'art doivent parler de la société.

SULKI. – Non!

SULKU. – Il paraît... Ça revient.

SULKI. – Tu veux dire qu'on doit signifier quelque chose?

SULKU. – C'est ce qu'ils veulent... Ne crois pas que ça me fasse plaisir Sulki.

SULKI. – Mais si on a un sens Sulku, est-ce qu'on sera encore de l'art?

Il est où, le dessin... ?
Kazimir Malevitch, *Carré blanc sur fond blanc*, 1918, huile sur toile, 78,7 x 78,7 cm (Museum of Modern Art, New York, États-Unis)

SULKU. – J'ai bien peur que non Sulki.
SULKI. – Ou alors on sera de l'art populaire.
SULKU. – Tu imagines !
SULKI. – Ou pire : de l'art bourgeois.
SULKU. – Quelle horreur. Je n'aime pas les bourgeois.
SULKI. – Sauf ceux qui nous invitent l'été dans leur villa en Corse. Ceux-là ils sont gentils, Sulku.
SULKU. – Quand ils ont un bateau et des femmes de chambre, Sulki !
SULKI. – Bien sûr, Sulku.
SULKU. – Sinon, je ne les aime pas.
SULKI. – J'ai honte qu'on ait parlé de la télévision Sulku !
SULKU. – Moi aussi... On se rattrape ?
SULKI. – Tout de suite. Tu me fais une sculpture Sulku ?
SULKU. – Et toi une peinture Sulki ?
Ils se précipitent dans des poses.
Passage d'une guide suivie d'un groupe de touristes espagnols qui photographient Sulki et Sulku.
LA GUIDE. – Señores y señoras llegamos ahora en la sala Sulki y Sulku.[1]

1 « *Messieurs et Mesdames, nous entrons maintenant dans la salle Sulki et Sulku* » (en espagnol).

JEAN-MICHEL RIBES, *Musée haut, musée bas*, 2004 © Actes Sud

Questions sur le texte

Duo ou duel ?

1. Comment repère-t-on les noms des personnages ? Quel effet produit la répétition ?

2. **a)** À l'aide du Wiktionnaire, cherchez ce que veulent dire *sulki* et *sulku* en espéranto. **b)** Dans la pièce, ces deux personnages sont des œuvres d'art contemporain : d'après votre réponse au a), que dit le dramaturge sur ces œuvres « contemporaines » ?

3. **a)** Montrez que Sulku est le personnage dominant de ce couple incongru. Observez notamment les types de phrases dans la première moitié de cet extrait. **b)** Quel lien pouvez-vous faire avec votre réponse à la question précédente ?

4. Cet extrait montre-t-il plutôt un duo ou un duel ? Justifiez en proposant (au moins) deux arguments.

« *Nous sommes des œuvres d'art* »

5. Quelle critique de la télévision font les deux personnages ?

6. L'art leur semble-t-il supérieur à la télévision, ou l'inverse ? Expliquez.

7. **a)** Comment les personnages définissent-ils l'« *art populaire* » (l. 35) ? En quoi est-il méprisable selon eux ? **b)** Quel sens a le mot *bourgeois* dans ce texte ? Pourquoi est-il donc péjoratif de qualifier un art de « bourgeois » ?

8. Pourquoi peut-on dire que Jean-Michel Ribes exprime son mépris de l'art élitiste représenté par Sulku et Sulki ? Répondez de manière approfondie, en vous appuyant sur des exemples précis.

Mise en scène

9. Si vous deviez mettre en scène cet extrait, quel décor, quelle lumière et éventuellement quelle musique choisiriez-vous ? Pourquoi ?

10. Quel type d'acteurs recruteriez-vous pour jouer ces personnages ? Quels costumes et éventuellement quels accessoires choisiriez-vous ? Quelles indications sur la manière de se tenir, de se déplacer, de parler leur donneriez-vous ?

11. À quoi sert la réplique de la guide à la fin de l'extrait ?

Lecture d'image

1. En 1915, Malévitch fit scandale en exposant à Saint-Pétersbourg 35 toiles totalement abstraites, dont un *Carré noir sur fond blanc*. **a)** Qu'appelle-t-on art abstrait ? À quel type d'art s'oppose-t-il ? **b)** Expliquez ce qui a pu scandaliser le public de 1915.

2. Trois ans plus tard, Malévitch peint ce tableau, qui constitue en quelque sorte l'aboutissement de sa démarche. **a)** En quoi cette œuvre « va plus loin » que le *Carré noir sur fond blanc* ? **b)** Que peut symboliser la couleur blanche (de manière générale, et pour un peintre) ?

3. Selon vous, quel sens peut-on donner à une telle œuvre ? Représente-t-elle une victoire de l'art, un summum, une perfection, ou au contraire une défaite de l'art, un renoncement de l'artiste ?

4. Quel serait l'équivalent d'une telle œuvre dans le domaine de la musique, de la littérature, ou encore de la sculpture ?

5. En quoi une telle œuvre constitue-t-elle une limite de l'art ? Peut-on aller plus loin ? Si oui, jusqu'où ? Est-ce souhaitable ?

Histoire des Arts

Les affiches de spectacle : reflet de l'évolution du rôle de la mise en scène

- De quelle manière les affiches de théâtre et de cinéma révèlent-elles une évolution du rôle de la mise en scène ? L'exemple de *Ruy Blas*, de Victor Hugo

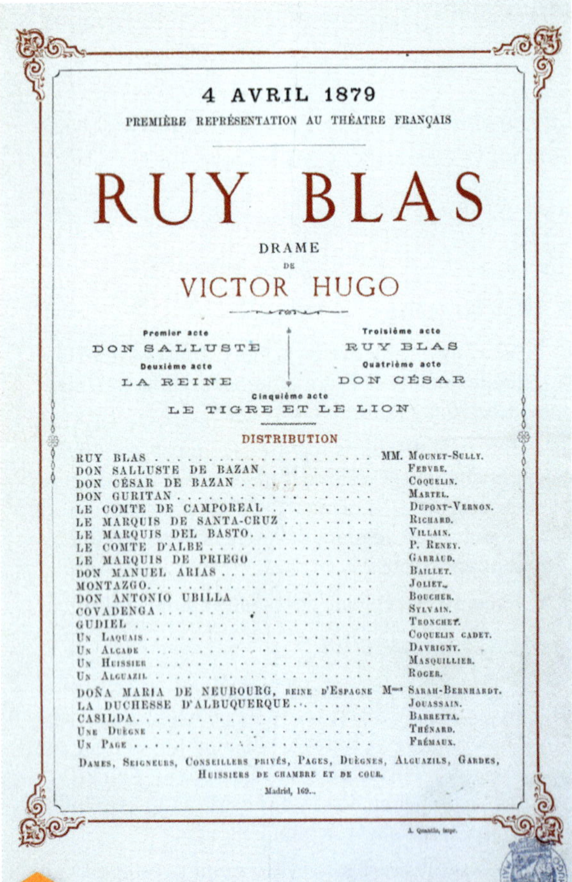

4 AVRIL 1879

PREMIÈRE REPRÉSENTATION AU THÉÂTRE FRANÇAIS

RUY BLAS

DRAME DE VICTOR HUGO

Premier acte DON SALLUSTE	Troisième acte RUY BLAS
Deuxième acte LA REINE	Quatrième acte DON CÉSAR

Cinquième acte

LE TIGRE ET LE LION

DISTRIBUTION

RUY BLAS	MM. MOUNET-SULLY.
DON SALLUSTE DE BAZAN	FEBVRE.
DON CÉSAR DE BAZAN	COQUELIN.
DON GURITAN	MARTEL.
LE COMTE DE CAMPOREAL	DUPONT-VERNON.
LE MARQUIS DE SANTA-CRUZ	RICHARD.
LE MARQUIS DEL BASTO	VILLAIN.
LE COMTE D'ALBE	P. RENEY.
LE MARQUIS DE PRIEGO	GARRAUD.
DON MANUEL ARIAS	BAILLET.
MONTAZGO	JOLIET.
DON ANTONIO UBILLA	BOUCHER.
COVADENGA	SYLVAIN.
GUDIEL	TRONCHET.
UN LAQUAIS	COQUELIN CADET.
UN ALCADE	DAVRIGNY.
UN HUISSIER	MASQUILLIER.
UN ALGUAZIL	ROGER.
DOÑA MARIA DE NEUBOURG, REINE D'ESPAGNE	Mme SARAH-BERNHARDT.
LA DUCHESSE D'ALBUQUERQUE	JOUASSAIN.
CASILDA	BARRETTA.
UNE DUÈGNE	THÉNARD.
UN PAGE	FRÉMAUX.

DAMES, SEIGNEURS, CONSEILLERS PRIVÉS, PAGES, DUÈGNES, ALGUAZILS, GARDES, HUISSIERS DE CHAMBRE ET DE COUR.

Madrid, 169..

A. Quantin, impr.

1 ***Ruy Blas* à la Comédie-Française**

Affiche pour la première représentation de *Ruy Blas* à la Comédie-Française, le 4 avril 1879

2 **Adaptation de *Ruy Blas* au cinéma**

Ruy Blas, film réalisé par Pierre Billon, scénario de Jean Cocteau, avec Danielle Darrieux (la reine d'Espagne) et Jean Marais (Ruy Blas et don César de Bazan), 1948

ina

Sur notre site, *Ruy Blas*, adapté à la télévision par Claude Barma (1965).

100 % web

– Une page de synthèse sur ce thème
– Des liens vers des ressources complémentaires

À retenir

- **La mise en scène, c'est la transformation d'un texte de théâtre en spectacle**, ou pour citer un célèbre metteur en scène, Jacques Copeau, « *c'est le passage d'une vie spirituelle et latente, celle du texte écrit, à une vie concrète et actuelle, celle de la scène.* » Le rôle du metteur en scène est donc comparable à celui du chef d'orchestre : l'un avec des comédiens, l'autre avec des musiciens, donnent vie au texte ou à la partition.

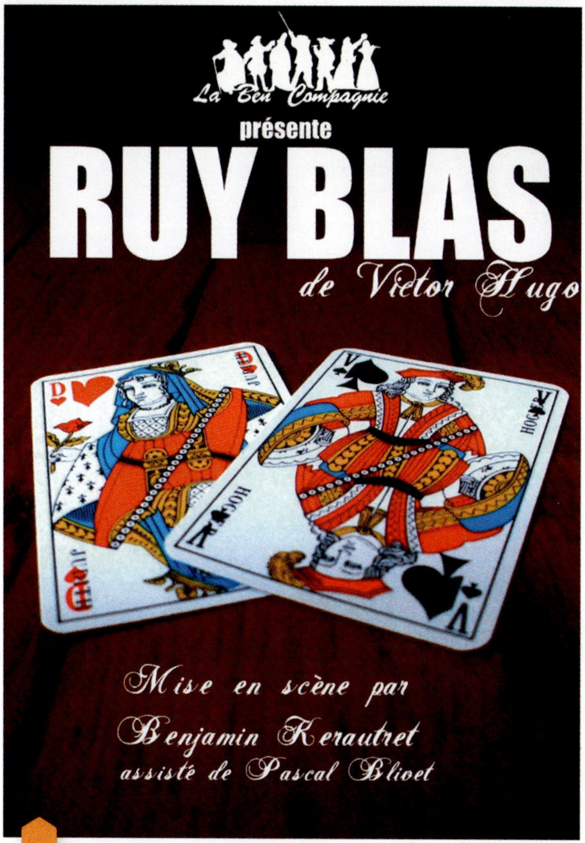

3 **Mise en scène récente**
Affiche du spectacle de la Ben Compagnie, 2009

4 William Mesguich commente sa mise en scène de *Ruy Blas*

Catherine Robert : Quel parti pris de mise en scène choisit-on ?

William Mesguich : Il ne me semble ni bon ni utile de dater la situation. Le temps de la fable[1], celui de l'écriture et celui de la mise en scène ne sont pas forcément identiques. En mélangeant les genres, j'ai décalé la pièce tout en lui demeurant très fidèle. C'est justement ce télescopage[2] qui est intéressant entre le respect de la langue et du rythme de l'alexandrin et l'utilisation de moyens techniques plus modernes : le métissage et le décalage créent des effets de rupture qui permettent d'entendre différemment le texte. Je ne veux pas que les gens se disent « ah, ils ont voulu faire moderne ! » : non, c'est seulement un angle de vue différent sur la pièce, une pierre nouvelle au grand édifice des mises en scène de ce texte.

1 Histoire racontée.
2 Collision, chevauchement.

La Terrasse n° 141, octobre 2006

Questions

1. **a)** Quelles sont les différentes informations données sur l'affiche n° 1 ? **b)** Lesquelles sont mises en avant ? De quelle manière ?

2. **a)** Lisez les légendes des affiches : dans quel ordre sont-elles placées ? **b)** Quelle évolution principale observez-vous entre les trois ? **c)** Laquelle des trois affiches vous paraît la plus efficace ? Pourquoi ?

3. Que pouvez-vous conclure de vos réponses à la question 2 ? Rédigez votre réponse en un petit paragraphe, qui prendra appui sur des exemples précis.

4. Cherchez le nom du metteur en scène dans chacune des trois affiches. **a)** Que remarquez-vous ? **b)** Que pouvez-vous en conclure ?

5. L'affiche n° 3 vous semble-t-elle refléter le cadre spatio-temporel de la pièce de Hugo ? Expliquez.

6. **a)** Quels sont les trois premiers noms que l'on peut lire sur l'affiche n° 2 ? **b)** Quel rôle ont ces personnes dans le film ? **c)** Qui est mis en avant par la disposition de l'affiche et pourquoi ?

7. **a)** Sur l'affiche n° 2, quel rôle a la personne dont le nom est indiqué juste en dessous de « *Ruy Blas* » ? **b)** Quel est le nom de ce métier ? **c)** Pouvez-vous trouver un équivalent sur les affiches 1 et 3 ? Pourquoi ?

8. **a)** À votre avis, quels sont les avantages d'une adaptation cinématographique par rapport à une mise en scène théâtrale ? **b)** Inversement, qu'est-ce que le théâtre offre de plus que le cinéma ? **c)** Et vous, que préférez-vous ? Expliquez.

9. **Doc. 4 :** Reformulez en deux ou trois phrases les propos de William Mesguich. Qu'y a-t-il de plus important pour lui que le respect de l'époque à laquelle se passe l'histoire ?

10. Quel intérêt un metteur en scène a-t-il à ne pas choisir des décors et des costumes conformes à l'époque de la pièce qu'il met en scène ? Reprenez la réponse de William Mesguich et ajoutez-y une réponse personnelle.

11. À partir de vos réponses aux questions précédentes, du « À retenir » et de votre culture personnelle, expliquez en quoi le rôle du metteur en scène est aujourd'hui (presque) aussi important que celui de l'auteur.

Histoire des Arts

L'art contemporain : un art difficile à apprécier ?

- La peinture contemporaine est-elle destinée au plus grand nombre ?

1 La noce de Gervaise au Louvre

Gervaise, ouvrière pauvre, vient de se marier. Les invités cherchent à tuer le temps en attendant l'heure du repas. Tout le monde se rend au Louvre.

Encore des tableaux, toujours des tableaux, des saints, des hommes et des femmes avec des figures qu'on ne comprenait pas, des paysages tout noirs, des bêtes devenues jaunes, une débandade de gens et de choses dont le violent tapage de couleurs commençait à leur causer un gros mal de tête. M. Madinier ne parlait plus, menait lentement le cortège, qui le suivait en ordre, tous les cous tordus et les yeux en l'air. Des siècles d'art passaient devant leur ignorance ahurie, [...]. Mais ce qui les intéressait le plus, c'étaient encore les copistes, avec leurs chevalets installés parmi le monde, peignant sans gêne ; une vieille dame, montée sur une grande échelle, promenant un pinceau à badigeon dans le ciel tendre d'une immense toile, les frappa d'une façon particulière.

Émile Zola, *L'Assommoir*, 1877, chapitre 3

2 Pierre Soulages

Pierre Soulages, sans titre, 1961, huile sur toile, 256 x 360 cm

ina

Sur notre site, une vidéo INA sur l'évolution de l'art contemporain.

100 % web

- Une page de synthèse sur ce thème
- Lien vers *4'33"* de John Cage
- Des liens vers des ressources complémentaires

À retenir

- L'art doit-il avoir pour but d'être compris et apprécié du plus grand nombre, ou au contraire doit-il surprendre, dérouter, voire choquer ? La question commence à se poser au **XIXe siècle**, quand **les musées s'ouvrent au public** et que la profession de « marchands d'art » apparaît : **l'œuvre d'art devient une marchandise.** Dès lors, une nouvelle question se pose : la valeur d'une œuvre d'art est-elle liée à sa valeur marchande ? Autrement dit, peut-on avancer que plus une œuvre d'art est « belle » ou « intéressante », plus elle coûte cher ? Ou alors coûte-t-elle cher parce que l'artiste, ou le marchand d'art, est un bon commercial ? La question est d'autant plus importante aujourd'hui qu'on a souvent l'impression de pouvoir « faire pareil ». Pourquoi tel gribouillis ou telle photographie de sac plastique se retrouvent-ils dans un musée ? Qu'est-ce qu'une œuvre d'art ?

3 **Mark Rothko**

Mark Rothko, *Reds, No. 5*, 1961, huile sur toile, 297 x 272 cm (Nationalgalerie, Berlin, Allemagne)

4 **Yves Klein**

Yves Klein, *Monochrome IKB 3*, 1960, pigment pur et résine synthétique sur gaze montée sur panneau, 199 x 153 x 2,5 cm (Musée national d'Art moderne, centre Georges Pompidou, Paris)

Questions

1. **Doc. 1 :** Pourquoi les personnages éprouvent-ils « *un gros mal de tête* » ?

2. **Doc. 1 :** De quelle manière l'attitude des personnages est-elle décrite par le narrateur ? Justifiez par des exemples précis du texte.

3. **Doc. 2, 3 et 4 :** Quelle est votre première impression à la vue de ces trois tableaux ?

4. **Doc. 2, 3 et 4 :** Quels sont leurs points communs ?

5. **Doc. 2, 3 et 4 : a)** Que représentent-ils ? Est-ce facile à dire ? Pourquoi ? Trouvez au moins deux raisons. **b)** Que représente chacun d'eux *pour vous* ?

6. **Doc. 4 : a)** Cherchez ce que veut dire « monochrome ». **b)** En quoi un monochrome bleu peut être différent d'un autre monochrome bleu ? Trouvez deux raisons.

7. **a)** Cherchez ce que signifient les expressions suivantes : « art figuratif », « art abstrait », « art moderne » et « art contemporain ». **b)** Lesquelles peuvent s'appliquer aux tableaux de cette page ?

8. Pourquoi l'art abstrait semble-t-il d'un abord plus difficile que l'art figuratif ?

9. Quelle est la réponse de Zola à la problématique de cette page ?

10. **a)** Et vous, préférez-vous l'art figuratif ou l'art abstrait ? Pourquoi ? **b)** Parmi ces trois tableaux, lequel vous plaît le plus ? Pourquoi ? **c)** Amenez en classe une reproduction d'une œuvre d'art qui vous touche particulièrement et préparez-vous à expliquer aux autres ce qui vous plaît en elle.

11. En vous rendant sur le site du manuel, écoutez le morceau de musique de John Cage intitulé *4'33"*. **a)** Trouvez-vous cette œuvre intéressante, amusante, agaçante ? Expliquez. **b)** De quel tableau présent dans ce chapitre pourriez-vous la rapprocher ? Justifiez.

Synthèse

La prise de parole au théâtre

Dans les scènes retenues pour ce chapitre, les personnages sont deux à s'exprimer : ce sont des duos. Et la scène devient une sorte de champ de forces où le duo devient duel, mot à connotation guerrière.

La prise de parole

- La prise de parole est une prise de pouvoir, ce qui transforme le dialogue en duel. C'est pourquoi il faut toujours mesurer le « temps de parole » de chaque personnage. La **tirade** donne du poids au personnage **(Textes et Images 1)**. La **stichomythie** permet un affrontement qui dure jusqu'à ce qu'un geste brutal ou une parole de l'un des deux aggrave le conflit. Dans le dialogue entre Agamemnon, le père tout puissant, et Iphigénie qui n'est « *qu'une jeune princesse* », ce moment est remis à plus tard – même la suite du dernier vers de la scène 2 est reportée à la scène 3 **(Textes et Images 2)**. Dans *Juste la fin du monde* **(Textes et Images 4)**, le quasi mutisme de Louis (une toute petite réplique) déclenche le conflit entre frère et sœur. La tirade de Lady Macbeth **(Textes et Images 1)** a les caractéristiques du monologue : elle est bien l'expression d'un conflit interne du personnage inapte au dialogue. Le théâtre classique, que la bienséance contraint à cacher toute forme de violence physique, exacerbe les duels verbaux, et le dialogue doit exprimer les passions les plus violentes et les pulsions les plus incontrôlables, par exemple Agamemnon face à sa fille qu'il doit sacrifier **(Textes et Images 2)**.

Duos/Duels

- Sur la scène de théâtre se jouent des relations de pouvoir entre « dominants et dominés » comme disent les sociologues. Chaque texte est un échantillon de ces relations.
- Les deux amis de *Musée haut, musée bas*, petites marionnettes caricaturales, semblent « sur la même longueur d'onde ». Pourtant, très vite, on sent que Sulki cherche auprès de Sulku des réponses à ses inquiétudes sur l'art contemporain **(Textes et Images 5)**.
- *Macbeth* met face à face mari et femme, *Iphigénie* père et fille ; Lagarce oppose frère et sœur ; *Ruy Blas* reprend le thème très présent au théâtre de la relation maître et valet.

Le thème du double

- Le thème du double est mis en évidence par ces duos. Il peut suivre deux chemins : celui de la complicité et celui de la duplicité. Dans notre étude, la duplicité est très présente : c'est l'attitude du personnage qui joue deux rôles. Pour Lady Macbeth, c'est une ligne de conduite nécessaire : « *ayez l'air de la fleur innocente, mais soyez le serpent qu'elle cache* » dit-elle à son mari. Elle-même sera victime de sa duplicité : se voulant un monstre privé d'humanité, elle se suicidera, poussée par un remords dévorant, très humain. La scène 5 de l'Acte III de *Ruy Blas* montre bien des facettes de la duplicité des personnages. La contradiction entre les gestes et les paroles de Ruy Blas est renforcée par le calme de Salluste. L'inversion des costumes (Salluste est déguisé en valet) annonce bien le renversement imminent des rapports de force entre les deux personnages.

Lexique

Exercices

1 Travailler la polysémie.
Après avoir relu l'extrait de *Ruy Blas*, répondez aux questions suivantes.

1. Expliquez les deux sens du mot *air* aux vers 1 et 28.
2. Pour chacun des mots suivants, rédigez deux phrases dans lesquelles ce mot aura un sens différent : *salut, intérêt, gaillard, cri.*

2 *Faire* et *se faire* : choisir le mot approprié.

1. Dans *Musée haut, musée bas* : quel est le sens du verbe *faire* dans « *Tu me fais une sculpture Sulku ?* » ?
2. Dans les phrases suivantes, remplacez le verbe *faire* par un verbe plus précis.

a) À combien faites-vous ce manteau ?
b) Au déjeuner, on fait des steaks.
c) Les marguerites font des taches sur la pelouse.
d) Ses colères faisaient la terreur dans la famille.
e) Cet été, nous avons fait l'Espagne.

3 a) Classer les termes suivants selon qu'ils sont péjoratifs ou mélioratifs.

1. Couleurs franches – couleurs criardes.
2. Composition pauvre – composition épurée.
3. Composition riche – composition surchargée.
4. Complexité – fouillis.
5. Finition soignée – finition léchée.
6. Brut – brouillon.
7. Sujet incongru – sujet original.
8. Sujet classique – sujet banal.
9. Joli – mièvre.
10. Lourd – puissant.
11. Touchant – kitsch.
12. Modéré – fade.
13. Nuancé – indécis.
14. Torturé – angoissé.
15. Emphatique – grandiose.
16. Qui laisse perplexe – stimulant.

b) Choisissez une image dans ce chapitre ou dans un autre, puis rédigez deux descriptions de ce tableau, l'une péjorative et l'autre méliorative. À chaque fois, utilisez au moins cinq mots de la question précédente.

4 La figure sous toutes ses formes.

Le mot *figure* est issu du latin *figura* qui peut avoir des sens fort variés : « forme, aspect », « représentation sculptée », « mode d'expression », « manière d'être », « signe, symbole », « visage ».
Remplacez les expressions en gras par des mots de la famille de figure.

1. Les **métaphores et les anaphores** de ta lettre d'amour sont bouleversantes.
2. La pauvre, son dernier combat de boxe l'a bien **enlaidie**.
3. Quelle charmante **statuette** de troll tu as peinte !
4. Mes **quadrilatères** ressemblent à des vers de terre.
5. Tu **t'imagines** vraiment que tu vas réussir ton brevet sans t'entraîner ?
6. Il a **donné l'impression que tout allait bien**.
7. L'art **abstrait**, c'est bien celui qui n'imite pas les choses ?
8. Il est très fier d'avoir été **acteur** dans ce film, alors qu'il n'y apparaît que deux secondes, de loin, de nuit et de dos.
9. Quand j'ai dit que je te le rendrais mille fois, c'était **une façon de parler**.

5 Remplacez les expressions suivantes par les termes d'analyse littéraire appropriés au théâtre.

1. Auteur de pièce de théâtre.
2. Personne responsable du jeu des acteurs sur scène.
3. Indications scéniques.
4. Intervention d'un personnage seul en scène.
5. Longue réplique d'un personnage face à un autre.
6. Première scène.
7. Échange rapide de vers à vers.

6 Sur la photo ci-contre, situez les éléments suivants : *cour, jardin, cintres, corbeille, parterre, balcon, loge, paradis*. Vous pouvez vous aider d'un dictionnaire ou d'Internet.

Expression écrite

Exercices

1 Voici cinq sujets de rédactions de type brevet. Chaque sujet se rapporte à l'un des cinq textes étudiés dans la séquence.

1. ***Textes et Images 1***
Imaginez un récit dans lequel un homme et une femme complotent pour prendre le pouvoir sur un troisième personnage. Ils sont en train de préparer leur projet, quand surgit le troisième personnage. Racontez.
Votre devoir comportera trois paragraphes :
– dans le premier paragraphe, vous expliquerez en quoi consiste ce complot ;
– dans le deuxième paragraphe, vous raconterez les réactions des protagonistes au moment de l'arrivée du troisième personnage ;
– dans le troisième paragraphe, vous proposerez un dénouement.
Votre récit se passera dans la société contemporaine, mêlera dialogues et récit, sera raconté au passé et par un narrateur externe.

2. ***Textes et Images 2***
Iphigénie a compris quel sort lui réserve son père. Elle décide d'en informer sa mère Clytemnestre, qui tente de la persuader qu'elle se trompe. Imaginez la scène en écrivant les répliques des deux femmes.
Votre devoir sera rédigé comme une scène de théâtre. On y trouvera aussi des didascalies.
Vous penserez à varier la longueur des répliques, pour accélérer ou ralentir votre scène, mais aussi pour montrer le rapport de force entre les deux personnages.

3. ***Textes et Images 3***
Transformez en récit l'extrait de *Ruy Blas* proposé dans le manuel.
Votre devoir mêlera narration, description et dialogues. Vous varierez les points de vue narratifs pour rendre votre récit plus intéressant.
Vous respecterez bien évidemment les arguments des deux personnages.

4. ***Textes et Images 4***
Finalement Louis est parti sans avoir parlé à sa famille. Imaginez la lettre qu'il pourrait écrire, une fois rentré chez lui.
Votre lettre s'adressera à la famille. Dans un premier temps, Louis racontera comment il a vécu cette visite, ce qu'il a ressenti en les revoyant tous et ce qu'il a pensé de leur conduite. Dans un second temps, il révélera la raison de sa visite.
Votre lettre sera écrite dans un registre pathétique, mais sans tomber dans le larmoyant, dans la lourdeur.

5. ***Textes et Images 5***
Vous êtes en vacances avec un(e) ami(e) et ses parents. Ceux-ci, passionnés d'art contemporain, vous emmènent dans un musée. Au bout de deux heures, vous et votre ami(e) commencez à trouver le temps long, mais vous ne voulez pas non plus froisser les parents.
Racontez la situation sous forme de scène de comédie. Votre scène comportera quatre personnages : la mère, le père, votre ami(e) et vous-même.

2 Écrire un dialogue argumentatif.

Deux personnes discutent de leur passion : le théâtre. Mais l'un préfère le théâtre contemporain, alors que l'autre préfère le théâtre plus ancien, et notamment le théâtre en vers. Rédigez leur débat.
Chacun des deux personnages donnera au moins deux arguments et deux exemples. Vous pouvez bien entendu vous aider des extraits de la séquence.
Vous veillerez à varier les verbes introducteurs de parole (ne répétez pas « dit-il » tout au long de votre texte…) et à entrecouper le dialogue par quelques phrases narratives ou descriptives (vous pouvez notamment décrire la gestuelle, les mimiques et les déplacements des personnages).

3 *Juste la fin du monde.*

Finalement, Louis choisit de soutenir Catherine contre Antoine, dans la dispute. Imaginez donc une autre fin en écrivant les trois dernières répliques : commencez par celle de Louis et finissez par celle d'Antoine.

4 Transposition.

Transformez l'extrait de *Musée haut, musée bas* en texte narratif. N'oubliez pas d'alterner description et narration et de respecter l'époque choisie par l'auteur. Vous insisterez en particulier sur le mépris de la télévision évoqué par l'auteur.

5 De nombreux auteurs dramatiques sont aussi metteurs en scène. Dans un paragraphe d'une dizaine de lignes, justifiez l'intérêt d'avoir les deux fonctions. Vos arguments doivent reposer sur des exemples.

Pour tous ces exercices, vous pouvez vous aider des leçons de grammaire nos 25 et 27.

Exercices

Expression orale

1 *Juste la fin du monde.*

Allez sur le site *www.lagarce.net*, cherchez les différentes mises en scène de l'extrait de *Juste la fin du monde*. Choisissez celle qui vous paraît la plus intéressante et exposez votre choix.

2 Mettre en scène.

Par groupes d'élèves (deux ou plus selon le texte) :

1. Choisissez l'extrait de ce chapitre qui vous plaît le plus et répartissez-vous les rôles. Une fille peut très bien jouer un rôle d'homme ou inversement, cela n'a pas beaucoup d'importance.
Photocopiez le texte pour pouvoir écrire dessus.

2. – Ensemble, à l'aide du cours que vous avez eu sur l'extrait choisi, réfléchissez à la manière de « mettre en voix » le texte, c'est-à-dire à la manière de dire chaque réplique, aux silences à laisser ici ou là (il faut laisser « respirer » le texte : au théâtre les répliques ne s'enchaînent pas les unes aux autres du début à la fin), à la manière de faire ressortir tel ou tel mot, de traduire telle ou telle émotion...
– Prenez des notes, pour vous en souvenir (vous pouvez par exemple surligner les mots à mettre en valeur, mettre des flèches pour indiquer si la voix doit monter ou descendre, rajouter vos propres didascalies, etc.).
– Si le texte que vous avez choisi est en vers, veillez à bien prononcer le bon nombre de syllabes. Entourez sur votre texte les *-e-* à ne pas oublier.
– Entraînez-vous à lire à plusieurs, en vous corrigeant les uns les autres, ou en revenant éventuellement sur les indications que vous aviez notées.
– Proposez votre lecture à la classe, qui pourra réagir et donner son avis.

3. Remettez-vous par groupes et :
– Réfléchissez aux gestes, déplacements, mimiques, regards, etc., qui pourraient accompagner votre lecture.
– Pensez également aux quelques accessoires basiques qui pourraient vous être utiles (bureau, chaise, papier, bonnet, lunettes, etc.).
– Notez cela sur votre texte, afin de ne pas l'oublier ;
– Entraînez-vous à jouer votre texte.
– N'oubliez pas tout le travail que vous avez fait sur la mise en voix ! N'hésitez pas à vous le rappeler les uns les autres si nécessaire.
– Repassez devant la classe, pour jouer votre extrait ; la classe pourra réagir et donner son avis.

3 Présenter une recherche.

Répartissez-vous les sujets d'exposés suivants : le théâtre antique, le théâtre élisabethain, le théâtre classique, le drame romantique, le vaudeville, le théâtre de boulevard, les différentes formes du théâtre contemporain, etc.

– Vous parlerez entre 5 et 10 minutes.
– Vous illustrerez votre exposé par de très courts extraits de pièces.
– L'exposé ne s'adresse pas à votre enseignant mais à la classe : le but est donc que vos camarades, qui ne connaissent pas votre sujet, comprennent et retiennent quelque chose. Il vaut mieux se concentrer sur trois idées importantes que vous expliquerez bien plutôt que de faire des copier-coller d'Internet auxquels personne ne comprendra rien...
– Vous devrez connaître assez bien vos notes pour ne pas avoir à les lire : vous pouvez y jeter un coup d'œil de temps à autre, mais n'oubliez pas que vous vous adressez à vos camarades et que c'est donc eux qu'il faut regarder (et non pas vos papiers).

À lire et à voir

Rivalités au théâtre : du rire aux larmes

- **Corneille, *Le Cid*, 1637.** Amour et honneur.
- **Eugène Labiche, *Le Voyage de Monsieur Perrichon*, 1860.** Deux jeunes promis, une jeune fille et un père bien embarrassé.
- **Edmond Rostand, *Cyrano de Bergerac*, 1877.** Un poète, au grand nez, amoureux.
- **Eugène Ionesco, *La Leçon*, 1951.** Un professeur et son élève : qui dirige la leçon ?

Théâtre et cinéma

- **Akira Kurosawa, *Le Château de l'araignée*, 1957.** Adaptation de *Macbeth* (Shakespeare) dans le Japon médiéval.
- **Kenneth Branagh, *Beaucoup de bruit pour rien*, 1993.** Adaptation de la comédie de Shakespeare : amour et ruse.
- **Laurent Tirard, *Molière*, 2007.** Une vie de Molière inspirée par ses œuvres – entre réalité et fiction, rythmée par la musique.

Vers le brevet

« Juste un petit bravo »

Sujet donné au brevet, à Pondichéry, en avril 2006

Ils sont chics. Costumes de gala. Louise, tendue, marche vite. Jean-Claude, visage fermé, traîne derrière. Escaliers, couloirs, ils cherchent un nom sur une porte.

LOUISE. – « Bravo », tu lui dis juste « bravo », c'est tout.

JEAN-CLAUDE. – *(soupirs)*

LOUISE. – Je ne te demande pas de te répandre en compliments, je te demande de lui dire juste un petit bravo…

[…]

JEAN-CLAUDE. – Je ne peux pas.

LOUISE. – Tu ne peux pas dire « bravo » ?

JEAN-CLAUDE. – Non.

LOUISE. – Même un petit bravo ?

JEAN-CLAUDE. – Non.

LOUISE. – C'est quoi ? C'est le mot qui te gêne ?

JEAN-CLAUDE. – Non, c'est ce qu'il veut dire.

LOUISE. – Oh ! ce qu'il veut dire, ce qu'il veut dire, si tu le dis comme « bonjour », déjà il veut beaucoup moins dire ce qu'il veut dire.

JEAN-CLAUDE. – Ça veut quand même un peu dire « félicitations », non ?

LOUISE. – Oui mais pas plus. Vraiment pas plus.

JEAN-CLAUDE. – J'ai haï cette soirée, tu es consciente de ça, Louise ? J'ai tout détesté, les costumes, les décors, la pièce et Elle, surtout Elle !

LOUISE. – Justement, comme ça tu n'es pas obligé de lui dire que tu n'as pas aimé, tu lui dis juste « bravo », un petit bravo et c'est fini, on n'en parle plus, tu es débarrassé et moi j'enchaîne…

JEAN-CLAUDE. – Je n'y arriverai pas.

LOUISE. – Jean-Claude, tu as vu où elle nous a placés, au sixième rang d'orchestre, au milieu de tous les gens connus, elle n'était pas obligée, on n'est pas célèbres, on est même le contraire, elle fait ça pour nous faire plaisir.

JEAN-CLAUDE. – Je n'ai éprouvé aucun plaisir.

LOUISE. – C'est bien pour ça que je ne te demande pas de lui dire « merci », là d'accord, « merci » ça pourrait avoir un petit côté hypocrite surtout si tu t'es beaucoup ennuyé, mais « bravo », franchement ! […]

JEAN-CLAUDE. – Si tu dois continuer dis-le-moi tout de suite, parce que je te préviens, avec toi ce ne sera pas comme avec Simone, je sors, je fous le camp et je ne reviens pas, tu m'entends, Louise, je ne reviens plus jamais… je suis à bout…

LOUISE. – Tout ça parce que je te demande d'être poli avec ta belle-sœur !

JEAN-CLAUDE. – Parce qu'elle l'a été elle, sur scène ?! parce que c'est de l'art, c'est poli ? parce que c'est classique, c'est poli ? parce que ça rime, c'est poli ? C'est ça ?

LOUISE. – Tu n'es quand même pas en train de m'expliquer que Racine est mal élevé ?!?

JEAN-CLAUDE. – Ta sœur m'a torturé, Louise, tu m'entends, torturé pendant toute la soirée.

[…]

LOUISE. – Ah oui ! ça j'ai vu, tu l'as regardée ta montre !

JEAN-CLAUDE. – Tout le temps ! À un moment même j'ai même cru qu'elle s'était arrêtée, pendant sa longue tirade avec le barbu. Je me suis dit, la garce elle nous tient, huit cents personnes devant elle, coincées dans leur fauteuil, elle nous a bloqué les aiguilles pour que ça dure plus longtemps. Je ne sais pas comment j'ai tenu, je ne sais pas…

JEAN-MICHEL RIBES, *Théâtre sans animaux*, 2001© Éditions Actes Sud

Première partie : Questions, réécriture, dictée (25 points)

Questions (15 points)

C1 ▸ – Tous les items du domaine « Lire ».
– Les items 2 et 3 du domaine « Écrire ».
C5 ▸ Les items 1 et 3 du domaine « Faire preuve de sensibilité, d'esprit critique, de curiosité ».

▸ La situation

1. Lignes 5-6 : « *je te demande de lui dire juste un petit bravo...* »
a. À quelle classe grammaticale appartiennent les mots soulignés ?
b. Qui est désigné par chacun de ces mots ?
c. Recherchez toutes les informations sur le personnage désigné pas le mot *lui* (prénom, lien familial, profession).
d. Ligne 23. Par quel autre pronom ce personnage est-il désigné ? Comment expliquez-vous la majuscule ? **(2 points)**

2. Lignes 1 à 16. **a.** Quel est le temps verbal utilisé dans ce passage ? **b.** Quelle est sa valeur ? **(1 point)**

3. En vous appuyant sur les réponses précédentes, le texte et le paratexte, dites à quel genre littéraire appartient cet extrait. Donnez quatre indices pour justifier votre réponse. **(1 point)**

4. Relevez dans l'ensemble du texte quatre mots qui permettent de savoir où se déroule l'action. **(0,5 point)**

▸ Deux personnages en désaccord

5. Que s'est-il passé avant que les deux personnages n'entament ce dialogue ? Rédigez votre réponse en vous appuyant sur le texte. **(1 point)**

6. **a.** Autour de quel mot la dispute éclate-t-elle ?
b. Comment est-il mis en relief ? **(1 point)**

7. Lignes 9 à 13. **a.** Quel type de phrase est principalement utilisé par Louise ? **b.** Quelle intention du personnage cela traduit-il ? **(1,5 point)**

8. Lignes 21 à 44. **a.** Quelles expressions traduisent les sentiments de Jean-Claude ? **b.** Dans une réponse rédigée, nommez ces sentiments. **(1,5 point)**

▸ Une dispute qui s'envenime

9. Lignes 53-54 : « *Ta sœur m'a torturé, Louise, tu m'entends, torturé pendant toute la soirée.* »
a. Quel est le sens du verbe *torturer* dans cette phrase ?
b. Quelle est la figure de style utilisée ?
c. Quel effet produit-elle ? Indiquez, dans la même réplique, au moins un autre procédé d'écriture concourant au même effet. **(2 points)**

10. Lignes 45-46 : « *Tout ça parce que je te demande d'être poli avec ta belle-sœur !* » Citez deux expressions qui montrent l'impolitesse de Jean-Claude. **(0,5 point)**

11. Dans une réponse rédigée, vous montrerez comment la dispute s'envenime. Vous vous appuierez sur la syntaxe, la ponctuation, les registres de langue. **(1,5 point)**

12. Ligne 44. **a.** Indiquez quels gestes, mouvements, intonations peut avoir ici le personnage de Jean-Claude.
b. Quel est l'effet produit par ces jeux de scène ? **(1,5 point)**

Réécriture (4 points)

C1 ▸ – Les items 1, 3 et 5 du domaine « Lire ».
– Les items 1, 3 et 4 du domaine « Écrire ».

Réécrivez ce passage au futur.

> LOUISE. – Justement, comme ça tu n'es pas obligé de lui dire que tu n'as pas aimé, tu lui dis juste « bravo », un petit bravo et c'est fini, on n'en parle plus, tu es débarrassé et moi j'enchaîne…

Dictée (6 points)

C1 ▸ – L'item 2 du domaine « Écrire ».

Les dictées des brevets blancs sont regroupées en fin de manuel, p. 368 à 370.

Seconde partie : Expression écrite (15 points)

C1 ▸ – L'item 5 du domaine « Lire ».
– Les items 2, 3 et 4 du domaine « Écrire ».
C5 ▸ L'item 2 du domaine « Lire et pratiquer différents langages ».

La porte de la loge s'ouvre, Simone apparaît. Imaginez la scène.
En conservant le registre comique, vous écrivez le dialogue qui s'instaure entre les trois personnages en présence (vous avez à écrire une scène de théâtre).
– Vous respecterez les règles de présentation d'une scène de théâtre (noms des personnages, didascalies, entrée ou sortie d'un personnage mettant fin à la scène, jeu de scène, etc.).
– Vous tiendrez compte de ce que vous savez des caractères des personnages et de la situation.

Il sera tenu compte dans l'évaluation de la correction de l'expression, de l'orthographe et de la présentation.

Retrouvez un second brevet blanc sur *Le Bourgeois Gentilhomme* de Molière en vous connectant sur *www.lelivrescolaire.fr*.

Socle commun

Compétences plus précisément travaillées dans ce chapitre

	Items du livret des compétences	Mise en application des items
C1	**Lire**	
	Adapter son mode de lecture à la nature du texte proposé et à l'objectif poursuivi.	Lire des extraits de pièces de théâtre d'époques variées.
	Manifester par des moyens divers sa compréhension de textes variés.	Dire et mettre en scène un extrait de théâtre *(Expression orale, ex. 2)*.
	Écrire	
	Utiliser ses capacités de raisonnement, ses connaissances sur la langue, savoir faire appel à des outils variés pour améliorer son texte.	Choisir le mot approprié pour améliorer son expression, savoir utiliser le lexique spécialisé du théâtre *(Lexique)*.
	Dire	
	Adapter sa prise de parole à la situation de communication.	Rendre compréhensible pour l'ensemble de la classe le fruit de ses recherches *(Expression orale, ex. 3)*.
	Participer à un débat, à un échange verbal.	Défendre des choix de mise en scène *(Expression orale, ex. 1)*.
C5	**Avoir des connaissances et des repères**	
	Relevant de la culture artistique.	Comprendre l'évolution du rôle de la mise en scène au théâtre *(Histoire des arts 1)*.
	Situer dans le temps, l'espace, les civilisations	
	Situer des œuvres littéraires.	Savoir situer des œuvres majeures du répertoire théâtral *(Textes et Images)*.
	Lire et pratiquer différents langages	
	Connaître et pratiquer diverses formes d'expression à visée littéraire.	Écrire une scène de théâtre, une lettre, un dialogue argumentatif *(Expression écrite)*.
	Faire preuve de sensibilité, d'esprit critique, de curiosité	
	Être sensible aux enjeux esthétiques et humains d'une œuvre artistique.	Étudier des œuvres d'art contemporain *(Histoire des arts 2)*.
C6	**Connaître les principes et fondements de la vie civique et sociale**	
	Valeurs, symboles, institutions de la République.	Reconnaître les valeurs et symboles de la République à partir de gravures de 1789 *(Textes et Images 3)*.
	Comprendre l'importance du respect mutuel et accepter toutes les différences	
	Comprendre l'importance du respect mutuel et accepter toutes les différences.	Étudier une situation de discrimination *(Textes et Images 3)*.
C7	**Faire preuve d'initiative**	
	S'intégrer et coopérer dans un projet collectif.	Participer à un projet de mise en scène *(Expression orale, ex. 2)*.
	Manifester curiosité, créativité, motivation.	Faire preuve de curiosité pour l'art contemporain *(Histoire des arts 2)*.

Compétence 4 et B2i

Les items travaillés sont précisés dans chaque activité.

100 % web

Attaque et esquive dans le dialogue de théâtre
Par des repérages simples grâce au traitement de texte, prendre conscience de la stratégie de deux personnages.

Faux dialogue, véritable performance d'acteur
À l'aide d'outils de traitement de texte, faire des repérages sur un extrait de théâtre pour mieux comprendre son fonctionnement et la naissance du comique.

Évaluation des pré-acquis sur le théâtre
À partir de lectures documentaires, remplir une carte heuristique (ou carte mentale) qui regroupe les notions importantes sur le théâtre.

1 TEXTE A

[1] JASON. – Il fallait fuir la colère de son père Aetes. J'avoue lui avoir promis le mariage pour hâter notre départ… Je ne me suis guère interrogé sur mes sentiments profonds.

[2] MÉDÉE. – Monsieur le juge, savez-vous ce que disait son ami Pollux ? « Il est né seulement pour charmer les princesses ». Savez-vous qu'à peine parti, à Lemnos, il s'est fiancé avec une princesse qu'il a abandonnée dès qu'il a pu reprendre son voyage ?

[3] LE JUGE. – Et Corinthe ?

[4] MÉDÉE *(avant que Jason ait le temps de répondre)*. – Que voulez-vous que je fasse ? N'ayant plus ni ami, ni parent, ni retraite, ni bien, je ne pouvais que le suivre.

[5] JASON. – À Corinthe nous avons connu enfin la tranquillité. Créon nous a ouvert les portes de son palais. Nous nous sommes mariés… Nos enfants sont nés.

[6] LE JUGE. – Quelle mère était Médée ?

[7] JASON. – Une mère possessive… Une vraie lionne accrochée à ses petits… Dix ans passés à Corinthe n'ont pas su lui apprendre la mesure, la sagesse… ce qu'on appelle la Civilisation.

[8] LE JUGE. – Est-ce pour cela que vous l'avez répudiée ?

[9] JASON (hésitant). – Oui, sûrement…

[10] MÉDÉE. – Ne pourrais-tu dire la vérité ? D'un côté une femme moins jeune, moins appétissante, fatiguée par les épreuves, nostalgique de sa patrie perdue… seule, tellement seule ! De l'autre, une jeune princesse toute fraîche, toute belle. Et à la clé la puissance du pouvoir, la richesse. Un banni devenant roi !

[11] JASON. – Justement mes enfants auraient profité de ce changement. Ne plus être les enfants d'un exilé et d'une étrangère. Ne plus vivre de la générosité de Créon. Avoir une belle demeure, de beaux vêtements, s'endormir sans crainte dans une jolie chambre. Jouer au soleil. Renoncer au provisoire.

[12] MÉDÉE. – En leur rabâchant que leur mère ne serait jamais une femme comme il faut, un produit exotique venu d'un ailleurs qui fait peur aux petits… Comprenez-vous : cette voix de miel n'était plus que du fiel !

Extraits du *Procès de Médée*
Tragédie intemporelle écrite par JEANNINE VERDIER

TEXTE B

[1] Jason, en réponse au juge, regarde à l'opposé.

[2] Médée se retourne lentement. Le juge se retrouve au centre des débats face au public alors que Médée et Jason l'entourent.

[3] Le juge retourne prendre sa place ; prend son temps pour s'installer.

[4] Elle avance lentement vers le public comme si Jason et le juge n'existaient plus.

[5] Il avance lentement vers le public comme si Médée et le juge n'existaient plus.

[6] Vient de finir son installation.

[7] Jason se dirige vers le juge après avoir marqué un temps d'arrêt sur Médée qui ne le regarde pas ; elle dessine des arabesques gracieuses dans le ciel. Jason donne la fin de la phrase derrière le Juge qui le cherche pour donner la réplique.

[8] Le juge cherche après Jason.

[9] Jason se dirige vers le fond.

[10] Elle continue ses arabesques comme si elle appartenait à un autre monde. Son ton est emprunt d'ironie, de sarcasme.

[11] Il revient brutalement du fond de la scène et aboie son texte pour se trouver à côté de Médée.

[12] Elle fait comme si Jason n'existait pas.

Notes de mise en scène de Christophe Freytel

1. Comment se justifie « tragédie intemporelle » ? Vous appuierez votre réponse :
– sur une recherche concernant le mythe de Médée ;
– sur le registre de langue des personnages.

2. a) Sur quoi portent les indications de mise en scène ? **b)** Que disent-elles sur le caractère des personnages ? **c)** En quoi sont-elles une interprétation du metteur en scène ?

100 % web

› Sujets de réflexion

Propositions de lecture pour la Seconde

- **Molière, *Tartuffe*, 1664.** Critique des « faux dévots » au XVIIe siècle, ou hypocrisie et religion.
- **Racine, *Britannicus*, 1669.** Tragédie et histoire romaine.
- **Marivaux, *Le Jeu de l'amour et du hasard*, 1730.** Amour et « classes » sociales.
- **Alfred de Musset, *On ne badine pas avec l'amour*, 1834.** Amour et orgueil.
- **Samuel Beckett, *En attendant Godot*, 1952.** Le célèbre duo absurde : Vladimir et Estragon.
- **Nathalie Sarraute, *Pour un oui ou pour un non*, 1982.** Dialogue entre deux amis d'enfance.
- **Eugène Ionesco, *Macbett*, 1972.** Farce et tragédie : satire de la politique vue comme un jeu.
- **Yasmina Reza, *Le Dieu du carnage*, 2007.** Deux couples polis et une bagarre. Pièce adaptée au cinéma par le réalisateur Roman Polanski en 2011.

9 Du théâtre au cinéma : *Roméo et Juliette*, adapté par Franco Zeffirelli et Baz Luhrmann

Étudier deux adaptations cinématographiques d'une grande œuvre littéraire
Comprendre les enjeux de l'adaptation cinématographique
Découvrir les différentes étapes de création d'un film

1 *Roméo et Juliette*, réalisé par Franco Zeffirelli, 1968

2 *Roméo + Juliette*, réalisé par Baz Luhrmann, 1996

Lecture d'images

Des affiches de films

1. Quelles sont les fonctions d'une affiche de cinéma ?
2. Quelles informations doivent y figurer ? Relevez-les dans les deux affiches.
3. Quel élément nous indique que les deux films sont inspirés d'une œuvre littéraire ?

Quels films ?

4. **Doc. 1 :** Observez les deux images. **a)** À quel genre de film peut-on s'attendre ? **b)** Quel semble être le thème principal ? À quoi le voyez-vous ?
5. **Doc. 2 : a)** Montrez que cette affiche est construite sur une série d'oppositions. **b)** Retrouve-t-on les mêmes thèmes que dans l'affiche 1 ? **c)** Le film semble-t-il plutôt romantique ou plutôt violent ?
6. *Roméo et Juliette* de Shakespeare a été écrit à la toute fin du XVIe siècle. Quel film vous semble le plus fidèle à la pièce de Shakespeare ? Justifiez.
7. **a)** Relisez le titre du film sur le doc. 2. Que constatez-vous ? **b)** Faites une recherche d'images sur Internet : « *mur + Juliette + Vérone* » (lieu où se déroule l'histoire de Roméo et Juliette). Mettez en lien ce que vous voyez avec votre réponse au a) et proposez un commentaire.
8. Après avoir vu les deux affiches, quel film avez-vous le plus envie de voir ? Justifiez.

William Shakespeare

(1564-1616) est un écrivain et comédien anglais. Il est l'auteur de trente-sept pièces de théâtre, tragédies (*Roméo et Juliette*, 1597, *Hamlet*, 1603, *Macbeth*, 1605, etc.) ou comédies (*La Mégère apprivoisée*, 1594, *Le Songe d'une nuit d'été*, 1595), ainsi que d'une multitude de sonnets. Cet auteur a eu une telle influence que l'on surnomme aujourd'hui l'anglais la « langue de Shakespeare ».

Prologue

Avant de commencer, l'action est résumée dans le prologue, prononcé par le chœur.

LE CHŒUR. – Deux familles, égales en noblesse,
Dans la belle Vérone, où nous plaçons notre scène,
Sont entraînées par d'anciennes rancunes à des rixes[1] nouvelles
Où le sang des citoyens souille[2] les mains des citoyens.
Des entrailles[3] prédestinées[4] de ces deux ennemies
A pris naissance, sous des étoiles contraires, un couple d'amoureux
Dont la ruine[5] néfaste[6] et lamentable
Doit ensevelir dans leur tombe l'animosité[7] de leurs parents.
Les terribles péripéties de leur fatal amour
Et les effets de la rage obstinée de ces familles,
Que peut seule apaiser la mort de leurs enfants,
Vont en deux heures être exposés[8] sur notre scène.
Si vous daignez nous écouter patiemment,
Notre zèle[9] s'efforcera de corriger notre insuffisance[10].

William Shakespeare, *Roméo et Juliette*, 1597,
« Prologue », traduction de François-Victor Hugo

1 Bagarres.
2 Salit, rend impur.
3 Ventre.
4 Soumises au destin.
5 Chute.
6 Malheureuse.
7 La mésentente.
8 Représentés.
9 Motivation.
10 Nos défauts.

Questions sur le texte

L'intrigue

1. **a)** Recherchez le sens du mot *prologue* (vous pouvez vous aider des p. 164-165). **b)** Quelle est la fonction d'un prologue ?

2. **a)** Le public contemporain de Shakespeare connaissait-il l'histoire de Roméo et Juliette ? Faites une recherche. **b)** Et vous, connaissiez-vous cette histoire ?

3. Après avoir lu le texte de Shakespeare, reformulez l'intrigue générale avec vos propres mots.

Les héros

4. **a)** Qui sont les héros de la pièce ? Citez le texte. **b)** Le prologue indique-t-il leur nom ? **c)** Quel élément de la pièce nous a déjà donné cette indication ? **d)** Comment appelle-t-on ce type de héros ?

5. Qu'est-ce que le prologue nous apprend sur les héros ?

6. Leur histoire a-t-elle une influence sur leurs familles ? sur la cité de Vérone ?

Le poids de la fatalité

7. D'après le prologue, *Roméo et Juliette* est-il une comédie ou une tragédie ? Justifiez votre réponse par des éléments précis.

8. Allez voir sur notre site la version originale (en anglais) de ce prologue. **a)** Lisez le dernier mot de chaque ligne, en essayant de le prononcer correctement : que remarquez-vous ? **b)** Comptez le nombre de vers : à quelle forme précise ce texte correspond-il ? (Pour vous aider : Shakespeare est considéré comme l'un des plus grands maîtres de cette forme.) **c)** Expliquez pourquoi Shakespeare a choisi de présenter l'action de sa pièce de cette manière.

9. Selon vous, quel peut être l'intérêt de voir ou de lire une pièce si on nous informe dès le début de ce qui va se passer ?

1. Mise en scène d'Olivier Py, Théâtre national de l'Odéon, Paris, 2011

2. Mise en scène de Pauline Bureau, Cartoucherie, théâtre de la Tempête, 2008

3. Mise en scène de Dominic Dromgoole (de g. à d. Tybalt, Mercutio, Benvolio et Roméo), théâtre du Globe, Londres, Royaume-Uni, 2009

4. Mise en scène de Magali Léris, théâtre Jean Arp, Clamart, 2010

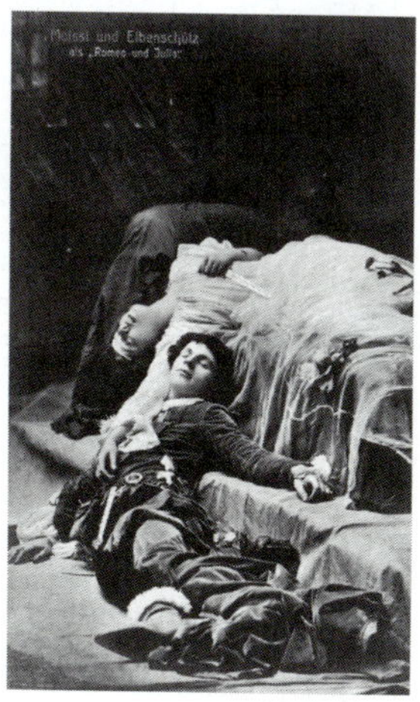

5. Alexander Moissi (Roméo) et Camilla Eibenschütz (Juliette), Deutsche Theater, Berlin, Allemagne, 1905

6. Sergei Prokofiev, *Roméo et Juliette*, ballet d'après la pièce de William Shakespeare. Mise en scène et direction de John Vernon et Ken Russell, Théâtre national du Bolshoï, URSS, 1971

Lecture d'images

1. **Doc. 1 :** Cette photographie montre une mise en scène moderne de la très célèbre scène du balcon : Roméo et Juliette, seuls, la nuit, se déclarent leur amour et se montrent prêts à braver les obstacles qui les séparent. Sur le « mur », il y a écrit : « *La nuit sera blanche et noire.* ». **a)** De quelle manière cette phrase fait-elle écho à la mise en scène ? **b)** Quels sens peut-elle avoir par rapport à l'histoire de Roméo et Juliette ? (vous pouvez partir du sens des expressions « nuit blanche » et « nuit noire »).

2. **Doc. 2 : a)** Que représente cette scène ? **b)** Quels adjectifs la qualifieraient le mieux : grandiose, intime, simple, romantique, superbe, provocatrice ? Justifiez. **c)** En vous aidant du prologue, expliquez pourquoi Roméo et Juliette sont seuls avec le prêtre. **d)** Sur cette image, un indice annonce déjà la fin tragique des deux amants. Lequel ?

3. **Doc. 3 : a)** Quels éléments de tradition et quels éléments de modernité pouvez-vous observer dans cette mise en scène ? **b)** Lisez attentivement la légende : quel lien cette salle de théâtre a-t-elle avec Shakespeare ?

4. **Doc. 4 :** Cette image montre Juliette en train de se suicider après avoir découvert la mort de son bien-aimé. **a)** Commentez l'utilisation de la lumière : que traduit-elle ? Que met-elle en valeur ? **b)** Où le corps de Juliette va-t-il se retrouver une fois qu'elle se sera poignardée ? Commentez.

5. **Doc. 5 : a)** Quelle image de la mort cette mise en scène du début du XXe siècle donne-t-elle ? La mort est-elle victorieuse sur les amants, sur l'amour ? Justifiez. **b)** Quel élément indique qu'il s'agit bien de la scène finale ?

6. **Doc. 6 : a)** Quelle différence y a-t-il entre cette image et les documents 1 à 5 ? **b)** Que nous apprend-elle de la célébrité de Shakespeare ? **c)** Montrez comment l'idée de fusion amoureuse, développée dans la pièce de Shakespeare, est ici reprise chez Prokofiev.

7. Selon vous, pourquoi certains metteurs en scène actuels choisissent-ils de proposer des mises en scène modernes de cette pièce écrite à la fin du XVIe siècle ?

Franco Zeffirelli (né en 1923) est un réalisateur, scénariste et producteur italien. Passionné par Shakespeare, il adapte au cinéma *La Mégère apprivoisée* (1967), *Roméo et Juliette* (1968), *Otello [Othello]* (1986) et *Hamlet* (1990). Il met également en scène des pièces de théâtre et des opéras. L'un de ses derniers films, *Callas forever* (2002), est un hommage à son amie, la célèbre cantatrice Maria Callas (interprétée par Fanny Ardant).

A. Musique + voix off (homme) : « *Deux familles* [...] *rixes nouvelles* » sur le panoramique ; « *Où le sang des citoyens...* » sur le zoom vers le soleil qui se lève.

B. Musique + voix off (homme) : « *A pris naissance* [...] *l'animosité de leurs parents.* » Musique et voix off se terminent à la fin de ce plan.

Lecture d'images

Deux adaptations différentes du prologue de Shakespeare

1. Comparez les deux storyboards : quelle différence principale remarquez-vous ?

2. **a)** À votre avis, quel est le lieu de l'action dans chaque film ? **b)** À quelle époque l'action est-elle située ?

3. Quelle atmosphère se dégage de chacun de ces storyboards ? Comment caractériseriez-vous chacune de ces adaptations ?

Le temps de l'action

4. Observez le premier panoramique* du film de Zeffirelli. **a)** À quel moment du jour le film commence-t-il ? Mettez cela en relation avec le moment de la pièce. **b)** Sur quel élément zoome-t-on ? Quelle partie du texte de Shakespeare Zeffirelli place-t-il à ce moment-là ? Expliquez ce choix.

5. Quel est le choix de Luhrmann pour faire débuter l'action ? Expliquez.

6. **a)** Les deux séquences reprennent-elles intégralement le prologue de Shakespeare ? **b)** Sur quels aspects insistent-elles ? Par quels moyens ?

* **Panoramique :** *voir fiche méthodologique p. 385.*

Deux familles ennemies

7. **Doc. A :** On peut distinguer deux clochers à l'arrière-plan. **a)** Par quoi sont-ils séparés ? **b)** Quelle partie du texte peuvent-ils symboliser ?

8. **Doc. 1 à 13 :** Luhrman propose une transposition similiaire dans son prologue. **a)** Que sont devenus chez lui les clochers et le fleuve du film de Zeffirelli ? **b)** Comment a-t-il traité la référence à la religion catholique ?

9. **a)** Sur quelle image Luhrmann fait-il démarrer le prologue de Shakespeare ? **b)** Expliquez ce choix.

Le monstre sacré : comment être fidèle à Shakespeare ?

10. **a)** En quoi le prologue de Zeffirelli est-il fidèle à celui de Shakespeare ? Quels éléments du texte sont repris ? **b)** Qu'en est-il du prologue de Luhrmann ?

11. La dernière image du storyboard de Luhrmann montre le projet de terminer la séquence du prologue par une succession très rapide de plans issus de la suite du film. Quel lien pouvez-vous faire avec la fonction d'un prologue ?

12. **a)** Le public de Shakespeare appartenait à toutes les classes sociales, du peuple illettré à la noblesse : pensez-vous que *Roméo et Juliette* de Shakespeare soit encore accessible à tous ? **b)** Que répondriez-vous pour l'adaptation de Zeffirelli et pour celle de Luhrmann ?

Baz Luhrmann (né en 1962) est un réalisateur australien. Son premier long métrage, *Ballroom Dancing* (1991), ouvre une trilogie que le cinéaste intitule *Rideau rouge*. En 1996, *Roméo + Juliet*, deuxième film de sa trilogie, propose une version rock'n'roll de l'œuvre de Shakespeare ; Luhrmann choisit de respecter le texte de la pièce, mais plonge les héros dans une guerre des gangs contemporaine. Cet anachronisme osé remporte un franc succès. En 2001, le troisième film de la trilogie, *Moulin Rouge !*, connaît également un grand retentissement.

À retenir

- Le scénario est souvent transposé sous forme de **storyboard**, sorte de bande dessinée où chaque image correspond à un plan et précise la position des personnages, le cadrage et les principaux mouvements de caméra. L'objectif du storyboard n'est donc pas d'avoir un dessin très précis et abouti : il s'agit d'un document de travail, qui a pour fonction de faciliter le tournage, en permettant aux différents membres de l'équipe de visualiser ce qui devra être tourné.

1. Voix in (speakerine) : prologue en entier

2. Bande son : début de la musique

3.

4.

5.

6.

7. Son : musique en sourdine et reprise du prologue en voix off (homme) : « *Deux familles…* »

8. Son : voix off : « … *les mains des citoyens* »

9. Voix off : « *Des entrailles prédestinées…* »

10. Voix off : « … *de ses deux ennemies* » (changement de plan sur « deux »)

11. Voix off : « … *A pris naissance* […] *un couple d'amoureux* » (fin de la voix off)

12. Son : la musique redevient très forte

13. Succession très rapide d'images à venir dans le film

Le coup de foudre

Le père de Juliette, chef du clan Capulet, organise un bal. Fils de la famille ennemie des Montaigu, Romeo s'y rend masqué. Il aperçoit Juliette et tombe éperdument amoureux d'elle sans savoir qui elle est.

Adaptation de Zeffirelli
Roméo et Juliette © 1968, Paramount Pictures, tous droits réservés

A

B

Extrait du scénario de Luhrmann

Le sang bourdonne aux oreilles de Roméo. Il fausse compagnie à Capulet et se fraie un chemin à travers la foule pour se rendre aux toilettes.

INT. TOILETTES. NUIT.

Plan silencieux, sous l'eau. Le visage, calme, de Roméo, est plongé dans un lavabo rempli d'eau.

Battement du cœur.

Roméo se redresse et reprend son souffle. Un moment. Il respire plus calmement.

Puis, lissant ses cheveux mouillés, il regarde dans le miroir au-dessus du lavabo. Il se retourne : le mur entier, en face du miroir, est un splendide aquarium d'eau de mer.

Roméo, comme aimanté par sa beauté sous-marine, s'appuie contre l'aquarium. Des applaudissements assourdis se font entendre dans les haut-parleurs des sanitaires.

INT. TOILETTES. NUIT.

Alors que les applaudissements se taisent, une Diva Latine aux cheveux noirs se retrouve dans le faisceau d'un spot lumineux. L'orchestre entame les premières mesures d'une ballade d'amour.

INT. TOILETTES. NUIT.

Tandis que la musique prend de l'ampleur, Roméo regarde un poisson-chat moustachu passer avec grâce devant un château-fort. Soudain, Roméo a un mouvement de recul. Deux yeux angéliques, d'une beauté exquise, l'observent de l'autre côté du château. Les premières notes de la Diva jaillissent, pures, d'une beauté douloureuse.

Troublé, Roméo regarde à nouveau. Pas d'erreur possible : il s'agit bien d'une fille. Derrière de longues algues formant un rideau chatoyant, deux grands yeux noirs, un petit nez d'enfant et des lèvres pleines, sublimes.

Roméo approche son visage de la vitre. L'autre visage se recule brusquement.

INT. TOILETTES POUR DAMES. NUIT.

***Cut**[1] **sur :** Juliette, portant un costume d'ange, de l'autre côté de l'aquarium. On se rend compte à ce moment-là*

1
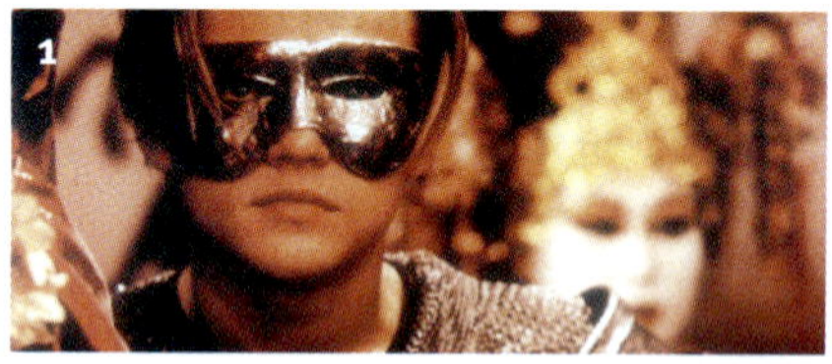

2

3

4

Adaptation de Luhrmann

que les toilettes des dames et celles des hommes sont séparés par ce merveilleux monde aquatique.

Juliette se rapproche précautionneusement de la vitre.

INT. TOILETTES. NUIT.

Roméo appuie son front contre la vitre. La ballade d'amour s'intensifie.

Travelling*[1] *lent : *part du profil de Roméo, passe dans l'eau et…*

INT. TOILETTES POUR DAMES. NUIT.

… ressort de l'autre côté, pour trouver Juliette de profil, regardant l'aquarium.

INT. TOILETTES. NUIT.

Roméo appuie légèrement son nez contre la vitre.

INT. TOILETTES POUR DAMES. NUIT.

Juliette, un léger sourire.

Tout à coup, VLAN ! La porte s'ouvre avec fracas. Juliette sursaute, se retourne : c'est la nourrice.

NOURRICE. – Juliette, votre mère vous demande.

La nourrice, d'un air affairé, fait sortir Juliette. Juliette regarde par-dessus son épaule le garçon mystérieux.

Craig Pearce et Baz Luhrmann, scénario de *Romeo + Juliet* (extrait), traduction de Stanisław Eon du Val

1 *Voir fiche méthodologique p. 385.*

Questions

Une rencontre passée sous silence

« *Quelle est cette dame qui enrichit la main de ce cavalier, là-bas ?* » (l. 5). Cette question de Roméo à un valet est le seul indice de la rencontre des héros chez Shakespeare.

1. D'après le texte de Shakespeare, qui semble avoir remarqué l'autre en premier ?

2. À votre avis, pourquoi Shakespeare a-t-il placé le moment de leur rencontre avant le moment où ils découvrent leurs identités respectives ?

3. Roméo et Juliette se rencontrent au milieu d'une foule de personnages. S'ils ne se parlent pas encore, comment le public sait-il que ce moment est celui de leur rencontre ?

4. Observez les doc. A-B et 3-4. Par quel moyen technique les réalisateurs suggèrent-ils le coup de foudre ? Comment appelle-t-on ce procédé ?

Une rencontre publique (Zeffirelli, doc. A et B)

5. Observez l'arrière-plan des deux images. **a)** Dans quel cadre se déroule la rencontre ? **b)** Quels moyens techniques sont utilisés pour mettre en valeur Roméo et Juliette par rapport aux autres personnages ?

6. **a)** Quel geste Roméo est-il en train de faire ? Pour répondre, observez attentivement ce qu'il tient dans sa main droite. **b)** Pourquoi fait-il ce geste ? Trouvez trois raisons : une qui le concerne, une qui concerne Juliette, et une qui concerne le spectateur du film.

7. **a)** Chez qui Roméo se trouve-t-il ? **b)** Expliquez ce que son geste comporte de dangereux pour lui. **c)** Que permet ce danger, du point de vue de l'intrigue ?

Une rencontre intime (Luhrmann, doc. 1 à 6)

8. **a)** Quels éléments du document A retrouvez-vous dans les documents 1 et 2 ? **b)** Dans ces deux plans, Luhrmann reste-t-il fidèle au contexte de la pièce de Shakespeare ? Proposez une réponse nuancée, qui s'appuiera sur des éléments précis.

9. **a)** D'après le scénario, dans quel lieu Roméo se rend-il ? **b)** En quoi le choix de ce lieu est-il très surprenant, si l'on considère la scène qui doit s'y dérouler ?

10. Quels éléments sonores et visuels permettent néanmoins de conférer une atmosphère romantique à ce lieu ? Appuyez-vous sur le scénario.

11. Montrez que le grand aquarium est un choix de décor extrêmement intéressant. **a)** Que permet-il sur le plan visuel (pensez aux couleurs, aux effets visuels que peuvent produire ses vitres, ou les poissons qui sont à l'intérieur) ? **b)** Que peut-il symboliser (pensez notamment à la situation dans laquelle se trouvent Roméo et Juliette par rapport à leurs familles) ? Aidez-vous du scénario et des photographies.

12. Commentez la manière dont le lieu semble se transformer à partir du coup de foudre entre les deux adolescents : que cela suggère-t-il sur la manière dont on perçoit le monde quand on est amoureux ?

13. Quel rôle joue la nourrice à la fin de cette scène ?

Textes et Images 3

Des mains aux lèvres

Au cours du bal, Roméo, saisi par la beauté de Juliette, la cherche dans la salle et va vers elle.

ROMÉO, *prenant la main de Juliette.* – Si j'ai profané[1] avec mon indigne main cette châsse[2] sacrée, je suis prêt à une douce pénitence[3] : permettez à mes lèvres, comme à deux pèlerins[4] rougissants, d'effacer ce grossier attouchement par un tendre baiser.

JULIETTE. – Bon pèlerin, vous êtes trop sévère pour votre main qui n'a fait preuve en ceci que d'une respectueuse dévotion[5]. Les saintes mêmes ont des mains[6] que peuvent toucher les mains des pèlerins ; et cette étreinte est un pieux baiser.

ROMÉO. – Les saintes n'ont-elles pas des lèvres, et les pèlerins aussi ?

JULIETTE. – Oui, pèlerin, des lèvres vouées à la prière.

ROMÉO. – Oh ! alors, chère sainte, que les lèvres fassent ce que font les mains[7]. Elles te prient ; exauce-les, de peur que leur foi ne se change en désespoir.

JULIETTE. – Les saintes restent immobiles, tout en exauçant les prières.

ROMÉO. – Restez donc immobile, tandis que je recueillerai l'effet de ma prière. *Il l'embrasse sur la bouche.* Vos lèvres ont effacé le péché[8] des miennes.

JULIETTE. – Mes lèvres ont gardé pour elles le péché[9] qu'elles ont pris des vôtres.

ROMÉO. – Vous avez pris le péché de mes lèvres ? Ô reproche charmant ! Alors rendez-moi mon péché. *Il l'embrasse encore.*

JULIETTE. – Vous avez l'art des baisers.

LA NOURRICE, *à Juliette.* – Madame, votre mère voudrait vous dire un mot. *Juliette se dirige vers lady Capulet.*

William Shakespeare, *Roméo et Juliette*, 1597, Acte I, scène 5, traduction de François-Victor Hugo

1 Profaner : manquer de respect à un objet ou un lieu sacré.
2 La châsse était un coffret où étaient conservées les reliques (les restes) des saints. Roméo compare Juliette à une sainte et sa main à une châsse.
3 Bonne action que l'on fait pour réparer une faute, un péché.
4 Les lèvres sont comme des pèlerins, le lieu saint vers lequel elles se dirigent est la main de Juliette.
5 Acte de piété.
6 Jeu de mots: les mains désignent les mains de Juliette (vivante) mais aussi les mains des statues représentant les saints.
7 Que tes lèvres exaucent ma prière : que tu m'embrasses.
8 Le soi-disant péché consistant à embrasser la main de Juliette, relique sacrée, avec sa bouche.
9 La faute qui était déposée sur vos lèvres est maintenant présente sur les miennes: Juliette invite Roméo à l'embrasser de nouveau.

Questions

La rencontre

1. **a)** Qui prend l'initiative de la rencontre ? **b)** Est-ce étonnant ? Justifiez.

2. Quel geste va introduire le dialogue des héros ?

3. **Doc. 2 :** Que semble penser Juliette de l'attitude de Roméo ? Expliquez.

Le badinage amoureux

4. Lisez attentivement le texte de Shakespeare : comment Roméo cherche-t-il à conquérir Juliette ?

5. **a)** Quels sont les deux champs lexicaux dominants dans cet extrait ? **b)** À qui se comparent les héros ?

6. Montrez que Roméo cherche à rapprocher ces deux champs lexicaux, alors que Juliette tente au contraire de les distinguer, puis expliquez pourquoi.

7. Comment les acteurs traduisent-ils dans leur gestuelle le jeu amoureux présent dans le texte de Shakespeare ?

Coupés du monde

8. **Doc. A, B et 1, 2 :** quel élément du décor permet aux héros de s'isoler de la foule ?

9. À partir de votre réponse à la question 1, expliquez pourquoi chez Luhrmann, Roméo entraîne Juliette dans un autre endroit.

10. **Doc. 4 et 5 : a)** Quel est cet endroit ? Deux indices : il s'agit d'un lieu où l'on s'embrasse souvent dans les films... ; c'est un « lieu » qui peut monter ou descendre. **b)** À votre avis, Luhrmann choisit-il de le faire descendre ou monter ? Expliquez. **c)** Comparez ce choix à celui de l'aquarium dans la scène du coup de foudre.

Adaptation de Zeffirelli - *Roméo et Juliette* © 1968, Paramount Pictures, tous droits réservés

A

B

C

Adaptation de Luhrmann

1

2

3

4

5

À retenir

Le dialogue de Roméo et Juliette est un exemple de **badinage amoureux**. Fréquentes dans la comédie, les scènes de badinage mettent en valeur le pouvoir des mots : pour conquérir sa belle, le jeune homme doit montrer qu'il est beau parleur. Pas de badinage donc sans jeux de mots ou métaphores. Le but du dialogue ? Obtenir un baiser, un rendez-vous, un aveu d'amour... Le rôle de la jeune femme est de résister pour paraître d'autant plus désirable aux yeux du jeune homme. Cette répartition permet l'enchaînement des répliques et le rebondissement des jeux de mots. Depuis les comédies de Marivaux (XVIIIe siècle), le badinage amoureux a, en France, un synonyme : le **marivaudage**.

La scène du balcon

1. Texte de Shakespeare et adaptation de Zeffirelli

Alors qu'il vient de quitter le bal avec ses amis, Roméo leur fausse compagnie et saute le mur du jardin des Capulet pour essayer d'apercevoir Juliette à travers les fenêtres. Par chance, cette dernière sort de sa chambre sur son balcon. Cette scène dite « du balcon » est extrêmement célèbre.

1 Mercure.
2 Nuages.
3 Renonce à ton nom.
4 François-Victor Hugo (le traducteur) transpose le nom anglais sans le franciser. Dans les traductions récentes de la pièce, on écrit *Montaigu*, car c'est ainsi que se prononce *Montague* en français.
5 Je change de nom.
6 *Voir Textes et Images 3*.
7 Prononcées.
8 Sérieux.
9 Honnête, respectueuse.
10 Je lierai mon destin au tien.

Le jardin de Capulet.
Sous les fenêtres de l'appartement de Juliette.

Entre Roméo. [...]

JULIETTE. – Hélas!

ROMÉO, *à part.* – Elle parle! Oh! Parle encore, ange resplendissant! Car tu rayonnes dans cette nuit, au-dessus de ma tête, comme le messager ailé du ciel[1], quand, aux yeux bouleversés des mortels qui se rejettent en arrière pour le contempler, il devance les nuées[2] paresseuses et vogue sur le sein des airs!

JULIETTE. – Ô Roméo! Roméo! pourquoi es-tu Roméo? Renie ton père et abdique[3] ton nom; ou, si tu ne le veux pas, jure de m'aimer, et je ne serai plus une Capulet.

ROMÉO, *à part.* – Dois-je l'écouter encore ou lui répondre?

JULIETTE. – Ton nom seul est mon ennemi. Tu n'es pas un Montague[4], tu es toi-même. Qu'est-ce qu'un Montague? Ce n'est ni une main, ni un pied, ni un bras, ni un visage, ni rien qui fasse partie d'un homme... Oh! sois quelque autre nom! Qu'y a-t-il dans un nom? Ce que nous appelons une rose embaumerait autant sous un autre nom. Ainsi, quand Roméo ne s'appellerait plus Roméo, il conserverait encore les chères perfections qu'il possède... Roméo, renonce à ton nom; et, à la place de ce nom qui ne fait pas partie de toi, prends-moi tout entière.

ROMÉO. – Je te prends au mot! Appelle-moi seulement ton amour et je reçois un nouveau baptême[5] : désormais je ne suis plus Roméo.

JULIETTE. – Quel homme es-tu, toi qui, ainsi caché par la nuit, viens de te heurter à mon secret?

ROMÉO. – Je ne sais par quel nom t'indiquer qui je suis. Mon nom, sainte[6] chérie, m'est odieux à moi-même, parce qu'il est pour toi un ennemi : si je l'avais écrit là, j'en déchirerais les lettres.

JULIETTE. – Mon oreille n'a pas encore aspiré cent paroles proférées[7] par cette voix, et pourtant j'en reconnais le son. N'es-tu pas Roméo et un Montague?

ROMÉO. – Ni l'un ni l'autre, belle vierge, si tu détestes l'un et l'autre.

[Après un long dialogue amoureux, Juliette souhaite une bonne nuit à Roméo]

ROMÉO. – Oh! vas-tu donc me laisser si peu satisfait?

JULIETTE. – Quelle satisfaction peux-tu obtenir cette nuit?

ROMÉO. – Le solennel[8] échange de ton amour contre le mien.

JULIETTE. – Mon amour! je te l'ai donné avant que tu l'aies demandé. Et pourtant je voudrais qu'il fût encore à donner.

ROMÉO. – Voudrais-tu me le retirer? Et pour quelle raison, mon amour?

JULIETTE. – Rien que pour être généreuse et te le donner encore. [...] Si l'intention de ton amour est honorable[9], si ton but est le mariage, fais-moi savoir demain, par la personne que je

ferai parvenir jusqu'à toi, en quel lieu et à quel moment tu veux accomplir la cérémonie, et alors je déposerai à tes pieds toutes mes destinées[10], et je te suivrai, monseigneur, jusqu'au bout du monde !
LA NOURRICE, *derrière le théâtre.* – Madame !

WILLIAM SHAKESPEARE, *Roméo et Juliette*, 1597, Acte II, scène 2, traduction de François-Victor Hugo

Adaptation de Zeffirelli
Roméo et Juliette © 1968, Paramount Pictures, tous droits réservés

* À l'époque de Shakespeare, seuls les hommes pouvaient être acteurs, aussi les rôles féminins étaient-ils joués par de jeunes hommes.

Questions

Le duo amoureux

1. Quel est le cadre spatio-temporel ? Pourquoi ce cadre est-il important pour le déroulement de la scène ?

2. **a)** Montrez que le début de l'extrait ne forme pas un vrai dialogue. **b)** Comment cela peut-il s'expliquer ? Pour répondre, aidez-vous des photographies et de vos réponses à la question 1.

3. À quel moment précis du texte le dialogue commence-t-il ?

4. En vous appuyant sur les photographies, montrez que l'évolution du dialogue est accompagnée par les mouvements des personnages. À quel moment de la scène situeriez-vous chacune des images de Zeffirelli ?

La symbolique de l'espace

5. **a)** Lisez le « À retenir ». À votre avis, à quel endroit le comédien* jouant Juliette se plaçait-il ? Et le comédien jouant Roméo ? **b)** Roméo est-il dans la sphère publique ou privée ? Et Juliette ? Proposez une réponse approfondie et nuancée, en vous aidant du chapeau d'introduction.

6. **a)** Dans le texte de Shakespeare, par quelle métaphore Roméo désigne-t-il sa bien-aimée au début de l'extrait ? **b)** Pourquoi est-il important que sur scène Juliette se trouve en hauteur par rapport à Roméo ?

7. Précisez le rôle du balcon dans la scène : est-ce qu'il a pour fonction de réunir ou de séparer les amants ? Proposez une réponse nuancée.

8. **a)** Quel est le véritable obstacle qui sépare les amants ? **b)** De quelle manière cet obstacle pourrait-il être dépassé ? Relisez les répliques de Juliette. **c)** Quelle métaphore utilise-t-elle pour appuyer son propos ?

Une promesse décisive

9. **a)** Comment Juliette peut-elle interpréter la question de Roméo : « *vas-tu donc me laisser si peu satisfait ?* » (l. 28) Rapprochez cette question d'une exclamation de Juliette que Roméo a entendue en l'écoutant à son insu. **b)** Quelle réponse fait-elle à Roméo ?

10. Quel est selon vous l'élément décisif de cette scène, celui qui aura des conséquences sur la poursuite de l'intrigue ?

11. **a)** Quel nom reconnaissez-vous dans le verbe « embrasser » ? Quel est donc le sens étymologique de ce verbe ? **b)** Sur quelle image les personnages s'embrassent-ils, au sens étymologique ?

À retenir

À l'époque de Shakespeare, en Angleterre, les théâtres comportent **deux scènes** :

- la **scène principale**, sur laquelle sont jouées toutes les scènes d'extérieur, donc les scènes « publiques » (dialogues dans la rue, combats à l'épée, etc.) ;
- une **galerie** (un grand balcon), où sont jouées les scènes « privées », c'est-à-dire les scènes familiales ;
- **Shakespeare ajoute un troisième espace**, souvent séparé de la grande scène par un rideau, pour les scènes plus intimes (chambre à coucher par exemple).

2. Adaptation de Luhrmann

Voici un extrait du **scénario** de Luhrmann correspondant au début de la scène du balcon.

EXT. COUR INTÉRIEURE DE L'HÔTEL PARTICULIER DES CAPULET. NUIT.

Roméo, suspendu au treillage en dessous du balcon de la chambre de Juliette, dos au mur. À sa gauche, les portes de l'ascenseur, situées dans un renfoncement du mur, se referment derrière Juliette, vêtue de la même robe d'ange qu'elle portait lors de la réception mais sans ailes ni auréole. Elle s'avance puis s'arrête au niveau de Roméo. Une statue de style gréco-romain, représentant un jeune berger jouant de la flûte, sépare les deux amants et empêche Juliette de se rendre compte de la présence de Roméo.

JULIETTE, *soupirant.* – Hélas!

ROMÉO, *bas.* – Elle parle! Oh! Parle encore, ange resplendissant!

JULIETTE, *regardant vers les étoiles avec mélancolie.* – Ô Roméo! Roméo! Pourquoi es-tu Roméo?

Elle s'avance vers le centre de la cour.

***Gros plan** sur Roméo, incrédule.*

Renie ton père et abdique ton nom; ou, si tu ne le veux pas, jure de m'aimer, et je ne serai plus une Capulet.

ROMÉO, *à lui-même.* – Dois-je l'écouter encore ou lui répondre?

Juliette s'approche du bord de la piscine.

JULIETTE. – Ton nom seul est mon ennemi. Tu n'es pas un Montague, tu es toi-même.

Juliette s'accroupit au bord de la piscine.

Qu'est-ce qu'un Montague? Ce n'est ni une main, ni un pied, ni un bras, ni un visage, ni rien qui fasse partie d'un homme… Oh! Sois quelque autre nom!

Roméo s'avance sans faire de bruit dans le dos de Juliette.

Qu'y a-t-il dans un nom? Ce que nous appelons une rose embaumerait autant sous un autre nom. Ainsi, quand Roméo ne s'appellerait plus Roméo, il conserverait encore les chères perfections qu'il possède…

Juliette se relève, alors que Roméo est juste derrière elle.

Roméo, renonce à ton nom; et, à la place de ce nom qui ne fait pas partie de toi, prends-moi tout entière.

ROMÉO, *à voix haute, à l'oreille de Juliette.* – Je te prends au mot!

Juliette, effrayée, se retourne en poussant un cri aigu. Elle trébuche sur le rebord de la piscine et entraîne Roméo dans sa chute. Ils tombent tête la première dans la piscine.

EXT. HÔTEL PARTICULIER DES CAPULET. PISCINE. SOUS L'EAU. NUIT.

***Plan sous l'eau :** un enchevêtrement phosphorescent de corps, bras et jambes, qui bougent lentement.*

EXT. HÔTEL PARTICULIER DES CAPULET. LOCAL DU GARDIEN. NUIT.

***Cut[1] sur :** le gardien, qui lisait un magazine en fumant un cigarette : alerté par le bruit, il se retourne brusquement vers les écrans de surveillance.*

EXT. HÔTEL PARTICULIER DES CAPULET. PISCINE. SOUS L'EAU. NUIT.

Roméo et Juliette se positionnent l'un en face de l'autre et remontent ensemble vers la surface.

***Travelling vers le haut**, qui suit Roméo et Juliette et se termine au-dessus du niveau de l'eau.*

Roméo et Juliette, haletants, l'un en face de l'autre.

Scénario de *Romeo + Juliet* (extrait), adapté par Pierre-Antoine Hussherr
Traduction du texte de Shakespeare par François-Victor Hugo

1 *Voir fiche méthodologique p. 385.*

Storyboard

Découpage technique

Acte II, scène 2 (extrait) Ext. Cour intérieure de la résidence des Capulet. Nuit.				
Résumé	À la suite de la réception organisée par les Capulet, Roméo pénètre de nuit dans la résidence de Juliette pour tenter de la revoir.			
Plan	**Durée**	**Valeur – Mouvement – Axe**	**Bande image**	**Bande son**
1	7 s	Plan moyen sur **Roméo** et **Juliette** Plan fixe Plan de face	**Roméo**, suspendu au treillage en dessous du balcon de la chambre de **Juliette**, dos au mur. À sa gauche, les portes de l'ascenseur, situées dans un renfoncement du mur, se referment derrière **Juliette**, vêtue de la même robe d'ange qu'elle portait lors de la réception mais sans ailes ni auréole. Elle s'avance puis s'arrête au niveau de **Roméo**. Une statue de style gréco-romain, représentant un jeune berger jouant de la flûte, sépare les deux amants et empêche **Juliette** de se rendre compte de la présence de **Roméo**.	Ambiance sonore d'une nuit d'été (chant de grillon, etc.). **Juliette** (soupirant) : « *Hélas !* »
2	7 s	Gros plan sur **Roméo** Plan fixe Plan de face	**Roméo**, ferme les yeux en entendant la voix de **Juliette**.	Respiration forte de **Roméo**. Ambiance sonore d'une nuit d'été. **Roméo :** « *Elle parle ! Oh ! Parle encore, ange resplendissant !* »
3	4 s	Plan moyen sur **Roméo** et **Juliette** Mise au point sur **Juliette** Plan fixe Champ sur **Juliette** (**Juliette** 3/4 face et **Roméo** 3/4 dos)	**Juliette** lève la tête vers les étoiles avec nostalgie.	**Juliette :** « *Ô Roméo...* »
4	2 s	Gros plan sur **Roméo** Plan fixe Contrechamp **Roméo** (**Roméo** 3/4 face)	**Roméo**, toujours dos au mur, regarde **Juliette** sans être vu.	Respiration forte de **Roméo.** Ambiance sonore d'une nuit d'été. **Juliette :** « *Roméo...* »
5	13 s	Plan moyen sur **Roméo** et **Juliette** Mise au point sur **Juliette** Champ sur **Juliette** (**Juliette** 3/4 face et **Roméo** 3/4 dos) Plan fixe Après « *Pourquoi es-tu Roméo ?* », panoramique horizontal gauche/droite suivant le déplacement de **Juliette** (plan identique au plan 3)	**Juliette** s'avance vers la cour intérieure le regard penché vers le sol. Roméo, derrière elle, continue de l'observer.	Ambiance sonore d'une nuit d'été. **Juliette :** « *Pourquoi es-tu Roméo ?* » **Juliette :** « *Renie ton père et abdique ton nom ; ou, si tu ne le veux pas, jure de m'aimer, et je ne serai plus une Capulet.* »
6	7 s	Gros plan sur **Roméo** Plan fixe Plan de face	**Roméo**, se parlant à lui-même.	Ambiance sonore d'une nuit d'été. **Roméo** (se chuchotant à lui-même) : « *Dois-je l'écouter encore ou lui répondre ?* »
7	6 s	Plan moyen sur **Roméo** et **Juliette** Panoramique horizontal droite/gauche suivant le déplacement de **Juliette**	**Juliette** se rapproche puis s'agenouille au bord de la piscine.	Ambiance sonore d'une nuit d'été. **Juliette :** « *Ton nom seul est mon ennemi. Tu n'es pas un Montaigu, tu es toi-même. Qu'est-ce qu'un Montaigu ?* »
8	3 s	Gros plan sur **Roméo** Plan fixe Plan de face	**Roméo** écoute le monologue de **Juliette**, bouleversé par ces révélations.	Ambiance sonore d'une nuit d'été. **Juliette :** « *Qu'est-ce qu'un Montaigu ? Ce n'est ni une main...* »
9	9 s	Plan en plongée sur **Juliette** Plan fixe	**Juliette** est agenouillée au bord de la piscine. Elle regarde vers le fond de la piscine puis lève la tête vers le ciel en souriant.	Ambiance sonore d'une nuit d'été. **Juliette :** « *ni un pied, ni un bras, ni un visage, ni rien qui fasse partie d'un homme...* »
10	4 s	Gros plan sur **Roméo** Léger panoramique horizontal gauche/droite Plan de face	**Roméo** quitte en silence son emplacement.	Ambiance sonore d'une nuit d'été. **Juliette :** « *Oh ! Sois quelque autre nom !* »

Précision importante : ce document n'est pas un document authentique. Il a été imaginé par un professionnel du cinéma, à titre d'exemple.

11	16 s	Plan en plongée sur **Juliette** ; plan fixe Panoramique vertical bas/haut au moment où **Juliette** se relève (le panoramique se termine sur un plan moyen de **Roméo** et **Juliette**)	**Juliette** est agenouillée au bord de la piscine. Puis elle se relève.	Ambiance sonore d'une nuit d'été. **Juliette** : « *Qu'y a-t-il dans un nom ?* »
12	5 s	Panoramique horizontal gauche/droite lorsque **Juliette** se déplace	**Roméo** est juste derrière elle et il la suit en silence dans son dépacement.	Ambiance sonore d'une nuit d'été. **Roméo** : « *Je te prends au mot !* »
13	Moins de 1 s	Gros plan sur **Juliette** Plan fixe Plan de face	**Juliette** surprise par **Roméo** pousse un cri aigu.	Ambiance sonore d'une nuit d'été. Cri de **Juliette**.
14	Moins de 1 s	Très gros plan sur **Roméo**	La tête de **Roméo** se déplace très vite.	Ambiance sonore d'une nuit d'été.
15	Moins de 1 s	Gros plan sur les pieds de **Roméo** et **Juliette** Plan fixe	En reculant sous l'effet de la surprise le pied de **Juliette** dérape sur le rebord de la piscine. Déséquilibrée, elle tombe en arrière.	Ambiance sonore d'une nuit d'été.
16	1 s	Plan en plongée de la chute de **Roméo** et **Juliette** Plan fixe	**Juliette** entraîne **Roméo** dans sa chute.	Ambiance sonore d'une nuit d'été. Son de l'impact des deux corps dans l'eau.
17	1 s	Plan poitrine du gardien Plan fixe Plan ³/₄ face	Le gardien dans sa loge, un magazine en main, dirige brusquement son regard vers les caméras de surveillance.	Son de l'impact assourdi.
18	3 s	Plan moyen de **Roméo** et **Juliette** sous l'eau Plan fixe Plan de profil	**Roméo** et **Juliette** tentent de se remettre face à face sous l'eau.	Bruit de mouvements sous l'eau.
19	2 s	Gros plan de **Roméo** sous l'eau Plan fixe Plan de profil	**Roméo** à la tête au niveau de la jupe de **Juliette**, les yeux levés vers son visage.	Bruit de mouvements sous l'eau.
20	4 s	Plan moyen de **Roméo** et **Juliette** sous l'eau Plan fixe Travelling vertical bas/haut Plan de profil	**Roméo** et **Juliette** sont face à face sous l'eau. Puis ils remontent progressivement à la surface. Une fois la tête hors de l'eau, ils prennent une grande inspiration.	Bruit de mouvements sous l'eau. Puis au moment où ils sortent de l'eau, ils prennent une grande inspiration.

Questions

Reprise et détournement de Shakespeare

1. Lisez le scénario du film de Luhrmann et regardez le storyboard. L'adaptation de Luhrmann vous semble-t-elle proche du texte de Shakespeare ? Relevez les points communs puis les différences.

2. **a)** Quel élément de décor, central dans la scène de Shakespeare, est laissé de côté ? **b)** En vous aidant de vos réponses au questionnaire précédent, expliquez ce que cela va changer dans le rapport entre Roméo et Juliette.

3. Relisez le début du scénario et regardez la première vignette. **a)** Quel élément vient ici rappeler la modernité de la mise en scène ? **b)** À quelle scène précédemment étudiée vous fait-il penser ?

4. **a)** Quel personnage Luhrmann ajoute-t-il à la scène ? **b)** Que symbolise-t-il par rapport aux deux jeunes amants ? **c)** Qu'ajoute sa présence à ce moment ?

Voir sans être vu

5. **a)** Où Roméo se cache-t-il de Juliette au début de la scène ? **b)** Dans quelle position se trouve-t-il par rapport à elle ?

6. **a)** Quel élément de décor sépare Roméo de Juliette au début de la scène ? **b)** Le personnage représenté est emblématique de la littérature pastorale, dont le thème favori était les amours des bergers et des bergères. Indiquez en quoi ce choix annonce la scène qui va suivre.

7. Comment Roméo rejoint-il Juliette ? Est-ce que ce moment est placé au même endroit chez Shakespeare et chez Luhrmann ? Détaillez votre réponse.

8. **Doc. 13-16 :** Montrez que l'effet de surprise relance l'action. À quoi sert le gros plan sur les pieds (doc. 15) ?

La symbolique de l'eau

9. De quel élément, central dans la scène du coup de foudre, pouvez-vous rapprocher la piscine ?

10. Montrez que l'eau, qui séparait Roméo et Juliette dans la scène du coup de foudre, va désormais les rapprocher.

11. Vous avez peut-être remarqué que l'eau est un élément que l'on retrouve souvent dans les films et les publicités. Pourquoi, à votre avis ? Pensez notamment aux jeux de lumière, à l'apparence des acteurs, à l'atmosphère de la scène.

3. Documents techniques complémentaires (Luhrmann)

Dépouillement

Acte II, scène 2 (extrait)	
Résumé	À la suite de la réception organisée par les Capulet, **Roméo** pénètre de nuit dans la résidence de **Juliette** pour tenter de la revoir.
Rôles	**Roméo**
	Juliette
	Le gardien
Effet	Aucun
Jour de tournage	15.05.1995
Son	Ambiance sonore : nuit d'été Son de l'impact des deux corps dans l'eau Bruit de mouvements dans l'eau
Lumière	Intention(s) lumineuse(s) : clair de lune ; lumière douce venant de la piscine Matériel : – spots puissants pour éclairer de derrière les vitres de l'ascenseur ; – guirlandes lumineuses (treillage) ; – spots moyens (mur de l'hôtel particulier) ; – lampes extérieures (escaliers) ; – spots étanches puissants (piscine) ; – spots d'appoint (étanches) ; – grands diffuseurs et grands réflecteurs[2].
SFX[1]	Aucun
Machinerie	– Rail pour travelling ; – grue pour travelling vertical (piscine) ; – caisson étanche pour la caméra.
Décors	Cour intérieure de l'hôtel particulier des Capulet Loge du gardien
Costumes	**Roméo** Costume de **Roméo** lors de la réception des Capulet mais sans le masque
	Le gardien Costume de **gardien**
	Juliette Costume de **Juliette** lors de la réception des Capulet mais sans les ailes d'ange ni l'auréole
Décoration	Statues de marbre de style gréco-romain Plantes Transats Chaises d'extérieur Table d'extérieur Serviettes
Accessoires	Écrans de surveillance Magazine Repas entamé (fast food) Crucifix Téléphone Petite enceinte Cigarettes

Précision importante : ce document n'est pas un document authentique. Il a été imaginé par un professionnel du cinéma, à titre d'exemple.

1 Effets spéciaux.
2 *Voir fiche méthodologique p. 385.*
3 Mise en scène.
4 Prêt à tourner.
5 Habillage, maquillage, coiffure.

Feuille de service

<table>
<tr><th colspan="5">Roméo + Juliette</th></tr>
<tr><td>Date</td><td colspan="4">Samedi 15 mai 1995</td></tr>
<tr><td>Comédiens</td><td colspan="4">Roméo : Léonardo DiCaprio
Juliette : Claire Danes
Le gardien (figurant)</td></tr>
<tr><td rowspan="3">Production</td><td>Producteurs</td><td>Gabriella Martinelli et Baz Luhrmann</td><td>Horaire</td><td>21 h - 6 h</td></tr>
<tr><td>Coproducteur</td><td>Martin Brown</td><td rowspan="2">Lieu</td><td rowspan="2">Hôtel particulier des Capulet</td></tr>
<tr><td>Producteurs associés</td><td>Jill Bilcock et Catherine Martin</td></tr>
<tr><td rowspan="4">Réalisation</td><td>Réalisateur</td><td>Baz Luhrmann</td><td rowspan="2">Éphéméride</td><td rowspan="2">Tombée de la nuit : 21 h
Levée du jour : 6 h 30</td></tr>
<tr><td>Assistant réalisateur</td><td>Miguel Gil</td></tr>
<tr><td>Assistant réalisateur</td><td>Miguel Lima Martinez</td><td rowspan="2">Météo</td><td rowspan="2">Nuit sans nuage. Temps frais (max : 15°C)</td></tr>
<tr><td>Assistant réalisateur</td><td>Martin Walters</td></tr>
</table>

<table>
<tr><th>Lieu de tournage</th><th>Note à l'équipe</th></tr>
<tr><td rowspan="2">Hôtel particulier des Capulet</td><td>C'est donc un tournage de nuit, en extérieur ! Prévoir des vêtements chauds. On doit impérativement avoir fini de tourner à 6 h (ensuite le jour commence à se lever)</td></tr>
<tr><td>Proverbe du jour :
« Juliette aurait-elle aimé Roméo si Roméo avait eu quatre incisives manquantes, un grand trou noir au milieu ? » (Albert Cohen)</td></tr>
</table>

<table>
<tr><th colspan="3">Rendez-vous</th></tr>
<tr><td colspan="3">Équipes</td></tr>
<tr><td>Équipe M.E.S.[3]
Équipe RÉGIE
Équipe LUMIÈRE
Équipe PROD</td><td>21 h sur le décor</td><td>P.A.T.[4] : 23 h</td></tr>
<tr><td>Équipe IMAGE
Équipe SON
Équipe MACHINERIE
Équipe DÉCO</td><td>21 h 30 sur le décor</td><td>P.A.T. : 23 h</td></tr>
<tr><td>Équipe HMC[5] (habillage, maquillage, coiffure)</td><td>22 h 30 sur le décor</td><td>P.A.T. : 23 h</td></tr>
<tr><td colspan="3">Comédiens</td></tr>
<tr><td>Roméo
Juliette
Le gardien</td><td>22 h 30 sur le décor</td><td>P.A.T. : 23 h</td></tr>
</table>

<table>
<tr><th>Séquence</th><th>Plans</th><th>Effet/Lieu</th><th>Rôles</th><th>Résumé</th></tr>
<tr><td rowspan="5">Acte II, scène 2</td><td>1-3-5-7</td><td rowspan="5">Ext. Cour intérieure de l'hôtel particulier des Capulet. Nuit.</td><td rowspan="5">Roméo
Juliette
Le gardien</td><td rowspan="5">À la suite de la réception organisée par les Capulet, Roméo pénètre de nuit dans la résidence de Juliette pour tenter de la revoir.</td></tr>
<tr><td>2-4-6-8-10</td></tr>
<tr><td>9-11</td></tr>
<tr><td>12-13-14-15-17</td></tr>
<tr><td>16-18-19-20</td></tr>
</table>

Précision importante : ce document n'est pas un document authentique. Il a été imaginé par un professionnel du cinéma, à titre d'exemple.

Jalonnement

Jour, date (Samedi 15 mai 1995)	
21 h	RDV pour les équipes M.E.S.[1], prod et lumière Installation des lumières
21 h 30	RDV pour les équipes image, son, machinerie et déco Préparation de la caméra, du son, mise en place de la déco
22 h	Briefing du réalisateur : récapitulation des objectifs et impératifs de la journée
22 h 30	RDV équipe HMC[2] et comédiens : Roméo, Juliette et le gardien Préparation des comédiens (costumes, maquillage, etc.)
23 h	Tournage des plans 1-3-5-7
0 h 30	Tournage des plans 2-4-6-8-10
2 h	Changement d'axe : installation de la lumière (équipe lumière) Installation de la grue (équipe machinerie)
2 h 30	Tournage des plans 9 et 11
3 h	**Repas**
3 h 45	Tournage des plans 12-13-14-15-17 Installation de la lumière pour le plan 17 pendant le tournage des plans 12-13-14-15
4 h 45	Préparation de la caméra (plans sous l'eau) Installation du travelling (équipe machinerie) Installation de la lumière (équipe lumière)
5 h	Tournage des plans 16-18-19-20
6 h	Fin de tournage

Précision importante : ce document n'est pas un document authentique. Il a été imaginé par un professionnel du cinéma, à titre d'exemple.

1 Mise en scène.
2 Habillage, maquillage, coiffure.

Questions

1. a) Recherchez les verbes de la même famille que *dépouillement* et *jalonnement* et définissez-les.
b) En vous aidant de vos recherches, indiquez à quoi et à qui servent le jalonnement et le dépouillement lors du tournage d'un film.
c) Quelles informations sont données par la feuille de service ? À quoi et à qui sert ce document ?

2. a) À partir des trois documents proposés, résumez toutes les étapes qui ont lieu avant l'enclenchement de la caméra.
b) Nommez au moins cinq intervenants, par le nom de leur métier, des « équipes image, son, machinerie et déco ». *Aidez-vous de la page ci-contre sur les métiers du cinéma.*
c) Qui arrivent en dernier sur le lieu du tournage ? D'après vous, pourquoi n'arrivent-ils pas en même temps que les autres ?

3. a) À quelle heure le tournage doit-il commencer ?
b) À quelle heure le tournage doit être impérativement terminé ? Pour quelle raison ?
c) Pourquoi est-il important de se tenir à des horaires précis sur un tournage ?

4. Observez l'ordre des plans à tourner, indiqué sur le dépouillement et sur la feuille de service.
a) Que remarquez-vous ?
b) Observez plus précisément les plans prévus à 0 h 30 et ceux prévus à 2 h 30. Pourquoi est-ce organisé ainsi ? Aidez-vous du story-board, du découpage technique et du jalonnement pour répondre à cette question.
c) Le cinéma permet de faire plusieurs prises d'un même plan, pour ne garder que la meilleure. Mais techniquement, cela n'est pas toujours possible : lequel des plans doit impérativement être réussi du premier coup ? Pourquoi ?

5. Faites le bilan de vos observations en répondant à la question suivante, en deux ou trois phrases. Pourquoi peut-on dire que rien ne semble « être laissé au hasard » sur le lieu de ce tournage ?

Les métiers du cinéma

De nombreux artistes, techniciens et organisateurs, participent à la réalisation d'un film, qui dépend d'un important travail d'équipe, à chaque étape de sa création. Bien souvent, le réalisateur choisit ses collaborateurs, en accord avec le producteur.

Voici une liste des principaux métiers du cinéma (qui peuvent bien évidemment se mettre au féminin !)

1. Écrire un film

- **Scénariste :** celui ou celle qui écrit le scénario du film, c'est-à-dire le déroulement précis des événements, accompagné des dialogues, des didascalies, de la description des décors, et des principaux mouvements de caméra.
- **Dialoguiste :** celui ou celle qui écrit les dialogues, ou de manière plus large, le « texte parlé » du film, quand cela n'est pas fait pas le scénariste.
- **Adaptateur :** scénariste spécialisé, chargé d'adapter une œuvre : roman, pièce de théâtre ou encore film (pour faire une reprise, ou remake).

2. Produire un film

- **Producteur :** personne chargée d'étudier le projet d'un film, son coût et ses chances de succès auprès du public. S'il accepte le projet, il a alors pour rôle principal de trouver les financements nécessaires à sa réalisation. Il a un droit de regard sur le film et peut demander au réalisateur de modifier certaines scènes, s'il pense qu'elles ne correspondent pas aux attentes des spectateurs.

Le producteur confie la gestion pratique du film à un directeur de production, qui définit, en fonction du budget, les besoins matériels et les contrats du personnel. Enfin, c'est l'assistant de production qui gère la comptabilité pendant la préparation et le déroulement du tournage.

- **Régisseur général :** assistant du directeur de production qui veille à l'organisation quotidienne du tournage : autorisations administratives de tourner dans une ville, hébergement, restauration et transport de l'équipe de tournage, recrutement des figurants, etc.
- **Photographe de plateau :** il prend des photos pendant le tournage, qui serviront à assurer la promotion du film.

3. Réaliser, tourner et monter un film

- **Réalisateur :** auteur à l'origine du projet du film (et parfois aussi du scénario), il assume la responsabilité artistique du film, coordonne et dirige chaque étape de sa création. Pour préparer le tournage, il élabore le découpage technique, que l'assistant-réalisateur utilisera pour établir ensuite le dépouillement, dont le minutage est élaboré par le scripte. Le réalisateur peut faire appel à des agents artistiques et des directeurs de casting pour recruter les acteurs.
- **Scripte :** assistant du réalisateur avant et pendant le tournage, qui assume la fonction de secrétaire. Il rédige le journal de bord, en prenant des photos et des notes sur tout ce qu'il se passe durant le tournage afin d'éviter les problèmes de raccords et de cohérence, et participe à l'organisation quotidienne.
- **Directeur de la photographie (ou chef opérateur de la photographie) :** il travaille en étroite collaboration avec le réalisateur et le cadreur, pour superviser tout ce qui concerne la qualité de l'image : cadrage et éclairage.
- **Cadreur (ou cameraman) :** le maniement de la caméra est confié au cadreur qui travaille en étroite collaboration avec le réalisateur et le directeur de la photographie (cependant certains réalisateurs tiennent eux-mêmes la caméra). Le cadreur détermine les emplacements et les mouvements de la caméra, ainsi que les cadrages (types de plan) en fonction du scénario et des choix faits par le réalisateur.
- **Chef opérateur du son (ou ingénieur du son) :** il est responsable de la qualité sonore du film, et dirige les perchistes ou perchmans (personnes qui tiennent les micros suspendus au bout de perches). Il mène un important travail d'enregistrement et de mixage (bruits, voix, musique) au moment du montage du film.
- **Architecte décorateur :** celui ou celle qui imagine et construit les décors.
- **Accessoiriste :** « personne à tout faire » qui doit rechercher, surveiller et préparer tous les accessoires du décor et des personnages.
- **Costumier :** personne chargée de rechercher et de louer les costumes.
- **Habilleur :** personne qui prépare, entretient les costumes et aide les acteurs à les revêtir.
- **Maquilleur, coiffeur :** ils éliminent les imperfections des acteurs (cernes, rides) ou font apparaître cicatrice de guerre, hématome après une bagarre, etc.
- **Monteur :** il sélectionne et remet en ordre les plans retenus par le réalisateur (en le conseillant parfois), et s'assure de la cohérence du film.

Réunis dans la mort

Alors que Juliette vient de s'unir secrètement à Roméo, elle apprend que son père veut la marier à un autre. Sur les conseils de frère Laurent, qui a marié les amants, Juliette boit un philtre qui donne l'illusion qu'elle est morte, afin d'échapper au mariage. Ses parents sont dupes et font déposer son corps dans le caveau des Montaigu. Frère Laurent n'a pas réussi à prévenir Roméo de son stratagème. Ce dernier, averti par erreur de la prétendue mort de Juliette, accourt au caveau dont il force la porte.

ROMÉO. – Ah ! chère Juliette, pourquoi es-tu si belle encore ? Dois-je croire que le spectre de la Mort est amoureux et que l'affreux monstre décharné[1] te garde ici dans les ténèbres pour te posséder ?... Horreur ! Je veux rester près de toi, et ne plus sortir de ce sinistre palais de la nuit[2] ; ici, ici, je veux rester avec ta chambrière, la vermine[3] ! Oh ! c'est ici que je veux fixer mon éternelle demeure et soustraire au joug des étoiles ennemies cette chair lasse du monde[4]... *(Tenant le corps embrassé.)* Un dernier regard, mes yeux ! bras, une dernière étreinte ! et vous, lèvres, vous, portes de l'haleine, scellez par un baiser légitime un pacte indéfini avec le sépulcre accapareur[5] ! *(saisissant la fiole)* Viens, amer conducteur, viens, âcre guide. Pilote désespéré, vite ! lance sur les brisants ma barque épuisée par la tourmente[6] ! À ma bien-aimée ! *(Il boit le poison.)* Oh ! l'apothicaire[7] ne m'a pas trompé : ses drogues[8] sont actives... Je meurs ainsi... sur un baiser ! *(Il expire en embrassant Juliette. [...] Juliette s'éveille et se soulève.)*

JULIETTE. – [...] où est mon seigneur[9] ? Je me rappelle bien en quel lieu je dois être : m'y voici... Mais où est Roméo ? *(Rumeur au loin.)* [...] Qu'est ceci ? Une coupe qu'étreint la main de mon bien-aimé ? C'est le poison, je le vois, qui a causé sa fin prématurée[10]. L'égoïste ! il a tout bu ! il n'a pas laissé une goutte amie pour m'aider à le rejoindre ! Je veux baiser tes lèvres : peut-être y trouverai-je un reste de poison dont le baume me fera mourir[11]... *(Elle l'embrasse.)* Tes lèvres sont chaudes !

PREMIER GARDE, *derrière le théâtre.* – Conduis-nous, page... De quel côté ?

JULIETTE. – Oui, du bruit ! Hâtons-nous donc ! *(Saisissant le poignard de Roméo.)* Ô heureux poignard ! voici ton fourreau[12]... *(Elle se frappe.)* Rouille-toi là et laisse-moi mourir ! *(Elle tombe sur le corps de Roméo et expire.)*

William Shakespeare, *Roméo et Juliette*, 1597, Acte V, scène 3, traduction de François-Victor Hugo

1 Qui n'a plus de chair : cette périphrase désigne le squelette, lui-même symbolique de la mort.
2 Cette périphrase désigne le caveau des Capulet.
3 Les vers qui rongent les cadavres, et qui remplacent la femme de chambre chargée d'habiller et de coiffer la jeune fille pour la mettre en valeur.
4 Roméo, qui croit Juliette morte, a l'intention de mettre fin à ses jours dans le caveau.
5 Roméo passe un pacte avec la mort, pour l'éternité, afin de rejoindre Juliette.
6 Dans cette succession d'apostrophes, Roméo s'adresse à la fiole de poison qu'il a prise avec lui.
7 Personne dont le métier consiste à préparer des médicaments, des potions, des crèmes, etc.
8 Son poison.
9 Roméo.
10 Sa mort survenue trop tôt.
11 Peut-être trouverai-je un reste de poison qui, parce qu'il me fera rejoindre Roméo, sera pour moi doux comme un baume.
12 Étui ; ici, il désigne le cœur de Juliette.

Adaptation de Zeffirelli
Roméo et Juliette

A
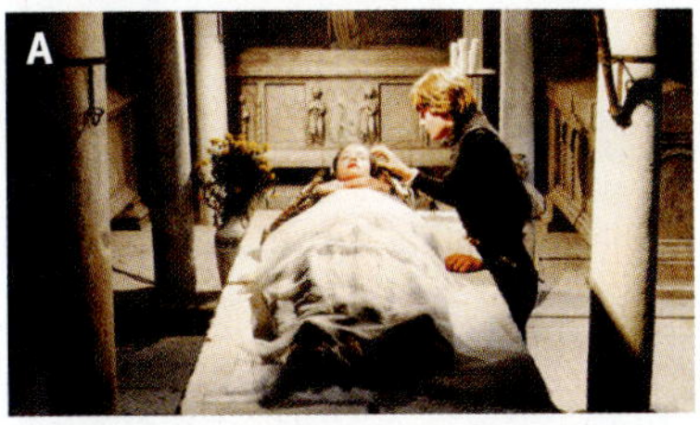

B

C

D

E

F
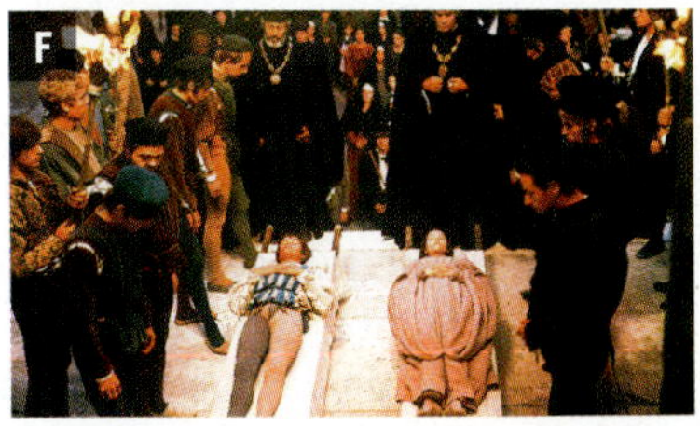

Adaptation de Luhrmann

1

2

3

Questions

Un malentendu tragique

1. Au début de cette scène, que sait le spectateur ? Est-ce que Roméo dispose d'autant d'informations que le public ? Expliquez.

2. Les paroles de Roméo sont destinées à Juliette qu'il croit morte. Montrez qu'elles ont pourtant un double sens pour le spectateur.

3. **a)** Quel parallèle pouvez-vous faire entre l'image p. 232 et le document B ? **b)** Quelle est cependant la différence ?

4. **a)** Les faits s'enchaînent rapidement : quel effet cela produit-il ? **b)** À votre avis, quels sont les sentiments, les réactions du public pendant cette scène ?

5. Quelles phrases du prologue (p. 214) sont ici réalisées ?

L'amour et la mort

6. D'après le texte, quel est le dernier geste d'amour de Roméo pour Juliette, puis de Juliette pour Roméo ?

7. Comparez les choix de décor opérés par Zeffirelli et Luhrmann pour le lieu de la mort des jeunes mariés. **a)** Quelles différences constatez-vous ? **b)** Quel adjectif qualifierait le mieux chacune des mises en scène ?

8. **Doc. 2 : a)** Quel élément de décor, presque absent chez Zeffirelli *(voir document A)* est très présent dans la mise en scène de Luhrmann ? **b)** Que permet ce choix de décor, du point de vue de la lumière, de la couleur, mais aussi d'un point de vue symbolique ? **c)** Si vous ne connaissiez pas le contexte du film, penseriez-vous que Roméo et Juliette se trouvent dans une salle mortuaire ? Expliquez.

9. Regardez la fin du film de Luhrmann et commentez le moment où Roméo boit le poison, en montrant que Luhrmann accentue le caractère tragique de la mort des jeunes gens.

Les amants, la famille et la cité

10. Comparez les documents F et 3, qui correspondent à peu près aux dernières images où l'on voit Roméo et Juliette dans chacun des deux films. **a)** Quelles différences pouvez-vous observer entre ces deux photographies (type de plan, composition de l'image, nombre et position des personnages, lumière, etc.) ?

11. Lisez la fin de la pièce et regardez la fin des films de Zeffirelli et Luhrmann. **a)** Quelle est l'adaptation la plus fidèle ? Expliquez. **b)** Sur quel aspect insiste chacun des deux réalisateurs et par quels moyens ?

12. **a)** Comment Luhrmann atténue-t-il le caractère violent de la mort ? Observez la lumière, le décor, la manière de filmer, mais aussi le montage, c'est-à-dire l'ordre et la durée des différents plans. **b)** Quel procédé de narration utilise-t-il ? Dans quel but ?

Synthèse

De l'écrit à l'écran

Les grands thèmes de l'œuvre

- *Roméo et Juliette* recourt à des ingrédients classiques. L'**amour** est le plus important d'entre eux, comme l'indique le prologue **(Textes et Images 1)**. Imprévu et inattendu **(Textes et Images 2)**, cet amour reprend le topos (= lieu commun, cliché) du **coup de foudre**. Il a des conséquences immédiates **(Textes et Images 3)** : le baiser des amants suit la rencontre, puis est relayé par le serment d'amour éternel, lors de la scène du balcon **(Textes et Images 4)**. Une journée de vingt-quatre heures suffit à la rencontre et à l'union complète, éternelle, de Roméo et Juliette.
- Pourtant, leur amour entre dans la catégorie des **amours malheureuses** : l'opposition des Capulet et des Montaigu leur interdit de s'aimer. Absolu et pourtant malheureux, l'amour de Roméo et Juliette se décline avec **la mort**, qui en sera l'aboutissement **(Textes et Images 5)** : sur un malentendu, Roméo, puis Juliette, se suicident sur le corps de l'être aimé. La mort les réunit par-delà la haine qui oppose leurs familles, mais elle donne une fin brutale à leurs jeunes existences. C'est pourquoi *Roméo et Juliette* est une **tragédie**. L'enchaînement fatal des événements qui se liguent contre eux les mène droit à la mort sans qu'ils puissent s'y soustraire. C'est au moment où ils doivent se retrouver pour ne plus se quitter qu'ils vont se donner la mort, sous l'effet du procédé appelé *ironie tragique* : parce qu'il leur manque une information connue du public, les héros vont accomplir un geste fatal. Roméo, venu retrouver Juliette, la trouve endormie et la croit morte : il se suicide sur un malentendu, au moment où il aurait pu connaître le bonheur avec elle. Frère Laurent aura échoué à les aider.

De la scène au cinéma : l'adaptation de *Roméo et Juliette*

- L'œuvre de Shakespeare a inspiré des opéras (Bellini, Berlioz), des ballets (Prokofiev) et des films. **Adapter** l'œuvre de Shakespeare, c'est aussi la **réinterpréter** pour lui donner une nouvelle jeunesse. Le théâtre de Shakespeare s'adresse à un public très varié et parfois peu cultivé. Si ce n'est plus le cas du théâtre aujourd'hui, c'est le cas du **cinéma**, qui a longtemps été valorisé comme art populaire, c'est-à-dire comme un art rendant la culture accessible au peuple. Moins cher que le théâtre, il est également plus facilement compréhensible. Par ailleurs, le théâtre et le cinéma disposent de moyens très différents. Sur scène, nous voyons des acteurs en chair et en os, en costume d'époque, mais les décors sont stylisés (ils ne peuvent représenter la réalité) et les effets spéciaux ne sont pas possibles. Au cinéma, nous ne voyons les acteurs que sur un écran, mais les scènes sont tournées autant de fois que nécessaire et de nombreux effets sont possibles. On le voit par exemple dans le prologue de Luhrmann.

Une œuvre universelle

- L'œuvre de Shakespeare est universelle (elle parle à tous les hommes de tous les temps) parce que les thèmes choisis – l'amour, la mort, le destin tragique – sont eux aussi universels.
- Ses très nombreuses adaptations montrent bien qu'elle est très riche et se prête à de nouvelles interprétations, qu'elle nous parle encore aujourd'hui. D'une certaine manière, elle évoque moins l'Angleterre élizabéthaine ou la ville de Vérone que le thème inépuisable des amants malheureux.

Exercices

1 Savoir nommer les principaux métiers du cinéma.

a) Complétez chaque phrase par le nom commun qui désigne le métier indiqué.

1. Il dirige le film dans toutes les étapes de sa création ; il est en quelque sorte l'équivalent du metteur en scène au théâtre. C'est le ... .
2. Il écrit le scénario du film et parfois aussi les dialogues, c'est le ... .
3. Il s'occupe de financer le film, de contrôler les dépenses, et aide souvent le réalisateur dans le choix des acteurs, des lieux, des équipes techniques... C'est le ... .
4. Il est responsable du décor ; c'est le ... .
5. Il s'occupe du cadrage (place de la caméra, type d'objectif, placements des comédiens, etc.) en collaboration avec le réalisateur ; c'est donc lui qui est derrière la caméra. C'est le ... .
6. Il est responsable du son sur le tournage, c'est le ... .
7. Il est responsable de la qualité esthétique de l'image ; il s'occupe de tout ce qui est lié à l'éclairage, dirige la caméra si besoin, voire assume le rôle de cadreur. C'est le ... .
8. Assistant du chef opérateur son, il prend le son sur le tournage, à l'aide d'un microphone. C'est le ... .
9. Travaillant en post-production (après le tournage), généralement avec le réalisateur, il choisit les meilleures prises (« rushes »), remet les séquences dans l'ordre à l'aide du scénario, s'occupe des raccords, etc. C'est le ... .
10. Il s'occupe de la distribution, de la promotion et de la programmation du film, c'est le ... .
11. Il s'occupe de la projection du film en salles, c'est le ... .

b) Même si les acteurs et les actrices prennent généralement soin de leur apparence, ils sont comme tout le monde ! Eux aussi peuvent avoir des boutons, des cernes, le teint terne et des cheveux plats... d'autant plus que les conditions de tournage sont parfois difficiles : nuits courtes, stress, chaleur des projecteurs qui font luire la peau, etc.

Trois métiers essentiels à l'apparence des acteurs sont représentés sur cette photographie extraite du film *The Artist*, de Michel Hazanavicius (2011).

Nommez-les et justifiez votre réponse en relevant les indices présents sur la photographie.

2 Découvrir l'origine des mots du cinéma.

1. Le vocabulaire du cinéma provient de diverses origines : latine, grecque, anglaise, italienne, etc. En vous servant d'un dictionnaire ou d'Internet, trouvez l'étymologie des mots suivants et classez-les selon leur origine :

a) Acteur.	**h)** Film.	**o)** Star.
b) Blockbuster.	**i)** Flash-back.	**p)** Storyboard.
c) Cadre.	**j)** Flash-forward.	**q)** Studio.
d) Caméra.	**k)** Panoramique.	**r)** Synopsis.
e) Champ.	**l)** Perchman.	**s)** Travelling.
f) Cinéma.	**m)** Script.	**t)** Vidéo.
g) Cut (montage).	**n)** Scénario.	**u)** Zoom.

2. De quelle langue proviennent la plupart de ces mots ?
3. Où le cinéma est-il né ? Si vous ne le savez pas, faites une recherche.
4. Mettez en relation vos réponses aux questions 2 et 3 et proposez une explication.

3 Le mot *amour*. L'*amour* est au cœur de la pièce de Shakespeare...

1. Trouvez dix mots de la même famille étymologique et précisez leur sens actuel.
2. Le sens du mot *amant* a bien changé depuis l'époque de Shakespeare ! Recherchez, à l'aide d'un dictionnaire étymologique ou d'Internet, les différentes significations qu'il a prises au cours de son histoire.
3. **a)** Trouvez dans le prologue de la pièce de Shakespeare *(Textes et Images 1)*, un antonyme du mot *amour*.
b) Proposez deux autres antonymes.

The Artist, réalisé par Michel Hazanavicius, 2011

Expression écrite

Exercices

1 Écrire une tirade et une lettre.

a) Dans la pièce de Shakespeare, la nourrice de Juliette la soutient et l'aide à vivre son amour. Imaginez que ce ne soit pas le cas et rédigez une tirade en prose dans laquelle la nourrice tentera de dissuader Juliette de revoir Roméo et essayera de la ramener à la raison.

b) Juliette, convaincue par sa nourrice, décide de mettre fin à sa relation avec Roméo et d'épouser le comte Pâris (l'homme avec lequel son père veut la marier). Rédigez la lettre que Juliette écrit à Roméo pour lui annoncer sa décision.

2 Rédiger un synopsis.

Rédigez le synopsis d'un film qui sera une adaptation moderne de l'histoire de Roméo et Juliette. Il s'agira d'une adaptation « libre », qui reprendra l'intrigue générale de la pièce de Shakespeare, mais en la transposant dans le monde actuel et en modifiant éventuellement certaines situations.
Le synopsis est la toute première étape de la création d'un film : il s'agit de convaincre un producteur et les acteurs pressentis qu'il s'agit d'un projet intéressant. Votre synopsis sera rédigé au présent.

3 Écrire une scène de film.

Comme vous l'avez compris, un tournage demande une bonne préparation afin que tout s'enchaîne au mieux une fois toutes les équipes réunies. Par équipes de deux à quatre, vous allez écrire une scène de rencontre au cinéma. Il s'agira de la première scène d'un film.

Remarque : Rien ne vous oblige à écrire une rencontre entre un personnage féminin et un personnage masculin, ni à écrire une rencontre amoureuse.

1. Commencez par écrire le **synopsis** du film, en vingt ou trente lignes. Il s'agit de présenter le film, et donc de répondre aux questions : qui ? où ? quand ? et bien sûr : quoi ? (que font les personnages, que leur arrive-t-il ?).

Rappel : Le film commence par une scène de rencontre entre deux personnages.

2. Rédigez des **fiches descriptives** sur les deux personnages principaux, ceux qui vont se rencontrer dans votre scène. Cette phase de création des personnages est très importante : elle permet de leur donner de la profondeur et de s'assurer qu'ils auront un comportement cohérent tout au long du film.

Les fiches comporteront au moins les rubriques suivantes :
– prénom et nom, lieu de naissance, âge au moment du début de l'histoire ;
– profession des parents, milieu dans lequel les personnages ont grandi, anecdotes sur leur enfance ;
– portrait moral et portrait physique détaillés, manies ou tics éventuels, type de vêtements portés, accessoires (lunettes, épée, skateboard, bijoux, smartphone, etc.) ;
– profession ou autre (étudiant, écolier, chômeur, etc.) ;
– passions, rêves, projets d'avenir ;
– entourage (amis, mari ou épouse, enfant(s) ?) ; animal domestique ?
– ce qu'ils ont fait pendant leurs dernières vacances.

3. Vous pouvez maintenant rédiger le **scénario** de la séquence de rencontre (en vous référant si besoin aux exemples de scénarios que vous avez p. 218 et 224) :
– décrivez bien les lieux, les gestes et déplacements des personnages, la lumière et les principaux sons, ainsi que les principaux mouvements de caméra ;
– à la différence de la séquence de rencontre dans *Roméo et Juliette*, vos personnages se parleront : imaginez d'abord leur dialogue à l'oral, puis traduisez le résultat à l'écrit (si vous écrivez tout de suite votre dialogue, il risque de ne pas « sonner juste », d'être moins réaliste).

4. Dessinez un **storyboard** :
– il ne s'agit pas de faire des dessins « jolis », mais clairs et utiles ;
– mettez éventuellement des flèches pour indiquer les mouvements des personnages ; indiquez dans une couleur différente les mouvements de caméra.

5. Rédigez ensuite les **fiches techniques** : dépouillement, jalonnement et fiches de service. Essayez de penser à tout, d'être précis et de produire des documents vraisemblables.

6. Suivant le temps et les moyens dont vous disposez, **tournez** cette scène de rencontre (en l'adaptant si besoin) :
– certains appareils photos et téléphones portables permettent d'obtenir un résultat satisfaisant, surtout si la scène est bien éclairée ;
– montez ensuite votre film avec le logiciel de montage vidéo de votre ordinateur (ou téléchargez un logiciel gratuit) ;
– montrez le résultat au reste de la classe !

Exercices

Expression orale

1 Plaider.

Dans la scène 1 de l'Acte III de *Roméo et Juliette*, Roméo, qui se sent responsable de la mort de son ami Mercutio, décide de le venger et tue Tybalt lors d'un duel. C'est un coup de théâtre qui va modifier toute la situation. Roméo devrait être condamné à mort, mais le prince accepte d'être clément et le condamne à l'exil.

Imaginez que vous allez participer au procès de Roméo : la moitié de la classe se préparera à défendre l'honneur de la famille de Tybalt, l'autre à défendre la cause de Roméo et à implorer la clémence du prince. Vous passerez deux à deux, un de chaque équipe.

2 Présenter une recherche.

Faites une recherche sur l'histoire de Pyrame et Thisbé, mettez-la en lien avec celle de Roméo et Juliette, puis présentez le résultat de votre recherche à la classe.

3 Débattre.

« *Peut-on se marier contre l'avis de sa famille et être heureux ?* » Vous débattrez sur ce sujet, central dans la pièce de Shakespeare.

Vous préparerez d'abord des arguments et des exemples allant dans les deux sens, pour être capable de défendre les deux points de vue.
Vous passerez ensuite deux par deux, en tirant au sort au moment de votre passage l'opinion que vous devez défendre.

4 Inventer à partir d'une photographie.

Cette photographie a été prise sur le tournage d'un court métrage. L'actrice joue le rôle d'une adolescente qui a du mal à grandir.

1. Imaginez le monologue de l'adolescente, qui se souvient avec nostalgie de son enfance comme d'une époque plus simple, plus belle, plus pure.
Travaillez ce texte à l'écrit (comme le ferait un scénariste ou un dialoguiste), puis lisez-le à voix haute, en mettant le ton (comme le ferait une actrice pendant une répétition). N'ayez pas peur de laisser quelques courts moments de silence quand vous lirez votre monologue : le silence aide à créer de l'émotion...

2. Au cinéma, même quand l'organisation du tournage est impeccable, les acteurs passent toujours beaucoup de temps à attendre. Alors que le réalisateur règle certains détails avec l'équipe technique, l'actrice, confortablement installée sur le petit lit, se met à rêvasser. Imaginez à voix haute ce qu'elle se dit dans sa tête.

3. Le tournage a pris du retard, tout le monde est fatigué et la tension monte au sein de l'équipe.
Mettez-vous par groupes de quatre et répartissez-vous les rôles : réalisateur, comédienne, cadreur et chef opérateur du son (ou ingénieur du son).
Imaginez et jouez le débat animé qu'il peut y avoir entre eux, en restant cohérent par rapport à la situation et par rapport au rôle de chacun dans l'équipe.

À lire et à voir

Quelques adaptations cinématographiques de pièces de Shakespeare

- **Jerome Robbins et Robert Wise, *West Side Story*, 1960.** Comédie musicale : adaptation libre de Roméo et Juliette. New York, années 1950 : deux gangs s'affrontent.
- **Franco Zeffirelli, *Hamlet*, 1990.** Spectre, trahison familiale et vengeance. Avec Mel Gibson.
- **Kenneth Branagh, *Beaucoup de bruit pour rien*, 1993** (comédie). Amour et ruse.
- **Richard Loncraine, *Richard III*, 1995.** Jalousie, meurtre et tyrannie. Adaptation qui compare l'ascension de Richard III à celle d'Adolf Hitler.
- **Al Pacino, *Looking for Richard*, 1996.** Entre fiction et film documentaire : Al Pacino enquête sur Shakespeare et sur la manière de mettre en scène un personnage tel que celui de Richard III.
- **Kenneth Branagh, *Hamlet*, 1996.** Grand spectacle de 4 heures : texte original conservé sans coupe.

Un film sur la vie de Shakespeare

- **John Madden, *Shakespeare in Love*, 1998.** Shakespeare au moment où il écrivait *Roméo et Juliette*.

Socle commun

Compétences plus précisément travaillées dans ce chapitre

	Items du livret des compétences	Mise en application des items
	Lire	
C1	Adapter son mode de lecture à la nature du texte proposé et à l'objectif poursuivi.	Lire un scénario, des fiches techniques pour le cinéma. Lire l'image mobile.
C1	Repérer des informations dans un texte à partir de ses éléments explicites et des éléments implicites nécessaires.	Analyser des fiches techniques pour le cinéma ; dégager l'implicite d'une scène de badinage amoureux *(Textes et Images 4)*.
C1	Manifester par des moyens divers sa compréhension de textes variés.	Inventer à partir de la pièce *(Expression écrite)*.
	Écrire	
C1	Rédiger un texte bref, cohérent et ponctué, en réponse à une question ou à partir de consignes données.	Écrire un synopsis *(Expression écrite, ex. 2)*.
	Dire	
C1	Développer de façon suivie un propos en public sur un sujet déterminé.	Plaider une cause, présenter une recherche *(Expression orale, ex. 1 et 2)*.
C1	Participer à un débat, à un échange verbal.	Débattre, improviser à plusieurs *(Expression orale, ex. 4)*.
	Avoir des connaissances et des repères	
C5	Relevant de la culture littéraire : œuvres littéraires du patrimoine.	(Re)découvrir une œuvre du patrimoine : *Roméo et Juliette* ; avoir des connaissances sur le théâtre élisabéthain.
C5	Relevant de la culture artistique : œuvres musicales, scéniques et cinématographiques du patrimoine.	Avoir un aperçu de différentes mises en scène théâtrales de *Roméo et Juliette (Textes et Images 1)*. Étudier deux grandes adaptations cinématographiques de la pièce de Shakespeare.
	Situer dans le temps, l'espace, les civilisations	
C5	Établir des liens entre les œuvres (littéraires, artistiques) pour mieux les comprendre.	Comparer deux adaptations cinématographiques de Shakespeare, entre elles et avec la pièce.
	Lire et pratiquer différents langages	
C5	Connaître et pratiquer diverses formes d'expression à visée littéraire.	Écrire une tirade, une lettre, une scène de rencontre pour le cinéma *(Expression écrite)*.
	Faire preuve de sensibilité, d'esprit critique, de curiosité	
C5	Manifester sa curiosité pour l'actualité et pour les activités culturelles ou artistiques.	Découvrir les étapes de création d'un film, les divers métiers du cinéma.
	Avoir un comportement responsable	
C6	Respecter les règles de la vie collective.	Participer à un procès, écouter les arguments de l'autre parti pour y répondre, débattre *(Expression orale)*.
	Faire preuve d'initiative	
C7	S'intégrer et coopérer dans un projet collectif.	Participer à un projet de réalisation d'une scène de film *(Expression écrite, ex. 3)*.

Compétence 4 et B2i

Les items travaillés sont précisés dans chaque activité.

100 % web

Roméo kiffe Juliette

Analyser le clip de Grand Corps Malade, *Roméo kiffe Juliette*, à travers les dimensions musicale, orale et poétique.

Une scène de rencontre

À l'aide d'une carte heuristique (ou carte mentale), rédiger une analyse de la scène de rencontre entre Roméo et Juliette.

Connaissez-vous le vocabulaire du théâtre ?

Remplir une grille de mots croisés sur le vocabulaire du théâtre en s'aidant d'une ressource en ligne.

1 Exercice de réflexion.

« *Le cinéma, c'est l'écriture moderne dont l'encre est la lumière.* » (Jean Cocteau).

1. Reformulez de manière explicite la comparaison implicite que fait Cocteau : à quoi compare-t-il le cinéma, et sur quel point ?

2. Pourquoi peut-on dire que la lumière est un élément essentiel pour le cinéma ?

3. Essayons de pousser la comparaison de Cocteau jusqu'au bout : qui ou qu'est-ce qui correspondrait au stylo ? au papier ? à l'écrivain ?

a) Mais le cinéma se limite-t-il à ces éléments ? De quoi un écrivain a-t-il besoin pour écrire ? De quoi un cinéaste a-t-il besoin pour faire un film ?

b) Quelle différence essentielle constatez-vous ?

4. Réfléchissez aux connotations des mots *encre* et *lumière* : quel art cette citation semble-t-elle privilégier ? Expliquez.

5. Pensez-vous que le cinéma soit **l'**écriture moderne ou **le** moyen moderne de raconter des histoires, ou simplement un moyen moderne parmi d'autres ? (et dans ce cas : quels sont les autres moyens modernes ?)

6. À partir de vos réponses aux questions précédentes, rédigez un texte d'une dizaine ou d'une quinzaine de lignes, organisé en deux ou trois paragraphes, qui aura pour but d'expliquer et de commenter la citation de Jean Cocteau.

2 Exercice de réflexion sur l'adaptation cinématographique.

« Une bonne adaptation cinématographique d'une œuvre littéraire est une adaptation qui traduit de la manière la plus fidèle possible les mots en images. »

Vous commenterez cette phrase selon le plan suivant :
– **Introduction :** après avoir réécrit le sujet (la phrase), vous exprimerez sous forme de question le débat qu'il soulève ; puis vous annoncerez les trois parties suivantes (« Nous verrons d'abord… puis nous montrerons… Enfin, nous nous demanderons… »).
– **Dans une première partie,** vous donnerez des arguments et des exemples qui iront dans le sens du sujet.
– **Dans une deuxième partie,** vous montrerez les limites du sujet : vous trouverez des contre-arguments et des contre-exemples.
– **Dans une troisième partie,** vous tenterez de pousser la réflexion encore plus loin (toujours en proposant des arguments et des exemples).
– Vous terminerez votre devoir par une courte **conclusion** qui résumera ce que vous avez montré dans les trois parties et qui proposera une réponse à la question posée en introduction.

Voici deux pistes qui pourront peut-être vous aider :
– pour la deuxième partie : le cinéma n'est-il fait que d'images ?
– pour la troisième partie : cherchez ce que signifie l'opposition entre *la lettre* et *l'esprit*.

3 Cinéma contre littérature ?

Lorsque le cinéma est né, de nombreuses personnes ont prédit qu'il allait remplacer la littérature. Force est de constater que ce n'est pas le cas.

Selon vous, quels sont les avantages du cinéma par rapport à la littérature ? Inversement, quels sont les avantages du livre par rapport au film ?

– Pensez à toutes sortes d'aspects différents, et trouvez au moins trois avantages pour l'un et pour l'autre.
– Votre réponse sera organisée en deux paragraphes : l'un dans lequel vous développerez les avantages du cinéma, l'autre dans lequel vous développerez les avantages de la littérature.

4 Cinéma contre théâtre ?

Même exercice, mais portant cette fois-ci sur le théâtre (comme art du spectacle).

5 La traduction au cinéma.

Pour distribuer un film à l'étranger (le film de Franco Zeffirelli ou celui de Baz Luhrmann en France, par exemple), il faut le traduire.

1. Quelles sont les deux techniques utilisées pour proposer une version traduite d'un film ?

2. Quels sont les avantages et les inconvénients de chacune de ces deux techniques ? Pour vous aider dans votre réflexion, vous pouvez consulter le dossier consacré à ce sujet sur le site de RFI, dont vous trouverez le lien sur *www.lelivrescolaire.fr.*
Vous y trouverez un certain nombre d'articles faciles à lire, ainsi que des extraits d'émissions de radio.

3. Laquelle de ces deux techniques préférez-vous, et pourquoi ?

6 Baroque et classicisme.

1. Consultez sur notre site la page d'Histoire des arts 2 du chapitre 3 du manuel de *Français 4e* (sur le baroque et le classicisme).

2. Cherchez auquel de ces deux mouvements se rattache l'œuvre de Shakespeare.

3. Montrez, dans un paragraphe argumenté et illustré d'exemples précis que, malgré les nombreux anachronismes présents dans l'adaptation de Luhrmann, celle-ci est finalement assez fidèle à l'esprit de la pièce de Shakespeare.

Étude de la langue

Louis-Michel Van Loo, *Portrait de M. Diderot*, 1767, huile sur toile, 81 x 65 cm, musée du Louvre, Paris

Grammaire

Orthographe

Conjugaison

1 Le groupe nominal

Observons

J'aime la **ville** bien plus que la **campagne**, entendre le **bruit** des voitures, regarder les **enseignes** lumineuses des magasins, me faufiler au travers de la **foule** pressée des **passants** qui se rendent au travail.

- À quelle classe grammaticale appartiennent les mots en gras ?
- Relevez les mots qui précèdent les mots en gras. Quelle est leur classe grammaticale ?
- Relevez les mots ou les groupes de mots qui précisent et enrichissent les mots *bruit*, *enseignes*, *foule* et *passants*. À quelles classes grammaticales appartiennent-ils ?
- À partir de vos réponses et de vos connaissances, comment pourriez-vous définir un groupe nominal ?

Retenons

- Un **groupe nominal ou GN** est un groupe de mots **centré autour d'un nom**.
  › *les **élèves*** › *les **élèves** de la classe* › *les **élèves** les plus âgés de la classe* › *les **élèves** qui parlent anglais*
- Un GN minimal renvoie à un **être animé** ***(un élève)***, à **une chose** ***(un verre)***, à **une idée abstraite** ***(la vie)***.
  - Le **GN minimal** est constitué du nom, appelé **noyau du GN**, précédé de son **déterminant**.
    › *un livre* › *certains élèves* › *la liberté*
- **Le déterminant peut appartenir à différentes catégories :**

– l'article défini : *le, la, les* **– l'article défini contracté :** *de + le = du, à + le = au, à + les = aux*	Il sert à évoquer une personne ou une chose connues ou déjà identifiées dans le discours.	*– J'ai lu **les** bandes dessinées dont tu m'avais parlé.* *– Il pense **aux** vacances.*
l'article indéfini : *un, une, des*	Il sert à présenter une personne ou une chose non connues ou non identifiées.	*– J'ai lu **une** bande dessinée au CDI.* *– **Un** homme avança.*
l'article partitif : *du, de la*	Il sert à désigner une chose qui ne peut être comptée.	*Elle mange **du** gâteau aux fraises.*
le déterminant démonstratif : *ce, cet, cette, ces*, etc.	Il sert à désigner une personne ou une chose dans la situation d'énonciation. Il peut également reprendre un GN déjà évoqué dans le discours.	*– J'adore **ce** pull !* *– Un homme avança. **Cet** homme marchait lentement.*
le déterminant possessif : *mon, ton, son, ma, ta, sa, mes, tes, ses, notre, nos, votre, vos, leur, leurs*	Il sert à préciser à qui appartient la chose ou la personne désignées par le GN.	***Leurs** enfants sont turbulents.*
le déterminant indéfini : *aucun, nul(le), chaque, aucun, certains, quelques, tout, tous*, etc.	– Il présente une quantité indéfinie ; – Il peut se combiner avec d'autres déterminants.	*– Je n'ai **aucun** souvenir.* *– **Quelques** spectateurs sont partis.* *– **Tous** mes amis sont venus.*
le déterminant interrogatif : *quel ? quelle ? quels ? quelles ?*, etc.	Il permet de poser une question partielle afin d'obtenir des informations sur le GN.	***Quelle** solution préfères-tu ?*
le déterminant exclamatif : *quel ! quelle ! quels ! quelles !*	Il permet de marquer le sentiment du locuteur.	***Quel** courage !*
le déterminant numéral : *un, deux, quatre, cent, mille, le premier, le troisième, le dernier*, etc.	Il permet de quantifier le nom.	*– J'ai travaillé pendant **quatre** jours.* *– Leur **premier** enfant s'appelle Kévin.*

- Le **GN étendu** est constitué du **nom-noyau,** de son **déterminant** et :
  - d'un ou plusieurs **adjectifs qualificatifs** ou d'**adjectifs issus de participes passés.**
    › *une **belle** voiture **rouge*** › *des cheveux **frisés***
  - d'un **autre nom** séparé ou non du GN minimal par une virgule.
    › *mon meilleur ami, **Yanis*** › *le roi **Louis XV***
  - d'une **proposition subordonnée relative** *(voir leçon n° 16).* › *un manteau **qui tient chaud*** › *le manteau **que j'ai acheté***
  - d'un **GN ou d'un pronom précédés d'une préposition.** › *certains élèves **de ma classe*** › *un rendez-vous **avec lui***
  - d'un **verbe** (ou d'un groupe verbal) **à l'infinif précédé d'une préposition.**
    › *des exercices **pour progresser*** › *un mot **à faire signer***

Le GN étendu est donc constitué du **GN minimal** (déterminant + nom) **et d'expansions** *(voir leçon n° 7).*

Attention : Pour appartenir au GN, l'adjectif ne doit pas être séparé du nom qu'il précise par un verbe. Dans la phrase : *Il est heureux*, l'adjectif n'appartient pas au GN. En revanche, l'adjectif et le nom peuvent être séparés par un adverbe qui précise l'adjectif › ***un orage très violent***.

1 Dans les phrases suivantes, relevez les déterminants des GN en gras et donnez leur catégorie.

1. Le matin, je mange toujours **du pain et du beurre**.
2. Trempé dans **un café, ce pain** se ramollit.
3. Il faut alors vite arracher **cette portion humide** avec **ses dents** si on ne veut pas être éclaboussé.
4. Je tache **mes chemises** tous les jours, mais **quel plaisir** !

2 Dans les phrases suivantes, donnez la catégorie des déterminants mis en gras.

1. Solenn court **tous les** matins.
2. **Certains** jours, elle n'en a pas le courage.
3. Mais elle finit toujours par ressentir **un** grand plaisir.
4. C'est en pensant à **ce** moment de bien-être qu'elle trouve **la** motivation nécessaire.
5. Elle a couru **deux** marathons l'année dernière.
6. **Quel** défi se lancera-t-elle l'année prochaine ?

3 Dans les phrases suivantes, relevez les GN étendus et donnez leur noyau.

1. Marc rêve d'un grand et beau scooter.
2. Il s'imagine la sensation de vitesse enivrante !
3. Ses amis, filles et garçons, admireraient son merveilleux bolide.
4. Il pourrait s'échapper des repas de famille qui durent des heures !
5. Un jour, c'est sûr, il s'offrira ce beau cadeau.

4 Dans le texte suivant, relevez les adjectifs qualificatifs et précisez à quel GN étendu ils appartiennent.

À côté de Vinca, une petite sœur, à peu près pareille, ouvrait des yeux bleus dans un rond visage cuit, sous des cheveux blonds en chaume raide, et appuyait sur la nappe, à côté de l'assiette, des poings clos d'enfant bien élevée. Deux robes blanches pareilles habillaient la grande et la petite, repassées, empesées, en organdi à volants.

COLETTE, *Le Blé en herbe*, 1923

5 Dans le texte suivant, relevez les GN étendus. Précisez leur noyau et tous les autres éléments qui les composent.

Il passa sur son visage ses deux mains chaudes, qui lui semblèrent plus douces que de coutume, imprégnées d'un parfum qui s'envolait quand il le voulait fixer sous ses narines, mais qui vibrait alentour, comme fait l'arôme de certaines plantes odoriférantes à feuilles fragiles. À cet instant, la lueur d'une lampe, entre les lames des persiennes, brilla, et s'épanouit peu après, dans la chambre de Vinca.

COLETTE, *Le Blé en herbe*, 1923

6 Complétez les phrases en utilisant les classes grammaticales proposées entre parenthèses, afin de créer des GN étendus

grand – où je pars en vacances – de mes groupes favoris – qui se trouve derrière la maison – petite

Le lieu *(+ relative)* ... est spécial. Il y a un *(+ adjectif qualificatif)* ... jardin *(+ relative)* ... . Tout au fond, on trouve cette *(+ adjectif qualificatif)* ... cabane, cachée aux regards. Je m'y réfugie souvent ; j'emporte mon iPhone et j'écoute la musique *(+ GN précédé d'une préposition)* ... .

7 a) Voici une liste de GN minimaux. Pour chacun d'eux, inventez un GN étendu à l'aide de l'indication entre parenthèses.

La fête *(+ relative)* — une musique *(+ adjectif)* — les gâteaux *(GN précédé d'une préposition)* — les invités *(+ adjectif)* — mon frère et moi *(+ proposition subordonnée relative)*

b) Écrivez un court texte en utilisant les GN étendus que vous avez créés, en commençant par la phrase suivante : « *La semaine dernière, j'ai fêté mon anniversaire.* »

8 Se préparer au brevet

Je ne connaissais que les dessins de la toile cirée. Mais du livre rouge sortaient des mots, des noms.

J.M.G. LE CLÉZIO, *Ourania*, 2006

Quelle opposition est marquée par l'emploi d'articles définis dans la première phrase et d'articles indéfinis dans la deuxième ?

2 Les pronoms

Observons

Chère Samia,
On attend ta venue avec impatience et j'ai **tout** préparé pour te recevoir. Ce n'est pas la peine d'apporter ta guitare, je te prêterai *la mienne*, qui est toute neuve. Tu sais, ne t'inquiète pas, tu ne dérangeras **personne**! Parmi les gens de ma famille, **certains** pensent que je suis amoureux de toi. Qui sait? À très bientôt, Valentin.

- Relevez les mots qui renvoient à celui qui parle (le locuteur) et ceux qui renvoient à celui à qui il s'adresse (le destinataire). À quelle classe grammaticale appartiennent ces mots?
- Est-ce toujours possible de savoir précisément qui est désigné par les mots en gras? Comment nomme-t-on ce type de pronoms?
- « *la mienne* » : À quoi renvoie ce pronom et que précise-t-il? À quelle catégorie précise appartient-il?
- « *Qui sait?/... qui est toute neuve.* » : À quelles catégories de pronoms appartiennent ces deux mots?

Retenons

- Un pronom est un **mot qui remplace un GN** ou son **équivalent** (*pro-nom* signifie : « mis pour le nom »). C'est donc un **substitut du nom**.
- Il appartient aux classes grammaticales **variables**, puisqu'il peut varier en **genre** *(il/elle)*, en **nombre** *(il/ils)* et en **personne** *(je/tu/il...)*.
- Il a les **mêmes fonctions grammaticales qu'un GN** : sujet, COD, COI, complément du nom...

Les différentes catégories de pronoms

Catégories des pronoms	Pronoms	Exemples
Pronoms personnels	– *Je, tu, il, elle, nous, vous, ils, elles* – *Me, te, se, moi, toi, soi* – *Le, la, les, lui, leur, eux*	***Je la** rencontre aujourd'hui.*
Pronoms démonstratifs	*Celui-ci, celle-ci, ceux-ci, cela, celui-là, ça*, etc.	*Je vais prendre **celui-là**.*
Pronoms possessifs	*Le mien, le tien, le sien, la sienne, le nôtre, le vôtre, le leur, les leurs*, etc.	*Cette écharpe, c'est **la tienne**?*
Pronoms interrogatifs	*Qui? Que? Lequel? Laquelle? Lesquelles?*	– ***Que** fait le témoin?* – ***Lesquelles** sont à moi?*
Pronoms numéraux	*Le premier, les premiers, le dixième, un, deux*, etc.	*Je garde **le cinquième**.*
Pronoms relatifs	– *Qui, que, quoi, dont, où* – *Lequel, lesquels, à laquelle, desquels*, etc.	*J'ai revu mon oncle **qui** habite dans le Nord.*
Pronoms indéfinis	*Certains, d'autres, quelques-uns, chacun, on, tous, personne*, etc.	– ***Certains** sont venus, **d'autres** non.* – ***On** n'est pas arrivé!*
Pronoms adverbiaux	*En, y*	*Il parle souvent de son travail : il **en** est fier.*

Attention : Il ne faut pas confondre certains pronoms avec des déterminants. Le pronom se place devant ou derrière un verbe conjugué, alors que le déterminant se place devant un nom.
> *Regarde **la** voiture.* (article défini) ≠ *Regarde-**la**!* (pronom personnel)

> *C'est **leur** problème.* (déterminant possessif) ≠ *Je **leur** en ai parlé.* (pronom personnel)
> ***Certains** soirs* (déterminant indéfini) ≠ *Parmi les enseignants, j'en connais **certains**.* (pronom indéfini)

À quoi sert un pronom ?

- Le pronom a deux rôles essentiels :
  - Il **évite les répétitions**. Le pronom **reprend** ou **annonce** un GN, un nom propre, un verbe à l'infinitif ou encore une proposition.
    > *Il aperçut **une jeune fille** __qui__ semblait agitée.* > Le pronom reprend un GN.
    > *__Celle-ci__, c'est **Claire*** > Le pronom annonce un nom propre.
    > ***Travailler** ? __Cela__ ne lui posait pas de problème.* > Le pronom reprend un verbe à l'infinitif.
    > ***Son meilleur ami n'est pas venu.** Il __en__ a été profondément attristé.* > Le pronom reprend une proposition.
  - Il renvoie aux personnes de la situation d'énonciation *(voir leçon n° 26)*. > ***Je** suis très contente pour **lui**.*

1 Remplacez le mot en gras par un pronom appartenant à la catégorie indiquée entre parenthèses, de façon à n'obtenir qu'une seule phrase.

1. Picasso est un peintre très célèbre. **Picasso** a beaucoup vécu en France. *(pronom relatif)*
2. Il a peint le premier les tableaux d'un mouvement qu'on appellera cubisme. Il est considéré comme l'un des fondateurs **du cubisme.** *(pronom adverbial)*
3. C'était aussi un peintre engagé : il a peint le tableau *Guernica* pour dénoncer la violence de la guerre civile espagnole. **Le tableau *Guernica*** a eu beaucoup de succès. *(pronom démonstratif)*
4. Il a quitté l'Espagne mais il est toujours resté attaché **à l'Espagne**. *(pronom adverbial)*
5. Picasso a eu une vie amoureuse tourmentée. **Picasso** était un homme passionné. *(pronom personnel)*

2 Dans le texte suivant, relevez les pronoms relatifs et donnez leur antécédent.

Le jour où j'ai rencontré Sara, je me suis tout de suite dit : « On va bien s'entendre ou se détester, mais pas d'entre-deux avec cette fille-là ». Une fille qui est toujours franche et directe, qu'on ne peut pas tromper. Mais surtout, qu'elle était jolie ! C'était ça dont il fallait se méfier… donc, pas un mot à mes copains sur mes sentiments, lesquels commençaient à prendre de l'ampleur…

3 Pour chaque mot en gras, dites s'il s'agit d'un pronom ou d'un déterminant démonstratif ou possessif.

1. **Ma** guitare est bien meilleure que celle de **mon** frère.
2. **La sienne** est plus petite.
3. **La mienne** a **ce** son clair et un peu rugueux des rockeurs.
4. Ceux-ci attachent une grande importance au choix de **leur** instrument : **c'**est comme un ami !
5. Ils **le** chérissent.

4 Dites si les mots en gras sont des déterminants ou des pronoms. Pour les déterminants, relevez aussi les noms qu'ils introduisent.

Il était **l'**heure de souper. Ma protégée, vers laquelle notre vieille Rosalie, tout en nous servant, jetait force regards hostiles, dévora goûlument **l'**assiette de soupe que je **lui** tendis. Le repas fut silencieux. J'aurais voulu raconter mon aventure, parler aux enfants, **les** émouvoir en **leur** faisant comprendre et sentir l'étrangeté d'un dénuement si complet, exciter **leur** pitié, **leur** sympathie pour celle que Dieu nous invitait à recueillir.

André Gide, *La Symphonie pastorale*, 1919

5 Extraits de sujets de brevet

1. DNB, France métropolitaine, série technologique, 2006
Qui est désigné par le pronom « *lui* » ?

C'était un berger. Une trentaine de moutons couchés sur la terre brûlante se reposaient près de lui.

Jean Giono, *L'Homme qui plantait des arbres*, 1953

2. DNB, Pondichéry, mars 2007
Qui est désigné par le pronom « *on* » ?

Je me suis baigné, des étés durant, sur une plage ventée où étaient tombés, sous la mitraille nazie, des milliers de soldats. Parfois, on se blessait les pieds sur des objets contondants, on s'abîmait les mains en faisant des châteaux de sable. Le sol réservait toujours des surprises grises. On foulait la grande Histoire, on se baignait, on riait, on jouait dans l'eau des morts.

Jérôme Garcin, *Théâtre intime*, 2003

3. DNB, Afrique, 2006
Que remplace le pronom « *y* »? Pourquoi est-il répété ?

Pour moi, cette toile cirée était le décor principal de ma vie. […] J'y mangeais, j'y dessinais, j'y rêvais, j'y dormais parfois.

J.M.G. Le Clézio, *Ourania*, 2006

100 % web

> Comprendre le rôle des pronoms
> Repérer les pronoms personnels
> Identifier les pronoms indéfinis
> Employer des pronoms indéfinis

3 Mémo fiche : les classes grammaticales variables

Retenons

- **Un mot appartient nécessairement à une classe grammaticale.** C'est sa carte d'identité.
- Quelle que soit sa fonction, **un mot appartient toujours à la même classe grammaticale** (de même que, quels que soient les métiers que vous exercerez plus tard, vous garderez toujours le même prénom).
- Néanmoins, de la même manière qu'il existe des jumeaux, il y a des homonymes.
  › ***Nous avions*** *(verbe)* ***des avions*** *(nom commun).*
- On range dans les **classes variables** les **mots** qui peuvent **varier en genre** (masculin/féminin), **en nombre** (singulier/pluriel) ou en **personne** (première, deuxième, troisième).

Classes	Définition	Catégories
Nom	**Le nom** est un mot qui renvoie à une **chose**... – ... **concrète** › ***chaise*** – ... ou **abstraite** › ***liberté*** Il est généralement **précédé d'un déterminant**.	– **Nom commun** › *la table*, *l'émotion*, etc. – **Nom propre** › *l'Afrique*, *Aurélie*, etc.
Déterminant	**Un déterminant** est un **mot qui introduit un nom**. Il forme avec lui le **GN minimal**. › ***le*** *chat* › ***certains*** *soirs* › ***cet*** *homme*	– **Article défini** › *le*, *la*, *les* – **Article indéfini** › *un*, *une*, *des* – **Article partitif** › *du*, *de la*, *des* – **Déterminant possessif** › *mon*, *ma*, *mes*, *son*, *sa*, *ses*, etc. – **Déterminant démonstratif** › *ce*, *ces*, *cette*, etc. – **Déterminant indéfini** › *plusieurs*, *certains*, *quelques*, etc. – **Déterminant numéral** › *deux*, *mille*, *le premier*, *le dernier*, etc. – **Déterminant interrogatif** › *quel ? quelles ? quels ?*, etc. – **Déterminant exclamatif** › *quel ! quelle ! quels !* etc.
Adjectif	**Un adjectif** est un mot qui **apporte une précision sur un nom**. › *un homme* ***habile*** › *Tes idées sont* ***regrettables***.	– **Adjectif qualificatif** › *immobile*, *gentil*, etc. – **Participe passé employé comme adjectif** › *fatigué*, *étonné*, *soumis*, etc. – **Adjectif verbal formé sur le participe présent** › *charmant*, *fatigant*, *contraignant*, etc.
Pronom	**Un pronom** est un mot qui **renvoie à un nom ou à un GN** ou qui **remplace un nom ou un GN**. › *la musique* ***que*** *j'aime* › ***Il*** *travaille.*	– **Pronom personnel** › *je*, *me*, *moi*, etc. – **Pronom possessif** › *le mien*, etc. – **Pronom démonstratif** › *celui-ci*, *celle-là*, etc. – **Pronom indéfini** › *quelques-uns*, *certains*, etc. – **Pronom interrogatif** › *lequel ? laquelle ?* etc. – **Pronom numéral** › *deux*, *le troisième*, etc. – **Pronom relatif** › *qui*, *que*, *quoi*, *dont*, *où*
Verbe	**Un verbe** est un mot qui **exprime une action** : ***courir***, ***apprendre***, ou un **état** : ***être***, ***devenir***, ***sembler***, ***avoir l'air***, etc. Il peut **se conjuguer à des modes et des temps** différents. › *Je* ***suis allé*** *chez mon frère.*	– **Verbes d'action** › *marcher*, *lancer*, *agir*, etc. – **Verbes d'état** › *être*, *devenir*, *paraître*, *sembler*, *demeurer*, *rester*, *avoir l'air*, *être considéré comme*, *passer pour*, etc.

1 **Complétez correctement les listes de mots suivantes avec l'un des mots en italique, puis identifiez la classe grammaticale illustrée par chacune de ces listes.**

1. Parc, pique-nique, soleil, boissons, *(jeux/joué/je)*.
2. Orange, gros, attendrissant, pâle, *(surprise/sur/sûr)*.
3. Chacun, tous, quelqu'un, *(certains/quelque)*.
4. Court, lis, prennent, fis, *(conté/conta/compte)*.
5. Ses, mon, ta, *(l'heure/leurre/leur)*.
6. Qui, que, quoi, dont, *(où/houx/ou)*.
7. Celui, celle-ci, ceci, *(cette/ça/sa)*.

2 **Complétez correctement les listes suivantes.**

1. Ces, quelques, mille, du, *(le mien/mon/mont)*.
2. Celui-ci, le, je, *(moi/sûr/des)*.
3. Appeler, isoler, *(mourir/archer/poignée)*.
4. Caressant, bleu, avalé, *(gras/caresser/sur)*.
5. Mur, rocher, ébriété, *(approcher/mûr/nonchalance)*.

3 **Indiquez la classe grammaticale des mots en gras. Pour les déterminants, relevez également le nom qu'ils introduisent.**

Elle **alla** avec **lui** à la **fenêtre** du cabinet ; elle prit ensuite le temps de cacher ses habits. Elle ouvrit enfin à son mari **bouillant** de **colère**. Il regarda dans **la chambre**, dans le cabinet, sans mot dire, et disparut. **Les habits** de Julien lui furent jetés, il les saisit, et **courut** rapidement vers le bas du jardin du côté du **Doubs**.

Stendhal, *Le Rouge et le noir*, 1830

4 **Précisez si les mots en gras sont des déterminants ou des pronoms.**

1. **Le** train pour Hambourg part le samedi à 16 h 00.
2. Je **le** prends à chaque période de vacances pour aller voir ma famille.
3. **Le** soir, mes grands-parents me racontent leurs histoires.
4. Je les connais déjà mais ça leur fait plaisir, je **le** vois bien.
5. On va se promener autour de l'Elbe, **le** fleuve qui se jette dans la mer du Nord.

5 **Réécrivez ce texte en mettant les GN (groupes nominaux) au pluriel ; faites bien toutes les modifications nécessaires.**

La mer est immense, bleu gris, tachée d'écume, elle gronde en sourdine, tandis que les lames courtes tombent sur la plaine de sable où se reflète le bleu presque noir du grand ciel.

J.M.G. Le Clézio, *Désert*, 1980

Dans le texte que vous avez réécrit, un adjectif est resté invariable malgré le passage au pluriel ; lequel et pourquoi ?

6 **Dans le texte suivant, indiquez si *la* est déterminant ou pronom.**

Alors la mouette toute blanche que Lalla aime bien passe lentement au-dessus de sa tête, en criant un peu. Lalla lui fait signe, et elle crie au hasard des noms, pour la faire venir. […] Quand elle crie le dernier nom, **la** mouette penche sa tête et **la** regarde, et elle se met à faire des cercles au-dessus de **la** jeune fille.

J.M.G. Le Clézio, *Désert*, 1980

7 **Vers le brevet : remplacez *Suter* par *Johann et Anna* et faites toutes les modifications nécessaires.**

Le lendemain, *[Johann August]* Suter court la poste sur la route de Paris. Arrivé à Paris, il est de nouveau sans le sou. Il se rend directement chez un marchand de papier en gros du Marais, un des meilleurs clients de son père, et lui présente une fausse lettre de crédit. Une demi-heure après avoir empoché la somme, il est dans la cour des Messageries du Nord. Il roule sur Beauvais et de là, par Amiens, sur Abbeville. Le patron d'une barque de pêche veut bien l'embarquer et le mener au Havre. […] À bord, il y a Johann August Suter, banqueroutier, fuyard, rôdeur, vagabond, voleur, escroc. Il a la tête haute et débouche une bouteille de vin.

Blaise Cendrars, *L'Or*, 1925

8 **Extraits de sujets de brevet**

1. **DNB, Émirats Arabes Unis, juin 2007**
Justifiez l'accord de l'adjectif qualificatif.

Au froid et à l'ombre plus denses de la nuit

Jacques Lacarrière, *L'Été grec*, 1976

2. **DNB, Polynésie française, septembre 2005**
Donnez la nature et la fonction de « *aménagées* » et « *entassés* ».

Il avait regardé par l'une des meurtrières aménagées entre les sacs de sable entassés devant les fenêtres de cette ferme fortifiée qu'il avait occupée avec une vingtaine d'hommes, à la fin du mois de mai 1940.

Max Gallo, *Le Pont des hommes perdus*, 2000

3. **DNB, Paris, Créteil, Versailles, juin 2007**
Donnez l'infinitif, le mode et le temps de « *Allez-vous-en* ».

Allez-vous-en.

Victor Hugo, *Les Misérables*, 1862

4. **DNB, Pondichéry, avril 2006**
À quelle classe grammaticale appartiennent les mots en gras ?

Je te demande de **lui** dire juste un petit bravo.

Jean-Michel Ribes, *Théâtre sans animaux*, 2001

4 Les conjonctions de coordination et de subordination

Observons

a) Le roseau plie mais ne rompt pas.
b) Il évite de sentir des fleurs parce qu'il est allergique au pollen.
c) Mes fleurs préférées sont les myosotis et les œillets.
d) J'aime toutes les fleurs, qu'elles soient fraîches ou séchées.

- Dans la phrase c), relevez le mot qui relie deux GN.
- Dans les phrases a) et b), quels sont les mots qui permettent de relier deux propositions ?
- À partir de vos réponses, définissez ce qu'est une conjonction.

Retenons

Une conjonction permet de relier deux mots ou deux propositions. En effet, le verbe *conjungere* en latin signifie « relier ».

Il existe deux types de conjonctions : les conjonctions de coordination et les conjonctions de subordination.

Les conjonctions de coordination : *mais, ou, et, donc, or, ni, car*

- Elles permettent de relier deux mots (noms, adjectifs...) ou groupe de mots (GN, propositions) de même classe grammaticale.
  - *Il n'est **ni** curieux **ni** attentif.*
  - *Sonia est fatiguée **car** elle s'est couchée tard.* La conjonction de coordination **car** relie la deuxième proposition à la première. Ces deux propositions sont donc **coordonnées**.

Conjonctions de coordination	Elles expriment...	Exemple
mais	... une restriction ou une opposition.	*Elle aurait aimé venir **mais** elle est malade.*
ou	... un choix.	*Veux-tu un thé **ou** un café ?*
et	... une addition.	*J'ai un chat **et** un poisson rouge.*
donc	... une conséquence.	*Elle se repose, elle sera **donc** en forme.*
or	... une concession.	*Elise m'attendait, **or** je ne l'ai pas vue.*
ni... ni	... une négation redoublée.	***Ni** vu, **ni** connu.*
car	... une cause.	*Elle pleure de joie **car** elle a eu son examen.*

Remarque : *Donc* est une conjonction qui ne se place jamais en tout début de proposition.
- On dit : *Elle sera **donc** en forme demain* et non ~~*donc elle sera en forme demain*~~.

Les conjonctions de subordination

Elles permettent de **relier plusieurs propositions**. Les propositions qui sont introduites par une conjonction de subordination sont alors **subordonnées** à une proposition principale.

Conjonctions de subordination	Elles expriment...	Nature des propositions introduites par la conjonction	Exemple
que[1]	Aucun sens.	Proposition subordonnée complétive	*Je pense **que** tu viendras.*
parce que, puisque, comme	... la cause.	Proposition subordonnée circonstancielle de cause	***Puisque** tu m'as invité, je viendrai à ton anniversaire.*
de telle sorte que, si bien que	... la conséquence.	Proposition subordonnée circonstancielle de conséquence	*Elles ont dansé toute la nuit, **si bien qu'**elles ont dormi toute la journée.*
dès que, quand, lorsque	... le temps.	Proposition subordonnée circonstancielle de temps	***Dès qu'**elle arrivera, nous sortirons.*
même si, alors que, bien que[2]	... l'opposition, la concession.	Proposition subordonnée circonstancielle d'opposition	*Tu sors ce soir **alors que** tu es fatigué.*
pour que, dans le but que	... le but.	Proposition subordonnée circonstancielle de but	*Il faudra que nous arrivions très tôt **pour que** tu puisses avoir une place.*
si	... l'hypothèse.	Proposition circonstancielle d'hypothèse	***Si** tu essayais, tu y arriverais.*

1 *que* introduit la proposition subordonnée complétive et la relie à la principale.
2 Attention : « ~~malgré que~~ » est incorrect.

1 Dans le texte suivant, relevez les conjonctions de coordination et dites ce qu'elles expriment.

Le personnage vient de tirer sur son ex-fiancée.

Il réussit à se remettre au volant et à redémarrer en trombe (selon un scénario très précis et flou et cinématographique qu'il avait mis au point et fantasmé la nuit durant), mais ne parvint pas à sortir du passage des Baleiniers qui se resserrait de ce côté-ci, il tenta de redresser sa voiture mais il loupa sans doute quelque chose puisqu'il se prit de plein fouet le mur à côté du terrain vague. […] Il n'essaya pas de redémarrer ni de sortir de la voiture, ce qui laissa imaginer qu'il s'était assommé ou blessé.

Véronique Ovaldé, *Ce que je sais de Vera Candida*, 2009

2 Complétez les phrases suivantes en utilisant les conjonctions de subordination proposées :

afin qu' – dès qu' – comme – bien que – si bien qu' – comme – si

1. … son avocat l'ait admirablement défendu, M. X est déclaré coupable.
2. … il a appris que sa femme pensait le quitter, il a planifié son meurtre.
3. Il avait tout prévu pour leur anniversaire de mariage : une randonnée nocturne en montagne … il n'y ait pas de témoin.
4. D'ailleurs, … tout s'était déroulé … il l'avait manigancé, personne n'aurait rien su.
5. Mais la famille Y s'était perdue, … ils ont entendu des cris, et ont pu secourir la victime.
6. … ils sont arrivés à temps, M. X n'a pu parvenir à ses fins ; il est néanmoins condamné pour tentative de meurtre avec préméditation.

3 Réécrivez les phrases suivantes en transformant les conjonctions de subordination en conjonctions de coordination, et inversement.

1. Je suis allé voir ma grand-mère parce qu'elle était malade.
2. Elle habite loin, si bien que je ne vais jamais la voir.
3. Je pensais m'ennuyer alors que j'ai beaucoup appris.
4. Elle m'a raconté l'histoire de mon grand-père, j'ai donc l'impression de mieux le connaître.
5. Dans ma famille, deux cultures se retrouvent, car mes parents se sont rencontrés au Vietnam.
6. Je pensais revenir bientôt, mais je ne l'ai pas fait.

4 Extraits de sujets de brevet

1. DNB, Besançon, Grenoble, Lyon, Nancy-Metz, etc., 2005

a) Quelle est la valeur de la conjonction de coordination ?
b) Transformez la phrase par un lien de subordination de même valeur.

Toute la journée la banquise gronde mais j'arrive quand même à dormir.

Jean-Louis Étienne, *Le Marcheur du pôle*, 1986

2. DNB, Bordeaux, Caen, Clermont-Ferrand, Limoges, Nantes, Orléans-Tours, Poitiers, Rennes, juin 2005

Liez ces deux propositions en utilisant une conjonction de coordination. Quel lien logique avez-vous ainsi mis en valeur ?

Je n'étais plus une dame, je n'étais pas non plus un monsieur.

George Sand, *Histoire de ma vie*, 1855

100 % web

› Identifier les conjonctions de coordination
› Identifier les éléments coordonnés
› Identifier les conjonctions de subordination

5 Les différentes classes grammaticales du mot *que*

Observons

a) Que cherches-tu ?
b) La qualité **que** j'estime par-dessus tout est la franchise.
c) Qu'elle vienne me voir !
d) Je veux **que** tu parles avec ta mère avant ce week-end et **qu'**elle m'appelle.

- Dans les phrases a) et b), quel GN reprend ou pourrait reprendre le mot *que* ? Quelle classe grammaticale reprend, par définition, un nom ?
- Dans la phrase c), à quel mode est le verbe conjugué ? Réécrivez à présent la phrase en donnant le même ordre à votre voisin : employez-vous encore le mot *que* ?
- Dans la phrase d), quel est l'unique rôle du mot *que* ? À quelle classe grammaticale ce mot appartient-il alors ?

Retenons

Le mot ***que*** (le « e » final est élidé devant une voyelle) est très fréquent en français.
Il peut appartenir à **différentes classes grammaticales et avoir divers rôles**.

Que associé au subjonctif

- À la troisième personne du singulier et du pluriel, le mode impératif n'existe pas. On utilise donc le **subjonctif précédé du mot *que*** pour exprimer un ordre ou un conseil.
  > ***Qu'****il se calme et* ***qu'****il vienne me faire des excuses !*
- Ce mot *que* ne peut être rangé dans **aucune classe grammaticale** précise ! On parle parfois de **béquille du subjonctif**.

Que conjonction de subordination

- Le mot *que* peut être une **conjonction de subordination** quand il permet de **relier une proposition subordonnée complétive à une proposition principale**. Il n'a **aucune signification** et sert juste de mot de liaison *(voir leçon n° 17)*.
  > *Je veux* ***qu'****il vienne et* ***qu'****il s'excuse.*
- Il sert également à former d'autres conjonctions de subordination : *alors que, dès que, pour que, parce que*, etc.
  > ***Dès qu'****il arrive, nous partons.*

Que adverbe

- Le mot *que* peut être un **adverbe exclamatif** qui va exprimer une intensité dans un langage soutenu.
  > ***Que*** *de monde dans ce train !* ***Que*** *de bavardages !*
- Le mot *que* peut être un **adverbe corrélatif** : il est alors relié à un autre adverbe, dans les tournures comparatives et négatives *plus... que, moins... que, autant... que, ne... que*.
  > *Mon frère est* ***plus*** *grand* ***que*** *moi.* > *Il* ***ne*** *reste* ***que*** *trois Français encore en compétition.*

Que pronom

- Quand il est **pronom relatif**, il introduit une proposition subordonnée relative. Il a alors un **antécédent** (GN ou pronom). Sa fonction grammaticale est COD du verbe de la proposition subordonnée relative *(voir leçon n° 16)*.
  > *L'homme* ***que*** *j'ai croisé est mon voisin.*

Attention : Ne pas utiliser *que* à la place de *dont*.

› *La fille **dont je parle est ma voisine*** et non pas ~~*La fille que je parle est ma voisine*~~.

- Il peut être **pronom interrogatif** dans une phrase interrogative partielle. › ***Que** t'arrive-t-il ?*
  - Dans le langage courant, ce pronom interrogatif est remplacé par *qu'est-ce qui ?* › ***Qu'est-ce qui** t'arrive ?*
  - Il se transforme en *ce que/ce qui* dans une proposition subordonnée interrogative indirecte *(voir leçon n° 17)*.

    › *Dis-moi **ce qui** t'arrive.*

1 Dans les phrases suivantes, dites si *que* est un pronom relatif ou une conjonction de subordination. Quel indice vous a permis de faire la différence ?

1. Quand je suis allé en Angleterre, j'ai été surpris que les voitures roulent à gauche.
2. Il fallait que je fasse attention en traversant la rue : je ne regardais jamais du bon côté !
3. C'est une habitude que j'ai eu du mal à prendre.
4. Le bus que nous avions pris depuis la France s'est même trompé de sens en entrant dans un rond-point !
5. On a bien cru qu'on allait avoir un accident…
6. Mais le chauffeur a montré qu'il assurait la sécurité de chacun : nous sommes passés sans encombre.

2 Identifiez la classe grammaticale de *que*.

béquille du subjonctif – conjonction de subordination – adverbe – pronom

1. Que la journée est belle !
2. J'aimerais qu'on aille se balader.
3. Mais il faut toujours finir ses devoirs d'abord… Qu'on arrête de nous en donner tant !
4. Que font mes amis en ce moment ?
5. Pensent-ils eux aussi au bon temps qu'on pourrait prendre ensemble ?
6. Dès que j'ai terminé cet exercice, j'appelle Sophie.
7. Que c'est long !

3 Identifiez les différentes classes grammaticales de *que* dans cet extrait.

Le vieil homme savait aussi beaucoup d'autres choses un peu étranges, qu'il racontait de sa voix douce, en regardant la mer. Il parlait d'un pays étranger […]. Dans ce pays il y avait un fleuve aussi large que la mer, et les gens allaient s'y baigner chaque soir, au coucher du soleil. Tandis qu'il parlait de ce pays-là, le vieil homme avait une voix encore plus douce et lente […].

J.M.G. Le Clézio, *Mondo et autres histoires*, 1978

4 a) Dans cet extrait, relevez les trois propositions comportant le mot *que*. b) Ces derniers appartiennent tous trois à la même classe grammaticale : laquelle ? À quoi sert ce *que* ?

J'avais pensé que je pourrais revenir dans la vie, oublier dans le quotidien de la vie les années de Buchenwald, n'en plus tenir compte dans mes conversations, mes amitiés, et mener à bien, cependant, le projet d'écriture qui me tenait à cœur. J'avais été assez orgueilleux pour penser que je pourrais gérer cette schizophrénie concertée. Mais il s'avérait qu'écrire, d'une certaine façon, c'était refuser de vivre.

Jorge Semprún, *L'Écriture ou la vie*, 1994

5 a) Relevez les quatre occurrences de *que* dans cet extrait. b) Deux classes grammaticales sont représentées : lesquelles ? Comment avez-vous fait pour repérer ces classes grammaticales ?

Car aussitôt que je veux retrouver le lointain souvenir de cette première soirée d'attente dans notre cour de Sainte-Agathe, déjà ce sont d'autres attentes que je me rappelle ; déjà, les deux mains appuyées aux barreaux du portail, je me vois épier avec anxiété quelqu'un qui va descendre la grand'rue. Et si j'essaie d'imaginer la première nuit que je dus passer dans ma mansarde, au milieu des greniers du premier étage, déjà ce sont d'autres nuits que je me rappelle.

Alain-Fournier, *Le Grand Meaulnes*, 1913

6 Vous voulez convaincre votre professeur de français d'organiser une sortie au théâtre. Écrivez quatre phrases employant :

– un ***que*** adverbe exclamatif pour exprimer un souhait ou un regret ;
– un ***que*** conjonction de subordination pour expliquer votre demande ;
– un ***que*** pronom relatif pour décrire le spectacle ;
– vous choisirez la classe grammaticale du dernier ***que***.

7 Extrait de sujet de brevet

DNB, Antilles-Guyane, 2007

Donnez la nature (ou classe grammaticale) de chacune des propositions.

Tu fais la dictée mais il faudra qu'on reparle de ton carnet de correspondance.

Il y a les mots compliqués, que je ne retrouve plus jamais ou que je ne reconnais pas au passage.

Daniel Picouly, *Le Champ de personne*, 1995

100 % web

› Distinguer *que* pronom relatif et *que* conjonction de subordination
› Réécrire des phrases en employant *que*

6 Mémo fiche : les classes grammaticales invariables

Retenons

- Les mots **invariables** sont ceux qui **ne peuvent varier ni en genre** (masculin/féminin), **ni en nombre** (singulier/pluriel), **ni en personne** (1re, 2e, 3e).

Classes	Définition	Catégories et *exemples*
Adverbe	**L'adverbe** est un **mot invariable** qui peut souvent être **supprimé ou déplacé**. Il permet de préciser le sens d'un verbe, d'un adjectif ou d'un autre adverbe. › *Parle **gentiment**.* › *Il est **très** content.*	**Les adverbes de négation :** *non, ne … pas, ne … plus, ne… jamais, ne … personne*, etc. **Les adverbes de lieu :** *ici, là, loin, près, dessus, dessous*, etc. **Les adverbes de temps :** *auparavant, jadis, demain, hier, aujourd'hui*, etc. **Les adverbes de manière :** *facilement, habilement, gentiment*, etc. **Les adverbes interrogatifs :** *où ? quand ? comment ? pourquoi ?* etc. **Les adverbes connecteurs logiques :** *en effet, cependant, toutefois*, etc.
Préposition	**La préposition** est un **mot qui relie un mot à un autre (souvent un GN, un pronom ou un verbe à l'infinif)** et qui ne peut donc être employé seul. › *Je cherche **à** m'amuser.* › *Le fils **de** mon voisin.*	*à, dans, par, pour, en, vers, avec, de, sans, sous, sur, contre*, etc.
Conjonction de coordination	**La conjonction de coordination** est un **mot qui relie des mots ou des groupes de mots de classe grammaticale identique**. › *le chat **et** la souris.* › *Je dors **car** je suis fatigué.*	*mais, ou, et, donc, or, ni, car*
Conjonction de subordination	**La conjonction de subordination** est un **mot qui relie une proposition subordonnée à sa proposition principale** (*voir leçon n° 4*). › *Je pense **que** tu viendras.* › ***Comme** il faisait chaud, je suis sorti.*	**Conjonctions de subordination en *que* :** *que, puisque, alors que, dès que, de même que, si bien que, parce que*, etc. **Autres conjonctions de subordination :** *quand, comme, si* Il faut savoir ensuite **ce qu'elles expriment** (cause, conséquence, hypothèse, but, opposition)
Interjection et onomatopée	**Les interjections** sont des mots-phrases qui **expriment un sentiment de l'interlocuteur** (surprise, colère). Elles sont surtout employées dans les dialogues. Les **onomatopées** sont des mots qui **traduisent des cris ou des bruits**. On en trouve souvent dans les BD.	**Interjections :** *ah ?, oh !, hein ?, ouf !, zut !, oups !, aïe !, mince !, pfff*, etc. **Onomatopées :** *crac !, boum !, vlan !, plouf, ding-dong, wouaf wouaf, miaou*, etc.

1 Voici des listes de mots de même classe grammaticale. Dans chaque liste, il y a un intrus. a) Relevez cet intrus. b) Pour chaque liste, précisez la classe grammaticale des mots de la liste, puis la classe grammaticale de l'intrus.

1. Contre – à propos de – demain – envers.
2. Hélas – ah – mmmh – par.
3. Quand – comme – si – derrière – dès que.
4. Ni – et – dont – ou.

2 Complétez correctement les listes suivantes en justifiant votre choix.

1. Chez – de – sans – pour – … .
2. Beaucoup – normalement – parfois – … .
3. Lorsque – parce que – puisque – … .
4. Quant – avec – à côté de – … .

3 Dans les phrases suivantes, relevez les conjonctions de subordination.

1. J'irai me coucher quand tu rentreras.
2. Si tu m'obéis, tu rentreras tôt.

3. Je peux bien t'attendre puisque tu m'as promis de revenir à l'heure.
4. Et s'il t'arrivait quelque chose ?
5. Dès que tu auras un enfant, tu comprendras nos inquiétudes.

4 Dans le texte suivant, relevez les conjonctions de coordination et de subordination.

C'est alors seulement que je remarquais la façon particulière dont parlait Patricia. Jusque-là, son personnage et son comportement avaient tenu mon esprit dans une espèce de stupeur. Mais à présent, je m'apercevais que la petite fille usait de sa voix à la manière des gens qui n'ont pas le droit d'être entendus quand ils s'entretiennent entre eux : les prisonniers, les guetteurs, les trappeurs. Voix sans vibration, résonance, ni timbre, voix neutre, clandestine, et en quelque sorte silencieuse.

Joseph Kessel, *Le Lion*, 1958

5 Dans les phrases suivantes, relevez les conjonctions de coordination et dites si elles permettent de relier deux noms (ou GN) ou deux propositions.

1. Il serre dans ses bras une valise légère et un nouveau-né.
2. Il est le seul à savoir qu'il s'appelle ainsi car tous ceux qui le savaient sont morts autour de lui.
3. Il ne veut pas manger, mais la femme revient auprès de lui pour lui faire comprendre qu'il faut manger.
4. Il ferme les yeux et s'endort en songeant aux parfums du pays natal.
5. Les femmes parfois rient aussi en le voyant s'empêtrer dans ses gestes alors qu'il la change ou la lave.
6. Il repense à son village comme on pense à un songe qu'on a fait et dont on ne sait plus très bien s'il est vraiment songe ou réalité perdue.

Philippe Claudel, *La Petite Fille de monsieur Linh*, 2005

6 a) Dans le texte suivant, relevez les adverbes. b) Comment faire pour différencier les noms en *-ment* et les abverbes en *-ment* ?

En rentrant chez lui, Bernard sentit immédiatement la mauvaise humeur de sa femme, donc il s'abstint de tout commentaire sur l'odeur nauséabonde qui sortait du four. Elle le traita sans ménagement : « Viens donc ici ! », lui cria-t-elle. Bernard réprima un bâillement, et se dirigea tout droit vers la cuisine dont le sol était seulement recouvert d'un revêtement plastique.

7 a) Quels sont les adverbes correspondant aux noms ou aux adjectifs suivants ? b) Écrivez cinq phrases où vous emploierez chacun des adverbes que vous aurez créés.

Vérité – évident – la totalité – élégant.

8 Complétez le texte suivant avec les adverbes de votre choix en respectant les nuances qui vous sont proposées entre parenthèses.

Grammaire

1. ... *(temps)*, mes voisins se sont fait cambrioler.
2. Pendant qu'ils dormaient, les voleurs se sont introduits ... *(manière)*.
3. Quand ils se sont réveillés, les malfaiteurs étaient déjà ... *(lieu)*.
4. Ils étaient ... *(intensité)* choqués.
5. Quand la police est ... *(temps)* arrivée, elle a relevé les empreintes.
6. Mais elle ... les a ... retrouvés *(négation)*...

9 Dans le texte suivant, relevez les groupes de mots introduits par une préposition.

Jérôme pousse la porte de la chambre de Marina. Elle est couchée dans son lit, un châle à fleurs posé sur sa couette. Quelqu'un s'est occupé d'elle, songe-t-il, rassuré. Il repense au conseil de Cousinet : il faut prendre soin des adolescents, ils sont fragiles, comme des bonsaïs, ils exigent une attention constante.

Agnès Desarthe, *Dans la nuit brune*, 2010

10 Complétez le texte avec les prépositions qui conviennent :

de – à – dans – de – vers – avant – jusqu'en – derrière – grâce à

Ce fut dans ce milieu particulier que végéta ... 1848 une famille obscure et peu estimée, dont le chef, Pierre Rougon, joua plus tard un rôle important, ... certaines circonstances. Pierre Rougon était un fils de paysan. La famille ... sa mère, les Fouque, comme on les nommait, possédait, ... la fin du siècle dernier, un vaste terrain situé ... le faubourg, ... l'ancien cimetière Saint-Mittre [...]. Le nom ... cette famille s'éteignit quelques années ... la Révolution. Une fille seule resta, Adélaïde, née en 1768, et qui se trouva orpheline ... l'âge de dix-huit ans.

Émile Zola, *La Fortune des Rougon*, 1871

11 Extraits de sujets de brevet

1. DNB, Académies Aix-Marseille, Corse, Montpellier, Nice, Toulouse, 2006
Dans l'extrait suivant, relevez les deux adverbes.

Enfin, au détour d'un virage, la mer fut en vue ; « C'est alors qu'ils virent Montepuccio ».

Laurent Gaudé, *Le Soleil des Scorta*, 2004

2. DNB, France métropolitaine, juin 2010
Remplacez l'adverbe *alors* par une conjonction de coordination de même sens.

– Qu'est-ce que tu dis, petit malheureux ? Ta sœur est noyée ?

– Oui. Elle était là, tout à l'heure, elle n'y est plus. Alors je pense qu'elle s'est noyée.

Colette, *Les Vrilles de la vigne*, 1908

7 Les expansions du nom

Observons

Apollinaire, **poète** du XXe siècle, a écrit de nombreux **poèmes** d'amour. **« Le Pont Mirabeau »**, l'un de ses **poèmes** les plus célèbres, rappelle sa **relation** avec **Marie Laurencin** qui était une femme peintre. Il est également connu pour ses **calligrammes** qui pourraient se définir comme des **poèmes** dessinés.

- Relevez les mots ou les groupes de mots qui complètent et précisent les noms en gras.
- Classez-les en quatres catégories : nom ou GN ; nom ou GN précédé d'une préposition ; adjectif ; proposition subordonnée relative.

Retenons

Les expansions du nom ou du GN sont des **mots ou des groupes de mots qui permettent de préciser et de développer un GN minimal** *(voir leçon n° 1)*. Elles permettent donc de créer des **GN étendus**.

Pour repérer les expansions, il faut donc repérer le nom noyau (le mot le plus important) puis les groupes de mots qui permettent de le préciser.

› ***Pressée, la jeune fille en imperméable*** (Nom noyau : fille ; GN étendu) *se mit à courir dans* ***la rue bondée que la pluie faisait briller.*** (Nom noyau : rue ; GN étendu)

Ces expansions appartiennent à différentes classes grammaticales et peuvent avoir différentes fonctions grammaticales.

L'épithète

L'épithète est une **fonction grammaticale** occupée par un **adjectif** ou un **participe passé employé comme adjectif**. Elle fait partie du GN.

- L'**épithète liée** est **collée** au nom qu'elle précise. Elle est placée avant ou après ce nom.
  › *Ses* ***petites*** *mains, son regard* ***perçant****, son air* ***fatigué*** *m'effrayaient.*
- L'**épithète détachée** est **séparée** du nom qu'elle précise par une virgule. Elle est placée avant le nom (en tête de phrase) ou après le nom (entre deux virgules).
  › ***Fatigués****, les enfants sont partis dormir.* › *Les enfants,* ***fatigués****, sont allés dormir.*
- **Remarque :** Entre une épithète liée et une épithète détachée, il peut y avoir une différence de sens.
  › *Les enfants fatigués sont allés dormir = Parmi les enfants, ceux qui étaient fatigués sont allés dormir.*
  › *Les enfants, fatigués, sont allés dormir = Comme ils étaient (tous) fatigués, les enfants sont allés dormir.*

L'apposition

L'**apposition** est une **fonction grammaticale** occupée par un **mot ou un groupe de mots le plus souvent séparés du nom ou du GN par une virgule** ou **deux points**.

› *Apollinaire,* ***poète du XXe siècle****, a écrit « Le Pont Mirabeau ».* › *Il a toujours eu la même passion :* ***la montagne****.*

- Elle peut parfois être reliée au GN qu'elle précise par une **préposition**.
  › *La ville* ***de Chartres*** › *Le mois* ***de mai***
- L'apposition donne **une équivalence entre le GN minimal et l'expansion**. On peut la **remplacer par le signe =** :
  › *J'ai vu Jeanne,* ***mon amie d'enfance****. Jeanne = mon amie d'enfance.*
- Le mot apposé peut appartenir à différentes **classes grammaticales**.
  - un **GN** › *J'ai vu Jeanne,* ***mon amie d'enfance****.*
  - un **infinitif** › *Je n'ai qu'une seule envie :* ***partir****.*
  - un **pronom** › *Mon voisin s'occupe* ***lui-même*** *de son jardin.*

Le complément du nom

- Le complément du nom est une **fonction grammaticale** occupée par un **GN** ou un **verbe à l'infinitif précédé d'une**

préposition. Il est toujours placé **après le nom**.

> *Les élèves **de ma classe** partent en voyage scolaire au mois d'avril.*
> *Comment est-ce que tu peux aimer le jus **de tomate** ?*

- Le complément du nom permet de donner une information sur **l'appartenance** (*le chien **de mon voisin***), **la matière** (*une montre **en or***), **l'origine** (*la muraille **de Chine***).

– Ne pas confondre l'apposition et le complément du nom.

> *La ville **de Chartres*** : *Chartres* est apposé au GN *ville*. On peut mettre le signe =.
> *La muraille **de Chine*** : *Chine* est complément du nom *muraille*. On ne peut pas mettre le signe =.

– Ne pas confondre le complément du nom et le COI. Le premier complète un nom ou un GN, le second complète un verbe *(voir leçon n° 12)*. › *Les souvenirs **de mon enfance*** (complément du GN *les souvenirs*).
› *Je me souviens **de mon enfance*** (COI du verbe *se souvenir*).

Le complément de l'antécédent

- Le complément de l'antécédent est **une fonction grammaticale** occupée par **la proposition subordonnée relative**. *(voir leçon n° 16)* › *Je ne supporte pas les films **qui se finissent mal**.*
- L'antécédent du pronom relatif peut être :
  - un **nom** ou un **GN minimal**.
    › *Le garçon **qui est nouveau en 3e2** s'appelle Justin.*
  - un **pronom** (qui, rappelons-le, remplace un nom).
    › *Je prendrai celle **que tu m'indiqueras**.*

Remarque : Il faut bien comprendre que certaines expansions du GN s'emboîtent les unes dans les autres, comme des poupées russes *(voir leçon n° 13)*.

› *J'aimerais une grande boîte en fer blanc.*

1 Dans les phrases ci-dessous, relevez les propositions subordonnées relatives, puis identifiez l'antécédent de leur pronom relatif.

1. J'attends que le médicament que j'ai pris agisse.
2. Je n'aime que les bonbons qui piquent la langue.
3. Que penses-tu du devoir que Karine a fait ?
4. La ville où nous partons en vacances me plaît beaucoup.
5. Je pense que j'ai perdu le stylo auquel je tiens beaucoup.

2 Indiquez la classe grammaticale des expansions du nom mises en gras.

1. Les joueurs **de foot** m'ont toujours fasciné.
2. **Passionné**, je regarde tous les matchs.
3. Le joueur **que je préfère** se nomme Messi.
4. Il joue à Barcelone, **où j'irai bientôt en vacances**.
5. Le F.C. Barcelone est **une équipe extraordinaire**.
6. C'est parce que ses joueurs ont un bon esprit **d'équipe**.

3 Donnez les fonctions des expansions du nom mises en gras.

1. Notre professeur **d'histoire** nous a proposé un voyage.
2. Bien sûr, toute la classe, **enthousiaste**, a accepté.
3. Mais il nous a annoncé ensuite qu'il fallait monter un **gros** dossier, nous-mêmes !
4. Afin de récolter l'argent **pour partir**, il fallait s'investir dans divers projets.
5. Certains, **qui sont un peu fainéants**, se sont désistés.
6. En tant que délégué de classe **impliqué**, j'ai protesté.
7. Un voyage à l'étranger était une chance, souvent **rare**.
8. Il fallait prouver toute la motivation **dont nous étions capables** !

4 Décrivez un film que vous avez aimé en ajoutant aux mots proposés une expansion du nom de votre choix et en faisant des phrases. Veillez à varier les catégories grammaticales des expansions.

Film – acteur ou actrice – histoire – image – musique.

5 Extraits de sujets de brevet

1. DNB, France métropolitaine, juin 2006

Précisez la nature (ou classe grammaticale) de « *petit* », puis celle de « *qui dominait le calme profond des eaux* ».

> Un petit village blanc, de maisons serrées les unes contre les autres, sur un haut promontoire qui dominait le calme profond des eaux.
>
> Laurent Gaudé, *Le Soleil des Scorta*, 2004

2. DNB, Amiens, Créteil, Lille, Paris, Rouen, Versailles, septembre 2006

Quelle est la classe grammaticale de chacune des expansions qui caractérisent le nom « *rencontre* » dans l'extrait suivant ?

> Il s'agissait d'une rencontre de prestige qui se déroulait chaque année en avril.
>
> Bertrand Godbille, *Los Montes*, 2005

100 % web

› **Repérer le nom noyau du GN étendu**
› **Identifier la fonction des adjectifs qualificatifs**
› **Repérer les expansions du nom**
› **Substituer une expansion à une autre**

8 Le sujet du verbe et le complément d'agent

Observons

a) Le théâtre me **plaît** et découvrir des pièces ne me **lasse** pas. « Tu **devrais** t'inscrire à l'atelier théâtre de ton collège » me **dit** souvent mon père. C'**est** sans doute une bonne idée.

- Soulignez le sujet de chacun des verbes conjugués en gras. Quelle question posez-vous par rapport au verbe pour trouver le sujet ?
- Donnez la classe grammaticale de chacun des sujets que vous avez trouvés.

b) Ces acteurs **jouent** la même pièce depuis des semaines.

c) La même pièce **est jouée** depuis des semaines par ces acteurs.

- Quelle transformation a subi le verbe *jouer* de la phrase b) à la phrase c) ? À quelle voix est mis le verbe de la phrase c) ?
- Repérez le groupe de mots sujet de la phrase b). Où est placé ce groupe de mots dans la phrase c) ? Quelle préposition l'introduit ?
- Est-ce toujours le sujet de la phrase ? Savez-vous alors quelle fonction grammaticale occupe ce groupe de mots ?

Retenons

Le sujet

- Le sujet est une **fonction** grammaticale. Il permet de préciser :
  - ***qui* ou *ce qui* fait l'action** exprimée par le verbe d'action. › ***Antigone*** *s'oppose à son oncle Créon.*
  - ***qui* ou *ce qui* est dans l'état** exprimé par le verbe d'état. › ***Antigone*** *semble déterminée.*
- Pour trouver le sujet d'un verbe conjugué, **on pose donc la question *qui* ? ou *qu'est-ce qui* ? devant le verbe** (et non pas derrière le verbe, sous peine de trouver le COD d'un verbe et non le sujet). › *Antigone défie Créon* › Qui défie Créon ? = ***Antigone*** (si on pose la question après le verbe : *Antigone défie qui ?* on trouve le COD : *Créon)*
- Le sujet se trouve généralement **devant le verbe conjugué**. S'il se trouve **derrière le verbe**, on parle de ***sujet inversé***.
  › *« J'enterrerai mon frère ! » s'exclama* ***la jeune fille***.
- Le sujet **commande l'accord du verbe en genre, en nombre et en personne.**
- **Remarques :** – On peut trouver **plusieurs verbes pour un même sujet.**
  › *Un matin,* ***elle*** *est partie enterrer son frère puis est rentrée au palais.*
  – On peut trouver **plusieurs sujets pour un même verbe.**
  › ***Le combat, le refus de l'autorité et la certitude de la mort*** *définissent Antigone.*
  – un verbe à l'infinitif ou au participe (passé et présent) peut avoir un sujet propre.
  › *Antigone écoute le vent souffler* : le sujet de *souffler* est *le vent.*
- Le sujet peut appartenir à **différentes classes grammaticales** :
  - un **nom propre ou un GN.** › ***La jeune fille*** *qui s'oppose à Créon s'appelle Antigone.*
  - un **pronom.** › ***On*** *joue Antigone au théâtre.*

Attention : Quand le sujet est le pronom relatif *qui*, le verbe s'accorde avec l'antécédent de ce pronom *(voir leçon n° 4).*
› *Étéocle et Polynice,* ***qui étaient*** *les deux frères d'Antigone, sont morts.* › *Toi* ***qui es*** *ici, réponds !*

- un **verbe à l'infinitif.** › ***Résister*** *n'est pas chose facile.*
- le **pronom impersonnel *il* ou le pronom démonstratif *ce*.** › ***Il*** *pleut aujourd'hui.* ***C'****est une bonne nouvelle.*

On nommera ces sujets ***sujets impersonnels***. Ils sont souvent suivis d'un sujet appelé *sujet logique* ou *sujet réel*, placé derrière le verbe *(voir leçon de conjugaison n° 22)*. Par exemple, dans la phrase *Il est arrivé un malheur,* le sujet réel est *un malheur.*

- Une **proposition subordonnée relative ou complétive en *que*.**
  › ***Qui veut voyager loin*** *ménage sa monture.* › *Vu le temps,* ***que tu prennes un parapluie*** *me paraît nécessaire.*

Le complément d'agent

- **Le sujet d'une phrase à la voix active** devient **complément d'agent** quand le verbe est à la **voix passive** *(voir leçon d'orthographe n° 23)*.

	Sujet de *défie*	Verbe au présent actif	COD de *défie*
Phrase active	*Antigone*	*défie*	*Créon.*
Phrase passive	*Créon*	*est défié*	*par Antigone.*
	Sujet de *est défié*	*Verbe au présent passif*	Complément d'agent de *est défié*

- À la voix passive, le **complément d'agent** indique **qui fait l'action exprimée par le verbe**, alors que **le sujet subit l'action** exprimée par le verbe.
- Le complément d'agent est souvent **introduit par la préposition *par***. Il peut être également introduit par la préposition ***de***. › *Le mythe d'Antigone est connu **de** tous.*

Cependant, le complément d'agent n'est pas exprimé lorsque le sujet du verbe actif est *on*. › *Antigone est arrêtée.*

Attention : Il ne faut pas confondre un verbe au présent passif et un verbe au passé composé à la voix active.

› *Antigone **est arrêtée** par les gardes.* (Verbe au présent passif) › *Les gardes **ont arrêté** Antigone.* (Verbe au passé composé)

1 Dans le texte suivant, relevez les mots ou groupes de mots qui exercent la fonction sujet, et les verbes avec lesquels ils s'accordent.

Il m'est arrivé ces temps derniers d'ouvrir un livre de chimie de mes jeunes nièces. Je n'y reconnais plus rien ; tout est changé : formules, lois, classification des corps, et leurs noms, et leur place dans le livre, et jusqu'à leurs propriétés… Moi qui les avais cru si fidèles ! Mes nièces s'amusent de mon désarroi ; mais, devant ces bouleversements, j'éprouve une secrète tristesse, comme lorsqu'on retrouve pères de famille d'anciens amis qu'on imaginait devoir toujours rester garçons.

André Gide, *Si le grain ne meurt*, 1926

2 Complétez les phrases suivantes par des sujets dont la classe grammaticale vous est indiquée entre parenthèses.

1. *(pronom indéfini)* m'a entendu rentrer dans la nuit.
2. *(GN)* a allumé puis éteint sa lumière.
3. *(pronom personnel)* me suis donc faufilé sans bruit dans ma chambre.
4. *(pronom interrogatif)* m'y attendait ? Ma mère !
5. *(proposition subordonnée relative)*, s'y pique… .
6. *(proposition subordonnée complétive)*, je ne peux pas l'accepter. Tu es puni jusqu'à nouvel ordre !
7. Et dire que *(infinitif)* est mon grand plaisir…

3 Réécrivez les phrases suivantes en les mettant à la voix passive, et en transformant le sujet en complément d'agent.

1. Peu de gens prennent régulièrement l'avion.
2. Par chance, mes grands-parents réunissent ma famille tous les ans.
3. Ma grand-mère nous attend toujours à l'aéroport.
4. Des discussions vives suivent toujours nos retrouvailles.
5. Mon grand-père guette notre arrivée.
6. Pendant les repas, je surveille seul mon petit frère.

4 Dans les phrases suivantes, indiquez si le groupe de mots en gras est un complément d'agent ou un complément circonstanciel.

1. L'organisation d'une fête de fin d'année était espérée **par tout le collège**.
2. Les délégués des 3e, estimés **de tous**, ont rédigé une demande au principal.
3. Cette lettre a convaincu, **par sa courtoisie** et **par sa détermination**.
4. Certains parents furent choqués **par cette décision**.
5. Ils ont décidé de ne pas y envoyer leurs enfants, **en signe de protestation**.

5 Dans les phrases suivantes, les verbes à l'infinitif ou au participe ont leur propre sujet. Relevez ces verbes, puis leur sujet.

1. J'étais malade : je sentais une fièvre envahir mon corps.
2. Une fois ma température prise, je n'avais plus de doute : c'était la grippe.
3. J'entendais mon cœur battre violemment, mon pouls s'accélérer.
4. La nuit tombée, je commençai à délirer.
5. Le lendemain matin, la fièvre ayant baissé, je me sentais déjà mieux.

100 % web

- › **Identifier le sujet**
- › **Accorder le verbe avec le sujet (cas difficiles)**
- › **Distinguer passé composé et voix passive**
- › **Identifier les classes grammaticales :**
  1. **de la fonction sujet**
  2. **du complément d'agent**

9 Le COD, le COI et le COS

Observons

a) La fleuriste **prépare** ses bouquets.
b) Ce livre t'**appartient**.
c) Nous **offrirons** notre aide à ceux qui en auront besoin.
d) **As**-tu **rencontré** ma nouvelle amie ?

- Relevez les mots qui complètent les verbes conjugués en gras.
- Dans quelle phrase le verbe est-il construit avec deux compléments ?
- Dans votre tête, enlevez ces compléments. Les phrases ont-elles encore un sens ?
- Donnez à l'aide de vos réponses et de vos connaissances la définition d'un complément du verbe.

Retenons

La transitivité des verbes

- Certains verbes d'action se construisent sans complément d'objet. Ces verbes s'appellent des **verbes intransitifs**.
  › *Mon chat **miaule** toute la nuit.* (*toute la nuit* n'est pas un complément d'objet, mais un complément circonstanciel).
- Certains **verbes d'action** se construisent **avec un ou des complément(s)** : on les appelle des **verbes transitifs**, **directs** s'ils se construisent avec un COD, **indirects** s'ils se construisent avec un COI, ou **à double transitivité**, s'ils se construisent avec deux compléments.
  Par exemple, le verbe *faire* est un verbe transitif, il doit avoir au moins un complément d'objet.
  › ~~*Je*~~ ~~***fais***~~ : la phrase n'a pas de sens.
- Les compléments d'objet sont des **compléments essentiels** pour que la phrase ait un sens. Ils ne peuvent être **ni déplacés, ni supprimés.**
  › *Je fais **du tennis*** : *du tennis* est un complément essentiel pour donner un sens à la phrase ; il n'est ni supprimable, ni déplaçable.

Remarque : Il existe d'autres compléments essentiels du verbe *(voir leçon n° 11)*.

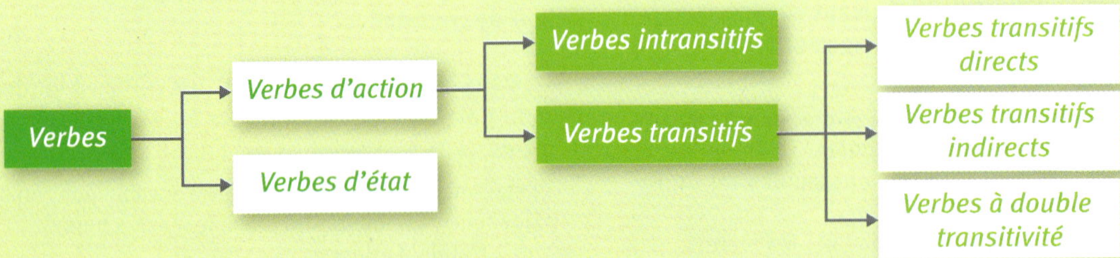

Remarques : – Un verbe à l'infinitif ou au participe peut également régir un complément. › *J'aime **regarder la mer**.*
regarder la mer : COD du verbe *aime* ; *la mer* : COD du verbe *regarder*.
– Certains verbes peuvent avoir différentes constructions : le verbe *manger* est intransitif dans la phrase *J'aime manger*, mais est transitif direct dans la phrase *J'aime manger des pâtes.*

Le complément d'objet direct (COD)

- Le COD est relié au verbe **directement, sans préposition**. Pour identifier un COD, on pose la question ***quoi ? ou qui ?*** **derrière le verbe**.
  › *Marie regarde **son petit frère qui s'amuse avec ses jouets**.*
  quoi ? — COD du verbe *regarder*

Le complément d'objet indirect (COI)

- Le COI est relié au verbe **indirectement, à l'aide d'une préposition.**
  Pour identifier un COI, on pose les questions ***à qui ? à quoi ? de qui ? de quoi ?*** etc. derrière le verbe.
  > *Dès le mois de septembre, je songe* ***aux vacances d'été****.*
  > à quoi ? COI du verbe *songe*

Le complément d'objet second (COS)

- Certains verbes comme *offrir, expliquer, enlever, avertir*, etc. se construisent avec **deux compléments essentiels** : un premier complément (COD ou un COI), et un second complément (COS) appelé **complément d'objet second.**

> *Il s'est plaint* ***de son travail*** (de quoi ? COI de *s'est plaint*) ***à son employeur*** (à qui ? COS de *s'est plaint*).

> *Le principal avertit* ***les élèves*** (qui ? COD de *avertit*) ***d'un risque d'incendie*** (de quoi ? COS de *avertit*).

Remarques : – Quand il y a plusieurs COI, celui ou ceux introduit(s) par la préposition ***de*** sont appelés ***COI***, et celui ou ceux introduit(s) par la préposition ***à*** sont appelés ***COS***.
– Quand les compléments sont des pronoms, ils ne sont pas introduits par des prépositions, mais placés avant le verbe et le COS précède le COI.

> *Il* ***lui*** (COS de *a parlé*) ***en*** (COI de *a parlé*) *a parlé.* > *Il a parlé* ***de quoi ?*** *(→ en),* ***à qui ?*** *(→ lui).*

1 Dites si les verbes suivants sont intransitifs, transitifs directs, transitifs indirects ou à double transitivité.

Enseigner – parler – connaître – voguer – proposer – dormir – arrêter.

2 Les compléments du verbe sont en gras, ou en italique pour les compléments imbriqués. Identifiez leur fonction (COD, COI ou attribut), et le verbe qu'ils complètent.

La nuit d'avant la vague, je me rappelle **qu'Hélène et moi avons parlé *de nous séparer*.** Ce n'était pas compliqué : nous n'habitions pas sous le même toit, n'avions pas d'**enfant** ensemble, nous pouvions même **envisager *de rester amis***; pourtant c'était triste. Nous gardions en mémoire **une autre nuit**, juste après notre rencontre, passée tout entière à nous répéter **que nous *nous* étions trouvés**, […] et même **que nous aurions une petite fille**.

Emmanuel Carrère, *D'autres vies que la mienne*, 2009

3 Complétez les phrases suivantes avec des COD dont la classe grammaticale vous est indiquée entre parenthèses.

1. Je voudrais *(infinitif)* plus souvent.
2. J'aime particulièrement *(GN étendu)*.
3. Je préfère *(proposition subordonnée)*.
4. Oui, je *(pronom COD)* avoue.

4 Complétez les phrases suivantes avec des COI dont la classe grammaticale vous est indiquée entre parenthèses.

1. À chaque début de cours, je m'attends *(+ proposition subordonnée)*.
2. Mais le professeur parle *(+ GN étendu)*.
3. Je renonce *(+ groupe prépositionnel avec infinitif)* quand chacun est à sa place.
4. Il *(pronom)* demande souvent de résumer le cours.

5 Dans les phrases suivantes, ne relevez que les COS.

1. On a annoncé la bonne nouvelle à Clara.
2. Elle qui parlait toujours à ses amies du jour où elle gagnerait une compétition !
3. C'est même elle qui enseignerait la natation aux plus jeunes.
4. Ses parents étaient si fiers qu'ils lui ont proposé de faire une fête.
5. Elle leur a révélé qu'elle allait tous les jours à la piscine pour s'entraîner.

6 Les verbes de la liste changent de sens selon qu'ils sont complétés par un COD ou par un COI. Écrivez deux phrases avec chacun d'eux.

Compter – viser – attendre – assister.

7 Extrait de sujet de brevet

DNB, Pondichéry, avril 2006

À quelle classe grammaticale appartiennent les mots en gras ? Quelle est leur fonction ?

[…] **je te** demande de **lui** dire juste un petit bravo…

Jean-Michel Ribes, *Théâtre sans animaux*, 2005

100 % web

> **Identifier la transitivité des verbes**
> **Éviter les confusions** (COD, COI, CA, attribut du sujet, etc.)

10 Les attributs du sujet et du COD

Observons

Marie **est** infirmière dans une maison de retraite. Sa passion **a** toujours **été** de s'occuper des personnes âgées. Parfois, elle **est** fatiguée car elle travaille beaucoup, mais elle **paraît** toujours enthousiaste et attentive à ses patients. Elle **est considérée comme** l'une des meilleures infirmières de son service.

- Relevez le sujet de chaque verbe en gras ; par quel mot est-il complété ?
- Quel signe mathématique pourriez-vous mettre entre le sujet du verbe et le mot qui le complète ?
- À l'aide de vos réponses, donnez une définition de l'attribut du sujet.

Retenons

L'attribut du sujet

- L'attribut du sujet exprime une **caractéristique du sujet : le signe =** peut être mis entre un attribut et son sujet.
  > *Karim a été malade* : Karim = malade
- L'attribut du sujet est une **fonction grammaticale** occupée par **un mot ou un groupe de mots** qui est relié au sujet le plus souvent par un **verbe d'état** : *être, devenir, rester, sembler, paraître, avoir l'air, passer pour*, etc.

Sujet	*Verbe* →	*Attribut du sujet*
› *Karim*	*a été*	*malade.*

- Il peut aussi être relié au sujet par d'autres verbes que des verbes d'état :
  - certains **verbes de mouvements**. › *Il **est parti** heureux.* › *Il **est rentré** épuisé.*
  - certains **verbes pronominaux** : *se montrer, se trouver, s'appeler, se faire.*
    › *Il **s'appelle** Alexandre.* › *Il **s'est fait** beau pour elle.*
  - certains **verbes à la voix passive** : *être choisi pour, être considéré comme.*
    › *Cristiano Ronaldo **est considéré comme** le meilleur buteur de l'année.*
  - certaines **locutions verbales** : *tomber* (malade ou amoureux), *être élu.* › *J'ai **été élu** délégué.*
- Ces verbes, quand ils introduisent un attribut du sujet, sont appelés des **verbes attributifs**. On peut à chaque fois les remplacer par le signe =. › *Il est tombé malade.* › *Il = malade*
  › *Il est tombé par terre.* › on ne peut pas mettre de signe = entre *Il* et *par terre*, donc *est tombé* n'est pas un verbe attributif dans cette phrase.
- L'attribut du sujet peut appartenir à différentes classes grammaticales :
  - **un adjectif.** › *Le dîner est **prêt** !*
  - **un GN ou un nom propre.** › *Il est devenu **avocat**.* › *Il s'appelle **Farid**.*
  - **un pronom.** › *Cette valise est **la mienne**.*
  - **un groupe verbal à l'infinitif.** › *Ma passion est **de faire de la grammaire**.*

Attention :

– Quand l'attribut est un adjectif, un GN ou un pronom, il ne faut pas oublier de l'accorder en genre et en nombre avec le sujet › ***Elles** deviennent **incollables** à ce jeu !*

– Ne pas confondre un attribut du sujet avec un COD. Penser au signe = pour repérer un attribut *(voir leçon n° 12)*.
  › *Il **voit** un médecin : **il ≠ médecin*** › COD du verbe *voir*
  › *Il **est** médecin : **il = médecin*** › attribut du sujet *il*

– Ne pas confondre un **attribut du sujet** avec **d'autres compléments essentiels du verbe exprimant des circonstances comme le temps ou le lieu.**
  › *Elle est dans le magasin : **elle ≠ dans le magasin*** › complément essentiel de lieu du verbe *être*
  › *Elle est ravissante : **elle = ravissante*** › attribut du sujet *elle*

L'attribut du COD

- L'attribut du COD est un mot ou un groupe de mots qui exprime **une caractéristique du COD**, de la même manière que l'attribut du sujet exprime une caractéristique du sujet :

Sujet	Verbe →	COD ↔	Attribut du COD
› *J'*	*ai vu*	*mes parents*	*heureux de ma réussite.*

- Le **signe =** peut être mis **entre le COD et son attribut** : *mes parents = heureux de ma réussite*

Attention : Quand le COD est un pronom personnel, il est séparé de son attribut par le verbe :

Sujet	COD ←	Verbe	Attribut du COD
› *Je*	*les*	*ai vus*	*heureux de ma réussite.*

1 Dans les phrases suivantes, dites si le groupe de mots en gras est un attribut (du sujet ou du COD).

1. Sarah est élue **déléguée**.
2. Sarah est élue **à l'unanimité**.
3. Il est tombé **amoureux**.
4. Cette jeune fille l'a rendu **amoureux**.
5. J'ai croisé des personnes **accablées** à la sortie du stade.
6. Je les ai trouvées **accablées** par le score de leur équipe.

2 Dans les phrases suivantes, relevez les attributs et classez-les selon qu'ils sont attributs du sujet ou du COD. Pour les attributs du COD, relevez également le COD.

1. Ce garçon est considéré comme perturbateur.
2. Toute la classe le trouve en effet odieux.
3. Lui, il appelle cela ne pas se laisser faire.
4. Il est souvent en retard.
5. Il devient vite insolent.
6. Bref, il rend tous les professeurs nerveux !

3 Dans le texte suivant, relevez les attributs, donnez leur classe grammaticale, et précisez s'il s'agit d'attributs du sujet ou du COD.

L'interrogatoire n'était pourtant pas le pire. Le pire c'était le retour à ce néant, juste après, dans cette même chambre, devant cette même table, ce même lit, cette même cuvette, ce même papier au mur. Car à peine étais-je seul avec mes pensées, que je me mettais à refaire l'interrogatoire [...]. Dans ma chambre cette affreuse solitude rendait ma torture interminable.

Stefan Zweig, *Le Joueur d'échecs*, 1943

4 Dans le texte suivant, relevez les verbes attributifs, puis les attributs du sujet, et donnez leur classe grammaticale.

Elle avait pris son parti de ces changements d'une façon qui l'étonnait elle-même. Il était devenu un étranger pour elle, un étranger dont l'âme et le cœur lui restaient fermés. Elle y songeait souvent, se demandant d'où venait qu'après s'être rencontrés ainsi, aimés, épousés dans un élan de tendresse, ils se retrouvaient tout à coup presque aussi inconnus l'un à l'autre que s'ils n'avaient pas dormi côte à côte.

Guy de Maupassant, *Une vie*, 1883

5 Dans le texte suivant, ne relevez que les adjectifs qualificatifs qui exercent la fonction d'attribut du sujet.

L'insouciance est en vous invincible, comme une forme souriante de la croyance en dieu. Vous n'apprenez rien aux enfants. Vous êtes plutôt à leur école. [...] Ce samedi-là, les enfants se passent de vous, n'appellent pas. Vous restez chez vous, désœuvré, tranquille. La compagnie de la solitude vous est aussi douce que celle des enfants.

Christian Bobin, *Une petite robe de fête*, 1991

6 Complétez les phrases suivantes avec un attribut du sujet dont la classe grammaticale est indiquée entre parenthèses.

1. La musique que je préfère est ... *(GN)*.
2. Les rythmes paraissent plus ... *(adjectif qualificatif)*.
3. J'apprends à jouer, j'aimerais devenir ... *(GN)*.
4. Même si c'est parfois ... *(adjectif)*.
5. Je pense que je vivrais ... *(adjectif)*.
6. Jouer chaque jour, c'est ... *(infinitif)* mieux.

7 Utilisez un verbe de la liste a), et un mot de la liste b) afin d'écrire cinq phrases comportant un attribut du COD.

a) Trouver – rendre – traiter de – proclamer – considérer comme.

b) Mon frère – désagréable – furieux – incapable – chef.

8 Extrait de sujet de brevet

DNB, Amiens, Créteil, Lille, Paris, Rouen, Versailles, juin 2006

Dans l'extrait suivant, quel mot caractérise Jeanne ? Donnez-en la classe et la fonction grammaticales.

La Jeanne, la Jeanne
Elle est pauvre et sa table est souvent mal servie.

Georges Brassens, « Jeanne », *Poèmes et chansons*, 1962

100 % web

› **Identifier les verbes attributifs**

11 Les compléments circonstanciels

Observons

Après quelques pétarades du moteur, la voiture s'arrêta. Un homme en gris apparut. **Avec beaucoup de précautions**, il ouvrit le coffre. Il regarda <u>autour de lui</u> et **comme il n'y avait personne**, il sortit **lentement** un gros sac en toile de jute.

- Réécrivez ce texte en enlevant les groupes de mots en gras. Sont-ils indispensables ? Pouvez-vous déplacer ces groupes de mots au sein des phrases ?
- Reprenez le sujet et le verbe de chaque phrase. Quelles questions posez-vous pour trouver les groupes de mots en gras ?
- Regardez le groupe de mots souligné : peut-on facilement le supprimer ou le déplacer ?

Retenons

Un **complément circonstanciel** est un **mot ou un groupe de mots qui indique**, dans une phrase, **les circonstances** dans lesquelles se déroule l'action exprimée par un verbe. Un complément circonstanciel peut facilement être **supprimé** ou **déplacé** :

› *Le TGV n° 5873 est parti à quinze heures.* *Le TGV n° 5873 est parti ~~à quinze heures~~.*

À quinze heures, le TGV n° 5873 est parti.

- Le complément circonstanciel répond à **différentes questions** :

Question posée	Complément circonstanciel	Exemple
Où ?	C.C. de lieu	*De nombreux musées se trouvent **à Paris**.*
Quand ?	C.C. de temps	***Quand tu es venu**, j'étais en 4e.*
Pourquoi ?	C.C. de cause	***En raison d'une grève**, aucun train ne circule aujourd'hui.*
Donc ? Si bien que ?	C.C. de conséquence	*Jeanne a révisé **de telle sorte qu'elle a réussi son contrôle**.*
Dans quel but ?	C.C. de but	*Elle prend un panier **pour aller faire ses courses**.*
Comment ?	C.C. de manière	*C'est **en forgeant** qu'on devient forgeron.*
Comment ? Par quel moyen ?	C.C. de moyen	*Elle est venue me chercher **avec sa nouvelle voiture**.*
Avec qui ?	C.C. d'accompagnement	*Je pars en vacances **avec ma sœur**.*

Attention : La préposition *avec* peut introduire différents compléments circontanciels :

› *Le médecin m'examine **avec beaucoup de patience**.* (C.C. de manière)

› *Le médecin m'examine **avec ses instruments**.* (C.C. de moyen)

› *Le médecin m'examine **avec son étudiant**.* (C.C. d'accompagnement)

- Les compléments circonstanciels peuvent appartenir à différentes classes grammaticales :
  - un **groupe nominal** précédé ou non d'une préposition.

    › ***Le soir**, j'aime regarder les étoiles.* (C.C. de temps)

    › ***Dans mon jardin** poussent de nombreuses fleurs.* (C.C. de lieu)

- un **groupe infinitif précédé d'une préposition.** > *Il faut de la force* ***pour monter à cette échelle !*** (C.C. de but)
- un **adverbe.** > ***Hier****, j'ai passé une journée extraordinaire.* (C.C. de temps)
- une **proposition subordonnée.** > ***Comme j'étais malade****, je ne suis pas venue.* (C.C. de cause)
- un **verbe au gérondif.** > ***En s'associant****, on devient plus fort.* (C.C. de moyen)
- une **proposition participiale** (avec un participe présent ou passé qui a son propre sujet).
  > ***Les jours passant****, je n'attends plus de ses nouvelles.* (C.C. de cause)

Les compléments essentiels de temps ou de lieu

- Certains compléments indiquant le lieu et le temps **ressemblent à des compléments circonstanciels** :
  > *Il habite* ***à Paris****.* > *Le samedi, je vais* ***au marché****.*

Cependant, ces groupes de mots ne peuvent être **ni supprimés** (ils ne sont pas facultatifs), **ni déplacés**.
> ~~Il habite~~ ou ~~Le samedi, au marché je vais~~ ne sont pas des phrases correctes.

1 a) Réécrivez le texte suivant en supprimant tous les compléments circonstanciels. Quelles phrases vous reste-t-il ? b) Quel texte préférez-vous, et pourquoi ?

Quand nous arrivons à l'hôpital, le lendemain matin, une infirmière nous dit sévèrement que le docteur Petoukhov veut nous voir. Il nous fait poireauter un long moment. Pour s'occuper, Jean-Marie fait quelques panoramiques entre la grisaille qu'encadrent les fenêtres et le lagon polynésien servant de fond d'écran à l'ordinateur. La secrétaire le prie d'arrêter, de remballer sa caméra et quelques minutes plus tard, quand elle répond au téléphone, je ne comprends pas bien ce qu'elle dit […].

EMMANUEL CARRÈRE, *Un roman russe*, 2007

2 Identifiez la classe grammaticale des compléments circonstanciels mis en gras.

1. **L'été**, nous partons en Normandie.
2. Nous louons **toujours** la même maison.
3. **Bien qu'elle soit petite**, nous y passons du bon temps.
4. **Depuis ma chambre**, je peux voir la mer.
5. **Ces journées me faisant beaucoup de bien**, je suis reposé en rentrant chez moi.

3 Dans le texte suivant, relevez les compléments circonstanciels et les compléments essentiels.

Le couloir conduit tout droit vers l'autre porte, celle qui donne sur la cour d'arrivée. La grosse voiture bleue est arrêtée au centre. La passagère en descend et se dirige aussitôt vers la maison, sans être incommodée par le sol caillouteux, malgré ses chaussures à talons hauts. Elle est allée faire une visite à Christiane, et Franck l'a reconduite jusque chez elle.

ALAIN ROBBE-GRILLET, *La Jalousie*, 1957

4 Dans le texte suivant, identifiez si les expressions en gras sont des compléments circonstanciels ou essentiels, puis précisez la circonstance qu'ils expriment.

L'homme que madame François venait de recueillir, couché **sur le ventre**, avait ses longues jambes perdues **dans le tas de navets** qui emplissaient le cul de la voiture. Sa face s'enfonçait **au beau milieu des carottes**, dont les bottes montaient et s'épanouissaient ; et, les bras élargis, exténué, embrassant la charge énorme des légumes, **de peur d'être jeté à terre** par un cahot, il regardait, **devant lui**, les deux lignes interminables des becs de gaz qui se rapprochaient et se confondaient, **tout là-haut, dans un pullulement d'autres lumières. À l'horizon**, une grande fumée blanche flottait, mettait Paris dormant **dans la buée lumineuse** de toutes ces flammes.

ÉMILE ZOLA, *Le Ventre de Paris*, 1873

5 Ajoutez des compléments circonstanciels (de lieu, de temps, de manière, de moyen et de cause) aux phrases suivantes de manière à créer une courte histoire.

Un homme passe. Il me regarde. Il avance vers moi. Je prends peur. Je m'enfuis.

6 Extrait de sujet de brevet

DNB, France métropolitaine, juin 2011
Dans l'extrait suivant, relevez le complément circonstanciel de manière.

Tantôt il lui caressait le menton, tantôt il lui baisait la main, tantôt il lui murmurait quelque chose à l'oreille, et il s'inclinait de temps en temps devant elle, avec une courtoisie d'ours.

ROMAIN GARY, *Les Racines du ciel*, 1956

100 % web

> **Identifier les valeurs des compléments circonstanciels**
> **Identifier les compléments circonstanciels et leur valeur grammaticale**
> **Employer des compléments circonstanciels de différentes classes grammaticales**

12 Synthèse : les confusions à ne pas faire

Retenons

Bien repérer le sujet

- **Un sujet n'est pas toujours en tête de phrase.** D'autres compléments, en particulier des **compléments circonstanciels**, peuvent ouvrir la phrase.
  › *Tous les dimanches* (C.C. de temps), ***les enfants*** (Sujet) *vont à la piscine.*
- **Un sujet n'est pas toujours devant le verbe.** Il peut se trouver derrière lui (sujet inversé), notamment dans les questions ou les phrases en incise. › *Me les avait-**elle** rendues ?*
  Il faut donc toujours bien penser à poser la question *qui ?* ou *qu'est-ce qui ?* **devant** le verbe pour trouver le sujet.
- Ne pas confondre **le sujet et le COD** dans des phrases telles que :
  › ***Il*** (Sujet) ***m'*** (COD) *écout<u>ait</u> attentivement* : le verbe se conjugue à la troisième personne du singulier (*-ait*) car le sujet n'est pas *me* mais *Il*.

Bien repérer l'attribut du sujet

- Ne pas confondre **l'attribut du sujet et le COD**, même si la question *qui ?* ou *quoi ?* posée derrière le verbe est commune aux deux fonctions.
  – L'**attribut du sujet** est une fonction qui représente une **équivalence avec le sujet** (on peut mettre le signe =) et qui est relié à celui-ci par l'intermédiaire d'un **verbe d'état** ou d'un **verbe attributif**.
  – Le **COD** est une fonction qui **complète le verbe**, plus précisément **un verbe d'action transitif**.
  › *Il **invite** **des amis**.* (COD de *invite*) › *Il **reste** **mon ami**.* (Attribut du sujet *il*)
- Ne pas confondre **l'attribut du sujet avec un complément essentiel** de temps ou de lieu :
  › *Il est **heureux**.* (Attribut du sujet *il*) › *Il est **à la gare**.* (Complément essentiel du verbe *être*)

Bien repérer le COI

- Ne pas confondre **le COI d'un verbe avec un complément du nom** :
  – Un **COI** répond à la question *à qui ?, à quoi ?, de qui ?, de quoi ?* posée derrière **un verbe**, alors qu'**un complément du nom** répond aux mêmes questions posées derrière un **nom**.
  – Le **COI** complète un **verbe**, alors que **le complément du nom** complète **un nom, un GN ou un pronom**.
  › *Le matin, je vais au collège avec **les enfants** **de mon quartier**.* (Complément du GN *les enfants*)
  › *Souvent, je **parle** **de ma passion pour la musique**.* (COI du verbe *parle*)
- Ne pas confondre **le COI avec certains COD**, dans des phrases où le verbe conjugué est suivi des mots *de* ou *des* :
  › *Il mange **de la confiture***. (il mange quoi ?) › *de la* est un article partitif. (COD du verbe *mange*)
  › *Il se souvient **de son enfance***. › *de* est une préposition. (COI du verbe *se souvient*)

Bien repérer les compléments circonstanciels

- Ne pas confondre un **complément circonstanciel avec un complément essentiel (de temps, de lieu, etc.)** *(voir leçons n°s 18 à 23)*.
  Le complément circonstanciel peut facilement être supprimé ou déplacé, ce qui n'est pas le cas du complément essentiel.

› *Il a de nombreux amis **à Paris**.* › *Il va **à Paris**.*
C.C. de lieu — Complément essentiel du verbe *aller*

Bien repérer le complément d'agent

- Ne pas confondre le **complément d'agent avec d'autres compléments circonstanciels introduits par la préposition *par*** *(voir leçon nº 8).*

Il faut bien se demander à quelle question répond le complément pour l'identifier correctement et, pour le complément d'agent, convertir la phrase passive en phrase active.

› *Il est élevé **par ses grands-parents**.* › Ses grands-parents l'élèvent.
Complément d'agent du verbe à la voix passive *est élevé*

› *Il est triste **par moments**.* › **Quand** est-il triste ?
C.C. de temps

› *Il est passé **par Rome**.* › **Par où** est-il passé ?
C.C. de lieu

1 Conjuguez les verbes à l'infinitif au temps indiqué entre parenthèses. Prenez bien le temps de repérer leur sujet.

1. Je vous *(prendre, imparfait de l'indicatif)* ... pour un ignorant.
2. Mais aujourd'hui votre savoir-faire, et votre charme *(convaincre, présent de l'indicatif)* ... .
3. Vous m'*(séduire, passé composé)* ... au fil de nos discussions.
4. Peu *(importer, présent de l'indicatif)* ... les commérages.
5. Tous les samedis, Rachel *(organise, présent de l'indicatif)* ... des soirées.
6. *(venir, futur simple)* ...-vous demain soir ?

2 Dans les phrases suivantes, dites si les groupes de mots en gras sont des attributs du sujet ou des COD.

1. Elle fait **le ménage** chez elle.
2. Elle fait **plus jeune**.
3. Ce pays tente de constituer **une arme nucléaire**.
4. Cette peinture représente **un coucher de soleil**.
5. Il est jugé **coupable**.
6. Il juge **les criminels**.

3 Dans les phrases suivantes, donnez la fonction du groupe de mots en gras : attribut du sujet, COD, complément circonstanciel ou complément essentiel ?

1. J'ai regardé hier **un film génial**.
2. Il était **génial** parce qu'il ne camouflait pas la vérité.
3. C'est un film long : il a duré **deux heures et demie**.
4. Pourtant, **pendant deux heures et demie**, je ne me suis pas ennuyé.
5. Généralement, je ne suis pas très **patient**.
6. Mais mon frère, à qui j'ai montré ce film, n'a pas partagé **cette impression**.

4 Identifiez les différentes fonctions des groupes prépositionnels introduits par *par* dans les phrases suivantes.

1. **Par ce temps-là**, il ne vaut mieux pas sortir en montagne.
2. J'ai été averti **par des randonneurs** que les chemins deviennent très glissants.
3. Il paraît que quelqu'un est mort **par accident**.
4. Il avait pourtant été entraîné **par les meilleurs de la région**.
5. Mais il s'est retrouvé coincé **par un orage**, et il n'a pas pu s'abriter.
6. Il a dû redescendre **par un col accidenté**.
7. Un éboulis l'a fait tomber. C'est **par hélicoptère** qu'on l'a retrouvé.

5 Écrivez une phrase avec chacun de ces mots en le faisant figurer dans un GN qui aura la fonction indiquée.

1. La préposition *de* › complément du nom.
2. La préposition *de* › complément d'objet indirect.
3. La préposition *par* › complément d'agent.
4. La préposition *par* › complément circonstanciel.
5. Le nom *médecin* › complément d'objet direct.
6. Le nom *médecin* › attribut du sujet.

6 Extrait de sujet de brevet

DNB, France métropolitaine, juin 2009
Donnez la fonction grammaticale de l'expression mise en gras.

> Il s'approcha encore, écarta les bords du carton avec ses mains noircies et gercées, et **avec d'infinies précautions** il en sortit un bébé, une petite fille pas plus grande qu'une poupée [...].
>
> J.M.G. Le Clézio, *L'Enfant de sous le pont, 2000*

100 % web

› **Identifier et analyser les compléments du verbe dans un texte**

13 Mémo fiche : distinguer les fonctions

Retenons

Comment repérer les fonctions ?

Dans une phrase verbale, le noyau de la phrase est le verbe conjugué.

Pour analyser les fonctions dans une phrase, il faut d'abord repérer les grands groupes de mots qui composent la phrase (groupes de **niveau 1**). Ensuite, il faut voir quel rôle va jouer chaque groupe de mots par rapport au verbe principal de la phrase :

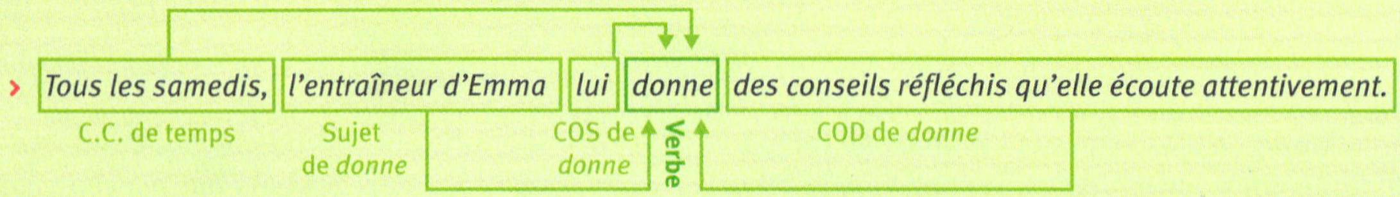

Dans cette phrase, certains groupes de mots vont abriter d'autres groupes de **niveau 2**.

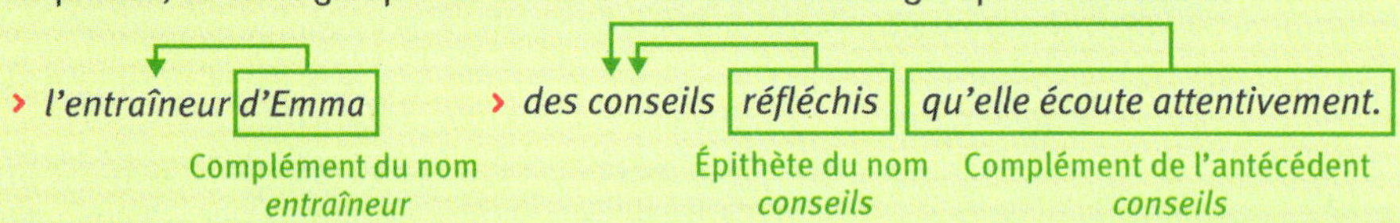

Certains d'entre eux peuvent à leur tour abriter des groupes de mots de **niveau 3**.

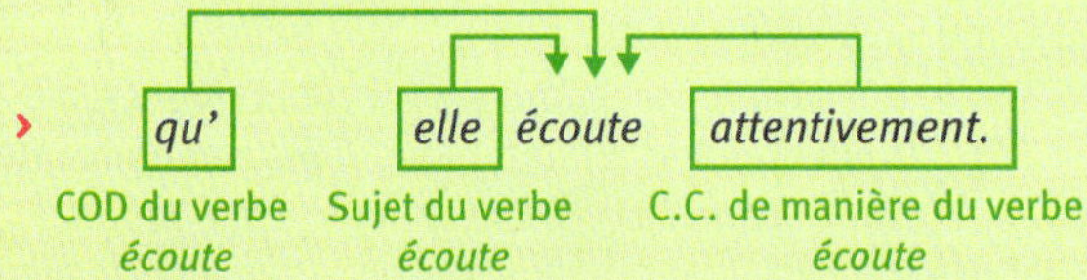

À retenir : Lorsqu'on analyse une phrase, on part toujours des groupes les plus larges (niveau 1) organisés autour du verbe principal, avant d'analyser les groupes de niveau 2, 3, etc. C'est le système des poupées russes.

Les fonctions rattachées au verbe et les fonctions rattachées au nom

Les **fonctions rattachées au verbe** organisent la phrase dans son ensemble autour de son noyau qu'est le verbe :

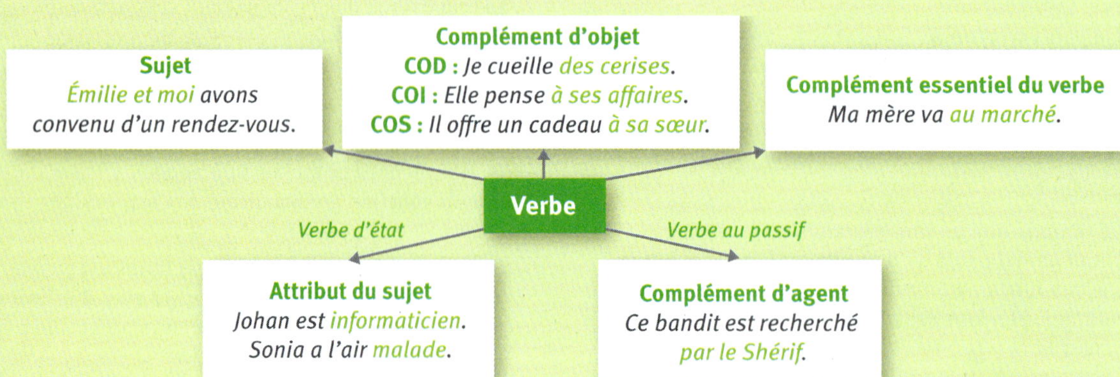

Remarque : Même si on les rattache parfois au verbe, les compléments circonstanciels sont plutôt des fonctions rattachées à la phrase.

Grammaire

Phrase

Complément circonstanciel de concession ou d'opposition
Malgré le froid, je sors.
Tu es blond alors que je suis brun.

Complément circonstanciel de temps
Quand tu arriveras, il fera nuit.

Complément circonstanciel de but
Tu dois manger des fruits pour être en forme.

Complément circonstanciel d'hypothèse
Si tu viens, je te montrerai mon projet.

Complément circonstanciel de cause
Je prends mon parapluie car il pleut.

Complément circonstanciel de conséquence
Il pleut si bien que je prends mon parapluie.

Les **fonctions rattachées au nom** s'organisent autour d'un nom noyau, et forment un groupe nominal étendu :

Nom

Épithète détachée
Épuisée, elle partit se coucher.

Complément du nom
Le livre de mon professeur.

Épithète liée
Les pauvres élèves fatigués dorment sur leur table.

Attribut du sujet
Johan est informaticien.

Complément de l'antécédent
Les élèves qui étaient fatigués dormaient sur leur table.

Apposition
Tom et Marco, les enfants du troisième étage.

1 Dans les phrases suivantes, les groupes nominaux précédés d'une préposition en gras exercent-ils la fonction COI ou la fonction CDN ?

1. Chaque année, j'ai envie **de fêter mon anniversaire.**
2. Nous invitons des amis **de mon collège** et **de mon quartier**.
3. J'ai un ami **d'enfance** qui pense **à moi** tous les ans.
4. Ma mère prépare mon gâteau **d'anniversaire** : un roulé **au Nutella** !
5. Je me souviens **d'Éric**, qui n'avait pas pu venir.
6. Chacun s'occupe **de me trouver un cadeau**.
7. Même si je ne manque **de rien**, le plaisir **de recevoir** est toujours renouvelé.

NB : « avoir envie » est une locution verbale, c'est-à-dire un verbe, mais en deux mots !

2 Complétez les phrases avec les mots de la liste suivante selon la fonction qui vous est demandée entre parenthèses. Vous devrez bien les adapter (accord, ajout de préposition, de déterminant...) selon leur fonction :

complexe – ils – lieux du crime – policiers – angoisse – criminel – meurtre – personnage – indice

1. J'aime beaucoup regarder ... *(COD)* à la télévision.
2. Les enquêteurs sont ... *(attribut du sujet)* intéressants.
3. ... *(sujet)* doivent se confronter ... *(COI)* lors des recherches.
4. En se rendant ... *(complément essentiel de lieu)*, ils trouvent ... *(COD)*.
5. Souvent, ... *(sujet)* aussi sont ... *(attribut du sujet)*.

3 Pour chacune des phrases : a) Indiquez si les mots mis en gras sont liés à des noms ou à des verbes, puis relevez les mots ainsi complétés. b) Donnez la fonction des mots mis en gras.

1. Un jour, passant devant une boutique, je fus littéralement « terrassé » **par les effluves enivrants** qui s'échappaient du soupirail. [...]
2. Je reconnaissais seulement, à travers les effluves, **l'élément de fond** qui me faisait une fois de plus palpiter : le lait.
3. La façade **claire** et rutilante **de la boutique** me le confirma ; c'était une pâtisserie **occidentale** nouvellement **ouverte.** [...] Moment **de pur ravissement** pour moi ! (François Cheng, *Le Dit de Tianyi*, 1998)

4 Extrait de sujet de brevet

DNB, Paris, Créteil, Versailles, juin 2010

Quelles sont la nature et la fonction du mot « *hallucinés* » ?

> – Maman, dis-donc, Maman...
> Les yeux de la liseuse se levèrent enfin, hallucinés, et elle jette dans un petit aboiement excédé :
> – Quoi ?

COLETTE, *Les Vrilles de la vigne*, 1908

100 % web

- › **Identifier le mot complété**
- › **Distinguer apposition et complément circonstanciel**
- › **Employer des appositions**
- › **Employer différentes fonctions liées au nom**

14 Types et formes de phrases

Retenons

Les types de phrase

Il existe quatre types de phrases : la phrase **déclarative**, la phrase **interrogative**, la phrase **exclamative** et la phrase **injonctive**.

100 % web *Rappel des caractéristiques générales de chacun de ces types.*

- Précisions sur le type **interrogatif** :
  - L'interrogation est **totale** quand l'interlocuteur **peut répondre par *oui* ou *non***. › *Arrivera-t-il demain ?*
  - L'interrogation est **partielle** quand la question porte sur **un élément de la phrase** et que l'interlocuteur **ne peut pas répondre par *oui* ou *non***. › ***Qui** joue avec moi ? **À quel** jeu veux-tu jouer ?*
  - Dans une interrogation totale : on inverse le sujet et le verbe dans le langage soutenu. › *Arrivera-t-il demain ?*
on ajoute *est-ce que* dans le langage courant. › ***Est-ce qu'**il arrive demain ?*
on ajoute un point d'interrogation dans le langage familier. › *Il arrive demain ?*
- Précisions sur le type **injonctif** :

Le **mode du verbe** utilisé est souvent l'**impératif**, mais d'autres modes peuvent être employés :

- **l'indicatif présent.** › *Tu **arrêtes**, maintenant !*
- **l'indicatif futur.** › *Tu **feras** deux exercices de plus pour demain.*
- **l'infinitif présent.** › *Ne pas **se pencher** sur les voies.*
- **le subjonctif présent.** › *Qu'il **sorte** ! Il faut que tu **sois** là demain.*

Les formes de phrase

Chaque type de phrase peut se mettre à trois formes différentes : la **forme affirmative**, la **forme négative** et la **forme emphatique**.

- La forme **négative**

100 % web *Rappel sur les caractéristiques générales de la négation.*

  - *Ne ... que* exprime une **négation exceptive** : le locuteur prélève un élément qui échappe à la négation :
    › *Cette dame n'aime que son chien* (elle n'aime rien d'autre que son chien).
  - Une phrase complexe n'est négative que **quand la négation porte sur le verbe de la proposition principale.**
    › ***Je ne pense pas** que tu viendras.* › phrase à la forme négative
    › ***Je pense** que tu ne viendras pas.* › phrase à la forme affirmative
- La forme **emphatique**
  - Elle **s'ajoute** à la forme affirmative ou négative.
  - Elle permet de **mettre en valeur un élément** de la phrase.
  - Pour cela, on utilise : – les **présentatifs** *c'est... que, c'est... qui, ce sont... qui* ;
    › ***C'est moi** qui ai oublié de fermer la porte à clé !* (le sujet est mis en valeur, par rapport à la forme affirmative simple : *J'ai oublié de fermer la porte à clé*).
    – le **détachement** d'un GN qui est repris par un pronom (construction courante à l'oral).
    › ***Ces fleurs**, je **les** trouve magnifiques !* (mise en valeur du COD)
    › ***Moi, ces fleurs, je les** trouve magnifiques !* (mise en valeur du sujet et du COD)

Les actes de parole

- Les **actes de parole directs**

Chaque type de phrase a une **portée sur le destinataire** : une phrase interrogative pose une question, une phrase injonctive donne un ordre, une phrase déclarative émet une constatation, une phrase exclamative exprime le sentiment d'un locuteur. C'est ce qu'on appelle les **actes de parole directs**.

- Les **actes de parole indirects**

On parle d'actes de parole indirects quand **un type de phrase est utilisé à la place d'un autre.** Ainsi, le type interrogatif

peut permettre :
- de **donner un ordre.** › *Tu peux te calmer un peu ? (= Calme-toi)*
- d'**affirmer quelque chose.** › *Ne serais-tu pas en train de me mentir ? (= Tu me mens.)*

On appelle ces « fausses » questions des **questions rhétoriques.**

100 % web *Complément de cours sur les actes de parole indirects.*

1 Identifiez les types de phrases présents dans chaque vers de l'exercice suivant. Attention : un seul vers peut contenir deux types de phrase.

Un Malheureux appelait tous les jours
La mort à son secours ;
Ô Mort, lui disait-il, que tu me sembles belle !
Viens vite, viens finir ma fortune cruelle.
La mort crut en venant, l'obliger en effet.
Elle frappe à sa porte, elle entre, elle se montre.
« Que vois-je ! cria-t-il, ôtez-moi cet objet ;
Qu'il est hideux ! que sa rencontre
Me cause d'horreur et d'effroi !
N'approche pas, ô Mort ; ô Mort, retire-toi. »

JEAN DE LA FONTAINE, « La Mort et le malheureux », in *Fables*, I, XV, 1678

2 Pourquoi les types de phrase interrogatif et exclamatif se multiplient-ils dans ce dialogue ?

Charles se tourna vers sa femme en lui disant :
– *Embrasse-moi donc*, ma bonne !
– *Laisse-moi !* fit-elle, toute rouge de colère.
– *Qu'as-tu ?* qu'as-tu ? répétait-il stupéfait. *Calme-toi ! Reprends-toi ! Tu sais bien que je t'aime*… viens !
– *Assez !* s'écria-t-elle d'un air terrible.
Et, s'échappant de la salle, Emma ferma la porte.

GUSTAVE FLAUBERT, *Madame Bovary*, 1857

3 Niez chacune des affirmations ci-dessous, et entourez les mots qui vous permettent d'exprimer la négation. Essayez de varier les mots exprimant la négation !

1. Je sors tous les soirs.
2. Je suis allé dans la forêt de nuit : je voyais tout.
3. J'aime tout, sauf le chocolat.
4. Je prends toujours mes médicaments.
5. J'ai vu quelqu'un près de la maison.
6. J'aime la cervelle et les tripes.

4 Interrogation totale ou partielle ?

1. Cet été j'ai lu tous les *Harry Potter*. **2.** Ron est mon personnage préféré. **3.** Parce qu'il est comique, imparfait. **4.** D'Hermione. **5.** Le passage où Harry croit que ses parents sont revenus de la mort. **6.** Ça se finit bien ! **7.** Oui.

a) Écrivez les questions dont les phrases ci-dessus constituent les réponses. b) Vous n'avez écrit qu'une phrase de type « interrogation totale », laquelle ?

5 Transformez les actes de parole indirects suivants en actes de parole directs.

Exemple : « *Pourrais-tu te taire s'il te plaît ?* » devient : « *Tais-toi !* »

1. Pourriez-vous vous pousser un peu ?
2. Vous n'avez pas payé deux places de train, que je sache.
3. Ce serait gentil d'enlever également vos sacs.
4. Ne seriez-vous pas un peu égoïste, par hasard ?
5. N'est-il pas triste de voir comment les gens se comportent aujourd'hui !

6 Transformez les phrases suivantes en phrases emphatiques, en mettant en valeur les mots ou expressions mis en gras.

1. J'ai raté le train **parce que je ne me suis pas réveillé**.
2. J'allais **chez mon cousin**.
3. **Mon cousin** n'est jamais en retard.
4. **Je** suis encore passé pour un fainéant.
5. Ma tante critique toujours **les retardataires** dans les repas de famille.

7 Extraits de sujets de brevet

1. DNB, Pondichéry, 2006

Par quel type de phrase s'adresse-t-on au narrateur ? Qu'est-ce que cela nous apprend sur sa place dans le débat ?

> Gilbert a passé le micro à l'ambassadeur, et celui-ci s'est adressé à moi : « Pourquoi avez-vous décidé d'apprendre le sango ? […] Est-ce qu'il existe des langues inintéressantes ? »

VASSILIS ALEXAKIS, *Les Mots étrangers*, 2002

2. Séries générales, juin 2007

Quelle forme de phrase le personnage de l'aubergiste emploie-t-il le plus souvent ?

Un aubergiste refuse de recevoir Jean Valjean car il vient d'apprendre que ce dernier sort de prison :

– Monsieur, dit-il, je ne puis vous recevoir. […]
– J'ai de l'argent, vous dis-je.
– Ce n'est pas cela.
– Quoi donc ?
– Vous avez de l'argent…
– Oui, dit l'homme.
– Et moi, dit l'hôte, je n'ai pas de chambre.

VICTOR HUGO, *Les Misérables*, 1862

100 % web

› **Exprimer l'ordre, l'interrogation totale ou partielle**
› **Qu'expriment les exclamatives ?**

15 Phrase simple et phrase complexe

Observons

Il tira d'abord doucement, puis durement sur le bras fragile. Elle leva la main, prête à le gifler, mais il paralysa cette autre main. Maintenant, il lui faisait mal. Il sentait qu'il lui faisait mal. Il pensait aux enfants qui se sont saisis d'un chat sauvage, et, pour l'apprivoiser de force, l'étranglent presque, pour le caresser de force.

Antoine de Saint-Exupéry, *Courrier sud*, 1929

- Relevez les verbes conjugués. Combien y a-t-il de phrases dans cet extrait ?
- Dans les phrases qui comportent plusieurs verbes conjugués, relevez les mots qui permettent de relier les différentes parties de la phrase.
  À quelles classes grammaticales appartiennent ces mots ?
- Donnez la définition d'une phrase simple, puis d'une phrase complexe.

Retenons

Phrase simple et phrase complexe

- Une phrase **commence par une majuscule et se termine par une ponctuation forte** (. ? ...).
- Une **proposition** est un **groupe de mots organisé autour d'un verbe conjugué**. Pour repérer le nombre de propositions dans une phrase, il faut repérer le nombre de verbes conjugués.
  > *Jeanne **a commencé** la danse quand elle **avait** six ans et elle **a** toujours autant de plaisir à y aller.*
  Cette phrase comporte trois propositions car elle a trois verbes conjugués.

Remarque : La proposition infinitive est un groupe de mots qui s'organise autour d'un verbe à l'infinitif et non autour d'un verbe conjugué *(voir leçon n° 17)*. De même, la proposition participiale est un groupe de mots qui s'organise autour d'un verbe au participe.

- Une **phrase simple** est une **phrase qui ne comporte qu'une seule proposition**, appelée proposition **indépendante.** Elle n'a donc qu'**un seul verbe conjugué**.
  > *Tous les matins, je **me réveille** à sept heures . Je **déjeune**. Je **m'habille**. Je **prends** le bus pour aller au collège.*
  Cet exemple comporte quatre phrases simples donc quatre propositions indépendantes.
- Une phrase **complexe** est une **phrase qui comporte plusieurs propositions**, donc **plusieurs verbes conjugués**.

Juxtaposition, coordination et subordination

- Les propositions peuvent être reliées entre elles de trois manières différentes :
  - **La juxtaposition :** les propositions sont reliées entre elles par une **ponctuation faible** : une virgule, un point virgule, ou deux points. > ***Je me réveille à sept heures, je déjeune, je m'habille.*** Les trois propositions sont juxtaposées car reliées par des virgules.
  - **La coordination :** les propositions sont reliées entre elles par une **conjonction de coordination** : *mais, ou, et, donc, or, ni, car (voir leçon n° 4)*. > ***Je me réveille et je déjeune.*** Les deux propositions sont coordonnées par la conjonction de coordination *et*.

Remarque : Il arrive qu'entre deux propositions il y ait à la fois un signe de ponctuation et une conjonction de coordination. Dans ce cas on prend en compte le lien le plus « fort », c'est-à-dire la conjonction de coordination.
> ***J'avais mis mon réveil à 6 h 30 pour relire mon DM, mais je n'ai pas réussi à me lever.*** On considère que les deux propositions sont **coordonnées**.

  - **La subordination :** une ou plusieurs propositions subordonnées sont reliées à une proposition principale par un **pronom relatif** ou une **conjonction de subordination**. Une proposition subordonnée est **dépendante** d'une proposition principale.

› *Je pourrai dormir un peu demain matin puisque je n'ai cours qu'à dix heures.* La deuxième proposition est subordonnée à la première, qui s'appelle la proposition principale. Elle est reliée à cette proposition principale par la conjonction de subordination *puisque*.

- Il existe différents types de propositions subordonnées :
  - subordonnées **relatives** *(voir leçon n° 16)*;
  - subordonnées **complétives** *(voir leçon n° 17)*;
  - subordonnées **circonstancielles** *(voir leçons n°s 18 à 22)*.

1 Combien de phrases simples et combien de phrases complexes comptez-vous dans le texte ci-dessous ?

Sofiane et Tom reviennent de leur club de boxe. Sur la route, ils rencontrent Sam et Liliane qui ont assisté à une représentation théâtrale. La discussion s'engage : les deux futurs champions racontent avec fougue leur entraînement et miment leur combat tandis que les deux comédiens en herbe déclament avec passion les répliques mémorisées lors du spectacle.

2 Relevez les verbes conjugués dans les phrases complexes de l'extrait ci-dessous et indiquez combien de propositions vous comptez dans chaque phrase.

Le jeune narrateur vient d'être inscrit dans un club de boxe, par son père.

Mais le champion des poids plume, tout enflé de sa gloire, et un peu aussi des coups qu'il avait encaissés au visage, se pavanait, virevoltait, esquissait des uppercuts[1] dans le vide, mimait ce septième round final où il avait décoché à son adversaire le fatal direct droit… […] Et puis il s'est tourné vers moi, et, au milieu des rires, levant sa garde comme s'il avait peur qu'à mon tour je le cogne comme il avait cogné ce pauvre Bébé Habib, il m'a demandé ce que je fichais là, si j'étais le nouvel espoir de Monsieur Luis.

Paul Smaïl, *Vivre me tue*, 1997, Éditions Balland

1 En boxe, coup porté de bas en haut.

3 Réécrivez la 1re phrase de l'exercice précédent en transformant les propositions relevées en phrases simples.

4 Indiquez si les propositions de ces phrases sont reliées par coordination, juxtaposition ou subordination.

1. Le coureur s'accroupit, positionne ses mains sur le sol, écarte les doigts sur la ligne de départ, relève la tête.
2. Les deux équipes s'affrontent du regard et entrent sur le terrain car l'arbitre va siffler le coup d'envoi.
3. La gymnaste, qui achève son saut périlleux, sourit aux spectateurs et aux membres du jury.
4. La précision avec laquelle le duelliste manie son épée est remarquable.
5. Il avait été acclamé lors de son entrée sur le cours mais il jeta sa raquette à la fin d'un match qui l'avait humilié.

5 Réécrivez les phrases suivantes en remplaçant les virgules et points virgules qui relient les propositions par les conjonctions de coordination qui vous semblent les plus appropriées au sens de la phrase.

1. J'écoute surtout du rap ; ça ne m'empêche pas d'aimer d'autres musiques.
2. J'écris des paroles sur des rythmes rapides, je les enregistre.
3. Il rentre du collège rapidement ; sa mère l'attend, bien souvent il n'entend pas tout de suite ses questions, ses remarques.
4. Il finit par enlever le casque de ses oreilles, il s'assied en face d'elle.

6 Remplacez les conjonctions de coordination en gras par les conjonctions de subordination de la liste ci-dessous. Veillez à bien conserver le sens de la phrase.

parce que – tandis que – de sorte que – alors que

1. Il était très fatigué **donc** il n'a pas relu ses cours.
2. Son frère fait du foot **mais** lui joue au volley.
3. Ils sont tous deux très sportifs **or** leurs parents ne font jamais de sport.
4. Ils sortent peu avec leurs amis **car** ils passent tout leur temps libre à s'entraîner.

7 Lisez l'extrait ci-dessous et répondez aux questions en rédigeant vos réponses.

Voici comment débute le roman Bouvard et Pécuchet.

Au-delà du canal, entre les maisons que séparent des chantiers, le grand ciel pur se découpait en plaques d'outremer, et sous la réverbération du soleil, les façades blanches, les toits d'ardoises, les quais de granit éblouissaient. Une rumeur confuse montait au loin dans l'atmosphère tiède ; et tout semblait engourdi par le désœuvrement du dimanche et la tristesse des jours d'été. Deux hommes parurent.

Gustave Flaubert, *Bouvard et Pécuchet*, 1881

1. Combien de phrases comptez-vous dans cet extrait ? Relevez les phrases complexes et la phrase simple.
2. Qu'évoque le narrateur à travers les phrases complexes de cet extrait ?
3. Qui est présenté par le biais d'une phrase simple ?
4. Quel est l'effet produit par le contraste entre les phrases complexes et la phrase simple ?

100 % web

› Employer des propositions subordonnées

16 La proposition subordonnée relative

Observons

a) L'instrument que j'aime le plus est la guitare.
b) Le joueur de guitare dont j'aimerais m'inspirer est Jimi Hendrix.
c) Le professeur auquel je me suis adressé joue beaucoup de flamenco.

- Quels sont les groupes de mots qui précisent les GN en gras ? Relevez le verbe conjugué dans chacun de ces groupes de mots.
- Quels sont les mots qui permettent de relier les GN en gras aux groupes de mots que vous avez repérés ? À quelle classe grammaticale appartiennent-ils ?
- À partir de vos réponses, donnez une définition de la proposition subordonnée relative.

Retenons

La proposition subordonnée relative

- Une proposition subordonnée relative est **introduite par un pronom relatif** (*qui, que, quoi, dont, où* et les composés de *quel : auquel, duquel*, etc.).
- Elle complète un nom, un GN ou un pronom, appelé l'antécédent du pronom relatif, sur lequel elle apporte des précisions : elle fait donc partie des **expansions du nom** *(voir leçon n° 7)*.
- Elle est toujours **placée juste après l'antécédent** du pronom relatif.
  › *L'homme **qui était à mes côtés** semblait endormi.* › *Je regardai cet homme **qui semblait endormi**.*
- Sa **fonction** grammaticale est d'être **complément de l'antécédent** du pronom relatif.

Le pronom relatif

- Il **introduit** la proposition subordonnée relative et permet de la repérer.
- Il **reprend** le nom, le GN ou le pronom appelé son **antécédent**.
- Il a une fonction dans la proposition subordonnée relative : **la fonction qu'aurait son antécédent** si on le rétablissait.
  › *Le train **que j'attends** part dans dix minutes.* › *que* est COD du verbe *attendre* ; c'est la fonction qu'aurait son antécédent *train* si on le rétablissait : *J'attends **le train**.*

Mode du verbe dans la proposition subordonnée relative

- Dans la proposition subordonnée relative, on emploie souvent **l'indicatif**.
  › *L'homme **qui était à mes côtés** semblait endormi.*
- Cependant, on peut employer le **subjonctif** dans les propositions subordonnées relatives qui expriment une **incertitude**.
  › *Auriez-vous une boisson **qui soit sans alcool** ?*

  ou dans celles dont l'**antécédent comporte un adjectif mis au superlatif**.
  › *Je vais te raconter les **plus belles** vacances **que j'aie jamais passées*** (subjonctif passé du verbe *passer*).

Attention : Ne pas confondre une **proposition subordonnée relative** introduite par le pronom relatif *que* et qui complète un **nom** (› *Le train **que** j'ai pris allait à Marseille.*) et la **proposition subordonnée complétive** introduite par la conjonction de subordination *que* et qui complète un **verbe** (› *Je pense **que** je prendrai la voiture la prochaine fois.*) *(voir leçon n° 5)*.

Grammaire

1 Relevez les propositions subordonnées relatives qui complètent les antécédents en gras.

Attention, *village* est l'antécédent de deux pronoms relatifs.

La petite **gare**, devant laquelle le train ralentissait, semblait déserte. L'**homme** qui dormait à côté de moi ouvrit les yeux et regarda par la fenêtre. J'étais si heureuse d'arriver dans ce **village** dont on m'avait tant parlé et que j'étais pressée de parcourir. Mais il fallait d'abord que je trouve un **hôtel** où je pourrais déposer mes valises et m'installer quelques jours.

2 Dans le texte suivant :
a) relevez les propositions subordonnées relatives,
b) identifiez les pronoms relatifs et leurs antécédents,
c) donnez la fonction grammaticale des pronoms relatifs.

Seule, la maison du garde-barrière est là, au coin de la route qui traverse la ligne et qui se rend à Doinville, distant de cinq kilomètres. Basse, les murs lézardés, les tuiles de la toiture mangées de mousse, elle s'écrase d'un air abandonné de pauvre, au milieu du jardin qui l'entoure, un jardin planté de légumes, fermé d'une haie vive, et dans lequel se dresse un grand puits, aussi haut que la maison.

Émile Zola, *La Bête humaine*, 1890

3 Complétez le texte ci-dessous en choisissant le pronom relatif qui convient.

L'avion, *(lequel/qui/que)* devait décoller à vingt heures précises, n'a toujours pas quitté l'aéroport. En attendant que l'avion décolle, je m'installe le plus confortablement possible ; je range le petit oreiller, *(que/dont/duquel)* je me servirai plus tard pour dormir. Je me demande bien ce à *(dont/quoi/qui)* rêve ma voisine. La ceinture de sécurité, à *(auquelle/lequel/laquelle)* elle reste accrochée, doit lui serrer le ventre. Au moment *(dont/qui/où)* je m'apprête à me tourner vers elle pour lui parler, l'hôtesse de l'air fait une annonce au micro. Le message *(que/qui/duquel)* nous adresse le personnel de l'avion n'est pas très rassurant.

4 a) Réunissez les deux phrases en faisant de la seconde une proposition subordonnée relative.
b) Ensuite précisez la fonction grammaticale de chaque pronom relatif employé.

1. Cet été, un grand festival de musique est organisé par ma ville. Ma ville est connue pour son dynamisme culturel.
2. Ce festival réunira des styles de musique très variés. Malheureusement je ne pourrai pas participer à ce festival.
3. Tout autour de la ville se trouvent de vastes champs. Les scènes de concert seront installées dans les champs tout autour de la ville.
4. Les artistes invités viendront des quatre coins du monde. Le public attend ces artistes avec impatience.
5. Ce festival est un des plus célèbres festivals de musique en Europe. Tous les médias parlent déjà du festival.

5 Inventez vos propres définitions des mots suivants en complétant les propositions subordonnées relatives.

Par exemple : *chien : animal qui aboie à tue-tête et que je préfère ne pas croiser dans la rue.*

1. Chat : animal qui ... et dont ... .
2. Oreiller : objet que ... et qui ... .
3. Plage : endroit où ... .
4. Ami : personne à laquelle ... .
5. Cinéma : loisir grâce auquel ... .
6. Proposition subordonnée relative : proposition qui ..., dans laquelle ... et que ... .

6 Complétez les noms en gras avec une proposition subordonnée relative de votre choix en variant les pronoms relatifs.

1. Regarde cet **homme** ... !
2. Il va tourner dans la **rue** ... .
3. Des **voitures** de policiers ... le poursuivent.
4. Ce **quartier** ... est pourtant si calme d'habitude.
5. Les **voisins** ... se demandent ce qu'a bien pu commettre comme crime l'**homme** ... .

7 Décrivez cette photographie en employant des propositions subordonnées relatives.

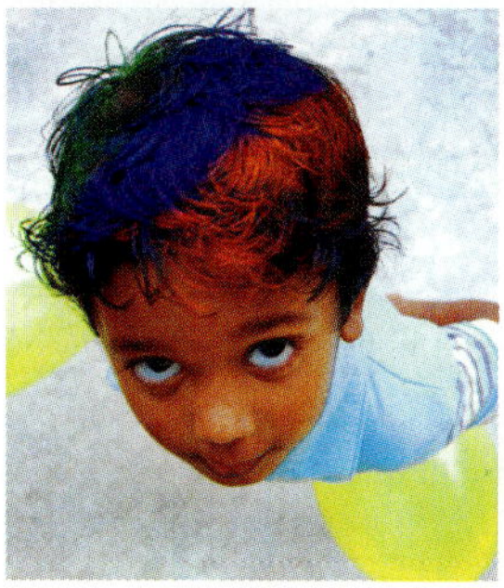

Vous utiliserez au moins six propositions subordonnées relatives introduites par exemple par les pronoms suivants : *qui*, *dont*, *que*, *lequel*, etc.

◀ Ibrahim Iujaz, *Colours of Head*, 2007

8 Extrait de sujet de brevet

DNB, groupe Nord, juin 2006

1. Dans l'extrait suivant, relevez les quatre propositions subordonnées relatives qui évoquent certains aspects de la maternité.
2. Quel est leur antécédent commun ?

La Jeanne, la Jeanne, [...]
Dans ses ros's et ses choux n'a pas trouvé d'enfant,
Qu'on aime et qu'on défend contre les quatre vents,
Et qu'on accroche à son corsage,
Et qu'on arrose avec son lait...
D'autres qu'elle en seraient tout's chagrines...

Mais, Jeanne, la Jeanne,
Ne s'en soucie pas plus que de colin-tampon,
Etre mère de trois poulpiquets, à quoi bon !
Quand elle est mère universelle, [...]

Georges Brassens, « Jeanne », *Poèmes et chansons*, 1962

100 % web

› **Employer des pronoms relatifs composés**

17 Les propositions subordonnées complétives

Observons

Les parents d'Élisa **veulent** qu'elle passe son permis de conduire cette année car ils **aimeraient** qu'elle puisse être indépendante dans ses déplacements. Élisa **se demande** si elle aura le temps de se consacrer à cet examen.

- Relevez les compléments d'objet direct (COD) des verbes en gras. Quelle est leur classe grammaticale ?
- Par quels mots ces groupes de mots sont-ils introduits ? Quelle est leur classe grammaticale ?

Retenons

Les propositions subordonnées complétives sont des propositions qui **complètent un verbe.**
Le plus souvent leur fonction est d'être **COD du verbe de la proposition principale** : ce sont donc des **compléments essentiels** (on ne peut ni les déplacer, ni les supprimer).

La proposition subordonnée complétive en *que*

- Elle est introduite par la **conjonction de subordination *que*** (*voir leçon n° 5*).
- Le verbe complété peut être un **verbe de pensée** (*penser*, *estimer*, *être d'avis*, etc.), de **sentiment** (*aimer*, *apprécier*, etc.), de **perception** (*voir*, *entendre*, etc.), de **parole** (*dire*, *répondre*, *rétorquer*, etc.) ou encore un **verbe impersonnel** (*il arrive (que) ..., il faut (que) ..., il se peut (que) ...*).
- Dans la proposition subordonnée complétive en *que*, le mode le plus souvent utilisé est **l'indicatif.**
  > *J'espère que tu **as** tes affaires.*

  Cependant, le **mode subjonctif** est utilisé :
  - lorsque le verbe introducteur exprime l'**incertitude** (doute, souhait, crainte, etc.) ainsi qu'aux formes **négative** et **interrogative**. > *Je veux que tu **aies** tes affaires pour le cours de demain.*
  - dans des phrases où la **proposition subordonnée complétive est sujet**. > *Qu'il **vienne** serait formidable !*

Attention : Si la proposition subordonnée complétive en *que* est généralement COD du verbe de la proposition principale, il existe certains cas où elle a une autre fonction grammaticale :
- **sujet**. > ***Que tu viennes à mon anniversaire** me ferait très plaisir.*
- **complément d'objet indirect**. > *Il s'attend **à ce que tu passes le voir**.*
- **attribut du sujet**. > *Son souhait le plus cher est **qu'elle vienne le voir**.*
- **complément du nom**. > *Mon envie **que tu viennes** est réelle.*

Dans ce dernier cas, il ne faut pas la confondre avec une proposition subordonnée relative. Pour éviter cette confusion, il faut se demander si le *que* a ou non une fonction dans la proposition. S'il en a une, il est pronom relatif, la proposition est une relative (*Le chat **que** je vois est roux : que* est COD du verbe *voir*) ; s'il n'en a pas, *que* est conjonction de subordination, la proposition est une complétive.

La proposition subordonnée interrogative

- Une proposition subordonnée interrogative indirecte **complète un verbe qui exprime l'interrogation** (*se demander*, *se poser la question*, etc.) ou **l'ignorance** (*ne pas savoir*, *ignorer*).
  - Quand la proposition exprime **une interrogation totale**, elle est introduite par la **conjonction de subordination *si***.
    > *Je me demande **si tu m'écoutes**.*

- Quand elle exprime une **interrogation partielle**, elle est introduite par un **pronom ou un adverbe interrogatif** (*qui ?, que ?, où ?, lequel ?, pourquoi ?, comment ?* etc.). > *Je me demande* ***qui** a bien pu faire ça.* > *Je me demande* ***pourquoi** tu rentres si tard*.

Rapports de ces propositions avec le discours indirect

- La proposition subordonnée complétive en *que* et la proposition subordonnée interrogative indirecte peuvent marquer le **discours indirect** *(voir leçon n° 25)*.
  - La **proposition subordonnée complétive** marque le discours indirect quand le **verbe introducteur est un verbe de parole ou de pensée exprimant l'affirmation.** > *Elle affirma : « Je serai prête pour ma représentation. »* (discours direct). > *Elle affirma* ***qu'elle serait prête pour sa représentation*** (discours indirect).
  - La **proposition subordonnée interrogative indirecte** marque le discours indirect **quand le verbe introducteur est un verbe de parole ou de pensée exprimant l'interrogation.** > *Elle se demanda : « Serai-je prête pour ma représentation ? »* (discours direct). > *Elle se demanda* ***si elle serait prête pour sa représentation*** (discours indirect).

La proposition infinitive

- La proposition infinitive a la particularité de **ne pas être introduite par une conjonction de subordination**. Cependant, comme toute proposition subordonnée, elle possède son **sujet propre** et elle **dépend d'une proposition principale.**
  > *Il regarde* ***les joueurs s'entraîner***. Le verbe à l'infinitif *s'entraîner* a son sujet propre *(les joueurs)*, différent du sujet de la proposition principale *(il)*.
- La proposition infinitive complète des verbes de perception (*entendre*, *voir*, *sentir*, etc.) et les verbes *faire*, *laisser*, *emmener*, *envoyer*, *conduire*.

Attention : Il ne suffit pas d'un verbe à l'infinitif pour qu'il y ait une proposition infinitive.

Dans la phrase > *J'aime* ***marcher*** *au bord de la mer*, le verbe *marcher* n'a pas de sujet propre. Il n'y a donc pas de proposition subordonnée infinitive : l'ensemble est une phrase simple.

1 Essayez de supprimer les groupes de mots en gras. Lesquels correspondent à des propositions subordonnées complétives ? Pourquoi ?

1. Tu sais, je crois **que le Père Noël n'existe pas…**
2. Comment ça ? Cette histoire **que l'on me raconte depuis ma naissance** serait un horrible mensonge ?
3. Tu n'imagines quand même pas **que le Père Noël « descend du ciel avec ses jouets par milliers » ?**
4. En tout cas, tu vas voir **qu'il va venir mettre un cadeau dans mon petit soulier.**
5. C'est ça ! Et la dinde **qui est en train de rôtir** va se mettre à chanter ?

2 Indiquez les fonctions grammaticales des propositions subordonnées complétives mises en gras.

La vérité est **qu'il a menti sur son identité.** Dans ce cas-là, **qu'il soit nommé invité d'honneur** pose problème. Nous estimons **qu'il mérite tout de même une seconde chance.** Chacun s'attendait **à ce que le patron reste campé sur ses positions.** Et pourtant, ce dernier accepte **que l'usurpateur garde son titre pour la soirée.**

3 Chaque phrase ci-dessous contient une proposition subordonnée complétive ; relevez-les et précisez s'il s'agit d'une complétive en *que*, d'une interrogative indirecte ou d'une infinitive.

1. Je ne sais pas à quelle heure il sera là.
2. Je lui avais pourtant bien demandé s'il pouvait se libérer.
3. Je ne crois pas qu'il puisse avoir oublié notre rendez-vous.
4. Que sa présence soit obligatoire est évident !
5. Tous les grands patrons s'attendent à ce qu'il vienne ce soir.
6. J'entends des pneus crisser : c'est sûrement lui.

4 Identifiez puis justifiez le mode des verbes employés dans les propositions en gras.

Un journaliste indique **qu'il s'agit d'un canular** ; la célèbre chanteuse n'est pas morte. Le public souhaite **qu'elle fasse une brève apparition dans les médias.** Son agent regrette **que ces rumeurs aient été prises au sérieux !** La famille de la chanteuse sait très bien **qu'il faudra malheureusement plusieurs jours pour faire disparaître toutes les fausses annonces publiées sur Internet.** Croyez-vous **qu'ils sachent** d'où sont parties ces rumeurs ? Je ne pense pas **que la chanteuse vienne à Paris à la date prévue.**

5 Transformez ces phrases interrogatives directes en phrases interrogatives indirectes que vous introduirez par le verbe entre parenthèses, conjugué au présent.

1. Comment se nourrit un hérisson ? *(rechercher)*
2. Pourquoi adoptes-tu ce hérisson ? *(se demander)*
3. Que fait ce hérisson dans mon salon ? *(s'interroger)*
4. Quel nom vais-je donner à mon hérisson ? *(ne pas savoir)*

100 % web

> Distinguer les différentes complétives
> Choisir le bon mode dans la complétive en *que*
> Employer des propositions infinitives

18 Exprimer le temps

Observons

a) Une fois que tu auras fini de bouder, on pourra peut-être commencer ?
b) Je viens t'aider dès que j'ai terminé ce que je suis en train de faire.
c) Quand il ira voir son frère, il lui montrera son travail.
d) Après que Sophia eut passé son bac, elle commença de brillantes études de médecine.
e) Je reste tant que tu ne m'as pas expliqué ce qu'il se passe.

- Relevez les propositions qui expriment le temps.
- Quels sont les mots qui les introduisent ? À quelle classe grammaticale appartiennent-ils ?
- Quels mots introducteurs expriment l'antériorité ? la simultanéité ? la postériorité ?

Retenons

La proposition subordonnée circonstancielle de temps

- Elle indique à quel **moment** se fait une action. Sa fonction grammaticale est **complément circonstanciel de temps**. Elle peut donc être **supprimée** ou **déplacée** et se trouver avant ou après la proposition principale.
  - › ***Lorsque tu as téléphoné***, *j'étais sous la douche.*
  - › *Elle se promenait dans les bois* ***quand soudain surgit une bête immonde****.*
- Elle est introduite par une **conjonction de subordination** (*quand*, *lorsque*, *avant que*, *dès que*, etc.).
- Il existe plusieurs conjonctions de subordination qui expriment le temps et dont il faut comprendre le sens :

Sens	Définition	Conjonctions de subordination	Exemple
L'antériorité	L'action du verbe de la proposition principale se passe **avant** celle exprimée dans la proposition subordonnée.	*avant que (... ne)/en attendant que/jusqu'à ce que* (+ verbe au subjonctif)	*Je rangerai ma chambre* ***avant que*** *ma mère ne rentre.*
La postériorité	L'action du verbe de la proposition principale se passe **après** celle exprimée dans la proposition subordonnée.	*après que/dès que/aussitôt que* (+ verbe à l'indicatif)	***Après qu'****elle a fait ses devoirs, elle regarde la télévision.*
La simultanéité, la répétition	L'action du verbe de la proposition principale se passe **en même temps** que celle exprimée par le verbe de la proposition subordonnée, ou de **manière répétée** par rapport à l'action du verbe de la proposition principale.	*pendant que/quand/lorsque/tandis que/tant que/chaque fois que* (+ verbe à l'indicatif)	***Pendant qu'****elle voyage, elle imagine de nombreuses choses.*

- **Remarques :**
  - Contrairement à ce que l'on entend souvent, ***après que*** est bien **suivi de l'indicatif** et non du subjonctif. C'est d'ailleurs logique puisque dans la phrase *Après qu'elle a fait ses devoirs, elle regarde la télévision*, on sait que les devoirs ont été faits, et le mode indicatif est bien le mode du réel, de ce qui est certain.
  - En revanche, ***avant que*** est **suivi du subjonctif**, car comme l'action introduite par *avant que* n'est pas encore réalisée, on ne peut pas être certain qu'elle le soit effectivement. Dans la phrase *Avant que je prenne le train, il faut encore que je fasse mon sac*, on n'est pas sûr que le locuteur aura son train. Ainsi, le mode subjonctif, qui est le mode des actions virtuelles, est utilisé.

Les autres moyens grammaticaux pour exprimer le temps

- D'autres moyens grammaticaux peuvent être utilisés pour exprimer le temps.
Leur fonction grammaticale commune est d'être **complément circonstanciel de temps** :
  - un **groupe nominal**. > ***L'été***, *nous partons au bord de la mer.*
  - un **groupe nominal prépositionnel** (introduit par une préposition). > ***Pendant le voyage***, *il est tombé malade.*
  - un **gérondif** (participe présent précédé de la préposition ***en***). > *Tu me laisseras les clés* ***en partant***.
  - une **proposition participiale**. > ***L'hiver arrivant***, *les températures chutent.*
  - un **adverbe**. > ***Demain***, *je me mets au sport! (voir leçon n° 30)*

1 Lisez le texte et indiquez si les groupes de mots en gras sont des propositions subordonnées circonstancielles de temps.

Dès que je rentrais le soir, **après les cours**, je me mettais au travail. **Pendant que je faisais mes devoirs** mon petit frère me regardait **sagement** ; il prenait un air sérieux et essayait de m'imiter **en traçant des vagues** au crayon sur son cahier de coloriage. On partageait la même chambre **depuis qu'il était né**. **Lorsque mes parents avaient installé son lit d'enfant à côté du mien**, je leur en avais beaucoup voulu ; un intrus envahissait **mon univers**. **Après quelque temps je cessai de bouder** et me mis à aimer ce petit bonhomme ; **chaque soir**, **avant qu'il s'endorme**, je lui racontais une histoire.

2 Complétez le texte en choisissant la conjonction de subordination qui convient le mieux pour chaque phrase.

(Avant qu'/Jusqu'à ce qu'/Aussitôt qu') il s'endormait mon père ronflait. *(Après que/ Tandis que/À chaque fois que)* moi-même je m'endormais, bercé par les ronronnements de mon cher papa, je m'imaginais à bord de toutes sortes d'engins à moteur : voiture de course, avion de chasse, paquebot… *(Une fois que/ Tant que/Pendant que)* ma mère essayait toutes sortes de stratégies pour stopper les ronflements de son mari – lui pincer le nez, lui siffler dans les oreilles, lui chatouiller le cou, le bousculer sèchement… – de l'autre côté de la cloison, moi je m'évadais à bord de ma Ducati[1] rouge flambant neuf.

1 Marque de moto.

3 Relevez les propositions circonstancielles de temps et dites si elles expriment l'antériorité, la simultanéité ou la postériorité.

Quand il regarde ce tableau ses yeux brillent d'émerveillement. Chaque soir, je le rejoins au musée dès que j'ai terminé mon entraînement. Aussitôt qu'il m'aperçoit il vient à ma rencontre. Avant que je n'arrive en courant, il se poste derrière les grandes vitrines et m'attend. Une fois que nous nous sommes retrouvés, chaque soir mon grand frère me raconte l'histoire d'un nouveau tableau.

4 Réécrivez chaque phrase en remplaçant les groupes nominaux prépositionnels par des propositions subordonnées circonstancielles de temps.

1. Elle sort souvent, **depuis son retour de vacances**.
2. **À chaque discours**, il s'arrange pour faire rire les gens en faisant des grimaces.
3. Il ne pouvait s'empêcher de mastiquer bruyamment, **lors des repas en famille**.
4. **Dès la sonnerie**, les élèves se précipitent vers la sortie.
5. **Au réveil**, ses cheveux ressemblent à un sac de nœuds.

5 Donnez la classe grammaticale des compléments circonstanciels de temps mis en gras dans le texte.

Sous la pression de la poigne toute-puissante et des irrésistibles arguments que sont des coups de pied au cul bien appliqués, une promesse, un serment avaient été arrachés à presque tous les guerriers de Longeverne : la promesse de ne plus se battre avec les Velrans, […].

Seuls les Gibus et Gambette, habitant des métaieries éloignées du centre, avaient **momentanément** échappé à la sauce ; […].

Et naturellement tous les jeunes Longevernois se couchèrent **ce soir-là** sans souper […].

On leur défendit **le lendemain** de s'amuser **avant la classe**, on leur ordonna de rentrer **immédiatement après onze et quatre heures** ; interdiction aussi de parler aux camarades, recommandation au père Simon […] de punir dur […] **chaque fois** qu'un audacieux oserait troubler le silence […].

À huit heures moins cinq minutes on les lâcha.

Les Gibus, arrivant, voulurent interpeller Tintin, qui filait sous les yeux de son père, Tintin, les yeux rouges et les épaules renfoncées, qui eut **en les entendant** un regard affolé et se tut obstinément […].

LOUIS PERGAUD, *La Guerre des boutons,* 1912

6 Écriture : choisissez une journée qui a eu de l'importance pour vous et racontez-la en détaillant bien la chronologie des événements.

Variez les compléments circonstanciels de temps en utilisant au moins : deux propositions subordonnées circonstancielles de temps, deux adverbes, un groupe nominal, un groupe nominal prépositionnel (GN introduit par une préposition), un gérondif (en + participe présent).

100 % web

> Employer différents moyens grammaticaux pour exprimer le temps

19 Exprimer la cause et la conséquence

Observons

a) Les tableaux n'ont pas été restaurés, si bien que la peinture s'écaille.
b) Comme le musée a reçu de l'argent de l'État, certains tableaux pourront être restaurés.

- Repérez dans ces deux phrases les propositions subordonnées.
- Précisez laquelle exprime un rapport de cause et laquelle exprime un rapport de conséquence.
- Relevez la conjonction de subordination qui introduit chacune de ces propositions subordonnées.
- Réécrivez ces deux phrases avec un autre mot subordonnant qui exprime la même relation logique (cause ou conséquence). Le mot que vous avez utilisé est-il une conjonction de subordination ?

Retenons

Exprimer la cause

Par une proposition subordonnée circonstancielle de cause

- Une proposition subordonnée circonstancielle de cause est une proposition qui donne l'**explication**, la **cause** de ce qui est dit dans la proposition principale. Sa fonction grammaticale est d'être **complément circonstanciel de cause**. Elle peut être placée **avant** ou **après la proposition principale**. › *Elle n'est pas venue* ***parce qu'elle a préféré aller au cinéma***. › ***Comme elle a préféré aller au cinéma****, elle n'est pas venue.*
- Le **mot introducteur** de la proposition subordonnée circonstancielle de cause appartient à la classe grammaticale des **conjonctions de subordination** : *parce que, puisque, comme, vu que, attendu que, étant donné que, sous prétexte que*. › *Tu peux partir* ***puisque*** *tu as fini ton devoir.* › ***Étant donné que*** *tu as fini ton devoir, tu peux partir.*
- **Remarque :** La proposition principale exprime implicitement la conséquence.
  › ***Tu peux partir*** *puisque tu as fini ton devoir.*
  conséquence implicite — cause explicite

Par d'autres moyens grammaticaux

– Une **proposition coordonnée** à une autre par la conjonction de coordination **car**. › *Je ne t'ai pas répondu* ***car j'étais occupé***.
– Une **proposition participiale**. › ***Ses parents étant sortis****, Mélanie a organisé une fête.*
– Un **lien implicite** entre deux propositions **juxtaposées**. › *Je ne t'ai pas répondu,* ***j'étais occupé***.
– Un **participe présent** ou un **gérondif**. › ***Étant occupé****, je ne t'ai pas répondu.*
– Un **groupe nominal précédé d'une préposition** : *à cause de, grâce à, en raison de*. › ***En raison d'une grève****, les trains ne circuleront pas demain.*
– Un **adjectif ayant la fonction d'épithète détachée**. › ***Fatiguée****, je me suis endormie.*

Exprimer la conséquence

Par une proposition subordonnée circonstancielle de conséquence

- Une proposition subordonnée circonstancielle de conséquence est une proposition qui indique la **conséquence**, le **résultat** de ce qui est dit dans la proposition principale. Sa fonction grammaticale est d'être **complément circonstanciel de conséquence**. Elle est placée **après la proposition principale**.
  › *J'ai été absent hier,* ***si bien que je dois rattraper les cours***.
- Le **mot introducteur** d'une proposition subordonnée circonstancielle de conséquence peut appartenir à **différentes classes grammaticales**. Ce peut être :

– une **conjonction de subordination** : *de sorte que, si bien que, au point que, de façon que, de manière que.* > *Je t'aide* ***de sorte que*** *tu puisses te reposer ce week-end.*
– un **adverbe d'intensité** placé dans la principale *(si, tellement, tant)* et la conjonction de subordination ***que*** introduisant la proposition subordonnée. Ces deux mots sont mis **en corrélation**.
> *Il est* ***si*** *grand* ***qu'****il ne peut pas passer la porte.*
> *Il a* ***tant*** *travaillé la grammaire* ***qu'****il connaît toutes les propositions par cœur.*

- **Remarque :** La cause est exprimée implicitement dans la proposition principale.
  > **J'ai été absent hier** si bien que je dois rattraper les cours.
  (cause implicite / conséquence explicite)

- La conséquence peut également être exprimée par **d'autres moyens** que par une proposition subordonnée *(voir leçon n° 30)* :
  - une **proposition coordonnée** à une autre par la conjonction de subordination ***donc***. > *Je fais du sport,* ***donc je maigris****.*
  - un **lien implicite** entre deux **propositions juxtaposées**. > *Je fais du sport :* ***je maigris****.*
  - un **adverbe** : *c'est pourquoi, ainsi, aussi.* > *Je fais du sport,* ***ainsi je maigris****.*

1 Parmi les couples de phrases suivants, distinguez la cause et la conséquence.

1. Elle a attendu le retour de sa mère, assise sur les marches de l'entrée. Ses clefs avaient disparu de son sac !
2. Il a oublié de brancher son réveil. Il va rater le bus.
3. Au menu ce soir : thon à la tomate ! Le frigo est vide.
4. Mon frère est resté très longtemps sous la douche. Je risque de prendre une douche froide !

2 Complétez le texte suivant par des propositions circonstancielles de conséquence.

Ce film était … émouvant … elle en a les larmes aux yeux. Les acteurs jouent … bien … l'on vit l'histoire à travers eux. Lors de l'avant-première le film eut un … succès … le réalisateur fut acclamé par le public. Elle aime … le cinéma … elle y consacre toutes ses soirées. Elle a vu … de films … elle pourrait écrire un livre sur l'histoire du cinéma.

3 Complétez le texte suivant, en introduisant les propositions circonstancielles à l'aide de mots subordonnants exprimant la cause. Veillez à ne jamais utiliser deux fois le même mot subordonnant.

… il n'avait pas téléphoné pour prévenir de sa visite, la famille semblait surprise de le voir entrer. « Qu'il reste pour le dîner … il est là ! », ordonna brusquement son frère. Il n'osait pourtant pas avancer davantage dans la salle à manger … il était très timide. Mais … tout le monde insistait il finit par retirer son manteau. … il était l'aîné, son frère prenait toujours un ton autoritaire lorsqu'il parlait en public.

4 Transformez chaque couple de phrases de l'exercice n° 1 en une phrase complexe avec une proposition subordonnée circonstancielle de cause, puis une phrase complexe avec une proposition subordonnée circonstancielle de conséquence. N'utilisez jamais deux fois le même subordonnant.

5 Remplacez la conjonction de coordination mise en gras par une conjonction de subordination, qui exprimera le même rapport logique de cause ou de conséquence. Pensez à varier les conjonctions de subordination.

1. L'inspecteur a bien vu que le suspect mentait **car** il n'avait jamais osé affronter son regard durant l'interrogatoire.
2. La police était persuadée qu'il n'avait pas agi seul **car** le butin était bien trop encombrant pour une personne seule.
3. Le suspect n'était pas bien épais **donc** il devait protéger un complice.
4. Il s'obstinait à répéter sa première version des faits **donc** les enquêteurs évoquèrent le risque de représailles.

6 Complétez les phrases suivantes en imaginant un rapport de cause. Variez le plus possible les manières d'exprimer la cause.

1. Envahi par la peur, il se mit à trembler…
2. Elle était enfin parvenue à maîtriser l'étalon sauvage…
3. Nous irons à la montagne cette année…
4. Ils ont réussi leur examen…

7 Complétez les phrases en imaginant un rapport de conséquence. Variez le plus possible les manières d'exprimer la conséquence.

1. Nous avons fait la fête jusqu'au petit matin…
2. J'ai englouti trois tablettes de chocolat hier soir…
3. Elle s'est endormie sur la plage au soleil…

8 Extrait de sujet de brevet

DNB, Amérique du Nord, juin 2009.
1. Identifiez les propositions de cette phrase.
2. Quel est ici le rapport logique qui les relie ?
3. Exprimez ce même rapport logique en utilisant une conjonction de subordination.

J'étais un objet de stupeur et de stupeur constante car les années passaient sans apporter la moindre amélioration à mon état d'hébétude[1] scolaire.

1 Abrutissement, stupidité.

Daniel Pennac, *Chagrin d'école*, 2007

20 Exprimer l'opposition et la concession

Observons

Voici une proposition : ***Johanna fait de la natation.***

- Complétez cette proposition en créant deux propositions subordonnées introduites par *alors que* et *bien que*.
- Par rapport à la proposition principale, qu'exprime chacune des propositions que vous avez créées ?

Retenons

Exprimer l'opposition et la concession

Par une proposition subordonnée

- Une proposition subordonnée circonstancielle d'**opposition** souligne une **opposition** avec ce qui est dit dans la proposition principale.
  - Sa fonction grammaticale est d'être **complément circonstanciel d'opposition**. Elle peut être placée **avant ou après** la proposition principale.
  - Elle est introduite par une **conjonction de subordination** : ***alors que, tandis que***.
    › *Je suis grande **alors que mes parents sont petits**.*
- Une proposition circonstancielle de **concession** souligne une **contradiction** avec ce qui est dit dans la proposition principale, un lien logique inverse à ce qu'on pourrait attendre.
  - Sa fonction grammaticale est d'être **complément circonstanciel de concession**. Elle peut être placée **avant ou après** la proposition principale.
  - Elle est introduite par une **conjonction de subordination** :
    – ***bien que, quoique*** **(+ subjonctif).** › ***Bien qu'il y ait du soleil**, la pièce est sombre.*
    – ***même si*** **(+ indicatif).** › ***Même s'il y a du soleil**, la pièce est sombre.*
    – ***quand bien même*** **(+ conditionnel).** › ***Quand bien même il y aurait du soleil**, la pièce serait sombre.*

Attention : La conjonction ~~malgré que~~ est incorrecte ! Il faut utiliser la préposition *malgré* + nom ou la conjonction de subordination *malgré le fait que*.

› ***Malgré ma fatigue**, je vais à mon cours de sport.*
› ***Malgré le fait que je sois fatigué**, je vais à mon cours de sport.*

Par d'autres moyens grammaticaux

Il existe d'autres moyens grammaticaux pour exprimer l'opposition ou la concession :

- Un **groupe prépositionnel** : *malgré, en dépit de* + GN.
  › ***En dépit de ma fatigue**, je vais à mon cours de sport.* (concession)
- Un **adverbe** : *cependant, pourtant, toutefois, en revanche.*
  › *Jean aime le rugby. **En revanche**, il déteste le football.* (opposition)
- Une **conjonction de coordination** : *mais.* › *Jean aime le rugby **mais** il déteste le football.* (opposition)
- Les tournures *quoi que, qui que, quel(les) que.* › ***Quoi que** tu fasses, je te suivrai.* (concession)

Remarque : La nuance entre opposition et concession n'est pas toujours évidente. Ainsi, *alors que* est une conjonction qui peut exprimer les deux nuances :

› *Il est brun alors que son frère est blond.* › opposition
› *Alors qu'il écoute, il ne retient pas ses leçons.* › concession

Il faut donc faire attention au contexte pour distinguer les deux nuances.

Grammaire

1 Dans les phrases suivantes, relevez les propositions subordonnées circonstancielles de concession et d'opposition.

1. Je suis petite alors que mes parents sont grands.
2. Quoique l'on puisse se moquer de ma petite taille, je préfère être petite que trop grande !
3. Je rêve d'avoir de longs cheveux lisses tandis que mon amie Marion aimerait les avoir bouclés.
4. Bien que ma mère adore m'emmener avec elle chez le coiffeur, je déteste y aller !

2 Classez les connecteurs suivants dans un tableau à deux colonnes : ceux qui expriment l'opposition et ceux qui expriment la concession. Attention aux intrus !

Pourtant – en dépit de – mais – malgré – certes ... mais – tandis que – au contraire – comme – quoique – de plus – en revanche – ainsi – or – néanmoins – bien que – car – cependant.

3 Complétez les phrases suivantes en imaginant une concession introduite par les conjonctions de subordination en gras.

1. Cela semble improbable qu'il gagne la course, **bien que ...**
2. Il ne se laissera pas abattre pour autant **même si ...**
3. **À moins que ...** , il risque de terminer en deuxième position.
4. **Quoique ...** , il aura mené une belle course.

4 Complétez les phrases en imaginant une opposition introduite par les mots mis en gras.

1. **Malgré ...** , toutes les filles le trouvent séduisant !
2. J'aime passer l'aspirateur **tandis que ...**
3. Il travaille à Paris **mais ...**
4. **Alors que ...** , elle passe tout son temps devant la télévision.

5 Explicitez le rapport logique d'opposition, à l'aide d'un connecteur appartenant à la classe grammaticale indiquée entre parenthèses.

1. Ce mur était solide ... (*adverbe*) il a volé en éclat lors de la tempête.
2. On annonçait un peu de pluie ... (*conjonction de coordination*) il a plu des cordes toute la nuit.
3. Nous avons été obligés de passer la nuit au collège ... (*groupe nominal prépositionnel*) les élèves qui finissaient plus tôt ont eu le temps de rentrer chez eux.
4. Certains n'ont pas fermé l'œil de la nuit ... (*conjonction de subordination*) d'autres ont dormi profondément.

6 Conjuguez les verbes entre parenthèses au mode qui convient : subjonctif ou indicatif ?

1. Bien qu'elle *(venir)* tous les jours à la répétition, elle ne connaît pas encore son texte par cœur.
2. Tous les comédiens attendent dans les coulisses alors que lui *(être)* déjà sur scène.
3. Quoi que tu en *(dire)*, j'ai apprécié la représentation de ce soir.
4. Tous les spectateurs se lèvent pour applaudir les comédiens tandis que lui *(rester)* assis.
5. Bien que tous ses collègues *(aller)* dîner au restaurant, le comédien vedette préfère rester dans sa loge.

7 En vous aidant de l'image, décrivez le célèbre visage de *La Joconde* en insistant sur les contrastes et les nuances.

1. Rédigez au moins cinq phrases dans lesquelles vous varierez les connecteurs d'opposition (au moins trois connecteurs d'opposition) et de concession (au moins deux connecteurs de concession).
2. Introduisez votre portrait par : La Joconde *est un portrait apparemment banal, pourtant c'est le tableau le plus célèbre au monde.*
3. Puis évoquez les détails du visage et de la posture : le regard, le front, le sourire, la position, etc.

Léonard de Vinci, *La Joconde*, vers 1503, huile sur toile, 77 x 53 cm (musée du Louvre, Paris)

100 % web

› Extrait de sujet de brevet

21 Exprimer le but et la comparaison

Retenons

Exprimer le but

Par une proposition subordonnée

- Une proposition subordonnée circonstancielle de but indique **dans quel but se fait l'action** exprimée dans la proposition principale.
- Sa fonction grammaticale est d'être **complément circonstanciel de but**. Elle peut être placée avant ou après la proposition principale, être supprimée.
- Elle est introduite par les **conjonctions de subordination** ***pour que, afin que***, suivies du mode **subjonctif**.
  > *Pour qu'il puisse se concentrer, il lui faut du silence.* > *Il aurait fallu du silence pour qu'il pût se concentrer.*
- Les conjonctions de subordination ***de peur que, de crainte que*** **(+ subjonctif)** expriment un but négatif.
  > *Ma mère m'a répété plusieurs fois la même chose de peur que je ne m'en souvienne pas.*

Par d'autres moyens grammaticaux

Le but peut également être exprimé par un groupe verbal précédé d'une préposition. > *Il court pour attraper le bus.*
Remarque : On emploie la tournure *groupe verbal précédé d'une préposition* quand le sujet qui fait l'action du verbe est le même que celui, sous-entendu, du verbe à l'infinitif. > *Il court pour attraper son bus.*

En revanche, on emploie la proposition subordonnée quand le sujet de la proposition principale est différent du sujet de la proposition subordonnée. > *Il court pour que le chauffeur du bus le voie.*

Exprimer la comparaison

Par une proposition subordonnée

- Une proposition subordonnée circonstancielle de comparaison souligne un **rapprochement** avec ce qui est dit dans la proposition principale.
- Sa fonction grammaticale est d'être **complément circonstanciel de comparaison**.
- Elle est introduite par une **conjonction de subordination** : *comme, de même que, ainsi que* ou *tel(s) que/telle(s) que* ou encore par les tournures *plus ..., moins ... que.*
  > *Il change d'avis comme (il change) de chemise.* > *Je reste telle que tu m'a toujours connue.*

Attention : – Dans les propositions introduites par *comme*, le verbe conjugué est souvent élidé (sous-entendu).
> *Il réagit comme un enfant.* (= *Il réagit comme réagit un enfant.*)

– *Comme* est une conjonction qui peut introduire une proposition subordonnée circonstancielle de cause.
> *Comme la nuit tombe, les lumières s'allument.* (= *puisque*)

– *Comme* peut également être un adverbe exclamatif. > *Comme tu es beau !*

Par d'autres moyens grammaticaux

Il existe d'autres moyens pour exprimer une comparaison :
- le verbe *ressembler à*. > *Je ressemble à ma grande sœur.*
- les adjectifs *semblable(s) à, tel*. > *Les numéros étaient semblables à ceux qu'il avait relevés.*
- les adverbes *plus/moins*, associés à *que*. > *Mon frère est plus âgé que moi.*

1 Relevez les propositions subordonnées circonstancielles de but employées dans les phrases suivantes. Attention il y a un intrus !

1. Les collèges organisent des élections de délégués afin que les élèves soient représentés lors des conseils de classe.
2. Pour que les délégués puissent transmettre les souhaits ou questions des élèves auprès des adultes, ils prévoient des temps d'échanges avec leurs camarades lors des heures de vie de classe par exemple.
3. Les délégués de classe agissent pour que chaque voix soit entendue.
4. Afin de se montrer à l'écoute de chacun, les délégués proposent aussi à leurs camarades de les rencontrer individuellement.

2 **Complétez les phrases suivantes par des propositions subordonnées circonstancielles de but introduites par les conjonctions de subordination *afin que* et *pour que*.**

1. Les élèves ont demandé la création d'un foyer … .
2. L'atelier d'écriture a été déplacé le lundi soir … .
3. Certains élèves de troisième accompagnent des élèves de sixième … .
4. Une association sportive a été créée par les parents d'élèves … .

3 **Observez cette photographie et imaginez à quoi peut servir cet objet.**

Respectez les consignes d'écriture suivantes : décrivez l'objet en une (ou deux) phrase(s), puis variez l'expression du but : *Cette sphère a été construite pour …, afin que …, dans le but de … .*

Mike Seryakov, *Sphère insolite*, 2011

4 **Relevez les propositions subordonnées circonstancielles de comparaison de chaque phrase.**

1. Nous avons joué la pièce comme si le public était là.
2. Chacun a joué son rôle ainsi qu'il le jouerait le soir de la représentation.
3. Les comédiens jouent ce soir tels qu'ils joueront lors de la première représentation publique.
4. Chaque comédien fait le vœu de jouer lors de la première comme il a joué ce soir.

5 **Imaginez des comparaisons en rédigeant quatre phrases à partir des propositions ci-dessous.**

Par exemple : Ma petite sœur/une grenouille *(semblable à)*. › *Ma petite sœur semblable à une grenouille se déplace en faisant des bonds dans le salon.*

1. Sa barbe/un ours *(ressembler à)*.
2. Son père/Isidore *(de même que)*.
3. L'espion/invisible *(comme si)*.
4. Un aventurier/je *(tel)*.

6 **Ajoutez une comparaison introduite par *tel* ou *tel que* dans chacune des phrases suivantes. Attention : veillez à bien accorder l'adjectif *tel*.**

Exemple : *La voiture devant nous avance telle une tortue géante perdue sur l'autoroute.* › *telle* s'accorde avec le nom *voiture*.

1. La maison des voisins est décorée de multiples guirlandes lumineuses.
2. Très en retard, Lalie et Marc emballent leurs cadeaux de Noël à toute allure.
3. Nos parents prépareront la dinde ensemble.
4. Mon grand-père s'apprête à jouer le rôle du Père Noël.
5. Les trottoirs, recouverts de neige, glissent.
6. Les fêtes de fin d'année furent, une fois de plus, très mouvementées.

7 **Imaginez un dialogue entre deux amis qui comparent vélo et voiture.**

Respectez les consignes d'écriture suivantes :
– utilisez correctement la ponctuation du dialogue ;
– variez les moyens d'exprimer la comparaison : *plus que*, *moins que*, *comme*, *ressembler à*, *semblable à*, *tel*, *tel que*, etc. ;
– rédigez six à huit répliques.

8 **Indiquez ce qu'expriment les mots en gras introduits par le mot *comme* : la comparaison, la cause ou une exclamation.**

1. **Comme il ne fait pas beau aujourd'hui**, il ne pourra pas s'entraîner.
2. **Comme il est doué** pour la course !
3. Il court **comme une gazelle**.
4. **Comme son père**, il rêve de devenir un athlète renommé.
5. **Comme il est passionné par la course**, il s'entraîne quotidiennement.

9 **Extrait de sujet de brevet**

DNB, France métropolitaine, juin 2008

Lisez l'extrait ci-dessous et répondez aux questions en rédigeant vos réponses.

1. Dans le contexte de la phrase mise en gras, expliquer le sens du verbe « initier ».
2. Quelle figure de style est utilisée dans la phrase mise en gras ?
3. Expliquez le rapport qu'elle établit entre les deux personnages.

Une après-midi, à la récréation de quatre heures, le grand Michu me prit à part, dans un coin de la cour. Il avait un air grave qui me frappa d'une certaine crainte ; car le grand Michu était un gaillard, aux poings énormes, que, pour rien au monde, je n'aurais voulu avoir pour ennemi. – Écoute, me dit-il de sa voix grasse de paysan à peine dégrossi[1], écoute, veux-tu en être ? Je répondis carrément : « Oui ! » flatté d'être de quelque chose avec le grand Michu. Alors il m'expliqua qu'il s'agissait d'un complot. […] Aussi, pendant que le grand Michu parlait, étais-je en admiration devant lui. **Il m'initia d'un ton un peu rude, comme un conscrit[2] dans l'énergie duquel on a une médiocre confiance.** Cependant […], l'air d'extase enthousiaste que je devais avoir en l'écoutant finit par lui donner une meilleure opinion de moi.

Émile Zola, *Le Grand Michu*, 1874

1 Encore rude et rustre.
2 Soldat débutant.

22 Exprimer l'hypothèse

Observons

a) S'il me demandait la permission, je l'autoriserais à sortir ce soir.
b) S'il me demande la permission, je l'autoriserai à sortir ce soir.
c) S'il m'avait demandé la permission, je l'aurais autorisé à sortir ce soir.

- Dans ces phrases, quel mot introduit la proposition subordonnée d'hypothèse ?
- Recopiez ces phrases et soulignez en rouge les verbes employés dans la proposition subordonnée puis en vert les verbes employés dans la proposition principale. À quels modes et à quels temps sont-ils conjugués ?
- Dans quelle phrase l'hypothèse a-t-elle le plus de chance de se réaliser ? Dans quelle phrase l'hypothèse ne peut-elle plus se réaliser ?

Retenons

La proposition subordonnée circonstancielle d'hypothèse

- La plupart du temps, la proposition subordonnée circonstancielle d'hypothèse, appelée également proposition subordonnée circonstancielle de condition, est introduite par la **conjonction de subordination *si*** :
  › ***Si tu viens ce soir**, tu rencontreras ma famille.*
- Sa fonction est d'être **complément circonstanciel d'hypothèse** (ou de condition). Elle peut être placée **avant ou après la proposition principale** :
  › ***Si tu viens ce soir**, tu rencontreras ma famille.* › *Tu rencontreras ma famille **si tu viens ce soir**.*
- **Les nuances de l'hypothèse**

Nuance de l'hypothèse	Exemple	Mode et temps dans la proposition subordonnée	Mode et temps dans la proposition principale
L'hypothèse est une **certitude dans l'avenir**	*Si tu **t'entraînes**, tu **réussis/ réussiras** à courir longtemps.*	Présent de l'indicatif	Présent ou futur de l'indicatif
L'hypothèse est **réalisable** **Le potentiel**	*Si un jour tu **t'entraînais**, tu **réussirais** à courir longtemps.*	Imparfait de l'indicatif	Présent du conditionnel
L'hypothèse est **irréalisable** **Irréel du présent**	*Si tu **t'entraînais**, tu **réussirais** à courir longtemps (mais tu ne t'entraînes pas).*	Imparfait de l'indicatif	Présent du conditionnel
L'hypothèse **n'a pas été réalisée** **Irréel du passé**	*Si tu **t'étais entraînée**, tu **aurais réussi** à courir longtemps (mais tu ne t'es pas entraîné).*	Plus-que-parfait de l'indicatif	Passé du conditionnel

- **D'autres conjonctions de subordination** existent pour exprimer l'hypothèse : *à condition que, en supposant que, à moins que*... qui sont suivies du **mode subjonctif**.
  › *Il n'arrivera pas à dépasser son record personnel **à moins qu'**il ne **s'entraîne*** (subjonctif) *jour et nuit.*

Attention : On n'emploie jamais le conditionnel derrière *si*.
› ~~*Si tu t'entraînerais*~~ ou ~~*si tu te serais entraîné*~~ sont incorrects.
› On écrit : ***S'il** me demandait*... et non pas ~~*si il me demandait*~~.

Ne pas confondre *si* qui introduit une **proposition subordonnée d'hypothèse** et ***si*** qui introduit une **proposition subordonnée interrogative indirecte**.
› Je me demande ***si tu viendras***.

Les autres moyens pour exprimer l'hypothèse

- Parfois, dans le langage courant, l'hypothèse est exprimée de manière **implicite entre deux propositions juxtaposées.**

Dans ce cas, le mode conditionnel est employé dans les deux propositions.

› *Tu te **serais** entraînée, tu **aurais réussi**.*

- Un **adjectif ayant la fonction d'épithète détachée** peut également exprimer implicitement l'hypothèse.

› ***Attentif**, tu aurais compris toute la leçon.* › ***Si tu avais été attentif**, tu aurais compris toute la leçon.*

- *Voir également la leçon de conjugaison n° 14.*

1 Relevez dans chaque phrase les propositions subordonnées circonstancielles d'hypothèse.

1. S'il avait eu un accident, il n'aurait pu contacter personne.
2. Il aurait de toute façon entrepris ce voyage seul, même si l'on avait essayé de l'en dissuader.
3. Sa famille sera heureuse s'il envoie des nouvelles.
4. S'il n'était pas si têtu, nous pourrions l'aider.

2 Indiquez si ces phrases contiennent une hypothèse.

1. Le professeur se demande si les élèves l'écoutent.
2. Si les élèves l'écoutent, ils réussiront l'évaluation.
3. Si les élèves avaient écouté le professeur, ils auraient mieux réussi l'évaluation.
4. Les professeurs sont si exigeants avec les élèves !
5. Ils ne savent pas si le professeur les interrogera.
6. Si le professeur nous interroge ce matin, nous ferons tout pour réussir l'évaluation.

3 Quelle nuance de l'hypothèse exprime chaque subordonnée en gras ? Observez bien le temps des verbes pour vous aider.

certitude dans l'avenir – potentiel – irréel du présent – irréel du passé

1. Il serait passé par Paris **s'il y avait eu moins de bouchons**.
2. **Si tu passes par Paris**, tu n'oublieras pas de nous téléphoner.
3. Ils partiraient à Paris **si leur voiture n'était pas au garage**.
4. **Si l'on décidait de partir maintenant**, on passerait par Paris.

4 Complétez le texte en choisissant la forme verbale qui respecte le système hypothétique.

Si nous *(arrivions/étions arrivés/arrivons)* à temps, nous aurions assisté à un beau spectacle ! Notre oncle vient de finir de découper le poulet rôti, et c'est un vrai carnage. S'il *(était/était/sera/serait)* un peu plus habile de ses mains, il ne transformerait peut-être pas tout ce qu'il touche en bouillie. En même temps, s'il *(sera/serait/était)* plus adroit, on *(rigole/rigolera/rigolerait/rigolait)* beaucoup moins… Ma grand-mère lui dit qu'on ne lui en voudra pas si la prochaine fois il *(aurait laissé/laissera/laisse)* quelqu'un d'autre le faire.

5 Conjuguez correctement les verbes en gras, selon les nuances de l'hypothèse indiquées à la fin de chaque phrase.

1. Si tu **aller** à Paris, tu ne pas **devoir** manquer la tour Eiffel. *(certitude dans l'avenir)*
2. Nous **acheter** des parapluies, si la pluie **se mettre** à tomber. *(potentiel)*
3. Si le Louvre ne pas **fermer** momentanément ses portes au public, je **visiter** ce beau musée. *(irréel du passé)*
4. Si vous **s'intéresser** à l'art, votre grande sœur vous **emmener** au Louvre. *(irrél du présent)*

6 Transformez ces propositions juxtaposées afin d'exprimer l'hypothèse demandée entre parenthèses.

1. Ton frère ne vient pas ; nous commençons la fête sans lui. *(potentiel)*
2. Les invités apportent de nombreux cadeaux ; nous les rangeons dans la chambre en attendant de les distribuer au dessert. *(certitude dans l'avenir)*
3. Les musiciens répètent pour préparer la soirée ; les invités dansent. *(irréel du passé)*
4. Je sais cuisiner ; je fais des tartes au sucre pour la soirée. *(irréel du présent)*

7 Choisissez l'un des sujets de rédaction ci-dessous et rédigez un récit d'une dizaine de lignes. Utilisez au moins cinq verbes au conditionnel et cinq propositions subordonnées circonstancielles d'hypothèse.

1. **Sujet 1 :** Imaginez un monde idéal, par exemple, si la guerre n'existait pas…
2. **Sujet 2 :** Imaginez un univers farfelu, par exemple, si les éléphants volaient…

8 Extrait de sujet de brevet

DNB, groupe Nord, juin 2006

Lisez l'extrait ci-dessous et répondez aux questions en rédigeant vos réponses.

1. Quelle est la valeur du conditionnel dans le passage mis en gras ?
2. Qu'est-ce que cette phrase dévoile du caractère du personnage ?

L'auteur évoque un souvenir d'enfance.

Je marquai le but victorieux, à la dernière minute, un peu par hasard.

Le retour en car se fit dans l'allégresse, et l'arrivée à San Marco, avec la coupe qui passait de main en main, fut un véritable triomphe. Je gagnai ce jour-là mes titres de noblesse, et **j'aurais pu devenir l'un des meneurs de la division si j'en avais eu le caractère.**

Bertrand Godbille, *Los Montes*, 2005
Éditions Anne Carrière

100 % web

› **Repérer les autres moyens d'exprimer l'hypothèse**

23 Mémo-fiche : les propositions subordonnées

Retenons

Nature des propositions subordonnées			Exemples
La proposition subordonnée relative		– Elle **complète un nom, un GN** ou **un pronom**. – Elle a pour **fonction** d'être **complément de l'antécédent du pronom relatif**. – Elle est introduite par un **pronom relatif** (***qui, que, quoi, dont, où, lequel***, etc.).	– *Je regarde les étoiles* ***qui brillent***. – *J'ai vu le film* ***dont tu m'as parlé***.
La proposition subordonnée complétive	– La complétive en *que*	– Elle **complète un verbe**. – Le plus souvent, elle a pour **fonction** d'être **COD du verbe de la proposition principale**. – **La complétive en *que*** est introduite par la **conjonction de subordination *que***.	– *Je crois* ***que tu seras malade à force de manger trop de bonbons***.
	– L'interrogative indirecte	– Elle est introduite par la **conjonction de subordination *si*** ou un **pronom/déterminant/adverbe interrogatifs *quel, qui, comment***, etc.	– *Je me demande* ***s'il partira avec nous.***
	– L'infinitive	– **L'infinitive n'est pas introduite par un mot subordonnant.** Elle se concentre autour d'un verbe à l'infinitif qui a son propre sujet.	– *Écoute* ***les oiseaux chanter.***
La proposition subordonnée circonstancielle		– Elle **complète une phrase, une proposition**. – Elle a pour **fonction** d'être **complément circonstanciel**. – Elle est introduite par une **conjonction de subordination** :	– ***Quand il arrivera***, *je lui parlerai.* – ***S'il lui arrivait quelque chose***, *je m'en voudrais.* – *Elle est en colère* ***parce que son père est en retard***.
	– de temps – de cause – de conséquence – d'opposition – de concession – d'hypothèse – de but – de comparaison	– ***dès que, quand***, etc. – ***comme, parce que, puisque***, etc. – ***de telle sorte que, si bien que***, etc. – ***alors que, tandis que***, etc. – ***bien que, même si***, etc. – ***si*** – ***pour que, afin que***, etc. – ***comme, de même que***, etc.	

1 Indiquez si les mots mis en gras dans chaque phrase forment une proposition subordonnée.

1. Les propositions subordonnées **que tu lis** ne sont pas si difficiles à comprendre.
2. **Je commence à comprendre ces drôles d'oiseaux grammaticaux** mais je sens que je ne suis pas au bout de mes peines !
3. Il suffit de commencer par le commencement en apprenant **dès maintenant** la leçon.
4. **Avant que tu ne te lances dans ce défi**, je vérifie que tu n'as pas oublié ton cahier.
5. Je sens **que l'on va bien s'amuser**.

2 Rédigez une définition de l'expression grammaticale « proposition subordonnée » et notez deux critères permettant de reconnaître une proposition subordonnée dans une phrase.

3 Indiquez la classe grammaticale de chaque proposition subordonnée mise en gras dans ces extraits du roman *À l'ombre des jeunes filles en fleurs* de Marcel Proust.

1. [...] on est toujours détaché des êtres : **quand on aime**, on sent **que cet amour ne porte pas leur nom**, pourra dans l'avenir renaître, aurait même pu, dans le passé, naître pour une autre et non pour celle-là [...].

2. Combien de fois ne fus-je pas sur le point d'écrire [...] à Gilberte : « [...] Je vous vois pour la dernière fois. Bientôt je ne vous aimerai plus ! » [...] La dernière fois ! À moi, cela me paraissait quelque chose d'immense, **parce que j'aimais Gilberte.**

3. Nous nous imaginons toujours, **quand nous parlons,** que ce sont nos oreilles, notre esprit qui écoutent.

4. [...] les coussins **que, afin que je fusse plus « confortable », Mme Swann entassait et pétrissait derrière mon dos** étaient semés de bouquets Louis XV [...].

5. Dans la chambre **où on la trouvait** le plus souvent et **dont elle disait** : « Oui, je l'aime assez [...]. » elle était entourée de [porcelaine de] Saxe.

4 Indiquez la fonction grammaticale de chaque proposition subordonnée mise en gras dans les extraits de l'exercice n° 3.

5 Indiquez pour chaque phrase si les mots en gras constituent une proposition subordonnée relative ou une proposition subordonnée complétive.

1. Le peintre, **qui joue les équilibristes sur ses échafaudages,** remet à neuf la façade d'un vieil immeuble.

2. Il imagine **que les couleurs de l'arc-en-ciel égaieront les rues grises du quartier.**

3. Les habitants de l'immeuble, **que le peintre salue à travers les fenêtres,** sont contents de voir leur immeuble sous un nouveau jour.

4. Tous attendent avec impatience **que les travaux se terminent.**

6 Indiquez pour chaque phrase si les mots en gras constituent une proposition subordonnée relative ou une proposition subordonnée interrogative indirecte.

1. Chacun voulait savoir **qui avait gagné le premier prix.**

2. Le gagnant, **qui arrivait du fond de la salle,** était pour le moment caché par la foule.

3. En attendant l'arrivée du gagnant sur le podium, l'assemblée se demandait **qui allait recevoir le fameux prix.**

4. Tous ceux **qui se demandaient comment se nommait l'heureux gagnant** et à quoi il ressemblait pourront enfin satisfaire leur curiosité.

5. On finissait par distinguer au loin un homme de taille moyenne, **qui portait un costume sombre.**

7 Transformez les phrases suivantes en propositions subordonnées interrogatives indirectes, selon le modèle ci-dessous.

Exemple : *Quand commencent les travaux ?* (se demander)
› *Les habitants du quartier se demandent quand commencent les travaux.*

1. Que fait ce camion en plein milieu de la route ? *(se demander)*

2. Ne risques-tu pas de prendre froid ? *(s'inquiéter)*

3. Que veut dire la consigne de l'exercice numéro quatre ? *(s'interroger sur)*

4. Qui vient de téléphoner ? *(savoir)*

8 Relevez toutes les propositions subordonnées circonstancielles de temps dans les phrases suivantes.

1. La première image qui surgit, quand je cherche dans mes souvenirs d'enfance, est celle d'un visage souriant.

2. Dès que je la regardais ma mère m'adressait un sourire.

3. Elle gardait son sourire éclatant même lorsque nous nous disputions.

4. Chaque fois que nous sortions dans le quartier pour faire des courses, ma mère m'apprenait à saluer poliment les passants.

5. Je m'accrochais au panier sans la quitter des yeux pendant qu'elle se concentrait sur le choix des légumes.

9 Dans les phrases suivantes, faites la distinction entre proposition principale et proposition subordonnée circonstancielle de cause ou de conséquence, puis relevez les mots subordonnants.

1. Elle était partie en septembre parce qu'on lui avait proposé un poste intéressant en Angleterre.

2. Elle ne répondait plus à ses messages si bien qu'il s'inquiétait de plus en plus.

3. Il voulait la revoir à tel point qu'il prit le train pour Londres.

4. Comme il n'avait pas son adresse, il alla directement l'attendre devant son lieu de travail.

10 Complétez le texte en utilisant la conjonction de subordination *que*, associée à un adverbe d'intensité *(si... que, tant... que, tellement... que)* ou à l'adjectif *tel (tel... que)*.

Ce film était … émouvant … elle en a les larmes aux yeux. Les acteurs jouent … bien … l'on vit l'histoire à travers eux. Lors de l'avant-première le film eut un … succès … le réalisateur fut acclamé par le public. Elle aime … le cinéma … elle y consacre toutes ses soirées. Elle a vu … de films … elle pourrait écrire un livre sur l'histoire du cinéma.

11 Complétez chaque phrase en imaginant une proposition subordonnée exprimant la circonstance indiquée entre parenthèses.

1. Elle préfère voyager en train … . *(cause)*

2. Chaque matin elle se réveille très tard … . *(conséquence)*

3. Elle court vers son père … . *(temps)*

4. Sa sœur préfère voyager en avion … . *(opposition)*

5. Elle part toujours en voyage avec ses cours … .*(but)*

24 Le statut du narrateur et les points de vue

Observons

a) L'homme s'arrête de courir, il demande l'heure à un passant. Ses mains tremblent.
b) Je n'avais plus de souffle alors j'ai dû m'arrêter de courir. Je ne savais pas combien de temps il me restait, j'ai demandé l'heure à un passant, mais je n'ai même pas entendu sa réponse. J'étais complètement paniqué !
c) Samir n'en peut plus et s'arrête de courir. Il se rendra compte plus tard de son erreur, mais pour l'heure il panique. Ses mains tremblent, il n'arrive plus à réfléchir. Il demande l'heure mais n'écoute pas la réponse. Il est comme ça Samir, il n'écoute jamais ce que lui disent les gens.

- Dans quel(s) extrait(s) le narrateur fait-il partie de l'histoire ?
- Dans quel extrait le narrateur connaît-il tout de l'histoire et de son personnage ?
- Dans quel extrait le narrateur se contente-t-il de raconter la scène de manière neutre, objective, comme s'il était une simple caméra ?

Retenons

Les points de vue dans la narration

Un auteur choisit **un angle de vue** pour raconter une scène, exactement comme un réalisateur choisit de placer sa caméra à tel ou tel endroit pour filmer.
Identifier le point de vue, c'est répondre aux questions : qui voit ? de quelle manière ?
On distingue trois types de points de vue différents.

- **Le point de vue omniscient**

On dit que le point de vue est **omniscient** quand le narrateur **sait tout** (***omnis* = *tout* et *sciens* = *sachant***) : il connaît tout du passé mais aussi de l'avenir des personnages, il voit tout, sait ce que chacun pense, etc. Par exemple, s'il nous montre une ville, il peut nous dire ce que chacun fait, imagine, ou fera dans n'importe quel endroit de la ville et à n'importe quel moment.

> *Une fois par mois, si le travail de couture laisse un peu de temps, les voisines se rencontrent autour d'un casque de coiffure. Coupe, couleur, permanente... Les femmes n'ont pas renoncé à être des femmes.*
> (Leila Sebbar, *La Jeune Fille au balcon*, 1996)

- **Le point de vue externe**

On dit que le point de vue est **externe** quand la scène est décrite de manière **neutre, objective, comme si elle était vue à travers une caméra qui filmerait toute seule**. On entend ce que les personnages disent, on voit ce qu'ils font, mais on ne sait rien de ce qu'ils pensent.

> *Le premier homme s'arrêta net dans la clairière, et son compagnon manqua de lui tomber dessus. Il enleva son chapeau et en essuya le cuir avec l'index qu'il fit claquer pour en faire égoutter la sueur.*
> (John Steinbeck, *Des souris et des hommes*, 1937)

- **Le point de vue interne**

On dit que le point de vue est **interne** quand la scène est décrite **par un personnage** : on voit ce qu'il voit, on entend ce qu'il entend, on sait ce qu'il pense. Mais cela veut dire qu'on ne voit, entend ou sait rien de plus que lui. Par exemple, s'il parle avec un autre personnage, on ne sait pas ce que voit ou pense son interlocuteur.

> *C'est fini. La plage de Big Sur est vide, et je demeure couché sur le sable, à l'endroit même où je suis tombé. La brume marine adoucit les choses ; à l'horizon, pas un mât ; sur un rocher, devant moi, des milliers d'oiseaux ; sur un autre, une famille de phoques. [...] Il y a si longtemps que je suis étendu sans bouger*

sur la plage que les pélicans et les cormorans ont fini par former un cercle autour de moi. (Romain Gary, *La Promesse de l'aube*, 1960)

- Résumons ce que le lecteur sait par rapport aux personnages, selon chaque point de vue :
  - point de vue **omniscient** : on en sait **plus** que les personnages ;
  - point de vue **externe** : on en sait **moins** que les personnages ;
  - point de vue **interne** : on en sait **autant** qu'un personnage.

Remarque : Il est rare qu'un récit soit entièrement rédigé selon le même point de vue. Généralement, l'auteur passe d'un point de vue à l'autre, en sélectionnant l'angle de vue le plus intéressant pour ce qu'il veut écrire.

1 Dites quel point de vue est adopté dans chaque texte. Justifiez vos réponses en vous appuyant sur des citations précises.

Lucien Leuwen avait été chassé de l'École Polytechnique pour s'être allé promener mal à propos, un jour qu'il était consigné, ainsi que tous ses camarades ; c'était l'époque d'une de ces célèbres journées de juin, avril ou février 1832 ou 1834. […]

Le lendemain de sa promenade, Lucien fut renvoyé comme républicain. Fort affligé d'abord, depuis deux ans, il se consolait du malheur de n'avoir plus à travailler douze heures par jour. Il passait très bien son temps chez son père, homme de plaisir et riche banquier, lequel avait à Paris une maison fort agréable.

Stendhal, *Lucien Leuwen*, 1834

Un curé traverse la route en portant une pendule. Un canon anglais passe au grand galop, les chevaux fouettés par les artilleurs français. Un colonel sans capote et nu-tête fait ses grands pas dans l'herbe. De sa main gauche il tient une boîte de sardines ouverte. Il trempe le pain dans l'huile et il pompe à pleine bouche.

Jean Giono, *Le Grand Troupeau*, 1931

2 a) Quel point de vue est adopté dans le début de ce récit ? Justifiez votre réponse par des éléments précis.

Jeudi 17 septembre. La place du centre ville est déserte. L'horloge lumineuse du Beffroi que l'on aperçoit par-dessus les toits, indique onze heures moins cinq.

Le vent du Nord souffle et fait s'envoler feuilles mortes, sachets plastiques, journaux et autres détritus.

Quai du Wault, il n'y a pas de lumière. Les volets de chaque fenêtre sont baissés et tout le monde semble dormir. Et ces familles attardées au café-restaurant de la place, le vagabond les envie, blotti sous la devanture d'un grand magasin, à moins de cent mètres de ces silhouettes qu'il distingue à travers les vitres.

b) Il se produit ensuite un glissement vers un autre point de vue : lequel ? Justifiez votre réponse par des éléments précis.

3 Réécrivez le texte suivant en adoptant un point de vue interne : vous êtes « *le premier homme* », qui se nomme George, et vous racontez votre arrivée « *dans la clairière* ».

Vous pouvez introduire votre texte par « Je m'arrêtai… ». Précisez les sentiments et les impressions de George.

Le premier homme s'arrêta net dans la clairière, et son compagnon manqua de lui tomber dessus. Il enleva son chapeau et en essuya le cuir avec l'index qu'il fit claquer pour en faire égoutter la sueur. Son camarade laissa tomber ses couvertures et, se jetant à plat ventre, se mit à boire à la surface de l'eau verte. Il buvait à grands coups, en renâclant dans l'eau comme un cheval. Le petit homme s'approcha de lui nerveusement.

– Lennie, dit-il sèchement, Lennie nom de Dieu, ne bois pas tant que ça.

John Steinbeck, *Des souris et des hommes*, 1937

4 Lisez le fait divers ci-dessous puis à votre tour racontez la scène brièvement (4 à 6 lignes pour chaque récit) en adoptant trois points de vue différents :

1. celui du livreur de pizza qui raconte ce qu'il a vécu en utilisant la 1re personne ;
2. celui du chauffeur de poids lourd qui raconte ce qu'il a vécu en utilisant la 1re personne ;
3. celui d'un passant, témoin de la scène, qui raconte ce qu'il a vu en utilisant la 3e personne.

Veillez à bien rédiger trois récits différents et non une seule et même histoire.

La veille de Noël, un samedi soir, un chauffeur de poids lourd renverse un livreur de pizza à moto, devant un centre commercial envahi par la foule. Les secours, bloqués par les embouteillages, sont arrivés très tard sur le lieu de l'accident. La victime souffre de plusieurs blessures graves mais est saine et sauve.

5 Extrait de sujet de brevet

DNB, Amérique du Nord, juin 2004

Nommez chaque point de vue utilisé dans cet extrait en précisant à chaque fois qui regarde et qui juge. Vous citerez précisément les passages du texte correspondant à chaque point de vue.

Déporté au bagne de Cayenne lors du coup d'État du 2 décembre 1851, Florent revient après plusieurs années à Paris dans le quartier des Halles, où il erre toute la nuit à la recherche de son frère Quenu, qu'il finit par retrouver.

Il *[Florent]* s'était assis, il passait de son frère à la belle Lisa, à la petite Pauline. Ils suaient la santé ; ils étaient superbes, carrés, luisants ; ils le regardaient avec l'étonnement de gens très gras pris d'une vague inquiétude en face d'un maigre. Et le chat lui-même, dont la peau pétait de graisse, arrondissait ses yeux jaunes, l'examinait d'un air méfiant.

Émile Zola, *Le Ventre de Paris*, 1873

100 % web

› **Modifier un point de vue**
› **Employer les points de vue dans un récit**

25 Les paroles rapportées (discours direct, discours indirect, discours indirect libre)

Observons

Le témoin affirme qu'il a vu les cambrioleurs s'enfuir en courant.

- Repérez le verbe de parole.
- Réécrivez cette phrase en faisant apparaître les paroles du témoin telles qu'il les a prononcées.
- Réécrivez cette phrase en commençant par : « *Le témoin affirma...* » Quels changements avez-vous dû faire ?

Retenons

Dans un récit, **les paroles des personnages** peuvent être rapportées de différentes façons par le narrateur. Pour repérer des paroles rapportées **directement ou indirectement,** il faut repérer les **verbes introducteurs de parole ou de pensée** : *dire*, *s'exclamer*, *affirmer*, *ajouter*, *penser*.

Le discours direct (ou style direct)

Les paroles des personnages sont rapportées **telles qu'ils sont censés les avoir prononcées**. Ainsi, le discours direct **donne l'illusion que les personnages prennent eux-mêmes la parole**.

> *Paul dit :*
> *« **J'ai envie d'aller au cinéma**.*
> *– **Je viens avec toi !** » s'exclama Élodie.*

- **Caractéristiques du discours direct**
  - Le **verbe de parole** peut se trouver **devant** les paroles des personnages, **derrière** ou **au milieu** de celles-ci.
    > *« Il faut que je me dépêche, **dit-il**, je dois partir. »*

Quand le verbe est au milieu de la réplique, il est placé en **incise**, c'est-à-dire qu'il est isolé par des virgules et que le verbe et le sujet sont inversés.

  - **Lexique :** on retranscrit les paroles des personnages telles qu'elles ont été prononcées, donc on peut utiliser du langage familier, et on conserve les mots marqueurs d'oralité (« *quoi ?* » « *oh !* » « *bof* »).
  - **Personnes :** les personnages s'expriment à la première personne et s'adressent aux autres à la deuxième personne.
  - **Indices de temps et de lieu :** ils sont liés au moment et au lieu où la phrase est prononcée *(voir leçon n° 26)*.
    > « ***Demain***, *j'irai voir un autre film », ajouta Paul.*
  - **Temps :** ils se réfèrent au moment où parlent les personnages.
    > *Paul dit : « Je suis allé au cinéma hier avec Élodie : je suis encore tout ému. »*
  - **Ponctuation :** – La ponctuation est variée *(. ! ?)* et rend compte de la façon dont s'expriment les personnages.
    – On met deux points derrière le verbe de parole quand celui-ci précède les paroles du personnage.
    – Un verbe de parole ne prend pas de majuscule, même quand il est situé après les paroles du personnage.
    > *« Il faut vraiment que j'y aille, **r**épéta Paul.*
    > *– À demain ! **r**épondit Élodie. »*

    – On met des guillemets au début et à la fin du dialogue et un tiret à chaque nouvelle réplique.
    > *Paul dit : **« Je vais aller au cinéma. »***

Remarque : Certains auteurs ne mettent pas de guillemets au début et à la fin d'un dialogue. La première réplique est alors précédée d'un tiret.

> *Paul dit :*
> *– J'ai envie d'aller au cinéma.*
> *– Je viens avec toi ! s'exclama Élodie.*

Attention : Dans un **texte de théâtre**, les dialogues sont présentés différemment :
– Il n'y a pas de guillemets.
– Il n'y a pas de verbes de parole (les précisions sur la manière de parler sont mises dans les didascalies).
› ÉLODIE, *enthousiaste et pleine d'espoir.* – Je viens avec toi !
– Le nom du personnage qui parle est toujours placé avant la réplique ; il s'écrit en lettres capitales et il est normalement suivi d'un point.
› ROMÉO. – Oh ! vas-tu donc me laisser si peu satisfait ?
JULIETTE. – Quelle satisfaction peux-tu obtenir cette nuit ?
ROMÉO. – Le solennel échange de ton amour contre le mien.
(William Shakespeare, *Roméo et Juliette*, II, 2, 1597)

Le discours direct permet de donner de la vivacité à un récit, en donnant la parole directement aux personnages.

Le discours indirect (ou style indirect)

Les **paroles des personnages sont rapportées indirectement**. C'est le narrateur ou le locuteur qui prend en charge les paroles des personnages.
› *Paul dit* ***qu'il avait envie d'aller au cinéma****. Élodie s'exclama* ***qu'elle venait avec lui.***

Caractéristiques du discours indirect

- Le **verbe de parole** est placé **devant** la réplique du personnage.
- **Mots introducteurs :** le discours indirect est introduit par les conjonctions de subordination *que* ou *si*, ou par les prépositions *de* ou *à*.
  › *Il affirme* ***que tout va bien.*** › *Il me demande* ***s'il peut venir me voir.***
  › *Tu demandes* ***à sortir.***
- **Ponctuation :** plus de deux points derrière le verbe introducteur de parole, plus de tirets ni de guillemets, plus de points d'exclamation ou d'interrogation.
- **Lexique :** le langage familier ainsi que les mots marqueurs d'oralité sont supprimés.
- **Personnes :** les personnages qui parlent sont représentés par la troisième personne.
- **Indices de temps et de lieu :** ils sont modifiés car l'énoncé est coupé de la situation d'énonciation (*hier* → *la veille* ; *demain* → *le lendemain*).
- **Temps :** le système des temps dépend du temps dominant dans le récit et donc de celui du verbe introducteur de paroles : – **si le verbe de parole est au présent :** les temps utilisés seront les mêmes que ceux du discours direct.
  › *Paul* ***confie*** *à Nathan qu'il* ***est allé*** *au cinéma avec Élodie et qu'il* ***est*** *encore tout ému.*
  – **si le verbe de parole est au passé :** on applique la concordance des temps *(voir ci-dessous).*
  › *Paul* ***confia*** *à Nathan qu'il* ***était allé*** *au cinéma avec Élodie et qu'il* ***était*** *encore tout ému.*

Le discours indirect permet de ne pas rompre le fil du récit, car les paroles des personnages en font alors partie.

La concordance des temps

Pour passer d'un discours à un autre (du discours direct au discours indirect ou inversement), il faut veiller à ce qu'on appelle la concordance des temps, **quand le verbe introducteur de parole est à un temps du passé** (quand il est au présent, les temps restent les mêmes d'un discours à l'autre).

Discours direct	Discours indirect
Présent › *Paul affirma : « Je* ***vais*** *au cinéma. »*	Imparfait › *Paul affirma qu'il* ***allait*** *au cinéma.*
Imparfait › *Paul affirma : « J'****étais*** *tout ému hier. »*	Imparfait › *Paul affirma qu'il* ***était*** *tout ému la veille.*
Passé composé › *Paul affirma : « Je* ***suis allé*** *au cinéma hier. »*	Plus-que-parfait › *Paul affirma qu'il* ***était allé*** *au cinéma la veille.*
Futur simple › *Paul affirma : « J'****irai*** *au cinéma demain. »*	Conditionnel présent › *Paul affirma qu'il* ***irait*** *au cinéma le lendemain.*

Le discours indirect libre (ou style indirect libre)

Le discours indirect libre **reprend certaines caractéristiques du discours direct et certaines caractéristiques du discours indirect**.

› *Élodie était surprise.* ***Quoi? Paul irait au cinéma sans elle?***

- **Caractéristiques du discours indirect libre**
  - Il n'y a **pas de verbe introducteur de paroles.**
  - Le discours indirect libre conserve du discours direct **les points d'exclamation et d'interrogation, les mots marqueurs d'oralité.** Il conserve du discours indirect **l'absence du guillemets ou de tirets, les temps du récit et la troisième personne.**
  - Le discours indirect libre **permet d'accéder directement aux pensées d'un personnage** :

    › *Alors la conscience du brave homme éclata.* ***Non! Il refusait, il ne voulait pas se risquer une fois encore sur de pareilles pentes. Toujours on abusait de sa complaisance, pour lui faire accepter peu à peu des choses dont il tombait malade ensuite, tant elles lui barraient le cœur. Puisqu'il n'avait pas de dot à donner, il ne pouvait en promettre une.*** (Émile Zola, *Pot-Bouille*, 1882)
  - Il peut également avoir pour fonction de brouiller les voix, puisque dans certains passages au discours indirect libre, le lecteur **ne peut distinguer qui parle :** le narrateur ou le personnage?

1 Dans les phrases suivantes, relevez les paroles rapportées et précisez si elles sont rapportées au discours direct, indirect ou indirect libre. Justifiez votre réponse.

1. « Où pars-tu si vite? », lui demanda sa mère.
2. Mince à la fin! Pourquoi son fils ne lui répondait-il pas? Elle ne savait plus comment s'y prendre avec lui.
3. Une fois dehors, Damien confia à Sonia qu'il ne supportait plus les interrogatoires de sa mère.
4. « C'est toujours les mêmes questions dès que je veux prendre l'air! », se plaignit-il.
5. « Pareil chez moi! », lui répondit Sonia.
6. Damien affirma que si cela continuait, il finirait par ne plus rentrer chez lui.
7. Sonia restait pensive. Et s'ils partaient tous les deux, juste tous les deux, pour de bon, pour toujours? Et ils ne remettraient plus jamais les pieds dans cette banlieue pourrie.

2 Réécrivez le texte suivant en corrigeant la mise en page et les erreurs de ponctuation.

Inquiet de ne pas l'entendre revenir il cria le nom de son fils

Maurice!

Maurice tu es là? fit à son tour sa femme.

Leur fils Maurice était parti depuis plus d'une heure chercher du bois dans la forêt, et la nuit s'était mise à tomber, les parents, inquiets, emmitouflés dans leur duvet, sous la tente, se demandaient,

Mais où est-il passé?

« Peut-être a-t-il rencontré d'autres campeurs? » : supposa le père.

Peut-être est-il tombé nez à nez avec un ours! exagéra la mère, agacée par le fait que son mari ne parte pas à la recherche de leur fils.

– « Tu exagères toujours… et pourquoi pas Godzilla, tant qu'on y est!? » lui répondit son mari.

3 Rétablissez la ponctuation du dialogue dans cet extrait.

Monsieur dit Athos en le lâchant vous n'êtes pas poli. On voit que vous venez de loin. D'Artagnan avait déjà enjambé trois ou quatre degrés, mais à la remarque d'Athos il s'arrêta court. Morbleu, monsieur! dit-il de si loin que je vienne, ce n'est pas vous qui me donnerez une leçon de belles manières, je vous préviens. Peut-être dit Athos. Ah! si je n'étais pas si pressé s'écria d'Artagnan et si je ne courais pas après quelqu'un… Monsieur l'homme pressé, vous me trouverez sans courir, moi, entendez-vous? Et où cela, s'il vous plaît? Près des Carmes-Deschaux. À quelle heure? Vers midi. Vers midi, c'est bien, j'y serai. Tâchez de ne pas me faire attendre, car à midi un quart je vous préviens que c'est moi qui courrai après vous et vous couperai les oreilles à la course. Bon! lui cria d'Artagnan; on y sera à midi moins dix minutes. Et il se mit à courir comme si le diable l'emportait, espérant retrouver encore son inconnu, que son pas tranquille ne devait pas avoir conduit bien loin.

Alexandre Dumas, *Les Trois Mousquetaires*, chapitre 4, 1849

4 a) Identifier

Lisez les listes de verbes de parole ci-dessous et dites à quels sentiments elles renvoient : peur, colère, tristesse, joie, angoisse, enthousiasme, étonnement, certitude, doute.

b) Écriture

Choisissez un verbe de parole dans chacune des listes et employez-le dans une phrase qui contient des paroles rapportées au discours direct ou au discours indirect.

1. Hésiter – tenter – essayer.
2. S'agacer – s'énerver – s'impatienter.
3. Hurler – crier – tempêter.
4. Insister – affirmer – assurer – souligner.
5. Chuchoter – murmurer – marmonner.
6. S'exclamer – s'esclaffer – pouffer.
7. S'étonner – s'inquiéter – se demander – demander – interroger.

5 Conjuguez les verbes entre parenthèses au temps et au mode qui conviennent, en prenant garde au temps du verbe introducteur et en respectant la concordance des temps.

1. Ce matin, le journaliste a annoncé qu'il *(faire)* beau toute la journée.
2. Ils se demandèrent s'ils *(aller)* à la plage ce week-end.
3. Mon grand-père me recommandait toujours de *(profiter)* de ma jeunesse !
4. Avant-hier, lors du défilé, les manifestants s'étaient exclamés qu'ils *(poursuivre)* leur combat.
5. Vous disiez qu'il ne *(falloir)* pas se précipiter avant de prendre une décision.

6 **Réécrivez ces phrases au discours indirect : respectez la concordance des temps, faites toutes les modifications nécessaires et n'hésitez pas à ajouter des mots.**

1. L'inconnu interpella la jeune femme : « On ne s'est pas déjà rencontré ? »
2. L'actrice, qui connaissait par cœur le texte du scénario, rétorqua : « Ne vous fatiguez pas, je ne vous suivrai nulle part ! »
3. Son partenaire de scène poursuivit en ajoutant, charmeur : « J'ai été ravi de vous revoir. »
4. La jeune femme, intriguée malgré tout, le rattrapa puis s'excusa : « Mais peut-être me suis-je trompée. »
5. Puis elle lui demanda : « Comment vous appelez-vous ? »

7 **Relevez toutes les paroles rapportées au discours indirect libre et justifiez votre réponse.**

Claude Lantier est peintre. Il se promène dans Paris en compagnie de ses amis artistes, avec lesquels les conversations sont toujours animées.

Hors de lui, Claude traita Jory de crétin : est-ce qu'il ne valait pas mieux détruire cette œuvre que de la livrer médiocre ? Oui, c'était dégoûtant ce bas intérêt de commerce ! De leur côté, Sandoz et Mahoudeau parlaient à la fois, très fort. Des bourgeois, inquiets, tournaient la tête, finissaient par s'attrouper autour de ces jeunes gens furieux, qui semblaient vouloir se mordre. Puis, les passants s'en allèrent, vexés, croyant à une farce, lorsqu'ils les virent brusquement, très bons amis, s'émerveiller ensemble, au sujet d'une nourrice vêtue de clair, avec de longs rubans cerise. Ah ! sacré bon sort, quel ton ! c'est ça qui fichait une note ! Ravis, [...], ils suivaient la nourrice [...].

ÉMILE ZOLA, *L'Œuvre*, 1886

8 **Imaginez la suite de la promenade et de la conversation entre nos amis artistes.**

Vous rédigerez un texte court de quatre phrases, dans lequel vous rapporterez les paroles des personnages au discours indirect libre.

9 **Observez le tableau intitulé *Discussion* et imaginez le dialogue entre les deux personnages.**

Écrivez le même dialogue sous deux formes différentes :

– un **dialogue inséré dans un récit** : veillez à la ponctuation (tirets) et aux verbes de paroles, distinguez bien les passages narratifs (temps d'un récit au passé) des passages dialogués (temps du dialogue : présent d'énonciation).

– un **dialogue théâtral** : didascalie, mise en page spécifique (noms des personnages), plus aucun passage narratif.

Rudolf von Ottenfeld, *Discussion*, 1881, huile sur toile, 56 x 45 cm

10 **Extrait de sujet de brevet**

DNB, Antilles-Guyane, juin 2006

1. Qui prononce les paroles rapportées dans ce passage ?
2. Relevez ces paroles rapportées et dites de quelle manière elles sont rapportées.
3. Comparez les réactions du père et de la mère. Justifiez vos propositions en vous appuyant sur le texte.

L'action se déroule au Congo.

Je ne sais plus la suite.

Mais on a tant de fois commenté l'événement que je peux reconstituer la scène.

J'ai dû glisser, et toute la famille est accourue en même temps, répondant à mes cris. Olouomo[1] fut la première à me porter secours. Ma mère m'a pris dans ses bras et a appelé à l'aide. On lui avait tué son fils. On le lui avait tué, hé ! On eût dit une chanson rituelle au rythme des sanglots. Le Commandant[2] est intervenu sans un mot : il m'a arraché des bras de ma mère et a élevé la voix. Ngalaha[3] a hurlé de plus belle. Gronder un enfant ! Gronder un enfant qui s'est fait mal !

HENRI LOPES, *Le Chercheur d'Afriques*, Éditions du Seuil, 1990, coll. « Point », 2006

1 Olouomo est une parente venue aider la mère du narrateur aux travaux du ménage et lui tenir compagnie.
2 Le père du narrateur, médecin militaire français, est surnommé « le Commandant » par son entourage.
3 Ngalaha est le prénom de la mère du narrateur.

26 La situation d'énonciation

Observons

a) J'ai passé de merveilleuses vacances avec toi la semaine dernière.

- Dans cet énoncé, pouvez-vous définir qui est *je*, qui est *toi*, et par rapport à quand se situe *la semaine dernière* ? Expliquez.
- Demandez à votre voisin de classe de devenir le locuteur de cet énoncé : pouvez-vous alors savoir qui sont *je* et *toi* et quand se situe *la semaine dernière* ? Pourquoi ?

b) Jeanne et Gilles passèrent de merveilleuses vacances avec leurs amis.

- Est-on obligé de savoir qui parle pour comprendre cet énoncé ? Expliquez.
- Essayez de définir à présent ce qu'est une situation d'énonciation.

Retenons

La situation d'énonciation, c'est **la situation dans laquelle est produit un énoncé (oral ou écrit) : qui** s'adresse **à qui**, **où** et **quand** ?

Certains énoncés font référence à la situation de communication dans laquelle ils ont été produits. On a donc besoin de connaître la situation de communication pour comprendre l'énoncé.

› *Hier, j'ai été chez mes grands-parents, à 50 km d'ici.* › Pour que cette phrase ait un sens, on a besoin de savoir quand, où et par qui elle a été prononcée ou écrite (si c'est mon amie Saïma qui est en train de la dire devant moi, ou si c'est un tsar russe du XVIIe siècle qui l'écrit à son cousin, elle n'a pas du tout le même sens !)

- Les **indices** de ce type d'énoncé sont appelés des **embrayeurs**. Il s'agit des :
  - **pronoms personnels de première et de deuxième personne :** *je, tu, nous, vous*, etc. › ***Nous** allons à la plage.*
  - **déterminants et pronoms démonstratifs :** *ce, cette, celui-ci, celle-là*, etc. et **possessifs de première et deuxième personnes.** › *Prends **ce** manteau et rends-moi **le mien**.*
  - **adverbes de temps et de lieu :** *hier, aujourd'hui, demain, maintenant, ici, là-bas*, etc. › ***Hier***, tu es venu me voir.
  - **temps du présent**, autour desquels s'organisent notamment le **passé composé et le futur**.
    › *Hier, je **suis allée** chez mes grands-parents. Ça me **fait** plaisir de les voir en forme comme ça.*

Ce type d'énoncé se trouve **à l'oral, dans les lettres, ou dans les dialogues au discours direct** *(voir leçon n° 27)*.

Certains énoncés ne font pas référence à la situation de communication dans laquelle ils ont été produits. Il est donc inutile de connaître la situation de communication pour comprendre l'énoncé.

› *Ce jour-là, Saïma était allée chez ses grands-parents.* › Cet énoncé n'est pas relié à la situation d'énonciation dans laquelle il a été prononcé ou écrit.

- Les **indices** de ce type d'énoncé sont les suivants :
  - les **pronoms personnels de troisième personne** : *il, elle, ils, elles*.
    › *Marc alla acheter sa voiture. Il avait hâte de la conduire.*
  - les **adverbes de temps et de lieu** comme *la veille, le jour précédent, le lendemain, à cet endroit, etc.*
    › *Ce jour-là, elle apprit qu'elle était enceinte.*
  - le **passé simple et l'imparfait**, autour desquels s'organisent le **plus-que-parfait** et le **conditionnel présent** *(voir leçon n° 26)*. › *Ce jour-là, Francis **resta** au lit. La veille, il **s'était promené** dans le froid et **avait attrapé** un rhume.*

Ce type d'énoncé se trouve dans les **récits au passé**.

1 Imaginez dans quelle situation d'énonciation précise les énoncés suivants peuvent être entendus.

1. Vous ferez cet exercice pour demain.
2. Avez-vous choisi un dessert ?
3. Ouvrez bien la bouche.

2 Pour chaque phrase, identifiez ce qu'indique l'embrayeur mis en gras : moment, lieu, locuteur ou interlocuteur.

1. Montez **tout de suite** dans vos chambres !
2. Je vous répète toujours la même chose, **les garçons** !
3. Bien sûr, **Loulou, tu** es en retard, je viens de dire à tes frères de monter.
4. Maman où es-tu ? Le téléphone sonne.
– Je suis **là, dans le garage** : quelqu'un peut répondre ?
5. J'arrive, **je** donne encore un ou deux coups de marteau à notre vieille tondeuse à gazon et **je** viens aider votre père à faire les crêpes.

3 Pour chaque phrase, indiquez si les indices de lieu en gras renvoient à la situation d'énonciation.

1. On a l'air de bien s'amuser **ici**.
2. Vous prendrez **la prochaine rue à gauche**.
3. **Des hauteurs de la ville** on pouvait apercevoir la mer.
4. Je n'en croyais pas mes yeux, un serpent faisait la sieste, **là, par terre, à mes pieds**.
5. Regarde **là-bas**, n'est-ce pas ta sœur qui court ?

4 Pour chaque phrase, indiquez si les indices de temps en gras renvoient à la situation d'énonciation.

1. **Il y a un mois**, la tempête a soufflé si fort qu'elle a endommagé tous les commerces et les habitations.
2. Le jour où les magasins réouvraient leur porte, tous les habitants de la ville se précipitèrent pour se réapprovisionner. **Le lendemain**, la foule n'avait pas diminué.
3. **Le 24 juillet 2011**, une tempête dévaste la petite ville de Bastinre.
4. **Demain**, nous viendrons t'aider à poser de nouvelles fenêtres dans la cuisine.
5. Ils arrivèrent **ce matin-là**, équipés de boîtes à outils.

5 Indiquez si les indices de personne mis en gras dans ce texte renvoient à la situation d'énonciation.

L'enfant quitta la pièce en rampant sans que **ses ravisseurs** ne s'en aperçoivent. Soudain, **la femme** s'aperçut de sa disparition et s'exclama :

– **Je t'**avais dit de le surveiller !

– **Tu** sais bien que les gosses, c'est pas **mon** truc, répliqua **l'homme**.

– **Nous** en avons suffisamment bavé pour l'enlever, **on** ne va pas tout perdre à cause d'une étourderie ! Dépêchons-**nous** de le retrouver !

Les deux malfaiteurs partirent à la recherche de **leur victime**.

6 Lisez l'extrait tiré de l'autobiographie *W ou le Souvenir d'enfance*. Relevez, d'une part, les phrases qui correspondent au moment de l'écriture et qui s'inscrivent dans la situation d'énonciation, et d'autre part, les phrases qui rapportent un moment passé sans s'inscrire dans la situation d'énonciation. Justifiez vos choix en indiquant ce qui vous a permis de répondre.

Grammaire

Georges Perec a donné à son livre W ou le Souvenir d'enfance *le titre d'un roman qu'il avait écrit quand il était enfant. Voici le début de cette autobiographie.*

Je n'ai pas de souvenirs d'enfance. Jusqu'à ma douzième année à peu près, mon histoire tient en quelques lignes : j'ai perdu mon père à quatre ans, ma mère à six[1] ; j'ai passé la guerre dans diverses pensions de Villard-de-Lans[2]. En 1945, la sœur de mon père et son mari m'adoptèrent. [...]

À treize ans, j'inventai, racontai et dessinai une histoire. Plus tard, je l'oubliai. Il y a sept ans, un soir, à Venise, je me souvins tout à coup que cette histoire s'appelait « W » et qu'elle était, d'une certaine façon, [...], une histoire de mon enfance. [...]

Aujourd'hui, quatre ans plus tard, j'entreprends de mettre un terme [...] à ce lent déchiffrement.

1 Les parents de Georges Perec sont morts, son père tué au front et sa mère déportée à Auschwitz.

2 Village situé dans le Vercors, où Georges Perec passa la période de l'occupation allemande.

Georges Perec, *W ou le Souvenir d'enfance*, 1975

7 Réécrivez ce texte de manière à ce qu'il s'inscrive dans une situation d'énonciation.

Il rappela sa mère le lendemain.

En décrochant le téléphone, il fit une pause et repensa à la lettre qu'il avait reçue chez lui, trois jours avant. Depuis ce jour-là il n'arrêtait pas de se demander comment il annoncerait la nouvelle à sa mère. La veille encore il y avait songé et en avait longuement discuté avec sa femme.

8 Extrait de sujet de brevet

DNB, Centres étrangers, juin 2004

Relevez les quatre termes montrant la présence de la narratrice dans le texte. Quelles sont les catégories grammaticales auxquelles appartiennent ces termes ?

Annie Ernaux évoque sa jeunesse et rend hommage à son père. Cet ancien ouvrier, devenu petit commerçant dans un village normand, espérait pour sa fille une « bonne situation ».

Il n'osait plus me raconter des histoires de son enfance. Je ne lui parlais plus de mes études. Sauf le latin, parce qu'il avait servi la messe, elles lui étaient incompréhensibles et il refusait de faire mine de s'y intéresser, à la différence de ma mère. Il se fâchait quand je me plaignais du travail ou critiquais les cours. Le mot « prof » lui déplaisait, ou « dirlo », même « bouquin ». Et toujours la peur OU PEUT-ÊTRE LE DÉSIR que je n'y arrive pas.

Annie Ernaux, *La Place*, 1983

27 Les temps du récit, les temps du dialogue

Observons

– Je suppose que je vous verrai demain à l'heure du thé ?
– J'essaierai d'y être, Harry, **dit** Dorian en quittant la pièce. Tandis que sa voiture le **ramenait** chez lui, il **se rendit compte** que le sentiment de terreur qu'il croyait avoir étouffé l'avait repris.

D'après Oscar Wilde, *Le Portrait de Dorian Gray*, 1890

- Repérez les temps utilisés dans le dialogue.
- À quels temps du récit sont conjugués les verbes en gras ? Quelle différence faites-vous entre ces deux temps ?
- À quel temps est conjugué le verbe souligné ? À quel moment son action se situe-t-elle par rapport aux verbes en gras ?

Retenons

À quels temps raconter une histoire ?

Le narrateur, pour raconter une histoire, peut choisir entre deux systèmes de temps.

- **Le système de temps organisé autour du passé simple et de l'imparfait**
  - Le passé simple permet de raconter l'histoire, de la faire avancer d'un point à un autre, alors que l'imparfait permet de décrire ou de commenter l'action *(voir leçon de conjugaison n° 11)*.
  - Si des événements se sont passés **avant** ceux racontés au passé simple, le narrateur emploiera le **plus-que-parfait** (valeur de **passé dans le passé**). › *Il **prit** le train. Il avait acheté son billet la veille.*
  - Si des événements mentionnés doivent se passer **après** ceux racontés au passé simple, le narrateur emploiera le **conditionnel présent** (valeur de **futur dans le passé**).
    › *Il **prit** le train de nuit. Le lendemain matin, il arriverait à la gare de Marseille.*

Actions antérieures	Temps de référence	Actions postérieures
Plus-que-parfait	Passé simple/imparfait	Conditionnel présent
*Ils l'**avaient accompagnée** à Nice chez ses cousins.*	*Elle **passa** de très belles vacances.* *Elle **était** enchantée.* *Quand elle **rentra**, elle **se jura**...*	*... qu'elle **retournerait** dans le Sud l'année suivante.*

- **Le système de temps organisé autour du présent**
  - Si des événements se sont passés **avant** ceux racontés au présent, le narrateur emploiera le **passé composé.**
    › *Hier, je **suis allé** au cinéma avec des copains.*
  - Si des événements mentionnés doivent se passer dans l'**avenir**, il emploiera le **futur simple.**
    › *Tu **verras** qu'un jour, tu **reprendras** contact avec ton ami d'enfance.*

Actions antérieures	Temps de référence	Actions postérieures
Passé composé/imparfait	Présent	Futur simple
*Ils l'**ont accompagnée** à Nice chez ses cousins.*	*Elle **passe** de très bonnes vacances.* *Elle **est** enchantée. Elle **se jure**...*	*... qu'elle **retournera** dans le Sud l'année prochaine.*

Attention : Les deux systèmes de temps peuvent se combiner, par exemple dans l'autobiographie.
› *Je **crois** que jamais un fils n'**a haï** sa mère autant que moi, à ce moment-là. Mais alors que j'**essayais** de lui expliquer dans un murmure rageur qu'elle me **compromettait** irrémédiablement aux yeux de l'armée de l'air [...], son visage **prit** une expression désemparée.* (Romain Gary, *La Promesse de l'aube*, 1960)

La première phrase est écrite au système présent, elle renvoie au moment de l'écriture (présent d'énonciation).
La suite de l'extrait est écrite au système passé puisque le narrateur recommence à raconter sa vie passée.

Grammaire

À quels temps écrire un dialogue ?

Quand les paroles des personnages d'une histoire sont rapportées au **discours direct** *(voir leçon nº 25)*, les temps utilisés sont concentrés autour du **présent**. On utilisera le **passé composé et l'imparfait** pour évoquer des actions passées, et le **futur** pour évoquer des actions à venir.

> – *Je ne* ***puis*** *vous donner à dîner.*
> ***Cette déclaration, faite d'un ton mesuré, mais ferme, parut grave à l'étranger. Il se leva.***
> *– Ah bah ! Mais je* ***meurs*** *de faim, moi. J'****ai marché*** *dès le soleil levé. J'****ai fait*** *douze lieues. Je* ***paye****. Je* ***veux*** *manger.*
> *– Je n'****ai*** *rien,* ***dit l'hôte****.* (Victor Hugo, *Les Misérables*, 1862)

Attention : Très souvent le dialogue est introduit par des **verbes de parole** ou est **interrompu par certains passages** qui appartiennent au récit. Ces passages sont mis en rose dans l'extrait des *Misérables*.

Remarque : Les passages narratifs qui s'insèrent dans le dialogue ainsi que les verbes de parole **disparaissent dès qu'il s'agit d'un dialogue théâtral.**

1 Remettez les verbes conjugués mis en gras dans un ordre chronologique.

Le lendemain du déluge, j'**ai vu** les toits de certaines maisons écroulés ; les habitants **avaient**-ils **pu** quitter les lieux à temps ? Ces familles **seront**-elles **obligées** de se trouver un refuge ? De retour chez moi, je **revois** le spectacle de mon quartier dévasté et ne **cesse** de me poser des questions, de penser à l'avenir.

2 Conjuguez les verbes au présent, au passé composé ou au futur, afin de respecter la concordance des temps.

PANISSE. – […] Je préfère me remarier.
M. BRUN, *interloqué*. – Vous *(préférer)* vous remarier ?
PANISSE. – Le plus tôt possible, mon bon. C'*(être)* bête de rester toujours seul à se faire du mauvais sang. Elle *(être)* morte ? Elle *(être)* morte. Ce n' *(être)* pas en maigrissant que je *(pouvoir)* la ressusciter, pas vrai !
M. BRUN. – Bien sûr !
PANISSE. – Il y en *(avoir)* peut-être qui *(trouver)* que je n'*(attendre)* pas assez longtemps, mais j'*(avoir)* la conscience tranquille… parce que moi, en quatre mois, je l'*(pleurer)* bien plus qu'un autre en cinq ans.

MARCEL PAGNOL, *Marius*, 1929

3 Conjuguez les verbes au passé simple ou à l'imparfait, afin de respecter la valeur des temps dans un récit au passé.

À Sallisaw, la vieille Hudson surchargée, craquante et geignante, *(atteindre)* la grand-route et *(prendre)* la direction de l'ouest. Il *(faire)* un soleil aveuglant. Mais une fois sur la route cimentée, Al *(prendre)* de la vitesse car il n'y *(avoir)* plus de danger pour les ressorts aplatis. […]

Al, au volant, le visage absorbé, *(écouter)* sa voiture avec tout son corps, et ses yeux inquiets *(aller)* de la route à la planche de bord. […]

Près de lui à l'avant, Grand-mère *(somnoler)* […].

Al *(changer)* de position sur le siège défoncé et *(tenir)* son volant différemment. Et il *(soupirer)*.

JOHN STEINBECK, *Les Raisins de la colère*, 1939

4 Réécrivez l'extrait suivant en utilisant le système du présent.

Un combat violent s'engage entre le personnage principal, Séraphin, et un « chien énorme ».

Sans réfléchir, Séraphin fonça à sa rencontre à la vitesse d'un coureur de cent mètres. Il vit devant lui la gueule qui s'ouvrait. La bête se ramassait pour bondir mais Séraphin ne l'attendit pas. Il lui fonçait dessus. Il le percuta au milieu de sa course, de tout son poids, de tout son élan, de toute sa fureur. Les cinquante kilos de la bête et les quatre-vingt-quinze kilos de l'homme se heurtèrent de plein fouet avec un bruit mat. Le chien visait le larynx, mais Séraphin avait sauté si haut que les dents refermées ne purent que lui labourer le torse.

PIERRE MAGNAN, *La Maison assassinée*, 1984

5 Réécrivez l'extrait ci-dessous en utilisant le système du passé.

Le narrateur évoque la mue du serpent qu'il a adopté, nommé Gros-Câlin.

Il a déjà changé deux fois de peau, dans ses efforts, depuis qu'il vit chez moi. Quand ça commence, il devient inerte, il a l'air complètement écœuré de tout, il n'y croit plus. Ses paupières deviennent blanches, laiteuses. Et puis sa vieille peau commence à craquer et à tomber. C'est un moment merveilleux, le renouveau, la confiance règne.

ROMAIN GARY, *Gros-Câlin*, 1974

6 Extrait de sujet de brevet

DNB, Amérique du Nord, juin 2009

1. Quels sont les temps dominants ?
2. À quelle période de la vie du narrateur ces temps renvoient-ils ?

Dans ce livre, l'écrivain Daniel Pennac parle de l'élève qu'il était.

Dernier-né d'une fratrie de quatre, j'étais un cas d'espèce. Mes parents n'avaient pas eu l'occasion de s'entraîner avec mes aînés, dont la scolarité, pour n'être pas exceptionnellement brillante, s'était déroulée sans heurt.

DANIEL PENNAC, *Chagrin d'école*, 2007

100 % web

› Observer le temps des verbes
› Distinguer le système présent du système passé
› Employer les deux systèmes dans un même récit

28 La modalisation, l'implicite et l'explicite

Observons

a) Je suis sûr que tu seras content d'être là.
b) Leur chat aurait disparu mardi. Peut-être a-t-il été recueilli par un voisin ?
c) Je n'ai jamais vu d'homme plus laid que lui : son teint est olivâtre, et ses dents ressemblent à des créneaux de forteresse.

- Dans quelle phrase le locuteur exprime-t-il un doute ? une certitude ? un jugement de valeur ?
- Quels indices vous ont permis de comprendre ces différentes attitudes du locuteur ?

Retenons

La modalisation

Un énoncé peut être **objectif (neutre)** ou **subjectif (traduisant un point de vue personnel)**.

> *Cette robe est rouge.* (constat objectif) > *Cette robe est* ***magnifique/horrible****.* (points de vue subjectifs)

> *Les otages* ***ont été*** *libérés.* (c'est un fait) > *Les otages* ***auraient été*** *libérés.* (le locuteur montre qu'il n'en est pas certain)

La **modalisation** est le fait d'**introduire de la subjectivité dans ce que l'on dit** (l'énoncé), en faisant part d'un sentiment de doute ou de certitude par rapport à ce que l'on dit, d'un jugement de valeur, etc. Pour cela, on emploie des **modalisateurs**.

- Le **doute** du locuteur peut être exprimé par des **adverbes** *(peut-être, sans doute*, etc.*)*, des **verbes** comme *sembler, paraître, devoir, penser, avoir l'impression*, etc., des **expressions** comme *à mon avis*, par le **conditionnel** (plus rarement le **futur** ou le **futur proche**) ou encore par la phrase **interrogative**.
  > *L'assassin* ***aurait été retrouvé*** *près des lieux du crime et* ***semblerait*** *en état de démence. Il sera* ***probablement*** *transféré à la maison d'arrêt dès demain.*
- La **certitude** du locuteur peut être exprimée par des **adverbes** *(certainement, sans aucun doute*, etc.*)*, des **verbes** comme *assurer*. > *Nous pouvons vous* ***assurer qu'il sera transféré à la maison d'arrêt dès demain****.*
- Le **jugement de valeur** du locuteur peut être :
  - un jugement **péjoratif (négatif)** qui se devine grâce à des **suffixes péjoratifs** (*-âtre, -ard*, etc. comme dans les adjectifs *verdâtre* ou *criard*), à l'emploi d'un **lexique péjoratif** *(laid, grossier, mauvais, hypocrite*, etc.*)*, ou encore de **figures de style** comme la métaphore, la comparaison ou l'hyperbole, etc.
    > [La tante Agnès] *a bien soixante-dix ans* [...]*; elle a, par exemple, la barbe grise, un bouquet de poils ici, une petite mèche qui frisotte par là, et de tous côtés des poireaux comme des groseilles qui ont l'air de bouillir sur sa figure.* (Jules Vallès, *L'Enfant*, 1878)
  - un jugement **mélioratif (positif)** qui se devine grâce à l'emploi d'un **lexique mélioratif** *(grand, beau, brillant*, etc.*)*, d'**adjectifs mis au superlatif** *(le meilleur, le plus drôle*, etc.*)*, de **figures de style** (métaphore, comparaison, hyperbole) qui mettent en valeur une action ou une personne, etc.
    > *Michel Strogoff était de haute taille, vigoureux, épaules larges, poitrine vaste.* [...] *Ses membres, bien attachés, étaient autant de leviers disposés mécaniquement pour le meilleur accomplissement des ouvrages de force.* (Jules Verne, *Michel Strogoff*, 1876)

L'implicite et l'explicite

- Un discours est **explicite** quand le locuteur **dit clairement** ce qu'il pense, veut, demande, etc.
  › *Il fait froid, peut-on fermer la fenêtre ?*
  › *La raison du plus fort est toujours la meilleure.* (La Fontaine, morale de la fable « Le Loup et l'Agneau »)
- Un discours est **implicite** quand le locuteur **ne dit pas directement** ce qu'il pense et qu'il faut le deviner. L'énoncé est donc détourné, biaisé.
  › *Ne trouvez-vous pas qu'il fait froid dans cette pièce ?* › le locuteur fait comprendre implicitement qu'il souhaite qu'on ferme la fenêtre.

Remarque : L'ironie joue sur l'implicite : le destinataire doit savoir lire entre les lignes pour comprendre que le locuteur pense le contraire de ce qu'il dit.
› *Quelle habileté !* (à quelqu'un qui vient de faire tomber quelque chose)
› *J'apprécie beaucoup ta ponctualité.* (à un élève qui est constamment en retard)

1 Indiquez pour chaque phrase si l'énoncé est subjectif ou objectif.

1. Ce matin, tous les journaux racontent le succès d'un concert de musique classique.
2. Quel concert grandiose ! Ce fut une soirée magique !
3. Les spectateurs ont manifesté leur joie par trente minutes d'applaudissements et plusieurs rappels.
4. Le chef d'orchestre et les musiciens ont salué la salle à plusieurs reprises.
5. Les artistes sur scène semblaient très heureux ; on aurait dit qu'ils vivaient un moment fort.

2 Classez les mots selon leur valeur : péjorative, méliorative ou neutre.

Gracieuse – les yeux – lourdaud – verdâtre – en admiration – blafard – pleurnicher – jaune – chauffard – pauvre – charmant – criarde – grand – discutailler – élégant – traînasser – s'émerveiller – beau – pantouflard – vert – manger.

3 Relevez les modalisateurs employés dans chaque phrase et dites s'ils expriment le doute ou la certitude.

1. De toute évidence, il n'arrivera jamais à l'heure à son rendez-vous !
2. Il paraît que les embouteillages se sont formés très tôt, dans la matinée.
3. Plusieurs accidents de voiture ont peut-être bloqué la circulation.
4. À présent les journalistes en sont sûrs : il s'agit d'un très grave accident de poids lourd qui freine tout le trafic routier.
5. On dirait que les secours parviennent difficilement à se frayer un accès vers les accidentés.
6. Il est probable qu'il reste coincé dans sa voiture une bonne partie de la journée.

4 Vous devez avouer à votre ami musicien que vous n'aimez pas sa dernière composition. Expliquez-lui votre position avec tact.

Le texte peut prendre la forme d'un dialogue inséré dans un récit, ou d'une lettre envoyée à l'ami musicien. Variez les procédés de modalisation : adverbes, verbes au conditionnel, vocabulaire péjoratif et mélioratif, verbes d'opinion, etc.

5 Indiquez si les propos des phrases suivantes sont explicites ou implicites. Dans le cas des propos implicites, précisez ce qui semble être sous-entendu.

Exemple 1 : *Baignade interdite.* › Énoncé explicite.
Exemple 2 : *Je te déconseille fortement de te baigner dans ce lac.* › Énoncé implicite qui sous-entend que la baignade est dangereuse.

1. Je serai très heureuse de vous revoir.
2. Il revient nous rendre visite la semaine prochaine.
3. Tu es encore plus beau avec cette chemise bleue !
4. Ta chemise bleue se trouve dans la lingerie.
5. Tu n'as pas d'autres chaussures que celles-ci ?

6 Extrait de sujet de brevet

DNB, Guadeloupe, Guyane, Martinique, juin 2008
Que sous-entend M. Saïto lorsqu'il demande au personnage si celui-ci aime les défis ?

La narratrice est accueillie par son nouvel employeur qui lui fait visiter l'entreprise.

Enfin, il me guida jusqu'à une salle gigantesque dans laquelle travaillait une quarantaine de personnes. Il me désigna ma place, qui était juste en face de celle de ma supérieure directe, mademoiselle Mori. Cette dernière était en réunion et me rejoindrait en début d'après-midi.

Monsieur Saïto me présenta brièvement à l'assemblée. Après quoi, il me demanda si j'aimais les défis. Il était clair que je n'avais pas le droit de répondre par la négative.

Oui, dis-je.

Amélie Nothomb, *Stupeur et tremblements*, 1999

100 % web

› **Manipuler la modalisation**

29 Les reprises nominales et pronominales

Observons

La jeune femme s'installa en face de moi dans l'autobus. Je me mis à fixer la jeune femme droit dans les yeux. Je connaissais la jeune femme. La jeune femme avait été mon premier amour, à l'école primaire.

- Quel est le GN répété ? Est-ce agréable de lire cet extrait ainsi ?
- Remplacez ce GN par d'autres GN ou par des pronoms. Variez les reprises utilisées.

Retenons

Un nom ou un pronom peut, dans un texte, **reprendre un nom ou un pronom déjà utilisés.** C'est ce qu'on appelle les **reprises nominales** ou **pronominales**, ou **substituts nominaux** ou **pronominaux**.

> *Laurent vit une ombre qui se mouvait dans le noir. Le jeune garçon s'adressa alors à cette forme inquiétante en lui demandant qui elle était.*

Les reprises nominales

Elles peuvent prendre la forme :

- d'une **répétition du même nom mais avec un autre déterminant.**
  > *Laurent vit une ombre. Cette ombre...*
- d'une **périphrase, parfois mise en apposition.**
  > *Laurent vit une ombre. Cette forme mouvante...*
  > *Laurent vit une ombre, forme inquiétante et silencieuse...*

Les reprises pronominales

Une reprise pronominale est un **pronom** (personnel, démonstratif, relatif, indéfini, etc.) **qui reprend un mot ou un groupe de mots précédemment cités** *(voir leçon n° 2)*.

> *Laurent vit une ombre qui se mouvait dans le noir. Elle était informe.*

Attention : Un adjectif n'est pas une reprise nominale ou pronominale. Il apporte des précisions sur un GN, mais n'en est pas l'équivalent.

> *Les enfants étaient agités et fébriles ce matin-là.* › *agités* et *fébriles* ne sont pas des reprises du nom *enfants*.

Rôle des reprises nominales ou pronominales

Dans un récit ou dans une description, les reprises nominales et pronominales permettent :

- d'**éviter les répétitions** et ainsi de rendre le texte plus fluide, plus facile à lire ;
- de **donner un point de vue** sur un personnage, sur un lieu, sur une action *(voir leçon n° 28)* ;
- d'**enrichir et d'affiner une description ou un portrait**.

1 Relevez toutes les reprises du prénom « Laure-Anne » employées dans le texte ci-dessous et précisez s'il s'agit de reprises nominales ou pronominales.

Laure-Anne entre en classe. Cette élève timide tente habituellement de se faire la plus discrète possible. Elle arrive toujours en avance et s'assoit toujours dans le fond de la salle. Aujourd'hui, cette élève modèle a un comportement surprenant ! L'adolescente a oublié ses devoirs. La voilà qui se permet d'interpeller brutalement le professeur. La jeune fille, si effacée les autres jours, se montre bien bavarde. Elle ne tient pas compte des remarques qui lui sont faites, et finit même par sortir de classe avant la fin du cours. Le professeur la rappelle aussitôt.

2 **Relevez dans ce texte les reprises nominales et pronominales des groupes de mots suivants : *les élèves, d'autres enseignants, l'un d'entre eux.***

Les élèves sont aussi étonnés que le professeur. Quelques curieux sont sortis observer la scène dans le couloir. D'autres enseignants, interpellés par le bruit, ouvrent leur porte. Les collègues se concertent du regard : ils ne peuvent pas tous intervenir. L'un d'entre eux, qui travaillait avec un petit groupe d'élèves, propose à Laure-Anne de l'accompagner dans sa salle.

3 **Dans les phrases suivantes, les expressions en gras sont reprises par un pronom. Relevez-le et précisez sa classe (ou nature) grammaticale.**

1. Ce n'est pas **mon manteau**. Le mien est vert.
2. N'achète pas de **yaourts**. Il y en a encore dans le réfrigérateur.
3. Tu as emprunté le livre de **ton voisin**. Tu n'oublieras pas de le lui rendre.
4. Il a rencontré **ses frères** sur la route du retour. Il est rentré avec eux.
5. Bérénice et **Loïc** sont jumeaux. Mais ce dernier ne ressemble pas du tout à sa sœur.
6. **Les passants** courent s'abriter à l'intérieur des boutiques. Certains poursuivent leur chemin tranquillement.

4 **Évitez la répétition des groupes de mots en gras, en utilisant un pronom qui appartient à la classe grammaticale indiquée entre parenthèses.**

La tribu Tasgrin déménage !

1. Alexandre, Lucie et Marceau partent à l'aventure dans quelques semaines ; **Alexandre, Lucie et Marceau** *(pronom personnel)* quittent le nord de la France pour aller vivre sur une île de l'océan Indien.
2. Toute la famille participe au grand départ : Chantal et Jeannot iront chercher leur petit-fils Marceau. **Marceau** *(pronom démonstratif)* dormira quelques nuits chez ses grands-parents, le temps du déménagement.
3. Heureusement que Richemond n'habite pas loin ! La voiture d'Alexandre est minuscule tandis que **la voiture de Richemond** *(pronom possessif)* est bien plus spacieuse.
4. Richemond et Loïc, les « frangins » Tasgrin, ont pour mission de charger la camionnette avec les meubles à stocker chez les grands-parents. **Chez les grands-parents** *(pronom relatif)*, il y a un grenier bien pratique pour ranger tout le bric-à-brac de la famille.
5. Delphine et Bérénice, les « frangines » Tasgrin, ont déjà commencé à remplir des cartons avec les livres de Lucie. Mais **tous les livres de Lucie** *(pronom indéfini)* ne pourront pas être emmenés sur leur île.
6. Stan, le beau-frère d'Alexandre, accompagne **Alexandre** *(pronom personnel)* à la décharge pour se débarrasser des vieilleries qui ne fonctionnent plus.

5 **Éliminez les répétitions en utilisant dans chaque phrase une reprise nominale : soit des noms synonymes, soit des expressions plus générales.**

Exemple : *La fenêtre,* nom synonyme de *la vitre* et *une ouverture*, expression plus générale qui pourrait reprendre le mot *vitre*.

1. Ce matin, nous avons raté l'autobus qui nous emmène au collège. **L'autobus** est arrivé en avance sur l'horaire habituel. Des amis nous ont raconté qu'ils avaient réussi à rattraper **l'autobus** en courant derrière lui.
2. La maison qui se trouve devant vous est très vieille. Cette belle **maison** appartient à une famille qui a marqué l'histoire de la ville. C'est une **maison** qui reflète l'architecture urbaine du dix-neuvième siècle.
3. Cette nuit un voleur s'est introduit chez nous sans faire le moindre bruit. Mais **le voleur** ne se doutait pas que Mastic guettait, derrière le canapé. **Le voleur** fut surpris par le chien qui bondit sur lui.

6 **a) Trouvez une deuxième reprise pour compléter les quatre listes de mots proposées ci-dessous.**
b) Rédigez quatre courts textes (trois phrases pour chaque texte) à partir de ces listes de mots.

1. L'or : ce métal précieux, … .
2. Le conflit : la dispute, … .
3. Ying : la fille la plus jeune de la classe, … .
4. L'hippopotame : le mammifère imposant, … .

7 **Extrait de sujet de brevet**

DNB, Groupe Est, juin 2005

1. Relevez les pronoms personnels employés dans le passage mis en gras. Qui désignent-ils ?
2. Que remarquez-vous d'étonnant ? Comment l'expliquez-vous ?

Le docteur Jean-Louis Étienne est parti de Ward Hunt Island (extrême nord du Canada) le 7 mars 1986 et a atteint le pôle Nord le 11 mai 1986. Il a ainsi parcouru environ 1200 km à pied en solitaire, avec un simple traîneau de survie. Lors de son départ, la température était de moins quarante-sept degrés. Dans ce passage, les intempéries (neige, brouillard) lui font perdre le cap vers le nord.

Vendredi 18 avril. […]

Je me retourne pour vérifier mon cap d'après le halo fragile du soleil. Tout va bien, il luit faiblement dans mon dos. D'un coup d'œil, je balaie ce qui reste d'horizon autour de moi. Nom de nom, ce point lumineux, à droite, là-bas, c'est peut-être lui, aussi… ! Mais non, il est à gauche, c'est cette lumière […] tremblottante ! Bon sang, il est partout à la fois, même devant moi la brume s'est maintenant éclaircie, et… beaucoup plus qu'ailleurs ! Nom de nom, ce n'est pas possible s'il est vraiment là, **j'ai dû rebrousser chemin sans m'en apercevoir. Cela fait combien de temps que tu marches plein sud, espèce d'idiot** ?

Jean-Louis Étienne, *Le Marcheur du pôle*, 1986

30 Les connecteurs logiques et temporels

Observons

Vers minuit, elle alla se coucher car elle était harassée. Elle eut tout d'abord du mal à s'endormir, puis sombra dans un sommeil profond, quand soudain, la sonnerie du téléphone la réveilla, bien que l'appareil fût à l'autre bout de la maison. Elle paniqua parce qu'elle avait souvent entendu parler d'appels étranges passés la nuit chez les gens. Elle prit cependant son courage à deux mains et décrocha le combiné. C'était sa fille qui lui annonçait qu'elle était grand-mère ! Le lendemain, un mercredi, elle fit ses valises et partit voir son petit-fils qui venait de naître.

- Relevez les mots qui permettent d'organiser les étapes temporelles du récit.
- Relevez les mots qui permettent de donner une explication et ceux qui permettent de créer une opposition.
- Selon vous, pourquoi ces mots sont-ils appelés des connecteurs ?

Retenons

- Les connecteurs permettent d'**organiser, de structurer un texte** en reliant des mots, des propositions, des phrases ou des paragraphes.
- Ils appartiennent à **diverses classes grammaticales** : adverbes de liaison, conjonctions de coordination, conjonctions de subordination, ou GN.
- En plus des connecteurs spaciaux, que vous connaissez bien et qui permettent d'organiser l'espace dans les passages descriptifs (*derrière*, *à droite*, *plus loin*, etc.), on distingue les connecteurs **temporels** et les connecteurs **logiques**.

Les connecteurs temporels

Ils servent à situer les événements dans le temps, par rapport à une chronologie (*à 8 ans*, *à quatre heures*, *le vendredi*, etc.), les uns par rapport aux autres (*la veille*, *trois heures plus tard*, *au même moment*, etc.), ou par rapport au moment de l'énonciation (*hier*, *demain*, *la semaine prochaine*, etc.).

En voici quelques exemples, classés en fonction de ce qu'ils indiquent :

- **actions antérieures :** ***avant que (... ne)***, ***jusqu'à ce que***, ***en attendant que***, etc. (conjonctions de subordination), ***hier***, ***avant***, ***auparavant***, etc. (adverbes de liaison), ***la veille***, ***l'année précédente***, etc. (groupes nominaux) ;
- **actions postérieures :** ***aussitôt que***, ***après que***, ***dès que***, etc. (conjonctions de subordination), ***plus tard***, ***demain***, ***après***, etc. (adverbes de liaison), ***la semaine suivante***, ***le lendemain***, ***deux jours après***, etc. (groupes nominaux) ;
- **actions simultanées :** ***quand***, ***lorsque***, ***pendant que***, etc. (conjonctions de subordination), ***au même moment***, ***pendant ce temps***, etc. (groupes nominaux) ;
- **actions successives :** ***d'abord***, ***puis***, ***alors***, ***enfin***, etc. (adverbes de liaison) ;
- **actions répétées :** ***quand***, ***lorsque***, ***à chaque fois que***, etc. (conjonctions de subordination), ***de temps et en temps***, ***souvent***, ***parfois***, ***encore***, etc. (adverbes de liaison), ***tous les jours***, ***à chaque heure***, etc. (groupes nominaux) ;
- **actions soudaines :** ***soudain***, ***tout à coup***, etc. (adverbes de liaison) ;
- **durée ou date :** ***depuis de longues années***, ***le 25 février***, ***le mardi matin***, ***à quinze heures***, etc. (groupes nominaux).

Les connecteurs logiques

Ils servent à mettre en évidence les relations logiques entre deux éléments : cause, conséquence, opposition, etc.

En voici quelques exemples, classés en fonction de ce qu'ils indiquent :

- **cause :** *car* (conjonction de coordination), *parce que*, *puisque*, *étant donné que* (conjonctions de subordination), *en effet* (adverbe de liaison), *par (manque de temps)*, *de peur de*, *grâce à* (prépositions ou locutions prépositionnelles) ;
- **conséquence :** *donc* (conjonction de coordination), *de sorte que*, *si bien que*, *vu que*, *si... que* (conjonctions de subordination), *aussi*, *ainsi*, *par conséquent*, *c'est pourquoi* (adverbes ou locutions adverbiales) ;
- **but :** *pour que*, *afin que* (conjonctions de subordination), *pour (cette raison)* (préposition) ;
- **opposition/concession :** *mais*, *or* (conjonctions de coordination), *bien que*, *alors que*, *même si* (conjonctions de subordination), *en revanche*, *pourtant*, *cependant*, *à l'inverse*, *néanmoins*, *nonobstant* (adverbes de liaison), *malgré sa force/cela* (préposition) ;
- **comparaison :** *de même que*, *de la même manière que* (conjonctions de subordination), *comme*, *de même*, *plus*, *moins* (adverbes), *semblable à*, *pareil à* (adjectifs suivis de *à*) ;
- **alternative :** *ou*, *ou ... ou*, *ni ... ni* (conjonctions de coordination), *soit que ... soit que* (conjonction de subordination), *soit ... soit* (adverbe) ;
- **addition :** *et*, *ni* (addition négative), *de plus*, *en outre*, *et même*, *premièrement*, *ensuite*, *finalement*, *enfin*, *tout d'abord*, etc. (adverbes) ;
- **condition :** *si*, *pourvu que*, *à condition que*, *au cas où*, etc. (conjonctions de subordination) ;
- connecteurs permettant d'**illustrer** ce que l'on dit : *par exemple*, *ainsi*, *c'est ainsi que*, etc.

Attention : Certains mots sont des connecteurs à la fois temporels et logiques : *premièrement, d'abord, ensuite, enfin, pour terminer*, etc. S'ils relient des événements en les situant dans le temps, ce sont des connecteurs temporels ; s'ils relient des idées, des arguments, ce sont des connecteurs logiques.

Remarque : On parle de locution adverbiale, locution conjonctive, locution prépositionnelle, lorsqu'un adverbe, une conjonction, une préposition sont en réalité composés de plusieurs mots.

1 Relevez les connecteurs temporels qui se trouvent dans chacune des phrases suivantes.

1. Au moment où Ismaël a retrouvé ses clefs, il a perdu son téléphone.
2. Il s'est remis à chercher dans toute la maison pendant plus d'une heure.
3. Puis, soudain, il entend une sonnerie. Il se rend compte au bout d'un instant que ce n'est pas celle de son téléphone.
4. Depuis cinq minutes il écoute et recherche un téléphone qui appartient à son voisin !

2 Voici les étapes d'un récit présentées dans le désordre : reconstituez l'ordre de ce récit en vous aidant des connecteurs temporels mis en gras. Ces extraits sont tirés du roman *La Guerre des boutons* de Louis Pergaud.

1. Cela leur prit une demi-minute à peine et ils gagnèrent **immédiatement** le groupe principal où Grangibus pérorait avec volubilité[1] expliquant pour la septième fois comme quoi son frère et lui avaient failli, **la veille au soir**, tomber derechef[2] dans l'embuscade des Velrans.
2. Sa mère, en partant, l'avait sévèrement prévenu qu'il eût à prendre un soin spécial de ses habits et que si, **le soir**, on relevait dessus la plus petite tâche de boue ou la moindre déchirure, il saurait de nouveau ce que cela lui coûterait.
3. Lebrac arriva en classe **le lundi matin à huit heures** avec son pantalon raccommodé et une blouse à deux manches de couleurs différentes, ce qui lui donnait un peu l'air d'un « carnaval ».
4. Tintin **dès son entrée dans la cour** lui transmit, de nouveau, confidentiellement, les serments d'éternel amour de sa sœur et les offres plus terre à terre, mais non moins importantes, de réparation mobilière des vêtements le cas échéant.

1 Racontait beaucoup d'histoires en parlant vite.
2 À nouveau.

3 Relevez les connecteurs de chacune des phrases suivantes et indiquez leur classe grammaticale.

1. Le mercredi matin, deux camions de travaux publics stationnèrent dans notre rue.
2. Dès huit heures, les ouvriers avaient installé des barrières et des plots rouges afin d'empêcher toute circulation de voitures.
3. Puis, les uns se mirent à décharger tout leur matériel : pelleteuse, marteau-piqueur...
4. Les autres, pendant ce temps-là, s'équipaient d'un casque et d'un gilet de sécurité. Enfin, chacun se mit au travail pour rénover la rue.

4 Complétez les phrases suivantes, à l'aide d'un connecteur temporel appartenant à la classe grammaticale indiquée entre parenthèses. Veillez à ne pas utiliser deux fois le même connecteur.

1. ... , un incident se produisit. *(adverbe)*
2. ... , on entendit un long cri de douleur. *(groupe précédé d'une préposition)*
3. Tous les ouvriers quittèrent ... leur poste de travail pour se précipiter vers le blessé. *(adverbe)*
4. ... , on put lire dans le journal qu'un ouvrier de la ...

... rue Émile Zola avait perdu le contrôle de son marteau piqueur. *(groupe nominal)*

5 Rédigez un court récit au passé, sur le thème de votre choix : racontez trois actions principales qui se sont déroulées et enchaînées durant plusieurs jours.

Pour introduire ces actions vous emploierez trois connecteurs temporels, par exemple :
– *jeudi dernier, l'après-midi, le lendemain soir,*
– *la semaine dernière, un matin, à la fin du mois,*
– *la veille, le lendemain matin, deux jours après...*

6 Indiquez le rapport logique exprimé dans chaque phrase : un rapport de conséquence, de cause, d'opposition ou de concession.

1. Grâce à l'astuce de mon frère, nous avons découvert le trésor de mon grand-père !
2. Bien que certains de mes cousins se montrent sceptiques, nous sommes tous pressés d'ouvrir ce coffre.
3. Chacun s'émerveille devant l'objet ancien mais s'impatiente aussi : que contient-il ?
4. Nous ne parvenons pas à l'ouvrir donc nous décidons d'aller chercher la boîte à outils.

7 Relevez les connecteurs logiques employés dans le texte ci-dessous et classez-les selon ce qu'ils expriment : concession, opposition, cause, ou conséquence.

1. J'aimerais bien sortir ce soir avec mes amis parce qu'il y a un concert gratuit dans le parc.
2. Certes j'ai une évaluation demain matin, mais la fin du concert est prévue pour vingt heures ; ce n'est pas très tard, par conséquent je pourrai me reposer pour être en pleine forme demain.
3. D'ailleurs, si je reste à la maison ce soir, je serai tenté de regarder la télévision très tard.

8 Imaginez la suite de chaque phrase. Introduisez votre propos par un connecteur logique appartenant à la classe grammaticale indiquée. Vous devez également respecter le rapport logique précisé.

1. La vieille dame est furieuse ... *(conjonction de coordination – cause).*
2. Son petit chien est si effrayé ... *(conjonction de subordination – conséquence).*
3. La vieille dame recroquevillée paraît fragile ... *(adverbe – opposition).*
4. ... , la petite dame parvient à faire taire ce chauffard bourru *(préposition – concession).*

9 Réécrivez ces phrases en remplaçant le connecteur logique mis en gras par un connecteur équivalent. Vous pouvez modifier certains mots sans changer le sens de la phrase.

1. Je ne peux pas participer au cours de natation **car** j'ai oublié mon maillot de bain.
2. Tous mes amis se dépensent dans le grand bain **alors que** moi je reste assise dans les gradins.
3. **Malgré** ma déception, j'ai participé au cours de natation en encourageant mes camarades.
4. Je n'ai pas du tout envie de revivre cette mésaventure **donc** la semaine prochaine je vérifierai bien mon sac la veille du cours de natation.

10 Explicitez le rapport logique qui existe entre les propositions juxtaposées, en ajoutant le connecteur de votre choix.

1. J'aime écrire ; j'ai une écriture illisible.
2. Très peu de personnes parviennent à me lire : je tape mes écrits à l'ordinateur.
3. Je continue d'écrire sur le papier : j'aime bien entendre crisser la plume sur le papier épais.
4. L'ordinateur est devenu mon outil de travail principal ; je continuerai d'envoyer des lettres manuscrites à mes proches.

11 Rédigez un paragraphe argumenté répondant à la question suivante : plutôt plume ou plutôt clavier ?

Pour vous aider à rédiger votre paragraphe, suivez la structure ci-dessous :
1. Première phrase : rédigez votre thèse, c'est-à-dire votre réponse à la question,
2. trouvez trois arguments qui développent votre thèse,
3. utilisez des connecteurs logiques variés qui introduisent chaque étape de votre argumentation,
4. dernière phrase : rédigez votre conclusion qui rappelle votre thèse.

12 Extrait de sujet de brevet

DNB, Amérique du Sud, juin 2008

1. Quel est le rapport logique exprimé par les deux phrases mises en gras ?
2. Reliez ces deux phrases et exprimez ce lien logique par une conjonction de subordination.

Dans ce texte, deux enfants africains rencontrent pour la première fois un homme blanc.

Mon frère, totalement inconscient du danger, souriait et tendait innocemment vers le Blanc-Blanc ses deux petits bras, tapant de temps en temps des mains sur le sol dans un geste de joyeuse impatience.
Le Blanc-Blanc, complètement charmé, se pencha et lui caressa la tête, les joues et le menton. **Ce geste, manifestement plus paternel que diabolique, me rassura. Je me ressaisis.** Aussitôt, ma curiosité innée reprit le dessus et je me mis à examiner en détail le Blanc-Blanc.

Amadou Hampâté Bâ, *Amkoullel, l'enfant peul*, 1991

100 % web

› Structurer un récit à l'aide de connecteurs temporels
› Un extrait de sujet de brevet

31 Thème et propos

Observons

a) Le petit garçon avançait dans la forêt sombre et dense.
Il avait peur. **Il** ne savait pas comment il s'était perdu.
b) Soudain **il** vit devant lui un être mi-homme, mi-bête.
L'horrible créature s'avança d'un pas lourd.
c) Sa difformité sautait aux yeux. Son cou était très long et plein de poils, ses jambes arquées le soutenaient péniblement, ses yeux sortaient littéralement de ses orbites rouges de sang.

- Selon vous, pourquoi appelle-t-on *thème* les mots en gras ?
- Dans quel exemple le thème est-il le même d'une phrase à l'autre ?
- Dans quel exemple le thème est-il décomposé en plusieurs catégories ?
- Dans quel exemple les mots soulignés deviennent-ils le thème de la phrase suivante ?
- Quel rôle jouent les mots soulignés par rapport aux mots en gras ?

Retenons

Quand un locuteur parle, il doit faire **progresser son texte ou son discours**. On nomme **thème, ce dont on parle** (A) et **propos, ce qu'on dit de nouveau par rapport au thème** (B).

› ***Mon grand père*** *aime raconter des histoires qui font peur.*
Thème (A) — Propos (B)

Le thème est souvent le **sujet grammatical de la phrase**. Un locuteur, et plus précisément un narrateur, peut choisir entre **trois types de progressions possibles** pour faire avancer son texte.

La progression à thème constant

Un **même thème est repris d'une phrase à l'autre,** et chaque thème présente un **propos différent**.

› ***Mon grand-père*** *aime raconter des histoires qui font peur.*
Thème (A) — Propos (B)

› ***Il*** *semble se délecter de l'effroi qui se lit sur mon visage.*
Thème (A) — Propos (B)

La progression linéaire

Le propos d'une phrase va devenir le thème de la phrase suivante. Ce nouveau thème est la reprise exacte ou partielle du propos de la phrase précédente.

› ***Mon grand-père*** *aime raconter des histoires qui font peur.*
Thème (A) — Propos (B)

› ***Ses histoires*** *traitent souvent de revenants, de fantômes et d'animaux fantastiques.*
Le propos (B) de la phrase précédente devient le nouveau thème (A)

La progression à thèmes dérivés

Un **thème central est choisi et les thèmes de chaque phrase représentent un élément particulier de ce thème choisi.**

› ***Le visage de mon grand-père*** *montrait à quel point il était vieux.*
Thème (A)

› ***Ses yeux*** (A1) *étaient entourés de rides,* ***sa bouche*** (A2) *était presque totalement édentée,* ***ses oreilles*** (A3) *tombaient de chaque côté de ses joues.*

Remarque : Quand vous devenez vous-même narrateur lors d'un exercice d'expression écrite, essayez de varier ces progressions pour enrichir votre récit et pour améliorer votre écriture.

1 **Relevez le thème dans chacune des phrases suivantes.**

1. Ton cousin viendra par avion.
2. Ce garçon est têtu.
3. Ses valises ont été faites à toute vitesse.
4. Son père n'est pas intervenu.

2 **Relevez le propos de chacune des phrases suivantes.**

1. Ils sont allés marcher en forêt.
2. Ils ont ramassé des champignons.
3. Ils ont attrapé des grenouilles.
4. Ils ont confectionné un herbier, en rentrant de leur promenade.

3 **Lisez le texte suivant puis dites si les éléments mis en gras correspondent au thème ou au propos des phrases dans lesquelles ils se trouvent.**

J'allais **chaque été rendre visite à ma grand-mère** dans le nord de la France. **Je** restais quelques jours chez elle. J'en **profitais pour explorer la maison de mes ancêtres.** C'était **une belle et vaste demeure flamande. Les volets** peints en rouge, vert et blanc **lui donnaient un air enjoué. Les murs** en briques rouges **semblaient résister fièrement au vent du Nord. La maison de ma grand-mère** était séparée en deux, par un large couloir qui aboutissait à un escalier. **Cet escalier** menait d'abord à un bureau, puis à quatre chambres spacieuses. **Chacune des chambres** était **munie de meubles anciens** : lits à baldaquins, coiffeuses, armoires à glace au bois lourd et aux tiroirs secrets, camouflés derrière de longues robes et des costumes aux couleurs passées. Tout ceci **sentait bon le bois ciré, la lavande et l'antimite.**

4 **Observez la manière dont progresse le texte de l'exercice n° 3. Pour chaque phrase, précisez quelle progression thématique est employée.**

Exemple : *phrase 2 : progression à thème constant.*

5 **Pour chaque ensemble de phrases, précisez quelle progression thématique est employée.**

1. La grammaire a toujours été un problème pour moi. Ses classes et ses fonctions se mélangent dans ma tête. Les accords entre les mots, n'en parlons pas : j'oublie toujours les *s* au pluriel.
2. La conjugaison m'a toujours paru moins difficile que la grammaire. Des terminaisons à apprendre par cœur. Les temps et les modes ont toujours été répertoriés à la fin de mes cahiers de français.
3. J'ai toujours eu des notes moyennes en rédaction. Les rédactions devaient être soigneusement rédigées à la plume. Mon beau stylo plume est d'ailleurs rangé sur le bureau de mon fils à présent.
4. J'aimais bien les cours de français. J'étais particulièrement attentive en classe lorsque le professeur nous racontait des histoires. J'aimais moins les dictées.

6 **Imaginez une suite pour chaque énoncé en ajoutant deux phrases construites sur le modèle de la progression thématique indiquée entre parenthèses.**

1. Un homme très grand nous accueillit. Son visage était sévère et carré. *(thèmes dérivés)*
2. En entrant dans la pièce nous vîmes un homme très grand. Il portait une large salopette bleue. *(thème linéaire)*
3. Un homme très grand nous accueillit. Il portait une large salopette bleue. *(thème constant)*

7 **Ce portrait physique est écrit selon une progression à thème constant. Réécrivez-le en utilisant la progression à thèmes dérivés.**

Rosalie était toute petite. Elle avait de longues boucles brunes tout autour de son visage rond. Elle avait des yeux marron et un nez rond. Cette petite dame portait toujours des pantalons qui lui serraient la taille et des chemises à fleurs à col rond qui la vieillissaient. Madame Rosalie avait des mains fines, traversées par de multiples rides, qu'elle appelait « les lignes du temps ».

8 **Rédigez le portrait de cette vieille dame.**

1. Vous utiliserez les trois types de progressions thématiques.
2. Veillez à organiser votre portrait (par exemple du haut vers le bas ou position/environnement/physique/vêtements, etc.).

▲ Nino Ozbetelashvili, *Churchkela* (nom d'une spécialité culinaire géorgienne), 2007

100 % web

› **Repérer la cohérence d'un récit**

32 La chronologie et le rythme du récit

Retenons

L'ordre du récit

Pour structurer son récit et le rendre plus facile à suivre, le narrateur utilise des **repères temporels** : *dix minutes après, la veille, pendant ce temps*, etc.

- Lorsqu'un narrateur raconte des événements dans l'ordre où ils ont eu lieu, on dit que le récit est **chronologique**.
- Mais le narrateur peut aussi faire des **retours en arrière** (appelés ***flash-back*** au cinéma), pour évoquer par exemple le passé d'un personnage ou l'origine d'une action. Dans un récit au passé, c'est le **plus-que-parfait** qui sera utilisé pour marquer l'antériorité.
  › *Elle lui montra le manteau qu'elle **avait acheté** la veille.*
- À l'inverse, un narrateur peut **évoquer des événements futurs** ou faire des **projections dans l'avenir** : on parle alors d'**anticipations**. Dans un récit au passé, les anticipations sont évoquées au **conditionnel**.
  › *Le mois suivant, Émilie **apprendrait** qu'elle **serait reçue** première à l'examen qu'elle venait de passer. Cependant, pour le moment, elle était persuadée qu'elle avait échoué.*

Les anticipations peuvent permettre de créer un lien avec le lecteur en lui faisant une confidence, ou encore de créer une atmosphère tragique en laissant penser que tout est déjà écrit.

Le rythme du récit

Pour rendre son récit plus dynamique et donc plus intéressant, le narrateur varie le rythme de sa narration, c'est-à-dire qu'il passe par exemple plus de temps sur certains épisodes de l'histoire et moins sur d'autres. Les exemples ci-dessous sont extraits du roman d'Émile Zola, *Thérèse Raquin*, 1867 :

Dénomination	Caractéristiques	Exemple
La **scène**	Le rythme de la narration **correspond à peu près au rythme de l'histoire**. Le lecteur a l'impression que l'histoire se déroule sous ses yeux. Une scène est souvent un passage dialogué.	*– Dis donc, Camille, ajouta Laurent, si nous allions faire une promenade sur l'eau avant de nous mettre à table ?* [...] *– Comme tu voudras, répondit nonchalamment Camille... Mais Thérèse a faim.* *– Non, non, je puis attendre, se hâta de dire la jeune femme.*
Le **sommaire**	Le narrateur fait un **résumé** d'une partie de l'histoire. Il en accélère donc le rythme.	*Laurent passa une journée atroce. Il dut lutter contre le sommeil accablant qui le saisit dans l'après-midi à son bureau.*
L'**ellipse**	Le narrateur **passe sous silence** une partie de l'histoire.	*Laurent songea que c'était le poison qu'il lui fallait. <u>Le lendemain</u>, il réussit à s'échapper* [du bureau].
La **pause**	Le narrateur cesse de raconter son histoire pour faire **une description ou des commentaires**.	*Thérèse n'avait jamais vu un homme. Laurent, grand, fort, le visage frais l'étonnait. Elle contemplait avec une sorte d'admiration son front bas, planté d'une rude chevelure noire, ses joues pleines, ses lèvres rouges, sa face régulière d'une beauté sanguine.*

Pour analyser la construction d'un récit, il faut essayer de comprendre pourquoi le narrateur change de rythme.

Par exemple, une pause peut permettre de faire le portrait d'un personnage, de décrire un lieu, de commenter l'action. Une ellipse peut permettre, dans un roman policier par exemple, de créer du suspense en passant sous silence une partie des faits. Inversement, une pause peut créer du suspense, de la tension, en retardant la poursuite de l'action, et une ellipse peut alléger le récit en passant sous silence des moments moins intéressants.

1 Relevez les groupes de mots qui constituent des repères dans la chronologie de l'histoire.

Le héros, Candide, vient de retrouver son ami et lui raconte ses aventures :

[...] puisque vous voulez savoir par quel hasard vous m'avez vu aux galères, je vous dirai qu'après avoir été guéri de ma blessure par le frère apothicaire du collège, je fus attaqué et enlevé par un parti espagnol ; on me mit en prison à Buenos-Aires dans le temps que ma sœur venait d'en partir. Je demandai à retourner à Rome auprès du père général. Je fus nommé pour aller servir d'aumônier à Constantinople auprès de M. l'ambassadeur de France. Il n'y avait pas huit jours que j'étais entré en fonctions, quand je trouvai sur le soir un jeune icoglan très bien fait.

VOLTAIRE, *Candide ou l'Optimisme*, 1759

2 Parmi ces indicateurs de temps, quels sont ceux qui peuvent servir à exprimer une ellipse ?

Pendant ce temps – quelques minutes plus tard – dix ans – durant son séjour – bien plus tard – le surlendemain – la veille.

3 Pour rendre cette histoire plus compréhensible, réécrivez le texte en y ajoutant des indices de temps dont vous varierez les classes grammaticales (adverbes, GN, phrases).

Le colonel est sur le champ de bataille. Il est blessé. Il tombe évanoui. On le croit mort et on le laisse sous un tas de cadavres. Il parvient à sortir. Il vit en Allemagne. Il rentre à Paris. Sa femme en a épousé un autre.

D'après HONORÉ DE BALZAC, *Le Colonel Chabert*, 1832

4 a) Dans les passages suivants, repérez si le récit est dans un ordre chronologique ou si l'ordre est bouleversé par un retour en arrière ou une anticipation. b) Expliquez le choix de l'auteur.

1

Tel était l'état des choses dans cette petite république [...]. Mais pour rendre un compte exact des événements extérieurs comme des sentiments, il est nécessaire de remonter à quelques mois avant la scène par laquelle commence cette histoire. À la nuit tombante, un jeune homme passant devant l'obscure boutique du Chat-qui-pelote y était resté un moment en contemplation à l'aspect d'un tableau qui aurait arrêté tous les peintres du monde.

HONORÉ DE BALZAC, *La Maison du chat-qui-pelote*, 1829

2

Le narrateur vient de croiser une jeune femme dans la rue et en tombe amoureux ; il va lui parler.

Je lui parlai d'une manière qui lui fit comprendre mes sentiments, car elle était bien plus expérimentée que moi. C'était malgré elle qu'on l'envoyait au couvent, pour arrêter sans doute son penchant au plaisir qui s'était déjà déclaré et qui a causé, dans la suite, tous ses malheurs et les miens.

L'ABBÉ PRÉVOST, *Manon Lescaut*, 1731

3

Il se mit à étudier la position de la comtesse, et tomba dans une de ces méditations auxquelles se livrent les grands politiques en concevant leurs plans, en tâchant de deviner le secret des cabinets ennemis.

HONORÉ DE BALZAC, *Le Colonel Chabert*, 1832

5 À partir des phrases suivantes, écrivez un court récit comportant un retour en arrière, et une projection dans le futur.

1. À ce moment-là, ...
2. J'avais oublié que, quelques mois auparavant ... .
3. Je ne savais pas alors que, des années plus tard ... .

6 Dans le texte suivant, l'auteur a choisi des rythmes différents pour raconter la fin d'une longue histoire d'amour impossible ; identifiez-le rythme propre à chaque partie (*scène*, *ellipse*, *sommaire* ou *pause*).

1. Il voyagea. Il connut la mélancolie des paquebots, les froids réveils sous la tente, l'étourdissement des paysages et des ruines, l'amertume des sympathies interrompues. Il revint. Il fréquenta le monde, et il eut d'autres amours encore.
2. Des années passèrent ; et il supportait le désœuvrement de son intelligence et l'inertie de son cœur.
3. Vers la fin de mars 1867, à la nuit tombante, comme il était seul dans son cabinet, une femme entra.
« Madame Arnoux !
– Frédéric ! »
Elle le saisit par les mains, l'attira doucement vers la fenêtre, et elle le considérait tout en répétant :
« C'est lui ! C'est donc lui ! »

GUSTAVE FLAUBERT, *L'Éducation sentimentale*, 1869

7 Extrait de sujet de brevet

DNB, Groupe Sud, juin 2003

Par quel connecteur temporel l'action s'enclenche-t-elle ?

C'était une auberge. J'entrai. Personne ne s'y trouvait. Seule l'odeur du temps pourrissait là, tenace et pernicieuse. [...] Tout était si singulier qu'attentif au moindre bruit, je me questionnai sur l'étrangeté des lieux. [...] Tout à coup un insidieux frisson me traversa, semblable à celui ressenti dehors et qui m'avait chassé jusqu'ici. « On » se trouvait à nouveau là, tout proche !

CLAUDE SEIGNOLLE, *L'Auberge du Larzac*, 1967

33 La versification

Retenons

Le mot *poésie* vient du grec *poïesis*, qui signifie « création », « fabrication » : le poète est un artisan dont le matériau est le langage. Il travaille les sonorités, les rythmes et les images pour créer un texte qui touchera le lecteur ou l'auditeur. Dans la poésie de forme traditionnelle, le poète devait respecter un certain nombre de normes et de règles pour la fabrication de ses poèmes.

Les vers (lecture horizontale)

Compter les syllabes

Un vers peut être plus ou moins long. Pour déterminer la longueur d'un vers, il faut compter le nombre de syllabes qui le composent.

> *Je/par/ti/rai./Vois-/tu/je/sais/que/tu/m'a/ttends.* Victor Hugo, « Demain, dès l'aube » : ce vers comporte douze syllabes.

Attention cependant :

- au ***e* muet** :
  - Il compte pour une syllabe quand il est entre deux consonnes.
  - Il ne compte pas : – quand il est devant une voyelle ou un *-h-* muet (non prononcé) ;
    – à la fin d'un vers, y compris pour les mots qui se terminent par *-es* ou *-ent* (marques du pluriel, de la deuxième personne du singulier ou de la troisième personne du pluriel).

    > *C'est/un/trou/de/ver/dur(e)/où/chant(e)/un/e/ri/vièr(e).*
    > (Arthur Rimbaud, « Le Dormeur du val »)

  Quand on lit un poème, il faut faire attention à bien lire le bon nombre de syllabes, en tenant compte de cette règle, sinon on met à mal tout le rythme du poème.
- aux **diérèses** et aux **synérèses**

  Certains mots ont deux sons vocaliques qui se suivent (*nuit, muet, jouer*, etc.).
  - On les prononce en **diérèse** quand on les lit en **deux syllabes** : *nu-it, mu-et.*
  - On les prononce en **synérèse** quand on les lit en **une seule syllabe** : *nuit, muet.*

  Le choix de les lire en diérèse ou en synérèse dépend en fait du rythme du poème, c'est-à-dire de la longueur des vers. Si un poème est écrit en alexandrins, on va lire avec une diérèse ou une synérèse pour que le vers fasse bien douze syllabes (et non pas onze ou treize).

Les différents types de vers (ou mètres)

Les vers les plus courants sont ceux qui ont un nombre de syllabes pair : ce sont l'**alexandrin** (douze syllabes), le **décasyllabe** (dix syllabes), l'**octosyllabe** (huit syllabes) et l'**hexasyllabe** (six syllabes).
Dans la poésie plus moderne, on peut également trouver des vers impairs : l'**heptasyllabe** (sept syllabes), le **pentasyllabe** (cinq syllabes) ou encore le **trisyllabe** (trois syllabes).

Les strophes

Les strophes (groupes de vers dans un poème) peuvent elles aussi avoir différentes longueurs.
Les plus courantes sont :

- le **distique** (strophe de deux vers) ;
- le **tercet** (strophe de trois vers) ;
- le **quatrain** (strophe de quatre vers) ;
- le **sizain** (strophe de six vers) ;
- le **huitain** (strophe de huit vers) ;
- le **dizain** (strophe de dix vers).

Les rimes (lecture verticale)

La disposition des rimes

Les rimes vont par deux et sont disposées selon trois combinaisons possibles :

- Rimes **plates** ou **suivies** (AABB) › *Le temps passe, on ne sait rien.* (A)
  André Platard a quitté la rue Saint-Martin. (A)
  (Robert Desnos, « Couplets de la rue Saint-Martin »)

- Rimes **croisées** (ABAB)
  › *Tandis que les crachats rouges de la mitraille* (A)
  Sifflent tout le jour par l'infini du ciel bleu ; (B)
  Qu'écarlates ou verts, près du Roi qui les raille (A)
  Croulent les bataillons en masse dans le feu. (B)
  (Arthur Rimbaud, « Le Mal »)

- Rimes **embrassées** (ABAB)
  › *Quand vous serez bien vieille, au soir, à la chandelle,* (A)
  Assise auprès du feu, dévidant et filant, (B)
  Direz, chantant mes vers en vous émerveillant : (B)
  « Ronsard me célébrait du temps que j'étais belle ». (A)
  (Pierre de Ronsard, « Quand vous serez bien vieille... »)

L'alternance des rimes

La rime est **féminine** quand elle **se termine par un -*e*- muet** (orthographié *-e*, *-es*, ou *-ent*) ; elle est **masculine** quand elle **s'achève par une autre terminaison.**

Dans la poésie classique, rimes féminines et masculines doivent **alterner** : ainsi, si la rime (a) est féminine, la rime (b) doit être masculine. Si vous regardez bien, c'est effectivement le cas dans les extraits ci-dessus.

La richesse des rimes

Les rimes se distinguent aussi par leur richesse :

- les **rimes pauvres** ont un seul son en commun (*doux*/*poux*) ;
- les **rimes suffisantes** ont deux sons en commun (*neiges*/*sacrilèges*) ;
- les **rimes riches** possèdent au moins trois sons en commun (*armes*/*larmes*).

Attention : La richesse des rimes se trouve en écoutant et non en regardant les mots placés à la rime.

Les sonorités à l'intérieur des vers

Le travail sur les sons ne s'arrête pas aux rimes, mais se fait aussi à l'intérieur des vers. Ainsi, le poète peut notamment utiliser :

- l'**allitération** (répétition d'une consonne). › *Pour qui sont ces serpents qui sifflent sur vos têtes ?* (Jean Racine, *Andromaque*, 1667).
  Dans ce vers, l'allitération en *-s-* mime le son des serpents qu'imagine Oreste, devenu fou.
- l'**assonance** (répétition d'une voyelle). › *Tout m'afflige et me nuit et conspire à me nuire.* (Jean Racine, *Phèdre*, 1677).
  Dans ce vers, l'assonance en *-i-* traduit la plainte stridente de Phèdre qui ne peut assouvir son amour pour son beau-fils Hippolyte.

1 Pour chacun des extraits suivants, nommez le type de strophe et de vers utilisés.

1. Ayant poussé la porte étroite qui chancelle,
Je me suis promené dans le petit jardin
Qu'éclairait doucement la lumière du matin,
Pailletant chaque fleur d'une humide étincelle.

Paul Verlaine, « Après trois ans », *Poèmes saturniens*, 1866

2. Amour me tue, et si je ne veux dire
Le plaisant mal que ce m'est de mourir :
Tant j'ai grand peur, qu'on veuille secourir
Le mal, par qui doucement je soupire.

Pierre de Ronsard, « Amour me tue, et si je ne veux dire », *Les Amours de Cassandre*, 1552

3. Chaque coquillage incrusté
Dans la grotte où nous aimâmes
A sa particularité.

Paul Verlaine, « Les Coquillages », *Fêtes galantes*, 1869

2 Réécrivez ce texte sous forme de sizain d'alexandrins. N'oubliez pas les majuscules en début de vers.

Oh ! laissez-moi ! c'est l'heure où l'horizon qui fume cache un front inégal sous un cercle de brume, l'heure où l'astre géant rougit et disparaît. Le grand bois jaunissant dore seul la colline : on dirait qu'en ces jours où l'automne décline, le soleil et la pluie ont rouillé la forêt.

Victor Hugo, « Rêverie », *Les Orientales*, 1829

3 Soulignez dans cette strophe tous les -*e*- muets qui se prononcent.

Un rauque grondement monte, roule et grandit.
Tout un monde effrayé rampe sous les arbustes ;
Une souple panthère arque ses reins robustes
Et de l'autre côté du ravin noir bondit.

Charles-Marie Leconte de Lisle, « Les Clairs de lune », *Poèmes barbares*, 1862

4 **Les poèmes suivants ont perdu leurs rimes. Replacez-les en vous aidant des indices suivants : le premier extrait a des rimes croisées, le second a des rimes suivies.**

1. ***trêve – cauchemar – l'art – rêve***

Tu ne me veux pas en ... ,
Tu m'auras en ... !
T'écorchant au vif, sans ... ,
Pour moi... pour l'amour de ... .

TRISTAN CORBIÈRE, « Elizie d'amor »,
in *Les Amours jaunes*, 1873

2. ***balcon – porte – faucon – morte***

Si j'étais noble ... ,
Tournoïrais sur ton ...
Taureau : foncerais ta ...
Vampire : te boirais ...
Te boirais !

TRISTAN CORBIÈRE, « Chanson en si »,
in *Les Amours jaunes*, 1873

5 **Pour chaque extrait, identifiez la disposition des rimes et la richesse de chaque rime.**

1. Oui, l'œuvre sort plus belle
D'une forme au travail
Rebelle,
Vers, marbre, onyx, émail.

THÉOPHILE GAUTIER, « L'Art », in *Émaux et camées*, 1852

2. Tel qu'en lui-même enfin l'éternité le change,
Le Poëte suscite avec un glaive nu
Son siècle épouvanté de n'avoir pas connu
Que la mort triomphait dans cette voix étrange !

STÉPHANE MALLARMÉ, « Le Tombeau
d'Edgar Poe », in *Poésies*, 1899

3. Sire, tes vieux canons sur les sales pavés :
– Oh ! quand nous serons morts, nous les aurons lavés !

ARTHUR RIMBAUD, « Le Forgeron », in *Poésies*, 1895

6 **Écrire en respectant la disposition des rimes.**

1. Créez un quatrain avec des rimes suivies, dont le premier vers sera :
Sous le soleil qui me dore
2. Créez un quatrain avec des rimes croisées, dont le premier vers sera :
Dans la forêt aux loups
3. Créez un quatrain avec des rimes embrassées, dont le premier vers sera :
Je voulais te dire en face

7 **Dans les extraits suivants, repérez les répétitions de sons à l'intérieur des vers : quel est le son répété ? S'agit-il d'assonances ou d'allitérations ?**

1. Quel que soit le souci que ta jeunesse endure,
Laisse-la s'élargir, cette sainte blessure.

ALFRED DE MUSSET, « Nuit de mai », in *Les Nuits*, 1835

2. L'omnibus, ouragan de ferraille et de boues,
Qui grince, mal assis entre ses quatre roues,
Et roule ses yeux verts et rouges lentement...

PAUL VERLAINE, « Le Bruit des cabarets,
la fange du trottoir », in *La Bonne Chanson*, 1869

3. Les mains dans les mains restons face à face
Tandis que sous
Le pont de nos bras passe
Des éternels regards l'onde si lasse.

GUILLAUME APOLLINAIRE, « Le Pont Mirabeau »,
in *Alcools*, 1913

4. Et la mer et l'amour ont l'amer pour partage,
Et la mer est amère, et l'amour est amer,
L'on s'abîme en l'amour aussi bien qu'en la mer,
Car la mer et l'amour ne sont point sans orage.

PIERRE DE MARBEUF, « À Philis », in *Recueil des vers*, 1628

8 **Classez les alexandrins suivants selon qu'ils comportent une diérèse ou une synérèse, et précisez le mot faisant l'objet de cette diérèse ou synérèse.**

1. On n'est pas sérieux quand on a dix-sept ans.

ARTHUR RIMBAUD, « Roman », in *Poésies*, 1895

2. Et puisque vous voyez mon âme toute entière,
3. Seigneur, ne perdez plus menace ni prière.

PIERRE CORNEILLE, *Nicomède*, 1658

4. L'occasion est belle, il la faut embrasser.

JEAN RACINE, *Phèdre*, 1677

9 **Extraits de sujets de brevet**

1. **DNB, Polynésie française, juin 2006**
Ce récit est-il écrit en prose ou en vers ? Justifiez votre réponse en vous appuyant sur des exemples précis.

Je ne songeais pas à Rose ;
Rose au bois vint avec moi ;
Nous parlions de quelque chose,
Mais je ne sais plus de quoi.

VICTOR HUGO, « Vieille Chanson du jeune temps »,
in *Les Contemplations*, 1831

2. **DNB, Besançon, Dijon, Grenoble, Lyon, Nancy-Metz, Reims, Strasbourg, série technologique, septembre 2006**
Ce texte est un poème. Justifiez cette affirmation avec deux éléments du texte.

Ce jour-là, quand je t'ai vue,
j'étais comme quand on regarde le soleil ;
j'avais un grand feu dans la tête,
je ne savais plus ce que je faisais,
j'allais tout de travers comme un qui a trop bu,
et mes mains tremblaient.

D'après CHARLES FERDINAND RAMUZ, *Le Petit Village*, 1903,
tiré de l'*Anthologie de la poésie française du XX*e *siècle*, 2000

1 Homophones (1) : homophones distingués par l'accent

Observons

a) **Dès** que vous arrivez, téléphonez-nous, car **des** orages sont annoncés.
b) Nicolas a **dû** prendre un taxi parce qu'il avait **du** retard.
c) Le jardinier a cru qu'il avait plu. Les plants qu'il a repiqués ont crû très vite.
d) Je suis **sûr** d'avoir posé mes clés **sur** le bureau.
e) Es-tu **prêt** à partir ? Attends-moi **près** de la voiture.

- Donnez la classe grammaticale (nature) des mots écrits en gras.
- Quel est le mode des formes verbales soulignées ? Quel est leur infinitif ?

Retenons

Homophones	Classe grammaticale	Pour ne pas confondre	Exemple
des	– article défini contracté pluriel : *de + les* – article indéfini pluriel – article partitif	Remplacer par ***certain(e)s***, ***de certain(e)s***.	*le chant **des** oiseaux* > *les chants **de certains** oiseaux*
dès	– employé seul : préposition – *dès que* : conjonction de subordination	– Remplacer par ***depuis***. – Remplacer par ***aussitôt que***.	***dès** le début* > ***depuis** le début* ***dès que** vous arrivez* > ***aussitôt que** vous arrivez*

Homophones	Classe grammaticale	Pour ne pas confondre	Exemple
du	– article défini contracté singulier : *de + le* – article partitif	Il est parfois possible de le remplacer par ***de la*** (+ nom féminin).	*Prends **du** chocolat.* > *Prends **de la** compote de pommes.*
dû	participe passé du verbe *devoir*	Remplacer par ***voulu***.	*Il a **dû** partir.* > *Il a **voulu** partir.*

Homophones	Classe grammaticale	Pour ne pas confondre	Exemple
cru, crue	– participe passé du verbe *croire* – nom commun – adjectif qualificatif	– Mettre le verbe ***croire*** au présent. – Remplacer par ***cuit***.	*– J'ai **cru** à cette histoire.* *> Je **crois** à cette histoire.* *– Ce vin est un grand **cru**.* *– La rivière est en **crue**.* *– Il hache un oignon **cru**.* *> Il hache un oignon **cuit**.*
crû	participe passé du verbe *croître*	Remplacer par ***grandi***.	*La plante a **crû**.* > *La plante a **grandi**.*

Homophones	Classe grammaticale	Pour ne pas confondre	Exemple
sur	préposition	Remplacer par ***sous***.	***sur** le bureau* > ***sous** le bureau*
sûr, sûre	adjectif qualificatif	Remplacer par ***certain/certaine***.	*Je suis **sûr** de moi.* > *Je suis **certain**.*

Orthographe

Homophones	Classe grammaticale	Pour ne pas confondre	
près	– adverbe de lieu – préposition suivie de *de*	Remplacer par *à côté*.	– *Il habite tout* ***près****.* › *Il habite à côté.* – *Pose-le* ***près*** *de moi.* › *Pose-le à côté de moi.*
prêt	– nom commun – adjectif qualificatif	Mettre l'adjectif au féminin.	– *Demande un* ***prêt*** *à la banque.* – *Il est* ***prêt*** *à tout.* › *Elle est prête à tout.*

1 Complétez les phrases suivantes avec les homophones qui conviennent, en les accordant si besoin : *dès, des, dé ; près, prêt, pré.*

1. Nous ne sommes pas ... d'être ... pour le dîner, vu notre retard !
2. Téléphonez-nous ... votre arrivée pour nous donner ... nouvelles.
3. Êtes-vous ... ? Nous allons ramasser des champignons dans le ... , ... de la rivière.
4. ... qu'il la vit sortir ... écuries, il vint ... d'elle, enfin ... à s'expliquer.
5. Tire les ... et fais-nous ... six !

2 Complétez les phrases suivantes avec les homophones qui conviennent, en les accordant si besoin : *mur, mûr, mûre ; sur, sûr.*

1. Êtes-vous ... de pouvoir être ... place dans dix minutes ? C'est très urgent !
2. Les fruits qui poussent près du ... , là-bas, au soleil, sont déjà ... .
3. Il faut ranger ces papiers en lieu ... : tiens, ... cette étagère, là-haut.
4. Est-il assez ... et ... de lui pour assumer une telle responsabilité ?
5. J'ai cueilli des ... : es-tu ... qu'elles sont assez ... ?

3 Complétez les phrases suivantes avec les homophones qui conviennent, en les accordant si besoin : *cru, crû, crue ; du, dû.*

1. La ... de la Seine a été si importante que les voies sur berge ont ... être fermées.
2. Je ne les ai pas ... tout de suite.
3. Ils ont ... avoir un empêchement ; ... coup, nous allons dîner sans eux.
4. Les arbres avaient ... si vite que l'homme ne reconnaissait plus le paysage.
5. Je n'aurais jamais ... que tu serais là si tôt : tu aurais ... me prévenir !
6. Le créancier est venu réclamer les sommes qui lui étaient ... .

4 Complétez le texte suivant avec les homophones vus dans la leçon.

Je m'assis dans l'herbe et j'enlevai un de mes souliers en caoutchouc. – Je vais le manger pour toi, si tu veux. Si elle le voulait ! Ah ! Mais bien ... qu'elle le voulait, voyons ! C'était une vraie petite femme. Elle posa son cerceau par terre et s'assit ... ses talons. Je ... voir dans ses yeux une lueur d'estime. Je n'en demandais pas plus. Je pris mon canif et entamai le caoutchouc. Elle me regardait faire. – Tu vas le manger ... ? – Oui. J'avalai un morceau, puis un autre. Sous son regard enfin admiratif, je me sentais vraiment un homme.

Romain Gary, *La Promesse de l'aube*, 1960

5 Corrigez les fautes faites sur les homophones de la leçon.

1. Des que vous êtes surs d'être près à partir, nous y allons.
2. J'ai crû voir mon cousin, mais j'ai du rêver.
3. Je ne suis pas prêt d'adhérer à leur projet, car ils ne m'inspirent guère confiance ; j'aurais du dire non dés le début !

6 Rédigez deux phrases où apparaîtront successivement les deux séries d'homophones suivantes, sans que l'orthographe en soit changée.

1. Crue – où – près – à – là – notre – des.
2. Crû – à – a – mûrs – dès – où.

7 Rédigez un texte dans lequel vous emploierez le plus de couples d'homophones possible.

Vous n'êtes pas obligé de vous limiter aux homophones de cette leçon : l'importance est la cohérence de votre texte.

8 Choisissez dans les phrases suivantes l'orthographe correcte : *a – à – as – ah – ou – où.*

1. Le jardin ... tu ... fait tes premiers pas n'... pas changé.
2. ... ! ça, non ! Ne songe pas ... partir ... la piscine tant que tu n'... pas fini tes devoirs !
3. – ...-tu quelque chose ... faire avant, ... pars-tu tout de suite avec moi ... la campagne ?
4. Avec ton récit, tu nous ... fait rire ... en pleurer !

100 % web

Retrouvez une fiche complète pour réviser les homophones vus les années précédentes.

2 Homophones (2) : *quoique/quoi… que ; quel(le)/qu'elle ; quelque/quel… que*

Observons

a) **Quoiqu'il** soit jeune, il se montre très réfléchi.
Quoi que je fasse, tu me feras toujours des reproches.
b) **Quel** temps ! **Qu'elle** s'en aille !
c) Il y a **quelques** jours, j'ai reçu un colis étrange.
Quels que soient vos désirs, ils seront exaucés.
Il a lu **quelque** deux cents pages du livre.

- Lisez ces phrases à voix haute. Que remarquez-vous ?
- Les mots en gras appartiennent-ils tous à la même classe grammaticale ?

Retenons

Homophones	Classe grammaticale	Pour ne pas confondre	Exemple
quoique (+ subj.)	conjonction de subordination (exprimant la concession)	Remplacer par ***bien que***.	***Quoiqu'****il soit jeune, il se montre très réfléchi.* › ***Bien qu'****il soit jeune, il se montre très réfléchi.*
quoi que (+ subj.)	locution pronominale	Remplacer par ***quelle que soit la chose que***.	***Quoi que*** *Yann dise, on le croit.* › ***Quelle que soit la chose que*** *Yann dise, on le croit.*

Homophones	Classe grammaticale	Pour ne pas confondre	Exemple
quel(s) quelle(s)	déterminant exclamatif ou interrogatif		***Quel*** *temps !* ***Quelle*** *heure est-il ?*
qu'elle	*que* + pronom personnel *elle(s)*	Remplacer par ***qu'il(s)***.	– ***Qu'elle*** *s'en aille !* › ***Qu'il*** *s'en aille !* – *Parle-lui de ton projet afin* ***qu'elle*** *y réfléchisse.* › *Parle-lui de ton projet afin* ***qu'il*** *y réfléchisse.*

Homophones	Classe grammaticale	Pour ne pas confondre	Exemple
quelque(s)	déterminant indéfini (variable)	– Remplacer par ***un***, ***un certain*** pour le singulier. – Remplacer par ***plusieurs*** pour le pluriel.	– *Cette information est parue dans* ***quelque*** *journal.* › *Cette information est parue dans* ***un*** *journal.* – ***Quelques*** *journalistes en ont parlé.* › ***Plusieurs*** *journalistes en ont parlé.*
quelque	adverbe (invariable) suivi d'un nombre	Remplacer par ***environ***, ***à peu près***.	*L'événement s'est produit il y a* ***quelque*** *cinq mois.* › *L'événement s'est produit il y a* ***environ*** *cinq mois.*
quelque… que + être au subjonctif	adverbe (invariable) exprimant l'opposition/la concession	Remplacer par ***si***, ***aussi … que***.	***Quelque*** *contestables que soient ses opinions, écoutons-le.* › ***Si*** *contestables* ***que*** *soient ses opinions, écoutons-le.*

Orthographe

***quel(s)... que quelle(s)... que* + *être* au subjonctif**	expression signifiant la concession : *quel* s'accorde avec le sujet du verbe	– ***Quel que** soit ton avis, je participerai à ce projet.* › ***Quelles que** soient vos suggestions, je participerai à ce projet.*

1 a) Complétez les phrases suivantes avec la locution qui convient : *bien que* ou *quelle que soit la chose que* b) Remplacez ensuite par le bon homophone : *quoique* ou *quoi que*.

1. ... nous décidions, mes frères viendront avec nous.
2. Les enfants jouent encore dehors ... la nuit soit déjà tombée.
3. ... vous fassiez pour elle, Marie n'est jamais satisfaite !
4. ... son petit-fils lui parlât fort, le vieillard ne l'entendait pas.
5. Je ne puis accepter cette somme, ... j'en aie bien besoin.
6. ... tu leur demandes, tes parents seront toujours là.

2 Complétez ces phrases en choisissant *quoique* ou *quoi que* (*quoiqu'* ou *quoi qu'*).

1. ... tu offres, ton cadeau fera toujours plaisir.
2. ... nous soyons partis en retard, nous avons eu de bonnes places.
3. ... il raconte, il est inexcusable.
4. ... elle mange, elle ne prend jamais un gramme.
5. Cette pièce, ... petite, est vraiment agréable à vivre.
6. ... nous décidions, nous vous passerons un coup de fil.
7. ... il soit malade, il part travailler.
8. Tout lui réussit, ... il fasse.

3 Choisissez *quel(le)* ou *qu'elle*, en accordant ces formes si nécessaire.

1. ... chaussures emportes-tu en vacances ?
2. Sur ... voie les enfants arrivent-ils ?
3. Malheureusement je sais déjà ... ne viendra pas.
4. ... vienne à la maison si elle passe dans la région !
5. ... sont les derniers films que tu as vus au cinéma ?
6. ... chance !
7. Il faut ... arrête de raconter n'importe quoi !
8. Voyez avec ... grâce et ... talent danse cette petite fille !
9. Tu penses ... vont repasser par la maison, après les cours ?
10. ... exercices est-ce qu'il te reste à faire ?

4 Donnez la classe grammaticale de *quelque* et *quel que* (éventuellement accordé) dans les phrases suivantes : s'agit-il d'un adjectif ? d'un déterminant indéfini ? ou encore d'un adverbe ? Justifiez ainsi leur accord.

1. **Quelles que** soient tes intentions, moi je ne bougerai pas d'ici.
2. Cette femme ? Je l'ai déjà rencontrée il y a **quelque** temps.
3. Marie a lu **quelque** cent pages en une heure !
4. **Quel que** soit le temps, les chalutiers prennent la mer.
5. Il reste **quelques** morceaux de gâteau : servez-vous.
6. **Quelque** pénible que soit cette attente, il faut patienter.
7. Elle n'a jamais perdu espoir, **quelles que** fussent ses chances de réussir.
8. Ce sportif s'entraîne **quelque** huit heures par jour.

5 Choisissez la bonne orthographe de l'homophone *quelque* en accordant si nécessaire.

1. Désirez-vous encore ... chose ?
2. Nous viendrons vous chercher à la gare ... soit votre heure d'arrivée.
3. Te reste-t-il encore ... souvenirs de cette époque ?
4. Mes lunettes doivent bien se trouver ... part !
5. ... superstitieux qu'il soit, ce n'est pas un chat noir qui va lui faire peur !
6. ... soit la cause de son retard, l'élève n'est pas accepté en classe.
7. ... trois mille fans étaient venus accueillir la star à l'aéroport.
8. ... soient les efforts que tu auras à fournir, il ne faudra surtout pas te décourager.
9. Tu n'aurais pas ... euros à me prêter ?

6 Choisissez dans chaque série de mots la bonne orthographe.

1. Quelques temps – quelque temps – quels que temps.
2. Quelle conque – quel conque – quelconque.
3. Quelquefois – quelles que fois – quelques fois.
4. Quelle que part – quelquepart – quelque part.
5. En quel que sorte – en quelque sorte – en quelle que sorte.
6. Quelque chose – quelquechose – quelle que chose.

7 Employez chacun des groupes de mots dans une phrase de votre choix, sans modifier leur orthographe.

Quelque jaloux – quelle que soit – quoi qu'elle – quelques jouets – quoique malin – quels que soient.

8 Vers le brevet. Justifiez, dans ces vers, l'orthographe de *quelque*, en identifiant à chaque fois sa nature grammaticale.

La faim, l'occasion, l'herbe tendre et, je pense,
Quelque diable aussi me poussant,
Je tondis de ce pré la largeur de ma langue.
Je n'en avais nul droit, puisqu'il faut parler net.
À ces mots on cria haro sur le Baudet.
Un loup, quelque peu clerc, prouva par sa harangue
Qu'il fallait dévorer ce maudit animal…

Jean de La Fontaine, « Les Animaux malades de la peste », in *Fables*, 1678

100 % web

› **Accorder *quel***

3 Orthographe lexicale (1) : les familles de mots irrégulières

Observons

a) Le téléphone **sonne** depuis cinq minutes.
N'entends-tu pas la **sonnerie** ?
Dans le poème, l'auteur joue sur les **sonorités**.
b) Le **marin** est parti pour un long périple.
Le navire tangue sur la **mer** agitée.
La compagnie **maritime** est en grève depuis plusieurs jours.

- Quel est le point commun entre *sonne*, *sonnerie* et *sonorité* ?
- *Marin*, *mer*, *maritime* font-ils partie de la même famille ? Que remarquez-vous quant à la formation de ces mots ?

Retenons

- Les mots d'une même famille ont un élément commun : leur **radical**, auquel peuvent s'ajouter un **préfixe** et/ou un **suffixe**.
  - ***emporter*** est formé du préfixe ***em-***, du radical ***-port-*** et du suffixe ***-er***. À partir du radical ***-port-***, on peut former des mots de la même famille : *dé**port**er*, *em**port**er*, *ex**port**er*, *ex**port**ation*, *im**port**er*, ***port**atif*, *re**port**er*...
- Une même famille de mots peut présenter plusieurs radicaux.
  - Ainsi les mots de la famille de ***fleur*** sont-ils formés tantôt sur le radical latin, ***flos***, ***floris***, que l'on retrouve dans les mots *flore*, *floraison*, *floral*, *florilège*, tantôt sur le radical français ***fleur***, que l'on retrouve dans les mots *effleurer*, *fleurette*, *fleurir*, *fleuriste*.
  - Les mots évoquant l'eau sont formés tantôt à partir de la racine latine ***aqua***, tantôt à partir de la racine grecque ***hýdôr*** qui a donné ***hydro-***.
    - Mots formés à partir de la racine latine : *aquarium*, *aquarelle*, *aquatique*, *aqueduc*, *aqueux* (qui est de la nature de l'eau), *aquifère* (qui contient de l'eau), *aquagym*, *aquaculture*, *aquacole* (qui est cultivé, élevé dans l'eau).
    - Mots formés à partir de la racine grecque : *hydratant*, *hydratation*, *hydrater*, *hydraulique*, *hydravion*, *hydrique* (qui contient de l'eau).
- Un **même radical** peut présenter des **variations orthographiques** en français moderne (il s'écrit de différentes manières).
  En voici quelques exemples :
    - *consonne/consonance*
    - *donner/donation, donateur*
    - *entonner/intonation*
    - *honneur/honorer, honoraire*
    - *mer/marin, maritime, amerrir*
    - *monnaie/monétaire*
    - *nommer/nominatif*
    - *rationnel/rationalité, rationalisation*
    - *résonner/résonance*
    - *sel/saler, salière, salage, saloir, salant*
    - *sonner/sonore, sonorité*
    - *tonner/détoner, détonation*

Orthographe

1 **Écrivez en autodictée, ou faites-vous dicter les expressions suivantes qui mettent en évidence les irrégularités dans certaines familles de mots.**

1. Une consonne mais une consonance.
2. Une sonnerie mais une sonorité.
3. Le tonnerre et ses détonations.
4. Le donneur donne au donataire.
5. Nommer et nominatif.
6. Rationner avec rationalité.
7. La monnaie et le système monétaire.

2 **Repérez l'intrus qui s'est glissé dans chacune de ces familles de mots.**

1. Terrasse – enterrement – terrifier – terrier – terrestre.
2. Menteur – mensonge – dément – démentir – mensonger.
3. Passer – passage – passoire – passion – passade.
4. Battue – débattre – batterie – bâtisseur – rabatteur.
5. Équitable – équidistant – équitation – équivoque – équinoxe.
6. Sensationnel – censé – insensible – insensé – sensuel.
7. Maniable – manuel – maniaque – manucure – amener.

3 **Retrouvez quatre familles de mots dans la liste suivante, et mettez en évidence le radical commun aux mots d'une même famille.**
Rappel : le radical peut varier quelque peu d'un dérivé à un autre.

Projectile – concurrence – inspecteur – spectre – recyclage – rejet – excursion – courrier – spectaculaire – cyclone – encyclopédie – introspection – accourir – trajectoire – prospecter – coursier – cyclique – injection – hémicycle – éjecter – rétrospectivement – interjection – récurrent – bicyclette.

4 **Complétez le tableau suivant et reconstituez ainsi des familles de mots.**

Noms	Adjectifs	Verbes	Adverbes
	clair		
			légalement
paix			
		varier	
	brave		
raison			
	tendre		
		chérir	

5 **En ajoutant des préfixes, trouvez au moins quatre verbes dérivés de chacun des verbes suivants :** ***mettre – porter – (é)crire – dire.***

6 **Trouvez au moins quatre mots de la même famille que les mots suivants, en vous aidant du radical latin indiqué entre parenthèses.**

1. Hôte *(hospes, hospitis)*.
2. Chef *(caput, capitis)*.
3. Droit *(directus)*.
4. École *(schola)*.
5. Faire *(facio, feci, factum)*.

7 **En vous aidant d'un dictionnaire, décomposez les mots suivants pour faire apparaître leur sens étymologique.**

Mots dérivés	Préfixe(s)	Radical (aux)	Suffixe(s)	Sens
classification				
fratricide				
pyromane				
acclimatation				
déforester				
irrationnel				
bibliophile				
xénophobie				

8 **a) Choisissez une famille de mots. b) Rédigez un poème de huit vers, en insérant dans chaque vers un mot de cette famille, sans jamais utiliser deux fois le même mot.**

9 **Deux mots latins signifiant « cheval » ont donné naissance à deux familles de mots :** ***equus*** **(latin classique) et** ***caballus*** **(registre familier, bas latin).**

1. Quel mot français a donné le latin *caballus* ?
2. Trouvez des mots formés sur chacune de ces deux racines. Quelle famille de mots appartient à un registre soutenu ? Pourquoi à votre avis ?

10 **Vers le brevet**

> Un héron guindé s'éleva **lourdement** et **survola** la rivière de son vol pesant. Toute vie cessa pendant un instant, puis deux hommes **débouchèrent** du sentier et s'avancèrent dans la clairière.
>
> JOHN STEINBECK, *Des souris et des hommes*, 1937

1. Étudiez la composition des trois mots en gras dans cet extrait, et donnez ainsi leur sens étymologique.
2. Trouvez ensuite pour chacun de ces dérivés, un mot construit avec les mêmes préfixe et suffixe, mais avec un radical différent.

100 % web

Une fiche complète pour réviser les règles d'orthographe d'usage vues les années précédentes

4 Orthographe lexicale (2) : les dérivés des mots en *-ion*

Observons

C'est en toute **discrétion** qu'il a attiré l'**attention** de la **direction** sur ce sujet, qui avait donné lieu à de vives **discussions** entre les membres du personnel, après l'**impression** du bulletin d'**information**.

- Que remarquez-vous à propos de l'orthographe des mots en gras ?
- Après quelles lettres utilise-t-on le suffixe *-tion* ?
- Après quelles lettres utilise-t-on le suffixe *-ssion* ?

Retenons

Pour obtenir le son [S], le choix du suffixe dépend de la lettre qui le précède.

Le suffixe *-tion*

- C'est le plus courant. On le trouve derrière les lettres *-c-*, *-p-*, le groupe *-au-*, et souvent après les voyelles (sauf le *-e-* inaccentué).
  › *protection, exception, caution, émotion, discrétion, finition, formation*, etc.

Le suffixe *-ssion*

- Il est également très fréquent. Il ne se place jamais derrière une consonne.
  › *mission, impression, percussion*, etc.

Le suffixe *-sion*

- Il se place toujours derrière une consonne (sinon on obtient le son [z]). Derrière la lettre *-l-*, c'est toujours ce suffixe que l'on trouve, sauf pour le mot *alcyon*[1].
  › *émulsion, pulsion, révulsion*, etc.
- On le trouve souvent après les lettres *-r-* et *-n-*.
  › *version, torsion, expansion, pension*, etc. (mais *portion, insertion, mention, attention*, etc.)

Le suffixe *-xion*

- Il est assez rare. On les trouve dans des mots comme :
  › *réflexion, connexion, flexion, fluxion, annexion*, etc.

Le suffixe *-cion*

- On ne le trouve que dans quelques mots.
  › *succion, suspicion, scion*[2], etc.

1 Un alcyon est un oiseau mythique considéré comme un oiseau d'heureux présage.
2 Jeune rameau tendre et fin.

1 **Écrivez en autodictée, ou faites-vous dicter les mots suivants de la leçon.**

Perversion – convulsion – exception – discrétion – discussion – caution – expansion – succion – complexion – expansion.

2 **Orthographiez les dérivés en *-ion* en choisissant le bon suffixe : *-ession ou -étion*.**

1. Obs… .
2. Impr… .
3. Réc… .
4. Sécr… .
5. Agr… .
6. Suj… .

3 **Trouvez la bonne orthographe de ces dérivés en *-ion*.**

1. Abla… .
2. Perver… .
3. Flu… .
4. Rémi… .
5. Appari… .
6. Inver… .
7. Aboli… .
8. Anne… .
9. Organisa… .
10. Conver… .
11. Spécula… .
12. Crucifi… .
13. Réten… .
14. Isola… .
15. Réanima… .

4 **Complétez les noms en gras avec le suffixe approprié.**

1. Les homophones sont des mots dont la **prononcia…** est semblable, mais le sens et parfois l'orthographe différents.
2. Il a été accusé sur des **présomp…** ; pour le moment, aucune preuve tangible n'a été retenue contre lui.
3. Ce chanteur a des **infle…** de voix très agréables.
4. Il y a eu **sci…** dans l'Assemblée le lendemain même de son arrivée au pouvoir.
5. Les alpinistes sont partis de bonne heure faire l'**ascen…** du Mont Blanc.
6. Puis-je te confier une **mi…** ?
7. Son **adm…** dans cette **institu…** a été une **satisfac…** pour ses parents.
8. L'alerte à la bombe et les mauvaises **condi…** climatiques ont eu des **répercu…** assez terribles sur le trafic aérien et la **circula…** autour de l'aéroport.

5 **Même exercice.**

1. La **sélec…** a été rude, et le jury n'a retenu que deux candidats parmi les cent qui s'étaient présentés.
2. Il faut porter ce colis très fragile avec beaucoup de **précau…** .
3. Cette personne qui va travailler avec nous m'a fait très bonne **impre…**, et je sens qu'elle nous donnera toute **satisfac…** .
4. Dans cette maison éloignée de tout, et en pleine forêt, la **conne…** à Internet est impossible.
5. Tu arrives juste à temps pour m'aider : une vraie **bénédic…** !
6. C'est avec une profonde **émo…** que je vous dis au revoir, après tant d'années passées avec vous.
7. Son cheval est pour lui une véritable **obse…** : il ne pense qu'à lui toute la journée !

6 **Trouvez le dérivé en *-ion* des verbes suivants et orthographiez correctement le suffixe : *-ition, -ission* ou *-icion*.**

1. Soumettre.
2. Éditer.
3. Additionner.
4. Émettre.
5. Permettre.
6. Finir.
7. Rendre.
8. Suspecter.
9. Perdre.

7 **Trouvez et orthographiez correctement les dérivés en *-ion* des verbes suivants.**

1. Créer.
2. Élire.
3. Retenir.
4. Nourrir.
5. Céder.
6. Émouvoir.
7. Maudire.
8. Éteindre.
9. Pervertir.

8 **Trouvez les mots en *-ion* qui correspondent aux définitions suivantes.**

1. Attaque violente contre une personne : … .
2. Métier : … .
3. Remède miracle : … .
4. Fait d'adopter une nouvelle religion : … .
5. État de ce qui est parfait : … .
6. Soulèvement, révolte contre le pouvoir : … .
7. Récit imaginaire en littérature : … .

9 **Écrire un poème.**

Rédigez un poème de six à huit vers dont la rime unique sera [sion] (quelle que soit l'orthographe de ce suffixe). Les vers n'auront pas forcément la même longueur.

10 **Écrire un récit de voyage : imaginez les étapes d'un voyage extraordinaire, réalisé grâce à divers moyens de transport, en respectant les consignes d'écriture.**

– Observez la photographie représentant une ancienne locomotive pour commencer votre récit. Vous descendez d'un train et arrivez dans une gare.
– Votre récit est à la 1re personne et au présent, à la manière d'un journal de bord.
– Vous devez obligatoirement utiliser les douze mots suivants : *locomotion*, *station*, *aviation*, *navigation*, *circulation*, *réparation*, *impression*, *sensation*, *discussion*, *progression*, *émotion*, *motivation*.

▲ Sergei Mikhailovich Prokudin-Gorskii, autochrome (photographie) d'une locomotive du Transsibérien, 1910

5 Orthographe d'usage : le doublement des consonnes

Observons

a) Afin de ne pas **affoler** la population, le gouvernement a fait un communiqué.
b) Après l'**apéritif**, notre hôte nous a **apporté** une délicieuse entrée.
c) Karim a beaucoup d'**imagination**. Dès les consignes données, il a **immédiatement** fait un dessin.

- Lisez les mots en gras. Que remarquez-vous quant à leur orthographe ?

Retenons

- **On ne double pas le *-b-*.** > ***abandon***, ***aborder***, ***aboyer***, etc.
  sauf *abbé* (et les mots de la même famille comme ***abbaye***, ***abbatiale***) et ***rabbin***, ***sabbat***.
- **Le doublement du *-c-***
  - Les mots commençant par *ac-* prennent deux *-c-*. > ***accord***, ***accepter***, etc.
    sauf *acabit*, *académie*, *acajou*, *acariâtre*, *acéré*, *acolyte* (complice), ***acompte***, ***acrobatie***, ***acteur***, ***acné***, etc.
  - Les mots commençant par *ec-*, *éc-*, *ic-* prennent un *-c-*. > ***écume***, ***écrou***, ***icône***, etc.
    sauf *ecchymose, ecclésiastique.*
  - Les mots commençant par *oc-* prennent un *-c-*. > ***ocre***, ***oculaire***, etc.
    sauf *occasion, occident, occiput, occlusion, occulte, occuper, occurrence*, etc.
  - On double souvent le *-c-* à l'intérieur d'un mot. > ***baccalauréat***, ***succès***, ***succinct***, etc.
- **On double le *-d-*** dans les mots *addiction*, *additif*, *addition*, *adduction* et les mots de la même famille, ainsi que dans le mot *caddie*.
- **Le *-f-* est doublé** dans les mots commençant par *af-*, *ef-* et *of-*. > ***affinité***, ***affoler***, ***efficacité***, ***officine***, etc.
  Parmi les exceptions > ***afin***, ***africain***, etc.
- **On double le *-g-*** dans les mots ***agglomération***, ***agglutiner***, ***aggravation*** et les mots de la même famille.
- **Le doublement du *-m-***
  - Les mots commençant par *im-* doublent le *-m-*. > ***immersion***, ***immobile***, ***immortel***, etc.
    Parmi les exceptions > ***image***, ***imagination***, ***imitation*** et les mots de la même famille.
  - On double le *-m-* dans les noms ***femme***, ***homme***, ainsi que dans ***dilemme*** et les mots de la même famille.
- **On double le *-n-*** dans des mots comme ***année***, ***annoncer***, ***ennemi***, ***ennuyer***, ***innocenter***, ***innover***, ***personne***, etc.
- **Les mots commençant par *ap-*** prennent deux *-p-*. > ***appartement***, ***appartenir***, ***appétit***, ***appliquer***, etc.
  Parmi les exceptions > ***apaiser***, ***aperçu***, ***apéritif***, ***apitoyer***, ***aplatir***, ***aplomb***, ***après***, etc.
- **On double parfois le *-r-*** dans les mots commençant par *ar-* ou *er-*. > ***arranger***, ***arriver***, ***arroser***, ***errer***, etc.
- **On double la consonne *-s-*** pour obtenir le son [S] au lieu de [z]. > ***émissaire***, etc.
- **Les mots commençant par *at-*** prennent deux *-t-*. > ***attacher***, ***attaque***, ***attente***, ***attirer***, etc.
  Parmi les exceptions > ***atelier***, ***athlétisme***, ***atlantique***, ***atlas***, ***atmosphère***, ***atome***, ***atout***, ***atroce***, etc.
- **Cas des voyelles accentuées**
  On ne double pas la consonne placée après une lettre accentuée **sauf dans *châssis***. > ***une tempête***, ***prête***, etc.
- **Le doublement de la consonne finale des adjectifs qualificatifs**
  Au féminin, on double la consonne finale de nombreux adjectifs qualificatifs qui se terminent par *-l*, *-n*, *-s*, *-t*.
  - > *habituel* > *habitue**lle***
  - > *fripon* > *fripo**nne***
  - > *bas* > *ba**sse***
  - > *muet* > *mue**tte***
  - > *naturel* > *nature**lle*** (mais *national* > *nationale*)
  - > *maigrichon* > *maigricho**nne*** (mais *brun* > *brune*)
  - > *épais* > *épai**sse***
  - > *sot* > *so**tte*** (mais *discret* > *discrète*)

Orthographe

- **Doublement des consonnes et homophones**

Le doublement des consonnes permet de distinguer certains homophones comme :
– ***balade*** (action de se promener) et ***ballade*** (composition musicale ou poétique).

> *Nous irons faire une **balade** en forêt.*
> *François Villon a écrit la **Ballade** des pendus.*

– ***hotte*** (panier d'osier porté sur le dos) et ***hôte*** (personne qui reçoit des invités).

> *La **hotte** est pleine de bois.*
> *Notre **hôte** nous a fort bien accueillis.*

- **Un peu d'étymologie**

Le **préfixe latin *in-*** a deux sens : « **dans** » (*immerger* = « mettre dans la mer ») ou « **contraire de** » (*immortel* = « qui n'est pas mortel »). Quand il s'ajoute à un mot commençant par une consonne, celle-ci « contamine » le *-n-* (un peu comme dans une réaction chimique, finalement…) : *in + logique = illogique* (« qui n'est pas logique ») ; *in + modéré = immodéré* (« qui n'est pas modéré ») ; *in + réaliste = irréaliste* (« qui n'est pas réaliste »), etc. : cela explique un certain nombre de consonnes doubles en français moderne.

C'est le même principe pour le **préfixe latin *ad-*** qui signifie « **vers, en direction de** », mais il est plus difficile à repérer. On le trouve par exemple dans des mots comme *aggraver* (*vers le grave* = « rendre plus grave »), *arriver* (« vers la rive »), *allonger* (*vers le long* = « rendre plus long »), etc. Il ne faut pas le confondre avec le **préfixe *a-* privatif** (constitué d'une seule voyelle, il ne crée pas de consonne double en français moderne) : *amoral* (« qui n'a pas de morale »), *anormal* (« qui n'est pas dans les normes »), etc.

1 Doublez la consonne si nécessaire.

1. Ér…uption – ir…uption – er…eur – ér…udition – ar…osage – ir…itation – ar…angement – er…ance.
2. Ad…resse – ad…hérent – ad…équation – ad…iction – ad…hésion – ad…ition.
3. An…uaire – an…atomie – an…iversaire – an…esthésie – an…agramme – an…alphabète.
4. At…entif – at…roce – at…omique – at…iré – at…risté – at…rophié.
5. Af…ectueux – af…ricain – af…olé – af…ûté – af…ligé – af…able.
6. Ac…almie – ac…ompte – ac…ajou – ac…oudoir – ac…ord – ac…adémie.
7. Im…agination – im…itation – im…ersion – im…ensité – im…age : im…euble.
8. Ap…ât – ap…artement – ap…aisement – ap…arté – ap…éritif – ap…areil.

2 Mettez la consonne simple ou double qui manque dans chaque mot.

1. Co…ivence – co…oborer – co…atéral – co…ifère.
2. Co…u – co…erçant – co…ète – co…estible.
3. Cô…ique – co…enter – co…aborer – co…espondre.
4. Co…ique – co…issaire – co…ation – co…a.
5. Co…er – co…otation – co…érage – co…élation.

3 Trouvez et orthographiez correctement les antonymes des adjectifs suivants.

1. Lisible.
2. Mature.
3. Audible.
4. Réel.
5. Limité.
6. Imaginable.
7. Exact.
8. Logique.
9. Responsable.

4 Trouvez et orthographiez correctement les verbes dérivés des adjectifs suivants.

1. Tendre.
2. Doux.
3. Sain.
4. Long.
5. Noble.
6. Grave.
7. Ferme.
8. Sourd.
9. Plat.
10. Rond.
11. Bas.

5 Une ou deux consonnes ? Complétez les mots de ce texte avec l'orthographe adéquate.

Son visage me *pa…ut* encore plus charmant que la *vei…e* : tout en lui était fin, *inte…igent*, et *a…rayant*. Elle tournait le dos à la fenêtre *voi…ée* d'un rideau blanc ; un rai de soleil *fi…trait* à travers le *ti…u* et *i…ondait* de lumière ses cheveux flous et dorés, son cou *i…ocent*, l'*a…ondi* de ses épaules, sa poitrine tendre et *se…eine*. Je la *con…emplais* et qu'elle me *deve…ait* chère et proche ! J'avais l'*impre…ion* de la *co…aître* depuis longtemps et de n'avoir rien su, rien vécu avant de l'avoir vue.

Ivan Tourgueniev, *Premier amour*, 1860

6 Rédigez, pour distinguer chacun des mots suivants, une phrase courte qui fera apparaître clairement son sens.

1. Détoner/détonner.
2. Goûte/goutte.
3. Cote/cotte.
4. Attèle/attelle.
5. Il courait/il courrait.
6. Balade/ballade.
7. Hôte/hotte.
8. Tome/tomme.

100 % web

> **Retenir les mots de la leçon**
> **Bien orthographier les adjectifs qualificatifs mis au féminin**
> **Corriger les phrases mal orthographiées**

6 Les accords à ne pas oublier

Observons

Vendredi dernier, je me suis arrêté pas mal de temps devant les **nouveaux** modèles de télés avec magnétoscopes **intégrés** qu'ils **sortent** en prévision des Jeux Olympiques.

Didier Daeninckx, *Les Frères de Lacoste*, 1997

- Donnez la classe grammaticale des mots en gras.
- Avec quels mots s'accordent-ils ?

Retenons

Règles d'accord à connaître

- **Accord nom/adjectif**
  - L'adjectif qualificatif et le participe passé employé comme adjectif s'accordent en genre et en nombre avec le nom qu'ils qualifient. › *le boulanger avenant/les boulangères avenantes*
    › *une orange pressée/des oranges pressées*
  - Quand l'adjectif qualifie plusieurs noms, il s'accorde avec l'ensemble des noms qu'il qualifie.
  - L'adjectif qualificatif se met au masculin pluriel si au moins l'un des noms qu'il qualifie est masculin.
    › *Il a acheté une rose, une tulipe, une marguerite et un œillet odorants.*
- **Cas des adjectifs de couleur**
  Certains adjectifs de couleur restent invariables :
  - les adjectifs **composés.** › *des gilets bleu marine* › *des robes rouge cerise*
  - les adjectifs qui, **à l'origine, n'étaient pas des adjectifs.** › *des tissus orange* › *une écharpe citron*
    Seuls *écarlate*, *fauve*, *incarnat*, *mauve*, *pourpre* et *rose* s'accordent. › *des joues roses* › *des fleurs pourpres*
- **Accord sujet/verbe :** *pour les cas particuliers, voir la leçon suivante.*
- **Accord sujet/participe passé employé avec un auxiliaire**
  - **Avec l'auxiliaire** *être* **:** le participe passé s'accorde en genre et en nombre avec le sujet du verbe.
    › *Il est parti./Elles sont parties.*
  - **Avec l'auxiliaire** *avoir* **:** le participe passé ne s'accorde jamais avec le sujet ; en revanche, le participe passé s'accorde avec le COD, s'il est placé avant lui *(voir leçon n° 18)*.
    › Vassili a acheté une revue qu'il a lue dans le train.
- **Accord de l'attribut du COD :** que ce soit un nom, un participe passé ou un adjectif qualificatif, l'attribut du COD s'accorde avec le COD.
  › *La mère trouve ses enfants agités.* (COD : *ses enfants*)

Règles pour former les pluriels irréguliers

- Pluriel des **noms en** *-ou* : les noms en *-ou* font leur pluriel en *-ous* : *un clou/des clous.*
  - **Exceptions :** font leur pluriel en *-oux* les sept noms *bijou, caillou, chou, genou, hibou, joujou, pou.*
- Pluriel des **noms en** *-al* : les noms en *-al* font leur pluriel en *-aux* : *un cheval/des chevaux.*
  - **Exceptions :** font notamment leur pluriel en *-als* les noms *bal, cal, carnaval, chacal, étal, festival, récital, régal.*
- Pluriel des **adjectifs qualificatifs en** *-al* : les adjectifs en *-al* font leur pluriel en *-aux* : *mondial/mondiaux.*
  - **Exceptions :** font leur pluriel en *-als* les adjectifs qualificatifs *banal, bancal, fatal, final, natal, naval, tonal.*
- Pluriel des **noms en** *-ail* : les noms en *-ail* font leur pluriel en *-ails* : *un portail/des portails.*

- Exceptions : font leur pluriel en *-aux* les sept noms *bail, corail, émail, soupirail, travail, vantail, vitrail*.

- Pluriel des **noms en** *-eu, -eau, -au* : les noms en *-eu, -eau, -au* font leur pluriel en *-x* : *un feu / des feux*.
  - Exceptions : font leur pluriel en *-s* les noms *bleu, pneu, émeu, lieu* (poisson), *landau, sarrau*.
- Pluriels **identiques au singulier** : les noms qui se terminent au singulier par *-s, -x* ou *-z* ont au pluriel une forme identique à celle du singulier : *une souris / des souris, un prix / des prix, un nez / des nez*, etc.

Règles pour former les féminins irréguliers des adjectifs qualificatifs

- Les **adjectifs qualificatifs en** *-eux* et la **plupart des adjectifs qualificatifs** en *-eur* ont un féminin en *-euse* : *heureux / heureuse, trompeur / trompeuse*, etc.
  - Exception : *vieux / vieille*
- Les adjectifs qualificatifs en *-teur* ont un féminin en *-trice* ou *-teuse* : *protecteur / protectrice, menteur / menteuse*, etc.
  - Exception : *enchanteur / enchanteresse*
- Les adjectifs qualificatifs en *-er* ont un féminin en *-ère* : *fier / fière, léger / légère*, etc.
- Les adjectifs qualificatifs en *-eau* ont un féminin en *-elle* : *beau / belle, nouveau / nouvelle*, etc.
- Les adjectifs qualificatifs en *-ou* ont un féminin en *-olle* : *fou / folle, mou / molle*, etc.
- Au féminin, on **double la consonne finale de nombreux adjectifs qualificatifs qui se terminent par** *-l, -n, -t* au masculin *(voir leçon n° 5)* : *ancien / ancienne*.

1 Trouvez l'intrus qui se cache dans les listes suivantes en considérant le pluriel des différents mots. Expliquez ensuite votre choix.

1. Rouge – vert – marron – jaune – blanc.
2. Un bleu – un épieu – un milieu – un aveu – un neveu.
3. Un chou – un joujou – un caillou – un pou – un voyou.
4. Un nez – une noix – un monsieur – un prix – un poids.
5. Un travail – un corail – un chandail – un soupirail.
6. Un fléau – un tuyau – un landau – un étau – un seau.
7. Un maréchal – un cristal – un capital – un récital.

2 Mettez les groupes de mots suivants au singulier.

1. Des souris vertes.
2. Des aïeux modèles.
3. Des rails usés.
4. Ces beaux enfants.
5. Des vitraux lumineux.
6. Des coraux écarlates.
7. Des journaux régionaux.
8. Des baux reconduits.
9. Des vœux pieux.
10. Des cheveux roux.

3 Mettez les groupes de mots suivants au pluriel.

1. Un bel étal.
2. Un œil noisette.
3. Un cheveu châtain clair.
4. Un bleu douloureux.
5. Un fauteuil bancal.
6. Un bal final.
7. Un récital régional.
8. Un pneu spécial.

4 Accordez les adjectifs qualificatifs.

1. Nous avons acheté une assiette et une lampe *(ancien)*.
2. J'ai vu un escargot et une limace *(dissimulé)* sous les feuilles.
3. Juliette a acheté des stylos *(noir)* et des crayons *(orange)* et *(marron)* pour son dessin.
4. *(Caché)* derrière les arbres, la maison n'était pas visible de la rue.
5. Au cours de notre randonnée, nous avons découvert de *(grand)* lacs et de *(nombreux)* grottes, entièrement *(naturel)*.
6. Marie porte des chaussettes *(cerise)* et des chaussures *(abricot)* !

5 Accordez les noms, adjectifs et verbes entre parenthèses ; le texte est à l'imparfait, sauf le dernier verbe.

Je me *(représenter)* un château du temps d'Henri IV, avec ses *(toit) (pointu) (couvert)* d'*(ardoise)* et sa face rougeâtre aux *(encoignure) (dentelé)* de *(pierre) (jauni)*, une *(grand)* place *(vert) (encadré)* d'*(orme)* et de *(tilleul)*, dont le soleil couchant *(percer)* le feuillage de ses *(trait) (enflammé)*. Des *(jeune fille) (danser)* en rond sur la pelouse en chantant de *(vieux) (air) (transmis)* par *(leur mère)*, et d'un français si naturellement pur, que l'on se *(sentir)* bien exister dans ce pays du Valois, où, pendant plus de mille *(an)*, *(battre, passé composé)* le cœur de la France…

Gérard de Nerval, *Sylvie*, 1854

6 Vers le brevet : réécrivez cet extrait en remplaçant « *les girafes* » par *la girafe*, et le passé simple par le présent.

Les girafes tournèrent leurs têtes gracieuses à droite et à gauche et semblaient fort étonnées – non sans raison, d'ailleurs. Elles n'avaient jamais vu la mer…

Elles ne pouvaient soupçonner l'étendue de la déchéance qu'elles subiraient en mer. C'étaient des bêtes nobles, fières et innocentes, qui arpentaient doucement la plaine, elles ignoraient tout de la captivité, du froid, de la puanteur, de la fumée, de la gale, et de l'ennui terrifiant qui va de pair avec un monde où il ne se passe rien…

Karen Blixen, *La Ferme africaine*, 1937

100 % web

› Mettre des adjectifs au féminin
› Mettre des groupe nominaux au masculin
› L'accord sujet-verbe : révisions
› Accorder l'attribut du COD

7 L'accord sujet-verbe : cas particuliers

Observons

a) Que **comptes**-tu faire à présent ?
b) Nous les **avons déposés** à la gare avant de rejoindre le centre ville.
c) Il **s'est vendu** plusieurs maisons dans le quartier.
d) La troupe de soldats **attaquera** à l'aube.

- Identifiez les sujets des verbes en gras.

Retenons

Règle générale

- Dans tous les cas, **le sujet commande l'accord du verbe** en personne et en nombre.
  › *Tu **pars** en voyage.* › *Les élèves **partent** en voyage.*

Cas particuliers

- Si le sujet est généralement placé avant le verbe, on peut parfois le trouver **après** : on parle alors de **sujet inversé**.
  › *De la pièce **surgit** un inconnu.* › *Que **ferez**-vous ?*
  › *Les histoires étranges que **raconte** cette vieille femme m'ont toujours mis mal à l'aise.*
- Le sujet peut être **placé loin du verbe**.
  › *L'homme, bouleversé par la terrible nouvelle que lui avaient annoncée les policiers, **ne sortit pas** de chez lui.*
- Le sujet **ne doit pas être confondu avec les pronoms personnels compléments d'objet** placés avant le verbe.
  › *Je les **trouve** sympathiques.*
- **Plusieurs sujets** peuvent avoir **un seul verbe**. Dans ce cas, le verbe est au pluriel.
  › *Le maire et les conseillers municipaux **assistent** à la cérémonie.*
- **Un seul sujet** peut avoir **plusieurs verbes**. › *Jean **claque** la porte et **part** furieux.*
- Dans le cas des tournures impersonnelles, **l'accord se fait avec *il***. › *Il leur **arriva** bien des mésaventures.*
- Lorsque le sujet est le pronom relatif ***qui***, **l'accord se fait avec l'antécédent du pronom relatif**.
  › *Nous regardons des films **qui** **font** partie de la sélection.*

Attention au cas où l'**antécédent** est un **pronom personnel**. › *C'est moi qui **faisais** du théâtre.*

- Dans le cas du présentatif ***« c'est »*** **introduisant un nom, pronom ou GN pluriel**, l'usage admet le **singulier** comme le **pluriel**. › ***Ce sont** ceux que nous voulions.* (plus soutenu) › ***C'est** ceux que nous voulions.* (plus familier)
- Le verbe s'accorde généralement avec **le noyau du groupe nominal**.
  › *Les toiles de l'araignée **tapissent** le mur.*

(ce sont les toiles qui tapissent le mur, pas l'araignée) **sauf** dans le cas des noms collectifs :

- *Un(e)* + nom collectif : le verbe peut être au singulier ou au pluriel.
  > *Une bande de moineaux s'envola.* > *Une bande de moineaux s'envolèrent.*
- *Le (la)* + nom collectif : le verbe est au singulier. > *La troupe d'acteurs monte un nouveau spectacle.*

- Lorsque le **groupe nominal sujet** comprend un nom désignant un nombre, le verbe est au pluriel.
  > *Une dizaine de personnes entouraient la victime.*
- Lorsque le **dernier mot d'une série résume ce qui précède**, c'est avec celui-ci **que se fait l'accord**.
- *Beaucoup*, *combien*, *peu*, *la plupart* sont suivis du pluriel. > *Beaucoup sont candidats mais peu sont élus.*
- *Moins de deux* est suivi du pluriel. > *Moins de deux s'en sortent.*
- *Plus d'un* est suivi du singulier. > *Plus d'un a obtenu une mauvaise note.*
- *Chaque* (déterminant indéfini), *chacun* (pronom indéfini) et *nul* (pronom indéfini) sont suivis d'un verbe au singulier.
  > *Chaque chose est à sa place.* > *Chacun donnera son avis.* > *Nul n'est autorisé à parler.*

1 a) Relevez tous les sujets de ce texte en précisant quels verbes ils commandent. b) Indiquez ensuite leur classe grammaticale (nature).

Au-dessus de nous, en effet, dans un réduit où s'entassaient les pièces d'artifice noircies du dernier Quatorze juillet, un pas inconnu, assuré, allait et venait, ébranlant le plafond, traversait les immenses greniers ténébreux du premier étage, et se perdait enfin vers les chambres d'adjoints abandonnées où l'on mettait sécher le tilleul et mûrir les pommes. « Déjà, tout à l'heure, j'avais entendu ce bruit dans les chambres du bas, dit Millie à mi-voix, et je croyais que c'était toi, François, qui étais rentré… » Personne ne répondit. Nous étions debout tous les trois, le cœur battant, lorsque la porte s'ouvrit ; quelqu'un descendit les marches, traversa la cuisine, et se présenta dans l'entrée obscure de la salle à manger.

ALAIN-FOURNIER, *Le Grand Meaulnes*, 1913

2 Accordez le verbe avec le sujet que vous aurez au préalable repéré dans les phrases suivantes.

1. Alors que *(sonner, présent)* les douze coups de minuit, un coup de feu retentit dans le parc.
2. Sur les murs de la chambre *(figurer, imparfait)* tous les tableaux des ancêtres du propriétaire.
3. Je ne retrouve pas mes clés, alors que je les *(poser, présent)* toujours sur cette commode.
4. Quelle surprise lui *(préparer, présent)* ses amis ?
5. Les biches, en quelques bonds rapides, *(traverser, présent)* la rivière.
6. Quand *(rentrer, présent)*-ils de leur voyage en Écosse ?
7. Cette revue, publiée tous les jeudis, *(rencontrer, présent)* un succès retentissant.

3 Les verbes sont-ils bien accordés ? Si ce n'est pas le cas, faites la correction.

1. Un groupe de touristes est resté.
2. Une nuée d'oiseaux se sont envolés.
3. Le bouquet de roses embaument…
4. Une foule de journalistes guette…
5. Une douzaine de personnes est restée sur place.
6. Une rangée de platanes bordaient…

4 Accordez le verbe avec le pronom sujet.

1. Pour moi qui *(ne jamais cuisiner, plus que parfait)* … de ma vie, ce plat est ma grande fierté !
2. Toi qui *(aimer, présent)* … tant voyager, vas-y !
3. Ce/c'*(être)* … des oiseaux qui *(migrer, présent)* … dès l'automne vers les pays plus chauds.
4. Il *(rester)* … deux places au premier rang.
5. Lequel d'entre vous *(parler, futur)* … le premier ?
6. Chacun *(participer, présent)* … aux frais
7. Aucun de vous n'*(aimer)* … le chocolat ?

5 Écriture : dénoncez un comportement, une habitude de vie, une tradition qui vous choque dans la société actuelle.

Écrivez un texte d'environ dix lignes en intégrant au moins quatre des expressions suivantes : *un grand nombre de – ou – ni… ni – chacun – peu de – la plupart de – plus d'un – on – de même que – moins de – la majorité de.*

6 Vers le brevet : réécrivez ce texte en imagineant que ce sont désormais deux frères qui écrivent à leur mère (en la tutoyant).

Cher papa et chère maman, je termine maintenant ma lettre car, voyez-vous, j'ai tant de choses encore à vous dire mais il faudrait que je vous voie. Je vous mets aussi ma photo pour vous laisser un souvenir de moi ; en terminant cette lettre j'ai aussi les larmes aux yeux car peut-être je me dis que je ne vous reverrai plus mais mon devoir il est nécessaire que je le fasse. Rien ne doit passer avant le devoir. J'ai quand même espoir de revoir Paris et notre maison.

Cher papa, chère maman, je finis ma lettre en vous embrassant bien fort.

Paroles du Jour J, lettre de MARCEL LABAS du 4 mai 1944

100 % web

> Accorder le verbe avec un sujet complexe
> Accorder le verbe avec plusieurs sujets
> Bilan : accorder le verbe avec plusieurs types de sujets

8 Accords particuliers : *demi, leur, même, tout*

Observons

a) Je suis arrivé avec une **demi**-heure d'avance. Mais le train avait une heure et **demie** de retard.
b) **Leurs** parents loueront la maison de vacances des voisins. Ils **leur** paieront une somme modique.
c) Nous avons acheté les **mêmes** livres sans **même** le savoir.
d) **Tous** les articles sont en solde. Le **tout** est à dix euros.

- Que pouvez-vous dire de l'orthographe des mots en gras ?
- Ces mots appartiennent-ils tous à la même classe grammaticale ?

Retenons

Demi

- ***demi-*** est un **élément qui se rattache à un nom** pour former un nom composé. Il est lié au nom qui le suit par un trait d'union et il est **toujours invariable**, comme le sont ***mi-*** et ***semi-***.
  - › *Sofia arrive avec une **demi-heure** d'avance.* › *L'arbitre siffle la **mi-temps** du match.*
  - › *Hisham participera au **semi-marathon**.*
- ***à demi*** **:** employé dans la locution ***à demi***, qui a valeur d'adverbe, ***demi*** est **toujours invariable**.
  - › *Cécile est **à demi** endormie sur la banquette arrière de la voiture.*
- ***et demi*** **:** employé dans la locution ***et demi***, qui a valeur d'adjectif, ***demi*** **prend les marques du féminin s'il se rapporte à un nom féminin** mais il reste toujours au **singulier** (*et demie = et une demie*).
  - › *Elle a été reçue au bout de deux heures **et demie** d'attente.*
- ***demi*** peut être employé comme **nom** pour désigner une moitié d'unité, une bière ou un joueur de rugby… Dans ce cas, **il s'accorde en genre et en nombre**.
  - › *Sébastien et Marc sont **demis** de mêlée.* › *L'horloge sonne toutes les **demies**.*

Leur

- Employé comme **déterminant possessif**, placé devant un nom, il **s'accorde en fonction du nombre d'objets possédés**.
  - › ***Leur** bouche est grande ouverte.* › ***Leurs** oreilles sont décollées.*

  Pour ne pas confondre *leur* et *leurs*, il suffit de remplacer le déterminant possessif par un déterminant d'une autre personne. › ***Leur** terrain est à vendre.* → ***Son** terrain est à vendre.*
  › ***Leurs** cousins arriveront à 9 heures.* → ***Ses** cousins arriveront à 9 heures.*
- Employé comme **pronom personnel COI**, placé devant un verbe, ***leur*** est **invariable**. Il peut être remplacé par ***lui***.
  - › *Je **leur** apprends la nouvelle.* → *Je **lui** apprends la nouvelle.*
  - › *Elle **leur** donnera rendez-vous devant la mairie.* → *Elle **lui** donnera rendez-vous devant la mairie.*

  Leur peut apparaître dans les formes suivantes du **pronom possessif** : *le leur, la leur, les leurs. Leur* s'accorde alors en fonction du déterminant employé.
  - › *Ma voiture est de marque française, **la leur** est allemande.* › *Mes yeux sont verts, **les leurs** sont bleus.*

Même

- Employé comme **déterminant** ou **pronom indéfini**, *même* est **variable** en genre et en nombre.
  - › *Tu feras les **mêmes** exercices. (déterminant indéfini)* › *Tu feras les **mêmes**. (pronom indéfini)*
  - › *Eux-**mêmes** sont partis. (pronom indéfini)*
- Employé comme **adverbe**, *même* est toujours **invariable**. On peut le remplacer par *aussi*.
  - › *J'ai **même** accepté.* › *J'ai **aussi** accepté.*

Tout

- Employé comme **déterminant indéfini**, *tout* est **variable** en genre et en nombre.
  - On le trouve généralement **devant un nom**. Dans ce cas, le *-s-* de ***tous*** ne se prononce pas.
    > *Il est parti **tous** feux éteints.* > *Je lui téléphone **tout** le temps.*
  - Lorsque ***tout*** est **suivi d'un nom masculin singulier**, il s'écrit ***tout***.
    Lorsque ***tout*** est **suivi d'un nom masculin pluriel**, il s'écrit ***tous***.
    > ***Tout** le monde est à l'heure.* > *En ce moment, il pleut **tous** les jours.*
- Employé comme **pronom indéfini**, *tout* est **variable**. Dans ce cas, le *-s* de *tous* se prononce.
  > ***Tous** ont participé.* > ***Toutes** ont participé.*
- Employé comme **adverbe**, *tout* est **généralement invariable**.
  Il est placé devant un adjectif qualificatif, on peut le remplacer par *tout à fait, entièrement, très.*
  > *Il est devenu **tout** blanc.* > *Il est devenu entièrement blanc.* > *Elles sont **tout** émues.* > *Elles sont très émues.*

Exception : Quand l'adjectif qualificatif est **féminin** et commence par une **consonne ou un *-h-* aspiré**, *tout* est **variable**.
> *Les filles sont **toutes** pâles.* > *Elles sont **toutes** harassées.*

Remarque : *Les filles sont toutes pâles* peut donc signifier, selon le contexte : *Toutes les filles sont pâles.* ou *Les filles sont très pâles.*

- Employé comme **nom**, *tout* signifie *l'ensemble* et reste au **masculin singulier**. > *Je vous emballe le **tout**.*

1 Accordez *demi*, *semi* ou *mi*, si nécessaire, dans les phrases suivantes.

1. On va prendre deux ... *(demi)* et un coca, s'il vous plaît.
2. La porte n'était qu'à ... *(demi)* fermée.
3. Son entretien n'a duré qu'une ... *(demi)* heure.
4. Il est onze heures et ... *(demi)*, allez vous coucher !
5. Je suis resté coincé derrière un ... *(semi)* remorque pendant presque tout le trajet. Impossible de le doubler !
6. Le candidat était ... *(mi)* figue ... *(mi)* raisin.
7. Ca fait deux ans et ... *(demi)* qu'on est ensemble.
8. Le carillon de la mairie sonne les heures et les ... *(demi)*.

2 Écrivez correctement *leur* dans cet extrait d'*Antigone* d'Anouilh.

Ils nous prendront avec ... mille bras, ... mille visages, et ... unique regard. Ils nous cracheront à la figure. Et il faudra avancer dans ... haine sur la charrette avec ... odeur et ... rires jusqu'au supplice. Et là il y aura les gardes avec ... têtes d'imbéciles congestionnées sur ... cols raides, ... grosses mains lavées, ... regard de bœuf – qu'on sent qu'on pourra toujours crier, essayer de ... faire comprendre, qu'ils vont comme des nègres et qu'ils feront tout ce qu'on ... a dit scrupuleusement, sans savoir si c'est bien ou c'est mal.

Jean Anouilh, *Antigone*, 1944

3 Dans les phrases suivantes, accordez *même* si nécessaire.

1. ... si tu étais venu m'aider, je n'aurais pas pu finir à temps.
2. Vous me l'avez dit vous-... , il faudrait savoir !
3. Nous avons beau être de la ... famille, nous n'avons pas du tout les ... goûts !
4. Quand bien ... nous aurions pu nous libérer, nous ne serions pas allés écouter ce violoniste.
5. Ils ont retapé toute la maison eux-... .
6. Ils viendront tous au spectacle, ... les enfants
7. J'ai cassé ces boucles d'oreilles, auriez-vous les ... ?

4 Accordez correctement *tout*, selon qu'il est déterminant ou adverbe.

1. ... le jour.
2. Des rues ... droites.
3. ... les véhicules.
4. Des vêtements ... mouillés.
5. Des maisons ... blanches.
6. ... sa fierté.
7. ... tes outils.
8. Des souliers ... usés.
9. ... leurs amis.
10. ... cette ville.
11. Une mer ... agitée.
12. Une lessive ... bleue.

5 Accordez *tout*, si nécessaire, dans cet extrait d'Albert Cohen.

Si j'étais au bord de la mer, j'étais sûr que cette Méditerranée que je voyais se trouvait aussi dans ma tête, pas l'image de la Méditerranée, mais la Méditerranée elle-même, minuscule et salée, dans ma tête, en miniature, mais vraie et avec ... ses poissons, mais ... petits, avec ... ses vagues et un petit soleil brûlant, une vraie mer avec ... ses rochers et ... ses bateaux. J'étais sûr que dans ma tête, cirque du monde, il y avait la terre vraie avec ses forêts, ... les chevaux de la terre mais si petits, ... les rois en chair et en os, ... les morts, ... le ciel avec ses étoiles et même Dieu extrêmement mignon.

Albert Cohen, *Le Livre de ma mère*, 1954

6 Quelle est, dans chaque groupe, la différence de sens entre les deux phrases ?

1. **a)** Nous sommes tout fatigués de notre journée.
b) Nous sommes tous fatigués de notre journée.
2. **a)** Nous-mêmes sommes fatigués de notre journée.
b) Nous sommes même fatigués de notre journée.

100 % web

> **Identifier *même* et *leur***
> **Identifier *tout* et justifier son orthographe**
> **Écriture**
> **Bilan : dictée de phrases**

9 Mémo-fiche : valeurs des modes et des temps

Observons

a) Le magasin **ouvrira** ses portes à 14 heures.
b) Il **est** possible que Morgane **s'inscrive** au concours l'an prochain.
c) **Entrez** et **asseyez-vous**.
d) **Souffler** n'est pas **jouer**.
e) La météo **prévoirait** une baisse des températures.

- Quel mode et quel temps sont employés dans la première phrase ?
- L'action exprimée par le verbe *s'inscrive* est-elle certaine ?
- À quel type appartient la troisième phrase ? Quel est le mode employé ?
- Quel est le mode des verbes *souffler* et *jouer* ?
- Quel mode est employé dans la dernière phrase ? L'action exprimée par le verbe est-elle fiable ?

Retenons

Rôle des modes

Les modes **donnent des indications sur la manière dont le locuteur** (celui qui parle) **perçoit son énoncé** (ce qu'il dit).

- **L'indicatif** situe généralement les actions ou les faits dans le **réel**. › *Le train **a** du retard.*
- **Le subjonctif** place généralement les actions ou les faits dans le domaine de **l'envisagé**, du **possible**.
  › *Il est probable que le train **ait** du retard.*
- **Le conditionnel** s'emploie quand la réalisation du fait ou de l'action n'est **pas certaine**. › *Le train **aurait** du retard.*

Remarque : Ce mode a également une **valeur temporelle**, puisqu'il permet d'évoquer le **futur dans le passé**.

- **L'impératif** est le mode de **l'ordre**, de **l'interdiction**, du **conseil**. › *Ne **bouge** pas.*
- **Le gérondif et le participe** présentent l'action comme **circonstance d'une autre action**.
  › *Tout **en se promenant**, il voit les trains arriver en gare.* › *Le train **parti**, il quitte la gare.*
- **L'infinitif** n'a pas de valeur propre : sa valeur dépend du contexte dans lequel il se trouve.
  › *Il préfère **déjeuner** en ville.*

Rôle des temps

- Les temps permettent de **situer un événement dans le temps**, c'est-à-dire dans le passé, le présent ou l'avenir.
  › *Hier, je **suis allé** à la piscine.* (passé) › *Aujourd'hui, je **vais** au cinéma.* (présent)
  › *Demain, je **recevrai** des amis.* (futur)
- Les temps nous donnent des **indications sur le déroulement d'un événement**. Ils peuvent évoquer :
  - une **action achevée** exprimée par un **temps composé** ou une **action inachevée** exprimée par un **temps simple**.
    › *Franck **a téléphoné** à son meilleur ami.* (action achevée) › *Il **téléphone** encore.* (action inachevée)
  - une **action délimitée dans le temps** ou une **action non délimitée**.
    › *Elle **parcourut** cinq kilomètres.* (passé simple : action délimitée)
    › *Elle **marchait** depuis des heures.* (imparfait : action non délimitée)

Classification des modes

- Parmi les modes, on distingue :
  - les **modes personnels**, qui varient en fonction de la personne : **indicatif – subjonctif – conditionnel** ;
  - un **mode semi-personnel** qui n'existe qu'à trois personnes et qui se conjugue sans pronom personnel : **impératif** ;
  - les **modes impersonnels** : **infinitif – gérondif – participe**.

Conjugaison

Classification des temps

- On distingue les **temps simples** *(voir leçon n° 10)* et les **temps composés** *(voir leçon n° 11)*.
Attention, le tableau ci-dessous ne concerne que les temps de l'indicatif.

Temps simples	**présent** › *je chante*	**imparfait** › *je chantais*	**passé simple** › *je chantai*	**futur simple** › *je chanterai*
Temps composés	**passé composé** › *j'ai chanté*	**plus-que-parfait** › *j'avais chanté*	**passé antérieur** › *j'eus chanté*	**futur antérieur** › *j'aurai chanté*

1 Pour chaque verbe en gras, choisissez le mode utilisé.

La lettre **arriva** un matin, portée par les mains blanches et sèches de sœur Anne.

– **Tenez**, dit-elle de sa voix ferme, c'est pour vous. Et elle ajouta, **en coulant** sur la lettre un regard empli de curiosité : « c'est officiel, on **dirait**. »

Bénédicte des Mazery, *La Vie tranchée*, 2008

2 Pour chaque verbe en gras, indiquez le mode et le temps utilisés.

1. La ville que vous **connûtes** n'est pas celle que nous connaissons.
2. C'est peut-être la seule au monde
Dont le cœur au mien **répondrait** […].

Gérard de Nerval, « Une allée du Luxembourg », *Odelettes*, 1853

3. Quelle que **soit** la ruse, il est impossible de mâcher l'eau. (proverbe africain)
4. Je me glissais dans la salle à manger où, jusqu'à l'heure encore lointaine du déjeuner, personne n'**entrerait** que la vieille Félicie relativement silencieuse […], où je n'aurais pour compagnons, très respectueux de la lecture, que les assiettes **peintes** accrochées au mur.
« **Allons**, ferme ton livre, on va déjeuner. »
Que le déjeuner me **paraissait** long !

Marcel Proust, *Sur la lecture*, 1905

3 Complétez chacune de ces phrases avec le verbe *savoir* à la forme et au mode qui conviennent et précisez le mode et le temps choisis.

1. ... qu'il allait pleuvoir, nous sommes restés chez nous.
2. Ils ne ... la vérité que lorsque tu la leur diras.
3. Je suis surprise de l'étendue de ton ... .
4. ... que je ne te laisserai pas faire tout ce que tu veux.
5. Tu n'es pas sans ... que le réglement t'interdit de mâcher du chewing-gum en classe.
6. Il faut qu'ils ... quels sont tes projets professionnels.
7. Une fois la leçon ... , tu t'entraîneras avec les exercices.

4 Dans le texte suivant, classez les verbes en gras selon qu'ils correspondent au moment de l'énonciation, au moment qui précède ou qui suit l'énonciation.

Très cher père,

Tu m'**as demandé** récemment pourquoi je **prétends** avoir peur de toi. Comme d'habitude, je n'**ai** rien **su** te répondre, en partie justement à cause de la peur que tu m'**inspires**, en partie parce que la motivation de cette peur **comporte** trop de détails pour pouvoir être exposée oralement avec une certaine cohérence. Et si j'**essaie** maintenant de te répondre par écrit, ce ne **sera** encore que de façon très incomplète.

Franz Kafka, *Lettre au père*, 1952

5 Vers le brevet : pour chacune de ces phrases extraites d'*Antigone* de Sophocle, donnez le mode et le temps du verbe en gras puis justifiez son emploi en précisant sa valeur.

1. De cela, oui, **j'eusse souffert** ; de ceci je ne souffre pas.
2. Je te **parais** sans doute agir comme une folle.
3. Ainsi tu **as osé** passer outre à ma loi ?
4. Mais le fou **pourrait** bien être celui même qui me traite de folle.
5. Qu'elle **soit** née de ma sœur, qu'elle soit encore plus proche de moi que tous ceux qui peuvent ici se réclamer du Zeus de notre maison, il n'importe.

6 Extrait de sujet de brevet

DNB, Besançon, juin 2003

Identifiez avec précision les formes verbales en « ... *-rais* » et en « ... *-rait* » de « *Il se mit à raisonner* » jusqu'à « *voulait y aller.* » Justifiez.

Il se mit à raisonner en philosophe sur la possibilité de cette chose : « Aurais-je peur ? »

Non certes il n'aurait pas peur puisqu'il était résolu à aller jusqu'au bout, puisqu'il avait cette volonté bien arrêtée de se battre, de ne pas trembler. Mais il se sentait si profondément ému qu'il se demanda : « Peut-on avoir peur malgré soi ? » Et ce doute l'envahit, cette inquiétude, cette épouvante ! Si une force plus puissante que sa volonté, dominatrice, irrésistible, le domptait, qu'arriverait-il ? Oui, que pouvait-il arriver ? Certes il irait sur le terrain puisqu'il voulait y aller.

Guy de Maupassant, *Bel-Ami*, 1885

100 % web

› **Choisir la forme verbale appropriée**
› **Réécrire au passé**

10 Valeurs des temps simples de l'indicatif

Observons

Marc, qui **semblait** perdu dans le magasin, **appela** un vendeur :
– Pardon, monsieur, **pouvez**-vous m'indiquer le rayon des DVD ?
– Vous le **trouverez** à votre droite.

- Combien de temps sont employés dans ce passage ?
- Placez les verbes écrits en gras sur un axe temporel en fonction du moment où ils ont eu lieu.

Retenons

Les quatre temps simples de l'indicatif sont le **présent**, le **passé simple**, l'**imparfait** et le **futur simple**.
Ils permettent d'évoquer des faits en les **situant dans le temps par rapport au moment de l'énonciation**.

- **Le présent de l'indicatif sert à évoquer :**
  - **une action qui a lieu au moment de l'énonciation,** c'est-à-dire au moment où la phrase est prononcée **(présent d'actualité ou d'énonciation).** > *Qu'est-ce que tu **fais** ? Tu **peux** nous rejoindre ?*
  - **une action qui dure.** > *Le cycliste **pédale** depuis 100 kilomètres maintenant.*
  - **une situation qui se répète dans le présent (présent de répétition ou d'habitude).**
    > *Tous les mercredis, Olivier **se rend** au club de football.*
  - **un fait qui est toujours vrai (présent de vérité générale).** On peut trouver cette valeur du présent dans les lois scientifiques, les règles, les proverbes. > *La terre **tourne** autour du soleil.*
  - **des faits qui ont eu lieu dans le passé.** Le présent permet alors de rendre l'action plus vivante **(présent de narration ou présent historique).** > *Tout était calme. Soudain, l'ennemi **sort** des tranchées.*
  - un fait passé qui a lieu peu de temps avant le temps de l'énonciation **(passé proche)** ou un fait futur qui a lieu peu de temps après le temps de l'énonciation **(futur proche).**
    > *Je **viens** juste de quitter la salle. (passé proche)*
    > *Le film **se termine** dans cinq minutes. (futur proche)*
- **Le passé simple de l'indicatif** s'emploie surtout à l'écrit. Il sert à évoquer :
  - **une action passée achevée.** > *Le téléphone **sonna**.*

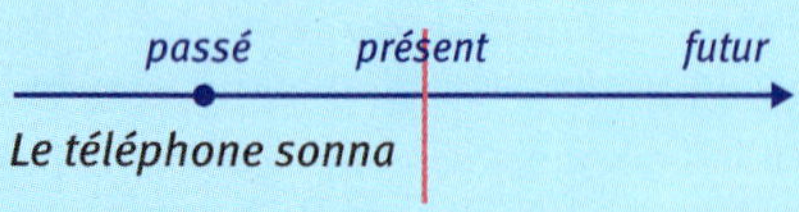

L'action est terminée (le téléphone a cessé de sonner).

  - **des actions qui se sont succédé dans le passé.** > *Elle **prépara** ses affaires, **but** son café et me **parla** de sa journée.*

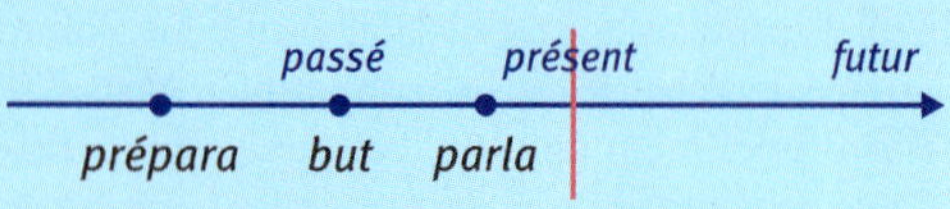

Elle fait les actions les unes après les autres.

- **L'imparfait de l'indicatif** sert à évoquer :
  - **une situation qui se répète dans le passé.** > *Mon voisin ne **sortait** jamais sans son chapeau.*
  - **une action qui n'est pas achevée.** > *Le téléphone **sonnait**.*

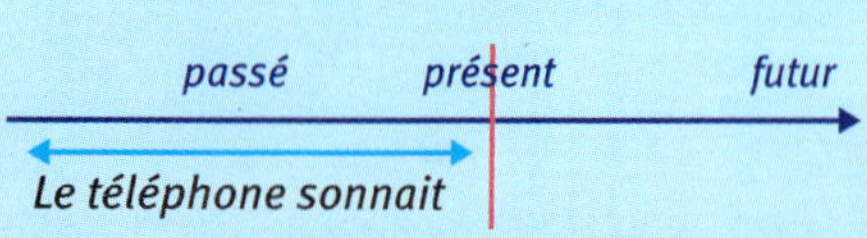

On ne donne pas de limites temporelles : on ne sait pas depuis combien de temps sonne le téléphone, ni pour combien de temps encore.

- **des actions simultanées.** › *Elle* ***préparait*** *ses affaires,* ***buvait*** *son café et me* ***parlait*** *de sa journée.*

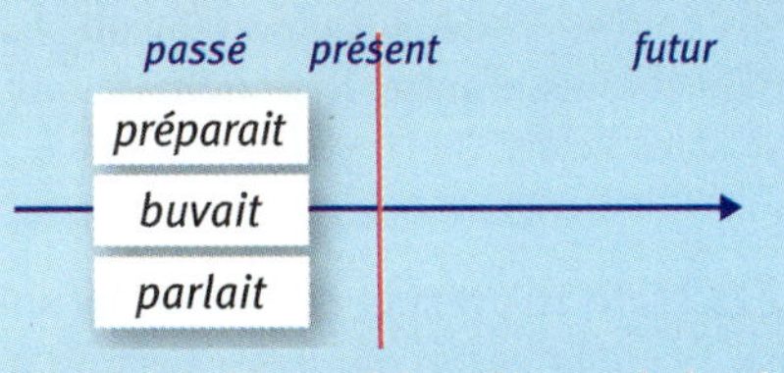

Ici, elle fait tout en même temps.

- **Emploi de l'imparfait et du passé simple**

La valeur descriptive de l'imparfait permet de créer un **arrière-plan** (plan secondaire ou 2nd plan) par rapport au **premier plan** (plan principal) exprimé par le passé simple. › *Claire* ***regardait*** *un film, quand le téléphone* ***sonna****.*

imparfait (action secondaire) passé simple (action principale)

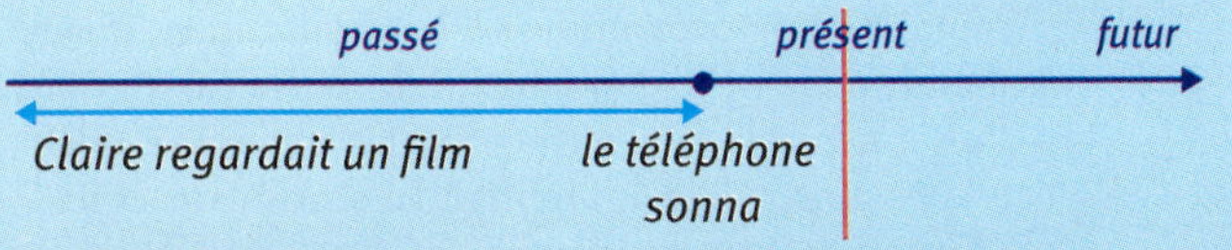

Pour résumer :

Passé simple	actions achevées	actions ou faits uniques	actions principales
Imparfait	actions inachevées	actions ou faits répétitifs	actions secondaires

- **Le futur simple de l'indicatif** a une valeur temporelle et des valeurs modales.
  - **Valeur temporelle :** le futur simple exprime **une action qui a lieu après le moment de l'énonciation.**
    › *Il* ***choisira*** *la meilleure solution.*
  - **Valeurs modales :** – Le futur simple permet de **formuler un ordre ou un conseil.**
    › *Tu te* ***laveras*** *les mains avant de passer à table.*
    – Il permet également de **formuler une promesse.**
    › *Je* ***serai*** *à tes côtés quoi qu'il arrive.*

Schéma récapitulatif

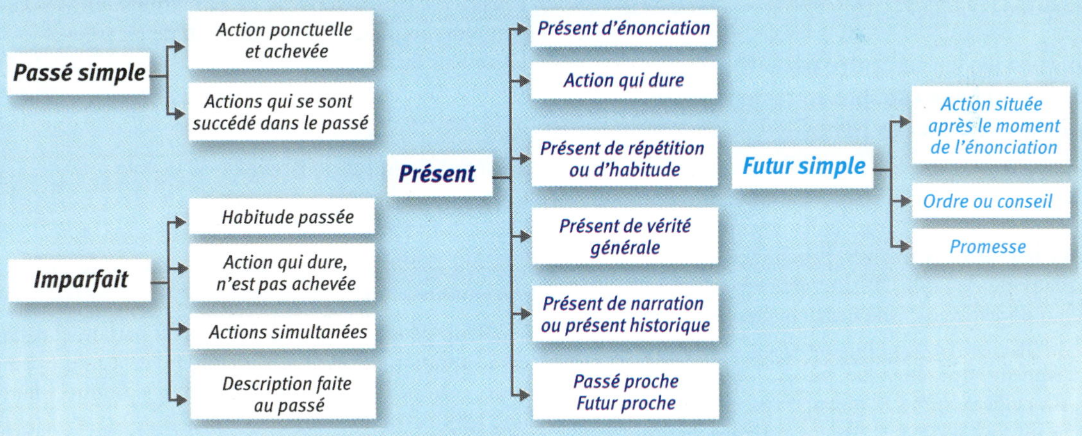

1 Dans ce texte, relevez les verbes conjugués à un temps simple de l'indicatif et classez-les *(présent/futur simple)*.

Je vais sans doute avoir des vertiges et des passages à vide, je dois donc écrire autant que possible au début, au cas où je ne serais plus capable de le faire ensuite. Je vais envelopper ce carnet dans un morceau de toile, le ficeler avec un câble et le laisser là en espérant qu'il sera récupéré et envoyé aux deux personnes que j'aime le plus. Bien sûr peut-être que je serai assez chanceux pour être sauvé. Je peux tenir environ une semaine. S'il te plaît, Monsieur le pilote, sors ton avion et viens me chercher.

Sylvain Estibal, *Le Dernier Vol de Lancaster*, 2003

2 Complétez ce texte avec les verbes indiqués entre parenthèses, conjugués aux temps qui conviennent.

1. Aujourd'hui tu ... *(être)* en classe de troisième et tu ... *(devoir)* préparer ton avenir.
2. Il y a longtemps nous ... *(être)* en classe de troisième et nous ... *(devoir)* préparer notre avenir. •••

••• 3. À leur tour, tes enfants ... *(être)* un jour en classe de troisième et ... *(devoir)* préparer leur avenir.

3 Dans chaque phrase, donnez la valeur du présent suivant le contexte : énonciation, répétition, vérité générale ou narration.

1. L'enfant a droit à la liberté d'expression. (Article 13 de la Convention internationale des droits de l'enfant de 1989)
2. Tu as toujours autant de tact avec les filles.
3. Minuit sonna. L'homme attendait depuis une heure : soudain, il se redresse et disparaît.
4. Pierre qui roule n'amasse pas mousse.
5. Il est huit heures, je dois partir.
6. Le 1er septembre 1939, l'Allemagne envahit la Pologne.
7. Dès que minuit sonne, je m'en vais.
8. Les élèves quittent tout juste la cour de récréation : ils entrent en retard en classe.

4 Dans ces phrases, remplacez le temps des verbes entre parenthèses par un verbe conjugué à un autre temps simple qui conviendrait.

1. Le Régime de Vichy ... *(assure)* le gouvernement de la France du 10 juillet 1940 au 20 août 1944.
2. L'année prochaine, j'... *(arrête)* le foot : je ... *(fais)* du basket.
3. Les adultes parlaient fort ; certains riaient, d'autres s'esclaffaient. Le garçon ... *(ouvre)* la porte, ... *(vérifie)* que personne ne le ... *(voit)* et ... *(sort)* discrètement.
4. Dans cinq minutes, nous t'... *(appelons)* et te ... *(confirmons)* ce rendez-vous.
5. Dès que tu m'... *(appelles)*, je ... *(viens)*.

5 Conjuguez les verbes entre parenthèses à l'imparfait ou au passé simple en respectant le contexte et les valeurs des temps.

Le chat *(être)* sur une branche, l'oiseau sur une autre, à bonne distance du chat, bien sûr, tandis que le loup *(faire)* le tour de l'arbre et les *(regarder)* tous deux avec des yeux gourmands. Pendant ce temps, derrière la porte du jardin, Pierre *(observer)* la scène sans la moindre frayeur. Une des branches de l'arbre, autour duquel *(tourner)* le loup, *(s'étendre)* jusqu'au mur. Pierre *(s'emparer)* de la branche, puis... *(monter)* dans l'arbre. Alors Pierre *(dire)* à l'oiseau d'agacer le loup en voltigeant sous son nez. Pendant ce temps, Pierre *(faire)* à la corde un nœud coulant, et la *(descendre)* tout doucement. Il *(attraper)* le loup par la queue et *(tirer)* de toutes ses forces. Le loup, se sentant pris, *(se mettre)* à faire des bonds sauvages pour essayer de se libérer.

D'après SERGUEÏ PROKOFIEV, *Pierre et le loup*, 1936

6 Pour chaque verbe en gras de cet extrait, précisez le temps et la valeur dans ce contexte.

Plus de dix ans s'étaient écoulés.

En écoutant son transistor [...] le vieux Joseph, qui **venait** d'atteindre ses quatre-vingts ans, **apprit**, en plein après-midi, qu'une voiture piégée **venait** d'exploser dans le quartier où **habitait** Annette.

Il **chercha** à quitter la colline et à descendre au plus tôt vers la capitale. Haletant, bouleversé, il **frappa** aux portes des voisins possesseurs d'un véhicule. La plupart **étaient** absents, d'autres **hésitaient** devant cette plongée dans l'enfer.

ANDRÉE CHEDID, *L'Enfant multiple*, 1989

7 Réécrivez ce texte au présent et en remplaçant « *il* » par « *je* » : seul le verbe *déguster* restera à l'imparfait.

Antonio José Bolivar Proano savait lire, mais pas écrire. [...]

Il lisait lentement en épelant les syllabes, les murmurant à mi-voix comme s'il les dégustait, et, quand il avait maîtrisé le mot entier, il le répétait d'un trait. Puis il faisait la même chose avec la phrase complète, et c'est ainsi qu'il s'appropriait les sentiments et les idées que contenaient les pages.

LUIS SEPÚLVEDA, *Le Vieux qui lisait des romans d'amour*, 1992

8 Réécrivez l'extrait suivant au passé. Dans ce court extrait, quelle est la valeur du temps passé : description, habitude ou répétition, actions qui durent ?

La photographie du caporal tirailleur *(est)* toujours sur la planchette qui *(sert)* d'étagère. Personne ne la *(regarde)*. Chaque fois que je *(vais)* au village, ma grand-mère, qui ne *(descend)* plus aux jardins, me *(montre)* une autre photographie. Secrète. Elle la *(cherche)*, au fond du coffre en bois de cèdre dont elle *(cache)* la clé dans la poche de son saroual, un vieux pantalon bouffant. Elle m'*(interdit)* de regarder à l'intérieur du coffre [...].

D'après LEÏLA SEBBAR, « L'Enfer », in *La Jeune Fille au balcon*, 2001

9 Extrait de sujet de brevet

DNB, France métropolitaine, juin 2008

Vous réécrirez ce paragraphe en mettant les verbes au présent de l'indicatif, et en remplaçant « *le Grand Michu* » par les « deux garçons ».

Aussi, pendant que le grand Michu parlait, étais-je en admiration devant lui. Il m'initia d'un ton un peu rude, comme un conscrit[1] dans l'énergie duquel on a une médiocre confiance.

Cependant, le frémissement d'aise, l'air d'extase enthousiaste que je devais avoir en l'écoutant finirent par lui donner une meilleure opinion de moi.

ÉMILE ZOLA, *Le Grand Michu*, 1874

1 Soldat débutant

100 % web

› **Distinguer imparfait et passé simple**
› **Réécrire au passé**

11 Formation et valeurs des temps composés de l'indicatif

Observons

a) Tout à l'heure, nous **sommes partis** en promenade, maintenant, nous nous reposons.
b) Dès qu'il **eut fini** son travail, il éteignit l'ordinateur.
c) Si elle **avait eu** de la chance, elle aurait remporté le premier prix.
d) On lui **aura dit** que vous étiez sortis.

- Reconstituez la succession des événements dans les deux premières phrases.
- Qu'exprime la troisième phrase ? Le verbe en gras exprime-t-il un fait réel ?
- Dans la dernière phrase, le verbe en gras exprime-t-il une certitude ?

Retenons

Les quatre temps composés de l'indicatif sont le **passé composé**, le **passé antérieur**, le **plus-que-parfait** et le **futur antérieur**. Chacun d'eux correspond à un temps simple :

- le **passé composé** correspond au **présent** ;
- le **passé antérieur** correspond au **passé simple** ;
- le **plus-que-parfait** correspond à l'**imparfait** ;
- le **futur antérieur** correspond au **futur simple**.

Temps simples	présent	imparfait	passé simple	futur simple
Temps composés	passé composé	plus-que-parfait	passé antérieur	futur antérieur

Formation et conjugaison des temps composés de l'indicatif

Chaque temps composé est formé de l'**auxiliaire** ***être*** **ou** ***avoir*** **conjugué au temps simple correspondant** et du **participe passé** du verbe conjugué.

Chanter		Partir	
présent	**passé composé**	**présent**	**passé composé**
je chante	*j'ai chanté*	*je pars*	*je suis parti(e)*
imparfait	**plus-que-parfait**	**imparfait**	**plus-que-parfait**
je chantais	*j'avais chanté*	*je partais*	*j'étais parti(e)*
passé simple	**passé antérieur**	**passé simple**	**passé antérieur**
je chantai	*j'eus chanté*	*je partis*	*je fus parti(e)*
futur simple	**futur antérieur**	**futur simple**	**futur antérieur**
je chanterai	*j'aurai chanté*	*je partirai*	*je serai parti(e)*

- La majorité des verbes se conjuguent avec l'auxiliaire *avoir*, mais quelques verbes se conjuguent avec l'auxiliaire *être*. Ce sont :
  - les **verbes de mouvement** comme *aller, partir, venir*. > *Elle* ***était allée*** *au cinéma.*
  - les verbes qui indiquent un **changement d'état** comme *devenir*. > *Ils* ***sont devenus*** *footballeurs professionnels.*
  - les **verbes pronominaux** *(voir leçon n° 23)*. > *Il* ***s'est engagé*** *à le faire.*
- Lorsqu'on conjugue un verbe à un temps composé, il faut faire attention aux **accords du participe passé**.
  - avec l'auxiliaire ***être***, le participe passé s'accorde en genre et en nombre avec le sujet ;
    > *Elles sont arrivé**es** avec un peu de retard.*
  - avec l'auxiliaire ***avoir***, le participe passé s'accorde en genre et en nombre avec le COD, si ce dernier est placé avant le participe passé.
    > *J'ai acheté des magazines et je les ai l**us**. (voir leçon n° 18)*

Valeurs des temps composés de l'indicatif

De manière générale, les temps composés servent à évoquer une action qui a eu lieu **avant** l'action exprimée par le temps simple correspondant : ils expriment l'**antériorité** par rapport aux temps simples.

passé → *présent*

› *J'ai fini mes devoirs* — *je sors*

› *J'**ai fini** mes devoirs, je **sors**.*
passé composé — présent

- **Le passé composé de l'indicatif** est la forme correspondant au présent. C'est un temps du discours.
  - Il exprime une **action achevée** par rapport au moment de l'énonciation. › *J'**ai révisé** tous mes contrôles.*
  - Il exprime l'**antériorité** par rapport au moment de l'énonciation. › *J'**ai fait** des courses ce matin, donc le frigo est plein.*
  - Le passé composé est un **temps de l'oral**, alors que le passé simple et le passé antérieur sont des temps de l'écrit.
- **Le plus-que-parfait de l'indicatif** est la forme correspondant à l'imparfait. C'est un temps du discours et du récit.
  - Il exprime une **action achevée** par rapport à un repère passé.
    › *Ils **avaient acheté** leur billet d'avion six mois plus tôt pour le payer moins cher.*
  - Il exprime l'**antériorité** par rapport à une action passée. Il peut être employé à côté de n'importe quel temps évoquant le passé.
    › *Nous **avions prévu** d'aller nous balader, mais il pleuvait.*
    › *Nous **avions prévu** d'aller nous balader, mais il se mit à pleuvoir.*
  - Dans un **système hypothétique** avec ***si***, le plus-que-parfait s'emploie en corrélation avec le conditionnel passé pour exprimer l'**irréel du passé**.
    › *Si elle **avait eu** de la chance, elle **aurait remporté** le premier prix.* (voir leçon n° 14)
- **Le passé antérieur de l'indicatif** est la forme correspondant au passé simple. C'est un temps du récit. On le rencontre surtout à l'écrit.
  - Dans une proposition principale, il exprime une **action achevée**.
    › *Encore un choc sur la tôle du tub et j'**eus terminé**, dans le délai prescrit, une toilette plausible, sans avoir touché une goutte d'eau.* (Marcel Pagnol, *La Gloire de mon père*, 1957)
  - Dans une proposition subordonnée introduite par *après... que, dès... que, lorsque, quand*, etc., il exprime une **action antérieure** à l'action du verbe conjugué au passé simple dans la proposition principale.
    › *Quand ma mère **eut bordé** le petit Paul, elle vint me donner le baiser du soir.*
    (Marcel Pagnol, *La Gloire de mon père*, 1957)
- **Le futur antérieur de l'indicatif** est la forme correspondant au futur simple. C'est un temps du discours.
  - Il exprime l'**antériorité** par rapport au futur simple.
    › *Quand vous **aurez compris** la leçon, vous ferez les exercices.*
  - Il permet d'envisager une **action à venir par rapport à la fin de cette dernière**.
    › *Simon **aura fini** sa rédaction dans une heure.*
  - Il peut exprimer une **supposition (valeur modale)**.
    › *On lui **aura dit** que vous étiez sortis.*

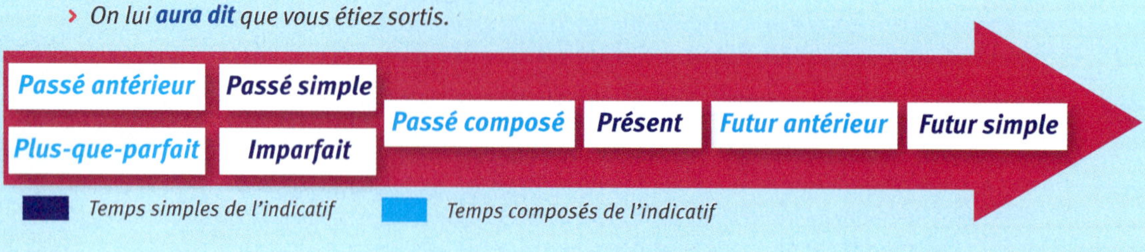

1 Dans ce texte, relevez les verbes conjugués à un temps composé et précisez ce temps.

On leur avait dit : « Vous serez avertis les premiers, ne vous inquiétez pas. » Ils n'ont rien reçu, mais la radio, la télé, la presse, tout le monde en a parlé, on l'avait annoncé partout. Ils se sont préparés, eux, les héros, les acteurs et spectateurs.

D'après Leïla Sebbar, « Couchés dans les maïs », in *La Jeune Fille au balcon*, 2001

2 Dans ces extraits de l'*Antigone* de Brecht, repérez les verbes aux temps composés qui sont demandés : attention, ne confondez pas les verbes conjugués à un temps composé et les verbes à la voix passive.

1. Quel est le verbe conjugué au plus-que parfait ?

Quel tourment j'aurais éprouvé si j'avais laissé le mort, Enfant de la même mère que moi, sans sépulture !

2. Quels sont les verbes conjugués au passé composé ?

Elle n'a pas eu l'air effrayé.
On l'a accusée de ce qui venait d'être fait
Et de ce qui avait été fait avant.
Elle n'a pas nié, elle était là, devant moi […].

3. Quels sont les verbes conjugués au plus-que-parfait ?

Elle n'a pas eu l'air effrayé.
On l'a accusée de ce qui venait d'être fait
Et de ce qui avait été fait avant.
Elle n'a pas nié, elle était là, devant moi […].

4. Quels sont les verbes conjugués au futur antérieur ?

Je te pose une question : ce que tu auras accompli secrètement étant devenu public, oseras-tu avouer tes regrets ? Car tu auras évité alors un châtiment sévère.

5. Quels sont les verbes conjugués au passé antérieur ?

Thèbes fut anéantie : Créon l'eut-il abandonnée ? Antigone, Etéocle et Polynice eurent-ils provoqué la colère de leur oncle ? Personne n'avait pu les sauver.

3 Conjuguez chaque verbe entre parenthèses au temps composé qui exprime l'antériorité par rapport au temps simple de la phrase.

1. Tu reconnais que tu ... *(changer)* d'avis.
2. Je savais que tu ... *(changer)* d'avis.
3. Tu te souviendras qu'il ... *(être)* ton ami.
4. Ils s'arrêtèrent dès qu'ils ... *(apercevoir)* ton signal.
5. Quand il ... *(retrouver)* ses clefs, il pourra rentrer chez lui.
6. Il ... toujours ... *(savoir)* la vérité mais il ne voulait pas y croire.
7. Dès qu'elle ... *(lever)* son verre, tout le monde se leva et applaudit.

4 Complétez cet extrait en choisissant le temps composé qui convient, selon le contexte.

Un jour, bien plus tard, alors que tu étais prise de nostalgie, tu revivais les heures avides et enchantées que tu *(connaître)* là, tu osas t'avouer que tu *(finir)* par le considérer comme un père. Un père que tu *(aimer)* ainsi qu'on aime à cet âge d'un amour entier, violent, absolu. La veille des vacances, tu *(quitter)* l'école et tu pleurais. Tes camarades s'*(moquer)* de toi.

D'après Charles Juliet, *Lambeaux*, 1995

5 Justifiez l'emploi de chaque forme verbale mise en gras en choisissant la ou les valeurs possibles.

1. Si tu l'**avais vu**, tu comprendrais mon appréhension.
2. Il **aura pensé** que le rendez-vous était annulé.
3. Je **fus saisi** de crainte en te voyant arriver.
4. Si vous **aviez pu** regarder l'itinéraire à l'avance, nous ne serions pas perdus.
5. Tu **es parti** alors que je te parlais encore.

6 Pour chaque phrase, indiquez la valeur de la forme verbale mise en gras.

1. Regret, hypothèse, antériorité

Je savais aussi qu'elle était fille d'un horloger juif de la steppe russe, de Koursk, plus précisément, qu'elle **avait été** très belle, qu'elle **avait quitté** sa famille à l'âge de treize ans.

Romain Gary, *La Promesse de l'aube*, 1960

2. Antériorité, supposition, action à venir

Il se **sera** encore **égaré** en venant chez nous.

3. Antériorité, supposition, action à venir

Il va mourir et sa vie n'**aura été** que déception et tristesse.

7 Réécrivez ce texte en l'introduisant ainsi : *Vous pourrez sortir quand...*

Vous ferez vos exercices, vous apprendrez vos leçons et vous viderez la poubelle. Les lumières seront éteintes. La maison sera rangée. Sarah sortira la poubelle et Théo s'habillera autrement.

8 Réécrivez chaque phrase en utilisant le temps composé correspondant.

1. Lennie ... *(fait)* quelque chose de mal.
2. Curley... *(voulait)* nuire à nos deux hommes.
3. Tout ... *(fut)* bouleversé par la mort de la jeune femme.
4. George et Lennie ... *(devront)* fuir et ... *(se retrouveront)* près du ruisseau.
5. Slim et moi ... *(cherchions)* comment aider George.

9 Extrait de sujet de brevet

DNB, France métropolitaine, juin 2010

Réécrivez ce texte en utilisant le système des temps du passé (plus-que-parfait, imparfait, passé simple).

Beau temps. On a mis tous les enfants à cuire ensemble sur la plage. Les uns rôtissent sur le sable sec, les autres mijotent au bain-marie dans les flaques chaudes. La jeune maman, sous l'ombrelle de toile rayée, oublie délicieusement ses deux gosses et s'enivre, les joues chaudes, d'un roman mystérieux, habillé comme elle de toile écrue…

– Maman !

– …

– Maman, dis-donc, maman !…

Son gros petit garçon, patient et têtu, attend, la pelle aux doigts, les joues sablées comme un gâteau…

– Maman, dis-donc, maman…

Les yeux de la liseuse se lèvent enfin, hallucinés, et elle jette dans un petit aboiement excédé :

– Quoi ?

Colette, *Les Vrilles de la vigne*, 1908

100 % web

› **Compléter des tableaux de conjugaison**

12 Les périphrases verbales

Observons

Il **commence à m'énerver**. Depuis que je le connais, il ne **cesse d'arriver** en retard à nos rendez-vous. Je ne **peux accepter** plus longtemps cette situation. Il **va devoir** changer, s'il **veut rester** mon ami.

- De quoi sont composés les groupes de mots écrits en gras ?
- Quel est le mode des verbes *énerver*, *arriver*, *accepter*, *devoir*, *rester* ?

Retenons

Définition

Une **périphrase verbale** se construit à partir d'un verbe. Le plus souvent, les verbes employés sont les semi-auxiliaires *pouvoir*, *aller*, *venir de*, *faire*, *laisser*, etc. suivis d'un infinitif.

- Les **semi-auxiliaires** sont des verbes qui s'emploient devant des infinitifs et qui permettent d'apporter des précisions.
  › *Le match* ***vient de débuter*** est plus précis que *Le match a débuté.*

Attention : Ne pas confondre la périphrase verbale avec la figure de style appelée périphrase *(voir glossaire)*.

Les périphrases temporelles

Les périphrases temporelles permettent de **situer l'action du verbe dans la chronologie**, par rapport au moment de l'énonciation.

- ***Aller*** permet d'exprimer le futur proche. › *Votre ordinateur* ***va*** *redémarrer dans quelques secondes.*
- ***Être sur le point de*** indique que l'action est imminente. › *Nous* ***sommes sur le point de*** *trouver une solution.*
- ***Venir de*** permet d'exprimer le passé proche. › *Elle* ***vient de*** *franchir la ligne d'arrivée.*

Les périphrases aspectuelles

Les périphrases aspectuelles envisagent l'**action dans son déroulement** : elles peuvent exprimer son commencement, son déroulement ou sa fin.

- Pour exprimer qu'une **action** est **en train de commencer,** on emploie ***commencer à, se mettre à***.
  › *Il* ***commence à*** *pleuvoir.*
- Pour exprimer qu'une **action** est **en cours**, on emploie ***être en train de***.
  › *Je* ***suis en train de*** *lire un roman passionnant.*
- Pour exprimer qu'une **action va se terminer**, on emploie ***achever de***.
  › *Cette remarque* ***acheva de*** *l'exaspérer.*
- Pour exprimer qu'une **action dure, se répète**, on emploie ***continuer à/de, ne pas arrêter de, ne pas cesser de***.
  › *Les maçons* ***continuent à*** *travailler, malgré le froid.*

Les périphrases modales

Les périphrases modales **précisent le point de vue de l'énonciateur** (celui qui parle) **sur l'énoncé** (ce qu'il dit).

- ***Ne pas aller*** (à l'impératif) exprime **la défense.** › ***N'allez pas*** *le croire, c'est le pire des hypocrites.*
- ***Faire*** exprime **la cause.** › *Cette scène me* ***fait*** *rire.*
- ***Faillir, manquer de, penser*** exprime **un fait non réalisé.** › *J'****ai pensé*** *l'avertir, mais je n'ai pas eu le temps de le faire.*
- ***Laisser*** exprime **la permission.** › *Ses parents le* ***laisseront*** *participer au stage d'équitation.*
- ***Paraître*** et ***sembler*** expriment **l'apparence.** › *Stéphane* ***semble*** *accepter la décision.*
- ***Pouvoir*** peut exprimer **la possibilité** ou **la permission** ou **la capacité** selon les cas. › *Nous ne* ***pourrons*** *pas nous déplacer.*
- ***Savoir*** exprime **la capacité.** › *Je ne* ***saurais*** *te répondre.*

1 **Dites si les périphrases suivantes sont des périphrases temporelles, aspectuelles ou modales.**

1. Être en train de.
2. Être capable de.
3. Devoir.
4. Commencer à.
5. Être sur le point de.
6. Se mettre à.
7. Risquer de.
8. Avoir l'air de.
9. Aller.
10. Venir de.
11. Finir de.

2 **Dans chaque énoncé, choisissez la périphrase verbale qui convient.**

1. Les élèves **voudront/sauront/pourront** réussir cette épreuve. *(exprimez la capacité)*
2. Les enfants sont épuisés : ils **sont en train/viennent/sont sur le point** de courir. *(exprimez le passé proche)*
3. Cette fillette **acheva/arrêta/continua** de rire durant tout le voyage. *(exprimez une action qui dure)*
4. Les voyageurs **pourraient/ont pensé/semblaient** supporter la situation. *(exprimez l'apparence)*

3 **Pour chaque phrase, choisissez le sens le plus juste de la périphrase.**

1. Ne va pas me dire que tu trouves cette attitude acceptable ! *(surprise/défense/futur proche)*
2. J'aimerais tellement partir en vacances ! *(futur proche/souhait/incertitude)*
3. Laissez-le s'amuser un peu, cet enfant ! *(défense/permission/action imminente)*
4. Nous commençons à comprendre. *(action imminente/action en train de commencer/capacité)*
5. Cette nouvelle effrayante fit fuir tous les candidats. *(passé proche/cause/action qui va se terminer)*

4 **Transformez ces phrases en supprimant les périphrases verbales.**

1. Je parviens à retrouver le calme.
2. Tu as dû avoir peur.
3. Vous saurez réagir avec fermeté.
4. Ils avaient l'air de savoir ce qu'ils faisaient.
5. Elle pensa défaillir.
6. Ils iront marcher avant le repas.

5 **Repérez les périphrases verbales présentes dans cet extrait et dites ce qu'elles expriment.**

> Que veux-tu savoir ? Je vais évoquer mes souvenirs d'enfance : je dois me renseigner sur les personnes et les lieux que j'ai oubliés. Il me faudra découvrir ces pans cachés de mon passé.
>
> D'après NATHALIE SARRAUTE, *Enfance*, 1983

6 **Même exercice.**

> Cette estime, cette affection ont rendu plus forte encore, irrésistible la pression des paroles qu'il a prononcées, tout à fait sur le même ton que s'il parlait à une grande personne : « Mais ça m'intéresse beaucoup. Tu dois me le montrer… » Alors… à qui est-ce jamais arrivé ? Qui peut prétendre ignorer cette sensation qu'on a parfois, quand sachant ce qui va se passer, ce qui vous attend, le redoutant… on avance vers cela quand même…
>
> NATHALIE SARRAUTE, *Enfance*, 1983

7 **Dans ces extraits inspirés du roman de Charles Juliet intitulé *Lambeaux*, à quels types de périphrases verbales a-t-on affaire : périphrase temporelle, périphrase aspectuelle, périphrase modale ?**

1. Tes deux mères, elles n'ont cessé de t'entourer.
2. Tu viens d'écrire pendant quatre heures et tu es fatigué.
3. Tu écris pour ceux et celles qui n'ont jamais pu parler parce qu'ils n'ont jamais été écoutés.
4. Tu es sur le point de t'affranchir de ton histoire.

8 **Dans cet extrait inspiré de *Métaphysique des tubes* d'Amélie Nothomb :**

1. Retrouvez les trois périphrases verbales, les infinitifs qu'elles introduisent et leur sens.

> Je mourais déjà : ce que tout humain apprend un jour, je venais de l'apprendre. « Ce que tu aimes, tu vas le perdre » : voilà formulé le désastre qui allait être le leitmotiv de mon enfance et de mon adolescence.

2. Ces périphrases permettent toutes trois de situer l'action dans la ... : elles soulignent la peur du ... qui passe, exprimée par la narratrice.

9 **Dans chaque phrase, intégrez une périphrase verbale qui donne le sens demandé.**

1. Je grimperai en haut de ces arbres. *(exprimez la possibilité)*
2. Nous sortions tous les soirs jusqu'à deux heures du matin. *(exprimez la répétition)*
3. Je rentre, ne t'inquiète pas. *(exprimez une action imminente)*
4. La voiture a renversé un piéton. *(exprimez une action non réalisée)*
5. Il restera fidèle à sa promesse. *(exprimez la capacité)*
6. Tu as toujours raison. *(exprimez la volonté)*

10 **Décrivez cette vignette en 15 lignes en imaginant ce que pense le personnage. Vous utiliserez les périphrases suivantes : *venir de – être en train de – continuer à – vouloir* suivi d'un infinitif.**

Voici le début de votre texte : « *L'homme contemplait les étoiles. Il semblait admirer les astres...* »

13 Formation et valeurs du conditionnel présent et passé

Observons

a) Ce ne **serait** pas très original.
b) Mathieu **aurait vu** un ovni.
c) Elle **voudrait** nous rencontrer le plus tôt possible.
d) Si j'avais su, je l'**aurais accompagné** à la piscine.

- Qu'expriment les verbes écrits en gras ?

Retenons

Formation et conjugaison du conditionnel

- On forme le **conditionnel présent** à partir du **radical du futur** auquel on ajoute les **terminaisons de l'imparfait de l'indicatif** : ***-ais***, ***-ais***, ***-ait***, ***-ions***, ***-iez***, ***-aient***. > *J'aime**rai** (futur) → j'aime**rais** (conditionnel présent)*

Attention : Il ne faut pas confondre le présent du conditionnel avec le futur simple de l'indicatif à la 1re personne du singulier. > *Je met**trai*** (futur simple de l'indicatif) > *Je met**trais*** (présent du conditionnel)

- Le **conditionnel passé** est la forme composée correspondant au conditionnel présent. Il est formé de l'**auxiliaire *avoir* ou *être* au conditionnel présent** et du **participe passé** du verbe conjugué.

	aimer	venir
indicatif futur simple	*j'aimerai*	*je viendrai*
conditionnel présent	*j'aimerais*	*je viendrais*
conditionnel passé	*j'aurais aimé*	*je serais venu(e)*

Valeurs modales du conditionnel

- Lorsqu'il est employé dans le verbe principal de la phrase, le conditionnel a une **valeur modale**, c'est-à-dire qu'il est employé comme mode. Dans ce cas, il sert à :
  - exprimer un **souhait** ou un **regret**. > *J'**aurais voulu** le revoir avant de partir.*
  - exprimer un **doute** ou une **indignation**. > *Elle **aurait fait** ça ?*
  - donner une **information** en la présentant comme **incertaine**. > *Les otages **seraient** en bonne santé.*
  - évoquer un **monde imaginaire** ou **possible**. > *Avec lui, on **irait** au bout du monde !*
- Dans un **système hypothétique passé**, le conditionnel peut être employé avec l'imparfait ou le plus-que-parfait.
  - Employé avec l'**imparfait**, le conditionnel présent sert à exprimer :
    – le **potentiel**, c'est-à-dire un événement présenté comme étant possible dans le présent.
    > *Si tu passais me voir, je **serais** très heureux.*
    – l'**irréel du présent**, c'est-à-dire une hypothèse dont on est certain qu'elle ne peut se réaliser dans le présent.
    > *S'il faisait beau, il **irait** se promener.*
  - Employé avec le **plus-que-parfait**, le conditionnel passé sert à exprimer l'**irréel du passé**, c'est-à-dire une hypothèse qui ne s'est jamais réalisée *(voir leçon n° 14)*.
    > *S'il avait réussi son examen, il **aurait** obtenu le poste.*

Attention : Dans la proposition subordonnée introduite par *si*, le verbe n'est jamais conjugué au conditionnel, il est à l'indicatif *(voir leçon de grammaire n° 22)*. On ne dit pas « ~~*Si je saurais*~~... » mais « *Si je savais*... ».

Valeur temporelle du conditionnel : le futur dans le passé

- Quand il est employé **dans un récit au passé**, le **conditionnel présent** sert à exprimer une action située dans **l'avenir** par rapport à un repère passé.

› *Nadia pensait qu'il* ***partirait*** *le lendemain.* Cette phrase évoque le futur par rapport à un repère passé.

› 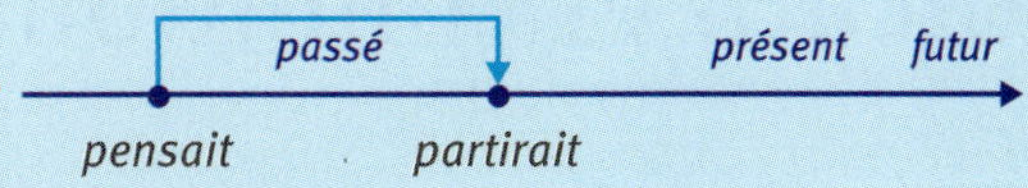

- Le **conditionnel passé** sert à exprimer une **action à venir** en fonction du moment où elle sera **effectivement terminée.**
  › *Nadia pensait que son frère* ***serait parti*** *le lendemain.*

1 Mettez les verbes suivants à l'infinitif, au conditionnel présent, puis au conditionnel passé.

1. J'offrirai.
2. Tu voyais.
3. Il sut.
4. Nous prenions.
5. Vous nous rejoignez.
6. Qu'ils attendent.

2 Introduisez ce texte par « *Ce matin-là, ...* » et mettez les verbes aux temps correspondants.

Ce matin, je t'attends avec impatience : j'espère que nous monterons en voiture, que tu me conduiras jusqu'à votre nouvelle maison et que vous me ferez visiter les lieux. Je pense que nous irons ensuite nous promener dans la forêt qui borde le jardin.

1. Dans le texte transformé, quels temps reconnaissez-vous ?
2. Quelle est la valeur des conditionnels utilisés dans ce texte transformé ?

3 Réécrivez ce texte en remplaçant « *Si le train la conduisait...* » par « *Si le train l'avait conduite...* » et en faisant toutes les transformations nécessaires.

Si le train la conduisait à Chicago, elle irait jusqu'à Chicago et deviendrait scénariste, ou trouverait du travail comme starlette de cinéma – en mettant les choses au pire elle irait jusqu'à faire du théâtre. Si le train la conduisait à New York, elle s'habillerait en garçon, prendrait un faux nom, mentirait sur son âge, et s'engagerait dans les Marines.

Carson McCullers, *Frankie Addams*, 1946

4 Pour chaque verbe en gras, choisissez la valeur qui correspond le mieux au contexte : il y a parfois plusieurs réponses possibles.

1. Souhait/Doute/Irréel du présent/Futur dans le passé

Qu'y a-t-il dans un nom ? Ce que nous appelons rose,
Par n'importe quel autre nom **sentirait** aussi bon.
Et ainsi Roméo, s'il ne s'appelait pas
Roméo, **garderait** cette chère perfection
Qu'il possède sans titre.

William Shakespeare, *Roméo et Juliette*, II, 2, 1597

2. Regret/Doute/Irréel du passé/Potentiel

Je ne sais comment te dire qui je suis.
Mon nom, ô chère sainte, est en haine à moi-même
Puisqu'il est ton ennemi.
Et si je l'avais écrit, j'**aurais déchiré** ce mot.

William Shakespeare, *Roméo et Juliette*, II, 2, 1597

3. Souhait/Irréel du présent/Doute/Potentiel

Combien de fois les hommes sur le point de mourir
Se sont sentis joyeux ! Ceux qui veillent sur eux
Disent : l'éclair avant la mort. Mais moi **pourrais-je**
nommer cette heure ?

William Shakespeare, *Roméo et Juliette*, V, 3, 1597

4. Information incertaine/Potentiel/Souhait/Irréel du présent

Je veux baiser tes lèvres ; un peu de poison
Peut-être y est-il encore suspendu
Qui me **ranimerait** en me faisant mourir.

William Shakespeare, *Roméo et Juliette*, V, 3, 1597

5 Dans cet extrait, relevez chaque verbe conjugué au conditionnel, donnez son infinitif, précisez sa forme (présent ou passé) et donnez sa valeur.

Si elle était destinée à grandir jusqu'à dix-huit ans, cela durerait encore cinq ans et deux mois. Donc, d'après ses calculs mathématiques, si elle ne trouvait d'ici là aucun moyen de s'arrêter, elle finirait par mesurer deux mètres soixante-quatorze. Et qu'est-ce que c'était qu'une personne qui mesurait deux mètres soixante-quatorze ? C'était un phénomène de foire. [...] Elle aurait voulu être un garçon et faire la guerre dans les Marines. [...] Elle avait décidé de donner son sang pour la croix rouge. Elle se sentait capable d'en donner un litre par semaine, et son sang coulerait dans les veines des Australiens, des combattants de la France libre et des Chinois, coulerait partout dans le monde et ce serait comme si elle était de la même famille que tous ces gens-là.

Carson McCullers, *Frankie Addams*, 1946

6 Extrait de sujet de brevet

DNB, Amiens, Créteil, Lille, Paris, Rouen, Versailles, 2005

Réécrivez ce passage au conditionnel passé, en employant la première personne du pluriel à la place de la première personne du singulier.

Cela m'était bien égal à moi qui n'avais aucune affaire. On ne me connaissait pas, on ne me regardait pas, on ne me reprenait pas.

George Sand, *Histoire de ma vie*, 1855

Attention : plusieurs possibilités sont offertes.

100 % web

› Identifier un conditionnel
› Conjuguer à différents temps
› Extrait de sujet de brevet

14 Le système hypothétique (modes indicatif et conditionnel)

Observons

a) Si tu **veux**, je te ferai visiter la ville.
b) S'il **acceptait** cette proposition, nous serions soulagés.
c) Si Myriam **avait emprunté** la voiture, ses parents l'auraient remarqué.
d) Une panne d'électricité **surviendrait**, nous serions bien embêtés.

- Identifiez le mode et le temps des verbes écrits en gras.
- Les faits évoqués dans les phrases ci-dessus sont-ils réalisables ou irréalisables ?
- Identifiez les propositions employées dans la dernière phrase.

Retenons

Les systèmes hypothétiques peuvent être exprimés par **subordination** ou par **juxtaposition** *(voir aussi leçon de grammaire n° 22)*.

La subordination

La proposition subordonnée est reliée à la proposition principale par une **conjonction de subordination**, le plus souvent ***si***. › ***Si*** *tu veux faire ce stage, écris une lettre de motivation.*

- L'hypothèse peut exprimer une **action réalisable** ou **irréalisable**, à l'aide de **temps différents**.
  - **L'hypothèse porte sur l'avenir**

	Proposition subordonnée	Proposition principale
éventuel (réalisation possible)	– *Si tu* ***échoues****, …* (indicatif présent) – *Si tu* ***échoues****, …* (indicatif présent) – *Si tu* ***échoues****, …* (indicatif présent)	– *… nous* ***serons*** *déçus.* (indicatif futur simple) – *… tu* ***recommences****.* (indicatif présent à valeur de futur) – *…* ***recommence****.* (impératif présent)
potentiel (réalisation possible)	– *Si tu t'****entraînais****, …* (indicatif imparfait)	– *… tu* ***réussirais****.* (conditionnel présent)

  - **L'hypothèse porte sur le présent**

	Proposition subordonnée	Proposition principale
irréel du présent (réalisation impossible)	– *Si j'****étais*** *riche, …* (indicatif imparfait)	– *… je* ***ferais*** *le tour du monde.* (conditionnel présent)

  - **L'hypothèse porte sur le passé**

	Proposition subordonnée	Proposition principale
irréel du passé (réalisation impossible)	– *Si j'****avais été*** *riche, …* (indicatif plus-que-parfait)	– *… j'****aurais fait*** *le tour du monde.* (conditionnel présent)

Attention, il ne faut pas confondre :
- ***si*** marquant l'**hypothèse** et ***si*** marquant l'**opposition** (*si* marquant l'opposition signifie *s'il est vrai que …*).
  › ***Si*** *tu veux faire du sport, inscris-toi à l'UNSS.* (hypothèse)
  › ***Si*** *la maison est petite, elle est tout de même agréable.* (opposition)
- ***si*** marquant l'**hypothèse** et ***si*** introduisant une **proposition subordonnée interrogative indirecte**.
  › ***S'****il pleut, prends un parapluie.* (hypothèse)
  › *Je lui demande* ***s'****il est parti en vacances.* (proposition subordonnée interrogative indirecte ; *voir leçon de grammaire n° 17*)

- D'**autres conjonctions de subordination** expriment l'hypothèse :
  - *à (la) condition que* + subjonctif. › *J'y vais* ***à condition que*** *tu m'accompagnes.*
  - *à moins que, à supposer que, pour peu que, pourvu que* + subjonctif. › *Vous pouvez vous joindre à nous* ***à moins que*** *vous ne vouliez être tous les deux.* › *Tu y arriveras* ***pourvu que*** *tu y croies.*

- *au cas où, dans l'hypothèse où* + indicatif ou conditionnel. › *Prévenez-moi* ***au cas où*** *il partirait.*
- *selon que… ou (que), suivant que… ou que* + indicatif.
  › ***Selon que*** *vous serez puissant* ***ou*** *misérable,*
  Les jugements de cour vous rendront blanc ou noir.
  (La Fontaine, « Les Animaux malades de la peste », livre VII, 1678)
- *soit que… soit que, que… ou que* + subjonctif. › ***Qu'****il pleuve ou* ***qu'****il vente, le spectacle aura lieu !*
- Certaines **propositions participiales** peuvent exprimer l'hypothèse.
  › ***Le contrat signé****, nous ne pourrions changer d'avis.*

La juxtaposition

- Dans le système hypothétique par juxtaposition, les deux propositions sont juxtaposées, c'est-à-dire placées l'une à côté de l'autre, et **la condition est toujours placée en tête de phrase.**
  › ***J'appelle mon chien****, il vient tout de suite.*
- Pour exprimer l'irréel dans la langue courante, on utilise le conditionnel dans les deux propositions.
  › *On lui* ***dirait*** *que je comprends le chinois, il le* ***croirait****.*
- Dans la langue littéraire, on utilise l'inversion du sujet dans la première proposition.
  › ***Aurait-il*** *tort, il ne l'admettrait pas.*

1 Dans chaque énoncé, indiquez si l'hypothèse porte sur le présent, le futur ou le passé

1. S'il pleut, on reste chez nous.
2. S'il nous rejoignait, nous serions ravis.
3. S'il ne venait pas, nous serions déçus.
4. Si tu avais été plus méfiant, tu ne te serais sûrement pas fait voler ton porte-feuille.
5. Si tu me crois, ne perds pas de temps, rentre chez toi.

2 Transformez ces hypothèses réalisables en hypothèses irréalisables (irréel du présent) : vous changerez pour cela le temps des verbes et le mode de certains verbes.

1. Si tu gagnes de l'argent à parler, tu gagnes de l'or à te taire. (proverbe grec)
2. Si vous entrez parmi les borgnes, fermez un œil. (proverbe arabe)
3. Si en bâtissant on écoutait les avis de tout le monde, le toit ne serait jamais posé. (proverbe mongol)
4. Si vous gardez un secret, il est votre esclave ; mais si vous le dévoilez, vous êtes le sien. (proverbe persan)
5. Si vous voulez récolter de l'argent, il faut en semer. (proverbe anglais)

3 Parmi ces énoncés, lesquels expriment une hypothèse ?

1. Comme ces mots te gênent, tu ne les aimes pas. (Nathalie Sarraute, *Enfance*, 1983)
2. Je me demande si ce n'est pas toujours cette même crainte… (Nathalie Sarraute, *Enfance*, 1983)
3. Une de perdue, dix de retrouvées.
4. Aide-toi, le ciel t'aidera.
5. Je le voudrais que je ne le pourrais pas.
6. Plus on est de fous, plus on rit.
7. Attentif, il aurait vu que le feu était rouge.
8. S'il était bon élève, il n'était pas pour autant bon camarade.

4 Indiquez si la proposition en gras exprime l'hypothèse, la condition, ou s'il s'agit d'une proposition subordonnée interrogative indirecte.

1. Je me demande **si le monde serait ce qu'il est si je n'étais pas né**. (Pierre Barachant, *Je me demande*, 2005)
2. **Si je ne savais rien**, je me posais beaucoup de questions.
3. **Si je ne savais rien**, je me poserais beaucoup de questions.
4. Je me demande **s'ils comprendront un jour**. (Pierre Barachant, *Je me demande*, 2005)

5 Pour chaque exemple, retrouvez la réponse qui exprime une hypothèse.

1. … , il avouerait la vérité. *(Malgré la sanction encourue/ S'il était honnête/Le jour suivant)*
2. … , tu ne pourrais rentrer chez toi. *(Les clefs perdues/ Demain/Même s'il pleuvait)*
3. … , il n'aurait pu monter les escaliers si vite. *(Il venait de se blesser/Blessé/C'est sûr)*
4. Le match ne sera pas annulé … . *(qu'il pleuve ou qu'il vente/l'équipe n'étant pas au complet/crois-moi)*
5. … , tu progresseras. *(Tu as raison/Travaille régulièrement/ Avec ta persévérance…)*
6. …, j'aurais pu le regarder en face. *(Si j'avais surmonté ma peur/Hier/À vrai dire)*

100 % web

› Indiquer si l'hypothèse est exprimée par juxtaposition ou coordination
› Ajouter une hypothèse
› Reconnaître des hypothèses dans un texte long
› Vers le brevet

15 Subjonctif et impératif : conjugaison et valeurs

Observons

a) Pourvu qu'il **réussisse** la dernière épreuve et **obtienne** son diplôme !
b) Nadège regrette que ses amis n'**aient pu** assister à la représentation.
c) **Prends** la première à droite et **passe** devant la pharmacie.
d) **Ayez appris** votre leçon pour demain !

- Identifiez le mode de chaque forme verbale en gras et expliquez l'emploi de ces modes dans chacune des phrases.

Retenons

Le subjonctif

Conjugaison du subjonctif

- Le subjonctif comporte **quatre temps** : – deux temps simples : le **présent** et l'**imparfait** ;
  – deux temps composés : le **passé** et le **plus-que-parfait**.

Conjugaison du subjonctif présent

- Au subjonctif présent, excepté *être* et *avoir*, tous les verbes prennent les mêmes terminaisons :
  -e, ***-es***, ***-e***, ***-ions***, ***-iez***, ***-ent***.

Astuce : Pour conjuguer un verbe au subjonctif présent, faites précéder le verbe par la tournure impersonnelle.
> ***il faut*** *+ partir →* *il faut* ***que je parte***

chanter	finir	pouvoir	être	avoir
*que je chant**e***	*que je fin<u>iss</u>**e***	*que je puiss**e***	*que je so**is***	*que j'ai**e***
*que tu chant**es***	*que tu fin<u>iss</u>**es***	*que tu puiss**es***	*que tu so**is***	*que tu ai**es***
*qu'il chant**e***	*qu'il fin<u>iss</u>**e***	*qu'il puiss**e***	*qu'il so**it***	*qu'il ai**t***
*que nous chant**ions***	*que nous fin<u>iss</u>**ions***	*que nous puiss**ions***	*que nous soy**ons***	*que nous ay**ons***
*que vous chant**iez***	*que vous fin<u>iss</u>**iez***	*que vous puiss**iez***	*que vous soy**ez***	*que vous ay**ez***
*qu'ils chant**ent***	*qu'ils fin<u>iss</u>**ent***	*qu'ils puiss**ent***	*qu'ils soi**ent***	*qu'ils ai**ent***

- Le **radical** du subjonctif présent est le même que celui de la **troisième personne du pluriel du présent de l'indicatif** (sauf pour les verbes *avoir*, *être*, *aller*, *faire*, *falloir*, *pouvoir*, *savoir*, *traire*, *valoir*, *vouloir*).
> *ils <u>finiss</u>ent → que je <u>finiss</u>e* › *ils <u>vienn</u>ent → que je <u>vienn</u>e*

Conjugaison du subjonctif passé

- Le subjonctif passé est la forme composée correspondant au subjonctif présent. Il est formé de l'**auxiliaire *être* ou *avoir*** au **subjonctif présent** et du **participe passé** du verbe conjugué.
> *que j'**aie chanté**, que tu **aies chanté**, qu'il **ait chanté**, que nous **ayons chanté**, que vous **ayez chanté**, qu'ils **aient chanté**.*

Conjugaison du subjonctif imparfait

- On forme l'imparfait du subjonctif en reprenant la **voyelle du passé simple de l'indicatif** à laquelle on ajoute les **terminaisons** : ***-sse***, ***-sses***, ***-^t***, ***-ssions***, ***-ssiez***, ***-ssent***.
> *partir →* ***je partis*** (indicatif passé simple) → ***que je partisse*** (subjonctif imparfait)

Remarque : Les verbes du deuxième groupe ne se distinguent que par la 3e personne du singulier au subjonctif présent et au subjonctif imparfait.

chanter	finir	pouvoir	être	
que je chantasse	*que je finisse*	*que je pusse*	*que je fusse*	*que j'eusse*
que tu chantasses	*que tu finisses*	*que tu pusses*	*que tu fusses*	*que tu eusses*
qu'il chantât	*qu'il finît*	*qu'il pût*	*qu'il fût*	*qu'il eût*
que nous chantassions	*que nous finissions*	*que nous pussions*	*que nous fussions*	*que nous eussions*
que vous chantassiez	*que vous finissiez*	*que vous pussiez*	*que vous fussiez*	*que vous eussiez*
qu'ils chantassent	*qu'ils finissent*	*qu'ils pussent*	*qu'ils fussent*	*qu'ils eussent*

Conjugaison du subjonctif plus-que-parfait

- Le subjonctif plus-que-parfait est la forme composée correspondant au subjonctif imparfait. Il est formé de l'**auxiliaire *être* ou *avoir*** au **subjonctif imparfait** et du **participe passé** du verbe conjugué.
  › *que j'**eusse chanté**, que tu **eusses chanté**, qu'il **eût chanté**, que nous **eussions chanté**, que vous **eussiez chanté**, qu'ils **eussent chanté***

Valeurs modales du subjonctif

- Quand il n'est pas employé dans une proposition subordonnée, le subjonctif marque la **distance** que le locuteur prend par rapport à ce qu'il dit. Il sert à évoquer un fait qui n'est pas vrai au moment où on le dit mais qu'on présente comme étant **possible**, ou **souhaitable**. C'est donc le mode qui sert à exprimer :
  - une **supposition.** › ***Soit** le triangle rectangle...* › *Qu'il **vienne** et on décidera.*
  - un **souhait** ou un **regret.** › *Pourvu qu'il **vienne** !*
  - une **injonction** ou une **obligation.** › *Qu'il **sorte** immédiatement !*
- Le **subjonctif présent** permet de **remplacer les formes qui manquent à l'impératif présent.** › *Qu'il **parle** !*
- Le **subjonctif passé** permet de **remplacer les formes qui manquent à l'impératif passé.** Comme lui, il sert à exprimer une injonction, un ordre qui devra être suivi **avant un moment donné.** › *Qu'il **soit rentré** avant 20 heures !*
- Les **subjonctifs imparfait** et **plus-que-parfait n'appartiennent pas à la langue courante.** On les rencontre à l'écrit ou dans des expressions figées.
  › ***Plût** au Ciel que j'en **fusse** quitte à ce prix !* (Molière, *Les Fourberies de Scapin*, I, 1, 1671)

Emploi du subjonctif dans les propositions subordonnées

- Dans les **complétives**, le subjonctif est employé quand le verbe de la principale exprime **un doute, une attente, un ordre, une défense, un sentiment.** › *Je veux que vous **appreniez** la leçon.* › *Je me réjouis qu'ils **soient** parmi nous.*
- Dans les **circonstancielles**, le subjonctif est employé après diverses conjonctions : ***avant que**, **bien que**, **jusqu'à ce que**, **pour que**, **quoique***, etc. › *Bien qu'il fasse froid, il part courir.*

Attention : ***Avant que*** s'emploie avec le subjonctif, ***après que*** s'emploie avec l'indicatif *(voir leçon de grammaire nº 18).*

L'impératif

Conjugaison de l'impératif

Il n'existe que **trois personnes** à l'impératif : 2e personne du singulier, 1re personne du pluriel et 2e personne du pluriel.

- Les formes de l'impératif **ne sont jamais précédées de leur sujet.**
- L'impératif comporte **deux temps** : – un temps simple : le **présent** ;
  – un temps composé : le **passé**.

Conjugaison de l'impératif présent

- Les formes de l'impératif présent sont **généralement les mêmes que celles de l'indicatif présent.**

Attention : Pour les verbes du **1er groupe**, il n'y a **pas de *-s* à la 2e personne du singulier.**

- Les formes de l'impératif présent des verbes comme ***être***, ***avoir***, ***savoir*** et ***vouloir*** sont construites avec le **radical du subjonctif présent.**
  › *que tu aies* (subjonctif) → ***aie !*** (impératif présent) › *que tu saches* (subjonctif) → ***sache !*** (impératif présent)

chanter	finir	savoir	être	avoir
chante	*finis*	*sache*	*sois*	*aie*
chantons	*finissons*	*sachons*	*soyons*	*ayons*
chantez	*finissez*	*sachez*	*soyez*	*ayez*

Remarque : Pour faciliter la prononciation, à la 2e personne du singulier, les verbes du 1er groupe suivis des pronoms *en* et *y* se terminent par ***-s***. › *Manges-en.* › *Entres-y.*

Conjugaison de l'impératif passé

- L'impératif passé est la forme composée correspondant à l'impératif présent. Il se forme à partir de l'**auxiliaire *être* ou *avoir*** à l'**impératif présent** et du **participe passé** du verbe conjugué.
  > ***aie chanté*, *ayons chanté*, *ayez chanté*.**

Valeurs de l'impératif

- **L'impératif présent** sert à exprimer un **ordre**, un **conseil**, une **défense**. > ***Sors** d'ici !*
- **L'impératif passé** permet de donner un **ordre** en envisageant le moment où l'action sera effectivement accomplie.
  > ***Ayez terminé** ce travail pour demain.*

1 Relevez les verbes au subjonctif dans cet extrait et précisez s'ils sont employés dans une proposition indépendante ou subordonnée.

Mais je me défie de ta nature : elle est trop pleine du lait de la tendresse humaine pour que tu saisisses le plus court chemin. Tu veux bien être grand ; tu as de l'ambition, mais pourvu qu'elle soit sans malaise. Ce que tu veux hautement, tu le veux saintement : tu ne voudrais pas tricher, et tu voudrais bien mal gagner. Ton but, noble Glamis, te crie : « Fais cela pour m'atteindre. » Et cela, tu as plutôt peur de le faire que désir de ne pas le faire. Accours ici, que je verse mes esprits dans ton oreille, et que ma langue valeureuse chasse tout ce qui t'écarte du cercle d'or dont le destin et une puissance surnaturelle semblent t'avoir couronné !

William Shakespeare, *Macbeth*, I, 5, 1623

2 Conjuguez au subjonctif et à l'impératif présents et passé les verbes suivants : *aller – courir – peindre – connaître*.

3 Complétez ce texte en conjuguant les verbes entre parenthèses suivant les consignes données.

JULIETTE. – Oh ! ne jure pas par la lune, l'inconstante lune dont le disque change chaque mois, de peur que ton amour ne *(devenir, présent)* aussi variable !
ROMÉO. – Par quoi dois-je jurer ?
JULIETTE. – Ne jure pas du tout ; ou, si tu le veux, jure par ton gracieux être, qui est le dieu de mon idolâtrie, et je te croirai.
ROMÉO. – Si l'amour profond de mon cœur…
JULIETTE. – Ah ! ne jure pas ! Quoique tu *(faire, présent)* ma joie, je ne puis goûter cette nuit toutes les joies de notre rapprochement ; il est trop brusque, trop imprévu, trop subit, trop semblable à l'éclair qui a cessé d'être avant qu'on *(pouvoir, passé)* dire : il brille !… Doux ami, bonne nuit ! Ce bouton d'amour, mûri par l'haleine de l'été, pourra devenir une belle fleur, à notre prochaine entrevue… Bonne nuit, bonne nuit ! *(pouvoir, présent)* le repos, *(pouvoir, présent)* le calme délicieux qui est dans mon sein, arriver à ton cœur !

William Shakespeare, *Roméo et Juliette*, II, 2, 1597

4 Relevez les injonctions exprimées dans cette scène.

AGAMEMNON. – Hé bien ! ma fille, embrassez votre père,
Il vous aime toujours. […]
IPHIGÉNIE. – Hé ! mon père, oubliez votre rang à ma vue.
Je prévois la rigueur d'un long éloignement.
N'osez-vous sans rougir être père un moment ? […]
AGAMEMNON. – Ah ! ma fille !
IPHIGÉNIE. – Seigneur, poursuivez.
AGAMEMNON. – Je ne puis.
IPHIGÉNIE. – Périsse le Troyen auteur de nos alarmes !

Jean Racine, *Iphigénie*, II, 2, 1674

5 Réécrivez ces injonctions en employant l'impératif puis le subjonctif. Attention, certaines formes n'existent pas.

1. Tu dois faire ton lit.
2. Vous ne serez pas en retard.
3. Nous devons partir.
4. Ils se coucheront de bonne heure.
5. Il doit finir ses devoirs.
6. Vous n'avez pas à discuter cette décision.
7. Je dois être patient avec lui.

6 Choisissez la valeur du subjonctif qui correspondrait le mieux à l'emploi du verbe en gras : souhait, supposition, injonction ou regret ?

1. Que New York **laisse** affluer le sang noir dans son sang. (Léopold Sédar Senghor, « À New York », *Éthiopiques*, 1956)
2. Elle me connaissait assez pour savoir que j'étais capable de tuer Hitler sans me laisser prendre – à supposer, toutefois, que je **fusse pris** il était tout à fait évident que les grandes puissances […] allaient présenter un ultimatum pour exiger ma libération. (Romain Gary, *La Promesse de l'aube*, 1960)
3. Mais, mon père et ma mère une fois dans la tombe, nul autre frère ne me **fût** jamais **né**. (Sophocle, *Antigone*, 441 av. J.-C.)
4. C'est mon frère – et le tien que tu le **veuilles** ou non. (Sophocle, *Antigone*, 441 av. J.-C.)
5. **Puissent** les dieux prendre soin de vos jours !
6. **Plût** au ciel qu'Antigone obéît à Créon !

100 % web

> Conjuguer au subjonctif
> Reconnaître les temps du subjonctif
> Donner la valeur du subjonctif

16 Particularités de conjugaison des verbes des 1er et 2e groupes

Observons

a) Auparavant, Maxime **se plaçait** au fond de la salle, maintenant il **se place** au premier rang.
b) Pour le pique-nique, j'**achète** des fruits et vous **achetez** des boissons !
c) **Finis** de mettre la table, pendant que nous **finissons** la préparation du repas.

- Donnez le mode et le temps des verbes en gras.
- Dans la première phrase, le radical du premier verbe est-il le même que celui du deuxième verbe ?
- Dans les phrases b) et c), quelle différence constatez-vous entre le premier et le deuxième verbe ?

Retenons

Particularités des verbes du premier groupe

Particularités liées à la prononciation

- **Verbes en *-cer* :** *c* + *a* se prononce [ka] et *c* + *o* se prononce [ko]. Pour obtenir le son [sa] et le son [so], il faut donc **ajouter une cédille.**
  › *je trace/nous traçons* › *je traçais/nous tracions*
- **Verbes en *-ger* :** *g* + *a* se prononce [ga] et *g* + *o* se prononce [go]. Pour obtenir le son [ja] et le son [jo], il faut donc **ajouter un *-e-* derrière le *-g-*.**
  › *je nage/nous nageons* › *je nageais/nous nagions*
- **Verbes en *-ier, -yer, -ller, -gner* :** il ne faut pas oublier le ***-i-* de la terminaison aux 1re et 2e personnes du pluriel, à l'imparfait de l'indicatif et au subjonctif présent.** En effet, comme il y a déjà un son similaire dans le radical, on n'entend pas le *-i-* de la terminaison.
  › *nous appréciions/vous appréciiez* › *que nous nous débrouillions/que vous vous débrouilliez*
  › *nous grognions/vous grogniez* › *que nous balayions/ que vous balayiez*

Des modifications du radical apparaissent pour les verbes en *-eler*, *-eter* et *-yer*

- **Verbes en *-eler* ou en *-eter* :** quand on entend le son [è] à la place du [e] de l'infinitif, on met un **accent grave sur le *-e-*.**
  › *j'achète/nous achetons* › *nous gelons/nous gèlerons* › *nous ruisselons/elles ruissèlent*

Exceptions : *Appeler* et *jeter* ainsi que leurs composés (*rejeter*, *rappeler*... y compris *interpeler*) : ces verbes doublent la consonne finale du radical.
› *je jette/nous jetons* › *nous appelons/nous appellerons*

Remarque : Nous appliquons ici les rectifications de l'orthographe de 1990, qui permettent de simplifier grandement un système qui était auparavant très complexe. Pour l'orthographe traditionnelle, vous pouvez vous référer au manuel de *Français 4e*, p. 287.

- **Verbes en *-yer* :** le *-y-* des verbes en *-yer* se **transforme en *-i-* devant un *-e-* muet.**
  › *tu nettoies/vous nettoyez* › *j'appuie/nous appuyons*

Remarque : Les verbes en *-ayer* peuvent aussi garder *-y-* à toutes les personnes.
› *je paie* ou *je paye* › *tu essaieras* ou *tu essayeras*

Exception : *Envoyer* au futur et au conditionnel présent a un radical particulier.
› *j'enverrai* (futur simple)/*tu enverrais* (conditionnel présent)

Particularités des verbes du deuxième groupe

- Tous les verbes du deuxième groupe prennent ***-iss-*** entre le radical et la terminaison :
  - aux première et deuxième personnes du pluriel du présent de l'indicatif et de l'impératif.
    › *nous grandissons/grandissez !*

- à toutes les personnes de l'imparfait de l'indicatif. > *je grandi**ss**ais*
- au subjonctif présent et imparfait. > *que je grandi**ss**e*

- Au subjonctif présent et au subjonctif imparfait, les formes sont identiques sauf à la 3e personne du singulier.
- Le verbe *haïr* prend un **tréma** sur le *-i-* dans toute sa conjugaison excepté aux trois premières personnes du présent de l'indicatif et à la deuxième personne de l'impératif présent.
  > *je **hais**, tu **hais**, il **hait*** mais *nous **haïssons**, vous **haïssez**, ils **haïssent*** (indicatif présent)
  > ***hais*** mais ***haïssons**, **haïssez*** (impératif présent)

Remarque : le **tréma** sur le *-i-* de *haïr* **exclut l'accent circonflexe** au passé simple et au subjonctif imparfait.
> *nous **haïmes*** (passé simple), *qu'il **haït*** (subjonctif imparfait)

1 Conjuguez les verbes *rejeter* et *rappeler* à toutes les personnes :

– au passé simple de l'indicatif ;
– au futur de l'indicatif ;
– au présent du conditionnel.

2 Attribuez à chaque phrase la forme verbale qui convient.

a) *Paierions – payions – payons – paierons.*
1. Si ça vous arrange, nous ... tout de suite.
2. Quand elle travaillait avec nous, nous la ... à chaque fin de semaine.
3. Voulez-vous que nous ... en une seule fois ?
4. Je te le promets : nous ... .
5. Elle avait promis que nous ... dès le lendemain.

b) *Appréciiez – apprécierez – appréciez – apprécieriez.*
1. ...-vous ce plat ?
2. ... la beauté de son geste.
3. Je savais que vous ... cette attention.
4. Vous verrez, vous ... cette mise en scène.
5. Vous avez grandi et ce que vous ... petits ne vous plaît plus aujourd'hui.

c) *Tutoierez – tutoyer – tutoyiez – tutoyée.*
1. Sa grand-mère, il l'a toujours ... .
2. Est-ce possible de se ... ?
3. Je suis étonnée que vous vous ... !
4. Vous ne ... jamais vos professeurs.
5. Vous ... mon père mais désormais vous le vouvoyez.

3 Même exercice.

a) *Créée – créez – créerez – crée – créiez – créeriez.*
1. Montre-moi l'œuvre que tu as ... !
2. Vous ... sans cesse et je suis fier de vous.
3. Quand vous étiez enfants, vous ... des escargots en pâte à modeler.
4. Qu'il ... autant qu'il le souhaite.
5. Si on vous en laissait la possibilité, vous ... un empire.
6. Vous ... des postes dès demain, s'il le faut !

b) *Soigniez – soigneriez – soignerez – soigner – soigner.*
1. Il faut vite le ... .
2. Il faut absolument que vous le ... .
3. La ... ne fut pas simple.
4. L'an dernier, vous ... une personne âgée : c'était ma grand-mère.
5. Le ...-vous, malgré ce qu'il a fait ? Moi, je ne le ferais pas.
6. Vous le ... : un point, c'est tout.

c) *Gaspillerons – gaspillions – gaspillons – gaspillerions.*
1. Nous ... l'eau si nous n'éteignions pas le robinet en nous lavant les dents.
2. Ne ... pas nos forces, montons doucement.
3. Nous ... notre temps lorsque nous regardions trop la télévision.
4. Nous ... notre fortune à force de dépenser autant d'argent.
5. Il ne faut pas que nous ... les ressources de notre planète.

4 Indiquez à chaque fois quelle forme est correcte.

1. J'appele/j'apelle.
2. Nous traçons/nous tracons.
3. Vous pelez/vous pèlez.
4. Il haït/il haît.
5. Il tutoye/il tutoie.
6. Nous balayons/nous balaillons.
7. Nous négligons/nous négligeons.
8. Vous finiez/vous finissez.
9. Il achete/il achète.
10. Je modele/je modèle.

5 Choisissez la forme verbale qui convient.

a) *Que j'envoyasse.*	1. indicatif présent.
b) *J'envoie.*	2. indicatif passé simple.
c) *Que j'envoie.*	3. indicatif imparfait.
d) *J'enverrai.*	4. indicatif futur.
e) *Envoie.*	5. subjonctif présent.
f) *J'envoyais.*	6. conditionnel présent.
g) *J'envoyai.*	7. impératif présent.
h) *J'enverrais.*	8. subjonctif imparfait.

a) *Nous renvoyions.*	1. indicatif présent.
b) *Renvoyons.*	2. indicatif passé simple.
c) *Nous renvoyâmes.*	3. indicatif imparfait.
d) *Nous renvoyons.*	4. indicatif futur.
e) *Que nous renvoyions.*	5. subjonctif présent.
f) *Nous renverrons.*	6. subjonctif imparfait.
g) *Que nous renvoyassions.*	7. impératif présent.
h) *Nous renverrions.*	8. conditionnel présent.

6 Pour les verbes suivants :
– indiquez leur infinitif et leur groupe ;
– mettez leur terminaison en tenant compte du groupe auquel ils appartiennent.

1. Je vouvoi… .
2. Il voi… .
3. Je cri… .
4. Il pli… .
5. Tu fui… .
6. Il s'ennui… .
7. Il brill… .
8. Elle appréci… .
9. Tu grogn… .
10. Je balay… .

7 Mettez les verbes de l'exercice précédent à l'imparfait, à la première personne du pluriel.

8 Conjuguez les verbes entre parenthèses suivant les consignes.

1. Nous … *(commencer, imparfait, indicatif)* toujours la journée par une course à pied.
2. … de bonne heure *(commencer, impératif, présent, première personne du pluriel)*.
3. Vous ferez trois séances intensives par semaine, … *(commencer, gérondif)* toujours par vous échauffer.
4. Ne … pas trop vite *(juger, impératif, présent, première personne du pluriel)*.
5. C'est … qu'on devient forgeron *(forger, gérondif)*.
6. Il … si vite *(nager, imparfait, indicatif)* !
7. Tu le … sans cesse *(narguer, présent, indicatif)* !

9 a) Réécrivez ces phrases à l'imparfait de l'indicatif.
b) Réécrivez ces phrases en conjuguant les verbes au plus-que-parfait de l'indicatif.

1. Un doute l'… *(envahit)*.
2. Il … *(finit)* toujours par s'énerver.
3. Nous … *(avons grandi)* à la campagne.
4. Elle … *(s'évanouit)* à la vue du sang.
5. … *(blanchirez)*-vous de l'argent ?
6. Nous … *(fuyons)* devant le danger.
7. Comment … *(faites)*-vous cela ?

10 Remplissez correctement ces tableaux de conjugaison.

a) *tu haïssais – tu haïrais – tu haïras – que tu haïsses* (x2) *– hais – tu haïs – tu hais*

	Indicatif	Subjonctif	Conditionnel	Impératif
Présent				
Passé simple				
Imparfait				
Futur				

b) *haïssons – nous haïrons – nous haïssions – nous haïssons – que nous haïssions* (x2) *– nous haïmes – nous haïrions*

	Indicatif	Subjonctif	Conditionnel	Impératif
Présent				
Passé simple				
Imparfait				
Futur				

11 Dans le texte suivant, mettez les verbes entre parenthèses à l'imparfait.

La carriole *(grincer)* sur la route assez bien dessinée mais à peine tassée. De temps en temps, une étincelle *(fuser)* sous la jante ferrée ou sous le sabot d'un cheval, et un silex venait frapper le bois de la carriole ou *(s'enfoncer)* au contraire, avec un bruit feutré, dans la terre molle du fossé. Les deux petits chevaux *(avancer)*.

Albert Camus, *Le Premier Homme*, 1994, Éditions Gallimard

12 a) Réécrivez cet extrait de *La Promesse de l'aube* de Romain Gary en conjuguant les verbes entre parenthèses au futur.
b) Même exercice mais en conjuguant les verbes à l'imparfait de l'indicatif.
c) Même exercice mais en conjuguant les verbes au présent de l'indicatif.

Un intolérable sentiment de privation, de dévirilisation, presque d'infirmité *(s'emparer)* de moi ; au fur et à mesure que je *(grandir)*, ma frustration d'enfant et ma confuse aspiration, loin de s'estomper, *(grandir)* avec moi et *(se transformer)* peu à peu en un besoin que ni femme ni art ne *(devoir)* plus jamais suffire à apaiser.

Romain Gary, *La Promesse de l'aube*, 1960

13 Vers le brevet : transformez ce texte en vouvoyant votre destinataire.

Rappelle-toi bien, quand tu offres quelque chose qui se porte, regarde la couleur de ses cheveux et de ses yeux. Les petits objets comme les broches, les bagues, les boucles d'oreilles, assortis-les à la couleur des yeux et les robes, les manteaux et les écharpes à la couleur des cheveux.

Romain Gary, *La Promesse de l'aube*, 1960

17 Particularités de conjugaison des verbes du 3e groupe

Observons

a) Tu **vas** être déçu, mais je **crains** qu'il ne **veuille** t'accompagner à ce rendez-vous.
b) Il **paraît** que tu **pars** aux États-Unis. Donne-moi ta nouvelle adresse afin que je **puisse** t'écrire !
c) Elle **courut** jusqu'à la boîte aux lettres, **retint** sa respiration et **ouvrit** le courrier.

- Donnez l'infinitif des verbes en gras. Que remarquez-vous ?

Retenons

Les verbes du troisième groupe sont les verbes en *-oir*, en *-re*, les verbes en *-ir* **qui ne font pas** *-issons* à la première personne du pluriel et le verbe ***aller***. Leur conjugaison présente certaines particularités qu'il faut connaître.

Particularités au présent de l'indicatif

Les terminaisons pour les verbes du troisième groupe sont en général *-s*, *-s*, *-t*, *-ons*, *-ez*, *-ent*.

> *je sais, tu sais, il sait, nous savons, vous savez, ils savent*

- Certains verbes ont des **terminaisons particulières** au singulier.
  - Quelques verbes en **-ir** (*cueillir, ouvrir, souffrir, offrir*) se conjuguent comme des verbes du **premier** groupe.
    > *j'ouvre, tu ouvres, il ouvre*
  - ***Pouvoir***, ***valoir*** et ***vouloir*** prennent ***-x***, ***-x*** et ***-t*** au singulier.
    > *je vaux, tu vaux, il vaut*
- Les **verbes en *-dre*** gardent le ***-d-*** du radical et font ***-ds***, ***-ds***, ***-d***, sauf les verbes en ***-indre*** (*-aindre*, *-eindre*, *-oindre*) et ***-soudre***, qui perdent le ***-d-*** du radical.
  > *je prends, tu prends, il prend*
  > *j'éteins, tu éteins, il éteint*
  > *je résous, tu résous, il résout*

Remarques :

- Les verbes en ***-endre*** s'écrivent ***e-***, ***-n-***, ***-d-***, ***-r-***, ***-e***, sauf *épandre* et *répandre*.
- Les verbes en ***-eindre*** s'écrivent ***e-***, ***-i-***, ***-n-***, ***-d-***, ***-r-***, ***-e***, sauf *craindre*, *contraindre* et *plaindre*.
- Les verbes en ***-tir*** perdent le ***-t-*** du radical aux trois personnes du singulier, et le retrouvent au pluriel seulement.
  > ***je pars***, ***tu pars***, ***il part*** (le *-t-* est celui de la terminaison) mais ***nous partons***, ***vous partez***, ***ils partent***.
- Les verbes ***mettre*** et ***battre***, ainsi que leurs composés (*soumettre*, *débattre*, etc.) prennent **un *-t-* au singulier et deux *-t-* au pluriel :** > *je mets, tu mets, il met, nous mettons, vous mettez, ils mettent*
  > *je bats, tu bats, il bat, nous battons, vous battez, ils battent*
- Les verbes en ***-aitre*** perdent le ***-t-*** du radical au singulier comme au pluriel et prennent deux ***-s-*** au pluriel.
  > *je connais, tu connais, il connait, nous connaissons, vous connaissez, ils connaissent*

Remarque : Dans l'orthographe traditionnelle, on met un accent circonflexe sur le *-i-* à l'infinitif *(paraître)* et à la troisième personne du singulier *(il connaît)*. Mais depuis la réforme de l'orthographe de 1990, l'accent circonflexe n'est plus obligatoire, sauf dans certains cas bien précis : dans les formes du passé simple et du subjonctif et quand l'accent permet d'éviter des confusions (pour les verbes : *croître*, qui sinon se confondrait avec *croire*).

Particularités au passé simple de l'indicatif

- Les verbes du troisième groupe se répartissent en trois catégories :
  - les verbes qui ont un passé simple en *-i-*, comme *ouvrir*.
    > *j'ouvris, tu ouvris, il ouvrit, nous ouvrîmes, vous ouvrîtes, ils ouvrirent*
  - les verbes qui ont un passé simple en *-u-*, comme *courir*.
    > *je courus, tu courus, il courut, nous courûmes, vous courûtes, ils coururent*
  - les verbes ***venir, tenir*** **et leurs composés** *(retenir, maintenir, survenir, se souvenir...)* qui ont un passé simple en *-in-*.
    > *je vins, tu vins, il vint, nous vînmes, vous vîntes, ils vinrent*

Changements de radicaux

Parmi les verbes du troisième groupe, il y a un certain nombre de verbes irréguliers. Le radical de ces verbes change au cours de la conjugaison.

prendre	résoudre	pouvoir	aller
indicatif présent			
je prends	*je résous*	*je peux*	*je vais*
tu prends	*tu résous*	*tu peux*	*tu vas*
il prend	*il résout*	*il peut*	*il va*
nous prenons	*nous résolvons*	*nous pouvons*	*nous allons*
vous prenez	*vous résolvez*	*vous pouvez*	*vous allez*
ils prennent	*ils résolvent*	*ils peuvent*	*ils vont*
indicatif passé simple			
je pris	*je résolus*	*je pus*	*j'allai*
subjonctif présent			
que je prenne	*que je résolve*	*que je puisse*	*que j'aille*

1 Conjuguez les verbes suivants au présent de l'indicatif et à la personne demandée.

1. Valoir *(2e p. du singulier).*
2. Résoudre : *(1re p. du pluriel).*
3. Partir *(2e p. du singulier).*
4. Combattre *(1re p. du singulier).*
5. Craindre *(3e p. du singulier).*
6. Faire *(1re p. du pluriel).*
7. Entreprendre *(2e p. du pluriel).*
8. Vaincre *(2e p. du singulier).*
9. Bouillir *(3e p. du singulier).*
10. Interrompre *(1re p. du singulier).*
11. Pouvoir *(1re p. du singulier).*

2 Écrivez ce texte à l'imparfait.

Mon imagination *(accepter)* tout avec plaisir. Je *(pouvoir)* tout entendre bien à l'abri sous les couvertures entre Baya et Khalti, la porte et le portail ayant été précautionneusement fermés depuis la tombée de la nuit. Mais quand, par hasard, je *(mettre)* le nez dehors, je *(sentir)* mes cheveux se dresser, j'*(avoir)* la chair de poule, je *(courir)* comme un chien fou ou bien j'*(clouer, voix passive)* sur place par la terreur. Je me *(voir)* escorté par quelque fantôme, je *(croire)* entendre des voix et des pas qui me *(poursuivre)*.

Mouloud Feraoun, *Le Fils du pauvre*, 1950

3 Mettez ces verbes au subjonctif présent, en gardant les mêmes personnes.

1. Ils savent.
2. Je cours.
3. Il connait.
4. Vous plaignez.
5. Tu t'assieds.
6. Je veux.
7. Il surprend.
8. Nous faisons.

4 Conjuguez les verbes suivants au passé simple et à la forme demandée.

1. Être *(2e p. du singulier).*
2. Faire *(1re p. du singulier).*
3. Obtenir *(1re p. du singulier).*
4. Naître *(2e p. du pluriel).*
5. Conduire *(3e p. du pluriel).*
6. Écrire *(1re p. du pluriel).*
7. Convenir *(1re p. du pluriel).*
8. Vivre *(1re p. du singulier).*
9. Joindre *(2e p. du singulier).*
10. Fuir *(3e p. du singulier).*
11. Avoir *(2e p. du pluriel).*
12. Conclure *(3e p. du pluriel).*

5 Conjuguez les verbes entre parenthèses au passé simple de l'indicatif.

Les deux coqs
Deux Coqs vivaient en paix ; une poule *(survenir)*,
Et voilà la guerre allumée.
Amour tu *(perdre)* Troie ; et c'est de toi que *(venir)*
Cette querelle envenimée
Où du sang des Dieux même on *(voir)* le Xanthe teint !
Longtemps entre nos coqs le combat se *(maintenir)*.
Le bruit s'en *(répandre)* par tout le voisinage :
La gent qui porte crête au spectacle *(accourir)* ;
Plus d'une Hélène au beau plumage
(être) le prix du vainqueur. Le vaincu *(disparaître)*,
(pleurer) sa gloire et ses amours,
Ses amours qu'un rival, tout fier de sa défaite
Possédait à ses yeux [...]

D'après JEAN DE LA FONTAINE, *Fables*, VII, 13, 1678

6 Indiquez l'infinitif des formes conjuguées suivantes.

1. Elle geint.
2. Je meus.
3. Il se meut.
4. Il prévaut.
5. Nous vêtons.
6. Tu acquiers.
7. Elle paissent.
8. Il assied.
9. Vous cousez.

7 Distinguez ces formes homophones du présent de l'indicatif en indiquant pour chaque verbe son infinitif et le groupe verbal auquel il appartient.

Exemple : *il dédie (dédier, 1er groupe) / il dédit (dédire, 3e groupe)*

1. Je dore/je dors.
2. Il croit/il croît.
3. Tu pars/tu pares.
4. Il serre/il sert.
5. Il lie/il lit.
6. Je confis/je confie.
7. Je suis/je suis.
8. Nous moulons/nous moulons.

8 Distinguez les formes homophones en indiquant pour chaque verbe son infinitif et son temps.

1. Il vit/il vit.
2. Il prit/il prie.
3. Tu sues/tu sus.
4. Il plut/il plut.
5. Je tins/je teins.
6. Tu dis/tu dis.

9 Vers le brevet : transposez cet extrait au présent, en respectant la concordance des temps.

Tout **était** calme, aucun bruit ne se **faisait** entendre, si ce n'est ce rugissement éternel qui semble la respiration bruyante de l'Océan ; je **résolus** de procéder par ordre, et de fouiller d'abord l'endroit où **j'avais vu** le comte de Beuzeval, car **j'étais** bien convaincu que **c'était** lui, cacher un objet que je **n'avais pu** distinguer. En conséquence, **laissai** la torche et la pince contre le pilier, **j'armai** mon fusil pour être prêt à la défense en cas d'événement ; je **gagnai** le corridor, je **suivis** ses arcades sombres... puis après un instant qui me **convainquit** que **j'étais** bien seul, je me **hasardai** à gagner l'endroit du dépôt, je soulevai [...] la pierre de la tombe, comme **l'avait fait** le comte, je **vis** la terre fraîchement remuée, je **couchai** mon fusil à terre, **j'enfonçai** ma bêche dans la même ligne déjà découpée, et, au milieu de la première pelletée, je **vis** briller une clef...

ALEXANDRE DUMAS, *Pauline*, 1838

10 Vers le brevet : réécrivez ce texte en commençant par « *Je m'approche...* » et faites toutes les modifications nécessaires.

Lennie s'approcha tranquillement du bord de l'eau. Il s'agenouilla et se mit à boire, effleurant à peine l'eau de ses lèvres. Quand derrière lui, les feuilles sèches craquèrent au passage d'un petit oiseau, il releva la tête brusquement, et il resta les yeux fixes et l'oreille tendue jusqu'à ce qu'il eût aperçu l'oiseau. Alors, il laissa retomber sa tête et se remit à boire.

Quand il eut fini, il s'assit sur la rive, de biais, afin de pouvoir surveiller l'entrée du sentier. Il prit ses genoux dans ses deux mains et posa son menton sur ses genoux.

JOHN STEINBECK, *Des souris et des hommes*, 1937

11 Écriture : racontez, au passé simple, le souvenir le plus lointain que vous ayez gardé de votre enfance. Vous pourrez de temps en temps revenir au présent pour dire ce que vous ressentez (nostalgie, tendresse, etc.) en évoquant ce temps passé.

Vous utiliserez au moins dix verbes dans la liste suivante : *naître – vouloir – surprendre – descendre – craindre – entendre – faire – battre – apercevoir – courir – asseoir – savoir – croire – mouvoir – partir – obtenir – revêtir – survenir – apparaître – écrire – se souvenir – mettre*

12 À partir de cette image, écrivez une histoire d'une dizaine de lignes.

Elle commencera par : « *Marc et Clara se rendaient chez leurs amis, quand tout à coup,...* ». Contrainte : vous ne devez utiliser que des verbes du 3e groupe.

18 Le participe passé (1) : formation et accords

Observons

Mal **peignée**, avec les jupes de travers et les mains rouges, elle parlait haut, lavait à grande eau les planchers. [...]
– Oh ! ... ma pauvre Mathilde, comme tu es **changée** !...
– Oui, j'ai **eu** des jours bien durs, depuis que je ne t'ai **vue** ; et bien des misères... et cela à cause de toi !

Guy de Maupassant, *La Parure*, 1884

- Donnez l'infinitif et le mode des mots en gras.
- Quel est l'auxiliaire employé avec chacun des participes passés ? Que pouvez-vous en déduire ?
- Quels sont les COD dans la dernière phrase ? Où sont-ils placés ? Que pouvez-vous en conclure ?

Retenons

Définition

- Le participe passé est une **forme verbale** qui permet notamment de **conjuguer un verbe à un temps composé et/ou à la voix passive**. Dans ce cas, il est toujours accompagné de l'auxiliaire *être* ou *avoir*.
  › *Il s'est **assis** et a **commandé** un café.*
- Le participe passé peut aussi s'employer **sans auxiliaire**, comme un **adjectif qualificatif**. On l'appelle alors ***participe passé employé comme adjectif***.
  › *Les bêtes mal **attachées** quittent l'enclos.*

Terminaisons du participe passé

- Tous les **verbes du 1er groupe ainsi que le verbe *aller*** ont un **participe passé en *-é*.**
  › *Chanter → chant**é*** › *Parler → parl**é***
- Tous les **verbes du 2e groupe** ont un **participe passé en *-i*.**
  › *Finir → fin**i*** › *Choisir → chois**i***
- Les **verbes du 3e groupe** ont des **participes passés irréguliers. En voici quelques-uns :**

Infinitif	Participe passé	Infinitif	Participe passé
perdre	*perd**u***	*couvrir*	*couv**ert***
venir	*ven**u***	*souffrir*	*souff**ert***
paraître	*par**u***	*dormir*	*dorm**i***
vivre	*véc**u***	*conquérir*	*conqu**is***
savoir	***su***	*asseoir*	*ass**is***
éteindre	*étein**t***	*conduire*	*condui**t***
craindre	*crain**t***	*construire*	*construi**t***
rejoindre	*rejoin**t***	*naître*	***né***

Remarque : Les **participes passés en *-i*** peuvent avoir trois orthographes au masculin singulier : ***-i, -it, -is.***
Pour les différencier, il suffit de mettre le participe passé au féminin › *un mot **écrit** → une lettre **écrite***
› *le couvert **mis** → la table **mise***

Règles d'accord

Cas généraux

- **Employé sans auxiliaire**, le participe passé **s'accorde comme un adjectif qualificatif**, en genre et en nombre avec le mot auquel il se rapporte.
  > *Les élèves convoqués se rendent en salle de réunion.*
- **Employé avec l'auxiliaire *être***, le participe passé s'accorde en genre et en nombre avec le **sujet**.
  > *Les élèves sont convoqués par l'administration.*
- **Employé avec l'auxiliaire *avoir***, le participe passé s'accorde avec le **COD** du verbe, seulement si le COD est placé **avant le verbe**. Il ne s'accorde jamais dans les autres cas.
  > *L'administration a regroupé les élèves.*

Ici, le COD *les élèves* est placé après le verbe, donc le participe passé ne s'accorde pas.

> *Les élèves que l'administration a convoqués.*

Ici, le COD *que* (pronom reprenant *les élèves*) est placé avant le verbe, donc le participe passé s'accorde avec le COD.

Cas particuliers d'accord avec l'auxiliaire *avoir*

- Le participe passé est **invariable** :
  – si le **COD** est le pronom adverbial ***en***. > *Des exemples, j'**en** ai cité beaucoup.*
  – si le **COD** est le pronom ***le* représentant une proposition entière**. > *Il avait écrit plusieurs livres, mais sa famille ne **l'**a jamais su.*
  – si le verbe est un **verbe impersonnel**. > *Quelles quantités d'eau il a plu !*
  – s'il s'agit de **formules figées placées en tête de phrase**, comme *passé, vu, supposé, excepté, étant donné, ci-joint, ci-inclus*, etc. > *Ci-joint les documents.* > *Vu l'heure, on va y aller en voiture.*
- Cas des **participes passés suivis d'un infinitif** :
  – le participe passé **s'accorde avec le COD placé avant, si celui-ci est sujet de l'infinitif.**
  > *Les élèves que j'ai entendus **chanter** font partie de la chorale.*
  > *Qui est-ce que j'ai entendu ? → les élèves* (COD de *entendus*)
  > *Qui a chanté ? → les élèves* (sujet de *chanter*)
  – le participe passé **ne s'accorde pas avec le COD placé avant, si celui-ci n'est pas sujet de l'infinitif.**
  > *Ce sont les hymnes que j'ai entendu **chanter**.*
  > Les hymnes sont chantés par quelqu'un, ce ne sont pas eux qui « *chantent* », donc on n'accorde pas le participe passé.

Remarque : Les participes passés des verbes *faire* et *laisser* ne s'accordent pas quand ils sont suivis d'un infinitif.
> *Les murs que j'ai fait **repeindre** sont déjà tachés.* (*Les murs* est COD de *ai fait repeindre*.)
> *Les pizzas qu'ils ont laissé **réchauffer** sont carbonisées.* (*Les pizzas* est COD de *ont laissé réchauffer*.)

1 Relevez les participes passés de cet extrait et donnez l'infinitif des verbes correspondants.

Ma mère est née, elle est venue, elle s'est réjouie de son fils, elle s'est réjouie de ses robes, elle a ri, elle a tant espéré, elle s'est donné tant de peine, elle a recouvert de beau papier rose glacé mes livres d'écolier…

Albert Cohen, *Le Livre de ma mère*, 1954

2 Lesquelles de ces formes peuvent être des participes passés ?

1. Grandit.
2. Prit.
3. Écrit.
4. Sourit.
5. Acquit.
6. Inscrit.
7. Fuit.
8. Choisit.
9. Traduit.
10. Conduit.
11. Permit.

3 Donnez le participe passé des verbes conjugués suivants.

1. Je naquis.
2. Il vivait.
3. Nous atteindrons.
4. Tu vernissais.
5. Vous irez.
6. Elle jettera.
7. Vous avez.
8. Ils apercevront.
9. Je m'assieds.
10. Qu'ils soient.
11. Tu permettrais.
12. Il mourut.

4 Accordez, si nécessaire, ces participes passés.

1. Ci-joint… les documents demandé…
2. Excepté… trois élèves qui resteront en classe, vous allez tous en récréation.
3. Épuisé… par tant de kilomètres parcouru… , les fillettes se couchèrent sans dîner.

4. Vous trouverez les formulaires ci-joint… .
5. Gêné… par les flammes qui encerclaient le bâtiment, les pompiers progressaient difficilement.
6. Vu… qu'elle ne participera pas à la fête, je ne lui prépare pas de costume.
7. Les moins de douze ans excepté… , tous peuvent venir voir le spectacle.
8. Salué… par les médias enthousiastes, cet exploit restera gravé dans les mémoires.

5 Accordez, si nécessaire, ces participes passés.

1. Les filles et leurs parents sont entré… par cette porte-là, je pense.
2. Tu es arrivé… beaucoup trop vite, Claire, et tu as tout renversé… !
3. Nous étions parti… les dernières et c'est finalement nous les premières !
4. Des lunettes et un appareil photo ont été retrouvé… dans la salle.
5. Les lauréates ont été félicité… par le jury.
6. Les marmottes sont sorti… de leur abri hivernal.

6 Accordez, si nécessaire, ces participes passés employés avec l'auxiliaire *avoir*.

1. Elle a téléphoné… à ses parents pour les prévenir qu'elle avait réussi… .
2. La surprise que ses amis lui avaient préparé… ne lui a pas franchement plu… .
3. Cette maison se trouve beaucoup plus loin que je ne l'avais pensé… .
4. Tu as déjà perdu… l'adresse que je t'avais donné… !
5. La maison a été vendue ; je ne sais pas trop qui l'a acheté… .
6. Sa leçon ? Je ne sais pas trop ce qu'il en a retenu… .
7. Voici le village où nous avons grandi… .
8. La viande que Sylvie a mangé… hier lui a donné… mal au ventre.

7 Accordez, si nécessaire, les participes passés de ces phrases.

1. Ces enfants que j'ai vu… applaudir semblaient si heureux !
2. C'est une énigme que jamais personne n'a pu… percer.
3. La comédie que j'ai vu… jouer m'a fait du bien.
4. Je ne connais pas cette chorale que vous avez entendu… chanter.
5. La robe qu'elle s'est fait… coudre est vraiment très jolie.
6. Je réalise cette recette exactement comme je l'ai vu… faire.
7. Les enfants, il les avait laiss… s'endormir.
8. Les enfants ? Non, je ne les ai pas vu… passer.

8 Expliquez la différence de sens entre ces deux phrases.

1. Les voisins ? Je les ai entendus appeler.
2. Les voisins ? Je les ai entendu appeler.

9 Dans ce texte, donnez le participe passé des verbes mis entre parenthèses, en l'accordant si besoin.

La neige, qui n'a pas *(cesser)* de tomber depuis trois jours, bloque les routes. Je n'ai *(pouvoir)* me rendre à R… où j'ai coutume de depuis quinze ans de célébrer le culte deux fois par mois. Ce matin trente fidèles seulement se sont *(rassembler)* dans la chapelle de La Brévine. Je profiterai des loisirs que me vaut cette claustration forcée, pour revenir en arrière et raconter comment je fus *(amener)* à m'occuper de Gertrude.

André Gide, *La Symphonie pastorale*, 1919

10 Réécrivez cet extrait au passé composé, en faisant les accords qui s'imposent.

Elle **grelottait** sous des haillons, **buvait** à plat ventre l'eau des mares, à propos de rien **était battue**, et finalement **fut chassée** pour un vol de trente sols, qu'elle n'avait pas commis. Elle **entra** dans une autre ferme, y **devint** fille de basse-cour, et comme elle **plaisait** aux patrons, ses camarades la **jalousaient**.

Gustave Flaubert, « Un cœur simple », in *Trois contes*, 1877

12 Vers le brevet : réécrivez ce texte à la première personne du singulier, en mettant au passé composé les verbes qui sont au passé simple.

Un jour, en entrant dans ce village où son cœur était resté, elle aperçut une femme, qui sortait de la boutique Choquet au bras de son bien-aimé. C'était sa femme. Il était marié.

Le soir-même, elle se jeta dans la mare qui est sur la place de la Mairie. Un ivrogne attardé la repêcha, et la porta à la pharmacie…

Guy de Maupassant, *La Rempailleuse*, 1882

13 Vers le brevet : justifiez l'accord des participes passés de cette phrase.

Les cinq à six maisons, sans toiture, rongées de vent et de pluie, la petite chapelle au clocher écroulé, étaient rangées comme le sont les maisons et les chapelles dans les villages vivants, mais toute vie avait disparu.

Jean Giono, *L'Homme qui plantait des arbres*, 1954

14 Bilan : pourquoi les participes passés des phrases suivantes ne s'accordent-ils pas ?

1. Ces gâteaux, je n'en ai pas goûté !
2. Excepté celle du port, toutes les boulangeries ferment aujourd'hui.
3. Les verrous, que j'ai pourtant fait réparer récemment, sont à nouveau hors d'usage.
4. Ci-joint les coordonnées de notre magasin pour nous contacter.
5. La valse de Chopin que j'ai entendu jouer à ce concert est vraiment celle que je préfère.
6. Cette boutique est plus loin que je ne l'avais imaginé.

19 Formes en *-ant*

Observons

a) Le soir, les lapins, **quittant** les fourrés, viennent s'asseoir sur le sable
b) Il marchait lourdement, **en traînant** un peu les pieds comme un ours traîne les pattes.
c) Ses bras, sans osciller, pendaient **ballants** à ses côtés.

John Steinbeck, *Des souris et des hommes*, 1937

- Quelle est la classe grammaticale de *quittant* et *en traînant* ?
- Qu'est-ce qui permet de différencier la première forme en gras de la deuxième ?
- Que pouvez-vous dire de la terminaison de *ballants* ?

Retenons

Il existe trois formes en *-ant* : le **participe présent**, le **gérondif** et l'**adjectif verbal**.

Le participe présent

- C'est un **mode non personnel du verbe** (il ne varie pas en personne, ne se conjugue pas).
- Il est donc **invariable** : il **se termine toujours par *-ant***. › *L'usine **fabriquant** ces produits est fermée.*
- Il se forme avec le **radical de l'impératif présent suivi du suffixe *-ant***. › *aimer : **aimons** + **ant** › **aimant***

Attention : Certains verbes ont un participe irrégulier, comme le verbe *être* qui a pour participe : *étant*.

- Il présente l'**action comme en train de se faire.**
- Il peut être le noyau d'une **proposition participiale.**

› *La chance **aidant***, *tu devrais réussir.*
Proposition participiale

Le gérondif

- Il est formé avec le participe présent précédé de la **préposition *en***. › *Elle piétine **en attendant**.*
- Il a donc les **mêmes caractéristiques que le participe présent.**
- Deux précisions cependant :
  - le **sujet** du gérondif est toujours **le même que celui de la proposition principale** ;
  - il a une **fonction de complément circonstanciel (temps, manière, cause, etc.).**

› *Elle l'a rencontré **en sortant** de la librairie.*
Complément circonstanciel de temps

L'adjectif verbal

- En tant qu'adjectif, il **s'accorde** en genre et en nombre avec le mot auquel il se rapporte. › *Quelle idée surprenante !*
- Au **masculin singulier**, l'adjectif verbal **s'écrit souvent de la même manière que le participe présent correspondant.** Mais ce n'est pas systématique :
  - les **participes présents** des verbes en ***-guer*** et ***-quer*** gardent la forme du radical du verbe et s'écrivent en ***-guant*** et ***-quant***, tandis que l'orthographe de l'adjectif verbal s'est simplifiée en ***-gant*** et ***-cant*** ;
    › *fatiguer › fati**guant*** (participe présent), *fati**gant*** (adjectif verbal)
    › *convaincre › convain**quant*** (participe présent), *convain**cant*** (adjectif verbal)
  - alors que les participes présents se terminent toujours par *-ant*, **certains adjectifs verbaux s'écrivent *-ent***. Voici les principaux d'entre eux : ***adhérent, coïncident, différent, équivalent, excellent, influent, négligent, précédent, résident, violent.***

> ***Précédant*** *ses camarades à la cantine, il s'est assis à la même place que les jours* ***précédents****.*

Pour différencier le participe présent (et le gérondif) de l'adjectif verbal

- On peut **mettre l'adjectif verbal au féminin,** alors que le participe présent est invariable.
  > *Il a fait un projet surprenant. → Il a fait une proposition surprenante.*
- On peut **encadrer le participe présent de la négation *ne ... pas*,** ce qui n'est pas le cas de l'adjectif verbal.
  > *Rentrant chez lui →* ***ne rentrant pas*** *chez lui.* > *une journée épuisante →* ~~*une journée ne épuisante pas*~~.

Remarque : Certaines formes en *-ant* sont devenues des **noms communs** > ***un étudiant, une étudiante***

1 Indiquez la classe grammaticale des formes en *-ant* dans les phrases suivantes.

1. Ce résultat est très **encourageant** pour la suite.
2. En **fondant**, la glace provoque une élévation du niveau du lac.
3. Il est arrivé le premier au col, **devançant** de peu ses concurrents.
4. Ses arguments sont franchement peu **convaincants** : tu le crois, toi ?
5. C'est en nous **menaçant** de sa fourche que ce fermier nous a chassés.

2 Relevez tous les mots en *-ant/-ent* de cette phrase, et donnez leur classe grammaticale.

Les deux accusés, reconnaissant par ailleurs les faits, essayaient d'organiser un semblant de défense en éludant les questions ; le président du tribunal finit cependant par aborder le sujet embarrassant.

3 Trouvez l'intrus dans chaque groupe de mots, et justifiez votre réponse.

1. Négligent – souvent – ardemment – longtemps.
2. Intrigant – incessant – convaincant – provocant.
3. Prudent – lent – ardent – excellent.
4. Communiquant – adhérant – naviguant – fatigant.

4 Pour chaque verbe à l'infinitif, donnez le participe présent puis l'adjectif verbal, en les orthographiant correctement.

1. Naviguer.
2. Provoquer.
3. Flamboyer.
4. Précéder.
5. Influer.
6. Émerger.

5 Choisissez dans les phrases suivantes la forme qui convient.

1. L'été dans cette région, la chaleur est *(suffocante/suffoquante)*.
2. L'homme *(vacant/vaquant)* à ses occupations ne nous vit pas arriver.
3. Mon avis *(différent/différant)* du tien, il va falloir quand même trouver un terrain d'entente.
4. Admirez ces superbes rosiers *(grimpants/grimpant)* : ils couvrent tout le mur !
5. Les enfants *(somnolants/somnolant/somnolents)* après cette longue journée, nous les avons ramenés à la maison.

6 Remplacez les propositions relatives de ces phrases par un participe présent ou un adjectif verbal équivalent.

1. D'en haut, on a une vue *(qui plonge)* sur le village.
2. Des petits pains *(qui croustillent)* embaument la boulangerie.
3. Les routes *(qui convergent)* vers la ville sont saturées !
4. Il est rentré de France le jour *(qui précédait)* Noël.
5. Son allure *(qui effraie)* fait fuir les passants.
6. Sa mère lui a dit quelques mots *(qui l'ont réconforté)*, et il a repris confiance en lui.

7 Accordez si nécessaire les formes en *-ant* dans ces vers de Racine.

Figure-toi Pyrrhus, les yeux *étincelant*... ,
Entrant à la lueur de nos palais *brûlant*... ,
Sur tous mes frères morts se *faisant*... un passage,
Et de sang tout couvert *échauffant*... le carnage.
Songe aux cris des vainqueurs, songe aux cris des [*mourant*... ,
Dans la flamme étouffés, sous le fer *expirant*...

JEAN RACINE, *Andromaque*, III, 8, 1667

8 Pour chacun des verbes suivants, rédigez une phrase dans laquelle ce verbe sera un participe présent, et une autre où il sera un adjectif verbal.

1. Communiquer.
2. Adhérer.
3. Divaguer.
4. Naviguer.

9 Rédigez quatre phrases contenant successivement les quatre formes en *-ant* suivantes, sans en modifier l'orthographe : *perçants – équivalant – divergents – vacant.*

10 Identifiez les trois formes en gras dans la phrase suivante, et justifiez-en ainsi l'orthographe.

Je la revois, charmée, émue, jeune fille, le **raccompagnant** à la porte et, **rougissante**, **quêtant** de lui la certitude que son petit garçon n'avait rien de sérieux.

ALBERT COHEN, *Le Livre de ma mère*, 1954

20 L'infinitif

Observons

Un instant après, ma mère qui sortait sur le pas de la porte, avec la mère de Meaulnes, après **avoir débattu** et fixé le prix de pension, vit **jaillir** sous le préau, avec un bruit de soufflet, deux gerbes d'étoiles rouges et blanches ; et, elle put **m'apercevoir**, l'espace d'une seconde, dressé dans la lueur magique tenant par la main le grand gars nouveau venu et ne bronchant pas...
Cette fois encore elle n'osa rien **dire**.

Alain-Fournier, *Le Grand Meaulnes*, 1913

- Quelle est la classe grammaticale (nature) des mots en gras ?
- Que remarquez-vous à propos de la première forme ?

Retenons

- L'infinitif compte **deux temps** :
  - le **présent** : forme simple (*être, avoir, marcher*) ;
  - le **passé** : forme composée de l'auxiliaire à l'infinitif et du participe passé du verbe.
    - › *être* › ***avoir été***
    - › *avoir* › ***avoir eu***
    - › *chanter* › ***avoir chanté***
    - › *partir* › ***être parti***
- L'infinitif est un mode **non personnel** du verbe (sa forme ne varie pas selon la personne).

Exception : À la forme composée avec l'auxiliaire **être**, le participe passé s'accorde avec le sujet.
  › *Après être **parties** de chez elle, elles sont allées au marché.*

- L'infinitif peut être le **centre d'une proposition ou d'une phrase**. On peut le rencontrer dans :
  - des phrases injonctives pour exprimer un ordre, un conseil. › ***Tourner** à droite, puis **aller** tout droit.*
  - des phrases exclamatives. › ***Vivre** ensemble ! Quel rêve !*
  - des phrases interrogatives. › *Moi, **mentir** ?*
  - des propositions subordonnées. › *Il ne sait **que faire**.* (interrogative indirecte)
    › *Je cherche un endroit **où me garer**.* (relative)
    › *Je vois **les sportifs franchir la ligne d'arrivée**.* (infinitive)
- L'infinitif permet de construire des **périphrases verbales**. › *Kevin vient de **poster** le courrier (voir leçon n° 12).*
- Précédé de ***de***, l'infinitif peut être utilisé dans un récit pour **indiquer une action rapide**. On parle alors d'**infinitif de narration**. Cette forme est réservée à l'écrit et appartient au registre de langue soutenu.
  › *Il arriva sur la scène et tous **de** rire.*
- L'infinitif **peut avoir toutes les fonctions d'un nom**.
  › *Elle n'a qu'un souhait : **réussir son examen**.* (*réussir son examen* est apposé à *souhait*)
  › *Il s'apprête **à partir en voyage**.* (*à partir en voyage* est COI de *s'apprête*)
  › ***Courir** est comme une drogue pour moi.* (*courir* est sujet de *est*)
- Précédé d'un **déterminant**, l'infinitif devient un **nom commun** : on parle d'**infinitif substantivé** (substantif = nom).
  › *rire* › *le rire, les rires*
  › *devoir* › *le devoir, les devoirs*

Rappel : Pour ne pas confondre l'infinitif des verbes du 1er groupe, en *-er*, avec le participe passé des verbes du 1er groupe, en *-é*, il faut remplacer le verbe du 1er groupe par un verbe du 2e ou 3e groupe.
  › *Il devra **terminer** (finir) son travail à temps.*
  › *Il a **terminé** (fini) son travail à temps.*

1 Donnez l'infinitif présent et l'infinitif passé de ces formes verbales.

1. Je serai.
2. Je saurai.
3. Nous fîmes.
4. Nous fûmes.
5. J'acquiers.
6. Il a vécu.
7. Ils jettent.
8. Elle émeut.
9. Ils éteignaient.
10. Tu vaincs.

2 Repérez l'infinitif au centre de la proposition indépendante et précisez le type de phrase dans lequel il est utilisé.

1. Je me jetai à l'eau pour secourir l'enfant, je remontai sur la berge tant bien que mal. Et tous d'applaudir mon geste de bravoure.
2. À quoi bon travailler avec tant d'ardeur ?
3. Partir, là-bas, au soleil !
4. Ne pas courir sur le bord de la piscine.
5. Que dire devant une telle injustice ?

3 Dans les phrases suivantes, indiquez l'infinitif passé des verbes en gras. Attention à ne pas vous tromper d'auxiliaire.

1. Je me **lève** de bon matin et cours une demi-heure.
2. Je **lève** la tête et compte les étoiles.
3. Le chat **est poursuivi** par le chien.
4. Le chat **poursuit** la souris.
5. Les collégiens arrivèrent en retard en cours car la neige **gênait** la circulation.
6. Les piétons **marchaient** avec lenteur car la chaussée glissait.
7. Même sans ordinateur, les élèves **purent** mener à bien leur recherche.
8. Dimanche, mon chien m'entraînait à travers les rues quand je **t'aperçus**.

4 Transformez les phrases suivantes en mettant les infinitifs à la forme passée pour donner une valeur d'action achevée au verbe ou pour indiquer une relation d'antériorité.

1. C'est une grande folie de vouloir être sage tout seul. (François de La Rochefoucauld, *Sentences*, 231)
2. Il fallait partir pour qu'elle soit rassurée.
3. Ajouter du sucre n'arrange rien.
4. Ne rien dire n'est pas la meilleure chose à faire.

5 Dans l'extrait suivant, relevez les infinitifs présents, puis donnez la forme passée correspondante.

Depuis quelque temps en sortant de classe, à quatre heures, je renonce à lambiner dans la rue, à bavarder, à jouer à la marelle, j'ai envie de rentrer tout de suite, je sais qu'elle a entendu sonner la cloche de l'école et qu'elle m'attend…

NATHALIE SARRAUTE, *Enfance*, 1983

6 Pour chacune de ces morales de fables de La Fontaine, donnez la fonction du groupe infinitif en gras.

Se croire un personnage est fort commun en France.

JEAN DE LA FONTAINE, « Le Rat et l'Éléphant »,
in *Fables*, 1678

Amour, Amour, quand tu nous tiens,
On peut bien **dire** : « Adieu prudence ».

JEAN DE LA FONTAINE, « Le Lion amoureux »,
in *Fables*, 1678

Garde-toi, tant que tu vivras, de **juger les gens sur la mine**.

LA FONTAINE, « Le Cochet, le Chat et le Souriceau »,
in *Fables*, 1678

7 Construisez des phrases dans lesquelles ces infinitifs sont employés comme des noms.

1. Rire.
2. Savoir.
3. Pouvoir.
4. Lancer.
5. Manger.
6. Boire.

8 Identifiez la proposition subordonnée dont l'infinitif est le centre, et précisez s'il s'agit d'une subordonnée interrogative, infinitive ou relative. Aidez-vous si besoin de la fiche de grammaire n° 17.

1. Steinbeck se demande comment toucher un large public.
2. Le lecteur voit ces pauvres travailleurs craindre pour leur avenir.
3. Candy se demande que répondre à la proposition de Lennie et de George.
4. George montre à Lennie l'endroit où se cacher en cas de malheur.
5. Lennie voyait la femme de Curley venir à eux.

9 Dans ces phrases, déterminez si le verbe doit être employé dans sa forme infinitive ou participe.

1. Antigone est un personnage qui a *(inspiré/inspirer)* de nombreux dramaturges.
2. Anouilh voulait que Créon soit *(interprété/interpréter)* par un acteur *(passionner/passionné)* et il s'est *(adresser/adressé)* à Jean Davy.
3. C'est à André Barsacq qu'Anouilh avait *(confié/confier)* la mise en scène.
4. Créon s'est *(précipité/précipiter)* vers sa nièce retenue fermement par les gardes.
5. Antigone s'est mise à *(hurlé/hurler)* pour *(accusé/accuser)* Créon.

21 La voix active et la voix passive

Observons

a) L'inspecteur **montra** le document au suspect. Poirot **examina** attentivement sa réaction.

b) Le document **fut montré** au suspect. Sa réaction **fut** attentivement **examinée** par Poirot.

- Relevez les sujets dans la première phrase. Font-ils l'action exprimée par les verbes ?
- Relevez les sujets dans la deuxième phrase. Qui fait l'action exprimée par les verbes ?
- Dans les deux phrases du a) les verbes en gras ont-ils un COD ? Que remarquez-vous alors dans les phrases suivantes ?

Retenons

Voix active et voix passive

- À la **voix active**, le **sujet** est l'**auteur de l'action** exprimée par le verbe. › *Le surveillant **a distribué** les convocations.*
- À la **voix passive** (du verbe latin *patior/passus* : « subir »), **le sujet « subit » l'action** exprimée par le verbe.
  › *Les convocations **ont été distribuées** par le surveillant.*

Conversion d'une phrase active en phrase passive

- Seuls les verbes transitifs directs, c'est-à-dire ceux qui admettent un COD, peuvent être mis à la voix passive. En effet, c'est le COD d'un verbe actif qui devient sujet si on emploie la voix passive.

Voix active : *Le professeur* (Sujet) *a rendu* *les copies* (COD) *hier.*

↓

Voix passive : *Hier, les copies* (Sujet) *ont été rendues* *par le professeur.* (Complément d'agent)

- À tous les temps, les verbes passifs se conjuguent avec l'**auxiliaire *être***.
  Le temps de l'auxiliaire correspond à celui du verbe à la voix active *(voir tableau de conjugaison ci-dessous).*
  › *Les spectateurs **encouragent** les joueurs.*
  › *Les joueurs **sont encouragés** par les spectateurs.* (l'auxiliaire *être* est conjugué au présent)
- Le **complément d'agent** peut être introduit par les prépositions ***par*** ou ***de***.
  › *Les élèves ont été interrogés **par** le professeur.* › *La cour est couverte **de** feuilles.*
- Le complément d'agent n'est pas exprimé si on ne s'intéresse pas à ce qui est à l'origine de l'action.
  › *Le courrier est distribué (par le facteur).*
  Si on fait subir à cette phrase la transformation active, le sujet devient le pronom indéfini *on*.
  › *On distribue le courrier.*

Conjugaison à la voix passive : exemple du mode indicatif

Temps simples	Présent	Futur simple	Imparfait	Passé simple
Voix active	*j'aime* *nous aimons*	*j'aimerai* *nous aimerons*	*j'aimais* *nous aimions*	*j'aimai* *nous aimâmes*
Voix passive	*je suis aimé(e)* *nous sommes aimé(e)s*	*je serai aimé(e)* *nous serons aimé(e)s*	*j'étais aimé(e)* *nous étions aimé(e)s*	*je fus aimé(e)* *nous fûmes aimé(e)s*

Conjugaison

Temps composés	Passé composé	Futur antérieur	Plus-que-parfait	
Voix active	*j'ai aimé* *nous avons aimé*	*j'avais aimé* *nous aurons aimé*	*j'avais aimé* *nous avions aimé*	*j'eus aimé* *nous eûmes aimé*
Voix passive	*j'ai été aim**é(e)*** *nous avons été aim**é(e)s***	*j'aurai été aim**é(e)*** *nous aurons été aim**é(e)s***	*j'avais été aim**é(e)*** *nous avions été aim**é(e)s***	*j'eus été aim**é(e)*** *nous eûmes été aim**é(e)s***

Attention : il ne faut pas confondre **temps simple à la voix passive** et **temps composé à la voix active.**
À la **voix active,** les verbes transitifs se conjuguent avec l'auxiliaire *avoir*, alors qu'à la voix passive, les verbes transitifs se conjuguent avec l'auxiliaire *être*.

> *J'**ai acheté** des journaux.* (verbe *acheter* au passé composé, voix active)
> *Les journaux **sont achetés**.* (verbe *acheter* au présent, voix passive)

À noter : Il existe des verbes pronominaux de sens passif *(voir leçon n° 22)*.

1 Pour chaque phrase, identifiez le complément d'agent, lorsqu'il est exprimé.

1. Ces garçons sont passionnés par le basket. 2. Le 21 février 1944, les murs de Paris sont couverts de grandes affiches rouges. 3. Le déserteur est suivi de près par une patrouille d'hommes armés. 4. Missak Manouchian a été condamné pour ses actes de résistance. 5. Les Français ont été marqués par l'exécution de ces vingt-trois résistants considérés comme terroristes. 6. Cet événement fut condamné par des artistes tels Louis Aragon et Léo Ferré.

2 Transformez ces phrases en les mettant à la voix active : commencez par identifier le complément d'agent qui deviendra le sujet. Attention, s'il n'y a pas de complément d'agent, le sujet est *on*.

1. Cette assemblée était composée d'hommes et de femmes.
2. Les enfants sont conduits à l'école dès sept heures.
3. Certaines espèces animales sont menacées par le réchauffement climatique.
4. Elle était estimée et aimée de tout son entourage.
5. Le jeune homme a été remercié pour sa bravoure.
6. Votre candidature sera certainement retenue par le jury.
7. Il est poursuivi par la justice pour son propos calomnieux.
8. Elle a été accueillie dans cette famille de bon cœur.

3 Dans ces phrases, dites si les verbes sont conjugués au passé composé de la voix active ou au présent de la voix passive.

1. Ils sont vendus. 2. Il est renseigné. 3. Elle est venue. 4. Tu es aimé. 5. Tu es distinguée. 6. Tu as su. 7. Nous sommes bouleversés. 8. Vous êtes connus. 9. Ils ont compris. 10. Ils sont compris.

4 Indiquez si les verbes sont conjugués à la voix passive ou à la voix active.

1. Il sera reconnu. 2. Il a été blessé. 3. Ils avaient été exécutés. 4. Nous aurions perdu. 5. Elle avait été égarée. 6. Nous avions été repérés. 7. Elle aura servi. 8. Il est usé. 9. Il sera rempli. 10. Je fus étonné.

5 Indiquez la voix utilisée dans chaque phrase.

1. Pendant ce concert nous avons été bousculés par la foule. 2. Les passagers se sont impatientés rapidement à cause du retard du train. 3. La fenêtre a été brisée par un coup de vent violent. 4. Contrarié, le jeune garçon a claqué sa porte. 5. La jeune femme fut surprise par un coup de klaxon. 6. Ces lunettes étaient utilisées pour regarder un film en 3D. 7. J'utiliserai mon dictionnaire pour la rédaction du brevet des collèges. 8. Ce plat sera composé de viandes et de légumes.

6 Pour chaque phrase, mettez le verbe au temps demandé de la voix passive. Rappel : l'adverbe se place entre l'auxiliaire et le participe passé.

1. Les populations citadines *(épargner, passé simple)* ... rarement ... par les bombardements.
2. Les atrocités de la guerre *(dénoncer, futur)* ... toujours ... par des artistes tels Picasso, Otto Dix ou Aragon.
3. Plusieurs générations *(marquer, futur antérieur)* ... par la Seconde Guerre mondiale.
4. Les événements historiques *(inscrire, passé composé)* ... dans nos mémoires grâce aux œuvres d'art.
5. De nombreux enfants *(sauver, plus-que-parfait)* ... par leurs voisins.

7 Réécrivez ces phrases extraites de la nouvelle de Jean Giono *L'Homme qui plantait des arbres* en changeant la voix : attention aux temps des verbes.

1. On avait déblayé les ruines, abattu les pans de murs délabrés et reconstruit cinq maisons.
2. Je suis pris d'un immense respect pour ce vieux paysan sans culture qui a su mener à bien cette œuvre digne de Dieu.
3. Cette région est délimitée au sud-est et au sud par le cours moyen de la Durance, entre Sisteron et Mirabeau.
4. Je fus engagé dans la guerre de 14 pendant cinq ans.
5. Elzéard Bouffier avait, pendant un an, planté plus de dix mille érables.
6. L'an d'après, il abandonna les érables.
7. On avait fait une fontaine [...] on avait planté près d'elle un tilleul qui pouvait déjà avoir dans les quatre ans.

100 % web

> Retrouver la forme passive d'une phrase active (deux exercices)

22 Les formes impersonnelle et pronominale

Observons

a) Il gèle à pierre fendre. **b)** Il manque des pages à ce livre.

- Quel est le sujet de *gèle* dans la première phrase ? Que représente-t-il ?
- Pouvez-vous formuler la deuxième phrase autrement ? Quel est alors le sujet du verbe ?

c) Mathieu **s'est efforcé** de suivre l'itinéraire conseillé. Mais, au bout de quelques minutes, il **s'est arrêté** sur le bord de la route, car il pensait qu'il **s'était trompé** de chemin. Heureusement, il **s'est** assez vite **aperçu** de son erreur et ne **s'est** pas **obstiné**.

- Quel est l'infinitif des verbes en gras ? Quelle est leur particularité ?
- Peut-on employer ces verbes sans le pronom *se* ? Si tel est le cas, ont-ils toujours le même sens ?

Retenons

La forme impersonnelle

- **Les verbes impersonnels**
  - Certains verbes n'existent qu'à la forme impersonnelle : **leur sujet ne renvoie à rien de précis**.
    > *Il gèle.* (*il* ne représente rien, ni personne).
  - Les verbes impersonnels ne se conjuguent qu'à la **3ᵉ personne du singulier**.
  - Ce sont principalement les verbes qui expriment des phénomènes météorologiques. > *Il pleut*, *il neige*, *il vente*, *il tonne*, etc. ou des formes comme : *il est*, *il faut*, *il semble*, *il importe*, *il manque*, *il convient*, etc.
    > *Il faut que nous obtenions le brevet.* > *Il est 5 heures.*
  - Pour ces formes, on distingue le **sujet grammatical** du **sujet réel ou logique**.
    > *Il manque des pages à ce livre. Il* est le sujet grammatical, celui avec lequel s'accorde le verbe et *des pages* est le sujet réel ou logique, celui qui donne le sens.
- **La construction impersonnelle**
  - De nombreux verbes qui, à l'origine, ne sont pas impersonnels peuvent être construits de manière impersonnelle.
  - Pour mettre le GN *un événement exceptionnel* (sujet) en évidence, on peut **transformer la tournure personnelle en tournure impersonnelle.**
    > *Un événement exceptionnel se prépare en ville.* → *Il se prépare un événement exceptionnel en ville.*

La forme pronominale

- **Caractéristiques des verbes pronominaux**
  - Ils sont conjugués à l'aide d'un pronom personnel réfléchi *(me, te, se, nous, vous, se)* qui renvoie au sujet du verbe. > *Je **me regarde** dans le miroir. Me* et *je* désignent la même personne.
    > *Tu **te lèves** de bonne heure. Tu* et *te* désignent la même personne.
  - **Aux temps composés**, les verbes pronominaux se conjuguent avec **l'auxiliaire *être***, placé entre le participe passé et le pronom réfléchi. > *Le petit **s'est réfugié** près de sa mère.*
    Pour l'accord des participes passés des verbes pronominaux, *voir leçon nº 24*.
  - **À l'impératif**, le pronom réfléchi se place après le verbe. > *Fiez-**vous** à votre instinct.*
- **Les différents types de verbes pronominaux**
  - Les verbes **essentiellement pronominaux** sont des verbes qui n'existent qu'à la forme pronominale, comme *s'évanouir*, *s'enfuir*, *s'exclamer*, *s'égosiller*, etc. (les formes *évanouir*, *enfuir*, etc., n'existent pas).

- Les verbes **pronominaux de sens réfléchi** sont des verbes dont le sujet agit sur lui-même.
  › *L'enfant* ***se lave***. → Qu'est-ce que l'enfant lave ? Lui-même. Le pronom *se* est alors COD du verbe *lave*.
- Les verbes **pronominaux de sens réciproque** sont des verbes qui indiquent que l'action est faite par plusieurs êtres agissant l'un sur l'autre. › *Les garçons* ***se battent*** *(les uns les autres)*.
- Les verbes **pronominaux de sens passif** sont des verbes conjugués à la 3e personne du singulier ou du pluriel, et dont le sujet ne fait pas l'action.
  › *La maison* ***se construit vite***. → La maison ne se construit pas elle-même, c'est quelqu'un qui la construit. Le verbe *se construire* a donc un sens passif.

Remarque : Quand le passif est sous une forme pronominale, il n'y a pas de complément d'agent.

1 Pour chacune de ces phrases, dites si la forme du verbe est personnelle ou impersonnelle.

1. Il s'en va la tête haute. 2. Il se fait tard. 3. Il manque trois invités. 4. Il manque à son devoir de citoyen. 5. Il est possible que le train ait du retard. 6. Il est perdu au milieu de cette immense foule. 7. Il y a trop de bruit ici. 8. Il a fallu aller le chercher à la gare à sept heures.

2 Dans ces phrases, dont la tournure est impersonnelle, repérez le sujet réel ou logique.

1. Il m'arrive de tomber dans les escaliers.
2. Il me vient à l'esprit une idée de génie.
3. Il règne dans la classe un silence de mort.
4. Il a été démontré que cette théorie était erronée.
5. Il avait été vendu mille exemplaires de cet ouvrage.
6. Il me convient d'arriver plus tôt demain.
7. Il est interdit de courir sur les bords de la piscine.

3 Quand il vous est possible de le faire, donnez à ces phrases une construction impersonnelle.

1. Faire cet exercice est facile.
2. Cet itinéraire me semble le plus long.
3. De drôles de choses se passent ici.
4. Ils se passent tous le mot.
5. Les femmes allaient travailler dans les usines pendant la guerre.
6. Pendant la guerre, les femmes restaient dans les usines.
7. Ce jour-là, personne n'est venu.
8. Dimanche, les enfants sont venus chez nous.

4 Donnez à ces phrases une construction impersonnelle.

1. Dormir tard me plaît.
2. Que tu partes me semble urgent.
3. Qu'elle soit à l'heure à son rendez-vous est impossible.
4. Que les ordinateurs ne fonctionnent pas arrive.
5. Bâiller en public ne convient pas.
6. S'allonger au soleil est agréable.
7. Préparer un examen est nécessaire.

5 Dans ces phrases, conjuguez les verbes entre parenthèses au présent : attention aux pronoms.

1. Vous ... à la dernière minute ! *(se désister)*
2. Tu ... pour gagner cette compétition. *(se battre)*
3. Vous ... à son sujet. *(se méprendre)*
4. Je ... à ton instinct. *(se fier)*
5. Les garçons ne ... jamais leurs habits. *(s'échanger)*
6. ...-vous le matin ? (se laver)
7. Tu ... chaque fois que tu vois du sang. *(s'évanouir)*

6 Dans chaque phrase, conjuguez le verbe donné à l'infinitif à la forme pronominale et au temps demandés.

1. Nous ... de ta requête au dernier moment. *(se souvenir, passé composé)*
2. Elles ... tout, absolument tout. *(se dire, imparfait)*
3. Le vieil homme ... chez moi de bonne heure. *(se rendre, plus-que-parfait)*
4. Les candidats ... cinq minutes de repos entre les épreuves. *(s'accorder, futur antérieur)*
5. Les deux hommes ... pendant une heure avant que le plus grand ne s'écroule. *(s'affronter, passé composé)*
6. L'enseignant ... immédiatement de ton absence. *(s'apercevoir, passé simple)*
7. Les passants ... vite ... le mot. *(se passer, passé composé)*

7 Conjuguez ces verbes à l'impératif présent en respectant la personne demandée.

1. Se préparer *(à la deuxième personne du singulier)*
2. Ne pas se disputer *(à la première personne du pluriel)*
3. Se tapir *(à la deuxième personne du pluriel)*
4. Se contenir *(à la deuxième personne du singulier)*
5. Se couvrir *(à la deuxième personne du singulier)*
6. S'asseoir *(à la deuxième personne du singulier)*
7. Se rejoindre *(à la première personne du pluriel)*
8. Se peindre *(à la deuxième personne du pluriel)*

8 Dans la liste suivante, distinguez les verbes essentiellement pronominaux de ceux dont l'emploi peut être pronominal ou non.

1. Se gratter.
2. S'envoler.
3. S'évanouir.
4. Se repentir.
5. S'aimer.
6. S'abattre.
7. S'absenter.
8. Se souvenir.
9. Se désister.
10. Se reconnaître.

100 % web

› **Onze exercices supplémentaires**

23 Le participe passé (2) : Accord du participe passé des verbes impersonnels et pronominaux

Observons

a) Il est **arrivé** une chose étrange. b) Il a **fait** une chaleur insoutenable.
c) Les garçons se sont **expliqués** avant que la situation ne s'aggrave.
d) Marie et Nadège se sont **expliqué** leur solution.
e) La cabane qu'il s'est **bâtie** est située à l'orée de la forêt.
f) Ces journaux se sont **vendus** comme des petits pains.

- Identifiez le sujet dans les deux premières phrases. Comment appelle-t-on ces tournures ?
- Quel est l'infinitif des participes passés employés dans les phrases c), d) et e) ? Comment appelle-t-on ces tournures ?
- Quel est le COD employé dans les phrases c), d) et e) ? Où est-il placé ? Que pouvez-vous en conclure ?
- Le sujet fait-il l'action exprimée par le verbe dans la dernière phrase ? Comment appelle-t-on cette tournure ? Que pouvez-vous dire de la terminaison du participe passé ?

Retenons

Verbes impersonnels

Le participe passé des **verbes impersonnels** est invariable. > *La chaleur qu'il a **fait** cet été était intenable.*

Verbes pronominaux

- Le participe passé s'accorde **avec le sujet du verbe** :
  - dans le cas des **verbes essentiellement pronominaux**.
    > *Charlotte et Annaëlle se sont **absentées** une heure.* Le verbe *s'absenter* n'existe qu'à la forme pronominale.
  - dans le cas des **verbes pronominaux de sens passif**.
    > *Les tableaux se sont bien **vendus**.* Les tableaux ne se sont pas vendus eux-mêmes, c'est quelqu'un qui les a vendus.

- Le participe passé s'accorde **avec le COD placé avant le verbe** :
  - dans le cas des **verbes pronominaux de sens réfléchi**.
    > *Elle **s'**est **lavée**. Qu'est-ce qu'elle a lavé ? →* elle-même ; *s'* est COD, il reprend *elle* : donc le participe passé s'accorde au féminin singulier.
    > *Elle s'est **lavé les mains**. Qu'est-ce qu'elle a lavé ? → les mains* ; le COD étant placé après le verbe, le participe passé ne s'accorde pas.
    > *L'orange qu'elle s'est **pressée** était succulente.* Le COD est *qu'* (mis pour *l'orange*) et il est placé avant le verbe → le participe passé s'accorde au féminin singulier.
  - dans le cas des **verbes pronominaux de sens réciproque**.
    > *Les lettres qu'elles se sont **écrites** ont été conservées.* Le COD est *qu'* – mis pour *les lettres* – et il est placé avant le verbe → le participe passé s'accorde au féminin pluriel.
    > *Elles se sont longtemps **écrit** pendant leur jeunesse.* Cette phrase ne comporte pas de COD, donc le participe passé ne s'accorde pas.

1 Indiquez si les verbes dont le sujet est *il* sont personnels ou impersonnels.

1. Les douze heures qu'il lui a fallu pour traverser la Manche lui ont paru interminables. 2. Il lui a été donné la possibilité de rentrer, mais il a préféré rester encore un peu. 3. Il n'a pas fait toutes les démarches qu'il aurait fallu. 4. Il a plu des cordes pendant trois jours sans discontinuer ! 5. Il lui aura manqué une heure pour finir son travail.

2 a) Dans les phrases suivantes, dites si les verbes pronominaux ont un sens réfléchi, réciproque, passif, ou s'ils sont essentiellement pronominaux. b) Justifiez alors l'accord des participes passés.

1. Ces tableaux se sont vendus très cher. 2. L'oiseau s'était envolé. 3. Les enfants se sont lancé des boules de neige. 4. Cette maison s'est construite en six mois. 5. Elle s'est lavé les cheveux et s'est faite belle pour sortir. 6. Je me suis très bien souvenue de ce château que j'avais visité petite.

3 Quelle est la fonction du pronom réfléchi dans chaque phrase : COD, COI ou COS du verbe ?

1. Les deux présidents se sont longuement téléphoné. 2. La star s'est difficilement frayé un passage parmi la foule. 3. Ils se sont très vite pardonné après cet incident. 4. Les deux amis se sont retrouvés devant leur école. 5. Nous nous sommes fixé un rendez-vous la semaine prochaine. 6. Quand vous vous serez calmés, nous pourrons continuer. 7. Les représentations se sont succédé pendant tout l'été. 8. Ma sœur s'est reposée tout l'après-midi.

4 Conjuguez *se changer* puis *se laver les mains* au passé composé et à toutes les personnes, une première fois en imaginant que les pronoms personnels représentent un personnage masculin, puis une deuxième fois en imaginant qu'ils représentent un personnage féminin.

5 Accordez si nécessaire les participes passés des verbes pronominaux dans ces phrases.

1. Les jumelles se sont envoy... de longues lettres.
2. Elle s'est cass... la jambe à la dernière descente !
3. Marion ne s'est pas tromp... .
4. Nous nous sommes inquiét... que tu n'arrives pas.
5. Les voleurs se sont partag... le butin.
6. Deux immeubles se sont dress... derrière cette maison.
7. Nous nous sommes entraid... mon frère et moi.
8. Paul et Amina, vous êtes-vous concert... avant d'agir ?
9. La tartine qu'elle s'est prépar... dégouline de confiture.
10. Cette pièce s'est donn... pendant tout l'été.
11. Nous nous sommes montr... nos photos de vacances.
12. Les jurés se sont accord... une pause pour déjeuner.

6 Pourquoi les participes passés de ces phrases ne s'accordent-ils pas ?

1. Elle s'est brûlé la main en sortant le plat du four.
2. Les chants des écoliers se sont fait entendre au loin.
3. Les deux amis se sont offert un cadeau pour Noël.
4. Elles se sont parlé longtemps pour s'expliquer.

7 Complétez cet extrait de *L'Homme qui plantait des arbres* de Giono avec les participes passés des verbes entre parenthèses.

Il n'a *(falloir)* que les huit ans qui nous séparent de cette époque pour que tout le pays resplendisse de santé et d'aisance. Sur l'emplacement des ruines que j'ai *(voir)* en 1913, s'élèvent maintenant des fermes propres, bien *(crépir)* qui dénotent une vie heureuse et confortable. Les vieilles sources *(alimenter)* par les pluies et les neiges que retiennent les forêts, se sont *(remettre)*. On en a *(canaliser)* les eaux... Les villages se sont *(reconstruire)*. Une population *(venir)* des plaines où la terre se vend cher, s'est *(fixer)* dans le pays, y apportant de la jeunesse, du mouvement, de l'esprit d'aventure.

8 Rédigez cinq phrases au passé composé, contenant chacune un verbe pronominal.

Vous changerez à chaque fois de sujet (personne, genre ou nombre) et essaierez de varier les fonctions du pronom réfléchi.

9 Vers le brevet : réécrivez ces phrases au passé composé. Le narrateur sera une femme.

Quand le soleil baisse, une joie confuse, une joie de tout mon corps m'envahit. Je m'éveille, je m'anime. À mesure que l'ombre grandit, je me sens tout autre, plus jeune, plus fort, plus alerte, plus heureux. Je la regarde s'épaissir, la grande ombre douce tombée du ciel : elle noie la ville, comme une onde insaisissable et impénétrable.

Guy de Maupassant, « La Nuit », in *Clair de lune*, 1883

10 Même exercice.

Je me penche à la fenêtre et je me rends compte que la rue est particulièrement bruyante et surtout envahie de voitures de policiers. Je m'habille rapidement et je dévale les escaliers à toute vitesse. Une fois dehors, je me dirige vers un voisin pour l'interroger sur le désordre indescriptible qui règne dans notre rue. Je m'approche de lui, et là, je m'aperçois qu'un corps gît sur le trottoir.

Guy de Maupassant, « La Nuit », in *Clair de lune*, 1883

11 Vers le brevet : réécrivez le texte suivant en mettant les verbes en gras au passé composé.

La mère **s'assied** sur un siège bas et les autres **se groupent** autour d'elle. Tous **s'immobilisent** et **restent** ainsi, immobiles, devant le public – cela pendant trente secondes pendent que joue la musique. Puis ils **parlent** de la mère [...].

La mère **restera** immobile sur sa chaise, [...] séparée – comme la scène – de sa propre histoire.

Les autres la **touchent**, **caressent** ses bras, embrassent ses mains. Elle **laisse** faire : ce qu'elle **représente** dans la pièce **dépasse** ce qu'elle est et elle en **est** irresponsable.

Marguerite Duras, *L'Eden Cinéma*, 1977, didascalie introductive

24 Révision générale : analyser un verbe

Observons

a) **Arriver** en retard **est devenu** pour elle une habitude.
b) Il **serait** temps qu'elle **prenne** ses responsabilités !
c) **Faites**-le lui **savoir**.

- Donnez l'infinitif de tous les verbes employés.
- Ces verbes sont-ils tous conjugués avec un pronom personnel ? Qu'en déduisez-vous ?
- Sont-ils tous conjugués au même temps ?

Retenons

Analyser un verbe, c'est donner son **mode**, son **temps**, sa **voix**, sa **forme** et sa **personne**.

Les modes

Il existe **sept modes** :

- **trois modes personnels :** indicatif, subjonctif, conditionnel ;
- **un mode semi-personnel :** impératif (il n'existe qu'à trois personnes : *tu*, *nous*, *vous*) ;
- **trois modes impersonnels :** infinitif, gérondif, participe.

Les temps

On distingue les **temps simples** des **temps composés**.

On forme un temps composé en conjuguant l'auxiliaire au temps simple correspondant et en ajoutant le participe passé du verbe.

Voix active		
Indicatif	**présent** > *je pars*	**passé composé** > *je suis parti(e)*
	imparfait > *je partais*	**plus-que-parfait** > *j'étais parti(e)*
	passé simple > *je partis*	**passé antérieur** > *je fus parti(e)*
	futur simple > *je partirai*	**futur antérieur** > *je serai parti(e)*
Subjonctif	**présent** > *que je parte*	**passé** > *que je sois parti(e)*
	imparfait > *que je partisse*	**plus-que-parfait** > *que je fusse parti(e)*
Conditionnel	**présent** > *je partirais*	**passé** > *je serais parti(e)*
Impératif	**présent** > *pars*	**passé** > *sois parti(e)*
Infinitif	**présent** > *partir*	**passé** > *être parti(e)*
Gérondif	**présent** > *en partant*	**passé** > *en étant parti(e)*
Participe	**présent** > *partant*	**passé** > *parti(e)*

Il existe deux systèmes de temps :

- **le système du discours :** l'énoncé dépend de la situation d'énonciation.

Action antérieure	Moment de l'énonciation	Action postérieure
passé composé imparfait plus-que-parfait	présent	futur simple

- **le système du récit :** l'énoncé ne dépend pas de la situation d'énonciation.

Action antérieure	Actions de 1er plan	Actions de 2nd plan	Action postérieure
plus-que-parfait passé antérieur	passé simple	imparfait	futur dans le passé (conditionnel)

Remarque : Pour rendre l'action plus vivante, on peut employer le présent et le futur de narration dans un récit.

- Un même temps peut avoir différentes **valeurs** selon le contexte dans lequel il se trouve *(voir leçons nos 10, 11, 13, 15)*

Les voix

Il existe deux voix : la **voix active** et la **voix passive** *(voir leçon no 21)*.

- À la voix active, le sujet fait l'action exprimée par le verbe.
- À la voix passive (verbes transitifs directs uniquement), le sujet subit l'action exprimée par le verbe.

Les formes

Un verbe peut prendre deux formes particulières : la forme impersonnelle et la forme pronominale.

- **La forme impersonnelle : le sujet du verbe ne renvoie à rien de précis** *(voir leçon no 22)*.
  Certains verbes n'existent qu'à la forme impersonnelle *(Il pleut, il faut…)* ; d'autres peuvent se construire de manière impersonnelle.
- **La forme pronominale :** les verbes sont conjugués à l'aide d'un **pronom personnel réfléchi** : *me, te, se, nous, vous, se*.
  - Certains verbes n'existent qu'à la forme pronominale : on les appelle les verbes **essentiellement pronominaux** (*s'évanouir, s'enfuir, se méfier, s'exclamer*, etc.).
  - D'autres peuvent se construire de manière pronominale : on distingue alors les verbes pronominaux de **sens réfléchi, réciproque et passif.**

Exemples d'analyse :

> ***Je parlai :*** verbe *parler* à l'indicatif passé simple, voix active, 1re personne du singulier.
> ***Se construiraient :*** verbe *se construire* au conditionnel présent, voix active, 3e personne du pluriel, verbe pronominal de sens passif.

1 Pour chacune des formes verbales en gras, précisez son infinitif, son mode, son temps et sa personne.

Tu **vas** à Alger, dit celui-ci. Vous serez très nombreux, là-bas. On n'en choisira que quelques-uns. Le choix, c'est toujours le hasard qui le fait. Tu vas à Alger comme tes camarades. Nous, là-haut, nous attendrons. Si tu **échoues**, tu **reviendras** à la maison. **Dis**-toi bien que nous t'**aimons.** Et puis, ton instruction, on ne te l'enlèvera pas, hein ? Elle est à toi.

Mouloud Feraoun, *Le Fils du pauvre*, 1950

2 Pour chacune des formes verbales suivantes, donnez son infinitif, son mode, son temps, et précisez sa forme (impersonnelle, pronominale de sens réciproque, etc.). Attention, il peut y avoir plusieurs possibilités.

1. Il faudra.
2. Elle s'interrompit.
3. Qu'il plût.
4. Nous nous serions battus.
5. Que je m'enflammasse.
6. Ils se souvinrent.
7. Méfie-toi.
8. Vous vous méprendriez.

3 Analysez les modes et les temps des verbes en gras.

Personne ne **sait** d'où elles *[ces lois]* datent. **Devais**-je donc, par crainte de la pensée d'un homme, désobéir à mes dieux ? Je **savais** la mort au bout de mon acte. Je **mourrai** jeune ; tant mieux. Le malheur **était** de laisser mon frère sans tombe. Le reste m'est égal. Maintenant, si tu me traites de folle, tu **pourrais** bien être fou.

Jean Cocteau, *Antigone*, 1922

4 Dans chacun de ces courts extraits, identifiez le mode et le temps qui correspondent au verbe en gras.

1. Je restai là, les yeux levés vers le soleil, jusqu'à ce que …

... mon visage **ruisselât** de larmes, mais la cruelle [...] continua de jouer avec sa balle, sans paraître le moins du monde intéressée. (Romain Gary, *La Promesse de l'aube*, 1960)
2. Écoute, je t'ai fait sortir du vestibule pour que personne au monde ne nous **entende**. (Jean Cocteau, *Antigone*, 1922)
3. LE CHŒUR. – Antigone ! **Aurais**-tu **désobéi** ? (Jean Cocteau, *Antigone*, 1922)
4. CRÉON. – J'y cours. Qu'on me **suive** avec des haches, des pioches, des leviers. (Jean Cocteau, *Antigone*, 1922)
5. ISMÈNE. – Sans toi, comment **pourrai**-je aimer vivre ? (Jean Cocteau, *Antigone*, 1922)

5 Dans cet extrait, indiquez le mode et la valeur des verbes en gras.

Rien ne **sert** de courir ; il **faut** partir à point :
Le lièvre et la tortue en sont un témoignage.
« Gageons, dit celle-ci, que vous n'**atteindrez** point
Sitôt que moi ce but. – Sitôt ? **Êtes**-vous sage ?
Repartit l'animal léger :
Ma commère, il vous faut purger
Avec quatre grains d'ellébore[1].
– Sage ou non, je parie encore.
[...]
Notre lièvre n'**avait** que quatre pas à faire,
J'entends de ceux qu'il **fait** lorsque, près d'être atteint,
Il s'éloigne des chiens, les renvoie aux calendes[2],
Et leur fait arpenter les landes.
Ayant, dis-je, du temps de reste pour brouter,
Pour dormir et pour écouter
D'où vient le vent, il **laisse** la tortue
Aller son train de sénateur. [...]

JEAN DE LA FONTAINE, « Le Lièvre et la Tortue », in *Fables*, 1678

1 Plante dont deux grains suffisaient, disait-on, à guérir de la folie.
2 Loin.

6 Pour chaque exemple, dites si le verbe est employé à la voix active ou à la voix passive.

1. Elle s'était évanouie.
2. Il fut métamorphosé par ces quatre années de guerre.
3. Ils auront été décorés de la Légion d'honneur.
4. Elle aura su la vérité.
5. Il s'est pris les pieds dans le tapis.
6. Ils se sont fait avoir bêtement par ta ruse.

7 Dans ce texte, retrouvez la ou les formes verbales correspondant aux descriptions données.

Je ne trouvai point Mme de Warens ; on me dit qu'elle venait de sortir pour aller à l'église. C'était le jour des Rameaux de l'année 1728. Je cours pour la suivre : je la vois, je l'attends, je lui parle... Je dois me souvenir du lieu ; je l'ai souvent depuis mouillé de mes larmes et couvert de mes baisers. Que ne puis-je entourer d'un balustre d'or cette heureuse place ! que n'y puis-je attirer les hommages de toute la terre ! Quiconque aime à honorer les monuments du salut des hommes n'en devrait approcher qu'à genoux.

C'était un passage derrière sa maison, entre un ruisseau à main droite qui la séparait du jardin, et le mur de la cour à gauche, conduisant par une fausse porte à l'église des Cordeliers. Prête à entrer dans cette porte Mme de Warens se retourne à ma voix. Que devins-je à cette vue ! Je m'étais figuré une vieille dévote bien rechignée : la bonne dame de M. de Pontverre ne pouvait être autre chose à mon avis. Je vois un visage pétri de grâces, de beaux yeux bleus pleins de douceur, un teint éblouissant, le contour d'une gorge enchanteresse.

JEAN-JACQUES ROUSSEAU, *Les Confessions*, 1782

1. Le ou les verbes conjugués au passé simple de l'indicatif, à la voix active ;
2. les périphrases verbales introduisant un infinitif ;
3. le ou les verbes conjugués au présent de l'indicatif, verbe pronominal de sens réfléchi, à la voix active ;
4. le ou les verbes conjugués au plus-que-parfait de l'indicatif, verbe pronominal de sens réfléchi, à la voix active ;
5. le ou les verbes conjugués au passé composé de l'indicatif, à la voix active ;
6. le ou les verbes conjugués au présent du conditionnel, à la voix active ;
7. les participes présents et adjectifs verbaux.

8 Extrait de sujet de brevet

DNB, série collège, 1999

1. Quel est le temps dominant depuis le début du texte jusqu'à « *dans les chaussures* » ? À quelle période de la vie du narrateur ce temps renvoie-t-il ?
2. **a)** « *J'ai gardé...* » : précisez le temps de cette forme verbale. **b)** À quelle période de la vie du narrateur ce temps renvoie-t-il ? **c)** Relevez dans la phrase « *J'ai gardé... empesée* » un indice lexical qui confirme votre réponse.
3. « *Qu'on imagine un malheureux enfant* » **a)** Précisez le mode du verbe *imaginer*. **b)** Réécrivez cette proposition en utilisant un autre mode mais sans en changer le sens. **c)** À qui s'adresse le narrateur ?

Mes vêtements, en tout point pareils à ceux de Julien, venaient comme les siens de La Belle Jardinière[1]. J'étais extrêmement sensible à l'habit, et souffrais beaucoup d'être toujours hideusement fagoté. [...] Je portais donc de petits vestons étriqués, des pantalons courts serrés aux genoux et des chaussettes à raies ; chaussettes trop courtes, qui formaient tulipe et retombaient désolément, ou rentraient se cacher dans les chaussures. J'ai gardé pour la fin le plus horrible : c'était la chemise empesée[2]. Il m'a fallu attendre d'être presque un homme déjà pour obtenir qu'on ne m'empesât plus mes devants de chemise. C'était l'usage, la mode, et l'on n'y pouvait rien. Et si j'ai fini pourtant par obtenir satisfaction, c'est tout bonnement parce que la mode a changé. Qu'on imagine un malheureux enfant qui, tous les jours de l'année, pour le jeu comme pour l'étude, porte, à l'insu du monde et cachée sous sa veste, une espèce de cuirasse blanche et qui s'achevait en carcan[3].

ANDRÉ GIDE, *Si le grain ne meurt*, 1926

1 Grand magasin parisien.
2 Dans les blanchisseries, les chemises étaient repassées et enduites d'un produit qui rendait le tissu plus raide.
3 Collier de fer fixé à un poteau où l'on attachait par le cou un criminel.

100 % web

› Repérer différentes formes verbales

25 Textes à corriger

1 Vingt fautes ont été laissées dans cette copie : à vous de les corriger pour retrouver le texte de Steinbeck.

Ils avaient descendus le sentier a la fille indienne, et même en terrain découverts, ils restaient l'un derrière l'autre. Ils était vêtus tout les deux de pantalons et de veste […] à bouton de cuivre. Tous deux étaient coiffé de chapeaux noirs informe, et tous deux portaient sur l'épaule un rouleau serrer de couverture. L'homme qui marché en tête était petit est vif, brun de visage, avec des yeux inquiets et perçant, des traits marquer. Tout en lui était définit : des mains petite et fortes, des bras mince, un nez fin et oseux.

D'après John Steinbeck, *Des souris et des hommes*, 1937

2 Aidez l'élève qui a fait cette dictée à corriger ses fautes d'accord.

Dans le village, l'orage avait fait encore plus de dégâts et laissés plus de désolations qu'autour de nous. Des arbres déraciné étendait leur branche sur les rues et sur les maisons qu'ils avaient écrasé avec les hommes et les femmes qui les habitais. Des morceaux de bois et des pierres gisaient éparpillées partout dans une confusion sauvage. La tannerie était encore debout, ses briques et son ciment avaient résistés à la fureur du vent, mais les huttes des ouvriers, de construction plus légères, avait été démolie…

D'après Kamala Markandaya, *Le Riz et la mousson*, 1954

3 Aidez cet élève à corriger ses fautes sur les homophones pour retrouver le beau texte extrait d'*Antigone* d'Anouilh.

CRÉON. – Pour dire oui, il faut suer et retrousser ces manches, empoigné la vie a pleines mains et sans mettre jusqu'aux coudes. S'est facile de dire non, même si ont doit mourir. Il ni à qu'a ne pas bouger et attendre. Attendre pour vivre, attendre même pour qu'ont vous tu. C'est trop lâche. Sais une invention des hommes. Tu imagines un monde ou les arbres auraient dit non contre la sève, ou les bêtes auraient dit non contre l'instinct de la chasse où de l'amour ? Les bêtes, elles aux moins, sont bonnes, simples est dures. Elles vont, ce poussant les unes après les autres, courageusement, sur le même chemin. Et si elles tombent, les autres passent et il peux sans perdre autant qu'ont le veut, il en restera toujours une de chaque espèce prête a refaire des petits et a reprendre le même chemin avec le même courage.

D'après Jean Anouilh, *Antigone*, 1944

4 Aidez l'élève à corriger ses fautes : il y en a de toutes sortes…

Vous étiez si jeunes, si confiant, si forts, mes camarades : oh ! non, vous n'auriez pas du mourir… Une tel joie était en vous quelle dominait les pires épreuves. Dans la boue des relèves, sous l'écrasant labeur des corvées, devant la mort même, je vous est entendu rire : jamais pleurés. Était-se votre âme, mes pauvres gars, que cet blague divine qui vous fesait plus fort ?

D'après Roland Dorgelès, *Les Croix de bois*, 1919

5 Cet élève a laissé toutes sortes de fautes : à vous de les retrouver !

Elle avait prit ce pli dans son âge enfantint
De venir dans ma chambre un peut chaque matin ;
Je l'attendais ainsi qu'un raillon qu'on espèrent ;
Elle entrait, et disait : Bonjour, mon petit père ;
Prennait ma plume, ouvrait mais livres s'asseyait
Sur mon lit, dérangait mes papiers et riait,
Puis soudain s'en allait comme un oiseau qui passe.
Alors, je reprenais, la tête un peu moins las,
Mon œuvre interompue, et, tout, en écrivant,
Parmi mes manuscrits je rencontrai souvent
Quelle que arabesque folle et qu'elle avait tracé,
Et mainte pages blanches entre ses mains froissées
Ou je ne sais comment, venait mes plus doux vers.

D'après Victor Hugo, *Les Contemplations*,
extrait de « Elle avait pris ce pli », 1856

6 Même exercice.

J'ai commencée ma vie comme je la finirais sans doute : au milieu des livres. Dans le bureau de mon grand-père, il y en avait partout : défense était de les époussetés sauf une fois l'an, avant la rentrée d'octobre. Je ne savais pas encore lire que, déjà, je les révérais, ses pierres levées : droites ou penchées, serées comme des briques sur les rayons de la bibliothèque, ou noblement espacés en allées de menhir, je sentais que la prospéritée de notre famille en dépendait. Elles se ressemblaient toute, je m'ébattais dans un minuscule sanctuaire, entouré de monuments trapu, antique, qui m'avait vus naître, qui me veraient mourir, et dont la permanence me garantissaient un avenir aussi calme que le passer.

D'après Jean-Paul Sartre, *Les Mots*, 1964

26 Dictées

1 Dictée du brevet blanc du chapitre 1 *(p. 35)*.

Vingt ans sont passés et l'homme que je suis, depuis longtemps abandonné de sa jeunesse, se souvient avec beaucoup moins de gravité et un peu plus d'ironie de celui que je fus alors avec tant de sérieux, tant de conviction. Nous nous sommes tout dit et pourtant il me semble que nous nous connaissons à peine. Était-ce vraiment moi, ce garçon frémissant et acharné, si naïvement fidèle à un conte de nourrice et tout entier tendu vers quelque merveilleuse maîtrise de son destin ? Ma mère m'avait raconté trop de jolies histoires, avec trop de talent […], nous nous étions fait trop de promesses et je me sentais tenu. Avec, au cœur, un tel besoin d'élévation, tout devenait abîme et chute.

Romain Gary, *La Promesse de l'aube*, 3e partie, 1960

2 Dictée du brevet blanc du chapitre 2 *(p. 59)*.

Écrire au tableau : « *Marie* » et « *Mazeppa* ».

Qu'on ne vienne pas me reprocher mes rêves de jeunesse sous prétexte qu'ils étaient aussi enfantins que lorsque j'étais tout petit. Je suis convaincu que si je suis destiné à vivre très vieux, à soixante-dix ans je ferai des rêves aussi enfantins et aussi fantastiques qu'alors. Je rêverai à quelque ravissante Marie, qui m'aimera, moi vieillard sans dents, comme elle a aimé Mazeppa ; je rêverai que mon fils, qui n'est pas un génie, devient ministre par suite de quelque événement extraordinaire, ou qu'il me tombe tout à coup du ciel des millions. Je suis persuadé qu'il n'existe pas de créature humaine, à aucun âge, qui soit privée de cette faculté bienfaisante et consolante du rêve.

Leon Tolstoï, *Souvenirs, Jeunesse*, 1913, Éditions Arvède Barine
Référence à un célèbre poème de Pouchkine, intitulé *Poltava* (1828), dans lequel Marie est amoureuse du chef cosaque Mazeppa, alors que celui-ci est déjà un vieillard.

3 Dictée du brevet blanc du chapitre 3 *(p. 83)*.

Écrire au tableau : « *Crooks* ».

Cette chambre était balayée et assez propre, car Crooks était hautain et fier. Il gardait ses distances et entendait que les autres en fissent autant. Son corps penchait du côté gauche, à cause de sa colonne vertébrale déviée, et ses yeux enfoncés dans ses orbites semblaient, en raison de leur profondeur, briller avec intensité. Son visage maigre était sillonné de profondes rides noires, et il avait des lèvres fines, douloureusement contractées, d'un ton plus clair que le reste de son visage.

C'était samedi soir. Par la porte ouverte qui donnait dans l'écurie, on entendait un bruit de chevaux qui s'agitaient, de pieds qui bougeaient, de dents broyant le foin […]. Dans la chambre du palefrenier, une petite lampe électrique jetait une maigre lueur jaune.

John Steinbeck, *Des souris et des hommes*, chap. 4, 1937

4 Dictée du brevet blanc du chapitre 4 *(p. 109)*.

C'était un beau jour de juin avec grand soleil, mais sur ces terres sans abri et hautes dans le ciel, le vent soufflait avec une brutalité insupportable. Ses grondements dans les carcasses des maisons étaient ceux d'un fauve dérangé dans son repas.

Il me fallut lever le camp. À cinq heures de marche de là, je n'avais toujours pas trouvé d'eau et rien ne pouvait me donner l'espoir d'en trouver. C'était partout la même sécheresse, les mêmes herbes ligneuses[1]. Il me sembla apercevoir dans le lointain une petite silhouette noire, debout. Je la pris pour le tronc d'un arbre solitaire. À tout hasard, je me dirigeai vers elle. C'était un berger. Une trentaine de moutons couchés sur la terre brûlante se reposaient près de lui.

Jean Giono, *L'Homme qui plantait des arbres*, 1953

1 Dures et sèches comme des brindilles.

5 Dictée du brevet blanc du chapitre 5 *(p. 133)*.

La vie de ce poète fut exemplaire. Cet homme n'a pas hésité à braver le danger et, au péril de sa vie, à résister tant dans son œuvre que dans son quotidien. En effet, dans son œuvre poétique il a poussé les peuples occupés à se révolter, comme dans son poème « Courage » dans lequel il personnifie Paris pour que le peuple de la capitale se libère. Mais dans sa vie également, il fut engagé : il a vécu dans la clandestinité et a justement résisté avec courage.

Texte de Julien Téchoueyres

6 Dictée du brevet blanc du chapitre 6 *(p. 159)*.

Où vont tous ces enfants dont pas un seul ne rit ?
Ces doux êtres pensifs que la fièvre maigrit ?
Ces filles de huit ans qu'on voit cheminer seules ?
Ils s'en vont travailler quinze heures sous des meules ;
Ils vont, de l'aube au soir, faire éternellement
Dans la même prison le même mouvement.
Accroupis sous les dents d'une machine sombre,
Monstre hideux qui mâche on ne sait quoi dans [l'ombre,
Innocents dans un bagne, anges dans un enfer,
Ils travaillent. Tout est d'airain[1], tout est de fer.
Jamais on ne s'arrête et jamais on ne joue.
Aussi quelle pâleur ! la cendre est sur leur joue.

Victor Hugo, « Melancholia », *Les Contemplations*, 1856

1 Bronze.

Orthographe

7 Dictée du brevet blanc du chapitre 7 *(p. 185)*.

Écrire au tableau : « *Hémon* », « *Créon* » et « *Antigone* ».

Antigone est au fond de la tombe pendue aux fils de sa ceinture, des fils bleus, des fils verts, des fils rouges qui lui font comme un collier d'enfant, et Hémon à genoux qui la tient dans ses bras et gémit, le visage enfoui dans sa robe. On bouge un bloc encore et Créon peut enfin descendre. On voit ses cheveux blancs dans l'ombre, au fond du trou. Il essaie de relever Hémon, il le supplie.

Hémon ne l'entend pas. Puis soudain il se dresse, les yeux noirs, et il n'a jamais tant ressemblé au petit garçon d'autrefois, il regarde son père sans rien dire, une minute, et, tout à coup, il lui crache au visage, et tire son épée. Créon a bondi hors de sa portée. Alors Hémon le regarde avec ses yeux d'enfant, lourds de mépris, et Créon ne peut pas éviter ce regard comme la lame. Hémon regarde ce vieil homme tremblant à l'autre bout de la caverne et, sans rien dire, il se plonge l'épée dans le ventre et il s'étend contre Antigone, l'embrassant dans une immense flaque rouge.

8 Dictée du brevet blanc du chapitre 8 *(p. 209)*.

Écrire au tableau : « *Louise* », « *Simone* », « *Comédie-Française* », « *Phèdre* », « *Europe* ».

LOUISE. – Quinze ans d'attente, Jean-Claude, quinze ans que Simone attend d'entrer à la Comédie-Française. Ça y est, c'est fait, elle est engagée ! Et miracle, on lui offre le rôle dont elle rêve depuis toujours ! Ce soir pour la première fois de sa vie elle vient de jouer Phèdre dans le plus prestigieux théâtre d'Europe, et toi, son beau-frère, tu refuses de lui dire « bravo », juste un petit bravo ! Qu'est-ce que tu es devenu ? un animal ?

JEAN-CLAUDE. – Elle vient de jouer Phèdre pour la première fois de sa vie !? Tu te moques ou quoi ? Et le jour de notre mariage, tu as oublié peut-être ? Elle en a déclamé un morceau en plein milieu du repas, comme ça, sans prévenir personne, même qu'après les enfants ont pleuré et qu'aucun invité n'a voulu danser.

JEAN-MICHEL RIBES, « Tragédie », in *Théâtre sans animaux*, 2000

9 Dictée.

À préciser : c'est une femme, Nathalie Sarraute, qui écrit. « *Dictée* » : mettre une majuscule.

Un peu engoncée dans mon épais tablier noir à longues manches fermé dans le dos, pas commode à boutonner, je me penche sur mon pupitre avec toutes les autres filles de ma classe, à peu près de la même taille et du même âge que moi… nous écrivons sur une copie où chacune a d'abord inscrit en haut et à gauche son prénom et son nom, en haut et à droite la date, et au milieu le mot « Dictée » qu'il a fallu, comme le nom et la date, souligner en faisant habilement glisser sa plume le long d'une règle sans qu'il y ait de bavures. Le trait doit être parfaitement droit et net.

La maîtresse se promène dans les travées entre les pupitres, sa voix sonne clair, elle articule chaque mot très distinctement, parfois même elle triche un peu en accentuant exprès une liaison, pour nous aider, pour nous faire entendre par quelle lettre tel mot se termine. Les mots de la dictée semblent être choisis pour leur beauté, leur pureté parfaite.

NATHALIE SARRAUTE, *Enfance*, 1983

10 Dictée.

Écrire au tableau : « *roulier* » et « *Slim* ».

Un homme très grand se dressait sur le seuil. Il tenait un chapeau de feutre aplati sous le bras tout en peignant en arrière ses longs cheveux noirs tout humides. Comme les autres il portait un pantalon bleu et une veste courte en toile. Quand il eut fini de se coiffer, il entra dans la chambre qu'il traversa avec une majesté que seuls connaissent les personnes royales et les maîtres artistes. Il était roulier[1] et le roi du ranch, capable de mener dix, seize et même vingt mules […]. D'un coup de fouet, il pouvait tuer une mouche sur la croupe d'une mule sans toucher la bête. Il y avait dans ses manières une gravité et un calme si profonds que les conversations s'arrêtaient dès qu'il parlait. Son autorité était si grande qu'on le croyait sur parole quel que fût le sujet, politique ou amour. C'était Slim, le roulier.

JOHN STEINBECK, *Des souris et des hommes*, 1937

1 Voiturier qui transportait des marchandises.

11 Dictée.

Écrire au tableau : « *Vergons* ».

Tout était changé. L'air lui-même. Au lieu des bourrasques sèches et brutales qui m'accueillaient jadis, soufflait une brise souple chargée d'odeurs. Un bruit semblable à celui de l'eau venait des hauteurs : c'était celui du vent dans les forêts. Enfin, chose plus étonnante, j'entendis le vrai bruit de l'eau coulant dans un bassin. Je vis qu'on avait fait une fontaine, qu'elle était abondante et, ce qui me toucha le plus, on avait planté près d'elle un tilleul qui pouvait déjà avoir dans les quatre ans, déjà gras, symbole incontestable d'une résurrection. Par ailleurs Vergons[1] portait les traces d'un travail pour l'entreprise duquel l'espoir est nécessaire. L'espoir était revenu. On avait déblayé les ruines, abattu les pans de murs délabrés, et reconstruit cinq maisons. […] C'était désormais un endroit où l'on avait envie d'habiter.

JEAN GIONO, *L'Homme qui plantait des arbres*, 1953

1 Nom du hameau autrefois abandonné que retrouve le narrateur.

12 Dictée.

Écrire au tableau : « *Robinson Crusoé* ».
À préciser : c'est un homme (Jacques Vingtras) qui raconte.

Il est nuit.

Je m'en aperçois tout d'un coup. Combien y a-t-il de temps que je suis dans ce livre ? – quelle heure est-il ?

Je ne sais pas, mais voyons si je puis lire encore ! Je frotte mes yeux, je tends mon regard, les lettres s'effacent, les lignes se mêlent, je saisis encore le coin d'un mot, puis plus rien.

J'ai le cou brisé, la nuque qui me fait mal, la poitrine creuse ; je suis resté penché sur les chapitres sans lever la tête, sans entendre rien, dévoré par la curiosité, collé aux flancs de Robinson, pris d'une émotion immense, remué jusqu'au fond de la cervelle et jusqu'au fond du cœur ; et en ce moment où la lune montre là-bas un bout de course, je fais passer dans le ciel tous les oiseaux de l'île, et je vois se profiler la tête longue d'un peuplier comme le mât du navire de Crusoé ! [...] Debout contre cette fenêtre, je rêve à l'éternelle solitude...

Jules Vallès, *L'Enfant*, 1881

13 Dictée.

Ce jour-là, je m'en souviendrai toujours. C'était un mardi d'avril et il pleuvait. Quand j'eus passé mon complet, pantalon, gilet et veston, je constatai avec plaisir qu'il ne me tiraillait pas et ne me gênait pas aux entournures comme le font toujours les vêtements neufs. Et pourtant il tombait à la perfection.

Par habitude, je ne mets rien dans la poche droite de mon veston, mes papiers je les place dans la poche gauche. Ce qui explique pourquoi ce n'est que deux heures plus tard, au bureau, en glissant par hasard ma main dans la poche droite, que je m'aperçus qu'il y avait un papier là-dedans. Peut-être la note du tailleur ?

Non. C'était un billet de dix mille lires[1].

Je restai interdit.

Dino Buzzati, « Le Veston ensorcelé », in *Le K*, 1966

1 Ancienne monnaie italienne.

14 Dictée.

À préciser : c'est un homme, Romain Gary, qui écrit.

J'avais déjà près de neuf ans quand je tombai amoureux pour la première fois. Je fus tout entier aspiré par une passion violente, totale, qui m'empoisonna complètement l'existence et faillit même me coûter la vie. Elle avait huit ans et elle s'appelait Valentine. [...]

C'était une brune aux yeux clairs, admirablement faite, vêtue d'une robe blanche et elle tenait une balle à la main. Je l'ai vue apparaître devant moi dans le dépôt de bois, à l'endroit où commençaient les orties qui couvraient le sol jusqu'au mur du verger voisin. Je ne peux décrire l'émoi qui s'empara de moi : tout ce que je sais, c'est que mes jambes devinrent molles et que mon cœur se mit à sauter avec une telle violence que ma vue se troubla.

Romain Gary, *La Promesse de l'aube*, 1960

15 Dictée.

À préciser : c'est une femme, Colette, qui écrit.

Chers bois ! Je les connais tous ; je les ai battus si souvent. Il y a les bois-taillis qui vous agrippent méchamment la figure au passage, ceux-là sont pleins de soleil, de fraises, de muguet, et aussi de serpents. J'y ai tressailli de frayeurs suffocantes à voir glisser devant mes pieds ces atroces petits corps lisses et froids ; vingt fois je me suis arrêtée, haletante, en trouvant sous ma main une couleuvre bien sage, roulée en colimaçon régulièrement, sa tête en-dessus, ses petits yeux dorés me regardant ; ce n'était pas dangereux, mais quelle terreur !

Colette, *Claudine à l'école*, 1900

16 Dictée.

Écrire au tableau : *« Meaulnes » et « Daniel ».*
À préciser : *« Le Domaine » s'écrit avec une majuscule.*

Dès qu'on fut arrivé au Domaine, commença derrière la ferme, dans une grande prairie en pente, la course des poneys. C'était la dernière partie de la fête. [...]

Les garçons en costumes de jockeys, les fillettes en écuyères, amenaient les uns de fringants poneys enrubannés, les autres, de très vieux chevaux dociles, au milieu des cris, des rires enfantins, des paris, des longs coups de cloche. On se fût cru transporté sur la pelouse verte et taillée de quelque champ de courses en miniature. Meaulnes reconnut Daniel et les petites filles aux chapeaux de plumes qu'il avait entendus la veille dans l'allée du bois... Le reste du spectacle lui échappa, tant il était anxieux de retrouver le gracieux chapeau de roses et le grand manteau marron...

Alain-Fournier, *Le Grand Meaulnes*, 1913

17 Dictée.

Écrire au tableau : *« la Saint-Pierre » et « le comitat ».*

Chaque année, à la fête de la Saint-Pierre, s'ouvre « la foire aux fiancés ». Ce jour-là, il y a réunion de toutes les filles du comitat[1]. Elles sont venues avec leurs plus belles carrioles attelées de leurs meilleurs chevaux ; elles ont apporté leur dot, c'est-à-dire des vêtements filés, cousus, brodés de leurs mains, enfermés dans des coffres aux brillantes couleurs ; familles, amies, voisines, les ont accompagnées. Et alors arrivent les jeunes gens, parés de superbes habits, ceints d'écharpes de soie. Ils courent la foire en se pavanant ; ils choisissent la fille qui leur plaît ; ils lui remettent un anneau et un mouchoir en signe de fiançailles, et les mariages se font au retour de la fête.

Jules Verne, *Le Château des Carpathes*, 1892

1 Équivalent d'un département.

100 % web

› Trois dictées supplémentaires

Fiches méthodologiques

1 L'épreuve de français au brevet

L'épreuve de français est notée sur **40 points** (comme celle de mathématiques et celle d'histoire-géographie-éducation civique).
Elle est composée de **deux parties** d'**une heure et demie chacune**.

Première partie : questions, réécriture, dictée (25 points, durée : 1 h 30)

La première partie est elle-même composée de trois sous-épreuves.

a) Des questions portant sur un texte (15 points)

Un texte, composé d'une trentaine de lignes, sert de support à une série de questions.

Les questions n'évaluent pas seulement votre **compréhension du texte**, mais portent également sur des points de **grammaire** (au sens large : classes grammaticales, structure des phrases, organisation du texte, etc.), de **lexique** (vocabulaire, formation des mots, etc.) et d'**orthographe**. Au moins une question vous demande de développer un **point de vue personnel**, en le justifiant.

Le questionnaire se répartit entre des questions appelant des réponses courtes (certaines peuvent prendre la forme de QCM) et des questions appelant des réponses approfondies et organisées (questions de synthèse, questions qui demandent de donner un point de vue personnel argumenté).

S'y ajoutent deux exercices d'orthographe (10 points en tout).

b) Un exercice de réécriture (4 ou 5 points)

Il vous est demandé de réécrire un ou plusieurs passage(s) du texte, en fonction de diverses contraintes qui vont impliquer un certain nombre de modifications.

Par exemple, on peut vous demander de mettre au passé composé un texte initialement au présent et d'effectuer toutes les modifications nécessaires sur le passage concerné.

c) Une dictée (5 ou 6 points)

Dans les 30 dernières minutes, ce texte, d'une longueur de 120 à 150 mots, vous est dicté trois fois :
– une première fois en entier sans interruption, simplement pour que vous en compreniez le sens ;
– puis morceau de phrase par morceau de phrase ;
– une dernière fois en entier, sans interruption.

Remarque : Les élèves dyslexiques sont évalués par un exercice adapté. Il leur est donné un texte sur lequel un certain nombre de mots sont écrits de trois manières différentes. Les élèves doivent recopier intégralement le texte sans faire d'erreur (toute erreur de copie est sanctionnée), en sélectionnant la bonne orthographe pour chacun des mots concernés.

Votre copie est ramassée à la fin de la première partie. Vous rendrez votre rédaction sur une copie séparée. Par conséquent, même s'il vous reste du temps à la fin de la seconde partie, vous ne pouvez plus revenir sur ce que vous avez écrit dans la première partie.

15 minutes de pause vous sont accordées entre les deux parties.

Deuxième partie : rédaction (15 points, durée : 1 h 30)

Vous avez le choix entre deux sujets, en lien avec le texte de la première partie. L'un fait essentiellement appel à l'imagination, l'autre est un sujet de réflexion. Vous êtes évalué selon un certain nombre de critères qui vous sont donnés.

Remarques : Ne croyez pas que dans cette partie, seuls votre « style », votre « inspiration » ou votre réflexion soient évalués ! La note tient également compte de l'orthographe, de la correction de la langue, de la présentation, mais aussi et surtout du respect des consignes (thème, type de texte demandé, situation de communication, organisation du devoir, etc.).

Pour cette seconde partie de l'épreuve, vous pouvez vous servir d'un dictionnaire français, sur support papier. Il faut donc penser à en apporter un. C'est le seul document autorisé.

2 Comment traiter un sujet de brevet ?

Remarque générale : Bien présenter sa copie est important ! Une copie propre, aérée, bien lisible, disposera favorablement votre correcteur.
Les copies d'examen qui vous sont distribuées ont de petits carreaux : si vous écrivez gros et/ou avec un stylo épais, écrivez une ligne sur deux.

Première partie : questions, réécriture, dictée

1) Les questions sur le texte

a) Lire le texte et le paratexte[1]

- **Commencez par lire le paratexte**, ce qui diminuera les risques de faire une première lecture erronée du texte (il est ensuite difficile de modifier cette première impression).
    - **Le titre de l'œuvre :** donne-t-il une indication sur le contenu, le thème du livre ? (par exemple *Enfance*, de Nathalie Sarraute)
    - **Le nom de l'auteur :** son nom vous dit-il quelque chose ? Pouvez-vous le rattacher à un mouvement littéraire ?
    - **La date de publication :** elle peut vous éviter des anachronismes (un livre publié au XIXe siècle ne peut pas évoquer la Seconde Guerre mondiale) ; elle peut éventuellement vous permettre de rapprocher l'œuvre d'un mouvement littéraire.

Remarque : Les textes donnés au brevet sont issus des périodes au programme de 4e et 3e.

- **L'introduction à l'extrait** (s'il y en a une) :
    – elle donne des informations importantes sur le contexte (lieu, époque, personnages, situation, etc.) ;
    – elle précise parfois le type de texte auquel vous avez affaire (« *Dans cette pièce/ce poème en prose/cet article/ce récit autobiographique*, etc. ») ;
    – attention, cette introduction, en italique, a été écrite par la personne qui a composé le sujet, pas par l'auteur de l'extrait littéraire.
- **Le titre de l'extrait** (s'il y en a un) : il vous donne le thème, le sujet de l'extrait *(voir par exemple p. 389)*.

- **Lisez ensuite le texte** une première fois pour en comprendre le sens général. N'allez pas trop vite : cette lecture est très importante pour bien comprendre la suite.

À la fin de cette lecture, vous devez être capable de répondre mentalement à ces questions essentielles :
- Où et quand se passent les événements (le cadre spatio-temporel) ?
- Qui sont les personnages ? Quelles sont les relations entre eux ?
- Que font-ils et/ou que leur arrive-t-il ?
- Y a-t-il un narrateur ? Si oui, à quelle personne est faite la narration (première ou troisième personne) ? Peut-on identifier qui est le narrateur ?
- Le texte est-il une description, un récit, un texte argumentatif, une combinaison de plusieurs types, etc. ?
- Est-il écrit sous forme de dialogue théâtral, de lettre, de poème, de récit, d'article de journal, etc. ?

b) Lire le questionnaire

- **Lisez le questionnaire en entier**, attentivement, afin de comprendre la logique d'enchaînement des questions.

Vous avez souvent tendance à répondre à une question avant d'avoir lu les suivantes, en procédant ainsi, vous risquez :
– de comprendre la question de travers (une question s'inscrit dans une partie de questionnaire, qui s'inscrit à son tour dans la progression générale du questionnaire) ;
– de vous rendre compte (trop tard...) que vous avez répondu à une question qui vous est posée plus loin.

[1] Étymologiquement : ce qu'il y a « à côté du texte ».

- **Puis relisez les titres des parties** du questionnaire, pour bien avoir en tête le parcours de lecture proposé.

- Enfin, **lisez le barème** pour repérer les questions qui valent le plus de points. Si elles sont à la fin (ce qui est généralement le cas), prévoyez de garder assez de temps pour y répondre : ce sont les plus difficiles et celles qui prennent le plus de temps.

c) Relire le texte

- **Relisez le texte en entier**, avec un crayon à papier à la main, en repérant :
  - **l'organisation générale du texte :**
    - Quelles sont les différentes parties qui composent le texte ? Délimitez-les au crayon à papier.
    - Sur quoi portent-elles ? Mettez des titres dans la marge.
    - Comment sont-elles reliées entre elles ? Encadrez les connecteurs.
  - **les principaux champs lexicaux** (soulignez-les de couleurs différentes) ;
  - **les principaux éléments** qui vont vous être utiles pour répondre aux questions.

Remarque : Ce travail préparatoire vous paraît peut-être long, mais il vous fera gagner du temps sur la suite et vous permettra de formuler des réponses précises et pertinentes.

d) Répondre aux questions

- Les questions portent sur la compréhension et l'interprétation du texte, mais aussi sur la grammaire, le vocabulaire, l'orthographe et la conjugaison.

- **Vos réponses doivent être entièrement rédigées !** Sachez que le fait de ne pas rédiger vos réponses est sanctionné dans la note.
  - Répondez par une **phrase complète** :
    - ne commencez pas par *Car...*, ou *Parce que...*
    - ne répondez jamais simplement par *oui* ou *non*, c'est comme si vous ne répondiez rien... Ce qui importe, c'est la justification.
  - **Reprenez les termes de la question** : vos réponses doivent être compréhensibles par quelqu'un qui n'aurait pas lu la question. Cela évite à votre correcteur de se reporter à chaque fois au sujet pour savoir à quelle question vous répondez.

- **Justifiez toujours vos réponses en citant le texte**, même quand cela ne vous est pas explicitement demandé dans la consigne. Vous apportez ainsi une preuve à ce que vous avancez.
  - Les citations sont mises entre guillemets, et sont suivies du ou des numéro(s) de ligne(s) entre parenthèses.
  - Selon ce que vous voulez mettre en évidence, vous pouvez citer un mot, un groupe de mots, ou une phrase entière.
  - Attention aux citations trop longues, dans lesquelles on ne comprend pas ce que vous avez voulu souligner. Ne citez que ce qui vous sert à appuyer votre réponse ; si vous voulez mettre en valeur des mots dans une phrase, soulignez-les.
  - Lorsque vous relevez un champ lexical, chacun des mots doit être mis entre guillemets.
  - Quand vous citez une phrase, ne vous contentez pas de mettre le premier mot et le dernier mot, séparés par des points de suspension. Vous pouvez couper la phrase en question (en mettant le signe « [...] »), mais il faut que la phrase garde un sens.

Exemple : « *Michel* [...] *sembla très touché. (l. 7)* » et non « *Michel* [...] *touché.* »

  - Les citations ne remplacent pas les explications, elles viennent les appuyer.

Ainsi, la structure attendue d'une réponse est : **1. Reprise de la question**, **2. Réponse en elle-même** et **3. Justification par une citation du texte.**

- **Attention aux consignes doubles**, du type : « *Relevez..., puis comparez...* »

- Répondez aux questions **dans l'ordre**.
  - Le questionnaire est organisé selon une progression qui va du plus simple au plus complexe, et qui vise à vous faire comprendre progressivement le texte.
  - Il est assez pénible pour le correcteur d'avoir à corriger les questions dans le désordre, justement parce qu'il n'y a plus de logique de progression. Évitez donc de le mettre de mauvaise humeur...

Remarque : Si vous ne comprenez pas bien une question, **sautez quelques lignes** (calculez le nombre de lignes en fonction du barème de la question) et passez à la suivante. Vous y reviendrez en fin de questionnaire, voire après l'exercice de réécriture (pour ne pas faire ce dernier dans la précipitation).

Et si, à ce moment-là, vous n'êtes toujours pas certain(e) de bien comprendre ce que l'on vous demande, n'hésitez pas à proposer quand même la réponse qui vous semble la plus pertinente, plutôt que de ne rien mettre.

▸ Notez bien les **titres des parties** et les **numéros des questions**, ainsi que les subdivisions – *a)* ..., *b)* ..., *c)* ... – s'il y en a, et **sautez une ligne entre chaque question**, afin que votre copie soit claire et facile à lire.

Remarque : Les titres des parties peuvent vous guider dans vos réponses. Elles vous annoncent le thème ou l'aspect du texte traité dans les questions de cette partie.

▸ Soyez attentif(ve) au **barème** : une question sur 0,25 point ne nécessite pas une réponse d'une page (ce qui, une fois encore, ne veut pas dire que vous pouvez répondre sans faire une phrase complète !). En revanche, pour une question portant sur 2 points (ce qui est beaucoup, le questionnaire étant sur 15 points), on attend de vous une réponse développée, détaillée, approfondie.

▸ Enfin, voici quelques **notions à bien connaître** car elles reviennent souvent dans les questions (attention, cela ne veut bien évidemment pas dire que l'on ne peut pas vous interroger sur autre chose...).

▸ **En vocabulaire** *(voir glossaire ou fiche méthodologique A pour un rappel d'ensemble)*
- synonyme, antonyme, homonyme, homophone ;
- dérivation et composition ;
- formation des mots : radical, préfixe et suffixe ;
- champ lexical et champ sémantique ;
- vocabulaire de la poésie : alexandrin, tercet, rime embrassée, rime suffisante, diérèse, etc. *(voir fiche p. 309)* ;
- figures de style (comparaison, métaphore, personnification, etc.) *(voir glossaire)*.

▸ **En grammaire**
- types et formes de phrases *(voir leçon p. 268)* ;
- classes grammaticales (ou natures)/fonctions ;
- expansions du nom *(voir leçon p. 254)* ;
- juxtaposition, coordination, subordination *(voir leçon p. 270)* ;
- proposition relative, complétive, circonstancielle, conjonctive ; antécédent *(voir leçons de grammaire nos 15 à 23)* ;
- rapport logique – cause/conséquence, opposition, concession, etc. *(voir leçons de grammaire nos 18 à 23)* ;
- modes et temps verbaux, valeur des temps *(voir leçons de conjugaison nos 9 à 15)* ;
- discours direct et discours indirect *(voir leçon p. 292)* ;
- point de vue interne, externe, et omniscient *(voir leçon p. 290)*.

2) L'exercice de réécriture

▸ Gardez au moins dix minutes pour faire cet exercice. Si vous prenez le temps de le faire posément, en étant concentré(e) et méthodique, il peut facilement vous rapporter des points.

▸ Il s'agit de modifier un ou des extrait(s) du texte étudié en fonction de consignes précises. Les transformations demandées permettent de vérifier vos connaissances en orthographe, conjugaison et grammaire.

▸ Certains types de transformations reviennent très souvent (mais cette liste n'est pas restrictive) :

▸ **Changer de temps verbal** (notamment, passer d'un temps simple à un temps composé, ce qui permet de vérifier que vous maîtrisez les accords du participe passé). Vérifiez alors :
- que vous utilisez le temps demandé !
- que vous appliquez bien la concordance des temps *(voir leçon p. 292)* : par exemple un verbe au passé composé dans un texte au présent sera au plus-que-parfait dans un texte au passé composé ;
- la terminaison des verbes conjugués ;
- l'accord des participes passés, dans le cas de verbes conjugués à un temps composé.

▸ **Changer de personne.** Dans ce cas, vérifiez :
- ce que cela implique (mettre le texte au féminin, au pluriel) ;
- l'accord des déterminants, adjectifs, verbes ;
- les changements de pronoms (*Je lui parle* › *Il me parle*) ;
- les participes passés.

▸ **Passer du style direct au style indirect**, ou l'inverse. Il faut alors faire attention :
- à la disposition du texte et à la ponctuation ;
- aux changements de pronoms et de déterminants ;

– à la concordance des temps ;
– aux modifications dans les indications de lieu, de temps.

Pour tout cela, voir leçon p. 292.

Attention :

1. Les consignes sont parfois formulées de manière implicite. Par exemple, il vous est demandé de changer les premiers mots du passage et de faire toutes les modifications nécessaires. Commencez par repérer quel type de modifications il faudra faire.

Exemple : « *Vous remplacerez "Ali" par "Ali et Marcel" en effectuant toutes les modifications nécessaires (France métropolitaine, série collège, juin 2009).* »

2. Il n'est pas rare que la consigne demande une double modification (par exemple, changer de temps et de personne).

Exemple : « *Réécrivez le passage au plus-que-parfait en passant de la première personne du singulier à la troisième personne du pluriel (France métropolitaine, série collège, juin 2007).* »

Dans ce cas, procédez en deux temps sur votre brouillon, pour ne pas tout mélanger.

3. Les modifications qui ne sont pas demandées par la consigne et les fautes de copie sont sanctionnées !

3) La dictée

Pendant la dictée, concentrez-vous sur... la dictée ! Ne cherchez plus à revenir sur des questions ou sur l'exercice de réécriture. Obtenir le maximum de points à une dictée requiert toute votre attention et toute votre concentration.

Vous aurez éventuellement le temps, après la dictée, de revenir sur quelques points de votre copie.

- Écoutez attentivement la **première lecture du texte**, sans vous demander comment s'écrit tel ou tel mot : il s'agit de **saisir le sens du texte dans son ensemble**.

- **Lors de la dictée elle-même**
  - **Suivez bien le rythme de la dictée** : ne vous arrêtez pas trop longtemps sur un mot, vous risqueriez de perdre le fil du texte. Un blanc de deux ou trois mots peut très bien se rattraper à la lecture finale. En revanche, si vous commencez à être en décalage avec le professeur qui dicte, c'est tout le reste de la dictée que vous risquez de rater.
  - Écoutez les **liaisons**, qui peuvent vous aider à repérer la lettre finale d'un mot.

- **Lors de la lecture finale**
  - Vérifiez que vous n'avez pas oublié de mot, ni de signe de ponctuation.
  - Vérifiez que quand vous avez effacé un mot ou mis du blanc, vous avez bien réécrit ce que souhaitiez réécrire (parfois, en attendant que ça sèche, on continue à rédiger, puis on oublie d'y revenir...).

- Enfin, **relisez votre copie**. C'est un conseil que vous entendez systématiquement, et à juste titre. Mais comment fait-on pour « relire sa copie » ? Que doit-on regarder ?

Procédez par relectures **successives** (si vous relisez tout en même temps, votre relecture ne sera pas efficace) :
  - Concentrez-vous d'abord sur les **erreurs grammaticales**, celles qui coûtent le plus de points (alors que ce sont les plus simples à corriger) :
    – les homophones grammaticaux (*a*/*à* ; *et*/*est*, etc.) ;
    – les terminaisons en *-er* ou *-é* (infinitif ou participe passé de verbes du premier groupe) ;
    – les accords (dans le GN, entre le sujet et le verbe, les accords du participe passé).
  - Vérifiez la **ponctuation** :
    – si une parenthèse ou des guillemets ont été ouverts, les avez-vous bien fermés ?
    – avez-vous bien mis la majuscule au début de chaque phrase ?
  - Vérifiez que vous n'avez pas laissé d'**erreurs lexicales** :
    – doublement des consonnes *(voir leçon p. 320)* ;
    – orthographe des sons vocaliques comme le [é] : pensez à d'autres mots de la même famille ;
    – mots compliqués : essayez de les décomposer.
  - Vérifiez que ce que vous avez écrit est bien **lisible** : si le correcteur a un doute (sur un accent, un **-s** à la fin d'un mot...), il sera obligé de vous compter une erreur.

Remarque : ***Ce manuel vous propose des exercices spécifiques pour vous entraîner à la relecture, p. 367.***

a) Choisir le sujet

- Ne choisissez pas par réflexe, ou par habitude.

– Prenez le temps de lire attentivement les deux sujets, sans *a priori*.
– Réfléchissez à ce que chacun d'eux requiert comme connaissances et savoir-faire (savoir présenter une lettre officielle, écrire au passé simple, etc.) et déterminez celui avec lequel vous vous sentez le plus à l'aise.

- Consacrez 10 minutes maximum à effectuer votre choix ; ensuite, **ne revenez plus sur votre décision**.

b) Analyser le sujet choisi

Remarque : Le sujet est souvent suivi de **consignes complémentaires**. Si c'est le cas, accordez autant d'importance aux consignes qu'au sujet lui-même : elles vous donnent des indications essentielles pour réussir votre rédaction.

- N'hésitez pas à **vérifier le sens de certains mots dans le dictionnaire** que vous aurez amené pour cette seconde partie de l'épreuve.

- Dégagez ce qui se rapporte au **contenu** (thème, personnages, etc.) et ce qui se rapporte à la **forme** (dialogue, récit, etc.).

  - **Ce qui se rapporte au contenu**
    – Quel est le **thème** du texte (ce dont vous devez parler) ?
    – Quels sont les **personnages** ?
    – Quelle est la **situation d'énonciation** ? Qui parle à qui ? où ? quand ? et pourquoi ? Le sujet vous impose-t-il un cadre spatio-temporel précis (par exemple, celui du texte de la première partie) ? Si rien n'est précisé à ce sujet, il y a néanmoins toujours un cadre implicite à respecter (si on vous demande de raconter un épisode de votre enfance, votre texte ne peut pas avoir pour cadre le Moyen Âge).
  - **Ce qui se rapporte à la forme**
    – Identifiez le **type de texte** que vous devez rédiger : un récit, une description, un texte argumentatif, un texte mêlant narration et description, un texte argumentatif sous forme de dialogue, etc.
    – Identifiez la **forme précise** que doit prendre votre texte : une lettre, un dialogue dans un récit, un dialogue sous forme de texte théâtral, un article de presse, etc.
    – Il faut donc bien connaître les **codes de présentation** des différents types de texte :
      – Quelle formule peut-on mettre en conclusion d'une lettre officielle ? *(voir le manuel de Français 4e, fiche méthodologique 3)*
      – Comment présente-t-on les répliques dans une scène de théâtre ? *(voir p. 292)*
      – Comment présente-t-on un dialogue dans un récit ? *(voir p. 292)*
      – Repérez si le sujet vous demande d'écrire à la **première** ou à la **troisième personne**.

- Repérez bien les **autres consignes** que vous devrez respecter : registre comique ou pathétique, récit au présent ou au passé, etc.

- Répérez si le sujet vous indique un **plan à suivre** pour votre rédaction (c'est par exemple le cas dans les sujets d'annales proposés à la fin de ce manuel).

- Entourez, soulignez, surlignez, prenez des notes au brouillon... pour avoir les idées claires sur les attentes du sujet dans la suite de votre travail.

c) Travailler au brouillon

- Commencez par **noter toutes les idées qui vous viennent à l'esprit** à la lecture du sujet. Ne vous souciez pas de l'ordre, ni de la qualité de l'écriture, écrivez en abrégé si vous le souhaitez : le tout est de ne pas vous couper dans votre élan.

- Après avoir relu les notes que vous avez prises en analysant le sujet, **organisez vos idées selon une progression, un plan**.

  - Ce plan peut être **chronologique** (dans le cas d'un récit), **logique** (dans le cas d'un texte argumentatif, explicatif, etc.)...

  - Parfois, le plan est **indiqué dans le sujet**.

- N'hésitez pas à laisser beaucoup d'**espace** sur vos feuilles de brouillon, ce qui vous permettra de compléter si besoin, sans que cela devienne illisible.

- Numérotez les pages, mettez de la couleur, encadrez, soulignez, etc. pour vous y retrouver au moment de la rédaction.
- Plus votre plan sera **clair, précis, et complet**, moins vous risquez de vous laisser porter par votre plume et de vous éloigner du sujet au moment de rédiger.
  - Par exemple, dans le cadre du sujet de réflexion, votre plan, vos arguments, exemples, phrases de transition, introduction et conclusion doivent être clairement notés.
  - De manière générale, écrivez la fin de votre texte au brouillon : c'est un moment très important, puisqu'il s'agit de la dernière impression que vous laisserez au correcteur. Il faut donc à tout prix éviter de la rédiger à la va-vite à la fin de l'épreuve, au moment où vous serez le plus fatigué(e).
  - Notez toutes les formulations qui vous viennent à l'esprit et qui vous semblent intéressantes, pour ne pas les oublier.
- Avant de vous lancer dans la rédaction au propre, **vérifiez bien que votre texte répondra à toutes les attentes du sujet**.

d) Rédiger au propre

- **Écrivez au minimum deux pages**, soit environ 300 mots.
- **Faites des paragraphes**, en les commençant par un **alinéa** (en décalant la première ligne vers la droite).
  - Un paragraphe ne doit jamais dépasser une page (sinon, cela fait de gros blocs de texte qui ne donnent pas très envie d'être lus...) : pensez à votre correcteur !
  - Il ne peut pas non plus y avoir dix paragraphes par page, sinon vous perdez votre lecteur-correcteur, qui ne sait plus du tout où il en est dans la progression de votre texte.
- **Évitez les phrases longues :** elles risquent de comporter des erreurs de syntaxe et surtout d'être confuses.
- **Utilisez des connecteurs** *(voir leçon p. 302)* pour organiser votre texte, le faire progresser, et relier les différentes parties, idées ou arguments.
- **Bannissez toute familiarité** dans l'expression.
- **Évitez les répétitions :** remplacez le mot répété par un synonyme, un pronom ; remplacez un nom par le verbe correspondant, etc. *(voir leçon p. 300)*.

Inversement, vérifiez que l'on comprend facilement à qui ou à quoi renvoient les pronoms. S'il y a une ambiguïté, répétez le nom ou le GN auquel renvoie ce pronom.

e) Relire sa copie

Relisez avec des **objectifs précis**, pour que ce travail soit efficace.

- Faites une **relecture pour le sens**, en vérifiant :
  - que vous n'avez pas oublié de mots (par exemple, le *ne* dans les négations) ;
  - que vous n'avez pas laissé de phrases incohérentes, notamment à cause d'une ponctuation erronée.

Par exemple, vérifiez que vos propositions subordonnées dépendent bien d'une proposition principale :

– « ~~*Je suis allé voir mon ami. Qui n'était pas chez lui.*~~ » › « *Je suis allé voir mon ami, qui n'était pas chez lui.* » ;
– « ~~*Quand soudain, l'homme s'enfuit*~~ » › « *Soudain, l'homme s'enfuit* ».

- Puis terminez par une **relecture pour l'orthographe**, sans vous préoccuper du sens. Pour cela, référez-vous à la méthodologie proposée pour la dictée.

Vous avez terminé ! Bravo !

3 L'épreuve d'Histoire des arts au brevet

Il s'agit d'une épreuve d'**oral**, **notée sur 20** avec un **coefficient 2**.

L'Histoire des arts au collège

L'Histoire des arts est une **matière transversale**, c'est-à-dire qu'elle est enseignée dans de nombreuses disciplines, dont le français.
À chaque niveau correspond une période historique, combinée à des domaines et à des thématiques.

Périodes historiques	Domaines artistiques	Thématiques
– 6ᵉ : de l'Antiquité au IXᵉ siècle ; – 5ᵉ : du IXᵉ à la fin du XVIIᵉ siècle ; – 4ᵉ : XVIIIᵉ et XIXᵉ siècles ; – 3ᵉ : XXᵉ et XXIᵉ siècles.	– les arts de l'espace ; – les arts du langage ; – les arts du quotidien ; – les arts du son ; – les arts du spectacle vivant ; – les arts du visuel.	– arts, créations, cultures ; – arts, espace, temps ; – arts, États et pouvoir ; – arts, mythes et religions ; – arts, techniques, expressions ; – arts, ruptures, continuités.

Au cours de votre scolarité au collège, vous avez donc acquis une solide culture artistique : l'épreuve d'Histoire des arts est l'occasion de la mettre en valeur.

Que doit-on préparer pour l'épreuve ?

Vous devez présenter **cinq objets d'étude**, liés aux thématiques *(voir tableau ci-dessus)* et s'inscrivant dans au moins trois des six domaines artistiques. **Au moins trois objets d'étude sur cinq doivent porter sur le programme de 3ᵉ.** Vous pouvez en choisir un ou deux qui portent sur le programme des années antérieures. L'objet d'étude peut être un tableau, un monument, un mouvement artistique, l'œuvre d'un artiste, un thème, une problématique, etc.

Comment se déroule l'épreuve ?

Vous serez convoqué(e) dans votre établissement, entre le 15 avril et les épreuves écrites.
Avant la date de votre convocation, vous aurez remis au secrétariat la liste de vos cinq objets d'étude, accompagnée éventuellement d'un dossier portant sur ces objets d'étude, pour que le jury puisse en prendre connaissance.

1. Au début de l'épreuve, le jury (composé d'au moins deux enseignants) choisit un objet d'étude sur la liste.
2. Vous avez alors **cinq minutes** pour faire une **présentation orale** de l'objet d'étude retenu. Vous pouvez vous appuyer sur votre dossier ; vous pouvez également prendre comme support votre cahier personnel d'Histoire des arts, constitué au cours de votre scolarité au collège.

Attention : il s'agit bien d'un oral ! Vous ne devez en aucun cas lire des notes ou des extraits de votre dossier ou de votre cahier.

3. Cette présentation orale est suivie d'un **entretien**, d'une durée de **dix minutes**. Cet entretien peut bien évidemment porter sur l'exposé, mais aussi sur un autre objet d'étude de la liste. Le jury peut également vous demander d'analyser une œuvre que vous n'avez pas préparée, en rapport avec un des objets d'étude.

Remarque : Selon l'organisation choisie par votre établissement, l'épreuve peut prendre la forme d'un oral collectif (par groupes de deux à trois élèves). Dans ce cas, chacun des candidats dispose bien de cinq minutes pour faire son exposé, mais l'entretien de dix minutes se fait avec l'ensemble du groupe.

Quels sont les critères d'évaluation ?

Ce n'est pas le dossier qui est évalué mais bien votre prestation orale : le contenu de votre prestation, mais aussi votre capacité à vous exprimer à l'oral.

Critères d'évaluation principaux :
- être capable de commenter une œuvre en employant le vocabulaire artistique approprié ;
- situer les œuvres dans le temps et l'espace et établir des liens avec d'autres œuvres ;
- s'exprimer correctement, argumenter ses idées et justifier ses choix ;
- répondre de manière pertinente aux questions posées lors de l'entretien.

4 Analyser une image fixe

Les informations sur l'image

Avant de pouvoir interpréter une image, il faut commencer par repérer certaines informations essentielles, contenues pour la plupart dans la légende.

- Le **nom** de l'artiste.
- Le **titre** de l'œuvre, s'il y en a un :

– une photographie, par exemple, n'a pas nécessairement de titre;
– le titre n'est pas toujours donné par l'artiste : ce sont parfois les critiques ou le public qui en ont imposé un (c'est le cas, par exemple, pour la photographie de Dorothea Lange, p. 125).

- La **date** de création (pour certaines œuvres de grande ampleur, il y a parfois une date de début et une date de fin, comme pour *Le Radeau de la Méduse* de Géricault, ci-contre).
- La **nature** de l'image : dessin, peinture, photographie, vitrail, tapisserie, collage, etc.
- La **technique** et les **matériaux** utilisés : crayon, fusain, sanguine, encre, etc. (pour le dessin), gouache, aquarelle, acrylique, huile, etc. (pour la peinture), tirage argentique, numérique, Polaroid, plaque de verre, sténopé, etc. (pour la photographie)...
- Le **support** : toile, bois, papier, carton, mur, voûte d'église, etc.

À noter : Une fresque peinte sur une voûte d'église est intimement liée au lieu dans lequel elle se trouve; en revanche, une photographie peut aisément être déplacée d'un lieu à un autre.

- Les **dimensions** : travailler à partir d'une reproduction fausse la perception de l'œuvre. Dans un livre ou sur Internet, les images ont toutes plus ou moins la même taille. Or, en réalité, une œuvre de 10 x 15 m ne fait pas du tout le même effet qu'une œuvre de 10 x 15 cm.

Il faut donc essayer de se représenter la taille réelle de l'œuvre : par exemple, une œuvre de 5 m de haut, comme *Le Radeau de la Méduse* reproduite plus loin, est environ trois fois plus haute qu'un adulte; 30 cm correspondent à peu près à une feuille de papier A4, etc.

- Le **lieu** de conservation : musée, église, château, rue, collection privée, etc.
- Le **commanditaire**, s'il y en a un (c'est par exemple le cas pour les affiches publicitaires, de nombreuses œuvres religieuses, les portraits officiels comme le portrait de Napoléon présenté plus loin, etc.). Certains commanditaires ont des demandes très précises : dans ce cas-là, l'œuvre n'est pas issue de la seule imagination de l'artiste.
- Enfin, le **contexte** peut aider à comprendre et interpréter une œuvre :

– le **contexte historique** est par exemple important dans le cas du *Radeau de la Méduse*, de *Guernica* ou de *La Buerlinica* (p. 113), ou encore les photographies du dossier d'Histoire des arts p. 124-125;
– le **contexte artistique** : on peut se demander si l'œuvre est rattachée à un courant artistique (baroque, impressionnisme en peinture, humanisme en photographie, etc.).

La description de l'image

Commencez par une description générale avant d'entrer dans les détails. En commentant tout de suite des détails, vous risqueriez de perdre de vue le projet d'ensemble de l'œuvre. Précisez tout d'abord s'il s'agit d'une œuvre **figurative** (qui prend pour modèle le réel : un être humain, un objet, un paysage, etc.) ou **abstraite.** Dans le cas d'une œuvre figurative, commencez tout simplement par dire quel est le **sujet représenté**. **Puis repérez les différentes parties** de l'œuvre, la manière dont elle est composée.

1) La composition

a) Les différents plans

Si l'image contient plusieurs plans, **commencez plutôt par décrire le premier plan** pour reculer progressivement vers l'arrière-plan.

Mais ceci n'est pas une règle absolue : on peut choisir de commencer par présenter le contexte à l'arrière-plan avant d'étudier le personnage principal au premier plan, commencer par présenter le personnage principal au deuxième plan avant de présenter des éléments secondaires au premier plan...

Par exemple, sur le portrait de Napoléon reproduit plus loin dans cette fiche, on observe au premier plan des pierres sur lesquelles sont gravés les noms des grands conquérants dans la lignée desquels Napoléon veut s'inscrire. Ce premier plan est intéressant à commenter, mais il semble plus logique de commencer par décrire le portrait équestre de Napoléon, au second plan.

Raphaël, *La Vierge à la chaise*, 1514, huile sur bois, diamètre : 71 cm (Galleria Palatina, Florence, Italie)

b) Les lignes directrices

Pour analyser la composition d'une image, il faut repérer les principales **lignes directrices** en distinguant :

- les **lignes de force**, en bleu ci-dessous (horizontales, verticales, diagonales ou courbes). Elles composent l'image en accentuant l'horizontalité (souvent utilisée pour les paysages), la verticalité pour les portraits en pied (personnage debout), la force ou la tension de l'événement représenté par une forme pyramidale (par exemple dans *Le Radeau de la Méduse*, ou le portrait de Napoléon page suivante), ou encore l'intimité avec le tondo (support de forme circulaire qui crée un cadre intime, par exemple dans *La Vierge à la chaise* de Raphaël) ;
- les **lignes de fuite**, en rouge ci-dessous, donnent l'idée de la profondeur, de la perspective. Elles convergent vers la **ligne d'horizon**, vers laquelle se dirige le regard.

Jean Louis Théodore Géricault, *Le Radeau de La Méduse*, 1818-1819, huile sur toile, 491 x 717 cm (musée du Louvre, Paris)

c) La règle des tiers

Lorsque nous regardons une image, notre œil est naturellement plus attiré par ce qui est situé aux **tiers** (gauche, droit, haut et bas) de l'image, que par ce qui se trouve en plein milieu ou sur les bords extrêmes. Plus précisément, les points vers lesquels notre regard a tendance à se diriger en premier sont les points d'intersection entre les lignes situées aux tiers de l'image.

C'est la raison pour laquelle les artistes ont tendance à composer leur image en fonction de ces lignes et de ces points, en y plaçant les éléments qu'ils veulent mettre en valeur.

Ainsi, dans un paysage, la ligne d'horizon est généralement placée à peu près sur la ligne du tiers supérieur (par exemple sur *Le Radeau de La Méduse* ou le tableau de Bruegel reproduit à la fin de cette fiche), ou inférieur, si l'artiste veut donner beaucoup d'importance au ciel (pour donner une impression d'espace, de liberté, ou de vide, ou quand il représente un ciel menaçant, tourmenté, etc.). Dans un portrait en pied (ou un portrait équestre), le visage est généralement placé sur la ligne du tiers supérieur, voire à l'intersection avec une ligne de tiers verticale (c'est par exemple le cas sur le portrait de Napoléon). Dans un portrait plus rapproché, ce sont les yeux (éléments essentiels du visage) que l'on place généralement sur une ligne de tiers.

2) Les proportions

Il faut se demander si elle sont **respectées** (comme sur la photographie de Dorothea Lange, p. 125) ou **déformées** (comme dans les caricatures).
Comparez par exemple ces deux portraits de Victor Hugo :

Comte Stanisław Julian Ostroróg dit Walery, 1875, photogravure

Honoré Daumier, caricature parue dans *Le Charivari* le 20 juillet 1849

À noter : La déformation des perspectives n'est pas le propre des caricatures.
– Une photographie prise de près avec un grand angle aura pour effet de grossir ce qui est au premier plan *(voir par exemple la photographie, p. 69)*.
– Une plongée (prise de vue « par au-dessus ») ou une contre-plongée (prise de vue « par en dessous ») donneront l'impression que le sujet est respectivement petit ou grand.

Dans ce portrait de Napoléon, les deux phénomènes se conjuguent : Napoléon apparaît plus grand que les sommets des montagnes d'une part parce qu'il est proche du peintre, alors que les montagnes sont à l'arrière-plan, et d'autre part parce que le peintre a opté pour une légère contre-plongée.

Bien entendu, la déformation des perspectives est voulue par l'artiste (ou par le commanditaire), et il faut la commenter. Dans ce portrait de Napoléon, le fait que celui-ci apparaisse beaucoup plus grand que les montagnes, les autres personnages au second plan, ainsi que la personne qui regarde le tableau n'est pas anodin : Napoléon (qui mesurait en fait moins de 1,70 m…) veut se montrer comme un « grand » chef, un homme puissant, qui domine le reste du monde. On peut comparer cela à la figure de style nommée hyperbole.

Remarquez d'ailleurs les dimensions du tableau : près de 3 m de haut ! Autrement dit, les yeux du spectateur doivent se trouver environ à la hauteur… des bottes de Napoléon !

Tout est donc fait pour que la personne qui regarde ce tableau se trouve minuscule face à « Napoléon le Grand » ; sur les pierres au premier plan, son nom est gravé à côté (plus précisément : au-dessus…) de celui de Carolus Magnus, « Charles le Grand », c'est-à-dire Charlemagne.

Jacques-Louis David, *Le Premier Consul franchissant les Alpes au col du Grand-Saint-Bernard*, 1800, huile sur toile, 271 × 232 cm (palais Charlottenburg, Berlin, Allemagne)

3) La couleur et la lumière

a) La couleur

- Pour commenter les couleurs d'une image, on commence bien sûr par commenter les **couleurs dominantes** (les plus présentes).

– On peut tout d'abord préciser si elles sont **chaudes** (rouge, orange, ocre, jaune, etc.) ou **froides** (bleu, vert, etc.). Par exemple, le tableau de Marc Rothko *(p. 202)* est composé de deux couleurs chaudes : le rouge et l'ocre.
– On peut analyser certaines couleurs comme ayant une **valeur symbolique** : le blanc pourra symboliser la pureté, le rouge l'amour, l'or la puissance, la majesté, etc.
Attention toutefois : La symbolique de certaines couleurs dépend en partie de leur contexte. Par exemple, le blanc peut aussi bien symboliser la pureté dans le portrait d'une jeune femme, que la mort dans un tableau représentant un cadavre ou un spectre ; le rouge, selon le contexte, peut symboliser l'amour, la sensualité, la vie, aussi bien que le sang, la violence, la mort, etc.

- Pour aller plus loin, on peut analyser les couleurs en termes plus techniques, en se référant au **cercle chromatique** ci-dessous :

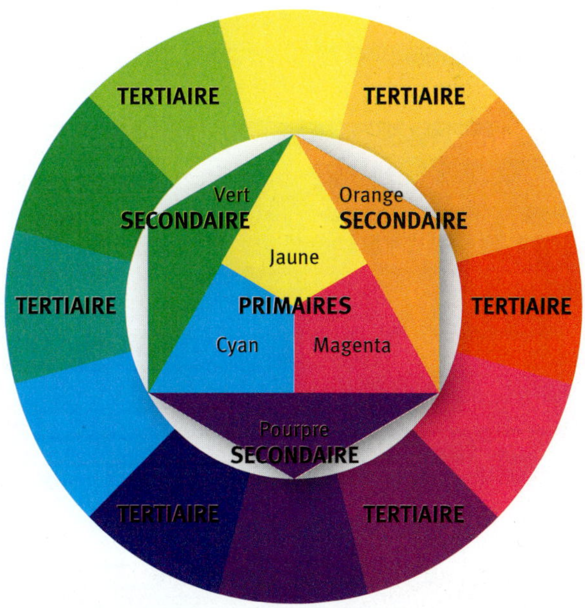

- les couleurs **primaires** sont le magenta (rouge), le cyan (bleu) et le jaune ;
- les couleurs **secondaires** sont constituées d'un mélange de deux couleurs primaires :
  - magenta + jaune = orangé
  - cyan + jaune = vert
  - cyan + magenta = violet.

Remarque : Essayez d'être le plus précis possible quand vous nommez les couleurs. Par exemple, pour le magenta (rouge), on peut distinguer entre vermeil, écarlate, incarnat, rouge sang, rouge cerise, etc.

b) La lumière

- L'image est-elle **lumineuse** ou **sombre** ? Peut-on mettre cela en lien avec le sujet (lumière faible qui crée une atmosphère intime, romantique, ou au contraire effrayante, triste, etc.) ?

- La lumière est-elle **diffuse** (lumière du jour par exemple) ou provient-elle d'une source lumineuse précise qui crée un **clair-obscur** (lampe, fenêtre, bougie, etc., ou élément « hors champ » : qu'on ne voit pas sur l'image) ?

- La lumière provient-elle d'en haut, d'en bas, d'un côté ? Que met-elle dans l'ombre (un personnage, une partie d'un visage, etc.) ? Quel est l'effet créé (par exemple, un visage violemment éclairé par dessous ou par dessus sera effrayant, car les yeux seront noyés dans l'ombre) ?

L'interprétation de l'image

L'interprétation découle des informations sur l'image et de la description que l'on en fait, exactement comme lorsqu'on étudie un texte littéraire.

Il convient d'**organiser** l'interprétation, en allant **du plus évident au moins évident**, et en **regroupant les éléments qui vont dans le même sens**. Par exemple, pour le portrait de Napoléon, on peut analyser ensemble la déformation des perspectives, le non-respect des proportions, la légère contre-plongée et les dimensions du tableau, pour montrer que dans ce portrait, Napoléon, encore jeune et au début de son ascension vers le pouvoir absolu, cherche à se grandir aux yeux du spectateur.

La fonction de l'image

Une image peut avoir différentes fonctions :
– **descriptive et narrative :** portrait, nature morte, paysage, scène de genre *(voir le tableau de Bruegel ci-dessous)*, événement historique, etc. ;
– **argumentative :** l'image a pour fonction de persuader, convaincre, critiquer, faire réfléchir (publicité, dessins satiriques ou parodiques) ;
– **esthétique :** l'image vise à susciter l'émotion.

Bruegel l'Ancien, *Danse des Paysans*, 1568, huile sur bois de chêne, 114 x 164 cm (Kunsthistorisches Museum, Vienne, Autriche)

5 Analyser une image mobile (cinéma)

Voici les principales techniques cinématographiques à prendre en compte pour analyser un film.

Les angles de prise de vue et les mouvements de caméra

▶ **Angle de prise de vue :** l'angle de prise de vue désigne la place de la caméra par rapport au sujet filmé. Si la caméra est placée à l'horizontale, l'angle est dit « normal », par opposition à :

– **la plongée :** la caméra est placée au-dessus du sujet filmé. Cet angle de prise de vue peut avoir comme effet d'« écraser » le personnage, de le montrer comme étant fragile, vulnérable, dépassé par les événements, etc. ;
– **la contre-plongée :** la caméra est placée au-dessous du sujet filmé. Cet angle de prise de vue peut donner l'impression que le personnage est puissant, dominateur, impressionnant, sûr de lui, etc.

▲ Plongée

▲ Contre-plongée

▶ **Travelling :** la caméra est déplacée (sur des rails, dans un véhicule, ou à l'épaule) alors qu'elle filme (*to travel* en anglais = se déplacer, voyager).

– **Travelling avant :** la caméra avance.
– **Travelling arrière :** la caméra recule.
– **Travelling latéral :** la caméra se déplace horizontalement, de gauche à droite ou de droite à gauche.
– **Travelling vertical :** la caméra se déplace du haut vers le bas ou du bas vers le haut.

▶ **Panoramique :** le pied de la caméra est fixe mais la tête (la caméra elle-même) est mobile : elle peut être tournée vers la gauche ou vers la droite, être inclinée vers le haut ou vers le bas.

▶ **Zoom** (**avant** ou **arrière**) **:** la caméra ne bouge pas, mais grâce à un objectif à focale variable (dans le langage courant : un zoom), le spectateur a l'illusion de l'éloignement ou du rapprochement. Par exemple, dans le premier plan du film de Zeffirelli, on passe d'un plan général de la ville de Vérone (filmée en un lent panoramique vers la droite) à un gros plan sur le soleil, grâce à un effet de zoom avant.

En résumé : Dans un mouvement de travelling, la caméra se déplace, alors que dans un mouvement de panoramique ou de zoom, la caméra reste au même endroit.

Un travelling demande plus de logistique (surtout quand il faut installer des rails) mais il permet de filmer des choses différentes : alors qu'un panoramique est parfaitement adapté pour montrer un paysage, le travelling s'impose lorsqu'on veut filmer de près un sujet qui se déplace (par exemple, deux personnages qui discutent en marchant).

Le champ visuel et les plans

1) Le champ visuel

- **Cadre :** les bords de l'image.
- **Champ :** le champ est l'espace visuel délimité par le cadre de l'image ; autrement dit, il correspond à ce que l'on voit sur l'image.

Ce qui fait partie de la scène mais qui n'est pas dans le champ est **hors champ** : par exemple, un personnage dans le champ s'adresse à un autre qu'on ne voit pas sur l'image. Dans un même plan, un acteur qui était hors champ peut entrer dans le champ de la caméra, ou inversement.

- **Contrechamp :** le contrechamp est une prise de vue effectuée dans la direction opposée à celle du champ. Par exemple, si l'on film de face un personnage qui regarde en face de lui (donc à l'endroit où se trouve la caméra), le contrechamp correspond à ce que voit ce personnage.
- **Champ-contrechamp :** technique de montage qui consiste à montrer de manière alternée le champ et le contrechamp. Cette technique est très souvent utilisée pour les dialogues : on montre le personnage qui parle puis celui qui lui répond, et ainsi de suite. Elle est également utilisée par Zeffirelli et Luhrmann pour traduire le coup de foudre réciproque entre Roméo et Juliette.

Champ

Contrechamp

2) Les plans

- **Plan :** terme polysémique, qui désigne à la fois :

– une **durée** : il s'agit dans ce cas d'une portion de film comprise entre le moment où l'on enclenche la caméra et celui où on la coupe (entre le « *Moteur !* » et le « *Coupez !* » du réalisateur) ;
– un type de **cadre** (voir ci-dessous l'échelle des plans).

- **Échelle des plans :** en fonction de la distance que l'on met avec le sujet filmé (place de la caméra mais aussi choix de l'objectif), d'une part le sujet apparaîtra plus ou moins gros et d'autre part plus ou moins d'éléments (personnages ou éléments du décor) entreront dans le cadre. Nous présentons ci-dessous les principaux types de plans, du plus large au plus serré :

– **Plan général :** il sert à décrire le lieu où se déroule l'action, son contexte ; il est donc généralement placé au début d'un film ou d'une séquence.

– **Plan d'ensemble :** il a à peu près la même fonction que le plan général (montrer le lieu), mais se focalise sur une place, une rue... ; le cadre est donc à l'échelle humaine, ce qui permet aussi de montrer les personnages de loin, en train de se déplacer par exemple.

– **Plan moyen :** ce type de plan ne met pas l'accent sur le décor (comme les deux précédents), mais sur le personnage, qu'il montre de la tête au pieds. Ce plan est privilégié pour la description d'ensemble d'un personnage, ainsi que pour montrer l'action.

– **Plan américain :** on parle de plan américain car c'est un plan qui s'est fait connaître avec les westerns : le personnage est cadré de la tête au milieu des cuisses, ce qui laisse voir ses pistolets accrochés à la ceinture.

– **Plan rapproché :** la caméra est assez près des corps et montre un personnage ou un groupe de la tête à la taille (« plan rapproché taille »), ou de la tête à la poitrine (« plan rapproché poitrine »). Il permet de créer une certaine proximité avec le personnage, surtout dans le cas du plan rapproché poitrine, qui se focalise sur le visage et donne à voir les émotions du personnage.

– **Gros plan :** il permet de montrer les moindres expressions du visage, les moindres nuances dans le regard ; c'est donc le plan parfait pour montrer les émotions et sentiments d'un personnage. Mais le gros plan sert également à mettre l'accent sur un détail qu'il est important que le spectateur repère (un indice dans un film policier par exemple). Quand le cadre est encore plus resserré (sur un petit objet comme une montre, ou sur des yeux, une bouche...) on parlera de **très gros plan**.

Le son et la lumière

3) Le son

On peut distinguer des sons de différentes natures.

▸ **Le texte prononcé :** il faut en analyser le **contenu** bien évidemment (que disent les personnages et/ou le narrateur ?) mais il faut également être attentif au **ton**, au **volume** de la voix (texte chuchoté, crié, etc.), au **débit** de parole (un débit très rapide, ou haché, est souvent signe d'une émotion intense, alors qu'un débit lent peut traduire par exemple le calme, la maîtrise de soi d'un personnage, etc.).

▸ **Les bruits, les sons :** on oublie souvent de les commenter, alors qu'ils jouent un rôle important dans notre appréciation ou tout simplement notre compréhension du film. Ils peuvent **accompagner l'image** (essayez d'imaginer une scène d'accident de voiture qui serait totalement silencieuse !), **la précéder** (des bruits de chaussures à talon qui annoncent l'arrivée d'une femme dans le champ de l'image), ou **la remplacer** (le bruit d'une voiture qui démarre suffit pour nous faire comprendre que le personnage qui rangeait ses affaires dans le plan précédent est en train de partir).

▸ **La musique :** De quel type de musique s'agit-il ? Quelle atmosphère crée-t-elle ? Est-elle en **harmonie** ou au **contraire** en décalage avec l'image ? Imaginez la scène de rencontre entre Roméo et Juliette sur du hard rock, ou sur la « Danse des canards » : ce ne serait pas du tout la même ! L'absence de musique peut aussi être commentée : dans la vie réelle, lorsque l'on a un coup de foudre, il n'y a pas forcément de belle musique romantique qui se déclenche comme par hasard... Ainsi, l'absence de musique peut donner un caractère plus réaliste à une scène, notamment en faisant entendre les bruits environnants.

Il faut également faire la distinction entre les sons « in », les sons « hors champ » et les sons « off ».

▸ **Un son « in »** est un son dont la source est visible à l'écran : par exemple, on entend ce que dit un personnage que l'on voit à l'écran.

▸ **Un son « hors champ »** est un son dont la source n'est pas visible à l'écran : par exemple, on entend un téléphone sonner mais on ne le voit pas à l'écran.

▸ **Un son « off »** est détaché de l'histoire que l'on voit à l'écran : c'est le cas quand un narrateur ou une narratrice introduit, commente, explique, etc., ce que l'on voit à l'écran (on parle de « **voix off** »). Ce procédé est très courant notamment dans les séries télévisées récentes.

Dans le premier plan du film de Luhrmann, le son est « in » : le texte que l'on entend (prologue de la pièce de Shakespeare) est censé être prononcé par la speakerine que l'on voit à l'écran.

Puis le même texte est repris, mais cette fois-ci en voix off : sur l'image, on ne voit plus la personne qui est censée parler, mais des images qui illustrent le texte. La personne qui prononce ces mots (un homme) ne sera jamais visible à l'écran.

Pour aller plus loin...

On peut également faire la distinction entre son **direct** et son **indirect**.

Un **son direct** est un son enregistré sur le tournage par l'équipe son (chef opérateur son, assistants son et perchmans) : voix des personnages, bruits (de pas, de porte, de vêtements, etc.), mais aussi « atmosphère sonore ». En effet, le silence total n'existe pas : le silence n'est pas le même dans une cuisine, dans une salle de cours pendant un examen, dans une église... Il y a toujours un ronronnement de réfrigérateur, un grincement de chaise, des gens qui respirent, et ces sons résonnent différemment selon les dimensions et la configuration du lieu, les matériaux, la météo, etc. Ainsi, sur le tournage, l'équipe son « enregistre du silence », pour avoir en réserve, si besoin, du silence qui corresponde à l'image. Autrement dit, la bande-son d'un film n'est jamais vierge.

Un **son indirect** est un son rajouté en post-production, au moment du montage.

Mais pourquoi rajouter des sons ? Parce que les sons qui se produisent loin des micros s'entendent mal sur la bande son. Or, on ne peut pas mettre des micros partout... Certains sons sont donc enregistrés à part, puis rajoutés au moment du montage. De même, on se rend compte parfois après le tournage, que certains dialogues ne sont pas toujours très bien enregistrés (parce qu'il y avait beaucoup de vent par exemple) : les acteurs réenregistrent alors le dialogue en studio, en faisant en quelque sorte du « play-back » sur les images.

Enfin, certaines grosses productions notamment américaines, ne fonctionnent presque qu'avec des sons indirects enregistrés en studio : cela permet d'avoir une bande son plus propre, avec des sons plus détaillés, et qui seront mieux répartis dans les enceintes de la salle de cinéma (gauche, droite, avant et arrière). Mais, en contrepartie, le son sera aussi beaucoup moins réaliste.

▴ *Lisbonne Story*, réalisé par Wim Wenders, 1995. Un très beau film sur un ingénieur du son et bruiteur, à Lisbonne, au Portugal.

4) La lumière

La lumière est **très rarement naturelle** sur un film, même quand le tournage a lieu en extérieur. Pour obtenir des conditions d'éclairage optimales (afin de sublimer les acteurs, le décor, et d'obtenir une belle image), on rajoute tout un dispositif de spots lumineux, devant lesquels on place des diffuseurs (panneaux blancs) qui vont permettre d'obtenir une lumière plus douce. On ajoute aussi parfois de grands panneaux (blancs, argentés ou dorés) pour réfléchir la lumière et mieux la diffuser.

Tout ce dispositif permet également de ne pas dépendre des conditions climatiques ou de contraintes de planning : tourner une scène d'hiver en plein mois d'août, ou une scène de canicule en plein mois de décembre... tout est possible !

▸ Matteo Sule, photographie

Diplôme national du brevet

Session 2011

Français

Séries Technologique et Professionnelle

Coefficient : 2

L'odeur des pommes

On entre dans la cave. Tout de suite, c'est ça qui vous prend. Les pommes sont là, disposées sur des claies – des cageots renversés. On n'y pensait pas. On n'avait aucune envie de se laisser submerger par un tel vague à l'âme. Mais rien à faire. L'odeur des pommes est une déferlante[1]. Comment avait-on pu se passer si longtemps de cette enfance âcre et sucrée ?

Les fruits ratatinés doivent être délicieux, de cette fausse sécheresse où la saveur confite semble s'être insinuée dans chaque ride. Mais on n'a pas envie de les manger. Surtout ne pas transformer en goût identifiable ce pouvoir flottant de l'odeur. Dire que ça sent bon, que ça sent fort ? Mais non. C'est au-delà… Une odeur intérieure, l'odeur d'un meilleur soi. Il y a l'automne de l'école enfermé là. À l'encre violette on griffe le papier de pleins, de déliés. La pluie bat les carreaux, la soirée sera longue…

Mais le parfum des pommes est plus que du passé. On pense à autrefois à cause de l'ampleur et de l'intensité, d'un souvenir de cave salpêtrée[2], de grenier sombre. Mais c'est à vivre là, à tenir là, debout. On a derrière soi les herbes hautes et la mouillure du verger. Devant, c'est comme un souffle chaud qui se donne dans l'ombre. L'odeur a pris tous les bruns, tous les rouges, avec un peu d'acide vert. L'odeur a distillé la douceur de la peau, son infime rugosité. Les lèvres sèches, on sait déjà que cette soif n'est pas à étancher. Rien ne se passerait à mordre une chair blanche. Il faudrait devenir octobre, terre battue, voussure[3] de la cave, pluie, attente. L'odeur des pommes est douloureuse. C'est celle d'une vie plus forte, d'une lenteur qu'on ne mérite plus.

Philippe Delerm,
La Première Gorgée de bière,
1997 © Éditions Gallimard

1 Vague puissante.
2 Couverte de moisissure.
3 Courbure d'une voûte ou d'un arc.

Première partie : Questions, réécriture, dictée (25 points)

Toutes vos réponses devront être rédigées.

Questions (15 points)

I. Impressions d'automne

1. Quel est le lieu évoqué dans le texte ? **(1 point)**

2. **a.** À quelle saison l'odeur des pommes est-elle associée dans le texte ? **(1 point)**
b. Relevez les mots et expressions justifiant votre réponse. **(1,5 point)**

3. **a.** Quel est le temps verbal dominant du texte ? **(1 point)**
b. Quel est l'effet produit ? **(1 point)**

4. Dans cette description, quels sont les sens mobilisés par le narrateur ? Illustrez chaque sens par des éléments du texte (trois sens attendus). **(3 points)**

5. Expliquez pourquoi le narrateur utilise principalement le pronom indéfini « on ». **(1 point)**

II. Évocation de souvenirs

6. **a.** Relevez le champ lexical du passé. **(1,5 point)**
b. À quelle période de la vie le narrateur fait-il allusion ? **(1 point)**

7. Expliquez la phrase : « L'odeur des pommes est une déferlante ». (l. 4) **(1 point)**

8. Quelle émotion la visite de ce lieu provoque-t-elle ? Pourquoi ? **(2 points)**

Réécriture (5 points)

Réécrivez ce passage (l. 1 à 5) à la première personne du pluriel (*nous*) et effectuez toutes les transformations nécessaires.

« On entre dans la cave. Tout de suite, c'est ça qui vous prend. Les pommes sont là, disposées sur des claies – des cageots renversés. On n'y pensait pas. On n'avait aucune envie de se laisser submerger par un tel vague à l'âme. Mais rien à faire.
L'odeur des pommes est une déferlante. Comment avait-on pu se passer si longtemps de cette enfance âcre et sucrée ? »

Dictée (5 points)

Remarque : Nous mettons ici le texte de dictée pour que vous puissiez avoir un aperçu d'ensemble de l'épreuve, mais il va de soi que le texte n'est pas présent dans le sujet d'examen...

« C'était une journée splendide, ensoleillée, et la mer était calme. Stefano qui n'était jamais monté sur le bateau, courait tout heureux sur le pont, admirant les manœuvres compliquées des voiles. Et il posait de multiples questions aux marins qui, en souriant, lui donnaient toutes les explications souhaitables. »

Dino Buzzati, *Le K*, 1966
Traduit par Jacqueline Remillet

Seconde partie : Expression écrite (15 points)

– *Vous traiterez* ***au choix*** *l'un des deux sujets suivants.*
– *L'utilisation d'un dictionnaire de langue française est autorisée.*

Sujet d'imagination

Vous retournez sur un lieu familier de votre enfance. Décrivez ce lieu, puis précisez quels sont vos sentiments et les souvenirs qu'il vous évoque.
Rédigez le texte en une vingtaine de lignes minimum.

Pour rédiger votre texte, respectez les conseils suivants :

– structurez votre texte ;
– rédigez votre texte à la première personne ;
– respectez les règles de l'orthographe, de la grammaire et de la conjugaison.

Sujet de réflexion

Un lieu auquel vous êtes attaché(e) est menacé par un projet de la mairie qui le transformera complètement.

Vous écrivez au maire de la commune pour exprimer votre désaccord. Après avoir présenté ce lieu, vous développerez les arguments pour convaincre le maire de renoncer au projet. Rédigez votre lettre en une vingtaine de lignes minimum.

Pour rédiger votre texte, respectez les conseils suivants :

– respectez la présentation de la lettre ;
– ne signez pas et ne mettez aucune coordonnée personnelle sur votre copie ;
– respectez les règles d'orthographe, de grammaire et de conjugaison.

Corrigé : Questions, réécriture, dictée (15 points)

Questions (15 points)

Rappel : Les réponses doivent être rédigées. Si ce n'est pas le cas, vous perdez des points.

Remarque : Dans ce corrigé, les réponses sont plus développées que ce qui est attendu au brevet, afin de vous montrer de quelle manière il est possible d'approfondir (plus vos réponses sont approfondies, plus vous avez de chances d'obtenir la note maximale).

I. Impressions d'automne

1. Le lieu évoqué dans le texte est une cave. Cela nous est dit dès la première phrase de l'extrait : « *On entre dans la cave.* », l. 1. **(1 point)**

2. **a.** Dans le texte, l'odeur des pommes est associée à l'automne. **(1 point)**
b. Les mots et expressions qui permettent de le dire sont :
– « *Il y a l'automne de l'école enfermé là* », l. 10-11
– « *La pluie bat les carreaux* », l. 11-12
– « *les herbes hautes et la mouillure du verger* », l. 15-16
– « *tous les bruns, tous les rouges* », l. 17
– « *Il faudrait devenir octobre, [...] pluie* » l. 20-21
(1,5 point)

3. **a.** Le temps verbal dominant du texte est le présent de l'indicatif. **(1 point)**
b. Les récits sont généralement écrits au passé (le narrateur évoque des événements, des sensations, etc., qui ont déjà eu lieu au moment où il les raconte). L'utilisation du présent dans la narration (ce qu'on appelle justement le « présent de narration ») ou dans la description a pour effet de rendre l'épisode plus présent, plus vivant pour le lecteur. Par exemple, si l'on compare « *Les pommes sont là* » (l. 1-2) à « *Les pommes étaient là* », on se rend compte que l'utilisation du présent permet de faire croire au lecteur que l'épisode est en train de se dérouler sous ses yeux. Mais le présent a aussi d'autres valeurs, que l'on retrouve dans ce texte. Il permet de rendre les choses intemporelles, éternelles, ou alors d'exprimer la répétition. Par exemple, on peut comprendre « *c'est ça qui vous prend* » (l. 1) comme « *À chaque fois qu'on entre dans la cave, c'est ça qui vous prend* » ou « *Quand on entre dans la cave, c'est toujours ça qui vous prend* ». **(1 point)**

4. Une lecture attentive permet de se rendre compte que tous les sens sont mobilisés par le narrateur dans ce texte :

– **l'odorat** : « *L'odeur des pommes* » (titre), « *L'odeur des pommes est une déferlante* » (l. 4), « *ce pouvoir flottant de l'odeur* » (l. 8-9), « *ça sent bon* » (l. 9), « *ça sent fort* » (l. 9), « *une odeur intérieure, l'odeur d'un meilleure soi* » (l. 10), « *le parfum des pommes* » (l. 13), « *l'odeur* » (l. 17, l. 18), « *l'odeur des pommes* » (l. 21) ;

– **la vue** : « *Les pommes sont là, disposées sur des claies* » (l. 1-2), « *les fruits ratatinés* » (l. 6), « *dans chaque ride* » (l. 7), « *La pluie bat les carreaux* » (l. 11-12), « *un souvenir de cave salpêtrée, de grenier sombre* » (l. 14-15), « *les herbes hautes* » (l. 15-16), « *tous les bruns, tous les rouges, avec un peu d'acide vert* » (l. 17-18) ;

– **le goût** : « *cette enfance âcre et sucrée* » (l. 5), « *délicieux* » (l. 6), « *saveur confite* » (l. 7), « *goût identifiable* » (l. 8) ;

– **l'ouïe** : « *La pluie bat les carreaux* » (l. 11-12) ;

– **le toucher** : « *la douceur de la peau, son infime rugosité* » (l. 18). **(3 points)**

5. En utilisant principalement le pronom indéfini « *on* » (plutôt que le pronom personnel « *je* » auquel on aurait pu s'attendre), le narrateur rend son évocation universelle : ce qu'il ressent, tout le monde peut le ressentir. Le narrateur ne parle pas seulement de lui, de ses propres souvenirs, mais d'un sentiment que tout le monde peut avoir.

Plus précisément, en utilisant le pronom indéfini « *on* », le narrateur inclut le lecteur dans son évocation. Par exemple, quand il dit « *On entre dans la cave* » (l. 1), c'est comme s'il invitait le lecteur à entrer avec lui. Ainsi, le lecteur se sent plus concerné par ce que raconte le narrateur.

On peut donc dire que l'utilisation du présent et celle du pronom « *on* » ont le même but : rendre l'évocation plus proche du lecteur. **(1 point)**

II. Évocation de souvenirs

6. **a.** Dans le texte, on trouve le champ lexical du passé dans les mots suivants : « *cette enfance âcre et sucrée* » (l. 5), « *l'automne de l'école* » (l. 10), « *encre violette* » (l. 11), « *de pleins, de déliés* » (l. 11), « *du passé* » (l. 13), « *autrefois* » (l. 13), « *souvenir* » (l. 14), « *une lenteur qu'on ne mérite plus* » (l. 22). **(1,5 point)**
b. Le narrateur fait allusion à son enfance. Il évoque notamment des souvenirs d'école : « *automne de l'école* », « *encre violette* », « *de pleins, de déliés* ». **(1,5 point)**

7. Comme le précise la note, une déferlante est « *une vague puissante* ». Ainsi, « *L'odeur des pommes est une déferlante* » est une métaphore qui signifie que cette odeur est comme une vague puissante qui submerge le narrateur de souvenirs au moment où il entre dans la cave : l'odeur amène chez lui une vague de souvenirs et d'émotions.
Cette métaphore maritime commence d'ailleurs à la ligne précédente (on peut alors parler de métaphore filée) : « *On n'avait aucune envie de se laisser submerger par un tel vague à l'âme* ». **(1 point)**

8. L'émotion provoquée par la visite de ce lieu est la nostalgie : en effet le narrateur éprouve un « *vague à l'âme* » lié à son passé, et plus précisément à son enfance : « *Comment avait-on pu se passer si longtemps de cette enfance âcre et sucrée ?* » (l. 4-5) ; « *L'odeur*

des pommes est douloureuse » (l. 21).
Le narrateur, adulte, regrette cette période, « *celle d'une vie plus forte, d'une lenteur qu'on ne mérite plus* » (l. 22). **(2 points)**

Réécriture (5 points)

Le sujet de réécriture est relativement simple. La seule difficulté, c'est qu'il faut bien penser à modifier le pronom des verbes pronominaux (*se laisser submerger* et *se passer*).

En outre, il faut bien penser à mettre le *-i-* de la terminaison de l'imparfait à la 1re personne du pluriel (*nous pensions*).

> Nous entrons dans la cave. Tout de suite, c'est ça qui vous prend. Les pommes sont là, disposées sur des claies – des cageots renversés. Nous n'y pensions pas. Nous n'avions aucune envie de nous laisser submerger par un tel vague à l'âme. Mais rien à faire. L'odeur des pommes est une déferlante. Comment avions-nous pu nous passer si longtemps de cette enfance âcre et sucrée ?

Barème : – 0,5 point par modification.
– 0,25 point en moins par erreur de copie (sur un maximum de 1 point).

Dictée (5 points)

Cette dictée n'est pas difficile, mais il faut faire très attention aux accords (entre le verbe et son sujet, et au sein des GN).

Remarque : Les nom et prénom de l'auteur, le titre de l'œuvre ainsi que le prénom *Stefano* sont écrits au tableau.

> C'était[1] une journée splendide, ensoleillée[2], et[3] la mer[4] était[5] calme. Stefano qui n'était[6] jamais monté[7] sur le bateau, courait[8] tout heureux sur le pont, admirant les manœuvres compliquées[9] des voiles. Et[10] il posait de multiples[11] questions aux marins[12] qui, en souriant[13], lui donnaient[14] toutes[15] les explications souhaitables[16].

Dino Buzzati, *Le K*, 1966
Traduit par Jacqueline Remillet

1 Il fallait bien l'écrire avec un *-c-* et non avec *-s-* : on ne peut pas remplacer par un pronom personnel d'une autre personne *(* M'était une journée)*.

2 L'adjectif *ensoleillée* est construit sur *soleil*. Il se rapporte à *journée* : il faut donc l'accorder au féminin singulier.

3 On ne peut pas remplacer par *était* : ce n'est donc pas le verbe *être*, mais la conjonction de coordination.

4 Le texte de dictée est d'abord lu une première fois en entier pour que vous puissiez en comprendre le sens général : vous aurez donc compris que ce n'est pas de la *mère* (= maman) dont on parle, mais de la *mer* (= étendue d'eau).

5 On peut le mettre au présent : il s'agit donc bien de l'auxiliaire et non du participe passé (*été*).

6 *Voir note 5.*

7 Si on remplace par un verbe de 3e groupe, par exemple *prendre*, on dira *qui n'était jamais pris* et non *qui n'était jamais prendre* : *monté* est donc un participe passé et non un verbe à l'infinitif. Le verbe *était monté* est au plus-que-parfait.

8 On conjugue le verbe à la 3e personne du singulier, car le sujet est *Stefano*.

9 L'adjectif *compliquées* se rapporte à *manœuvres* : il faut donc l'accorder au féminin pluriel.

10 *Voir note 5.*

11 *Multiples* se rapporte à *questions* : on l'accorde donc au féminin pluriel (le *e* final est déjà présent au masculin).

12 Visiblement il s'agit d'un grand bateau, ce qui suppose qu'il y ait plusieurs marins : il faut donc mettre au pluriel le GN dans son ensemble : *aux marins*. Cela dit, on ne vous enlèverait pas de point si vous mettez le GN au singulier (*au marin*), mais dans ce cas il faut bien sûr accorder le verbe au singulier (*au marin qui* [...] *lui donnait* [...]).

13 *En souriant* est un gérondif (*en* + participe présent) : les gérondifs se terminent toujours par *-ant* et sont invariables (si *en souriant* se rapportait à des femmes, on dirait *en souriant* et non **en souriantes*).

14 Le sujet de *donnaient* est « *(les) marins* » : il faut donc conjuguer le verbe à la 3e personne du pluriel.

15 *Toutes* se rapporte à *explications* : il faut donc l'accorder au féminin pluriel.

16 L'adjectif *souhaitables* se rapporte à *explications* : il faut donc l'accorder au féminin pluriel.

Corrigé : Expression écrite (15 points)

Sujet d'imagination

Rappel du sujet : *Vous retournez sur un lieu familier de votre enfance. Décrivez ce lieu puis précisez quels sont vos sentiments et les souvenirs qu'il vous évoque. Rédigez le texte en une vingtaine de lignes minimum.*

Pour rédiger votre texte, respectez les conseils suivants :

– structurez votre texte ;
– rédigez votre texte à la première personne ;
– respectez les règles de l'orthographe, de la grammaire et de la conjugaison.

Le sujet reprend *grosso modo* le thème de l'extrait de Philippe Delerm donné en première partie.

À la lecture du sujet, quelles sont les consignes d'écriture que l'on peut dégager ?

À quelle personne rédiger ?

– Votre texte devra être rédigé à la **1re personne du singulier** (« Vous retournez sur un lieu familier de votre enfance. Décrivez ce lieu puis précisez quels sont vos sentiments et les souvenirs qu'il vous évoque »). Cela vous est d'ailleurs précisé en toutes lettres dans les « conseils » : « Rédigez votre texte à la première personne. »

Il vous est donc demandé de rédiger un récit de type **autobiographique.**

Remarques

– Un récit à la 3e personne impliquerait forcément une note inférieure à la moyenne, même si votre texte est d'une qualité exceptionnelle.

– Rien ne vous oblige bien entendu à décrire un lieu réel de votre enfance ni à décrire des sentiments qui vous avez vraiment ressentis ainsi que de vrais souvenirs ! (et de toute façon les correcteurs n'ont aucun moyen de vérifier si ce que vous dites est vrai...) Vous pouvez donc très bien inventer ce que vous voulez, si vous le souhaitez (il s'agit bien d'un sujet d'imagination), tout comme vous pouvez vous inspirer de votre vécu.

Le cadre spatio-temporel

Il est relativement libre (il n'y a pas de consignes explicites à ce sujet). Cela dit, un récit qui se situerait au Moyen Âge ne serait pas cohérent avec le sujet : un élève qui est en classe de 3e au début du XXIe ne peut pas avoir des souvenirs datant du XIIe siècle...

Structure (plan) de la rédaction

C'est un point très important et le premier « conseil » insiste là-dessus (« *Structurez votre texte.* »). Mais quel plan adopter ?

La seconde phrase du sujet vous demande clairement de construire votre récit en **deux étapes** (« *Décrivez ce lieu puis précisez quels sont vos sentiments et les souvenirs qu'il vous évoque.* »).

Pour la première étape : la description du lieu

– Utilisez des **connecteurs spatiaux** pour organiser votre description.

– Essayez de mobiliser **le maximum de sens** pour enrichir votre description : la vue bien sûr, mais aussi l'odorat, l'ouïe, pourquoi pas le toucher, voire même le goût ! Par exemple, si vous choisissez de décrire la cuisine de votre grand-mère, ne vous contentez pas de dire qu'elle est « petite » et « blanche », mais décrivez les ustensiles qui s'entassaient sur les étagères, le calendrier des pompiers au-dessus du frigidaire, l'odeur du café et du pain chaud le matin, le bruit de la radio, de l'horloge, du four, le goût des sauces qu'elle vous demandait de goûter, etc.

– Utilisez des **figures de style** (comparaisons, métaphores, voire personnification) pour que votre description soit la plus précise et la plus intéressante possible. Ainsi, un four peut sembler vivant, avec sa chaleur, sa grande bouche que l'on ouvre pour y mettre des plats...

Pour la seconde étape : les sentiments et souvenirs

– Utilisez un **vocabulaire précis et varié.**

– Ne vous contentez pas de nommer des sentiments (la tristesse, le bonheur, la nostalgie, etc.) mais soyez plus précis, en évoquant par exemple les **conséquences physiques** de ce que vous ressentez (« *j'en avais la chair de poule* », « *mes mains tremblaient* » pour la peur ; « *les larmes me montaient aux yeux* », « *ma gorge se nouait* » pour la tristesse, etc.).

– Expliquez **pourquoi** tels sentiments ou tels souvenirs vous submergent quand vous vous trouvez dans ce lieu. Ce sont des petits détails qui déclenchent les souvenirs les plus profonds. Pour Philippe Delerm, c'est l'odeur des pommes ; pour Marcel Proust (grand romancier du XXe siècle), c'est le goût d'une madeleine trempée dans du thé... et pour vous ?

Longueur de la rédaction

La consigne est claire (« *une vingtaine de lignes minimum* »). Il s'agit bien d'un minimum, surtout si vous écrivez gros.

Consignes complémentaires

Enfin, comme dans toute rédaction, la qualité de l'expression (notamment la richesse et la diversité du lexique), la correction de la langue, l'orthographe, la conjugaison et la présentation sont prises en compte dans l'évaluation.

Sujet de réflexion

Rappel du sujet : *Un lieu auquel vous êtes attaché(e) est menacé par un projet de la mairie qui le transformera complètement.*

Vous écrivez au maire de la commune pour exprimer votre désaccord. Après avoir présenté ce lieu, vous développerez les arguments pour convaincre le maire de renoncer au projet. Rédigez votre lettre en une vingtaine de lignes minimum.

Pour rédiger votre texte, respectez les conseils suivants :

– *Respectez la présentation de la lettre ;*
– *Ne signez pas et ne mettez aucune coordonnée personnelle sur votre copie ;*
– *Respectez les règles d'orthographe, de grammaire et de conjugaison.*

À quelle personne rédiger ?

– Votre texte devra être rédigé à la 1re **personne du singulier** (« *Un lieu auquel vous êtes attaché...* », « *Vous écrivez...* », « ... *votre désaccord* »).

– Une fois encore, rien ne vous oblige à évoquer une vraie situation : ce qui importe, c'est que votre texte soit vraisemblable (que la situation que vous choisissez paraisse vraie). Cela concerne aussi le **cadre spatio-temporel**.

Structure (plan) de la rédaction

– Votre texte devra respecter les **codes de présentation de la lettre** (c'est d'ailleurs rappelé dans les « conseils »). Pour un rappel complet de ces codes, vous pouvez vous reporter au manuel de *Français 4e (p. 315 à 320 pour la version papier).*

– Le corps de votre lettre devra être composé de **deux parties** : « *Après avoir présenté ce lieu* [1re partie], *vous développerez les arguments pour convaincre le maire de renoncer au projet* [2e partie] ».

Concernant la 2e partie : variez les types d'arguments, organisez-les grâce à des connecteurs logiques *(voir leçon de grammaire n° 30)*, illustrez-les par des exemples précis, utilisez la modalisation *(voir leçon de grammaire n° 28)*, les questions rhétoriques *(voir leçon de grammaire n° 14)*, etc.

Ce qui compte n'est pas la quantité des arguments, mais leur **qualité** et la manière dont ils sont **organisés**.

Situation d'énonciation

Elle est particulièrement importante dans ce sujet, notamment en ce qui concerne le **destinataire**. Comme vous vous adressez au maire, le niveau de langue doit être courant, voire soutenu (aucune familiarité), et les formules d'introduction et de conclusion de la lettre doivent être adaptées. Ainsi, votre lettre ne commencera pas par « *Salut* », mais par « *Monsieur le Maire* », et ne se terminera pas par « *Bisous.* » mais par une formule comme « *Je vous prie d'accepter, Monsieur le Maire, mes respectueuses salutations.* ».

Remarque concernant le deuxième « conseil » : « *Ne signez pas et ne mettez aucune coordonnée personnelle sur votre copie.* ». Il ne s'agit en fait pas d'un conseil, mais d'un ordre. Certes, toute lettre doit normalement être signée. Mais les contraintes de l'examen passent avant les contraintes du sujet : toutes les copies doivent être anonymes et ne comporter aucun signe distinctif.

Longueur de la rédaction

La consigne est claire (« *une vingtaine de lignes minimum* »). Il s'agit bien d'un minimum, surtout si vous écrivez gros.

Consignes complémentaires

Enfin, comme dans toute rédaction, la qualité de l'expression (notamment la richesse et la diversité du lexique), la correction de la langue, l'orthographe, la conjugaison et la présentation sont pris en compte dans l'évaluation.

Diplôme national du brevet
Session 2011
Français
Série Collège
Coefficient : 2

Quelques années après la Seconde Guerre mondiale, le narrateur évoque son séjour dans un camp de prisonniers et se souvient avec tendresse de son ami Robert avec lequel il partageait le même block[1].

Un jour, par exemple, il était entré dans le block mimant l'attitude d'un homme qui donne le bras à une femme. Nous étions écroulés dans nos coins, sales, écœurés, désespérés, ceux qui n'étaient pas trop claqués geignaient, se plaignaient et blasphémaient à haute voix. Robert traversa la baraque, continuant à offrir le bras à la femme imaginaire, sous nos regards médusés, puis il fit le geste de l'inviter à s'asseoir sur son lit. Il y eut, malgré le marasme général, quelques manifestations d'intérêt. Les gars se soulevaient sur un coude et regardaient avec ahurissement Robert faire la cour à sa femme invisible. Tantôt il lui caressait le menton, tantôt il lui baisait la main, tantôt il lui murmurait quelque chose à l'oreille et il s'inclinait de temps en temps devant elle, avec une courtoisie d'ours ; à un moment, apercevant Janin, […] qui se grattait les poils, il s'approcha de lui et lui jeta de force une couverture […].

« Quoi ? piailla Janin. Qu'est-ce qui te prend ? J'ai plus le droit de me gratter ?

– Un peu de tenue, nom de nom, gueula Robert. Il y a une grande dame parmi nous.

– Hein ? Quoi ?

– T'es fou ?

– Quelle dame ?

– Naturellement, dit Robert, entre ses dents. Ça ne m'étonne pas… Y en a parmi vous qui font semblant de ne pas la voir, n'est-ce pas ? Ça leur permet de rester sales entre eux… »

Personne ne dit rien. Il était peut-être devenu fou, mais il avait encore à ce moment-là des poings solides, devant lesquels les prisonniers de droit commun[2] eux-mêmes se taisaient respectueusement. Il revint auprès de sa grande dame imaginaire et lui baisa tendrement la main. Puis il se tourna vers les copains complètement ahuris, qui le regardaient, la gueule ouverte :

« Bon. Alors, je vous préviens : à partir d'aujourd'hui, ça va changer. Pour commencer, vous allez cesser de pleurnicher. Vous allez essayer de vous conduire devant elle comme si vous étiez des hommes. Je dis bien « comme si » – c'est la seule chose qui compte. Vous allez me faire un sacré effort de propreté et de dignité, sans ça, je cogne. Elle ne tiendrait pas un jour dans cette atmosphère puante, et puis, nous sommes français, il faut se montrer galants et polis. Et le premier qui manque de respect, qui lâche un pet, par exemple, en sa présence, aura affaire à moi… »

On le regardait, bouche bée, en silence. Puis quelques-uns commencèrent à comprendre. Il y eut quelques rires rauques, mais tous nous ressentions confusément qu'au point où nous en étions, s'il n'y avait pas une convention de dignité quelconque pour nous soutenir, si on ne s'accrochait pas à une fiction, à un mythe, il ne restait plus qu'à se laisser aller, à se soumettre à n'importe quoi et même à collaborer. À partir de ce moment-là, il se passa une chose vraiment extraordinaire : le moral du block K remonta soudain de plusieurs crans.

1 Dans le langage du camp, baraque de détenus.

2 Prisonniers condamnés pour un délit, et qui ne sont donc ni condamnés pour leurs opinions ou leurs croyances, ni des prisonniers de guerre.

ROMAIN GARY, *Les Racines du ciel*, 1956

Première partie : Questions, réécriture, dictée (25 points)

Toutes vos réponses devront être rédigées.

Questions (15 points)

I. Des prisonniers

1. « *Nous étions écroulés* [...] *à haute voix.* » (l. 2-3)
a. Après quel mot de cette phrase aurait-on pu placer un point permettant d'obtenir deux phrases ? **(0,5 point)**
b. Relevez les mots et expressions justifiant votre réponse. **(0,5 point)**
c. Sur quoi le narrateur cherche-t-il à insister ? **(0,5 point)**

2. **a.** Comment est formé le mot « *désespérés* » (l. 2) ? **(0,5 point)**
b. En quoi s'applique-t-il à l'état d'esprit des prisonniers ? **(0,5 point)**

3. Quel est le comportement habituel des prisonniers avant l'intervention de Robert ? Justifiez votre réponse en relevant trois éléments dans l'ensemble du texte. **(1,5 point)**

II. Un homme plein de ressources

4. Comment Robert fait-il croire à la présence d'une femme ? **(0,5 point)**

5. **a.** Dans la phrase « *Tantôt il lui caressait le menton, tantôt il lui baisait la main, tantôt il lui murmurait quelque chose à l'oreille et il s'inclinait de temps en temps devant elle, avec une courtoisie d'ours.* » (l. 7-8), relevez le complément circonstanciel de manière. **(0,5 point)**
b. Expliquez le sens de l'expression relevée. **(1 point)**

6. Pourquoi les camarades de Robert l'écoutent-ils sans protester ? **(1 point)**

7. « *Nous sommes français, il faut se montrer galants et polis.* » (l. 26)
a. Transformez ce passage de manière à mettre en évidence le rapport logique entre les deux propositions. **(0,5 point)**
b. Nommez le rapport logique. **(0,5 point)**
c. Identifiez la nature grammaticale de l'outil que vous avez utilisé. **(0,5 point)**

8. **a.** « *Vous allez me faire un sacré effort de propreté et de dignité, sans ça, je cogne.* [...] *Et le premier qui manque de respect, qui lâche un pet, par exemple, en sa présence, aura affaire à moi...* » (l. 24-27). Quels sont les différents niveaux de langue utilisés dans ces deux phrases ? **(0,5 point)**
b. Pourquoi, dans son discours, Robert mêle-t-il les niveaux de langue ? **(1 point)**

III. Une fiction bénéfique

9. La réaction du groupe face à l'invention de Robert évolue. Quelles en sont les étapes successives ? Justifiez votre réponse en citant des éléments du texte. **(2 points)**

10. De quels risques cette fiction de la « grande dame imaginaire » protège-t-elle le groupe ? **(1,5 point)**

11. « *S'il n'y avait pas une convention de dignité quelconque pour nous soutenir, si on ne s'accrochait pas à une fiction, à un mythe* » (l. 29-31).
a. Donnez la fonction précise de ces deux propositions subordonnées conjonctives. **(0,5 point)**
b. En vous aidant de la fin de la phrase, expliquez l'expression « *une convention de dignité* ». **(1 point)**

Réécriture (4 points)

Réécrivez le texte suivant comme si c'était Robert qui racontait, en remplaçant « *il* » par « *je* » et en remplaçant « *Nous* » par « *Ils* » :

« Un jour, par exemple, il était entré dans le block mimant l'attitude d'un homme qui donne le bras à une femme. Nous étions écroulés dans nos coins, sales, écœurés, désespérés [...] Robert traversa la baraque, continuant à offrir le bras à la femme imaginaire sous nos regards médusés, puis il fit le geste de l'inviter à s'asseoir sur son lit. »

Dictée (6 points)

Remarque : Nous mettons ici le texte de dictée pour que vous puissiez avoir un aperçu d'ensemble de l'épreuve, mais il va de soi que le texte n'est pas présent dans le sujet d'examen...

Je dois vous dire aussi que j'ai contracté, en captivité, une dette envers les éléphants dont j'essaye seulement de m'acquitter. C'est un camarade qui avait eu cette idée, après quelques jours de cachot – un mètre dix sur un mètre cinquante – alors qu'il sentait que les murs allaient l'étouffer, il s'était mis à penser aux troupeaux d'éléphants en liberté – et, chaque matin, les Allemands le trouvaient en pleine forme, en train de rigoler : il était devenu increvable.

Romain Gary, *Les Racines du ciel*, 1954

Dictée fautive (pour les élèves dyslexiques)

Vous recopierez intégralement le texte suivant en choisissant la bonne orthographe parmi les propositions qui sont faites.

Attention : Les éventuelles erreurs que vous commettrez en copiant le texte seront sanctionnées.

Je *(dois/doigt/doit)* vous dire aussi que j'ai contracté, en captivité, une dette *(envers/envert/en vers)* les éléphants dont *(j'essaies/j'ai scé/j'essaye)* seulement de *(m'acquitter/ m'aquitter/ m'acquitté)*. *(C'est/Cet/ Sept)* un camarade qui avait eu cette idée, après *(quelle que /quelque/quelques)* jours de cachot – un mètre dix sur un mètre cinquante – alors qu'il sentait que les murs *(allait/allaient/allez)* l'étouffer, il s'était mis *(a pensé/à pensé/à penser)* aux *(troupeau/troupaux/ troupeaux)* d'éléphants en liberté – et, chaque matin, les *(allemands/Allemand/Allemands)* le trouvaient en pleine forme, *(entrain/en train/en trin)* de rigoler : il était devenu *(imcrevable/uncrevable/increvable)*.

Romain Gary, *Les Racines du ciel*, 1954

Seconde partie : Rédaction (15 points)

L'utilisation d'un dictionnaire de langue française est autorisée.

Un ami ou un adulte de votre entourage vous a convaincu(e) de changer votre comportement.

Vous raconterez cette expérience en rappelant d'abord comment vous vous comportiez, puis comment votre interlocuteur s'y est pris pour vous amener à changer.

Critères de réussite :

– cohérence par rapport au texte de départ ;
– respect des différentes étapes indiquées par le sujet ;
– présence de passages narratifs et de dialogues ;
– qualité des arguments formulés par les personnages.

Il sera tenu compte de la correction de l'expression, de l'orthographe et de la présentation.

Corrigé : Questions, réécriture, dictée (25 points)

Questions (15 points)

Rappel : Les réponses doivent être rédigées.
– Pour une ou deux réponses qui ne sont pas rédigées : vous perdez 0,5 point.
– Pour deux réponses ou plus qui ne sont pas rédigées : vous perdez 1 point.

I. Des prisonniers

1. **a.** Afin d'obtenir deux phrases, on aurait pu placer un point après le mot « *désespérés* ». **(0,5 point)**
Autre réponse possible : Dans cette phrase, on aurait pu placer un point après le mot « *coins* ».
b. La première énumération est : « *écroulés (dans nos coins), sales, écœurés, désespérés* ».
La seconde énumération est « *geignaient, se plaignaient et blasphémaient* ». (0,25 point pour chaque énumération). **(0,5 point)**
c. Le narrateur cherche à insister sur la grossièreté, la déchéance, voire la déshumanisation des prisonniers qui vivent coupés du monde et qui ont perdu tout espoir d'y retourner. **(0,5 point).**

2. **a.** Le mot « *désespérés* » est formé du radical « espérés » et du préfixe « *dé(s)* ». **(2 x 0,25 point)**
Remarques : – Si vous précisez que le préfixe « *dé(s)* » a un sens privatif, négatif, qu'il inverse le sens du mot : **0,25 point de bonus** ;
– Si vous précisez que le radical « *espérés* » est issu du participé passé du verbe « *espérer* » : **0,25 point de bonus.**
b. Le mot « *désespérés* » s'applique à l'état d'esprit des prisonniers car ceux-ci n'ont plus aucun espoir de sortir du camp et commencent à renoncer à leur humanité. **(0,5 point)**

3. Avant l'intervention de Robert, les prisonniers sont démoralisés, accablés, anéantis (« *écœurés, désespérés* » l. 2, « *claqués* » l. 3, « *marasme général* » l. 5) ; ils se comportent de manière grossière, vulgaire (« *blasphémaient à haute voix* » l. 3, « *Janin, [...] qui se grattait les poils » l. 9, « atmosphère puante* » l. 25, « *lâche un pet* » l. 27) presque comme des animaux, signe qu'ils ont renoncé à leur dignité, à leur humanité (« *écroulés dans nos coins, sales* » l. 2, « *piailla* » l. 11, « *la gueule ouverte* » l. 21, « *comme si vous étiez des hommes* » l. 23-24). **(0,25 point x 3 pour les éléments, et 0,25 x 3 pour les citations).**
Remarque : Les prisonniers ne changent pas immédiatement de comportement au moment où Robert traverse la baraque, et ils mettront sans doute quelques temps à changer leurs habitudes. Vous pouvez donc citer des éléments de l'ensemble de l'extrait, et pas seulement des trois premières lignes.

II. Un homme plein de ressources

4. Robert fait croire à la présence d'une femme en mimant la situation : il fait semblant d'arriver avec une femme à son bras (« *mimant l'attitude d'un homme qui donne le bras à une femme* » l. 1-2, « *continuant à offrir le bras à la femme imaginaire* » l. 4), de l'inviter à s'asseoir (« *il fit le geste de l'inviter à s'asseoir sur son lit* » l. 4-5), de lui parler (« *faire la cour à sa femme invisible* » l. 6-7, « *il lui murmurait quelque chose à l'oreille* » l. 7-8), de la toucher (« *caressait le menton, baisait la main* » l. 7). **(0,5 point)**

5. **a.** Le complément circonstanciel de manière est « *avec une courtoisie d'ours* » (l. 8). **(0,5 point)**
b. « *une courtoisie d'ours* » est une expression pour le moins étonnante, car *a priori* un ours n'est pas « courtois »... Les noms « *courtoisie* » et « *ours* » sont presque opposés (quand on dit d'un homme que c'est un ours, cela signifie qu'il est bourru, solitaire). On peut comprendre que Robert essaie d'agir de manière courtoise, galante envers la femme imaginaire, mais qu'il le fait de manière un peu maladroite, gauche parce qu'il n'est pas quelqu'un qui a d'ordinaire des manières distinguées (par exemple, il répond à Janin en « *gueul[ant]* » l. 12). Il joue un rôle et cela se voit : derrière l'homme galant transparaît l'homme bourru. **(1 point)**

6. Les camarades de Robert l'écoutent sans protester car ils sont trop surpris pour pouvoir dire quoi que ce soit (« *médusés* » l. 4, « *avec ahurissement* » l. 6, « *Il était peut-être devenu fou* » l. 18, « *les copains complètement ahuris* » l. 21, « *On le regardait, bouche bée, en silence* » l. 28).
En outre, Robert est un personnage respecté et craint par les autres prisonniers (« *il avait encore à ce moment-là des poings solides, devant lesquels les prisonniers de droit commun eux-mêmes se taisaient respectueusement* » l. 18-19. **(1 point)**

7. a. Nous sommes français donc il faut se montrer galants et polis. **(0,5 point)**
Autres réponses possibles :
– à la place de *donc*, on peut mettre *si bien que*, *par conséquent*...
– « Comme/puisque *nous sommes français, il faut se montrer galants et polis* »
– « *Il faut se montrer polis* car/parce que *nous sommes français* »
b. Il s'agit d'un rapport de cause (« *nous sommes français* ») à conséquence (« *il faut se montrer polis et galants* ») **(0,5 point)**
Remarque : Votre réponse à cette question dépend de votre réponse à la question 7. a.
c. La classe grammaticale de « *donc* » est une conjonction de coordination. **(0,5 point)**
Remarque : Votre réponse à cette question dépend de votre réponse à la question 7. a.

8. a. Les différents niveaux de langues utilisés dans ces deux phrases sont les niveaux de langue familier (par exemple « *sans ça, je cogne* ») et courant, voire soutenu (par exemple : « *en sa présence* »). **(0,5 point)**
b. Robert mêle les niveaux de langue dans son discours car il s'adresse à ses camarades prisonniers (avec qui il a l'habitude d'utiliser un niveau de langue familier) mais il veut en même temps montrer l'exemple et parler comme il se doit devant une « *grande dame* » (l. 12) ; il emploie donc aussi le niveau de langue courant, voire soutenu. **(1 point)**

III. Une fiction bénéfique

9. Face à l'intervention de Robert, la réaction du groupe évolue. Tout d'abord, les prisonniers sont surpris (« *sous nos regards médusés* » l. 4, « *avec ahurissement* » l. 6, « *Quoi ? piailla Janin* » l. 11, « *Il était peut-être devenu fou* » l. 18, « *complètement ahuris* » l. 21, « *On le regardait, bouche bée, en silence* » l. 28). Quelques-uns sont également intéressés (« *quelques manifestations d'intérêt* » l. 5-6). Les prisonniers n'osent pas se moquer de leur camarade aussi parce qu'ils le craignent (« *il avait encore à ce moment-là des poings solides* » l. 18-19). Puis, « *quelques-uns commenc[...]ent à comprendre* » (l. 28), puis tout le monde (« *tous nous ressentions confusément...* » (l. 29). Enfin, les prisonniers retrouvent quelque peu le moral (« *le moral du block K remonta soudain de plusieurs crans* » l. 32-33). **(2 points)**

10. Cette fiction de la « *grande dame imaginaire* » protège le groupe d'un risque de démoralisation, de désespoir (« *se laisser-aller* » l. 31), d'un risque de soumission, d'abandon de toute dignité, de toute humanité (« *se soumettre à n'importe quoi* ») et d'un risque de collaboration avec les Allemands (« *et même à collaborer* » l. 31-32). **(3 x 0,5 point)**

11. a. La fonction de ces deux propositions subordonnées conjonctives est complément circonstanciel de condition (ou d'hypothèse). **(0,5 point)**
b. L'expression « *une convention de dignité* » signifie un accord que font les prisonniers entre eux afin de rester dignes. Ils acceptent de faire semblant de croire à cette « *fiction* » (l. 31), à ce « *mythe* » (l. 31) – la présence d'une « *grande dame* » parmi eux – pour arrêter de se laisser aller et de perdre leur humanité.
(1 point : 0,5 point pour si vous expliquez en quoi consiste cet accord et 0,5 si vous précisez le but de cet accord).

Réécriture (4 points)

Un jour, par exemple, j'étais entré dans le block mimant l'attitude d'un homme qui donne le bras à une femme. Ils étaient écroulés dans leurs coins, sales, écœurés, désespérés [...]. Je traversai la baraque, continuant à offrir le bras à la femme imaginaire, sous leurs regards médusés, puis je fis le geste de l'inviter à s'asseoir sur mon lit.

Barème : – 0,5 point par modification.
– 0,25 point en moins par erreur de copie (sur un maximum de 1 point).

Dictée (6 points)

Remarque : Le verbe « *acquitter* » est écrit au tableau.

Je dois vous dire aussi que j'ai contracté[1], en captivité, une dette envers les éléphants dont j'essaye[2] seulement de m'acquitter[3]. C'est un camarade qui avait eu[4] cette idée, après quelques jours de cachot – un mètre dix sur un mètre cinquante[5] – alors qu'il sentait que les murs allaient l'étouffer[6], il s'était[7] mis[8] à[9] penser[10] aux troupeaux[11] d'éléphants[12] en liberté – et, chaque matin, les Allemands[13] le trouvaient[14] en pleine forme, en train de rigoler[15] : il était devenu increvable.

ROMAIN GARY, *Les Racines du ciel*, 1954

1 On peut remplacer *contracté* par un participe passé du 3e groupe comme *pris*.
2 Le verbe *essayer*, à la 3e personne du singulier du présent de l'indicatif, peut s'écrire *essaie* ou *essaye* : les deux orthographes sont donc acceptées pour la dictée.
3 On peut remplacer *acquitter* par un infinitif du 3e groupe comme *prendre*.
4 Le participe passé *eu* ne s'accorde pas, car le COD *cette idée* est placé après le verbe.
5 Dans une dictée, les nombres doivent toujours être écrits en toutes lettres : si vous écrivez *un mètre dix* et *un mètre cinquante* en chiffres, vous perdez 0,5 point en tout.
6 On peut remplacer *étouffer* par un infinitif du 3e groupe comme *prendre*.
7 On met un *s'* car il s'agit d'un pronom personnel (le verbe *se mettre* est un verbe pronominal). Pour en être sûr, on peut mettre le verbe à la 1re personne : *je **m'**étais mis*.
8 Pour vérifier qu'il y a bien un *s*, on peut le mettre au féminin : *mise*.
9 On ne peut pas remplacer par *avait* : il s'agit donc d'une préposition.

10 On peut remplacer *penser* par un infinitif du 3e groupe comme *croire*.

11 *au troupeau* au singulier est également accepté : quand le texte est dicté, il n'est pas possible de savoir si l'auteur a écrit ce GN au singulier ou au pluriel.

12 Le mot *éléphants* est au pluriel car pour qu'il y ait un troupeau il faut qu'il y ait plusieurs éléphants.

13 On met une majuscule car le mot désigne les habitants.

14 Le sujet est bien *les Allemands*.

15 On peut remplacer par un infinitif du 3e groupe comme *vendre*.

Dictée fautive (pour les élèves dyslexiques)

Je dois[1] vous dire aussi que j'ai contracté, en captivité, une dette envers[2] les éléphants dont j'essaye[3] seulement de m'acquitter[4]. C'est[5] un camarade qui avait eu cette idée, après quelques[6] jours de cachot – un mètre dix sur un mètre cinquante – alors qu'il sentait que les murs allaient[7] l'étouffer, il s'était mis à penser[8] aux troupeaux[9] d'éléphants en liberté – et, chaque matin, les Allemands[10] le trouvaient en pleine forme, en train[11] de rigoler : il était devenu increvable[12].

1 ***(doigt/dois/doit)*** Il s'agit du verbe *devoir* au présent (pour en être sûr, on peut mettre le verbe à l'imparfait : *je devais*) : cela élimine donc la 1re possibilité (*le doigt*, c'est le doigt de la main et c'est un nom commun). Le sujet est *je*, il faut donc choisir la 2e possibilité (on écrirait *doit* si le sujet était une 3e personne du singulier).

2 ***(en vers/envers/envert)*** Il s'agit de la préposition *envers*. La première possibilité (*en vers*) correspond à une préposition (*en*) et un nom commun (*vers*) : un poème écrit *en vers*. La 3e possibilité ne correspond à rien (mais avec une espace, si : une maison peinte *en vert*).

3 ***(j'ai scé/j'essaies/j'essaye)*** Il s'agit du verbe *essayer*. Comme c'est un verbe du 1er groupe et qu'il s'accorde avec *je*, il ne peut pas prendre de *-s-*.
Remarque : le verbe *essayer* (de même que quelques autres, comme *balayer*) a cette particularité de pouvoir s'écrire avec un i ou un y : *j'essaie* ou *j'essaye*.

4 ***(m'aquitter/m'acquitter/m'acquitté)*** Le verbe est écrit au tableau, à l'infinitif : vous pouvez donc constater qu'il s'écrit avec un *c* devant *qu*. Pour choisir entre la 2e et la 3e possibilité (donc entre infinitif et participe passé), on peut remplacer *acquitter* par un verbe du 3e groupe comme *prendre* : on va dire *j'essaie seulement de prendre* (infinitif) et non * *j'essaie seulement de pris* (participe passé) : le verbe *acquitter* est donc à l'infinitif et non au participe passé.

5 ***(Cet/C'est/Sept)*** *Sept* correspond au chiffre (au nombre) : si on remplace par un autre nombre, on se rend bien compte que la phrase n'aurait pas de sens (**Huit un camarade*). De plus, la phrase parle d'*un* camarade, et non de sept (et *camarade* est donc au singulier). Cela exclut la 3e possibilité. Dans la 2e possibilité, vous reconnaissez le verbe *être* conjugué au présent (*C'est*) : on peut le mettre à l'imparfait et voir si la phrase fonctionne : *C'était un camarade*... C'est le cas, et c'est donc bien cette 2e possibilité qu'il faut choisir.

6 ***(quelle que/quelque/quelques)*** *Quelques* est un déterminant. Pour le vérifier, on peut le remplacer par un autre déterminant : *Après des jours de cachots*. Un déterminant s'accorde avec le nom qu'il introduit : ici il s'agit de *jours* (pluriel) donc *quelques* prend un *s*. Pour plus de précisions sur cet homophone, voir la fiche d'orthographe-conjugaison n° 2.

7 ***(allait/allaient/allez)*** Ici c'est très simple ! Le verbe *aller* est conjugué à trois personnes différentes : 3e personne du singulier (*allait*), 3e personne du pluriel (*allaient*) et 2e personne du pluriel (*allez*). Il faut donc chercher le sujet (*les murs*) et voir à quelle personne il correspond (3e personne du pluriel).

8 ***(a pensé/à pensé/à penser)*** On peut procéder en deux temps : d'abord *a/à*, puis *é/er*. Pour voir s'il s'agit du verbe *avoir* conjugué au présent à la 3e personne du singulier (*a* sans accent), on peut remplacer par l'imparfait et voir si la phrase fonctionne :
* *il s'était mis avait pensé*. Cela élimine la 1re possibilité.
La préposition *à* ne peut pas être suivie d'un participe passé : c'est donc la 3e possibilité qui est la bonne.

9 ***(troupeau/troupaux/troupeaux)*** Le déterminant (*aux*) est au pluriel : le nom est donc forcément au pluriel. Cela élimine la 1re possibilité. Les mots en *-aux* ont un singulier en *-al* (*un cheval, des chevaux*) : ce n'est pas le cas de *troupeau*, ce qui élimine la 2e possibilité.

10 ***(allemands/Allemand/Allemands)*** On met une majuscule car le mot désigne les habitants. Comme le déterminant est au pluriel (*les*) le nom est forcément au pluriel : *Allemands*.

11 ***(entrain/en train/en trin)*** La 1re possibilité est un nom commun (synonyme de *joie*). La dernière ne correspond à rien. C'est donc la 2e possibilité qu'il faut choisir.

12 ***(imcrevable/uncrevable/increvable)*** *Increvable* signifie *qui n'est jamais crevé* : le préfixe *in* dont le sens est *le contraire de* est ajouté au radical *crever*. Le *-n-* devient *-m-* devant *-m-* (*immobile*), *-p-* (*impossible*) et *-b-* (*imbuvable*) : ce n'est pas le cas ici, car la consonne qui suit est un *-c-* : donc *increvable*.

Corrigé : Rédaction (15 points)

Rappel du sujet : *Un ami ou un adulte de votre entourage vous a convaincu(e) de changer votre comportement.*
Vous raconterez cette expérience en rappelant d'abord comment vous vous comportiez, puis comment votre interlocuteur s'y est pris pour vous amener à changer.

Le sujet reprend grosso modo la trame narrative de l'extrait des *Racines du ciel* donné en première partie, mais vous demande de changer le contexte.

À la lecture du sujet, quelles sont les consignes d'écriture que l'on peut dégager ?

À quelle personne rédiger ?

Votre texte devra être rédigé à la **1re personne du singulier** (« *Vous raconterez cette expérience en rappelant d'abord comment vous vous comportiez puis comment votre interlocuteur s'y est pris pour vous amener à changer.* »). Il vous est donc demandé de rédiger un récit de type **autobiographique**.

Un récit à la 3e personne impliquerait une note inférieure à la moyenne.

Remarque : Rien ne vous oblige bien entendu à raconter un épisode qui vous est vraiment arrivé ! (et de toute façon les correcteurs n'ont aucun moyen de vérifier si ce que vous dites est vrai...). Vous pouvez donc très bien inventer une histoire de toutes pièces si vous le souhaitez.

Le cadre spatio-temporel

Vous êtes **libre** de choisir celui que vous voulez (rien n'est précisé à ce sujet).

Structure (plan) de la rédaction

La seconde phrase du sujet vous demande clairement de construire votre récit en deux étapes (« *[...] en rappelant d'abord comment vous vous comportiez puis comment votre interlocuteur s'y est pris pour vous amener à changer.* »).

Pour structurer votre récit, vous utiliserez des **connecteurs logiques et temporels**.

Ne passez pas trop rapidement sur la première étape : afin de bien décrire votre comportement, vous pouvez par exemple donner des exemples de situations dans lesquelles vous vous êtes comporté(e) de cette manière.

Type de texte

Votre rédaction devra être un **récit**, un texte narratif (« *Vous raconterez cette expérience* ») qui comportera des passages de **dialogue** (« *dans lesquels votre ami ou un adulte tente de vous convaincre de changer de comportement* »). Cela vous est d'ailleurs rappelé dans les critères de réussite.

Comme pour tout dialogue, variez les verbes de parole (*rétorquer, s'exclamer, marteler, balbutier...*) et si le dialogue est long, entrecoupez-le de courts passages narratifs (« *Mon père se mit à marcher en long et en large dans la cuisine en faisant de grands gestes avec ses bras.* » ; « *Il me regarda longuement dans les yeux avant de reprendre : ...* » ; « *Sa voix n'était maintenant plus qu'un chuchotement et je dus tendre l'oreille pour entendre la fin de son discours* », etc.)

Remarques :
– Il faudra prendre soin de bien ponctuer et présenter les dialogues
– Certaines paroles pourront être aussi rapportées de manière indirecte (« *Mon père conclut ce qu'il avait à me dire en me faisant remarquer que...* ») – *voir leçon de grammaire n° 25.*

Pour vous convaincre, votre ami devra utiliser des arguments, tandis que vous tenterez de défendre votre comportement par des contre-arguments : votre texte sera donc aussi **argumentatif** (surtout dans les dialogues).

Remarques :
– Comme rappelé dans les « critères de réussite », ce n'est pas la quantité, mais la **qualité** des arguments qui importe.
– Utilisez des **connecteurs logiques** pour mieux articuler les arguments entre eux.

Longueur de la rédaction

Aucune consigne n'est donnée à ce sujet. Cela dit, vous ne pouvez pas traiter ce sujet de manière approfondie en 10 lignes. Inversement, si vous rendez trois copies doubles, vous aurez passé presque tout votre temps à écrire, et donc très peu à bien analyser le sujet, à faire un brouillon, à travailler vos phrases, et à vous relire.

Consignes complémentaires

Comme dans toute rédaction, la qualité de l'expression (notamment la richesse et la diversité du lexique), la correction de la langue, l'orthographe, la conjugaison et la présentation sont prises en compte dans l'évaluation.

Tableaux de conjugaison

Avoir

Indicatif	**Présent** j'ai tu as il a nous avons vous avez ils ont	**Passé composé** j'ai eu tu as eu il a eu nous avons eu vous avez eu ils ont eu
Indicatif	**Imparfait** j'avais tu avais il avait nous avions vous aviez ils avaient	**Plus-que-parfait** j'avais eu tu avais eu il avait eu nous avions eu vous aviez eu ils avaient eu
Indicatif	**Passé simple** j'eus tu eus il eut nous eûmes vous eûtes ils eurent	**Passé antérieur** j'eus eu tu eus eu il eut eu nous eûmes eu vous eûtes eu ils eurent eu
Indicatif	**Futur simple** j'aurai tu auras il aura nous aurons vous aurez ils auront	**Futur antérieur** j'aurai eu tu auras eu il aura eu nous aurons eu vous aurez eu ils auront eu
Conditionnel	**Présent** j'aurais tu aurais il aurait nous aurions vous auriez ils auraient	**Passé** j'aurais eu tu aurais eu il aurait eu nous aurions eu vous auriez eu ils auraient eu
Subjonctif	**Présent** que j'aie que tu aies qu'il ait que nous ayons que vous ayez qu'ils aient	**Passé** que j'aie eu que tu aies eu qu'il ait eu que nous ayons eu que vous ayez eu qu'ils aient eu
Subjonctif	**Imparfait** que j'eusse que tu eusses qu'il eût que nous eussions que vous eussiez qu'ils eussent	**Plus-que-parfait** que j'eusse eu que tu eusses eu qu'il eût eu que nous eussions eu que vous eussiez eu qu'ils eussent eu

Impératif	
Présent : aie – ayons – ayez	**Passé :** aie eu – ayons eu – ayez eu
Participe	
Présent : ayant	**Passé :** eu – ayant eu
Gérondif	
Présent : en ayant	**Passé :** en ayant été
Infinitif	
Présent : avoir	**Passé :** avoir eu

Être

Indicatif	**Présent** je suis tu es il est nous sommes vous êtes ils sont	**Passé composé** j'ai été tu as été il a été nous avons été vous avez été ils ont été
Indicatif	**Imparfait** j'étais tu étais il était nous étions vous étiez ils étaient	**Plus-que-parfait** j'avais été tu avais été il avait été nous avions été vous aviez été ils avaient été
Indicatif	**Passé simple** je fus tu fus il fut nous fûmes vous fûtes ils furent	**Passé antérieur** j'eus été tu eus été il eut été nous eûmes été vous eûtes été ils eurent été
Indicatif	**Futur simple** je serai tu seras il sera nous serons vous serez ils seront	**Futur antérieur** j'aurai été tu auras été il aura été nous aurons été vous aurez été ils auront été
Conditionnel	**Présent** je serais tu serais il serait nous serions vous seriez ils seraient	**Passé** j'aurais été tu aurais été il aurait été nous aurions été vous auriez été ils auraient été
Subjonctif	**Présent** que je sois que tu sois qu'il soit que nous soyons que vous soyez qu'ils soient	**Passé** que j'aie été que tu aies été qu'il ait été que nous ayons été que vous ayez été qu'ils aient été
Subjonctif	**Imparfait** que je fusse que tu fusses qu'il fût que nous fussions que vous fussiez qu'ils fussent	**Plus-que-parfait** que j'eusse été que tu eusses été qu'il eût été que nous eussions été que vous eussiez été qu'ils eussent été

Impératif	
Présent : sois – soyons – soyez	**Passé :** aie été – ayons été – ayez été
Participe	
Présent : étant	**Passé :** été – ayant été
Gérondif	
Présent : en étant	**Passé :** en ayant été
Infinitif	
Présent : être	**Passé :** avoir été

1er groupe

Chanter

Indicatif	**Présent** je chante tu chantes il chante nous chantons vous chantez ils chantent	**Passé composé** j'ai chanté tu as chanté il a chanté nous avons chanté vous avez chanté ils ont chanté
	Imparfait je chantais tu chantais il chantait nous chantions vous chantiez ils chantaient	**Plus-que-parfait** j'avais chanté tu avais chanté il avait chanté nous avions chanté vous aviez chanté ils avaient chanté
	Passé simple je chantai tu chantas il chanta nous chantâmes vous chantâtes ils chantèrent	**Passé antérieur** j'eus chanté tu eus chanté il eut chanté nous eûmes chanté vous eûtes chanté ils eurent chanté
	Futur simple je chanterai tu chanteras il chantera nous chanterons vous chanterez ils chanteront	**Futur antérieur** j'aurai chanté tu auras chanté il aura chanté nous aurons chanté vous aurez chanté ils auront chanté
Conditionnel	**Présent** je chanterais tu chanterais il chanterait nous chanterions vous chanteriez ils chanteraient	**Passé** j'aurais chanté tu aurais chanté il aurait chanté nous aurions chanté vous auriez chanté ils auraient chanté
Subjonctif	**Présent** que je chante que tu chantes qu'il chante que nous chantions que vous chantiez qu'ils chantent	**Passé** que j'aie chanté que tu aies chanté qu'il ait chanté que nous ayons chanté que vous ayez chanté qu'ils aient chanté
	Imparfait que je chantasse que tu chantasses qu'il chantât que nous chantassions que vous chantassiez qu'ils chantassent	**Plus-que-parfait** que j'eusse chanté que tu eusses chanté qu'il eût chanté que nous eussions chanté que vous eussiez chanté qu'ils eussent chanté

Impératif	
Présent : chante – chantons – chantez	**Passé :** aie chanté – ayons chanté – ayez chanté
Participe	
Présent : chantant	**Passé :** chanté – ayant chanté
Gérondif	
Présent : en chantant	**Passé :** en ayant chanté
Infinitif	
Présent : chanter	**Passé :** avoir chanté

Appeler

Indicatif	**Présent** j'appelle tu appelles il appelle nous appelons vous appelez ils appellent	**Passé composé** j'ai appelé tu as appelé il a appelé nous avons appelé vous avez appelé ils ont appelé
	Imparfait j'appelais tu appelais il appelait nous appelions vous appeliez ils appelaient	**Plus-que-parfait** j'avais appelé tu avais appelé il avait appelé nous avions appelé vous aviez appelé ils avaient appelé
	Passé simple j'appelai tu appelas il appela nous appelâmes vous appelâtes ils appelèrent	**Passé antérieur** j'eus appelé tu eus appelé il eut appelé nous eûmes appelé vous eûtes appelé ils eurent appelé
	Futur simple j'appellerai tu appelleras il appellera nous appellerons vous appellerez ils appelleront	**Futur antérieur** j'aurai appelé tu auras appelé il aura appelé nous aurons appelé vous aurez appelé ils auront appelé
Conditionnel	**Présent** j'appellerais tu appellerais il appellerait nous appellerions vous appelleriez ils appelleraient	**Passé** j'aurais appelé tu aurais appelé il aurait appelé nous aurions appelé vous auriez appelé ils auraient appelé
Subjonctif	**Présent** que j'appelle que tu appelles qu'il appelle que nous appelions que vous appeliez qu'ils appellent	**Passé** que j'aie appelé que tu aies appelé qu'il ait appelé que nous ayons appelé que vous ayez appelé qu'ils aient appelé
	Imparfait que j'appelasse que tu appelasses qu'il appelât que nous appelassions que vous appelassiez qu'ils appelassent	**Plus-que-parfait** que j'eusse appelé que tu eusses appelé qu'il eût appelé que nous eussions appelé que vous eussiez appelé qu'ils eussent appelé

Impératif	
Présent : appelle – appelons – appelez	**Passé :** aie appelé – ayons appelé – ayez appelé
Participe	
Présent : appelant	**Passé :** appelé – ayant appelé
Gérondif	
Présent : en appelant	**Passé :** en ayant appelé
Infinitif	
Présent : appeler	**Passé :** avoir appelé

Tableaux de conjugaison

Placer

Indicatif	**Présent** je place tu places il place nous plaçons vous placez ils placent	**Passé composé** j'ai placé tu as placé il a placé nous avons placé vous avez placé ils ont placé
	Imparfait je plaçais tu plaçais il plaçait nous placions vous placiez ils plaçaient	**Plus-que-parfait** j'avais placé tu avais placé il avait placé nous avions placé vous aviez placé ils avaient placé
	Passé simple je plaçai tu plaças il plaça nous plaçâmes vous plaçâtes ils placèrent	**Passé antérieur** j'eus placé tu eus placé il eut placé nous eûmes placé vous eûtes placé ils eurent placé
	Futur simple je placerai tu placeras il placera nous placerons vous placerez ils placeront	**Futur antérieur** j'aurai placé tu auras placé il aura placé nous aurons placé vous aurez placé ils auront placé
Conditionnel	**Présent** je placerais tu placerais il placerait nous placerions vous placeriez ils placeraient	**Passé** j'aurais placé tu aurais placé il aurait placé nous aurions placé vous auriez placé ils auraient placé
Subjonctif	**Présent** que je place que tu places qu'il place que nous placions que vous placiez qu'ils placent	**Passé** que j'aie placé que tu aies placé qu'il ait placé que nous ayons placé que vous ayez placé qu'ils aient placé
	Imparfait que je plaçasse que tu plaçasses qu'il plaçât que nous plaçassions que vous plaçassiez qu'ils plaçassent	**Plus-que-parfait** que j'eusse placé que tu eusses placé qu'il eût placé que nous eussions placé que vous eussiez placé qu'ils eussent placé

Impératif	
Présent : place – plaçons – placez	**Passé :** aie placé – ayons placé – ayez placé
Participe	
Présent : plaçant	**Passé :** placé – ayant placé
Gérondif	
Présent : en plaçant	**Passé :** en ayant placé
Infinitif	
Présent : placer	**Passé :** avoir placé

Manger

Indicatif	**Présent** je mange tu manges il mange nous mangeons vous mangez ils mangent	**Passé composé** j'ai mangé tu as mangé il a mangé nous avons mangé vous avez mangé ils ont mangé
	Imparfait je mangeais tu mangeais il mangeait nous mangions vous mangiez ils mangeaient	**Plus-que-parfait** j'avais mangé tu avais mangé il avait mangé nous avions mangé vous aviez mangé ils avaient mangé
	Passé simple je mangeai tu mangeas il mangea nous mangeâmes vous mangeâtes ils mangèrent	**Passé antérieur** j'eus mangé tu eus mangé il eut mangé nous eûmes mangé vous eûtes mangé ils eurent mangé
	Futur simple je mangerai tu mangeras il mangera nous mangerons vous mangerez ils mangeront	**Futur antérieur** j'aurai mangé tu auras mangé il aura mangé nous aurons mangé vous aurez mangé ils auront mangé
Conditionnel	**Présent** je mangerais tu mangerais il mangerait nous mangerions vous mangeriez ils mangeraient	**Passé** j'aurais mangé tu aurais mangé il aurait mangé nous aurions mangé vous auriez mangé ils auraient mangé
Subjonctif	**Présent** que je mange que tu manges qu'il mange que nous mangions que vous mangiez qu'ils mangent	**Passé** que j'aie mangé que tu aies mangé qu'il ait mangé que nous ayons mangé que vous ayez mangé qu'ils aient mangé
	Imparfait que je mangeasse que tu mangeasses qu'il mangeât que nous mangeassions que vous mangeassiez qu'ils mangeassent	**Plus-que-parfait** que j'eusse mangé que tu eusses mangé qu'il eût mangé que nous eussions mangé que vous eussiez mangé qu'ils eussent mangé

Impératif	
Présent : mange – mangeons – mangez	**Passé :** aie mangé – ayons mangé – ayez mangé
Participe	
Présent : mangeant	**Passé :** mangé – ayant mangé
Gérondif	
Présent : en mangeant	**Passé :** en ayant mangé
Infinitif	
Présent : manger	**Passé :** avoir mangé

2e groupe

Finir

Indicatif	**Présent** je finis tu finis il finit nous finissons vous finissez ils finissent	**Passé composé** j'ai fini tu as fini il a fini nous avons fini vous avez fini ils ont fini
	Imparfait je finissais tu finissais il finissait nous finissions vous finissiez ils finissaient	**Plus-que-parfait** j'avais fini tu avais fini il avait fini nous avions fini vous aviez fini ils avaient fini
	Passé simple je finis tu finis il finit nous finîmes vous finîtes ils finirent	**Passé antérieur** j'eus fini tu eus fini il eut fini nous eûmes fini vous eûtes fini ils eurent fini
	Futur simple je finirai tu finiras il finira nous finirons vous finirez ils finiront	**Futur antérieur** j'aurai fini tu auras fini il aura fini nous aurons fini vous aurez fini ils auront fini
Conditionnel	**Présent** je finirais tu finirais il finirait nous finirions vous finiriez ils finiraient	**Passé** j'aurais fini tu aurais fini il aurait fini nous aurions fini vous auriez fini ils auraient fini
Subjonctif	**Présent** que je finisse que tu finisses qu'il finisse que nous finissions que vous finissiez qu'ils finissent	**Passé** que j'aie fini que tu aies fini qu'il ait fini que nous ayons fini que vous ayez fini qu'ils aient fini
	Imparfait que je finisse que tu finisses qu'il finît que nous finissions que vous finissiez qu'ils finissent	**Plus-que-parfait** que j'eusse fini que tu eusses fini qu'il eût fini que nous eussions fini que vous eussiez fini qu'ils eussent fini

Impératif	
Présent : finis – finissons – finissez	**Passé :** aie fini – ayons fini – ayez fini
Participe	
Présent : finissant	**Passé :** fini – ayant fini
Gérondif	
Présent : en finissant	**Passé :** en ayant fini
Infinitif	
Présent : finir	**Passé :** avoir fini

3e groupe

Aller

Indicatif	**Présent** je vais tu vas il va nous allons vous allez ils vont	**Passé composé** je suis allé tu es allé il est allé nous sommes allés vous êtes allés ils sont allés
	Imparfait j'allais tu allais il allait nous allions vous alliez ils allaient	**Plus-que-parfait** j'étais allé tu étais allé il était allé nous étions allés vous étiez allés ils étaient allés
	Passé simple j'allai tu allas il alla nous allâmes vous allâtes ils allèrent	**Passé antérieur** je fus allé tu fus allé il fut allé nous fûmes allés vous fûtes allés ils furent allés
	Futur simple j'irai tu iras il ira nous irons vous irez ils iront	**Futur antérieur** je serai allé tu seras allé il sera allé nous serons allés vous serez allés ils seront allés
Conditionnel	**Présent** j'irais tu irais il irait nous irions vous iriez ils iraient	**Passé** je serais allé tu serais allé il serait allé nous serions allés vous seriez allés ils seraient allés
Subjonctif	**Présent** que j'aille que tu ailles qu'il aille que nous allions que vous alliez qu'ils aillent	**Passé** que je sois allé que tu sois allé qu'il soit allé que nous soyons allés que vous soyez allés qu'ils soient allés
	Imparfait que j'allasse que tu allasses qu'il allât que nous allassions que vous allassiez qu'ils allassent	**Plus-que-parfait** que je fusse allé que tu fusses allé qu'il fût allé que nous fussions allés que vous fussiez allés qu'ils fussent allés

Impératif	
Présent : va – allons – allez	**Passé :** sois allé – soyons allés – soyez allés
Participe	
Présent : allant	**Passé :** allé – étant allé
Gérondif	
Présent : en allant	**Passé :** en étant allé
Infinitif	
Présent : aller	**Passé :** être allé

Tableaux de conjugaison

Venir

Indicatif	**Présent** je viens tu viens il vient nous venons vous venez ils viennent	**Passé composé** je suis venu tu es venu il est venu nous sommes venus vous êtes venus ils sont venus
Indicatif	**Imparfait** je venais tu venais il venait nous venions vous veniez ils venaient	**Plus-que-parfait** j'étais venu tu étais venu il était venu nous étions venus vous étiez venus ils étaient venus
Indicatif	**Passé simple** je vins tu vins il vint nous vînmes vous vîntes ils vinrent	**Passé antérieur** je fus venu tu fus venu il fut venu nous fûmes venus vous fûtes venus ils furent venus
Indicatif	**Futur simple** je viendrai tu viendras il viendra nous viendrons vous viendrez ils viendront	**Futur antérieur** je serai venu tu seras venu il sera venu nous serons venus vous serez venus ils seront venus
Conditionnel	**Présent** je viendrais tu viendrais il viendrait nous viendrions vous viendriez ils viendraient	**Passé** je serais venu tu serais venu il serait venu nous serions venus vous seriez venus ils seraient venus
Subjonctif	**Présent** que je vienne que tu viennes qu'il vienne que nous venions que vous veniez qu'ils viennent	**Passé** que je sois venu que tu sois venu qu'il soit venu que nous soyons venus que vous soyez venus qu'ils soient venus
Subjonctif	**Imparfait** que je vinsse que tu vinsses qu'il vînt que nous vinssions que vous vinssiez qu'ils vinssent	**Plus-que-parfait** que je fusse venu que tu fusses venu qu'il fût venu que nous fussions venus que vous fussiez venus qu'ils fussent venus

Impératif	
Présent : viens – venons – venez	**Passé :** sois venu – soyons venus – soyez venus
Participe	
Présent : venant	**Passé :** venu – étant venu
Gérondif	
Présent : en venant	**Passé :** en étant venu
Infinitif	
Présent : venir	**Passé :** être venu

Faire

Indicatif	**Présent** je fais tu fais il fait nous faisons vous faites ils font	**Passé composé** j'ai fait tu as fait il a fait nous avons fait vous avez fait ils ont fait
Indicatif	**Imparfait** je faisais tu faisais il faisait nous faisions vous faisiez ils faisaient	**Plus-que-parfait** j'avais fait tu avais fait il avait fait nous avions fait vous aviez fait ils avaient fait
Indicatif	**Passé simple** je fis tu fis il fit nous fîmes vous fîtes ils firent	**Passé antérieur** j'eus fait tu eus fait il eut fait nous eûmes fait vous eûtes fait ils eurent fait
Indicatif	**Futur simple** je ferai tu feras il fera nous ferons vous ferez ils feront	**Futur antérieur** j'aurai fait tu auras fait il aura fait nous aurons fait vous aurez fait ils auront fait
Conditionnel	**Présent** je ferais tu ferais il ferait nous ferions vous feriez ils feraient	**Passé** j'aurais fait tu aurais fait il aurait fait nous aurions fait vous auriez fait ils auraient fait
Subjonctif	**Présent** que je fasse que tu fasses qu'il fasse que nous fassions que vous fassiez qu'ils fassent	**Passé** que j'aie fait que tu aies fait qu'il ait fait que nous ayons fait que vous ayez fait qu'ils aient fait
Subjonctif	**Imparfait** que je fisse que tu fisses qu'il fît que nous fissions que vous fissiez qu'ils fissent	**Plus-que-parfait** que j'eusse fait que tu eusses fait qu'il eût fait que nous eussions fait que vous eussiez fait qu'ils eussent fait

Impératif	
Présent : fais – faisons – faites	**Passé :** aie fait – ayons fait – ayez fait
Participe	
Présent : faisant	**Passé :** fait – ayant fait
Gérondif	
Présent : en faisant	**Passé :** en ayant fait
Infinitif	
Présent : faire	**Passé :** avoir fait

3e groupe

Voir

Indicatif	**Présent** je vois tu vois il voit nous voyons vous voyez ils voient	**Passé composé** j'ai vu tu as vu il a vu nous avons vu vous avez vu ils ont vu
	Imparfait je voyais tu voyais il voyait nous voyions vous voyiez ils voyaient	**Plus-que-parfait** j'avais vu tu avais vu il avait vu nous avions vu vous aviez vu ils avaient vu
	Passé simple je vis tu vis il vit nous vîmes vous vîtes ils virent	**Passé antérieur** j'eus vu tu eus vu il eut vu nous eûmes vu vous eûtes vu ils eurent vu
	Futur simple je verrai tu verras il verra nous verrons vous verrez ils verront	**Futur antérieur** j'aurai vu tu auras vu il aura vu nous aurons vu vous aurez vu ils auront vu
Conditionnel	**Présent** je verrais tu verrais il verrait nous verrions vous verriez ils verraient	**Passé** j'aurais vu tu aurais vu il aurait vu nous aurions vu vous auriez vu ils auraient vu
Subjonctif	**Présent** que je voie que tu voies qu'il voie que nous voyions que vous voyiez qu'ils voient	**Passé** que j'aie vu que tu aies vu qu'il ait vu que nous ayons vu que vous ayez vu qu'ils aient vu
	Imparfait que je visse que tu visses qu'il vît que nous vissions que vous vissiez qu'ils vissent	**Plus-que-parfait** que j'eusse vu que tu eusses vu qu'il eût vu que nous eussions vu que vous eussiez vu qu'ils eussent vu

Impératif	
Présent : vois – voyons – voyez	**Passé :** aie vu – ayons vu – ayez vu
Participe	
Présent : voyant	**Passé :** vu – ayant vu
Gérondif	
Présent : en voyant	**Passé :** en ayant vu
Infinitif	
Présent : voir	**Passé :** avoir vu

Devoir

Indicatif	**Présent** je dois tu dois il doit nous devons vous devez ils doivent	**Passé composé** j'ai dû tu as dû il a dû nous avons dû vous avez dû ils ont dû
	Imparfait je devais tu devais il devait nous devions vous deviez ils devaient	**Plus-que-parfait** j'avais dû tu avais dû il avait dû nous avions dû vous aviez dû ils avaient dû
	Passé simple je dus tu dus il dut nous dûmes vous dûtes ils durent	**Passé antérieur** j'eus dû tu eus dû il eut dû nous eûmes dû vous eûtes dû ils eurent dû
	Futur simple je devrai tu devras il devra nous devrons vous devrez ils devront	**Futur antérieur** j'aurai dû tu auras dû il aura dû nous aurons dû vous aurez dû ils auront dû
Conditionnel	**Présent** je viendrais tu viendrais il viendrait nous viendrions vous viendriez ils viendraient	**Passé** je serais venu tu serais venu il serait venu nous serions venus vous seriez venus ils seraient venus
Subjonctif	**Présent** que je doive que tu doives qu'il doive que nous devions que vous deviez qu'ils doivent	**Passé** que j'aie dû que tu aies dû qu'il ait dû que nous ayons dû que vous ayez dû qu'ils aient dû
	Imparfait que je dusse que tu dusses qu'il dût que nous dussions que vous dussiez qu'ils dussent	**Plus-que-parfait** que j'eusse dû que tu eusses dû qu'il eût dû que nous eussions dû que vous eussiez dû qu'ils eussent dû

Impératif	
Présent : dois – devons – devez	**Passé :** aie dû – ayons dû – ayez dû
Participe	
Présent : devant	**Passé :** dû – ayant dû
Gérondif	
Présent : en devant	**Passé :** en ayant dû
Infinitif	
Présent : devoir	**Passé :** avoir dû

Vouloir

Indicatif	**Présent** je veux tu veux il veut nous voulons vous voulez ils veulent	**Passé composé** j'ai voulu tu as voulu il a voulu nous avons voulu vous avez voulu ils ont voulu
Indicatif	**Imparfait** je voulais tu voulais il voulait nous voulions vous vouliez ils voulaient	**Plus-que-parfait** j'avais voulu tu avais voulu il avait voulu nous avions voulu vous aviez voulu ils avaient voulu
Indicatif	**Passé simple** je voulus tu voulus il voulut nous voulûmes vous voulûtes ils voulurent	**Passé antérieur** j'eus voulu tu eus voulu il eut voulu nous eûmes voulu vous eûtes voulu ils eurent voulu
Indicatif	**Futur simple** je voudrai tu voudras il voudra nous voudrons vous voudrez ils voudront	**Futur antérieur** j'aurai voulu tu auras voulu il aura voulu nous aurons voulu vous aurez voulu ils auront voulu
Conditionnel	**Présent** je voudrais tu voudrais il voudrait nous voudrions vous voudriez ils voudraient	**Passé** j'aurais voulu tu aurais voulu il aurait voulu nous aurions voulu vous auriez voulu ils auraient voulu
Subjonctif	**Présent** que je veuille que tu veuilles qu'il veuille que nous voulions que vous vouliez qu'ils veuillent	**Passé** que j'aie voulu que tu aies voulu qu'il ait voulu que nous ayons voulu que vous ayez voulu qu'ils aient voulu
Subjonctif	**Imparfait** que je voulusse que tu voulusses qu'il voulût que nous voulussions que vous voulussiez qu'ils voulussent	**Plus-que-parfait** que j'eusse voulu que tu eusses voulu qu'il eût voulu que nous eussions voulu que vous eussiez voulu qu'ils eussent voulu

Impératif	
Présent : veuille – voulons – veuillez	**Passé :** aie voulu – ayons voulu – ayez voulu
Participe	
Présent : voulant	**Passé :** voulu – ayant voulu
Gérondif	
Présent : en voulant	**Passé :** en ayant voulu
Infinitif	
Présent : vouloir	**Passé :** avoir voulu

Dire

Indicatif	**Présent** je dis tu dis il dit nous disons vous dites ils disent	**Passé composé** j'ai dit tu as dit il a dit nous avons dit vous avez dit ils ont dit
Indicatif	**Imparfait** je disais tu disais il disait nous disions vous disiez ils disaient	**Plus-que-parfait** j'avais dit tu avais dit il avait dit nous avions dit vous aviez dit ils avaient dit
Indicatif	**Passé simple** je dis tu dis il dit nous dîmes vous dîtes ils dirent	**Passé antérieur** j'eus dit tu eus dit il eut dit nous eûmes dit vous eûtes dit ils eurent dit
Indicatif	**Futur simple** je dirai tu diras il dira nous dirons vous direz ils diront	**Futur antérieur** j'aurai dit tu auras dit il aura dit nous aurons dit vous aurez dit ils auront dit
Conditionnel	**Présent** je dirais tu dirais il dirait nous dirions vous diriez ils diraient	**Passé** j'aurais dit tu aurais dit il aurait dit nous aurions dit vous auriez dit ils auraient dit
Subjonctif	**Présent** que je dise que tu dises qu'il dise que nous disions que vous disiez qu'ils disent	**Passé** que j'aie dit que tu aies dit qu'il ait dit que nous ayons dit que vous ayez dit qu'ils aient dit
Subjonctif	**Imparfait** que je disse que tu disses qu'il dît que nous dissions que vous dissiez qu'ils dissent	**Plus-que-parfait** que j'eusse dit que tu eusses dit qu'il eût dit que nous eussions dit que vous eussiez dit qu'ils eussent dit

Impératif	
Présent : dis – disons – dites	**Passé :** aie dit – ayons dit – ayez dit
Participe	
Présent : disant	**Passé :** dit – ayant dit
Gérondif	
Présent : en disant	**Passé :** en ayant dit
Infinitif	
Présent : dire	**Passé :** avoir dit

3e groupe

Prendre

Indicatif	**Présent** je prends tu prends il prend nous prenons vous prenez ils prennent	**Passé composé** j'ai pris tu as pris il a pris nous avons pris vous avez pris ils ont pris
	Imparfait je prenais tu prenais il prenait nous prenions vous preniez ils prenaient	**Plus-que-parfait** j'avais pris tu avais pris il avait pris nous avions pris vous aviez pris ils avaient pris
	Passé simple je pris tu pris il prit nous prîmes vous prîtes ils prirent	**Passé antérieur** j'eus pris tu eus pris il eut pris nous eûmes pris vous eûtes pris ils eurent pris
	Futur simple je prendrai tu prendras il prendra nous prendrons vous prendrez ils prendront	**Futur antérieur** j'aurai pris tu auras pris il aura pris nous aurons pris vous aurez pris ils auront pris
Conditionnel	**Présent** je prendrais tu prendrais il prendrait nous prendrions vous prendriez ils prendraient	**Passé** j'aurais pris tu aurais pris il aurait pris nous aurions pris vous auriez pris ils auraient pris
Subjonctif	**Présent** que je prenne que tu prennes qu'il prenne que nous prenions que vous preniez qu'ils prennent	**Passé** que j'aie pris que tu aies pris qu'il ait pris que nous ayons pris que vous ayez pris qu'ils aient pris
	Imparfait que je prisse que tu prisses qu'il prît que nous prissions que vous prissiez qu'ils prissent	**Plus-que-parfait** que j'eusse pris que tu eusses pris qu'il eût pris que nous eussions pris que vous eussiez pris qu'ils eussent pris

Impératif	
Présent : prends – prenons – prenez	**Passé :** aie pris – ayons pris – ayez pris
Participe	
Présent : prenant	**Passé :** pris – ayant pris
Gérondif	
Présent : en prenant	**Passé :** en ayant pris
Infinitif	
Présent : prendre	**Passé :** avoir pris

Mettre

Indicatif	**Présent** je mets tu mets il met nous mettons vous mettez ils mettent	**Passé composé** j'ai mis tu as mis il a mis nous avons mis vous avez mis ils ont mis
	Imparfait je mettais tu mettais il mettait nous mettions vous mettiez ils mettaient	**Plus-que-parfait** j'avais mis tu avais mis il avait mis nous avions mis vous aviez mis ils avaient mis
	Passé simple je mis tu mis il mit nous mîmes vous mîtes ils mirent	**Passé antérieur** j'eus mis tu eus mis il eut mis nous eûmes mis vous eûtes mis ils eurent mis
	Futur simple je mettrai tu mettras il mettra nous mettrons vous mettrez ils mettront	**Futur antérieur** j'aurai mis tu auras mis il aura mis nous aurons mis vous aurez mis ils auront mis
Conditionnel	**Présent** je mettrais tu mettrais il mettrait nous mettrions vous mettriez ils mettraient	**Passé** j'aurais mis tu aurais mis il aurait mis nous aurions mis vous auriez mis ils auraient mis
Subjonctif	**Présent** que je mette que tu mettes qu'il mette que nous mettions que vous mettiez qu'ils mettent	**Passé** que j'aie mis que tu aies mis qu'il ait mis que nous ayons mis que vous ayez mis qu'ils aient mis
	Imparfait que je misse que tu misses qu'il mît que nous missions que vous missiez qu'ils missent	**Plus-que-parfait** que j'eusse mis que tu eusses mis qu'il eût mis que nous eussions mis que vous eussiez mis qu'ils eussent mis

Impératif	
Présent : mets – mettons – mettez	**Passé :** aie mis – ayons mis – ayez mis
Participe	
Présent : mettant	**Passé :** mis – ayant mis
Gérondif	
Présent : en mettant	**Passé :** en ayant mis
Infinitif	
Présent : mettre	**Passé :** avoir mis

Tableaux de conjugaison

Ouvrir

Indicatif	**Présent** j'ouvre tu ouvres il ouvre nous ouvrons vous ouvrez ils ouvrent	**Passé composé** j'ai ouvert tu as ouvert il a ouvert nous avons ouvert vous avez ouvert ils ont ouvert
	Imparfait j'ouvrais tu ouvrais il ouvrait nous ouvrions vous ouvriez ils ouvraient	**Plus-que-parfait** j'avais ouvert tu avais ouvert il avait ouvert nous avions ouvert vous aviez ouvert ils avaient ouvert
	Passé simple j'ouvris tu ouvris il ouvrit nous ouvrîmes vous ouvrîtes ils ouvrirent	**Passé antérieur** j'eus ouvert tu eus ouvert il eut ouvert nous eûmes ouvert vous eûtes ouvert ils eurent ouvert
	Futur simple j'ouvrirai tu ouvriras il ouvrira nous ouvrirons vous ouvrirez ils ouvriront	**Futur antérieur** j'aurai ouvert tu auras ouvert il aura ouvert nous aurons ouvert vous aurez ouvert ils auront ouvert
Conditionnel	**Présent** j'ouvrirais tu ouvrirais il ouvrirait nous ouvririons vous ouvririez ils ouvriraient	**Passé** j'aurais ouvert tu aurais ouvert il aurait ouvert nous aurions ouvert vous auriez ouvert ils auraient ouvert
Subjonctif	**Présent** que j'ouvre que tu ouvres qu'il ouvre que nous ouvrions que vous ouvriez qu'ils ouvrent	**Passé** que j'aie ouvert que tu aies ouvert qu'il ait ouvert que nous ayons ouvert que vous ayez ouvert qu'ils aient ouvert
	Imparfait que j'ouvrisse que tu ouvrisses qu'il ouvrît que nous ouvrissions que vous ouvrissiez qu'ils ouvrissent	**Plus-que-parfait** que j'eusse ouvert que tu eusses ouvert qu'il eût ouvert que nous eussions ouvert que vous eussiez ouvert qu'ils eussent ouvert

Impératif	
Présent : ouvre – ouvrons – ouvrez	**Passé :** aie ouvert – ayons ouvert – ayez ouvert
Participe	
Présent : ouvrant	**Passé :** ouvert – ayant ouvert
Gérondif	
Présent : en ouvrant	**Passé :** en ayant ouvert
Infinitif	
Présent : ouvrir	**Passé :** avoir ouvert

Résoudre

Indicatif	**Présent** je résous tu résous il résout nous résolvons vous résolvez ils résolvent	**Passé composé** j'ai résolu tu as résolu il a résolu nous avons résolu vous avez résolu ils ont résolu
	Imparfait je résolvais tu résolvais il résolvait nous résolvions vous résolviez ils résolvaient	**Plus-que-parfait** j'avais résolu tu avais résolu il avait résolu nous avions résolu vous aviez résolu ils avaient résolu
	Passé simple je résolus tu résolus il résolut nous résolûmes vous résolûtes ils résolurent	**Passé antérieur** j'eus résolu tu eus résolu il eut résolu nous eûmes résolu vous eûtes résolu ils eurent résolu
	Futur simple je résoudrai tu résoudras il résoudra nous résoudrons vous résoudrez ils résoudront	**Futur antérieur** j'aurai résolu tu auras résolu il aura résolu nous aurons résolu vous aurez résolu ils auront résolu
Conditionnel	**Présent** je résoudrais tu résoudrais il résoudrait nous résoudrions vous résoudriez ils résoudraient	**Passé** j'aurais résolu tu aurais résolu il aurait résolu nous aurions résolu vous auriez résolu ils auraient résolu
Subjonctif	**Présent** que je résolve que tu résolves qu'il résolve que nous résolvions que vous résolviez qu'ils résolvent	**Passé** que j'aie résolu que tu aies résolu qu'il ait résolu que nous ayons résolu que vous ayez résolu qu'ils aient résolu
	Imparfait que je résolusse que tu résolusses qu'il résolût que nous résolussions que vous résolussiez qu'ils résolussent	**Plus-que-parfait** que j'eusse résolu que tu eusses résolu qu'il eût résolu que nous eussions résolu que vous eussiez résolu qu'ils eussent résolu

Impératif	
Présent : résous – résolvons – résolvez	**Passé :** aie résolu – ayons résolu – ayez résolu
Participe	
Présent : résolvant	**Passé :** résolu – ayant résolu
Gérondif	
Présent : en résolvant	**Passé :** en ayant résolu
Infinitif	
Présent : résoudre	**Passé :** avoir résolu

Glossaire

Remarque

– Le lexique spécifique à la **poésie** se trouve dans la *leçon de grammaire n° 33*.
– Le lexique de l'**analyse de l'image fixe et mobile** (cinéma) se trouve dans les *fiches méthodologiques 4 et 5*.

- **Acte :** grande partie d'une pièce de théâtre. Un acte comporte plusieurs scènes.

- **Allégorie** *(figure de style)* **:** consiste à donner un visage ou un aspect concret à une réalité abstraite.
Exemple : Marianne est l'allégorie de la France.

- **Allitération** *(figure de style)* **:** répétition d'un son consonne dans un vers ou dans une phrase.
Exemple : « *Pour qui sont ces serpents qui sifflent sur vos têtes.* » (Jean Racine, *Andromaque*)

- **Anachronisme :** confusion entre ce qui appartient à une époque et ce qui appartient à une autre.

- **Anaphore** *(figure de style)* **:** répétition d'un mot ou d'une expression en début de vers, de groupe de mots, de proposition, ou de phrase.
Exemple : « *Je veux, sans que la mort ose me secourir, Toujours aimer, toujours souffrir, toujours mourir.* » (Pierre Corneille, *Suréna*)

- **Anticipation :** consiste à bouleverser la chronologie d'un récit, pour raconter par avance des événements qui se passeront plus tard dans l'histoire (prophétie, rêve prémonitoire, etc.). C'est le contraire d'un « retour en arrière ».

- **Antithèse** *(figure de style)* **:** rapprochement de deux éléments opposés.

- **Antonymes :** mots de sens opposés.
Exemple : *Facile* et *difficile* sont antonymes.

- **Aparté** *(nom masculin)* **:** au théâtre, réplique prononcée « à part », comme si le personnage s'adressait tout haut à lui-même, et que seul le public est censé entendre.

- **Argument :** idée que l'on utilise pour défendre un avis (ce qu'en argumentation on appelle une « thèse »). À ne pas confondre avec l'« exemple ».
Exemple :
  - **Thèse (avis) :** *On ne perd pas toujours son temps devant un ordinateur.*
  - **Argument :** *En naviguant sur Internet, on peut acquérir de nouvelles connaissances.*
  - **Exemple :** *Hier soir, en faisant des recherches sur la Seconde Guerre mondiale pour mon devoir d'Histoire-Géographie, j'ai découvert un livre qui m'a ému :* Le Journal d'Anne Franck.

- **Assonance :** répétition d'un son voyelle dans un vers ou dans une phrase.
Exemple : « *Tout m'afflige et me nuit et conspire à me nuire.* » (Jean Racine, *Phèdre*)

- **Auteur :** personne réelle qui écrit.
Exemple : John Steinbeck est l'auteur de *Des souris et des hommes*.

- **Autobiographie** (du grec *auto* = « soi », *bio* = « vie », *graphie* = « écriture ») **:** récit qu'une personne fait de sa propre vie.

- **Biographie :** récit de la vie d'une personne par une autre personne.

- **Cadre spatio-temporel :** lieu et époque où se situe l'action.

- **Champ lexical :** ensemble de mots qui, dans un texte, se rapportent à une même idée, une même notion.
Exemple : Le champ lexical de la joie pourra être *joie*, *s'émerveiller*, *heureux*, *bonheur*, *éclata de rire*, *yeux pétillants*, etc.

- **Champ sémantique :** ensemble des sens d'un mot.
Exemple : Le mot *scène* a trois sens différents.

- **Chronologie :** ordre dans lequel se déroulent les événements. Attention, cela ne correspond pas forcément à l'ordre dans lequel le narrateur les raconte. Un récit peut suivre l'ordre chronologique, mais le bouleverser à certains moments *(voir* ***retour en arrière*** *et* ***anticipation****)*.

- **Chute :** fin inattendue dans un poème ou dans une nouvelle.

- **Comparaison** *(figure de style)* **:** rapprochement de deux éléments à l'aide d'un mot de comparaison (*comme*, *tel que*, *semblable à*, *de même que*, *ainsi que*, *ressembler à*, etc.). *Voir* ***métaphore***.
Exemple : *Il est doux comme un agneau.*

- **Connecteur :** mot qui relie deux groupes de mots, phrases, ou paragraphes et qui permet d'organiser un texte. On distingue les connecteurs temporels (*d'abord*, *ensuite*, etc.), spatiaux (*à gauche*, *plus loin*, etc.) et logiques (*en effet*, *c'est pourquoi*, etc.).

- **Connotation :** sens qui vient s'ajouter au sens premier d'un mot *(voir* ***dénotation****)*.
Exemple : *Clebs* et *toutou* désignent tous deux le même animal, mais les deux mots ont des connotations différentes (péjorative pour le premier, affective pour le second). Pour certains mots, la connotation change selon le contexte, la culture et/ou le vécu.

- **Dénotation :** sens premier d'un mot, tel qu'il apparaît dans le dictionnaire *(voir **connotation**)*.

- **Dénouement :** fin d'une pièce de théâtre ou d'un récit qui correspond au moment où l'intrigue se résout.

- **Dérivation :** procédé de formation des mots par ajout de préfixe(s) et/ou de suffixe(s).

- **Destinataire :** personne à laquelle on s'adresse.

- **Didascalie :** dans un texte de théâtre, indications portant sur le jeu des acteurs (gestes, déplacements, attitudes, intonations), le décor. Les didascalies sont destinées au metteur en scène, aux comédiens ou aux lecteurs ; elles sont écrites en italiques.

- **Double énonciation :** énonciation spécifique au théâtre ; sur scène, toute réplique est prononcée par un personnage qui s'adresse à un autre, mais aussi par un comédien qui s'adresse au public.

- **Ellipse :** dans un récit, une ellipse consiste à passer sous silence certains événements, ce qui a pour conséquence d'accélérer le rythme du récit.
Exemple : *Trois jours plus tard...* (les événements qui se sont déroulés pendant ces trois jours ne sont pas racontés).

- **Emblème :** *voir **symbole***.

- **Énonciateur :** celui qui s'exprime (à l'oral ou à l'écrit). On utilise surtout ce terme pour désigner l'auteur d'une lettre. À l'oral, *énonciateur* a pour synonyme ***locuteur***.

- **Étymologie :** étude de l'origine des mots.

- **Euphémisme** *(figure de style)* **:** consiste à atténuer un événement, un sentiment, généralement dans le but de ne pas choquer.
Exemple : *Il nous a quittés* (au lieu de dire *Il est mort*).

- **Explicite :** ce qui est dit clairement, de manière directe ; s'oppose à ***implicite***.

- **Exposition :** première(s) scène(s) d'une pièce de théâtre, qui donnent les informations nécessaires à la compréhension de la pièce.

- **Externe** *(point de vue ou narrateur)* **:** *voir leçon de grammaire n° 24*.

- **Famille de mots :** ensemble des mots formés à partir d'un même radical, par ajout de préfixe(s) et/ou de suffixe(s).
Exemple : *Lait, laiterie, laitage, laiteux, allaiter*, etc.

- **Fiction :** récit inventé par un auteur (adjectif : ***fictif***).

- **Homonymes :** mots qui se prononcent et/ou s'écrivent de la même façon. On distingue les :
    - **les homographes :** mots qui s'écrivent de la même manière (par exemple, le pronom *tu* et le participe passé du verbe *taire* : *tu*) mais ne se prononcent pas forcément de la même manière (*Nous <u>portions</u> des <u>portions</u> de nourriture aux plus démunis*).
    - **les homophones :** mots qui se prononcent de la même façon, mais ne s'écrivent pas forcément de la même manière (*à*/*a* ; *ou*/*où* ; *ver*/*vers*/*vert*/*verre*).

- **Hypallage :** procédé qui consiste à déplacer un adjectif, pour l'associer à autre nom que celui qui fait sens.
Exemple : Dans « *Ils allaient obscurs sous la nuit solitaire* » (Virgile), c'est plutôt la nuit qui est obscure et les hommes solitaires.

- **Hyperbole** *(figure de style)* **:** exagération, amplification de la réalité, dans le but de frapper l'imagination.
Exemple : *Verser des torrents de larmes.*

- **Hypothèse de lecture :** idée que le lecteur se fait de la suite de l'histoire, à partir des éléments qu'il connaît.

- **Implicite :** ce qui n'est pas exprimé clairement, ce qui est sous-entendu ; s'oppose à ***explicite***.

- **Incipit :** mot latin qui désigne le début d'un récit.

- **Interne** *(point de vue ou narrateur)* **:** *voir leçon de grammaire n° 24*.

- **Intrigue :** enchaînement des événements dans une fiction ou une pièce de théâtre.

- **Ironie :** consiste à dire le contraire de ce que l'on pense, dans le but de se moquer. L'ironie ne fonctionne que si le destinataire comprend qu'il ne faut pas prendre ce qui est dit au premier degré.

- **Ironie dramatique :** on parle d'ironie dramatique quand certains personnages ignorent une information importante que le public ou le lecteur possède.

- **Mélioratif :** terme valorisant, qui exprime un jugement positif ; s'oppose à ***péjoratif***.
Exemple : *Beau, bon, habile, merveilleux, superbe*, etc.

- **Métaphore** *(figure de style)* **:** consiste à rapprocher deux éléments pour créer une image nouvelle. Contrairement à la ***comparaison***, la métaphore n'utilise pas de mot de comparaison.
Exemple : *Le train serpente entre les montagnes.* → métaphore ; *Le train avance comme un serpent entre les montagnes.* → comparaison.
Quand la métaphore se développe sur plusieurs lignes ou vers, on dit qu'elle est « filée ».

- **Modalisation :** ensemble de procédés qui marquent un degré de certitude ou un jugement de l'énonciateur sur ce qu'il dit (*sans doute, peut-être, certainement, admirable, déplorable, je ne suis pas certain que..., j'admire...*, etc.).

- **Narrateur :** dans un récit, celui qui raconte l'histoire ; à ne pas confondre avec l'***auteur*** (la personne réelle qui a écrit le texte).

- **Niveaux de langue :** manières de s'exprimer différentes, selon la situation de communication et la personnalité de celui qui s'exprime. On distingue trois niveaux : familier, courant et soutenu.

- **Nœud :** dans une pièce de théâtre, moment de l'intrigue où la tension est à son comble (avant le dénouement).

- **Omniscient** *(point de vue ou narrateur)* : *voir leçon de grammaire n° 24.*

- **Paronomase** *(figure de style)* **:** rapprochement de mots qui ont des sonorités similaires, mais des sens différents (par exemple *la mer*, *l'amour*, *amer*, etc.). Cette figure de style est très souvent utilisée dans les textes de rap ou de slam.

- **Parodie :** imitation amusante d'une œuvre sérieuse.

- **Paratexte :** *para* en grec signifie « à côté de » ; le paratexte correspond à tout ce qui est autour du texte (titre, légende, chapeau d'introduction, notes, etc.).

- **Pathétique :** qui suscite l'émotion, la pitié du lecteur ou du spectateur.

- **Point de vue : 1.** Un récit peut être raconté en point de vue interne, externe ou omniscient). *Voir leçon de grammaire n° 24.*
2. En argumentation, désigne un avis, une opinion.

- **Péjoratif :** terme dévalorisant, qui exprime un jugement négatif ; s'oppose à ***mélioratif***.
Exemple : *Stupide*, *faible*, *crasseux*, *maladroit*, etc.

- **Périphrase : 1.** Figure de style qui consiste à remplacer un terme par une expression de même sens.
Exemple : « *L'auteur de* La Promesse de l'aube » pour « *Romain Gary* ».
2. Périphrase verbale *(voir leçon de conjugaison n° 12).*

- **Personnification** *(figure de style)* **:** consiste à donner des caractéristiques humaines à un objet, un animal, un lieu, etc.
Exemple : *La théière sifflait gaiement.*

- **Préfixe :** élément placé avant un radical pour constituer un mot dérivé.
Exemple : *<u>Dé</u>monter.*

- **Prétérition :** consiste à parler de quelque chose après avoir annoncé que l'on n'allait pas en parler.
Exemple : « *Je ne parlerai pas de M. ..., cet homme ignoble qui a ...* »)

- **Prose :** un texte en prose est un texte qui ne rime pas et qui n'est pas écrit sous forme de vers.

- **Question rhétorique :** fausse question, qui n'attend pas de réponse.
Exemple : *Tu peux te taire ?*

- **Radical :** noyau d'un mot, auquel peuvent éventuellement s'ajouter des préfixe(s) et/ou des suffixe(s). Le radical d'un mot contient son sens principal.
Exemple : *Dé<u>pli</u>er*, *re<u>pouss</u>er*, *s'ac<u>climat</u>er*.

- **Registre :** tonalité d'un texte (comique, tragique, pathétique, etc.).

- **Retour en arrière :** le retour en arrière consiste à bouleverser la chronologie d'un récit, pour raconter des événements qui se sont passés plus tôt dans l'histoire. Au cinéma, on parle plus souvent de « *flash-back* ».

- **Scène : 1.** Au théâtre, partie d'une pièce de théâtre délimitée par l'entrée ou la sortie de personnages.
2. Dans une salle de théâtre, espace où a lieu la représentation.
3. Rythme de la narration : le rythme correspond plus ou moins au rythme des événements (c'est par exemple le cas des dialogues).

- **Situation d'énonciation :** identifier la situation d'énonciation, c'est répondre aux questions suivantes : *Qui parle ? À qui ? Où ? Quand ? Pourquoi ?*

- **Sommaire** *(rythme de la narration)* **:** beaucoup d'événements sont résumés en peu de mots, ce qui a pour effet d'accélérer le rythme de récit.
Exemple : *Il passa les trois années suivantes à étudier sans relâche.*

- **Stichomythie :** au théâtre, enchaînement de répliques courtes.

- **Suffixe :** élément placé après le radical pour former un mot dérivé.
Exemple : *Jou<u>er</u>*, *jou<u>eur</u>*.

- **Symbole :** représentation concrète d'une idée, d'une notion, d'une valeur.
Exemple : *La colombe est le symbole de la paix. La balance est le symbole de la justice.*

- **Synonymes :** mots qui ont sens des sens similaires
Exemple : *Parler*, *discuter*, *bavarder*, etc.

- **Thèse :** en argumentation, désigne l'idée défendue *(voir* ***argument****)*.

- **Tirade :** au théâtre, très longue réplique. La tirade permet de mettre en valeur un personnage, en lui donnant longtemps la parole.

- **Tragique :** qualifie un texte dans lequel les personnages luttent contre un destin cruel et implacable.

- **Visée :** la visée d'un texte (ou d'un discours) est son but, l'intention qu'a eue l'auteur en le composant (provoquer, interroger, faire rire, etc.).

Index des auteurs et des artistes

Auteurs

Artistes

Crédits

Chapitre 1. 15. Jean-Régis Roustan/Roger-Viollet ; **16. a.** akg-images/ullstein bild, **b.** RMN/Agence Bulloz/Adagp, Paris 2012 ; **18. a.** akg-images/ullstein bild, **b.** BPK, Berlin, Dist. RMN/Jens Ziehe ; **20. a.** akg-images/ullstein bild, **b.** akg/Imagno ; **22.** akg-images/ullstein bild ; **23.** Selva/Leemage ; **24.** akg-images/ullstein bild ; **25.** Daneel/Dreamstime.com ; **26. 1.** Time & Life Pictures/Getty Images, **2.** Mark Mawson/Getty, **3.** Elenazarubina/Dreamstime ; **27. 4.** Luisito Echave/Getty, **5.** Luisa Ricciarini/Leemage ; **28. 1.** Albert Knapp/Alamy, **2.** akg-images/Paul Almasy, **3.** Ministère de la Culture-Médiathèque du Patrimoine, Dist. RMN/Studio Harcourt ; **29. 4.** Jacques Cuinières/Roger-Viollet, **5.** Adagp, Paris 2012/Collection Centre Pompidou, Dist. RMN/Droits réservés ; **32.** Adagp, Paris 2012/Collection Centre Pompidou, Dist. RMN/Philippe Migeat ; **33.** Jacques Cuinières/Roger-Viollet.

Chapitre 2. 39. Edouard Boubat/Rapho ; **40. a.** Effigie/Leemage, **b.** Adagp, Paris 2012/Aisa/Leemage ; **42. a.** Ministère de la Culture-Médiathèque du Patrimoine, Dist. RMN/Studio Harcourt, **b.** The Metropolitan Museum of Art, Dist. RMN/image of the MMA ; **44.** AGF/Leemage ; **45.** RMN/Gérard Blot/Estate Brassaï-RMN ; **46. a.** Time & Life Pictures/Getty Images, **b.** Edvard Munch/Adagp, Paris 2012/akg-images ; **48. a.** akg-images/ullstein bild, **b.** Adagp/Photo12/Oronoz, Paris 2012 ; **50. 1.** Wikimedia/Velvet, **2.** BPK, Berlin, Dist. RMN/Jörg P. Anders, **3.** Joanne Moyes/Alamy ; **51. 4.** Coll. Dixmier/Kharbine-Tapabor, **5.** akg-images ; **52. 1.** Warner Brothers/Album/AKG, **2.** SEDIF, Les Films du Carrosse/Janu/akg-images, **3.** Archives du 7e Art/D.R. ; **53. 4.** Warner Bros. Pictures/Album/akg-images, **5.** Summit Entertainment/Temple Hill/akg-images ; **55.** Photography by SPL/Getty Images ; **56.** Wikimedia/Erweh.

Chapitre 3. 63. a. Prod DB Hal Roach Studios Inc./D.R./TCD, **b.** Archives du 7e Art/D.R. ; **64. a.** TopFoto/Roger-Viollet, **b.** Private Collection/The Bridgeman Art Library International ; **65. a.** TopFoto/Roger-Viollet, **b.** Bernard Michel Palazon CDDS Enguerand ; **68. a.** TopFoto/Roger-Viollet, **b.** Getty/Lindy Powers ; **70. a.** TopFoto/Roger-Viollet, **b.** The Arthur and Madeleine Chalette Lejwa Collection/The Bridgeman Art Library International ; **72. a.** TopFoto/Roger-Viollet, **b.** akg-images/Adagp, Paris 2012 ; **74. 1.** Getty Images, **2.** Dargaud Films/Album/akg, **3.** Collection Dupondt/akg-images ; **75.** Agnew's, London, UK/The Bridgeman Art Library International ; **76.** Yale Center for British Art, Paul Mellon Collection, USA/The Bridgeman Art Library International ; **77. 3.** Album/akg, **4.** Getty/Redferns ; **78.** Bonhams, London, UK/The Bridgeman Art Library International ; **80.** Peter Newark American Pictures/The Bridgeman Art Library International.

Chapitre 4. 87. RMN/Jean-Gilles Berizzi/Succession de Picasso 2012 ; **88. a+b.** akg-images/Denise Bellon ; **90.** Keystone-France ; **92.** akg-images/Denise Bellon ; **93.** Wikimedia/Yorck Project ; **95. a.** akg-images/Denise Bellon, **b.** akg-images ; **97. a.** Jean-Pierre Couderc/Roger-Viollet, **b.** Mélanie Dornier, melaniedornier.photoshelter.com; **99.** Pierre Michaud/Rapho ; **101. 1.** Collection Centre Pompidou, Dist. RMN/Bertrand Prévost/D.R., **2.** Emmanuel Lattes/Alamy, **3.** Ashley Cooper/Alamy/D.R. ; **102. 4.** South West Images Scotland/Alamy/D.R., **5.** avatra images/Alamy, **6.** Scott Haefner/Rue des Archives ; **103. 7.** James Veysey/Camerapress/Gamma, **8.** UA/Rue des Archives, **9.** Imago/Rue des Archives/Adagp, Paris 2012, **10.** Imago/Rue des Archives/Adagp, Paris 2012 ; **105.** RMN (Musée d'Orsay)/Hervé Lewandowski ; **106.** Jean-Luc Manaud/Rapho.

Chapitre 5. 112. a. Photo12/Oronoz/Succession de Picasso, Paris 2012, **b.** akg-images/Jörg Hemmerling ; **114.** Association Cadou-Poesie ; **115.** Selva/Leemage ; **117.** Archives du 7e Art/D.R. ; **118.** Neil Libbert/Lebrecht/Leemage ; **120.** Roger-Viollet ; **121.** Wikimedia/Mariusz Kubik ; **122.** Rue des Archives/AGIP ; **123.** Rue des Archives/Tal ; **124. 1.** Associated Press, **2.** David Burnett/Contact Press Images ; **125. 3.** Wikimedia/Dbenbenn, **4.** Eric Bouvet/Gamma, **5.** Succession Willy Ronis/Diffusion Agence Rapho ; **126. 1.** Photo L'Adresse Musée de La Poste, **2.** Musée de la Ville de Paris, Musée Carnavalet, Paris, France/Giraudon/The Bridgeman Art Library International ; **127. 3.** Getty Images, **4.** Wikimedia/Shizhao ; **129.** akg-images, Adagp, Paris 2012 ; **130.** Photo Josse/Leemage/Succession Picasso, 2012 ; **131.** BPK, Berlin, Dist. RMN/Volker-H. Schneider/Adagp, Paris 2012.

Chapitre 6. 137. Artedia/Leemage, Adagp, Paris 2012 ; **138.** Roger-Viollet ; **140.** The Bridgeman Art Library International ; **141.** Getty Images ; **143.** Private Collection/The Bridgeman Art Library International ; **144. a.** Collection Dupondt/akg-images, **b.** Costa/Leemage, **c.** Wikimedia/Ji-Elle ; **146. a.** Wikimedia/Walké, **b.** Boris Lipnitzki/Roger-Viollet ; **147.** Photo Christie's Images/The Bridgeman Art Library International/Adagp, Paris 2012 ; **148.** WireImage/Getty ; **149.** Stefan rappo/designppko8 ; **150. 1.** Flickr/Tanguy Bertin, **2.** Simon Woodcock/Alamy, **3.** JR ; **151.** Ernest Pignon-Ernest/Adagp, Paris 2012 ; **150. 1.** Photo12, **2.** Selva/Leemage, **3.** Rue des Archives/PVDE, **4.** Archives Charmet/Bridgeman Giraudon ; **151. 6+7.** Rue des Archives/PVDE ; **154.** The Bridgeman Art Library International.

Chapitre 7. 163. Nabil Boutros ; **164.** Photo12/Ullstein Bild ; **165.** Wikimedia/Xenophon ; **166.** Wikimedia/Xenophon ; **167. a.** Pascal Gely Agence Bernand, **b.** Photo12/Ullstein Bild ; **168. a.** Wikimedia/Xenophon, **b.** Agence Bernand, **c.** Photo12/Ullstein Bild ; **170.** Photo12/Ullstein Bild ;**171.** Wikimedia/Xenophon ; **172.** Ramon Senera Agence Enguerand ; **175.** Brigitte Enguerand ; **176. 1.** Photo12, **2.** Archives du 7e Art/D.R., **3.** Associated Press ; **177.** NY Daily News via Getty Images ; **178. 1.** Photo12/Oronoz, **2.** Wikimedia/Perhelion ; **179. 3.** RMN (Musée d'Orsay)/Droits réservés, **4.** Luisa Ricciarini/Leemage/Adagp, Paris 2012 ; **181.** Photo12/Albert Arnaud ; **182.** Pascal Gely Agence Bernand.

Chapitre 8. 189. Marc Enguerand ; **190.** Wikimedia/Kaldari ; **191.** Time & Life Pictures/Getty Images ; **192.** Wikimedia/Mathiasrex ; **193.** Prod DB Greek Film Center/D.R./TCD ; **194.** Wikimedia/Trachemys ; **195. 1+2.** Photo Josse/Leemage, **3.** Rue des Archives/CCI ; **196.** Photomontage de Jean-Luc Lagarce sur une photographie de Michel Quenneville ; **197.** Pascal Gely Agence Bernand ; **198. 1.** Wikimedia/Leafar, **2.** Wikimedia/Wmpearl ; **200. 1.** Maisons de Victor Hugo/Roger-Viollet, **2.** Rue des Archives/RDA ; **201.** Ben Compagnie/Sangenis ; **202.** Marc Deville/akg-images/Adagp, Paris 2012 ; **203. 3.** akg-images/Adagp, Paris 2012, **4.** Collection Centre Pompidou, Dist. RMN/Adam Rzepka/Adagp, Paris 2012 ; **205.** Photo12/Ann Ronan Picture Library.

Chapitre 9. 213. 1. Coll. Jonas/Kharbine-Tapabor, **2.** Archives du 7e Art/D.R. ; **214.** Wikimedia/Kaldari ; **215. 1.** Pascal Gely CDDS Enguerand, **2.** Pascal Gely Agence Bernand, **3.** Geraint Lewis/Alamy, **4.** Bernard Michel Palazon CDDS Enguerand, **5.** akg-images, **6.** akg-images/RIA Nowosti ; **216.** Farabola/Leemage ; **217.** David Moore/Camerapress/Gamma ; **218. A+B.** Roméo et Juliette, Paramount Pictures, **1.** Photo12/D.R., **2.** Archives du 7e Art/20th Century Fox/D.R., **3+4.** Prod DB 20th Century Fox/D.R. ; **219. 5+6.** Prod DB 20th Century Fox/D.R. ; **220. A+B+C.** Roméo et Juliette, Paramount Pictures ; **221. 1.** Prod DB 20th Century Fox/D.R., **2+3.** Rue des Archives/BCA, **4.** Prod DB 20th Century Fox/D.R., **5.** Rue des Archives/BCA ; **223. A.** Rue des Archives/BCA, **B.** Archives du 7e Art/D.R., C. Roméo et Juliette, Paramount Pictures, D. Prod DB Paramount/D.R. ; **225.** Rue des Archives/BCA ; **232.** Rue des Archives/BCA ; **233. A.** Prod DB Dino De Laurentiis, **B+C.** Roméo et Juliette, Paramount Pictures, **D.** Rue des Archives/BCA, **E.** Photo12/D.R., F. Rue des Archives/BCA, **1+2.** Prod DB 20th Century Fox/D.R., **3.** Archives du 7e Art/20th Century Fox/D.R. ; **235.** Prod DB La Petite Reine – Studio 37 – La Classe Américaine - JD Prod D.R. ; **237.** Nam Thai Lai.

Étude de la langue. 273. Wikimedia/Electron ; **281.** Wikimedia/Amandajm ; **283.** Wikimedia/Tamba52 ; **293.** Wikimedia/MichaelPhilip ; **306.** Wikimedia/File Upload Bot ; **319.** Wikimedia/Chowells.

Fiches méthodologiques. 380. a. Archives Alinari, Florence, Dist. RMN/Fratelli Alinari, **b.** Wikimedia/The Yorck Project ; **381. a.** Leon Joseph Florentin Bonnat/Getty Images, **b.** ullstein - Archiv Gerstenberg/akg, **c.** Wikimedia/The Yorck Project ; **383.** Wikimedia/The Yorck Project ; **384. a.** Rue des Archives/BCA, **b.** Archives du 7e Art/20th Century Fox/D.R. ; **385. a+b+c.** Prod DB 20th Century Fox/D.R. ; **386. a+b+c** Prod DB 20th Century Fox/D.R. ; **387. a+b.** Prod DB 20th Century Fox/D.R., **c.** Prod DB Road Movies Madragoa/D.R., **d.** Photo personnelle de Mattéo Sule.

Avec la participation de Déborah Picard
Illustrations : Stéphanie Rubini et Julien Party
Maquette et mise en page : Anne Catel

Dépôt légal : Février 2012 / ISBN : 978-2-9536455-7-6
Imprimé en France par QUALIBRIS FABRICATION

lelivrescolaire.fr
80, rue des Haies
75020 Paris
01 55 25 75 00
contact@lelivrescolaire.fr

Compétence	Rubrique où cette compétence est travaillée	Exercice de validation (suggestion)
Compétence 1 : La maîtrise de la langue française		
Lire		
Adapter son mode de lecture à la nature du texte proposé et à l'objectif poursuivi.	Partie littérature (lire des œuvres intégrales et des groupements de textes ; lire un texte en fonction des objectifs du chapitre et de la page ; lire des textes de manière expressive et mettre en scène, etc.).	*p. 40, p. 146*
Repérer les informations dans un texte à partir des éléments explicites et des éléments implicites nécessaires.	– « Questions sur le texte » des pages *Textes et Images*. – *Liaison 3e-2nde*. – Fiches de langue.	*p. 48* *p. 239, ex. 1* *p. 299, ex. 6*
Utiliser ses capacités de raisonnement, ses connaissances sur la langue, savoir faire appel à des outils appropriés pour lire.	– Fiches de langue. – *Textes et Images* et *Lexique*. – Brevets blancs.	*p. 289, ex. 1* *p. 31, ex. 3*
Dégager, par écrit ou oralement, l'essentiel d'un texte lu.	– « Questions sur le texte ». – *Liaison 3e-2nde*.	*p. 97* *p. 197, ex. 5*
Manifester, par des moyens divers, sa compréhension de textes variés.	– Fiches de langue. – *Expression orale et écrite* (mise en scène, suite de texte, changements de points de vue, etc.) ; *Liaison 3e-2nde*.	*p. 303, ex. 2*
Écrire		
Reproduire un document sans erreur et avec une présentation adaptée.	– Exercices d'autodictée (100 % web). – Exercices de réécriture des brevets blancs.	*p. 321* *p. 158*
Écrire lisiblement un texte, spontanément ou sous la dictée, en respectant l'orthographe et la grammaire.	*Expression écrite* ; *Liaison 3e-2nde* ; brevets blancs ; dictées.	*p. 368*
Rédiger un texte bref, cohérent et ponctué, en réponse à une question ou à partir de consignes données.	– Réponses écrites aux questions sur les textes. – *Expression écrite* ; brevets blancs.	*p. 102* *p. 80, ex. 6*
Utiliser ses capacités de raisonnement, ses connaissances sur la langue, savoir faire appel à des outils variés pour améliorer son texte.	– Fiches de langue, « Textes à corriger ». – *Lexique*, exercices d'expression. – Brevets blancs ; fiche méthodologique 2.	*p. 367* *p. 81, ex. 5* *p. 373*
Dire		
Formuler clairement un propos simple.	Réponses aux « Questions sur les textes ».	*p. 70*
Développer de façon suivie un propos en public sur un sujet déterminé.	*Expression orale* (présenter le résultat d'une recherche, défendre une cause, etc.).	*p. 131, ex. 4*
Adapter sa prise de parole à la situation de communication.	*Expression orale* (exposés, débats, jeu théâtral, etc.).	*p. 107, ex. 1*
Participer à un débat, à un échange verbal.	– Réponses en classe aux « Questions sur les textes ». – *Expression orale*.	*p. 219* *p. 237, ex. 3*
Compétence 3 : Les principaux éléments de mathématiques et la culture scientifique et technologique		
Environnement et développement durable		
Mobiliser ses connaissances pour comprendre les questions liées à l'environnement et au développement durable.	Nouvelle de Jean Giono (chapitre 4).	*p. 107, ex. 1*
Compétence 5 : La culture humaniste		
Avoir des connaissances et des repères		
Relevant du temps : les différentes périodes de l'histoire de l'humanité ; les grands traits de l'histoire de la France et de l'Europe.	– *Textes et Images* (« À retenir », synthèses, chapeaux introductifs des textes, etc.) et brevets blancs. – Dossiers d'Histoire des arts.	*p. 67, p. 116* *p. 178*
Relevant de la culture littéraire : œuvres littéraires du patrimoine.	– Chapitres de littérature. – Extraits littéraires de la partie langue.	*chap. 8* *p. 308, ex. 1*
Relevant de la culture artistique : œuvres picturales, musicales, scéniques, architecturales ou cinématographiques du patrimoine.	– Dossiers d'Histoire des arts. – Images des pages *Textes et Images*. – Chapitre 9 (adaptation cinématographique).	*p. 124* *p. 198* *p. 218*
Situer dans le temps, l'espace, les civilisations		
Situer des événements, des œuvres littéraires ou artistiques.	– *Textes et Images*. – Dossiers d'Histoire des arts.	*chap. 8* *p. 50*
Identifier la diversité des civilisations, des langues, des sociétés, des religions.	– *Textes et Images* (lire des œuvres majeures de la littérature étrangère et de l'Antiquité).	*chap. 5 et 7*
Établir des liens entre les œuvres (littéraires, artistiques) pour mieux les comprendre.	– *Histoire des arts*, *Liaison 3e-2nde*, etc. – Fiches de langue (comparer des points de vue narratifs, etc.).	*p. 102, p. 152* *p. 61, ex. 3*
Lire et pratiquer différents langages		
Lire et employer différents langages : textes, graphiques, cartes, images, musique.	– *Histoire des arts*. – Chapitre 9 (adaptation cinématographique).	*p. 202* *p. 228*